土木工程力学

（第2版）

主　编　常伏德
　　　　梁丽杰
副主编　郎英彤
参　编　闻玉辉
　　　　全春花
　　　　赵传华
　　　　奚元嶂
主　审　金菊顺

哈爾濱工業大學出版社
HARBIN INSTITUTE OF TECHNOLOGY PRESS

内 容 简 介

本书把理论力学、材料力学、结构力学内容进行了有机整合，删掉了不必要的重复，突出土木工程特色，形成了土木工程力学新体系。

下册分13章，主要内容包括轴向拉伸与压缩、剪切与扭转、弯曲应力、应力状态与强度理论、组合变形、梁的位移、能量法求静定结构位移、压杆稳定、力法解超静定结构、位移法解超静定结构、多高层结构内力分析的手算实用法、结构塑性极限荷载简介、动荷、冲击与疲劳。每章后有习题课选题指导，并配有习题册及答案。

本书可作为建筑工程、交通土建、交通工程专业的教材，也可作为非土木专业如工程管理、环境工程、给排水、城市规划、测绘、安全、建筑学等专业的参考书，同时可供工程技术人员参考。

图书在版编目(CIP)数据

土木工程力学. 下/常伏德，梁丽杰主编. —2 版. —哈尔滨：哈尔滨工业大学出版社，2015.2(2021.1 重印)
ISBN 978 - 7 - 5603 - 5116 - 2

Ⅰ. ①土… Ⅱ. ①常…②梁… Ⅲ. ①土木工程-工程力学-高等学校-教材 Ⅳ. ①TU311

中国版本图书馆 CIP 数据核字(2014)第 303314 号

策划编辑 赵文斌 杜 燕
责任编辑 张 瑞
出版发行 哈尔滨工业大学出版社
社 址 哈尔滨市南岗区复华四道街 10 号 邮编 150006
传 真 0451 - 86414749
网 址 http://hitpress. hit. edu. cn
印 刷 哈尔滨市工大节能印刷厂
开 本 787 mm×1 092 mm 1/16 印张 21.25 字数 500 千字
版 次 2012 年 2 月第 1 版 2015 年 2 月第 2 版
2021 年 1 月第 3 次印刷
书 号 ISBN 978 - 7 - 5603 - 5116 - 2
定 价 42.80 元

《应用型本科院校“十三五”规划教材》编委会

序

哈尔滨工业大学出版社策划的《应用型本科院校“十三五”规划教材》即将付梓,诚可贺也。

该系列教材卷帙浩繁,凡百余种,涉及众多学科门类,定位准确,内容新颖,体系完整,实用性强,突出实践能力培养。不仅便于教师教学和学生学习,而且满足就业市场对应用型人才的迫切需求。

应用型本科院校的人才培养目标是面对现代社会生产、建设、管理、服务等一线岗位,培养能直接从事实际工作、解决具体问题、维持工作有效运行的高等应用型人才。应用型本科与研究型本科和高职高专院校在人才培养上有着明显的区别,其培养的人才特征是:①就业导向与社会需求高度吻合;②扎实的理论基础和过硬的实践能力紧密结合;③具备良好的人文素质和科学技术素质;④富于面对职业应用的创新精神。因此,应用型本科院校只有着力培养“进入角色快、业务水平高、动手能力强、综合素质好”的人才,才能在激烈的就业市场竞争中站稳脚跟。

目前国内应用型本科院校所采用的教材往往只是对理论性较强的本科院校教材的简单删减,针对性、应用性不够突出,因材施教的目的难以达到。因此亟须既有一定的理论深度又注重实践能力培养的系列教材,以满足应用型本科院校教学目标、培养方向和办学特色的需要。

哈尔滨工业大学出版社出版的《应用型本科院校“十三五”规划教材》,在选题设计思路上认真贯彻教育部关于培养适应地方、区域经济和社会发展需要的“本科应用型高级专门人才”精神,根据前黑龙江省委书记吉炳轩同志提出的关于加强应用型本科院校建设的意见,在应用型本科试点院校成功经验总结的基础上,特邀请黑龙江省9所知名的应用型本科院校的专家、学者联合编写。

本系列教材突出与办学定位、教学目标的一致性和适应性,既严格遵照学科体系的知识构成和教材编写的一般规律,又针对应用型本科人才培养目标及与之相适应的教学特点，精心设计写作体例，科学安排知识内容，围绕应用讲授理论，做到“基础知识够用、实践技能实用、专业理论管用”。同时注意适当融入新理论、新技术、新工艺、新成果，并且制作了与本书配套的PPT多媒体教学课件，形成立体化教材，供教师参考使用。

《应用型本科院校“十三五”规划教材》的编辑出版，是适应“科教兴国”战略对复合型、应用型人才的需求，是推动相对滞后的应用型本科院校教材建设的一种有益尝试，在应用型创新人才培养方面是一件具有开创意义的工作，为应用型人才的培养提供了及时、可靠、坚实的保证。

希望本系列教材在使用过程中，通过编者、作者和读者的共同努力，厚积薄发、推陈出新、细上加细、精益求精，不断丰富、不断完善、不断创新，力争成为同类教材中的精品。

第 2 版前言

本书(第 2 版)是在第 1 版的基础上根据 3 年来教材在使用过程中教师和学生的反馈意见以及课程改革发展需要修订而成的。修订时保持了原书取材精练、简明流畅的风格,注意扩大专业适应面。

本次修订的内容主要有以下几个方面:

(1)修改了原书的符号,其中最主要的是集中荷载(主动力)用 F 作为主符号,重力用 G 作为主符号,外力偶矩用 M_e 作为主符号。

(2)对书中一些论述不太清晰的地方进行了重新改写和完善。

(3)增加了一节内容,定性定量速画弯矩图。

第 2 版修订工作由主编常伏德主持进行,新增参加编写修订的还有郎英彤(13、15、25 章),赵传华(19、23 章),奚元嶂(14、20 章)。

书稿承金菊顺教授审阅,提出了很多精辟中肯的意见,使本次修订工作和最后定稿获益匪浅,深致谢意!

限于编者水平有限,书中不足之处,望广大师生批评指正。

编　者

2015 年 1 月

前　言

本书是“土木工程专业力学系列课程改革”的研究成果，是依据十余年的教学改革经验编写的。

本书以应用为目的，以科学的认知、学习规律为主干，对原有的土木工程专业力学系列课程进行了重组。全书贯穿了分析研究力学问题的科学方法：增加与减少约束的方法；静力平衡的方法；杆件变形、物理与静力结合的方法。这些方法在教材中多次循序渐进的应用，能提高学习者研究问题和解决实际工程问题的能力。

本书在编写前，对与力学课程紧密联系的高等数学课程及后续的各门专业课程进行了系统的分析。在内容安排上注重了承上启下、理论与实际应用的结合，引入了计算机软件对力学问题的分析，例举了部分工程实例中力学原理的应用。这些会增加学习者对力学学习的目的性和趣味性。

本书的具体编写分工如下：第 13 章由赵海燕编写，第 14、20 章由梁丽杰编写，第 15 章由全春花编写，第 16、21、22、23、24 章由常伏德编写，第 17、18、19 章由闻玉辉编写，第 25 章由唐晓春编写。

编写过程中得到了长春工程学院卢存恕教授无私的帮助，在此，表示衷心的感谢！

由于编者水平有限，难免存在疏漏和不足之处，请读者批评指正。

编　者

2011 年 12 月

目　　录

第 13 章　轴向拉伸与压缩 …… 1

13.1　轴向拉(压)杆的应力 …… 1

13.2　轴向拉(压)杆的变形　胡克定律 …… 5

13.3　材料在拉伸和压缩时的力学性能 …… 8

13.4　轴向拉(压)杆的强度条件 …… 13

习题课选题指导 …… 17

第 14 章　剪切与扭转 …… 19

14.1　剪切的基本概念 …… 19

14.2　圆轴扭转时横截面上的应力和强度计算 …… 27

14.3　圆轴扭转时的变形和刚度计算 …… 34

14.4　矩形截面杆扭转简介 …… 36

14.5　圆柱形密圈螺旋弹簧的计算 …… 39

习题课选题指导 …… 43

第 15 章　弯曲应力 …… 45

15.1　弯曲正应力 …… 45

15.2　弯曲正应力强度条件及其应用 …… 50

15.3　梁的合理设计 …… 54

*15.4　组合梁 …… 56

15.5　弯曲切应力　弯曲中心 …… 57

15.6　弯曲切应力的强度条件及其应用 …… 62

习题课选题指导 …… 65

第 16 章　应力状态与强度理论 …… 66

16.1　应力状态的概念 …… 66

16.2　平面应力状态的分析　应力圆 …… 67

16.3　梁的主应力　主应力迹线 …… 73

16.4　空间应力状态简介 …… 77

16.5　广义胡克定律　体应变　变形比能 …… 78

16.6　强度理论 …… 82

16.7　梁强度的全面校核 …… 85

*16.8　薄壁圆筒受力计算　螺旋筋对混凝土抗压的增强作用 …… 86

16.9　莫尔强度理论及其在土的极限平衡中的应用 …… 88

习题课选题指导 …… 90

第 17 章　组合变形 …… 91
17.1　概述 …… 91
17.2　两相互垂直平面内的弯曲 …… 92
17.3　拉(压)弯组合与偏心压缩　截面核心 …… 96
17.4　扭转与弯曲组合 …… 105
习题课选题指导 …… 108
第 18 章　梁的位移 …… 110
18.1　梁挠曲线的近似微分方程 …… 110
18.2　积分法求梁的挠度和转角 …… 112
18.3　叠加法求梁的挠度 …… 118
*18.4　共轭梁法(虚梁法)计算梁的位移 …… 121
18.5　梁的刚度校核 …… 124
习题课选题指导 …… 128
第 19 章　能量法求静定结构位移 …… 130
19.1　应变能及其应用 …… 130
19.2　弹性体的虚功原理 …… 133
19.3　结构位移计算的一般公式 …… 134
19.4　图乘法求梁与刚架的位移 …… 139
19.5　非荷载因素引起的位移 …… 146
19.6　线弹性结构的互等定理 …… 149
习题课选题指导 …… 152
第 20 章　压杆稳定 …… 154
20.1　细长中心受压直杆临界力的欧拉公式 …… 155
20.2　杆端约束对临界力的影响 …… 156
*20.3　初弯曲、初偏心对稳定承载力的影响 …… 158
20.4　临界应力总图 …… 159
20.5　压杆稳定的实用计算　稳定条件 …… 161
20.6　提高压杆稳定性的措施 …… 165
习题课选题指导 …… 167
第 21 章　力法解超静定结构 …… 169
21.1　简单的拉、压超静定 …… 169
21.2　力法的基本概念 …… 171
21.3　超静定次数的确定 …… 177
21.4　力法的典型方程 …… 180
21.5　超静定结构的位移计算与力法校核 …… 184
21.6　对称性的利用 …… 185
21.7　超静定梁的影响线　连续梁的包络图 …… 190
21.8　力法解排架与组合结构 …… 195

21.9　力法计算两铰拱…… 199
21.10　温度改变与支座移动时超静定结构的计算 …… 202
习题课选题指导…… 206
第 22 章　位移法解超静定结构 …… 208
22.1　等截面直杆的转角位移方程…… 208
22.2　位移法的基本概念…… 216
22.3　位移法的基本未知量…… 220
22.4　位移法的典型方程及其应用…… 221
22.5　对称性的利用　半刚架法…… 225
习题课选题指导…… 228
第 23 章　多高层结构内力分析的手算实用法 …… 230
23.1　力矩分配法…… 230
23.2　分层法…… 238
23.3　反弯点法…… 241
23.4　*D* 值法 …… 243
23.5　剪力分配法…… 254
*23.6　框-剪结构受力分析的连续化方法 …… 257
23.7　静定结构与超静定结构特性的比较…… 260
23.8　定性定量速画弯矩图…… 261
习题课选题指导…… 287
第 24 章　结构塑性极限荷载简介 …… 290
24.1　概述…… 290
24.2　轴向拉压杆结构的塑性极限荷载…… 291
24.3　圆杆的极限扭矩…… 292
24.4　极限弯矩和塑性铰…… 293
24.5　梁和刚架的极限荷载…… 295
习题课选题指导…… 300
第 25 章　动荷、冲击与疲劳…… 301
25.1　达朗贝尔原理…… 301
25.2　考虑加速度的动荷问题…… 303
25.3　冲击与冲击应力…… 305
25.4　疲劳破坏与交变应力…… 309
习题课选题指导…… 315
附录Ⅰ　型钢表…… 316
附录Ⅱ　稳定因数 φ …… 325
参考文献…… 327

第13章

轴向拉伸与压缩

13.1 轴向拉(压)杆的应力

工程结构中有很多构件,如脚手架、钢木组合桁架中除连接部分外都是等直杆,作用于杆上的外力作用线与杆轴线重合,这类构件简称为拉(压)杆。实际拉(压)杆的端部可以有各种连接方式。如果不考虑其端部的具体连接情况,则其计算简图如图13.1所示。计算简图从几何上讲是等直杆,其受力情况是杆在两端各受一集中力 $\boldsymbol{F}$ 作用,两个 $\boldsymbol{F}$ 力大小相等,方向相反,且作用线与杆轴线重合。

在确定了拉(压)杆的轴力后,还不能判断杆是否会因强度不足而破坏,因为轴力只是杆横截面上分布内力系的合力。要判断杆是否满足强度要求,还必须知道内力的分布集度以及材料承受荷载的能力。杆件截面上内力分布的集度,称为应力(stresses)。

应力是受力杆件某一截面上分布内力在一点处的内力集度。若考察受力杆截面 mm 上某点 k 的应力(图13.2(a)),围绕点 k 取微小面积 ΔA,设 ΔA 上的内力为 $\Delta \boldsymbol{F}$,于是,在面积 ΔA 上内力 $\Delta \boldsymbol{F}$ 的平均集度为

$$p_{\mathrm{m}} = \frac{\Delta F}{\Delta A}$$

式中,p_{m} 为面积 ΔA 上的平均应力。

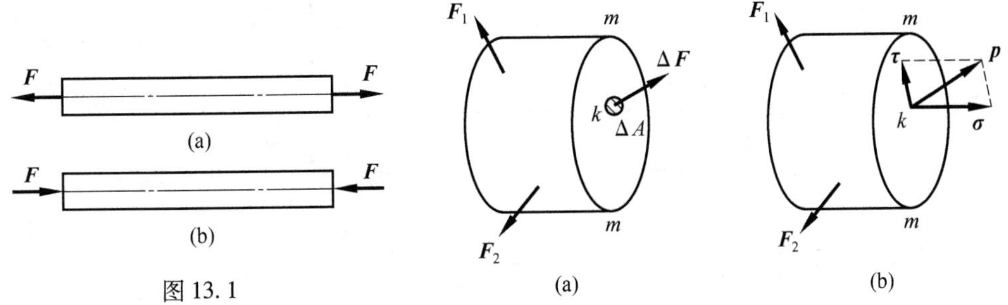

图13.1

图13.2

一般来说,截面 mm 上的分布内力并不是均匀的,因而平均应力 p_{m} 的大小和方向将随所取的微小面积 ΔA 的大小而不同。为表明分布内力在 k 点处的集度,令微小面积 ΔA 无

限缩小而趋于零,则其极限值为

$$p=\lim_{\Delta A\to 0}\frac{\Delta F}{\Delta A}=\frac{\mathrm{d}F}{\mathrm{d}A}$$

即为 k 点处的内力集度,称为截面 mm 上 k 点处的总应力。由于 $\Delta\boldsymbol{F}$ 是矢量,因而总应力 $\boldsymbol{p}$ 也是个矢量,其方向一般既不与截面垂直,也不与截面相切。通常,将总应力 $\boldsymbol{p}$ 分解为与截面垂直的法向分量 $\boldsymbol{\sigma}$ 和与截面相切的切向分量 $\boldsymbol{\tau}$(图 13.2(b))。法向分量 $\boldsymbol{\sigma}$ 称为正应力(normal stresses),切向分量 $\boldsymbol{\tau}$ 称为切应力(shearing stresses)。

从应力的定义可见,应力具有如下特征:

(1) 应力定义在受力物体的某一截面上的某一点处,因此,讨论应力必须明确是在哪一个截面上的哪一点处。

(2) 在某一截面上一点处的应力是矢量。对于应力分量,通常规定离开截面的正应力为正,指向截面的正应力为负,即拉应力为正,压应力为负;而对截面内部(靠近截面)的一点产生顺时针力矩的切应力为正,反之为负。图 13.2(b) 表示的正应力为正,切应力为负。

(3) 应力的量纲为 $\mathrm{ML^{-1}T^{-2}}$,应力的单位为 Pa。

(4) 整个截面上各点处的应力与微面积 dA 之乘积的合成,即为该截面上的内力。

13.1.1 横截面上的正应力

图 13.3(a) 所示一横截面面积为 A 的等截面直杆,受轴向拉力 $\boldsymbol{F}$ 作用,在离开力作用点 A、B 一定距离以外,杆的表面变形如图 13.3(a) 所示,原有横向线 nn 与 mm 均向外平移到 $n'n'$ 和 $m'm'$,nm 间距离增加,纤维伸长,沿截面宽度稍有微缩。根据这一现象,设想横向线代表杆的横截面,于是,可假设原为平面的横截面在杆变形后仍为平面,称为平面假设。依据这一假设,可以得出结论,杆件两截面间各纵向纤维发生了均匀变形(伸长或缩短)。由于分布内力集度与变形间存在着确定的关系,因此变形均匀必导致正应力均匀。根据内力与应力的关系,由图 13.3(b) 不难得出

$$F_{\mathrm{N}}=\int_A\sigma\mathrm{d}A=\sigma A$$

故横截面上正应力为

$$\sigma=\frac{F_{\mathrm{N}}}{A}\tag{13.1}$$

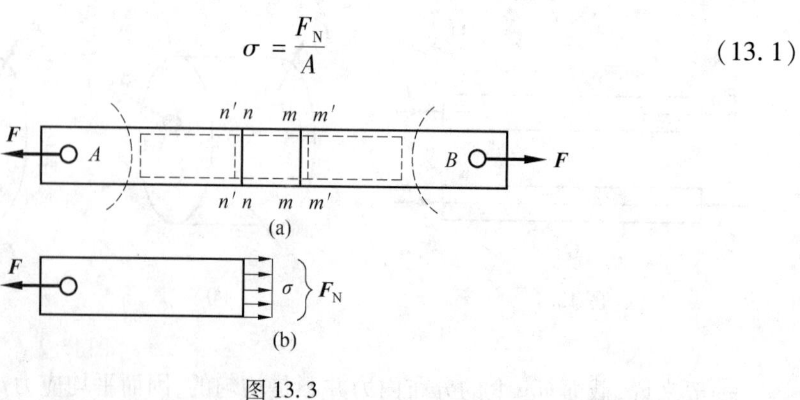

图 13.3

σ 的符号规定以拉应力为正，压应力为负。由图 13.3(b) 可以看出，正应力 σ 沿横截面均匀分布这一结论只有在远离荷载作用点处才是正确的，而在力的作用点 A、B 处应力分布将是不均匀的。这种不均匀的范围，一般不大于杆的横向尺寸。

当杆件的轴力沿轴线变化时，由 F_{Nmax} 所产生的应力属于危险应力(也称最大工作应力)，危险应力所在截面称为危险截面，显然杆件若发生破坏，首先应从这种截面开始。

$$\sigma_{\max} = \frac{F_{\mathrm{Nmax}}}{A}$$

【例 13.1】　图 13.4 所示为一钢木支架，BC 杆由截面边长 $a = 100$ mm 的木方制成，AB 杆为直径 $d = 25$ mm 的圆钢，B 点承受 $G = 50$ kN 的荷载，试计算两杆的应力。

解：利用结点法不难求出 AB 杆与 BC 杆的轴力分别为

$$F_{NAB} = 28.87\ \mathrm{kN},\quad F_{NBC} = -57.74\ \mathrm{kN}$$

利用公式(13.1)，得到两杆的正应力为

$$\sigma_{AB} = \frac{F_{NAB}}{A_{AB}} = \frac{28.87 \times 10^3}{\frac{\pi}{4} \times 25^2 \times 10^{-6}}\ \mathrm{Pa} = 58.8 \times 10^6\ \mathrm{Pa} = 58.8\ \mathrm{MPa}$$

$$\sigma_{BC} = \frac{F_{NBC}}{A_{BC}} = -\frac{57.74 \times 10^3}{100^2 \times 10^{-6}}\ \mathrm{Pa} = -5.77 \times 10^6\ \mathrm{Pa} = -5.77\ \mathrm{MPa}$$

【例 13.2】　一横截面为正方形的砖柱分上、下两段，其受力情况、各段长度及横截面尺寸如图 13.5(a) 所示。已知 $F = 50$ kN，不计自重，试求荷载引起的最大工作应力。

解：首先作柱的轴力图，如图 13.5(b) 所示。

由于砖柱为变截面杆，故须求出每段柱的横截面上的正应力，从而确定全柱的最大工作应力。

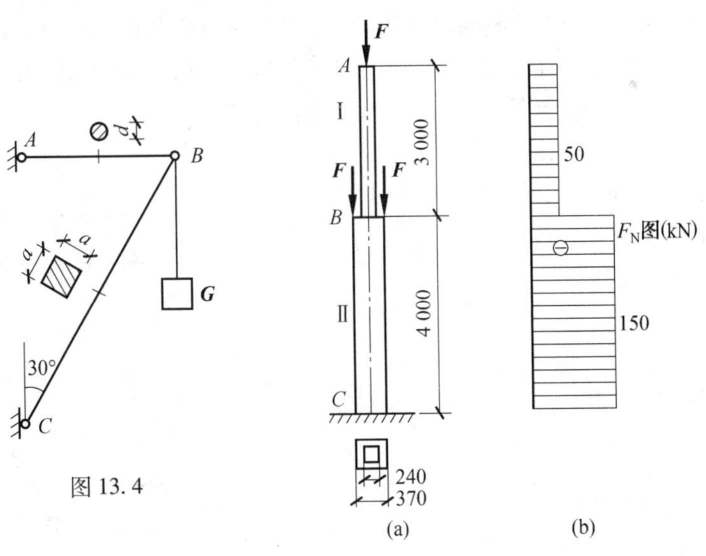

图 13.4

图 13.5

Ⅰ、Ⅱ 两段柱(图 13.5(a))横截面上的正应力，分别由轴力图及横截面尺寸算得

$$\sigma_1 = \frac{F_{N1}}{A_1} = \frac{-50 \times 10^3}{0.24 \times 0.24}\ \mathrm{Pa} = -0.87 \times 10^6\ \mathrm{Pa} = -0.87\ \mathrm{MPa}$$

$$\sigma_2 = \frac{F_{N2}}{A_2} = \frac{-150 \times 10^3}{0.37 \times 0.37}\ \text{Pa} = -1.1 \times 10^6\ \text{Pa} = -1.1\ \text{MPa}$$

由以上结果可见,砖柱的最大工作应力在柱的下段,其值为 1.1 MPa,是压应力。

【例 13.3】 计算图 13.6 所示带小孔拉杆中横截面上的危险应力。

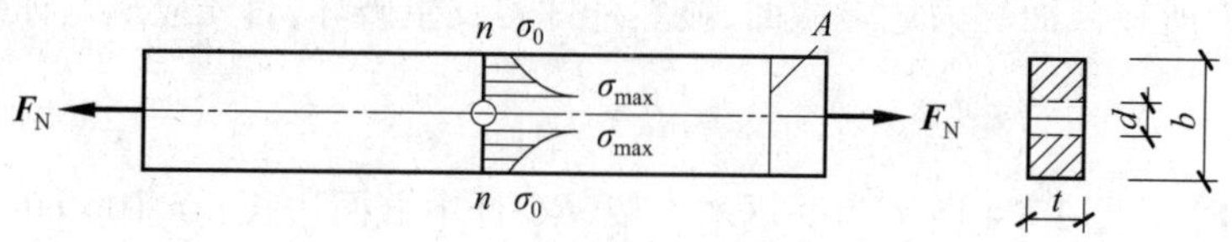

图 13.6

解:拉杆的危险截面显然应位于被小孔削弱最多的 nn 截面,该截面拉应力按公式(13.1)计算应为

$$\sigma_{nn} = \frac{F_N}{(b-d)t} = \sigma_0$$

此处所得到的应力是基于平面假设而得出的平均应力,然而由于小孔的出现,在孔附近的横截面上变形并不满足此假设。经实验和弹性力学推证都得出,在 nn 截面上正应力并非均匀分布,而是如图 13.6 所示的越靠近小孔边应力越大,最大应力 σ_{max} 是平均应力 σ_0 的 2 ~ 3 倍(与孔的尺寸有关)。这种靠近孔边应力急剧增加的现象称为应力集中(stress concentration)。这种应力集中现象对于由铸铁、混凝土、砖石等脆性材料制成的构件要特别加以注意,因为随荷载的增加在应力最集中的地方往往容易最先开裂。

13.1.2 斜截面上的应力

以上分析了拉(压)杆横截面上的正应力,现研究与横截面成 α 角的任一斜截面 kk 上的应力(图 13.7(a))。为此,假想地用一平面沿斜截面 kk 将杆截开,并研究左段杆的平衡(图 13.7(b))。于是,可得到斜截面 kk 上的内力 F_α 为

$$F_\alpha = F$$

仿照求横截面上正应力变化规律的分析过程,同样可得到斜截面上各点处的总应力 p_α 相等的结论。于是,有

$$p_\alpha = \frac{F_\alpha}{A_\alpha}$$

式中,A_α 是斜截面面积,A_α 与横截面面积 A 的关系为 $A_\alpha = A/\cos\alpha$。

$$p_\alpha = \frac{F}{A}\cos\alpha = \sigma_0 \cos\alpha$$

式中,$\sigma_0 = \dfrac{F}{A}$ 即拉杆在横截面($\alpha = 0$)上的正应力。

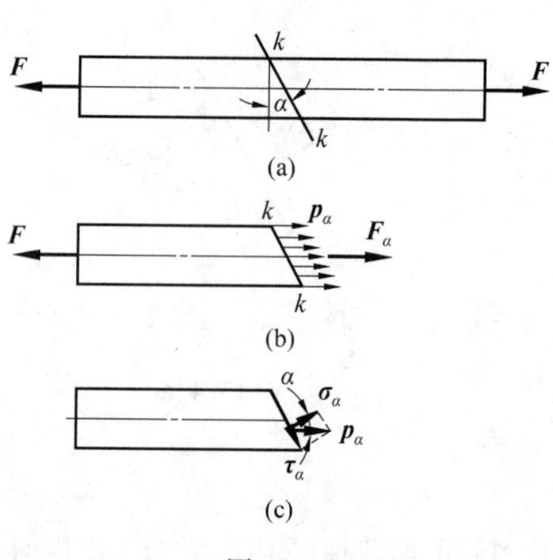

图 13.7

总应力 $\boldsymbol{p}_\alpha$ 是矢量,分解为两个分量:沿截面法线方向的正应力和沿截面切线方向的切应力,并分别用 $\boldsymbol{\sigma}_\alpha$、$\boldsymbol{\tau}_\alpha$ 表示,如图 13.7(c) 所示。

上述两个应力分量可表示为

$$\sigma_\alpha = p_\alpha \cos\alpha = \sigma_0 \cos^2\alpha \tag{13.2}$$

$$\tau_\alpha = p_\alpha \sin\alpha = \frac{\sigma_0}{2}\sin 2\alpha \tag{13.3}$$

上列两式表达了通过拉杆内任意一点不同方位截面上的正应力 $\boldsymbol{\sigma}_\alpha$ 和切应力 $\boldsymbol{\tau}_\alpha$,其数值随 α 角做周期性变化,它们的最大值及其所在截面的方位为:

(1) 当 $\alpha = 0$ 时,$\sigma_\alpha = \sigma_0$ 是 σ_α 中的最大值,即通过拉杆内某一点的横截面上的正应力,是通过该点的所有不同方位截面上正应力中的最大值。

(2) 当 $\alpha = 45°$ 时,$\tau_\alpha = \sigma_0/2$ 是 τ_α 中的最大值,即与横截面成45° 的斜截面上的切应力,是拉杆所有不同方位截面上切应力中的最大值。

以上的全部分析结果对于压杆也同样适用。

13.2　轴向拉(压)杆的变形　胡克定律

在研究轴向拉、压杆应力时,已经说明拉杆在纵向伸长的同时,横向将要发生收缩变形。图 13.8 所示一等截面(面积为 A) 直杆在轴向拉伸下的变形情况。纵向原长为 l,变形后为 l_1,其绝对伸长(总伸长) 为

$$\Delta l = l_1 - l$$

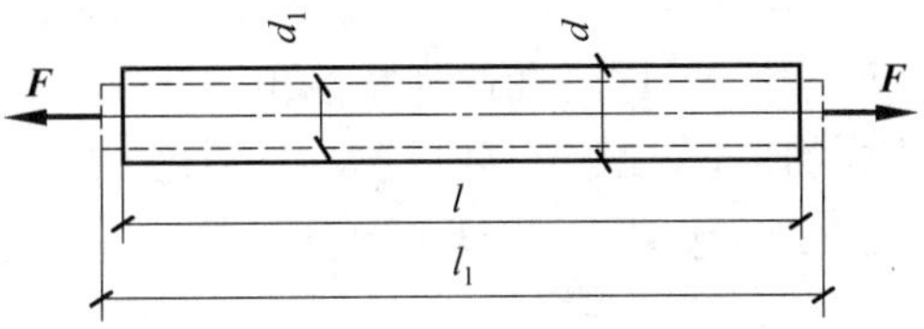

图 13.8

绝对变形除以原长称为相对变形,以 ε 表示,有

$$\varepsilon = \Delta l / l \tag{13.4}$$

这种表示单位长度所发生的变形,又称应变(strain)(与应力对应)。该应变属于纵向应变。

横向宽度由 d 缩短到 d_1,绝对变形为

$$\Delta d = d_1 - d$$

横向的相对变形用 ε' 表示,有

$$\varepsilon' = \Delta d / d \tag{13.5}$$

这种横向应变当纵向伸长时应取负值。

当正应力不超过弹性限度时,横向应变与纵向应变绝对值之比称为材料的泊松(S. D. Poisson) 比或横向变形系数,用 μ 表示,有

$$\mu = \left|\frac{\varepsilon'}{\varepsilon}\right|$$

由于 ε' 与 ε 的符号总是相反,故有

$$\varepsilon' = -\mu\varepsilon \tag{13.6}$$

μ 值的大小随材料的不同而异,最小为零,最大不超过 0.5,一般钢材大约取值为 0.2 ~0.3。上述纵向线应变 ε、横向线应变 ε' 以及泊松比 μ 均无量纲。

杆件受力引起变形,当杆中正应力不超过弹性限度时,图 13.8 所示等截面直杆在均匀轴向拉力作用下,其绝对伸长量 Δl 经实验测定与轴力 $\boldsymbol{F}_{\mathrm{N}}$、长度 l 成正比,与横截面面积成反比,取比例常数为 E,有

$$\Delta l = \frac{F_{\mathrm{N}} l}{EA} \tag{13.7}$$

将此式改写为

$$\frac{F_{\mathrm{N}}}{A} = E\frac{\Delta l}{l}$$

利用公式(13.1) 与(13.4),上式化为

$$\sigma = E\varepsilon \tag{13.8}$$

此式表明正应力与线应变成正比,比例常数为 E。式(13.7) 与式(13.8) 等价,都称为拉、压胡克定律(Hooke's Law)。前者是以轴力和绝对变形表示,而后者以应力和应变的形式表示。比例常数 E 称为材料的拉、压弹性模量(modulus of elasticity),与材料有关,其值见表13.1。从数学上讲,当 $\varepsilon = 1$ 时(即弹性变形等于原长),$E = \sigma$,就是说弹性模量相当于使杆件变形等于原长时杆内横截面上的应力。但这种解释对大多数材料而言是实现不了的,因为在这种状态出现之前早已进入弹塑性状态,或者已经破坏。E 与 σ 具有相同的单位。由于其值较大,一般用 GPa 表示。式(13.7) 中的 EA 与 Δl 成反比,EA 越大,拉压变形越小,因此,EA 起到抵抗拉、压变形的能力,一般称为抗拉、压刚度(rigidity of tension of compression)。

表 13.1　弹性模量及横向变形系数的数值

材料名称	牌号	E/GPa	μ
低碳钢		200 ~ 210	0.24 ~ 0.28
中碳钢	45	205	
低合金钢	16Mn	200	0.25 ~ 0.30
灰口铸铁		60 ~ 162	0.23 ~ 0.27
铝合金	LY_{12}	71	0.33
混凝土		15.2 ~ 36	0.16 ~ 0.18
木材(顺纹)		9 ~ 12	

【例 13.4】　梯形杆如图 13.9 所示,已知 AB 段面积为 $A_1 = 10\ \mathrm{cm}^2$,BC 段面积为 $A_2 = 20\ \mathrm{cm}^2$,材料的弹性模量 $E = 2 \times 10^5\ \mathrm{MPa}$,试求杆的总变形量。

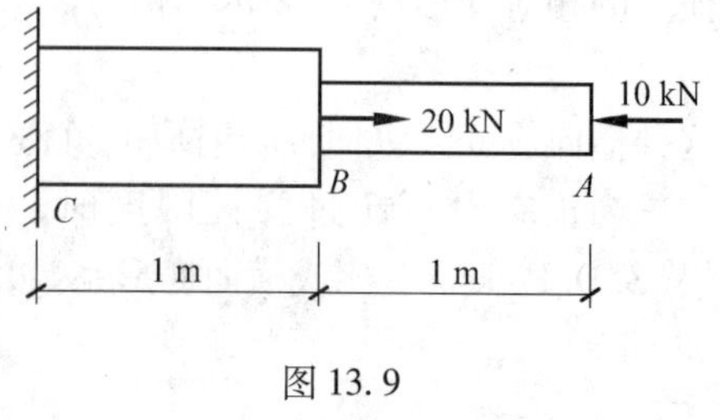

图 13.9

解: AB、BC 段轴力分别为

$$F_{NAB} = -10\ \mathrm{kN}$$
$$F_{NBC} = 10\ \mathrm{kN}$$

根据式(13.7),分别计算各段的变形为

$$\Delta l_{AB}=\frac{F_{NAB}l_{AB}}{EA_1}=\frac{-10\times10^3\times1}{2\times10^5\times10^6\times10\times10^{-4}}\ \text{m}=-0.000\ 05\ \text{m}=-0.05\ \text{mm}$$

$$\Delta l_{BC}=\frac{F_{NBC}l_{BC}}{EA_2}=\frac{10\times10^3\times1}{2\times10^5\times10^6\times20\times10^{-4}}\ \text{m}=0.000\ 025\ \text{m}=0.025\ \text{mm}$$

总变形量为

$$\Delta l_{AC}=\Delta l_{AB}+\Delta l_{BC}=-0.025\ \text{mm}(缩短)$$

【例13.5】　图13.10(a)所示杆系由钢杆1和2组成。已知杆端铰结,两杆与铅垂线均成 $\alpha=30^\circ$ 的角度,长度均为 $l=2$ m,直径均为 $d=25$ mm,钢的弹性模量为 $E=210$ GPa。设在结点 A 处悬挂一重量为 $G=100$ kN 的重物,试求结点 A 的位移 Δ_A。

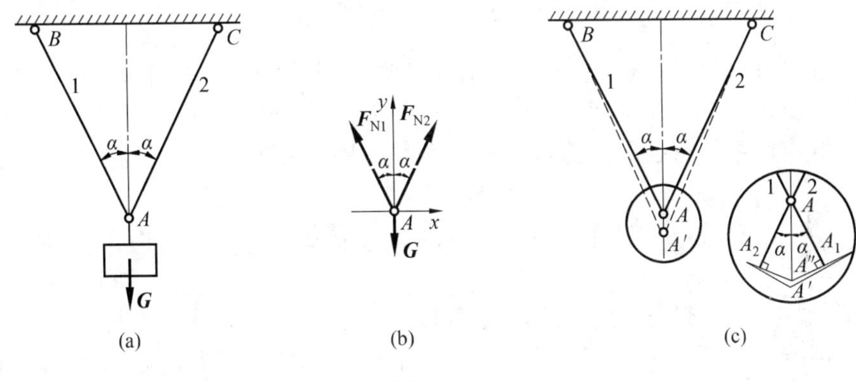

图13.10

解:由于两杆受力后伸长,而使 A 点有位移,为求出各杆的伸长,先求出各杆的轴力。

在微小变形情况下,求各杆的轴力时可将 α 角的微小变化忽略不计。假定各杆的轴力均为拉力(图13.10(b)),由结点 A 的平衡

$$\sum F_x=0,\quad F_{N2}\sin\alpha-F_{N1}\sin\alpha=0$$

$$\sum F_y=0,\quad F_{N1}\cos\alpha+F_{N2}\cos\alpha-G=0$$

解得各杆的轴力为

$$F_{N1}=F_{N2}=\frac{G}{2\cos\alpha}$$

结果都是正值,说明原先假定的拉力是正确的。将 F_{N1} 和 F_{N2} 代入式(13.7),得每杆的伸长量为

$$\Delta l_1=\Delta l_2=\frac{F_{N1}l}{EA}=\frac{Gl}{2EA\cos\alpha}$$

式中,A 为杆的横截面面积,$A=\frac{\pi}{4}d^2$。

为了求位移 Δ_A,可假想地将两杆在 A 点处拆开,并在其原位置上分别增加长度 Δl_1 和 Δl_2。显然,变形后两杆仍应铰结在一起,即应满足变形的几何相容条件。于是,分别以 B、C 为圆心,以两杆伸长后的长度 BA_1、CA_2 为半径作圆弧,它们的交点 A'(图13.10(c))即为 A 点的新位置。AA' 即为 A 点的位移。但因变形微小,故可过 A_1、A_2 分别作1、2两杆

的垂线以代替圆弧,两垂线交于A''(图13.10(c)),略去高阶微量,可认为$AA'=AA''$。由于问题在几何条件、物理性质及受力情况方面的对称性,故A'必与A在同一铅垂线上,因而由图13.10(c)可得

$$\Delta_A = AA' = \frac{\Delta l_1}{\cos\alpha}$$

得

$$\Delta_A = \frac{Gl}{2EA\cos^2\alpha}$$

再将已知数据代入上式,得

$$\Delta_A = \frac{100\times10^3\times2}{2\times210\times10^9\times\left[\frac{\pi}{4}\times(25\times10^{-3})^2\right]\cos^2 30^\circ}\ \text{m} = 0.000\ 13\ \text{m} = 0.13\ \text{mm}(\text{向下})$$

从上述计算可见,由静力平衡条件,计算杆件的轴力;由力 - 变形间物理关系,计算杆件的变形;最后由变形的几何相容条件,求得结点的位移。位移是指其位置的移动,变形与位移既有联系又有区别。变形是标量,而位移则是矢量。

13.3 材料在拉伸和压缩时的力学性能

为了科学地建立起强度条件、刚度条件以及稳定性条件,必须研究材料的力学性能。所谓力学性能,指的是材料在受力和变形过程中表现出的性能特性,它们是通过材料试验来测定的。实验证明,材料的力学性能(mechanical behavior)不仅与材料自身的性质有关,还与荷载的类别、温度条件等因素有关。

工程中使用的材料种类很多,习惯上根据试件在拉伸时塑性变形的大小分为塑性材料和脆性材料两类。例如,低碳钢、低合金钢为塑性材料;砖、混凝土、铸铁等为脆性材料。这两类材料的力学性能有明显的差别。

下面研究几种常用的工程材料在拉伸和压缩试验时所表现的力学性能。

13.3.1 低碳钢试件的拉伸图

普通低碳钢在钢结构中称为Q235,一般称为3号钢,钢筋混凝土结构中称为Ⅰ级钢,这种钢材的拉伸试验所反映出的力学性能(即力与变形的关系)是比较复杂和典型的,一般都以该项试验为基本试验。

试验应该在万能试验机上进行,试件应取国家规范规定的标准试件,其形状如图13.11所示,试件中部等断面的长度称为平行长度,在其间截取工作段长度以l表示,两端用划线器刻上两根细横线。工作段内保证应力是均匀的。标准试件工作段长度l与横截面面积A之间有确定的关系。对圆截面试件,有$l=10d$和$l=5d$,对矩形截面试件,有$l=11.3\sqrt{A}$和$l=5.65\sqrt{A}$。

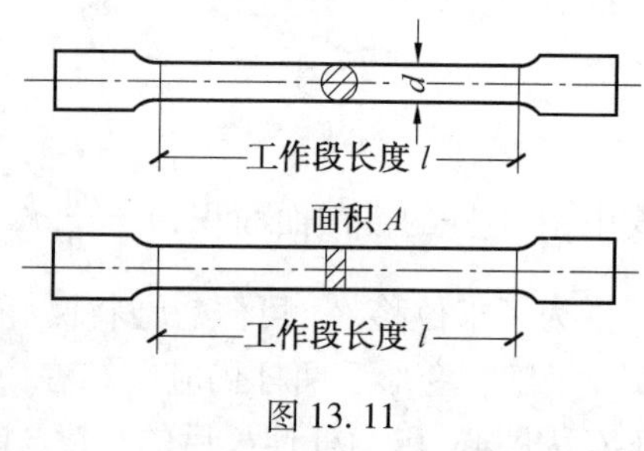

图13.11

有关万能试验机及拉伸试验的具体操作，将在实验课中说明，此处只将试验结果说明如下。

低碳钢试件在试验机中两端受到不断增长的轴向拉力 $\boldsymbol{F}$ 作用，试件中工作段部分将发生伸长变形 Δl，随着 F_N 的增长 Δl 也不断变化，以 Δl 为横坐标，以 F 为纵坐标，可以绘出直到试件拉断为止时的全部力与伸长的关系图（万能试验机中这种图是自动绘制的），此图称为拉伸图（tensile diagram）（图 13.12）。整个拉伸曲线按图形性质的不同，大约可分为四个阶段。

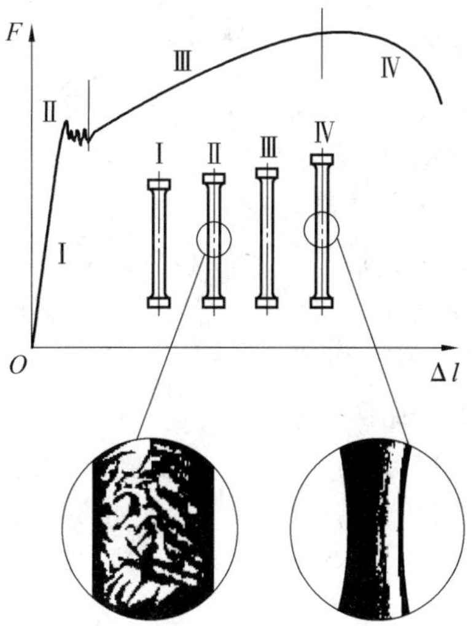

图 13.12

第 Ⅰ 阶段（线弹性阶段）：该段中既表现出弹性关系（卸载后变形能全部恢复），又呈现出力与变形的线性关系，即下式成立

$$\Delta l = \frac{F_N l}{EA}$$

第 Ⅱ 阶段（屈服阶段）：这一阶段，荷载几乎不增加（上下微小波动），而变形急剧增长，拉伸图大致成为一水平线（略去力的波动），这种荷载不增加、变形急剧增加的现象称为屈服或流动。就好像材料失去了抵抗变形的能力，此时的变形相当大的部分是塑性变形或称残余变形。如果原试件表面被磨光，此时可看到大约与轴线成 45° 的斜线，这些斜线的产生正是由前面所述 45° 斜截面上最大切应力所致，这些切应力使材料的晶格发生滑移，引起塑性变形。当塑性变形发展到一定程度后，屈服阶段结束。

第 Ⅲ 阶段（强化阶段）：屈服现象结束后欲使材料继续变形就必须继续增加荷载，材料反映出重新抵抗变形的能力，这是由材料晶体强化所致，这一阶段称为强化阶段，该阶段一直延续到荷载出现最大值为止。强化阶段反映出明显的塑性变形，纵向伸长量大大增加，同时横向出现明显的收缩。

第 Ⅳ 阶段（局部变形阶段）：荷载增加到最大值时，试件并未断裂，而是发生局部收缩，称为“颈缩”（necking），此时变形主要发生在“颈缩”的局部，称为局部变形阶段。由于杆件抵抗变形的能力仅限于局部，所以此时总荷载呈下降趋势，但局部变形继续发展，直到杆件最后断裂为两部分。

拉伸图虽然直观地反映了低碳钢的力学性能，但该图要受到试件尺寸的影响，取不同尺寸的试件，拉伸图就会各异。为了不受尺寸的影响，一种材料的力学性能仅用一个图形就能全面反映出来，下面给出低碳钢的应力应变曲线图。

13.3.2　低碳钢在拉伸时的力学性能

如图 13.13 所示，取轴力 $\boldsymbol{F}_N$ 与试件变形前的横截面面积 A 之比为纵坐标，称为名义应力，即

$$\sigma = \frac{F_N}{A}$$

取伸长量Δl与工作段长度l之比,即$\varepsilon=\dfrac{\Delta l}{l}$为横坐标,称为名义应变。此处之所以称名义应力与名义应变是由于A与l均为变形前的确定值,而杆件在实际变形中特别是在屈服以后,截面与长度的实际值将会明显变化。采用现在这种坐标系后,σ与F_N只差一倍数,ε与Δl也只差某一倍数,故由σ与ε组成的曲线(即图13.13所示应力应变曲线)与F_N和Δl组成的曲线是相似的。由于应力应变曲线与试件尺寸无关,一种材料用一个图形就可以反映其全部力学性能,这样就可以用反映图形性质变化的某些点的应力值来表示材料不同阶段的力学性能。

1. 比例极限

应力与应变成正比变化的最大应力称为比例极限(proportional limit)(即图中A点的纵坐标,用σ_p表示)。在此极限内应力应变满足胡克定律式(13.8),由此可得

$$E=\frac{\sigma}{\varepsilon}=\tan\alpha$$

其中α角(图13.13)为直线OA与ε轴的夹角,由此式不难看出α越大弹性模量值E越大。

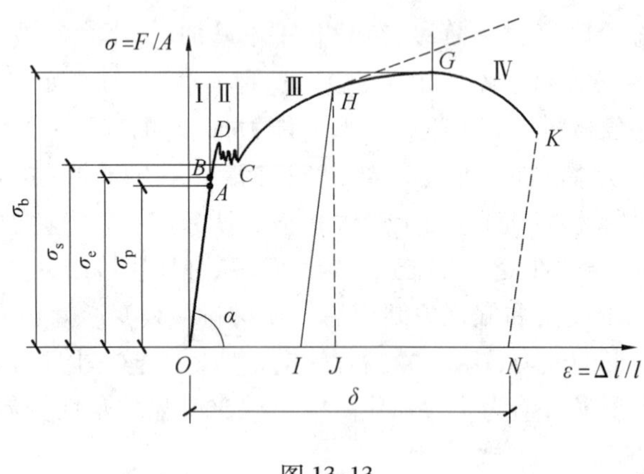

图13.13

2. 弹性极限

卸载后不发生塑性变形的最高应力称为弹性极限(elastic limit)(图中B点的纵坐标,用σ_e表示)。对低碳钢而言,A、B两点几乎重合,因此这种材料的比例极限与弹性极限可近似为一个值,即$\sigma_p=\sigma_e$,当应力不超过此值时,该材料满足线弹性关系。

3. 屈服极限

屈服极限一般指发生屈服现象时的应力值,但由于开始屈服时应力处于不稳定状态,随着加载速度的不同,最高屈服应力(D点所对应的纵坐标)变动很大,国家规范规定取第二次下降到最低点时的应力值(C点所对应的纵坐标)为材料的屈服极限(yielding limit)或流动极限,用σ_s表示。

4. 强度极限

按名义应力计算的最大应力(G点所对应的纵坐标值)称为材料的强度极限(ultimate limit)(用σ_b表示)。它表征了材料对拉伸变形的极限抗力。但严格讲,此时试

件尚未断裂，而是产生“颈缩”，不过这时材料已失去对原有荷载的抵抗能力，局部变形是在降低荷载下发生的。由于局部横向收缩比荷载下降速度更快，因此实际的应力（见图中虚线）应在断裂时最大。工程应用中并不以此应力为破坏极限，因为从工程角度考虑“颈缩”实际上象征着破坏的开始。

从材料的强度与刚度考虑，低碳钢的屈服极限 σ_s 与强度极限 σ_b 是两个重要指标。

5. 冷作硬化现象

在强化阶段的某点 H 若卸掉荷载，则应力应变曲线将如图 13.13 所示沿与 OA 平行的直线 HI 返回，此时 IJ 属于可恢复的弹性应变，而 OI 则属于不能恢复的塑性应变。如果卸载后立刻继续加载，则应力应变曲线将沿 IH 上升直到 H 点，进一步加载，基本上保持原强化曲线。这一现象表明，低碳钢若预先拉到强化阶段后全部卸载，则重新受力过程中线弹性阶段将明显增加（比较 IH 与 OB）。但与未经预拉材料相比，整个塑性应变将大大减少（比较 ON 与 IN）。这种强度有所提高而塑性有所降低的现象称为材料的冷作硬化（harden）。卸载后经过一段时间再继续加载，强度还要提高，称为“冷拉时效”，详见《钢筋混凝土结构》。

6. 延伸率与断面收缩率

材料塑性变形的程度是衡量材料塑性的重要指标，而塑性变形的大小既可以沿试件纵向取值，又可以按横向计算。一般以试件断裂后工作段的总长 l_1 减去加载前工作段的总长 l 再除以加载前工作段的总长作为纵向塑性变形的指标，称为延伸率，此延伸率即为图 13.13 中的 δ。有

$$\delta = \frac{l_1 - l}{l} \times 100\% \tag{13.9}$$

通常给出 δ 的指标是 $l = 10d$ 试件的试验结果。以试件断裂后断口横截面面积 A_1 为准的另一塑性指标，称为断面收缩率 ψ，有

$$\psi = \frac{A - A_1}{A} \times 100\% \tag{13.10}$$

式中，A 为原试件横截面面积。

对于 Q235 钢，$\delta = 20\% \sim 30\%$，$\psi = 60\%$ 左右，这种塑性变形很大的材料称为塑性材料。

13.3.3　其他材料在拉伸时的力学性能

图 13.14 中给出了几种典型的金属材料在拉伸时的应力应变曲线。这些材料与低碳钢相同之处是都存在线弹性阶段和强化阶段，同时延伸率也都比较大，都属于塑性材料。铝合金还具有局部收缩阶段而锰钢则没有这种现象。这些材料与低碳钢不同之处在于都没有明显的屈服阶段，这种没有屈服阶段的材料，一般用名义屈服极限作为衡量材料强度的指标。人为规定取塑性应变为0.2% 时的应力值 $\sigma_{0.2}$ 为名义屈服极限，具体作法如图 13.15 所示，图中 CD 与弹性阶段

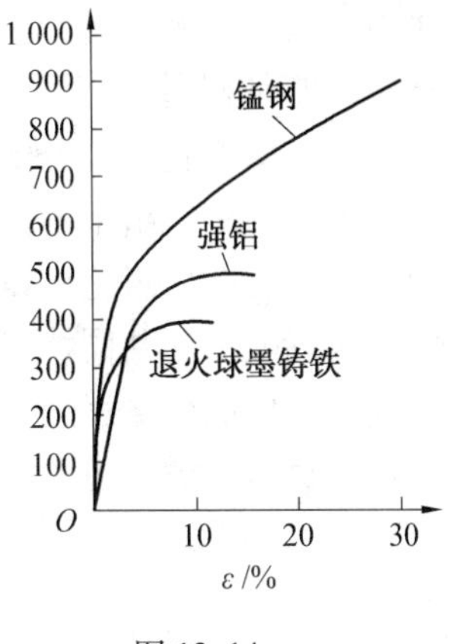

图 13.14

直线平行。这种作法是基于卸载规律而得出的。图 13.16 绘出了灰口铸铁与玻璃钢的应力应变图。由图可以看出这两种材料的延伸率是相当小的,特别是灰口铸铁,只有 0.4% 左右。通常认为延伸率 $\delta < 5\%$ 的材料为脆性材料,反之为塑性材料。

图 13.16 中给出的这两种材料均为脆性材料,脆性材料的特点除破坏时变形很小外,反映强度的指标基本上只有一个强度极限 σ_b。至于是否符合线弹性则视材料的不同而异,玻璃钢几乎到断裂前一直是线性关系,而灰口铸铁只能近似看成直线。

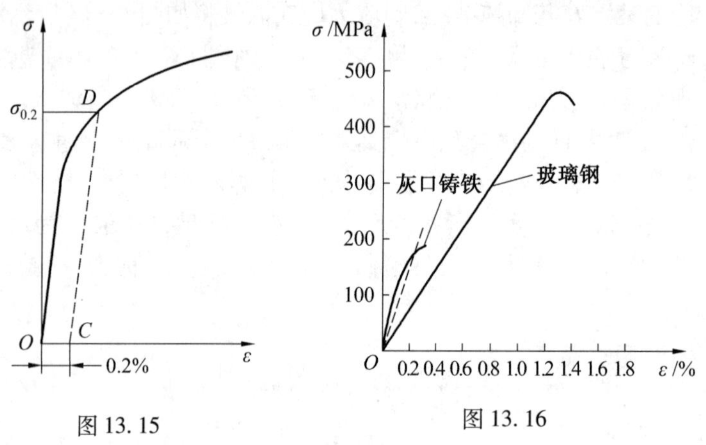

图 13.15　　图 13.16

13.3.4　材料在压缩时的力学性能

压缩试验中,为了防止试件被压弯,通常采用圆截面或正方形截面的短柱体(图 13.17),其长度 l 与横截面直径 d 或边长 b 的比值一般规定为 1 ~ 3。

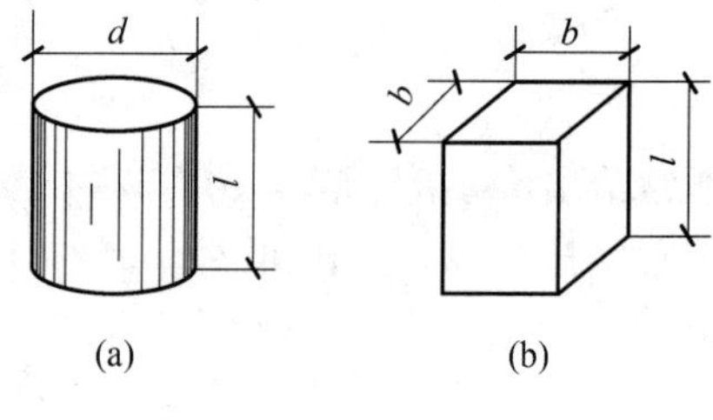

图 13.17

图 13.18 给出了低碳钢压缩时的应力应变曲线图,为了对比用虚线画出了拉伸时的相应曲线,由图中不难看到,压缩曲线与拉伸曲线在强化阶段前几乎完全相同,只有在强化一段后曲线才逐渐分离,又由于低碳钢压缩试件越压越扁,无法测出其强度极限,因此若以屈服极限 σ_s 为拉压的强度指标,则可以说低碳钢的抗拉与抗压性能是相同的。

这一结论就大部分塑性材料而言是成立的。

图 13.19 给出了铸铁在压缩时的应力应变曲线,为了对比用虚线画出了铸铁拉伸时的应力应变图。对比可以发现,铸铁抗压强度极限要远远大于抗拉强度极限,这是一般脆性材料反映出的共同特点,例如砖、石、混凝土等都有此特点。另一方面,铸铁在压缩时所产生的塑性应变也远远大于在拉伸时的塑性应变。由此可以看到,铸铁是一种抗压性能很强的材料。需要注意的是,铸铁不论受拉受压,其线弹性阶段只能是近似的。

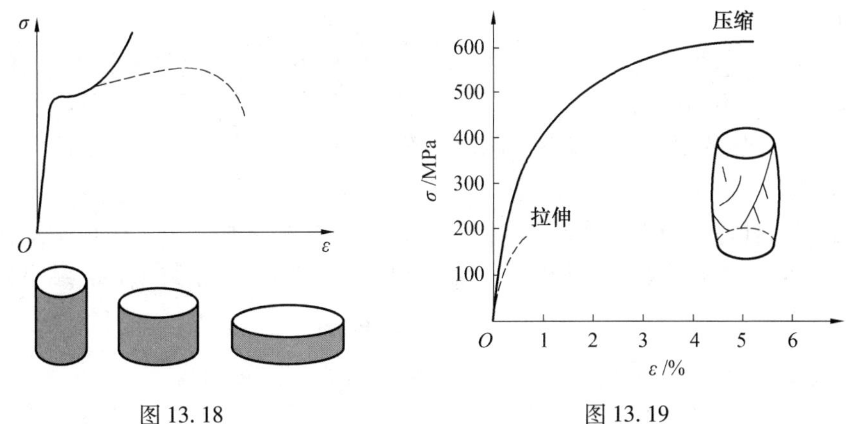

图 13.18　　　　图 13.19

有关砖石、混凝土和木材等力学性能此处就不再进行更详细的介绍,使用时可查有关规范。

13.3.5　塑性材料和脆性材料的主要区别

塑性材料的主要特点是:塑性指标较高,抗拉断和承受冲击能力较好,其强度指标主要是屈服极限 σ_s,并且拉、压时具有相同值。

脆性材料的主要特点是:塑性指标很低,抗拉能力远远低于抗压能力,其强度指标只有强度极限。此外脆性材料对应力集中现象非常敏感,很容易由应力集中处首先产生破坏,而塑性材料由于屈服现象的存在,可以使应力集中趋向均匀,因此对应力集中现象并不敏感。上述区别都是在常温、静荷载条件下所反映出来的。当条件改变,例如在高温条件下脆性材料会呈现出塑性性质,而在冲击荷载下有时塑性材料又会呈现出脆性破坏,因此说塑性与脆性又是相对的。

13.4　轴向拉(压)杆的强度条件

13.4.1　许用应力和安全因数

前面已经介绍了杆件在拉伸或压缩时最大工作应力的计算,以及材料在荷载作用下所表现的力学性能。但是,杆件是否会因强度不够而发生破坏,只有把杆件的最大工作应力与材料的强度指标联系起来,才有可能作出判断。

前述试验表明,当正应力达到强度极限 σ_b 时,会引起断裂;当正应力达到屈服极限 σ_s 时,将产生屈服或出现显著的塑性变形。构件工作时发生断裂是不容许的,构件工作时发生屈服或出现显著的塑性变形也是不容许的。所以,从强度方面考虑,断裂是构件破坏或失效的一种形式,同样,屈服也是构件失效的一种形式。

根据上述情况,通常将强度极限与屈服极限统称为极限应力,并用 σ_u 表示。对于脆性材料,强度极限是唯一强度指标,因此以强度极限作为极限应力;对于塑性材料,由于其屈服应力 σ_s 小于强度极限 σ_b,故通常以屈服应力作为极限应力。对于无明显屈服阶段的塑性材料,则用$\sigma_{0.2}$作为极限应力。

在理想情况下,为了充分利用材料的强度,应使材料的工作应力接近于材料的极限应力,但实际上这是不可能的,因为实际工程中有很多不确定的因素,都有可能使构件的实际工作条件比设想的要偏于危险。因此为了确保构件能正常工作,应给以适当的强度储备。

由此可见,杆件的最大工作应力σ_{max}应小于材料的极限应力σ_u,而且还要有一定的安全储备。因此,在选定材料的极限应力后,除以一个大于1的系数n,所得结果称为许用应力,即

$$[\sigma]=\frac{\sigma_u}{n}$$

式中,n为安全因数。

确定材料的许用应力就是确定材料的安全因数。确定安全因数并不是单纯的力学问题,同时还包括了工程上的考虑及复杂的经济问题。工程中应该选择适当的安全因数,因为安全因数取小了会影响构件的安全性;取大了则会影响经济性。下面粗略地给出安全因数的大致范围。在静荷载下,对于塑性材料,按屈服应力规定的安全因数n_s取用,通常取为1.5 ~ 2.2;对于脆性材料,按强度极限所规定的安全因数n_b取用,通常取为3.0 ~ 5.0,甚至更大。

13.4.2 轴向拉(压)杆的强度条件

根据以上分析,为了保证拉(压)杆在工作时不致因强度不够而破坏,杆内的最大工作应力σ_{max}不得超过材料的许用应力$[\sigma]$,即

$$\sigma_{max}=\left(\frac{F_N}{A}\right)_{max}\leqslant[\sigma] \tag{13.11}$$

式(13.11)为拉(压)杆的强度条件。

对于等截面杆,上式变为

$$\sigma_{max}=\frac{F_{Nmax}}{A}\leqslant[\sigma] \tag{13.12}$$

13.4.3 强度条件的应用

应用强度条件$\sigma_{max}=\dfrac{F_{Nmax}}{A}\leqslant[\sigma]$可以解决如下三个方面的问题:

第一类问题是强度校核(check of strength)。已知荷载、杆件尺寸及材料的许用应力,根据强度条件校核是否满足强度要求。

第二类问题是截面设计(design of section)。已知荷载及材料的许用应力,确定杆件所需的最小横截面面积。对于等截面拉(压)杆,其所需横截面面积为

$$A\geqslant\frac{F_{Nmax}}{[\sigma]}$$

第三类问题是计算许可荷载。已知杆件的横截面面积及材料的许用应力,根据强度

条件可以确定杆件能承受的最大轴力，从而计算出其所允许承载的荷载，称为许可荷载计算，即

$$F_{\mathrm{Nmax}} \leqslant [\sigma]A$$

在以上的计算中，都要用到材料的许用应力。工程中常用材料在一般情况下的许用拉(压)应力的约值在表 13.2(仅适用于常温、静荷载和一般工作条件下的拉杆和压杆)中给出。

表 13.2　常用材料的许用应力约值

材料名称	牌号	许用应力/MPa	
		轴向拉伸	轴向压缩
低碳钢	Q235	170	170
低合金钢	Q345	230	230
灰铸铁		34 ~ 54	160 ~ 200
混凝土	C20	0.44	7
混凝土	C30	0.6	10.3
红松(顺纹)		6.4	10

【例 13.6】 如图 13.20 所示的等直杆由铸铁制成，已知 $F_1 = 2$ kN，$F_2 = 3$ kN，$F_3 = 2$ kN，其横截面面积 $A = 50\ \mathrm{mm}^2$，材料的许用拉应力 $[\sigma_t] = 40$ MPa，许用压应力 $[\sigma_c] = 100$ MPa，试校核杆件的强度。

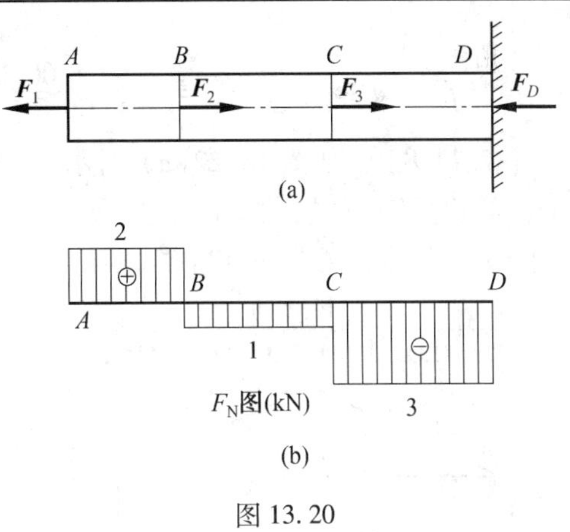

图 13.20

解：对由抗拉、抗压性能不同的材料制成的杆件或工程构件进行强度计算时，应使其拉伸、压缩强度均满足强度条件，杆件或结构才能安全正常地工作。内力分析是强度计算的基础，进一步求出危险点处的工作应力，最后运用公式进行强度计算。

(1) 内力分析

用截面法分段求轴力并作轴力图，如图 13.20(b) 所示。由轴力图可知：AB 段内各横截面上的轴向拉力最大，$F_{NAB} = 2$ kN；而 CD 段内各横截面上的轴向压力最大，$F_{NCD} = -3$ kN。这些截面上的各点均为危险点。

(2) 求最大拉应力和最大压应力

$$\sigma_{\mathrm{tmax}} = \frac{F_{\mathrm{Nmax}}}{A} = \frac{2 \times 10^3}{50 \times 10^{-6}}\ \mathrm{Pa} = 40 \times 10^6\ \mathrm{Pa} = 40\ \mathrm{MPa}$$

$$\sigma_{\mathrm{cmax}} = \frac{F_{\mathrm{Nmax}}}{A} = \frac{3 \times 10^3}{50 \times 10^{-6}}\ \mathrm{Pa} = 60 \times 10^6\ \mathrm{Pa} = 60\ \mathrm{MPa}$$

(3) 强度校核

$$\sigma_{\mathrm{tmax}} = 40\ \mathrm{MPa} = [\sigma_t] = 40\ \mathrm{MPa}$$
$$\sigma_{\mathrm{cmax}} = 60\ \mathrm{MPa} < [\sigma_c] = 100\ \mathrm{MPa}$$

则杆 AD 满足强度条件。

【例 13.7】 一钢筋混凝土组合屋架,如图 13.21(a) 所示,受均布荷载 $q=10\ \text{kN/m}$,屋架的上弦杆 AC 和 BC 由钢筋混凝土制成,下弦杆 AB 为 Q235 钢制成的圆截面钢拉杆。已知 $l=8.8\ \text{m}$,$h=1.6\ \text{m}$,钢的许用应力 $[\sigma]=170\ \text{MPa}$,试设计钢拉杆 AB 的直径。

解:(1) 求支座反力 $\boldsymbol{F}_A$ 和 $\boldsymbol{F}_B$,因屋架及荷载左右对称,所以

$$F_A/\text{kN}=F_B=\frac{1}{2}ql=\frac{1}{2}\times 10\times 8.8=44$$

(2) 用截面法求拉杆内力 $\boldsymbol{F}_{\text{N}AB}$,取左半个屋架为隔离体,受力如图 13.21(b) 所示。

$$\sum M_C=0,\quad F_A\times 4.4-q\times\frac{l}{2}\times\frac{l}{4}-F_{\text{N}AB}\times 1.6=0$$

$$F_{\text{N}AB}=(F_A\times 4.4-q\times\frac{l}{2}\times\frac{l}{4})/1.6=60.5\ \text{kN}$$

(3) 设计 Q235 钢拉杆 AB 的直径。由强度条件

$$\frac{F_{\text{N}AB}}{A}=\frac{4F_{\text{N}AB}}{\pi d^2}\leqslant[\sigma]$$

得

$$d\geqslant\sqrt{\frac{4F_{\text{N}AB}}{\pi[\sigma]}}=\sqrt{\frac{4\times 60.5}{3.14\times 170}}\ \text{m}=0.021\ 29\ \text{m}=21.29\ \text{mm}$$

【例 13.8】 如图 13.22(a) 所示,简易起重设备,杆 AC 由两根 80 mm × 80 mm × 7 mm 等边角钢组成,杆 AB 由两根 10 号工字形钢组成。材料为 Q235 钢,许用应力 $[\sigma]=170\ \text{MPa}$。试求许可荷载。

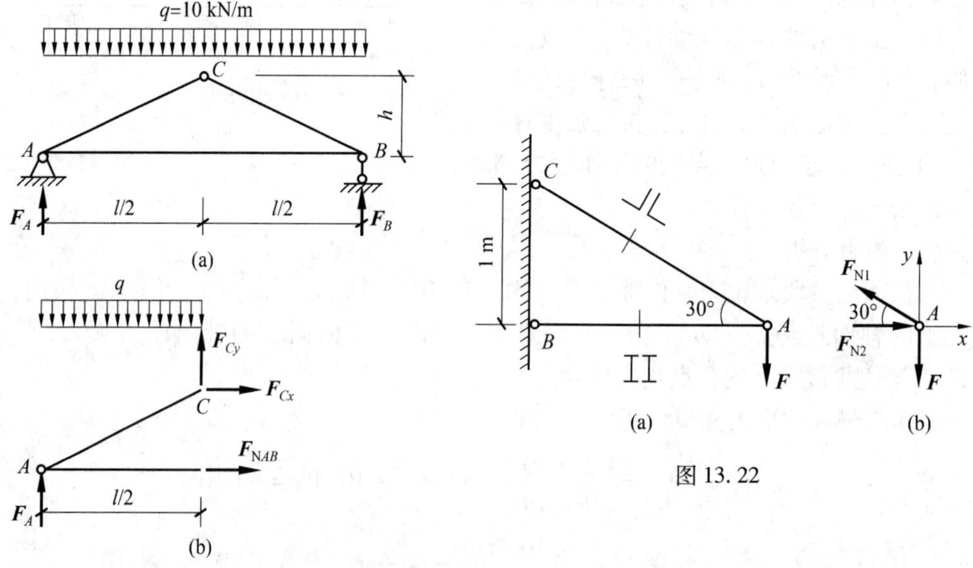

图 13.21

图 13.22

解:(1) 杆件轴力与荷载 $\boldsymbol{F}$ 的关系

取结点 A 为研究对象,并假设杆 AC 的轴力 $\boldsymbol{F}_{\text{N1}}$ 为拉力,杆 AB 的轴力 $\boldsymbol{F}_{\text{N2}}$ 为压力,如图 13.22(b) 所示。由结点 A 的平衡方程,有

$$\sum F_y = 0, \quad F_{N1}\sin 30° - F = 0$$

$$\sum F_x = 0, \quad F_{N2} - F_{N1}\cos 30° = 0$$

解得

$$F_{N1} = 2F, \quad F_{N2} = 1.732F$$

（2）各杆的许可轴力

由型钢表查得杆 AC 的横截面面积 $A_1 = (1\ 086 \times 10^{-6}\ \text{m}^2) \times 2 = 2\ 172 \times 10^{-6}\ \text{m}^2$，杆 AB 的横截面面积 $A_2 = (1\ 430 \times 10^{-6}\ \text{m}^2) \times 2 = 2\ 860 \times 10^{-6}\ \text{m}^2$。根据强度条件

$$\sigma_{\max} = \frac{F_{N\max}}{A} \leqslant [\sigma]$$

得两杆的许可轴力分别为

$$[F_{N1}] \leqslant (170 \times 10^6) \times 2\ 172 \times 10^{-6}\ \text{N} = 369.24 \times 10^{-3}\ \text{N} = 369.24\ \text{kN}$$

$$[F_{N2}] \leqslant (170 \times 10^6) \times 2\ 860 \times 10^{-6}\ \text{N} = 486.20 \times 10^3\ \text{N} = 486.20\ \text{kN}$$

（3）各杆对应的许可荷载

$$[F_1] = \frac{[F_{N1}]}{2} = \frac{369.24\ \text{kN}}{2} = 184.6\ \text{kN}$$

$$[F_2] = \frac{[F_{N2}]}{1.732} = \frac{486.20\ \text{kN}}{1.732} = 280.7\ \text{kN}$$

所以，结构的最大许可荷载应取 184.6 kN。

习题课选题指导

1. 一桁架的受力及各部分尺寸如图 13.23 所示，若 $F = 25$ kN，各杆的横截面面积均为 $A = 250\ \text{mm}^2$。试求 AB 杆横截面上的应力。

2. 如图 13.24 所示，拉杆承受轴向拉力 $F = 10$ kN，杆的横截面面积为 $A = 100\ \text{mm}^2$。如以 α 表示斜截面与横截面的夹角，试求：

（1）当 $\alpha = 0°$、$30°$、$-60°$ 时各截面上的正应力和切应力，并用图表示其方向。

（2）拉杆的最大正应力和最大切应力及其作用的截面。

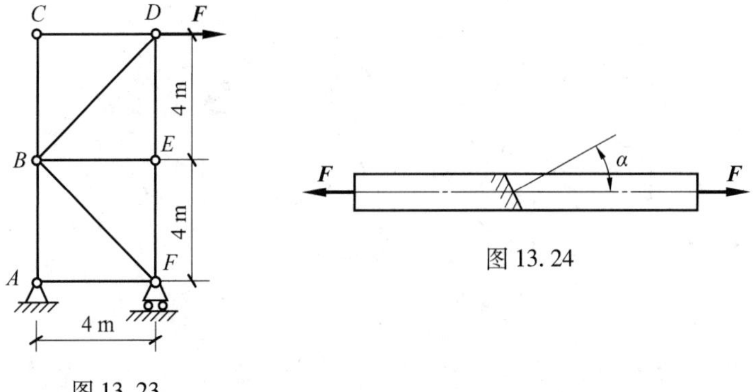

图 13.23

图 13.24

3. 已知阶梯形直杆受力如图 13.25 所示，材料的弹性模量 $E = 200$ GPa，杆各段的横截面面积分别为 $A_{AB} = A_{BC} = 1\ 500\ \text{mm}^2$，$A_{CD} = 1\ 000\ \text{mm}^2$。试计算：

(1) 杆的总伸长量;

(2) 每段的线应变。

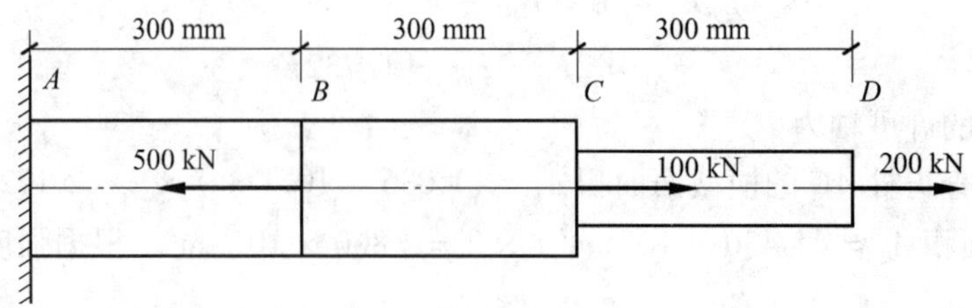

图 13.25

4. 钢木组合桁架的尺寸和计算简图如图 13.26 所示。已知 $F = 16$ kN,钢的许用应力 $[\sigma] = 170$ MPa。试选择钢拉杆 DI 的直径 d。(提示:用 mm 截面截开结构,研究左半部分,求出 DI 杆轴力,再设计其直径。)

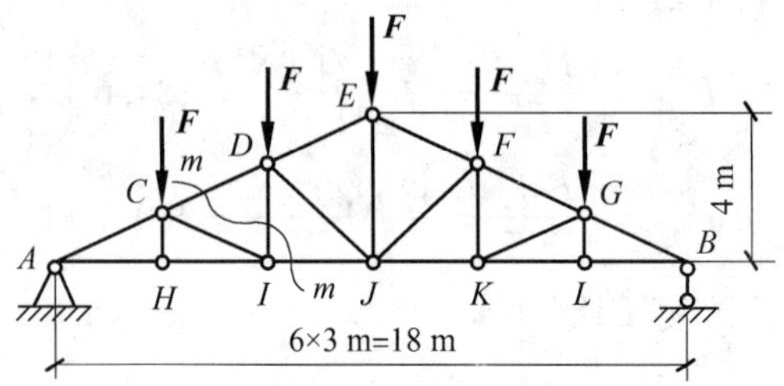

图 13.26

5. 如图 13.27(a) 所示的三角构架,AB 为圆截面钢杆,直径 $d = 30$ mm,BC 为矩形截面木杆,尺寸为 $b \times h = 60\ \text{mm} \times 120\ \text{mm}$。已知钢的许用应力 $[\sigma]_{钢} = 170$ MPa,木材的许用应力 $[\sigma]_{木} = 10$ MPa。试求该结构的许用荷载。(提示:根据两杆允许的最大轴力分别计算结构的许用荷载,然后取其数值小的为结构的实际许用荷载。)

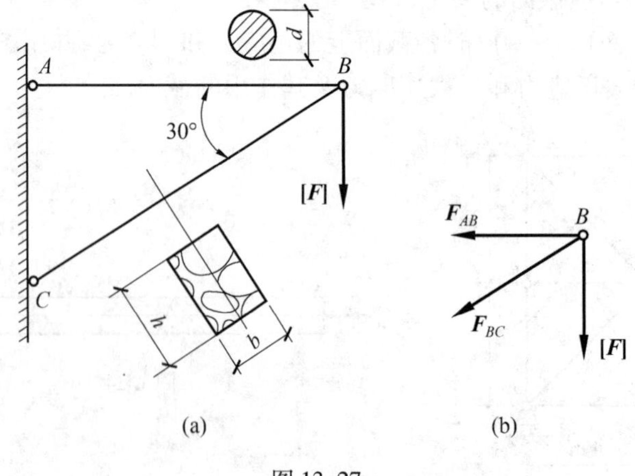

图 13.27

第14章

剪切与扭转

14.1　剪切的基本概念

14.1.1　剪切的概念与实例

工程中有一些连接件,如铆钉(图14.1(a))、销钉(图14.1(b))、螺栓(图14.1(c))、键(图14.1(d)、(e))和榫(图14.1(f))等,其尺寸虽小,却起到传递力的作用。其中的铆钉、销钉、螺栓和键,是主要发生剪切变形的构件。

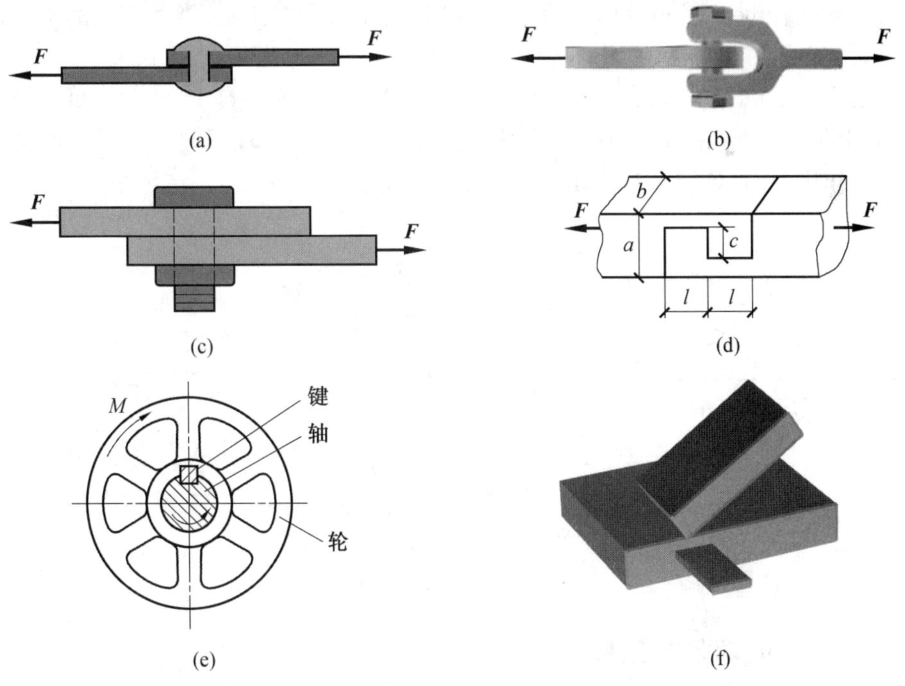

图14.1

剪切变形(shearing deformation)是杆件的四种基本变形之一,下面以螺栓连接(bolted joints)(图14.2(a))为例,介绍剪切变形的外力特点和变形特点。螺栓的受力情况如图14.2(b)所示。显然,螺杆所受外力垂直于杆轴线方向,其合力大小相等、方向相反、作用线距离很近,可将螺杆的受力进一步简化成图14.2(c)所示的形式,这就是剪切变形的外力特点。此时,截面 ab 相对于截面 cd 将发生错动,如图14.2(d)所示,此即剪切的变形特点。此时,若变形过大,杆件将在两个外力作用面之间的某一截面 mm 处被剪断,被剪断的截面称为剪切面。当螺栓抗剪能力不足时,可能沿 mm 截面将螺栓剪断。

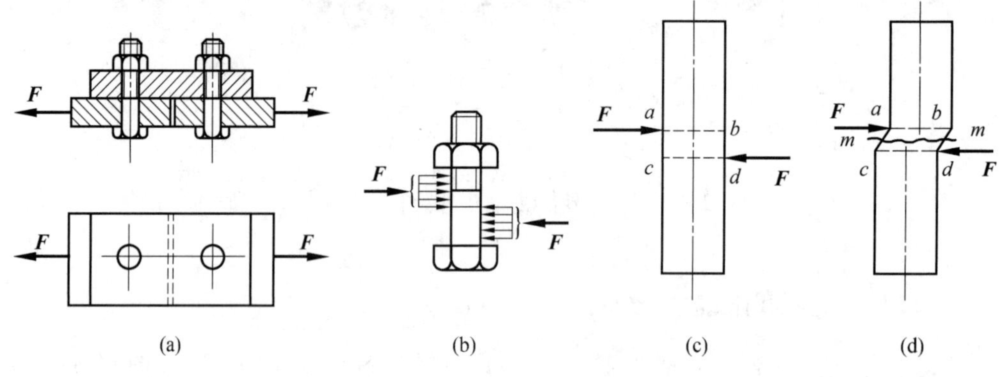

图14.2

图14.3所示为几种可能由于剪切而破坏的工程实例。图14.3(a)所示一木屋架端结点的榫连接(grooves joints),由于上弦杆 $\boldsymbol{F}_{N2}$ 的水平分力作用,当下弦端部木材抗剪能力不足时,有可能沿 mm 截面将木端头推出(实际是沿 mm 剪断)。图14.3(b)所示一钢筋混凝土方形柱位于承台板上,当柱所受 $\boldsymbol{F}$ 力逐渐增大,连同自重影响,有可能压穿基础板,实质上是沿4个相同的 mm 截面将基础板剪切开。图14.3(c)所示一墙体在风荷载或水平地震作用下,有可能沿某一较薄弱的 mm 面切开。

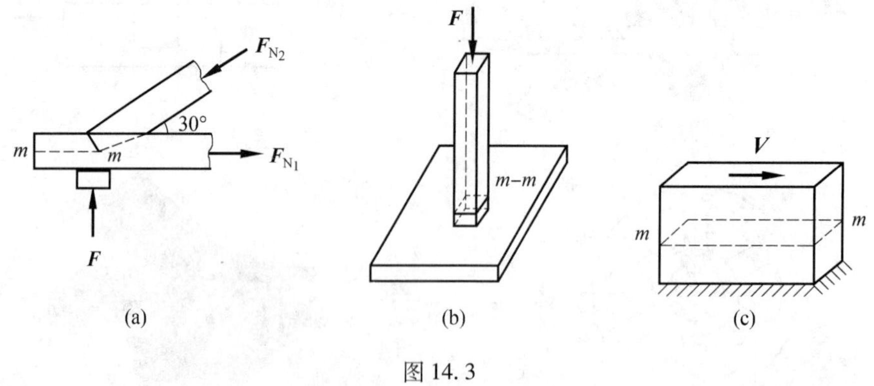

图14.3

14.1.2 剪切强度条件

剪切面上的内力可用截面法求得。假想将螺栓沿剪切面截开,分为上下两部分,任取其中一部分为研究对象,此处保留的是下部,如图14.4所示。

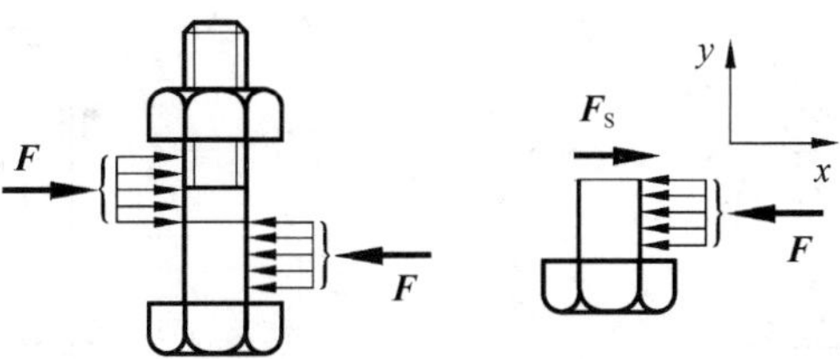

图 14.4

由平衡条件可知,剪切面上的内力 F_S 必然与外力方向相反,列平衡方程:

$$\sum F_x = 0, \quad F - F_S = 0$$

求得

$$F_S = F$$

这种平行于截面的内力 $\boldsymbol{F}_S$ 称为剪力。

由于剪切面上的剪力是与剪切面相切的,可以推断,在剪切面上有切应力 $\boldsymbol{\tau}$ 存在。由于连接件尺寸较小,切应力在剪切面上的分布情况十分复杂,工程上通常采用一种以试验及经验为基础的实用计算方法,假定剪切面上的切应力 $\boldsymbol{\tau}$ 是均匀分布的。因此,有

$$\tau = \frac{F_S}{A_S} \tag{14.1}$$

式中,A_S 为剪切面面积;F_S 为剪切面上的剪力。

以上计算是以假设“切应力在剪切面上均匀分布”为基础的,实际上求得的只是剪切面内的一个“平均切应力”,所以也称为名义切应力(nominal shearing stress)。

为保证构件不发生剪切破坏,就要求剪切面上的名义切应力不超过材料的许用切应力,即剪切时的强度条件为

$$\tau = \frac{F_S}{A_S} \leqslant [\tau] \tag{14.2}$$

式中,$[\tau]$ 为许用切应力,它是由剪切破坏时的名义剪切极限应力 $\boldsymbol{\tau}_u$,再除以安全系数得到的,即 $[\tau] = \dfrac{\tau_u}{n}$,与扭转、弯曲变形中的许用切应力 $[\tau]$ 不同,$\boldsymbol{\tau}_u$ 由试验测得。

对于多个连接件,首先要确定各连接件上的受力情况。在拉(压)连接头处,连接件所受外力按受剪面积分配,只有当各连接件的受剪面积相等时,各连接件的受力数值才相等;当连接件的受剪面积不等时,其第 i 个连接件的受力数值为

$$F_i = \frac{FA_i}{\sum A_i}$$

式中,A_i 为第 i 个连接件的受剪面面积;$\sum A_i$ 为全部连接件的总截面积;F 为合力;F_i 为第 i 个连接件所承受的力。

【例 14.1】　电瓶车挂钩由插销连接(图 14.5(a))。插销材料为 20 号钢,$[\tau] = 30$ MPa,直径 $d = 20$ mm。挂钩及被连接的板件的厚度分别为 $\delta = 8$ mm 和 $1.5\delta = 12$ mm,牵引力 $F = 15$ kN,试校核插销的剪切强度。

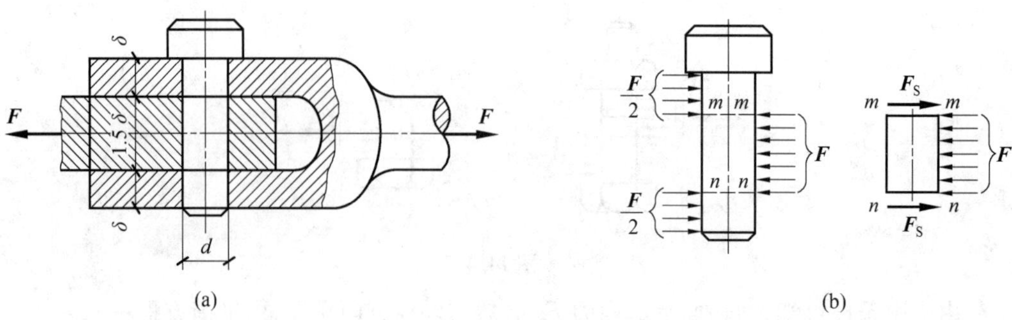

(a) (b)

图 14.5

解:插销受力如图 14.5(b) 所示。根据受力情况,插销中段相对于上、下两段,沿 $m-m$ 和 $n-n$ 两个面向左错动。所以有两个剪切面,称为双剪切。由平衡方程容易求出

$$F_S = \frac{F}{2}$$

插销横截面上的切应力为

$$\tau = \frac{F_S}{A} = \frac{15 \times 10^3}{2 \times \frac{\pi}{4} \times (20 \times 10^{-3})^2}\ \text{Pa} = 23.9 \times 10^6\ \text{Pa} = 23.9\ \text{MPa} < [\tau] = 30\ \text{MPa}$$

故插销满足剪切强度要求。

【例 14.2】 如图 14.6(a) 所示,已知钢板厚度 $\delta = 10$ mm,其剪切极限应力为 $\tau_u = 300$ MPa。若用冲床将钢板冲出直径 $d = 25$ mm 的孔,问需要多大的冲剪力 F?

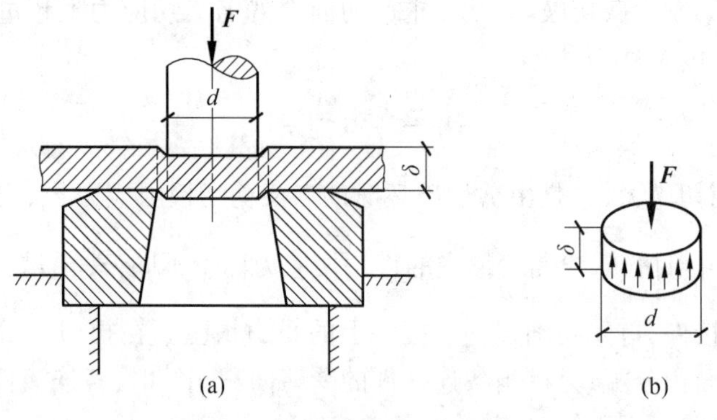

(a) (b)

图 14.6

解:剪切面是钢板内被冲头冲出的圆柱体的柱形侧面,如图 14.6(b) 所示。其面积为

$$A/\text{m}^2 = \pi d\delta = \pi(25 \times 10^{-3})(10 \times 10^{-3}) = 785 \times 10^{-6}$$

冲孔所需要的冲剪力应为

$$F \geqslant A\tau_u = 785 \times 10^{-6} \times 300 \times 10^6\ \text{N} = 236 \times 10^3\ \text{N} = 236\ \text{kN}$$

14.1.3 挤压强度条件

在铆钉连接中(图 14.7(a)),铆钉在受剪切的同时,作用在钢板上的拉力 $\boldsymbol{F}$,通过钢板与铆钉的接触面传递给铆钉,在铆钉和板的接触面上因互相压紧会产生相互挤压,称为

挤压(bearing)。两构件的接触面称为挤压面(图 14.7(b)),作用于接触面上的压力称为挤压力(bearing section),挤压面上的压应力称为挤压应力。挤压应力也是一种压应力,但与轴向压缩时的压应力不同,挤压应力 σ_{bs} 只限于接触面附近区域内的局部压应力,一般情况下,挤压应力呈非均匀分布。挤压破坏的本质是连接件或被连接件产生显著的局部塑性变形。

当挤压应力过大时,强度较小的构件在挤压面上将产生较大的塑性变形,或者孔壁边缘受压起"皱"(图 14.7(c)),使钢板的圆孔变成椭圆,或者铆钉局部被压"扁"(图 14.7(d)),从而引起连接松动,这就是挤压破坏。因此,连接件除了需要计算剪切强度外,还要进行挤压强度计算。

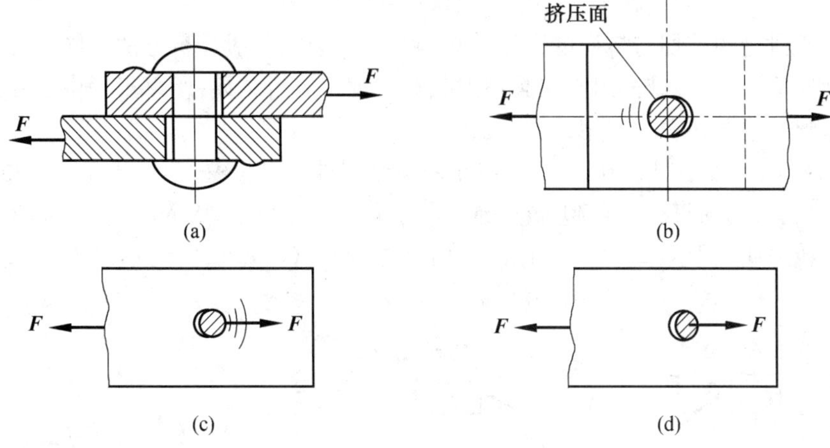

图 14.7

挤压应力在挤压面上的分布也很复杂,如图 14.8(a) 所示。因此也采用实用计算法,假定挤压应力均匀地分布在计算挤压面上,这样,平均挤压应力为

$$\sigma_{bs} = \frac{F_{bs}}{A_{bs}} \tag{14.3}$$

式中,F_{bs} 为挤压面上的作用力;A_{bs} 为计算挤压面积。A_{bs} 等于实际挤压面垂直于挤压力方向的投影面积,当接触面为平面时,接触面的面积就是计算挤压面积,当接触面为半圆柱面时,圆柱体的直径平面为计算挤压面积(图 14.8(b)),此时 $A_{bs} = dt$。

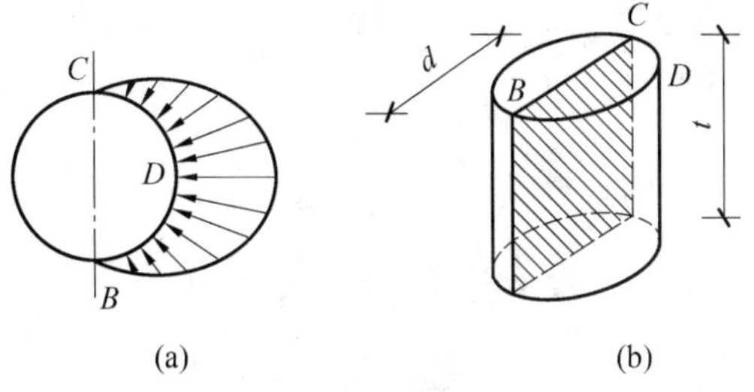

图 14.8

在有些情况下,构件在剪切破坏之前可能首先发生挤压破坏,所以需要建立挤压强度条件,即要求构件的名义挤压应力不超过材料的许用挤压应力

$$\sigma_{bs} = \frac{F_{bs}}{A_{bs}} \leqslant [\sigma_{bs}] \tag{14.4}$$

式中,$[\sigma_{bs}]$ 为材料的许用挤压应力,由试验测得。

许用切应力和许用挤压应力值通常可根据材料、连接方式和荷载情况等实际工作条件在有关设计规范中查得。一般的,许用切应力$[\tau]$要比同样材料的许用拉应力$[\sigma]$小,而许用挤压应力$[\sigma_{bs}]$则比许用拉应力$[\sigma]$大。

对于塑性材料 $[\tau] = (0.6 \sim 0.8)[\sigma]$

$[\sigma_{bs}] = (1.5 \sim 2.5)[\sigma]$

对于脆性材料 $[\tau] = (0.8 \sim 1.0)[\sigma]$

$[\sigma_{bs}] = (0.9 \sim 1.5)[\sigma]$

本章所讨论的剪切与挤压的实用计算与其他章节的一般分析方法不同。由于剪切和挤压问题的复杂性,很难得出与实际情况相符的理论分析结果,所以工程中主要是采用以实验为基础而建立起来的实用计算方法。

【例 14.3】 如图 14.9(a) 所示齿轮用平键与轴连接(图中只画出了轴与键,没有画出齿轮)。已知轴的直径 $d = 70$ mm,键的尺寸为 $b \times h \times l = 20$ mm $\times$ 12 mm $\times$ 100 mm,传递的扭转力偶矩 $M_e = 2$ kN·m,键的许用应力$[\tau] = 60$ MPa,$[\sigma_{bs}] = 100$ MPa。试校核键的强度。

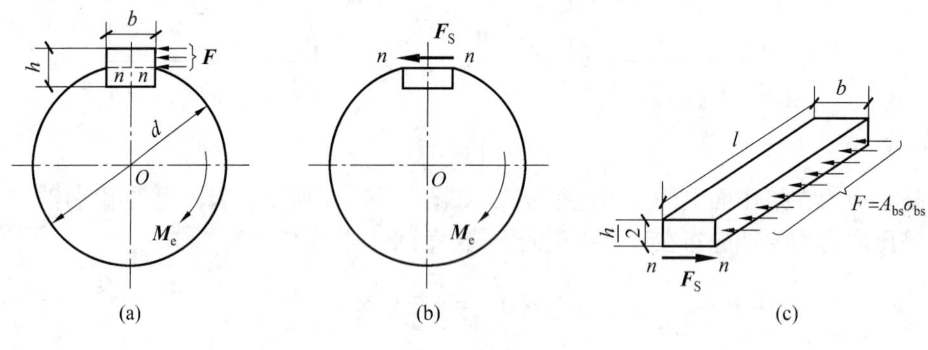

图 14.9

解:(1) 校核键的剪切强度。将平键沿 $n-n$ 截面分成两部分,并把 $n-n$ 以下部分和轴作为一个整体来考虑(图 14.9(b))。因为假设 $n-n$ 截面上切应力均匀分布,故 $n-n$ 截面上剪力 F_S 为

$$F_S = A\tau = bl\tau$$

对轴心取矩,由平衡方程 $\sum M_O = 0$,得

$$F_S \times \frac{d}{2} = bl\tau \times \frac{d}{2} = M_e$$

故有

$$\tau = \frac{2M_e}{bld} = \frac{2 \times 2\,000}{20 \times 100 \times 70 \times 10^{-9}}\ \text{Pa} = 28.6 \times 10^6\ \text{Pa} = 28.6\ \text{MPa} < [\tau] = 60\ \text{MPa}$$

可见平键满足剪切强度条件。

(2) 校核键的挤压强度。考虑键在 $n-n$ 截面以上部分的平衡(图 14.9(c)),在 $n-n$ 截面上的剪力 $F_S = bl\tau$,右侧面上的挤压力为

$$F_S = A_{bs}\sigma_{bs} = \frac{h}{2}l\sigma_{bs}$$

投影于水平方向,由平衡方程得

$$F_S = F \text{ 或 } bl\tau = \frac{h}{2}l\sigma_{bs}$$

由此求得

$$\sigma_{bs} = \frac{2b\tau}{h} = \frac{2\times 20\times 10^{-3}\times 28.6\times 10^{6}}{12\times 10^{-3}}\ \text{Pa} = 95.3\times 10^{6}\ \text{Pa} = 95.3\ \text{MPa} < [\sigma_{bs}] = 100\ \text{MPa}$$

故平键也满足挤压强度要求。

【例 14.4】　如图 14.10(a) 所示一铆钉连接件,受轴向拉力 $\boldsymbol{F}$ 作用。已知:$F = 100$ kN,钢板厚 $\delta = 8$ mm,宽 $b = 100$ mm,铆钉直径 $d = 16$ mm,许用切应力 $[\tau] = 140$ MPa,许用挤压应力 $[\sigma_{bs}] = 340$ MPa,钢板许用拉应力 $[\sigma] = 170$ MPa。试校核该连接件的强度。

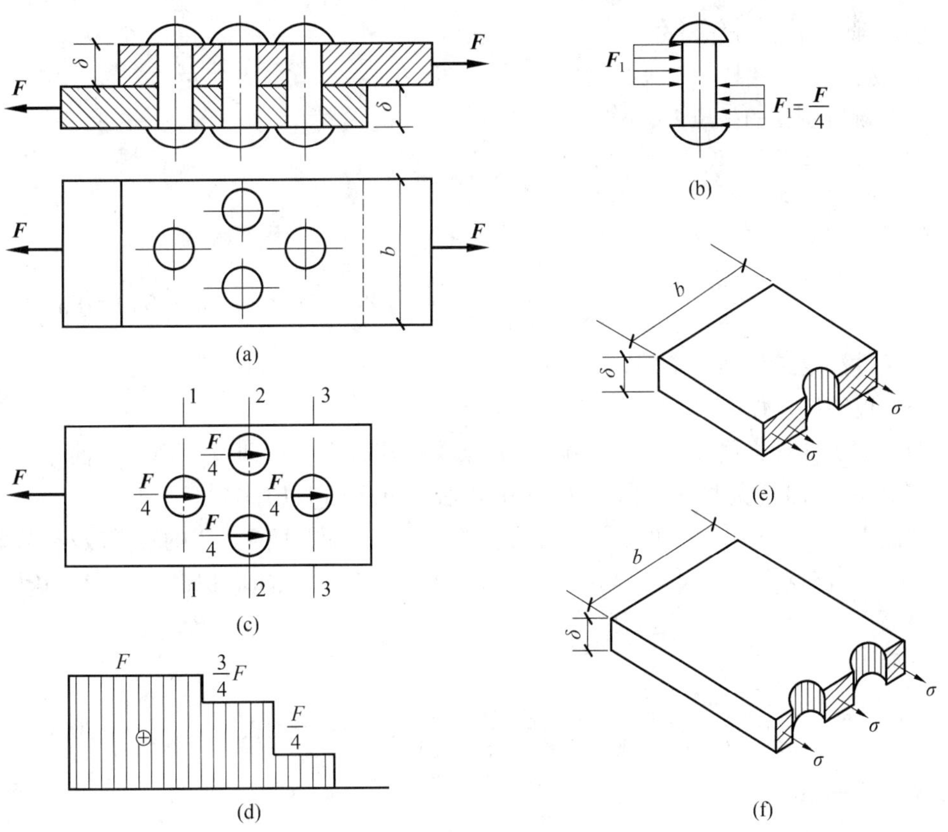

图 14.10

解:连接件存在三种破坏的可能:(1) 铆钉被剪断;(2) 铆钉或钢板发生挤压破坏;(3) 钢板由于钻孔,断面受到削弱,在削弱截面处被拉断。要使连接件安全可靠,必须同

时满足以上三方面的强度条件。

(1) 铆钉的剪切强度校核

连接件有 n 个直径相同的铆钉时,且对称于外力作用线布置,则可设各铆钉所受的力相等:

$$F_i = \frac{F}{n}$$

现取一个铆钉作为计算对象,画出其受力图(图 14.10(b)),每个铆钉所受的作用力为

$$F_1 = \frac{F}{n} = \frac{F}{4}$$

剪切面上的剪力为

$$F_S = F_1$$

根据式(14.2),得

$$\tau = \frac{F_S}{A_S} = \frac{F_1}{A_S} = \frac{F/4}{\pi d^2/4} = \frac{100 \times 10^3}{\pi \times 16^2 \times 10^{-6}}\ \text{Pa} = 124\ \text{MPa} < [\tau] = 140\ \text{MPa}$$

所以铆钉满足剪切强度条件。

(2) 挤压强度校核

每个铆钉所受的挤压力

$$F_{bs} = F_1 = \frac{F}{4}$$

根据式(14.4),得

$$\sigma_{bs} = \frac{F_{bs}}{A_{bs}} = \frac{F/4}{d\delta} = \frac{100 \times 10^3}{4 \times 16 \times 8 \times 10^{-6}}\ \text{Pa} = 195\ \text{MPa} < [\sigma_{bs}] = 340\ \text{MPa}$$

所以连接件满足挤压强度条件。

(3) 板的抗拉强度校核

两块钢板的受力情况及开孔情况相同,只要校核其中一块即可。现取下面一块钢板为研究对象,画出其受力图(图 14.10(c))和轴力图(图 14.10(d))。

截面 1 - 1 和 3 - 3 的净面积相同(图 14.10(e)),而截面 3 - 3 的轴力较小,故截面 3 - 3 不是危险截面。截面 2 - 2 的轴力虽比截面 1 - 1 小,但净面积也小(图 14.10(f)),故需对截面 1 - 1 和 2 - 2 进行强度校核。

截面 1 - 1:

$$\sigma_1 = \frac{F_{N1}}{A_1} = \frac{F}{(b-d)\delta} = \frac{100 \times 10^3}{(100-16) \times 8 \times 10^{-6}}\text{Pa} = 149\ \text{MPa} < [\sigma] = 170\ \text{MPa}$$

截面 2 - 2:

$$\sigma_2 = \frac{F_{N2}}{A_2} = \frac{3F/4}{(b-2d)\delta} = \frac{3 \times 100 \times 10^3}{4 \times (100 - 2 \times 16) \times 8 \times 10^{-6}}\ \text{Pa} = 138\ \text{MPa} < [\sigma] = 170\ \text{MPa}$$

所以钢板满足抗拉强度条件。

以上三方面的计算表明,该连接件满足强度要求。

14.2　圆轴扭转时横截面上的应力和强度计算

在上册第 11 章中已经研究了扭转的概念和内力，下面研究扭转时的应力和强度。

在分析受扭圆轴的强度之前，首先通过对薄壁圆筒的分析，了解剪切胡克定律和切应力互等定理。

14.2.1　薄壁圆筒横截面上的切应力

如图 14.11 所示薄壁圆筒，外径 R，内径 r，平均半径 $r_0=\dfrac{R+r}{2}$，壁厚 $t\leqslant\dfrac{r_0}{10}$，在施加扭转外力偶矩之前，先在圆筒表面等间距地画上与轴线平行的纵向线和与轴线垂直的圆周线，纵向线与圆周线相交，形成大小相等的一系列矩形。受扭后，薄壁圆筒发生变形，如图 14.12 所示。观察变形后的薄壁圆筒：圆周线的位置不变；圆周线的大小、形状不变；纵向线顺应外力偶的转向发生倾斜；矩形均歪斜成平行四边形。可以想象，薄壁圆筒受扭后横截面仍然保持为平面，只是绕轴线转过一个角度。定义圆筒两端截面相对转过的角度为相对扭转角，用 φ 表示；定义矩形的直角改变量为切应变，用 γ 表示。

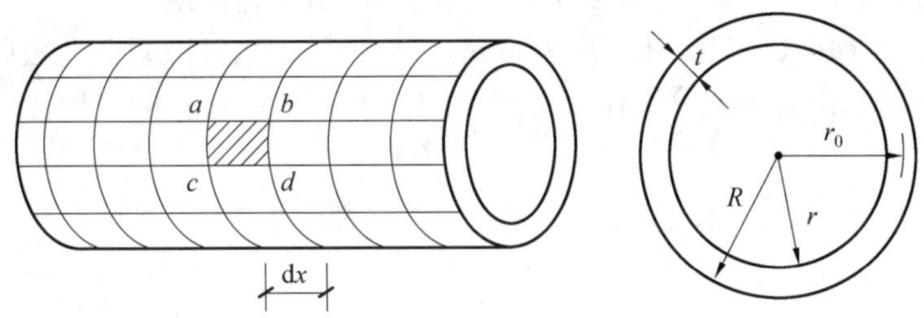

图 14.11

分析变形后的薄壁圆筒，可得到以下结论：圆周线的位置不变，圆筒沿轴线方向没有伸长和缩短，即横截面没有正应力；圆周线的大小、形状不变，说明横截面的切应力没有沿径向的切应力分量；纵向线顺应外力偶的转向发生倾斜，矩形均歪斜成平行四边形，说明切应力的方向垂直半径，与扭矩的转向相一致；根据薄壁圆筒关于轴线的极对称性，可知横截面的切应力关于横截面圆心极对称分布。

下面进一步分析薄壁圆筒横截面上切应力的大小。由于壁厚 $t\leqslant\dfrac{r_0}{10}$，可认为横截面上的切应力沿厚度方向均匀分布，如图 14.13 所示。由于横截面上的扭矩 T，就是内力元素 $\tau\mathrm{d}A$ 的合成结果，故

$$T=\int_A\tau\cdot\mathrm{d}A\cdot r_0=\tau\cdot r_0\cdot\int_A\mathrm{d}A=\tau\cdot r_0\cdot 2\pi r_0\cdot t=2\tau\cdot\pi r_0^2\cdot t=2\tau\cdot A_0\cdot t$$

得

$$\tau=\frac{T}{2A_0t}\tag{14.5}$$

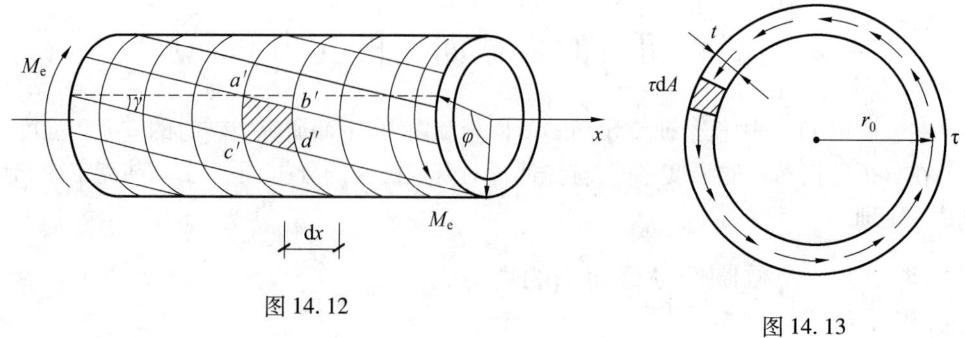

图 14.12

图 14.13

14.2.2 剪切胡克定律

由薄壁圆筒的扭转实验可以测得,当外力偶矩 M_e(等于扭矩 T) 在某一范围内时,外力偶矩与相对扭转角 φ 成正比。又因为小变形时,相对扭转角 φ 和切应变 γ 都很小,根据角 φ 对应的圆弧长度 $=\varphi R=\gamma l$(如图 14.14(a) 所示,其中 l 为薄壁圆筒的长度),可知切应变与相对扭转角 φ 成正比。将式(14.5) 代入,可知切应力与切应变成正比,即

$$\tau = G\gamma \tag{14.6}$$

这就是剪切胡克定律。式中,比例常数 G 称为材料的剪切弹性模量。

需要指出,式(14.6) 只有在切应力不超过某个极限值时才适用,此极限值称为剪切比例极限,记作 τ_p,即剪切胡克定律仅适用于切应力不超过材料的剪切比例极限的线弹性范围。

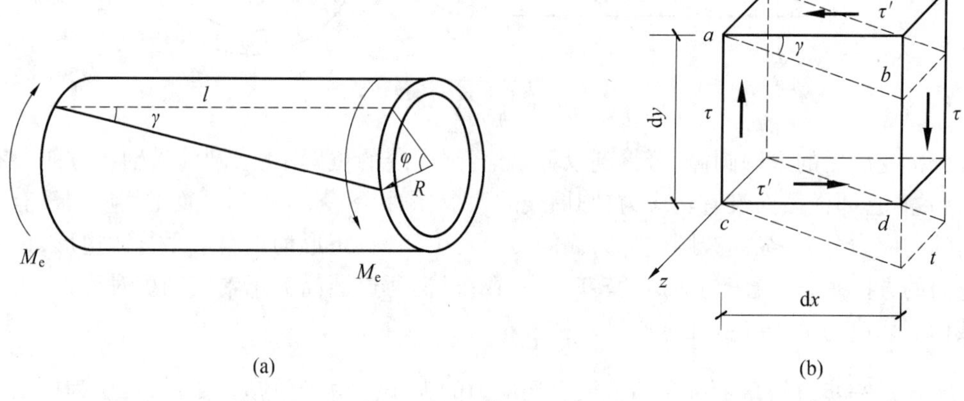

图 14.14

14.2.3 切应力互等定理

在薄壁圆筒表面切出一微小的正方形块体,dx、dy 趋近于零,称为单元体,如图 14.14(b) 所示。由于圆筒的内、外表面不受力,因此单元体的前后表面没有应力。根据薄壁圆筒截面上的应力分布规律可知,单元体左右两侧表面的应力方向如图 14.14(b) 所示。由于单元体处于平衡状态,对其列平衡方程 $\sum M_z = 0$,有

$$(\tau \cdot t \cdot \mathrm{d}y) \cdot \mathrm{d}x = (\tau' \cdot t \cdot \mathrm{d}x) \cdot \mathrm{d}y$$

故

$$\tau = \tau' \tag{14.7}$$

式(14.7)即为切应力互等定理，可表述如下：对于一个单元体，在相互垂直的两个平面上的切应力τ和τ'总是成对出现的，而且大小相等、方向共同指向或者共同背离两平面的交线。该定理具有普遍意义，不局限于上述情况，在截面同时存在正应力的情况下依然适用。

14.2.4　实心圆轴扭转时横截面上的应力

工程中要求对受扭圆轴进行强度计算，下面推导实心圆轴横截面上的应力及其分布规律。

1. 变形的几何关系

取一实心圆轴，在其表面等距离地画上与轴线垂直的圆周线和与轴线平行的纵向线，如图 14.15(a)所示。然后在圆轴右端施加一扭转力偶矩 M_e，使圆轴产生扭转变形，如图 14.15(b)所示。

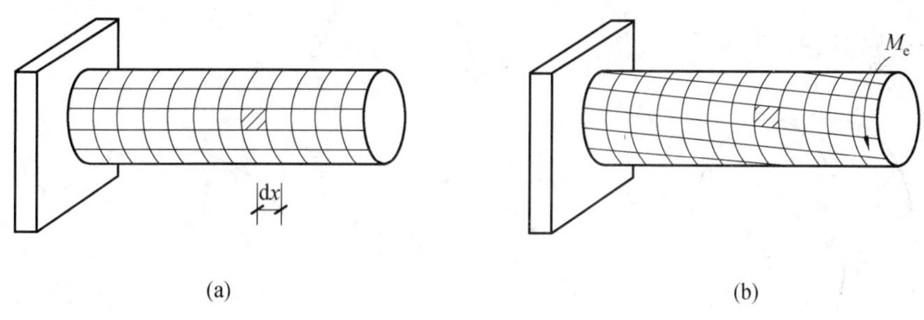

图 14.15

观察变形后的圆轴发现：圆周线的位置不变；圆周线的大小、形状不变；圆周线绕圆轴的轴线转过了一个角度，纵向线顺应外力偶的转向倾斜了一微小角度γ；矩形均歪斜成平行四边形。可以想象，圆轴受扭后横截面仍然保持为平面，只是绕轴线转过一个角度。

分析变形后的圆轴，可得如下结论：圆轴沿轴线方向没有伸长和缩短，即横截面没有正应力；圆周线的大小、形状不变，说明圆轴的横截面保持为平面，即平面假设，且横截面的切应力没有沿着径向的分量；纵向线顺应外力偶的转向发生倾斜，矩形均歪斜成平行四边形，说明切应力的方向垂直半径，与扭矩的转向相一致；根据受扭圆轴的极对称性，可知横截面的切应力关于横截面圆心极对称分布。

圆轴扭转时，横截面上的切应力并非均匀分布，其分布规律需进一步分析，因此仅依靠静力平衡方程无法求出，必须利用圆轴的变形条件建立补充方程。

根据上述假设，从圆轴中取相距为 $\mathrm{d}x$ 的微段进行研究，如图 14.16(a)所示。

设圆轴半径为 R，根据平面假设，可以设想扭转时各横截面如同刚性平面一样绕杆轴作相对转动。则由图可知变形后，纵向线段AB 变为 AB'，AB 和 AB' 的夹角为γ(切应变)，BB' 对应横截面的圆心角 $\mathrm{d}\varphi$，在小变形的条件下可以建立如下关系：

$$BB' = \gamma \mathrm{d}x = R \cdot \mathrm{d}\varphi$$

故
$$\gamma = R\frac{\mathrm{d}\varphi}{\mathrm{d}x}$$

为了研究横截面上任意点的切应变,从圆轴截面内取半径为ρ的微段,如图14.16(b)所示。同理可得

$$\gamma_\rho = \rho\frac{\mathrm{d}\varphi}{\mathrm{d}x} \tag{14.8}$$

上式表明,横截面上任意点的切应变与该点到圆心的距离ρ成正比关系。

2. 物理关系

根据剪切胡克定律,在剪切比例极限之内(或弹性范围以内)切应力和切应变成正比关系

$$\tau = G\gamma$$

将式(14.8)代入上式,得

$$\tau_\rho = G\gamma_\rho = G\rho\frac{\mathrm{d}\varphi}{\mathrm{d}x} \tag{14.9}$$

上式表明,圆轴扭转时,横截面上任意点处的切应力τ_ρ与该点到圆心的距离ρ成正比,其分布如图14.17所示,式中$\frac{\mathrm{d}\varphi}{\mathrm{d}x}$可利用静力方程确定。

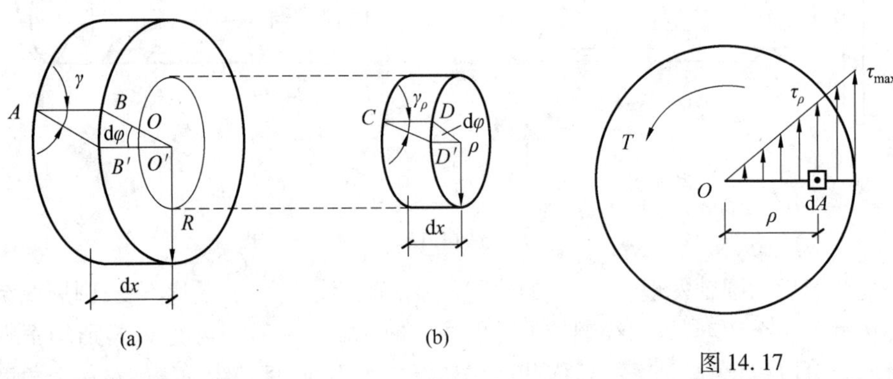

图14.16

图14.17

3. 静力学关系

根据图14.17所示,横截面上切应力τ_ρ与dA的乘积$\tau_\rho \mathrm{d}A$(内力元素)在整个截面上的合成结果等于扭矩

$$T = \int_A \rho\tau_\rho \mathrm{d}A$$

将式(14.9)代入

$$T = G\frac{\mathrm{d}\varphi}{\mathrm{d}x}\int_A \rho^2 \mathrm{d}A = G\frac{\mathrm{d}\varphi}{\mathrm{d}x}I_\mathrm{p}$$

式中,$I_\mathrm{p} = \int_A \rho^2 \mathrm{d}A$为截面的极惯性矩,是一个只与截面形状有关的纯几何量,代入上式,得

$$\frac{\mathrm{d}\varphi}{\mathrm{d}x} = \frac{T}{GI_\mathrm{p}} \tag{14.10}$$

将式(14.10)代入式(14.9),得到圆轴扭转时横截面上任意点的切应力公式为

$$\tau_{\rho}=\frac{T\cdot\rho}{I_{p}} \tag{14.11}$$

显然,当$\rho=R$时,圆截面边缘处的切应力取得最大值,即

$$\tau_{\max}=\frac{T}{\frac{I_{p}}{R}}=\frac{T}{W_{p}} \tag{14.12}$$

式中,$W_{p}=\frac{I_{p}}{R}$称为抗扭截面系数,它也是仅与截面形状和尺寸有关的纯几何量。

14.2.5　极惯性矩和抗扭截面系数

极惯性矩I_{p}和抗扭截面系数W_{p}可按其定义通过积分求得。下面介绍实心圆截面和空心圆截面的极惯性矩I_{p}和抗扭截面系数W_{p}。

如图14.18(a)所示实心圆轴,可在圆轴截面上距圆心为ρ处取厚度为$d\rho$的环形面积作为微面积dA,于是$dA=2\pi\rho d\rho$,从而可得实心圆截面的极惯性矩为

$$I_{p}=\int_{A}\rho^{2}dA=2\pi\int_{0}^{\frac{D}{2}}\rho^{3}d\rho=\frac{\pi D^{4}}{32} \tag{14.13}$$

抗扭截面系数为

$$W_{p}=\frac{I_{p}}{D/2}=\frac{\frac{\pi D^{4}}{32}}{\frac{D}{2}}=\frac{\pi D^{3}}{16} \tag{14.14}$$

图14.18(b)所示空心圆轴,则有

$$I_{p}=\int_{A}\rho^{2}dA=2\pi\int_{\frac{d}{2}}^{\frac{D}{2}}\rho^{3}d\rho=\frac{\pi}{32}(D^{4}-d^{4})=\frac{\pi D^{4}}{32}(1-\alpha^{4}) \tag{14.15}$$

式中,$\alpha=\frac{d}{D}$为空心圆轴内外径之比。

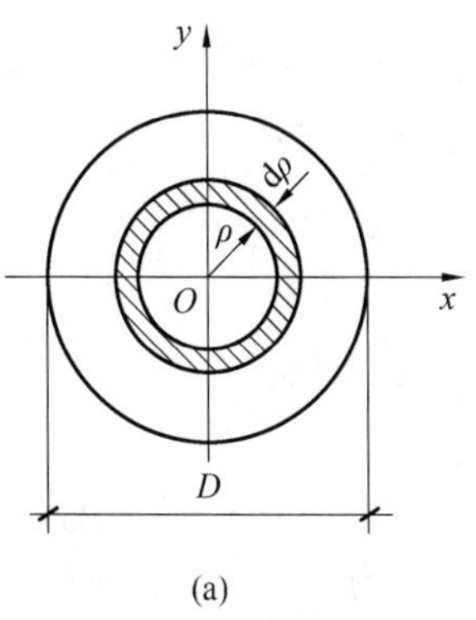

(a)

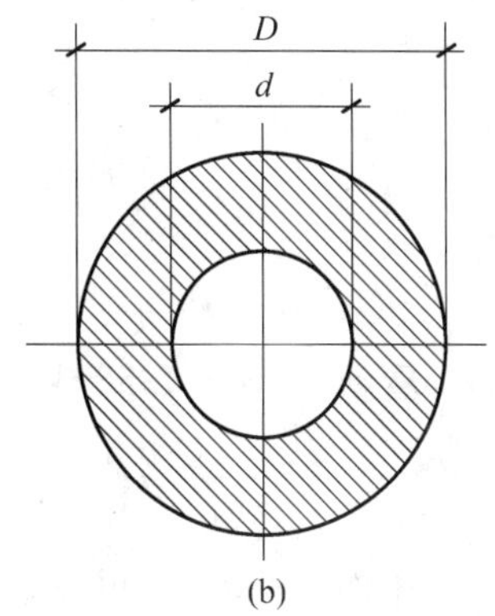

(b)

图 14.18

空心圆轴截面的抗扭截面系数为

$$W_p = \frac{I_p}{D/2} = \frac{\pi D^3}{16}(1 - \alpha^4) \tag{14.16}$$

极惯性矩 I_p 的量纲是长度的四次方,常用的单位为mm^4 或 m^4。抗扭截面系数 W_p 的量纲是长度的三次方,常用单位为mm^3 或 m^3。

14.2.6 扭转时斜截面上的应力

如图 14.19(a) 所示,自受扭圆杆的表面取出一单元体 A,将其扩大成如图 14.19(b) 所示的形状,在单元体的左右两侧作用着扭转切应力 τ(此时为最大切应力),根据切应力互等定理,上下两面也应存在切应力 τ,其方向如图 14.19(b) 所示。

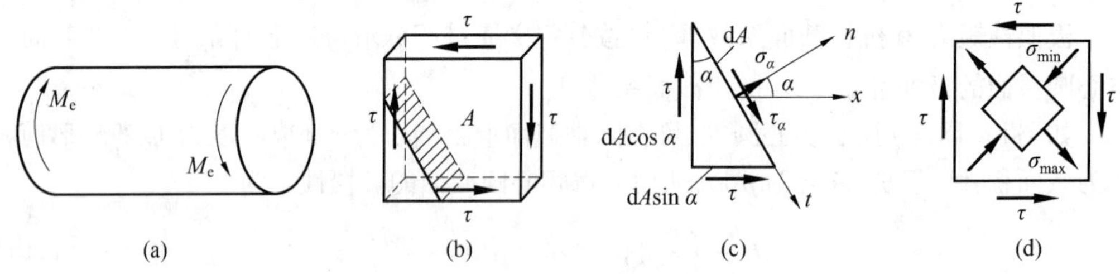

图 14.19

这一单元体的受力状况可以称为扭转时表面一点的应力状态。与 A 相平行的内部单元受力也具有类似状态,但切应力的大小要有变化。这种四个面上只有切应力 τ 存在的状态称为纯剪切状态。这里的纯剪切系指纵横截面而言,如任取斜截面如图 14.19(b) 和 14.19(c) 所示,则其上不仅有切应力存在,还有正应力存在,现作如下研究。在纯剪切单元体内,任取一斜截面,其截面外法线方向 n 与水平轴 x 夹角为 α(图 14.19(c)),作为一般情况,斜面上应有正应力 σ_α 与切应力 τ_α 共同作用,若斜截面面积为 dA,则两个相互垂直面的面积如图所示。列沿 n 方向的平衡方程,有

$$\sigma_\alpha dA + \tau dA\cos\alpha\sin\alpha + \tau dA\sin\alpha\cos\alpha = 0$$

消去 dA,利用三角公式得到

$$\sigma_\alpha = -\tau\sin 2\alpha \tag{14.17}$$

列沿 t 方向的平衡方程,有

$$\tau_\alpha dA - \tau dA\cos^2\alpha + \tau dA\sin^2\alpha = 0$$

消去 dA,得

$$\tau_\alpha = \tau\cos 2\alpha \tag{14.18}$$

自式(14.17) 看到,当 $\alpha = 135°$ 或 $45°$ 时 σ_α 取最大值和最小值,有

$$\sigma_{135°} = \sigma_{max} = \tau, \sigma_{45°} = \sigma_{min} = -\tau$$

在这两个面上,自式(14.18) 看出,$\tau_{45°} = \tau_{135°} = 0$。这种正应力取极值而切应力为零的平面称为主平面(principal plane),其上的应力称为主应力(principal stress),受拉的主应力称为主拉应力,受压的主应力称为主压应力(图 14.19(d))。

脆性材料制成的圆杆(如铸铁试件) 受扭后发生约 45° 方向的断裂,正是由于主拉应力引起的,因为脆性材料抗拉能力低于抗剪能力(图 14.20(a))。木材受扭时往往沿纵向

错开,正是由于纵向剪力存在的结果,因为木材纵向抗剪能力最弱(图 14.20(b))。

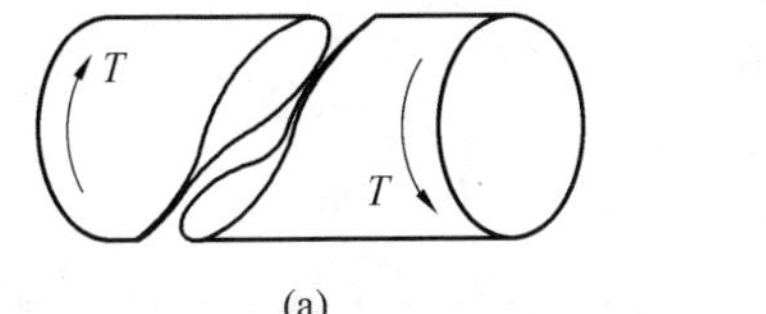

(a)

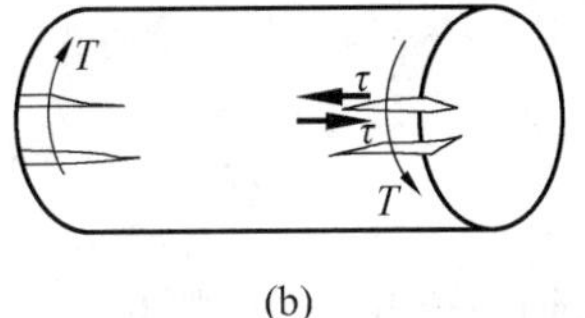

(b)

图 14.20

14.2.7　圆轴扭转强度条件

工程上要求圆轴扭转时的最大切应力不得超过材料的许用切应力[τ],即

$$\tau_{\max} = \left(\frac{T}{W_p}\right)_{\max} \leqslant [\tau] \tag{14.19a}$$

对于等截面圆轴,表示为

$$\tau_{\max} = \frac{T_{\max}}{W_p} \leqslant [\tau] \tag{14.19b}$$

上式称为圆轴扭转强度条件。

试验表明,材料扭转许用切应力[τ] 和许用拉应力[σ] 有如下近似的关系:

塑性材料　　$[\tau] = (0.5 \sim 0.6)[\sigma]$

脆性材料　　$[\tau] = (0.8 \sim 1.0)[\sigma]$

【例 14.5】　汽车的主传动轴,由 45 号钢的无缝钢管制成,外径 $D = 90$ mm,壁厚 $\delta = 5$ mm,工作时的最大扭矩 $T = 3$ kN·m,若材料的许用切应力$[\tau] = 60$ MPa,试校核该轴的强度。

解:(1) 计算抗扭截面系数

主传动轴的内外径之比为

$$\alpha = \frac{d}{D} = \frac{90 - 2 \times 5}{90} = 0.889$$

抗扭截面系数为

$$W_p/\text{mm}^3 = \frac{\pi D^3}{16}(1 - \alpha^4) = \frac{\pi \times (90)^3}{16}(1 - 0.889^4) = 538 \times 10^2$$

(2) 计算轴的最大切应力

$$\tau_{\max} = \frac{T}{W_p} = \frac{3 \times 10^3}{538 \times 10^2 \times 10^{-9}}\ \text{Pa} = 55.8\ \text{MPa}$$

(3) 强度校核

$$\tau_{\max} = 55.8\ \text{MPa} < [\tau] = 60\ \text{MPa}$$

故主传动轴安全。

【例 14.6】　如把上题中的汽车主传动轴改为实心轴,要求它与原来的空心轴强度相同,试确定实心轴的直径,并比较空心轴和实心轴的重量。

解:(1) 求实心轴的直径,要求强度相同,即实心轴的最大切应力也为 55.8 MPa,即

$$\tau = \frac{T}{W_p} = \frac{T}{\frac{\pi D_1^3}{16}} = 55.8\ \text{MPa}$$

$$D_1 = \sqrt[3]{\frac{16 \times 3 \times 10^3}{\pi \times 55.8 \times 10^6}}\ \text{m} = 65\ \text{mm}$$

(2) 在两轴长度相等、材料相同的情况下,两轴重量之比等于两轴横截面面积之比,即

$$\frac{A_{空}}{A_{实}} = \frac{\frac{\pi}{4}(D^2 - d^2)}{\frac{\pi}{4}D_1^2} = \frac{90^2 - 80^2}{65^2} = 0.4$$

讨论:此题结果表明,在其他条件相同的情况下,空心轴的重量只是实心轴重量的40%,其节省材料是非常明显的。这是由于实心圆轴横截面上的切应力沿半径呈线性规律分布,圆心附近的应力很小,这部分材料没有充分发挥作用,若把轴心附近的材料向边缘移置,使其成为空心轴,就会增大 I_p 或 W_p,从而提高了轴的强度。然而,空心轴的壁厚也不能过薄,否则会发生局部皱折而丧失其承载能力(即失稳)。

14.3 圆轴扭转时的变形和刚度计算

14.3.1 圆轴扭转时的变形

圆轴的扭转变形用两横截面的相对扭转角表示,由式(14.10) $\frac{d\varphi}{dx} = \frac{T}{GI_p}$,可求 dx 段的相对扭转角为

$$d\varphi = \frac{T}{GI_p}dx$$

当扭矩为常数,且 GI_p 也为常量时,相距长度为 l 的两横截面相对扭转角(rad) 为

$$\varphi = \int_l d\varphi = \int_l \frac{T}{GI_p}dx = \frac{Tl}{GI_p} \tag{14.20}$$

式中,GI_p 称为圆轴扭转刚度,它表示圆轴抵抗扭转变形的能力。

相对扭转角的正负号由扭矩的正负号确定,即正扭矩产生正扭转角,负扭矩产生负扭转角。

若两横截面之间 T 有变化,或极惯性矩 I_p 变化,亦或材料不同(剪切弹性模量 G 变化),则应通过积分或分段计算出各段的扭转角,然后代数相加,即

$$\varphi = \sum_{i=1}^{n} \frac{T_i l_i}{G_i I_{pi}}$$

在工程中,对于受扭圆轴的刚度通常用相对扭转角沿杆长度的变化率 $d\varphi/dx$ 来度量,用 θ 表示,称为单位长度扭转角,即

$$\theta = \frac{d\varphi}{dx} = \frac{T}{GI_p} \tag{14.21}$$

14.3.2　圆轴扭转的刚度条件

工程中轴类构件,除应满足强度要求外,对其扭转变形也有一定要求,例如,汽车轮轴的扭转角过大,汽车在高速行驶或紧急刹车时就会跑偏而造成交通事故;车床传动轴扭转角过大,会降低加工精度,对于精密机械,刚度的要求比强度更严格。受扭圆轴刚度条件表示为

$$\theta_{max} \leqslant [\theta] \tag{14.22}$$

在工程中,$[\theta]$ 的单位一般用(°)/m(度/米)表示,将上式中的弧度换算为度,得

$$\theta_{max} = \left(\frac{T}{GI_p}\right)_{max} \times \frac{180}{\pi} \leqslant [\theta]$$

对于等截面圆轴,即为

$$\theta_{max} = \frac{T_{max}}{GI_p} \times \frac{180}{\pi} \leqslant [\theta]$$

许用单位长度扭转角$[\theta]$的数值,根据轴的使用精密度、生产要求和工作条件等因素确定,对一般传动轴,$[\theta]$ 为 0.5 ~ 1(°)/m,对于精密机器的轴,$[\theta]$ 常取为 0.15 ~ 0.30(°)/m 之间。

【例 14.7】　图 14.21(a) 所示轴的直径 $D = 50$ mm,剪切弹性模量 $G = 80$ GPa,试计算该轴两端截面之间的相对扭转角。

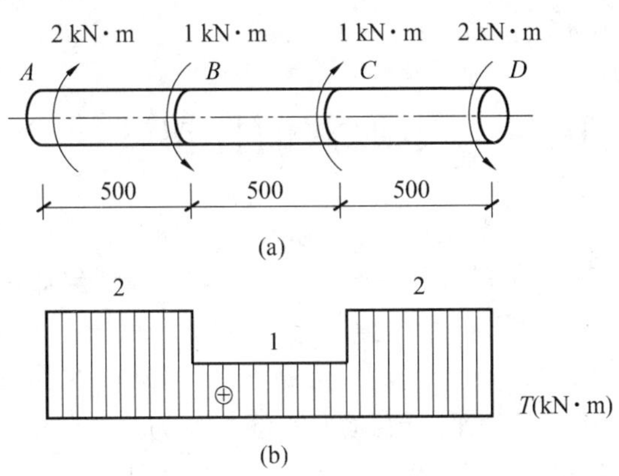

图 14.21

解:两端截面之间的相对扭转角 φ_{AD} 为

$$\varphi_{AD} = \varphi_{AB} + \varphi_{BC} + \varphi_{CD}$$

(1) 作扭矩图,如图 14.21(b) 所示。

(2) 分段求扭转角

$$\varphi_{AD} = \frac{T_{AB}l}{GI_p} + \frac{T_{BC}l}{GI_p} + \frac{T_{CD}l}{GI_p} = \frac{l}{GI_p}(2T_{AB} + T_{BC})$$

式中

$$I_p/\text{mm}^4 = \frac{\pi D^4}{32} = \frac{\pi}{32} \times (50)^4 = 61.36 \times 10^4$$

$$\varphi_{AD}/\text{rad} = \frac{500 \times 10^{-3}}{80 \times 10^9 \times 61.36 \times 10^4 \times 10^{-12}} \times (2 \times 2 \times 10^3 + 1 \times 10^3) = 0.051$$

【例 14.8】 主传动钢轴,传递功率 $P = 60$ kW,转速 $n = 250$ r/min,传动轴的许用切应力$[\tau] = 40$ MPa,许用单位长度扭转角$[\theta] = 0.5(°)/\text{m}$,剪切弹性模量 $G = 80$ GPa,试计算传动轴所需的直径。

解:(1) 计算轴的扭矩

$$T/(\text{N} \cdot \text{m}) = 9\,549 \times \frac{60}{250} = 2\,292$$

(2) 根据强度条件求所需直径

$$\tau = \frac{T}{W_{\text{p}}} = \frac{16T}{\pi d^3} \leqslant [\tau]$$

$$d \geqslant \sqrt[3]{\frac{16T}{\pi[\tau]}} = \sqrt[3]{\frac{16 \times 2\,292}{\pi \times 40 \times 10^6}} \text{ m} = 66.3 \text{ mm}$$

(3) 根据圆轴扭转的刚度条件,求直径

$$\theta = \frac{T}{GI_{\text{p}}} \times \frac{180}{\pi} \leqslant [\theta]$$

$$d \geqslant \sqrt[4]{\frac{32T}{G\pi[\theta] \cdot \frac{\pi}{180}}} = \sqrt[4]{\frac{32 \times 2\,292}{80 \times 10^9 \times 0.5 \times \frac{\pi}{180} \times \pi}} \text{ m} = 76 \text{ mm}$$

故应按刚度条件确定传动轴直径,取 $d = 76$ mm。

14.4　矩形截面杆扭转简介

建筑结构中的受扭构件多数是非圆截面的,其中常见的是矩形截面杆。前面在推导圆截面杆扭转时的应力和变形的计算公式时,是根据实验现象作了平面假设才得到的。但是在研究矩形截面杆的扭转时,通过类似的实验观察到,所有的横截面在扭转后不再保持为平面了。例如,图 14.22(a) 所示的矩形截面杆,变形前在其表面刻上一系列纵向直线和横向直线,扭转变形后可看到,所有横向直线都变为曲线(图 14.22(b)),这说明原来为平面的横截面,变形后成为曲面,即截面上的各点在发生横向位移的同时还发生纵向位移,而纵向位移可能引起正应力,这种现象称为翘曲,凡是非圆形截面杆在扭转时都会发生翘曲。非圆截面杆的扭转可分为自由扭转(或纯扭转) 和约束扭转。若杆件各横截面的翘曲都相同,即杆的纵向线段虽有纵向位移但其长度无变化,因而横截面上无正应力而只有切应力,这种情况称为自由扭转,否则称为约束扭转。等直杆两端无约束并受一对平衡力偶矩作用的情况就属于自由扭转。

由于矩形截面杆在扭转时横截面发生翘曲而变为曲面,对该曲面要作简单的假设是困难的,因此用材料力学的方法不能解决这一问题,而需用弹性力学的方法来研究。下面仅将矩形截面杆在自由扭转时由弹性力学研究的主要结果简述如下:

(1) 矩形截面杆在自由扭转时横截面上只有切应力而无正应力。

(2) 周边上各点的切应力的方向与周边平行。在对称轴上各点的切应力垂直于对称轴，在其他各点上切应力的方向是程度不同的斜方向，如图 14.23 所示。

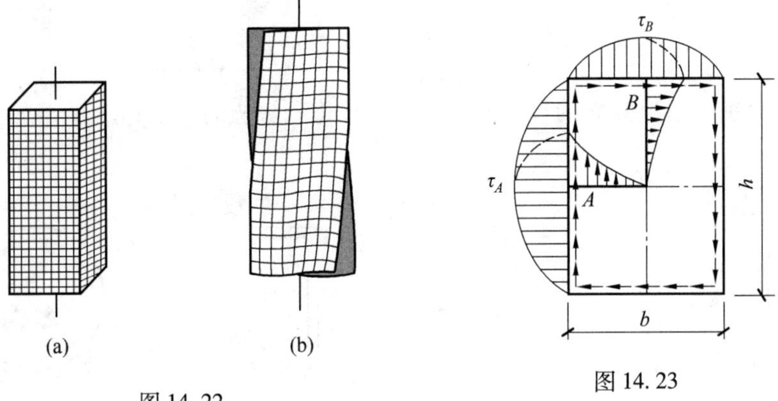

图 14.22

图 14.23

(3) 在截面的中心和四个角点处，切应力等于零。

(4) 最大切应力 τ_{max} 发生在截面长边的中点。此外，短边中点的切应力亦较大，它们分别为

$$\tau_A = \tau_{max} = \frac{T}{W_t} = \frac{T}{\beta b^3} \tag{14.23}$$

$$\tau_B = \gamma \tau_{max} \tag{14.24}$$

式中，$W_t = \beta b^3$ 也可称为抗扭截面模量；β 为与 h/b 有关的系数；γ 随 h/b 而变，列于表14.1 中，切应力的其他分布如图 14.23 所示。

(5) 扭转角的计算公式为

$$\varphi = \frac{Tl}{G\alpha b^4} = \frac{Tl}{GI_t} \tag{14.25}$$

式中，$I_t = \alpha b^4$ 称为相当极惯性矩；α 系数与 h/b 有关，列于表 14.1 中。

表 14.1　矩形截面杆扭转时的系数

$m = h/b$	1.0	1.2	1.5	2.0	2.5	3.0	4.0	6.0	8.0	10.0
α	0.140	0.199	0.294	0.457	0.622	0.790	1.123	1.789	2.456	3.123
β	0.208	0.263	0.346	0.493	0.645	0.801	1.150	1.789	2.456	3.123
γ	1.000	—	0.859	0.796	—	0.753	0.745	0.743	0.743	0.743

当 $h/b > 10$ 时：

$$\left.\begin{aligned} I_t &= \frac{1}{3}hb^3 \\ W_t &= \frac{1}{3}hb^2 \end{aligned}\right\} \tag{14.26}$$

(6) 对于工程中常遇到的一些开口薄壁截面（图 14.24）杆，在自由扭转时，最大切应力 τ_{max} 和扭转角 φ 的计算公式如下：

$$\tau_{max} = \frac{T}{I_t} b_{max} \tag{14.27}$$

$$\varphi = \frac{Tl}{GI_t} \tag{14.28}$$

$$I_t = \frac{1}{3}(h_1 b_1^3 + h_2 b_2^3 + \cdots + h_n b_n^3) = \frac{1}{3}\sum h_i b_i^3 \tag{14.29}$$

式中,h_i、b_i 分别为组成截面的每个矩形部分的长边和短边的长度;b_{max} 为各短边中的最大者。

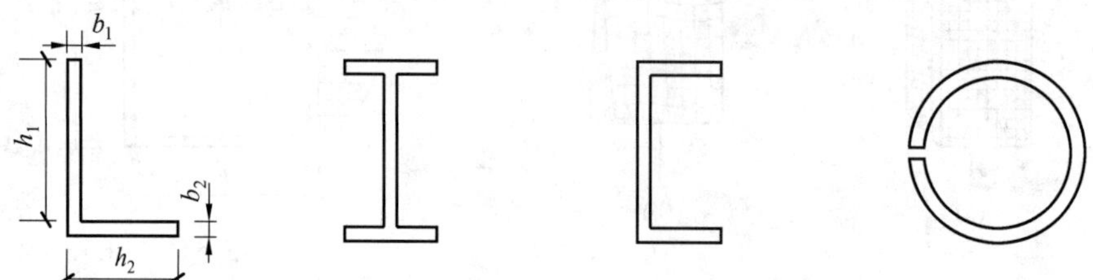

图 14.24

采用型钢时,由于型钢是整体碾压成型的,且在转角处有圆角,翼板的厚度是变化的,这就增加了杆件的抗扭刚度。因此,对这类杆件的 I_t 的计算,需加以修正,其公式为

$$I_t = \eta \times \frac{1}{3}\sum h_i b_i^3 \tag{14.30}$$

式中,η 为修正系数,对角钢 $\eta = 1.12$,工字钢 $\eta = 1.20$。

【例 14.9】 有一 T 形截面的钢杆(图 14.25),两端自由,受一对平衡的外力偶矩 M_e 作用。已知:杆长 $l = 2\ \text{m}$,$M_e = 100\ \text{N}\cdot\text{m}$,$G = 8\times10^4\ \text{MPa}$。求:(1) τ_{max};(2)φ。

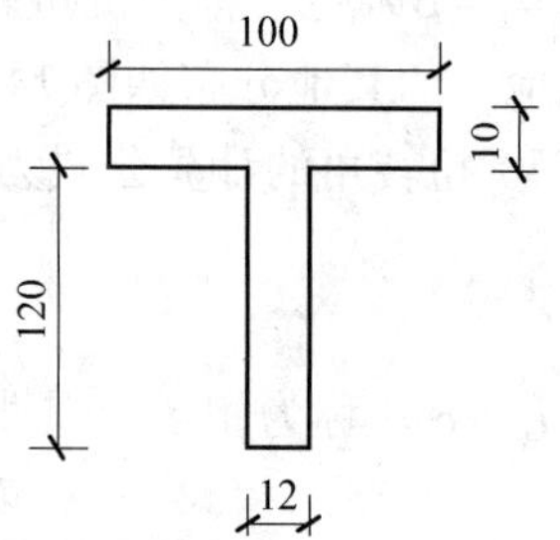

图 14.25

解: 不论计算应力和变形,都须先求 I_t 值,按式(14.29)得

$$I_t = \frac{1}{3}\sum h_i b_i^3$$

对此例,截面由两块钢板组合而成,$n = 2$,h_i 分别为 120 mm 和 100 mm,b_i 分别为 12 mm 和 10 mm,代入上式得

$$I_t/\text{m}^4 = \frac{1}{3}\times(120\times12^3 + 100\times10^3)\times10^{-12} = 10.25\times10^{-8}$$

下面分别计算 τ_{max} 和 φ:

(1) 由 $\tau_{max} = \frac{T}{I_t}b_{max}$ 得

$$\tau_{max} = \frac{100}{10.25\times10^{-8}}\times12\times10^{-3}\ \text{Pa} = 11.71\ \text{MPa}$$

这里 b_{max} 应取腹板的厚度。

(2) 由 $\varphi = \frac{Tl}{GI_t}$ 得

$$\varphi/\text{rad} = \frac{100\times2}{8\times10^4\times10^6\times10.25\times10^{-8}} = 0.024\ 4$$

【例 14.10】　如图 14.26 所示，在相同扭矩作用下计算开口薄壁环与闭口薄壁环的切应力比。已知 $D = 40$ mm，壁厚 $t = 2$ mm。

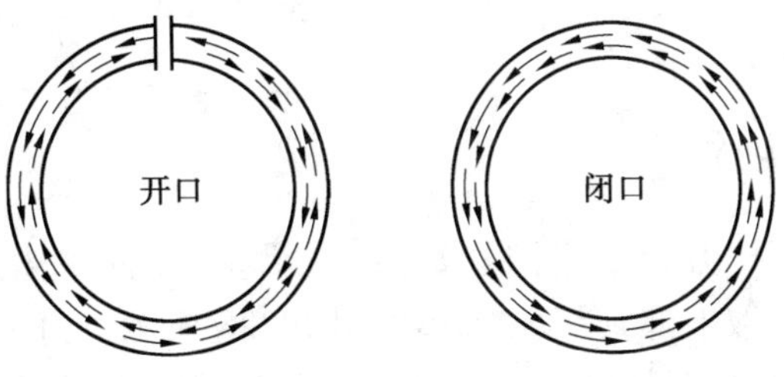

图 14.26

解：两切应力公式比为

$$\frac{\tau_{开}}{\tau_{闭}} = \frac{\dfrac{T}{ht^2/3}}{\dfrac{T}{\dfrac{\pi}{16}D^3(1-\alpha^4)}} = \frac{3\pi D^3(1-\alpha^4)}{16ht^2} = \frac{3\pi\, 40^3\left[1-\left(\dfrac{36}{40}\right)^4\right]}{16\times\pi\times 38\times 2^2} = 27.15$$

式中开口圆环按薄壁杆计算，结构表明应力比约为 27 倍，且应力方向有所不同（图 14.26），说明闭口圆环比开口圆环抗扭能力要强得多。

14.5　圆柱形密圈螺旋弹簧的计算

弹簧具有变形大、弹性好、弹力大的特点，在工程中应用很广。例如，机械利用它来减振，安全阀利用它来控制荷载，等等。弹簧的种类很多，其中以圆柱形密圈螺旋弹簧应用最广，如图 14.27 所示，其中图 14.27(a) 为拉伸弹簧，图 14.27(b) 为压缩弹簧。

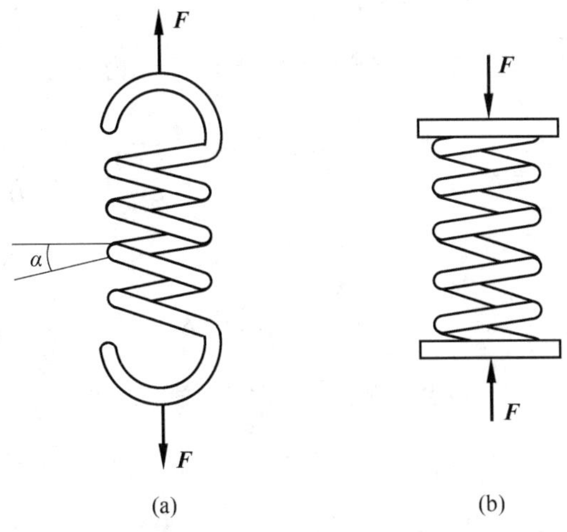

图 14.27

圆柱形螺旋弹簧是由一根圆截面的簧丝圈成圆柱形状而成。由簧丝截面的中心到弹

簧轴线的距离 $D/2$ 为弹簧的平均半径,簧丝轴线对水平面的斜角 α 称为螺旋角,如图 14.27(a) 所示。一般将 $\alpha < 5°$ 的弹簧称为密圈螺旋弹簧。对密圈螺旋弹簧进行计算时,可不考虑斜角 α 的影响,即假定簧丝的横截面与弹簧轴线在同一平面内。本节讨论圆柱形密圈螺旋弹簧的应力和变形计算。

14.5.1 应力计算

设沿弹簧轴线作用拉力为 $\boldsymbol{F}$(图 14.27(a)),沿簧丝的任一横截面将弹簧截开,取半部分(此处取上部)为隔离体,如图 14.28 所示。由于此横截面与弹簧轴线在同一平面内,即与拉力 $\boldsymbol{F}$ 在同一平面内,则由平衡条件有

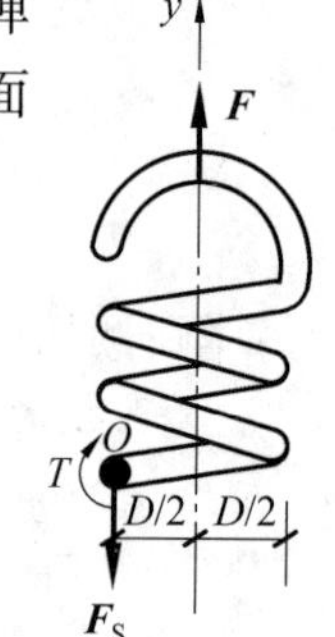

图 14.28

$$\sum F_y = 0, \quad F_S = F$$

$$\sum M_O = 0, \quad T = F \cdot \frac{D}{2}$$

式中,O 为截面中心。

即在簧丝横截面上有剪力 $\boldsymbol{F}_S$ 和扭矩 T,其值分别等于F 和 $\frac{FD}{2}$。

因为簧丝的横截面上存在有两种内力,所以相应的也有两种应力。与剪力 $\boldsymbol{F}_S$ 相应的是切应力,以 $\boldsymbol{\tau}'$ 表示,可近似地假设沿截面均匀分布,即

$$\tau' = \frac{F_S}{A} = \frac{4F}{\pi d^2}$$

式中,A 为簧丝横截面积;d 为簧丝直径;$\boldsymbol{\tau}'$ 的方向与剪力 $\boldsymbol{F}_S$ 平行(图 14.29(a))。

与扭矩相应的也是切应力,以 $\boldsymbol{\tau}''$ 表示,沿半径成线性分布,方向垂直于半径,最大值 $\boldsymbol{\tau}''_{max}$ 在周边上(图 14.29(b)),其值为

$$\tau''_{max} = \frac{T}{W_t} = \frac{F\frac{D}{2} \times 16}{\pi d^3} = \frac{8FD}{\pi d^3}$$

将两组切应力叠加,可知簧丝横截面上最大切应力发生在截面内侧边缘处(图 14.29(c)),其值为

$$\tau_{max} = \tau''_{max} + \tau' = \frac{8FD}{\pi d^3} + \frac{4F}{\pi d^2} = \frac{8FD}{\pi d^3}\left(1 + \frac{d}{2D}\right) \tag{14.31}$$

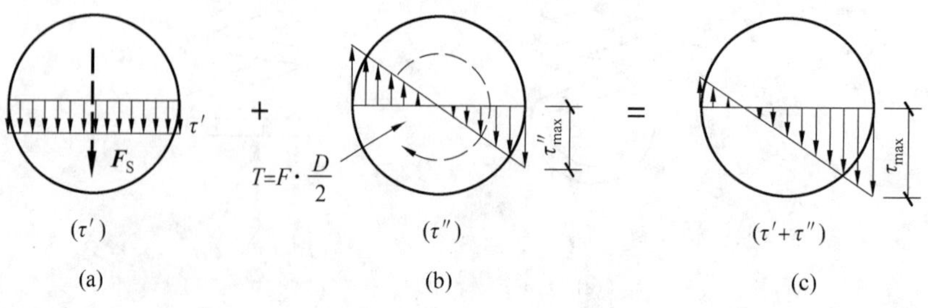

τ' F_S (τ') (a) + $T=F \cdot \frac{D}{2}$ τ''_{max} (τ'') (b) = τ_{max} $(\tau'+\tau'')$ (c)

图 14.29

由上式可见,若簧丝直径 d 远小于弹簧平均直径 D 时,括号内第二项 $\frac{d}{2D}$ 与 1 相比甚小。例如,当 $\frac{D}{d} \geqslant 10$ 时 $\frac{d}{2D} \leqslant 0.05$,实用上可以忽略不计。也就是说不考虑剪切的影响,只考虑扭转的影响。则式(14.31) 可简化为

$$\tau_{\max} = \frac{8FD}{\pi d^3} \tag{14.32}$$

由于上式略去了剪力引起的切应力,此外,在上述计算中未考虑簧丝曲率的影响,所以用式(14.32) 计算有一定误差,且误差随比值 $\frac{D}{d}$ 的增大而减小。要想得到较精确的计算,根据理论和实践研究,可采用下列的实用公式

$$\tau_{\max} = \kappa \frac{8FD}{\pi d^3} \tag{14.33}$$

式中,κ 为修正系数,按下式计算

$$\kappa = \frac{4c-1}{4c-4} + \frac{0.615}{c} \tag{14.34}$$

$$c = \frac{D}{d}$$

式中,c 称为弹簧系数。例如,当 $\frac{D}{d} = 10$ 时,$\kappa = 1.15$,也就是按式(14.32) 计算的误差达 15%。

求得 $\tau_{\max}$ 后,即可建立强度条件

$$\tau_{\max} \leqslant [\tau]$$

许用应力 $[\tau]$ 可查有关的机械设计手册。

14.5.2　变形

弹簧变形是指整个弹簧在拉力(或压力)作用下,沿轴向的伸长(或缩短)。由于弹簧丝内同时有剪力和扭矩,所以它们都对变形有影响,但根据分析,剪力引起的变形与扭矩引起的变形相比,数值很小,可忽略不计。所以在计算变形时只考虑扭矩的影响。从簧丝上截取长为 ds 的一微段 AB,如图 14.30 所示,在微段两端截面 A 和 B 上作用有扭矩 $T = F \cdot \frac{D}{2}$。设 AC 和 BC 代表由 A、B 两截面引出的弹簧半径,根据前面所作的假设,微段 ds 位于水平面内,所以 AC 和 BC 相交于 C 点。微段 ds 受扭矩作用后,两截面间产生相对扭转角,设截面 A 不动,则截面 B 产生扭转角 dφ。假定 dφ 的计算可采用直杆的扭转角公式,即

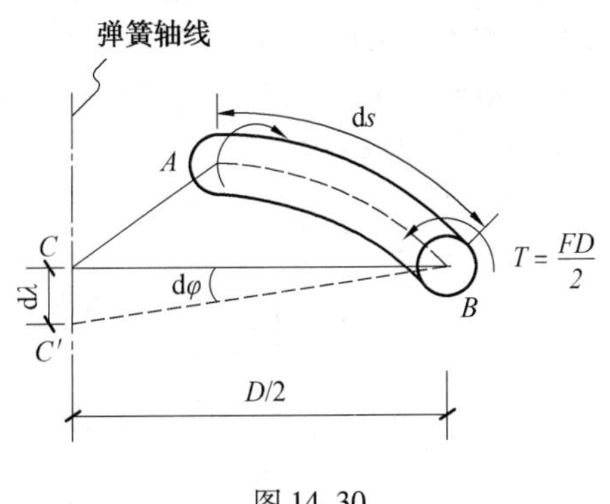

图 14.30

$$\mathrm{d}\varphi = \frac{T\mathrm{d}s}{GI_{\mathrm{p}}}$$

式中,G 为簧丝材料的切变模量;I_p 为截面的极惯性矩,它为

$$I_p = \frac{\pi d^4}{32}$$

由于微段 ds 的扭转角,使弹簧沿轴向产生位移 dλ(图 14.30),这可将截面 B 处的弹簧半径 BC 假想为一刚性杆,并将截面 B 以下的弹簧假想为一刚体悬挂在刚性杆 BC 的端点 C,由于 B 端的扭转角 dφ 使 C 点下降到 C' 点,就相当于截面 B 以下的弹簧沿轴向移动了位移 dλ,即

$$d\lambda = CC' = d\varphi \cdot \frac{D}{2}$$

欲求整个弹簧的轴向位移 λ,应将微段簧丝 ds 的轴向位移 dλ 沿簧丝的全长 l 积分,得

$$\lambda = \int_l d\lambda = \int_0^l \frac{T ds}{GI_p} \cdot \frac{D}{2}$$

设 n 为弹簧圈数,不考虑斜角 α 的影响,则 l 为

$$l \approx n \cdot \pi D$$

则

$$\lambda = \frac{F \cdot \frac{D}{2} \cdot n \cdot \frac{D^2}{2}}{G \cdot \frac{d^4}{32}} = \frac{8FD^3 n}{Gd^4} \tag{14.35}$$

此即为计算弹簧轴向伸长或缩短的公式。

式(14.35)也可写成

$$\lambda = \frac{F}{B}$$

$$B = \frac{Gd^4}{8nD^3} \tag{14.36}$$

式中,B 为使弹簧产生单位位移所需的力,称为弹簧刚度,其单位为 N/m 或 kN/m。

【例 14.11】 设有一弹簧,工作圈数(即扣除两端与簧座接触部分后的圈数)为 10 圈,弹簧直径 $D = 50$ mm,簧丝直径 $d = 8$ mm,材料的许用应力$[\tau] = 300$ MPa,$G = 80$ GPa,受拉力 $F = 1\ 000$ N 作用,试校核强度,并计算弹簧伸长。

解:(1)强度校核

$$c = \frac{D}{d} = \frac{50}{8} = 6.25$$

$$\kappa = \frac{4c - 1}{4c - 4} + \frac{0.615}{c} = \frac{4 \times 6.25 - 1}{4 \times 6.25 - 4} + \frac{0.615}{6.25} = 1.24$$

$$\tau_{max} = \kappa \frac{8FD}{\pi d^3} = 1.24 \times \frac{8 \times 1\ 000 \times 50 \times 10^{-3}}{\pi \times 8^3 \times 10^{-9}} \text{ Pa} = 308 \text{ MPa}$$

超过许用应力$\frac{308 - 300}{300} \times 100\% = 2.7\%$,为工程所允许。

(2)计算变形

$$\lambda = \frac{8FD^3 n}{Gd^4} = \frac{8 \times 1\ 000 \times 50^3 \times 10^{-9} \times 10}{80 \times 10^6 \times 8^4 \times 10^{-12}} \text{ m} = 0.03 \text{ m} = 30 \text{ mm}$$

即弹簧伸长 30 mm。

习题课选题指导

1. 如图14.31所示，两块120 mm × 9 mm的钢板，用一盖板和两行铆钉连接起来。已知铆钉直径 d_1 = 14 mm 和 d_2 = 17 mm 各占一半，铆钉的剪切许用应力均为[τ] = 100 MPa。当作用力 F = 150 kN，则该接头受剪时所需每种铆钉个数是多少？

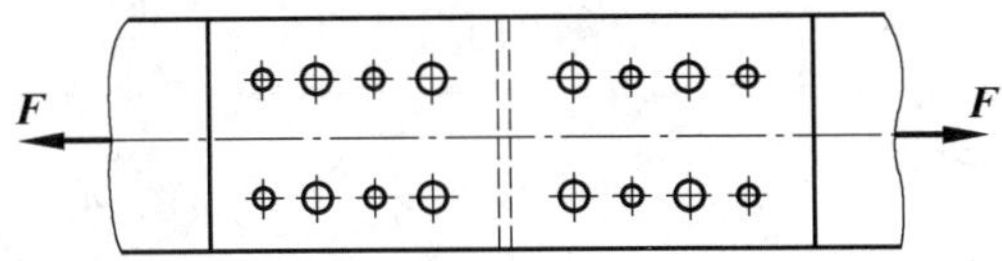

图14.31

2. 一托架如图14.32所示，已知外力 F = 35 kN，铆钉的直径 d = 20 mm。铆钉都受单剪。求最危险的铆钉横截面上切应力的数值及方向。

提示：(1) 将力平移至铆钉轴线上，使偏心力变为两部分；

(2) 转动部分所形成的切应力按扭转应力分布规律考虑。

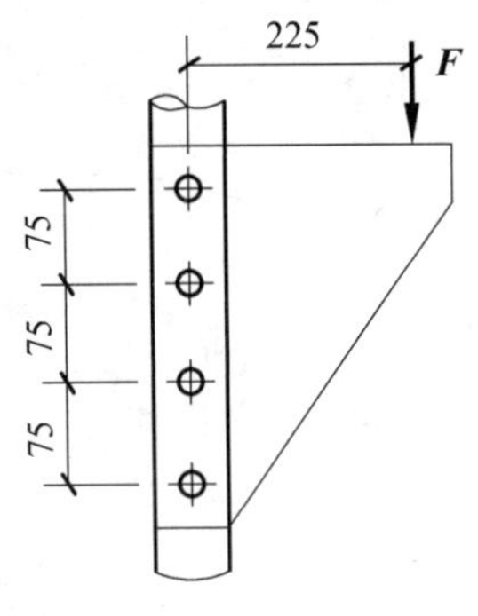

图14.32

3. 已知轴的许用切应力[τ] = 21 MPa，许用单位长度扭转角[θ] = 0.3(°)/m，剪切弹性模量G = 80 GPa。若按强度条件设计，并使轴刚度条件总可满足，则该轴直径应为多少？

4. 如图14.33所示法兰盘连接中，装有10个直径为 d 的螺栓，设轴的转速为 n(r/min)，螺栓的剪切极限应力为 τ_u，求连接所能传递的最大功率。

提示：当被连接件有相对转动趋势时，连接件的面积又相等，则连接件所承受的荷载与其到转动中心的距离成正比。

5. 图14.34所示传动轴，主动轮 Ⅰ 传递力偶矩1 kN · m，从动轮 Ⅱ 传递力偶矩0.4 kN · m，从动轮 Ⅲ 传递力偶矩0.6 kN · m。已知轴的直径 d = 40 mm，各轮间距 l = 500 mm，材料的切变模量 G = 80 GPa。(1) 合理布置各轮的位置；(2) 求出轴在合理位置

时的最大切应力 τ_{max} 和最大扭转角 φ_{max}。

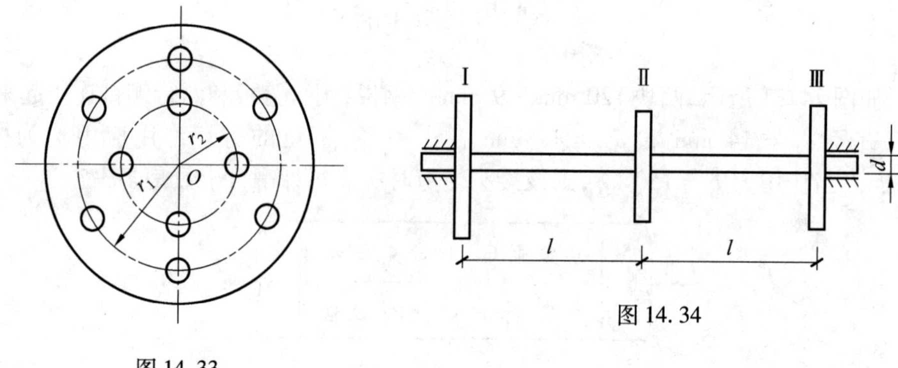

图 14.33

图 14.34

第15章

弯曲应力

弯曲变形是构件的基本变形(拉、压、剪、扭、弯),也是最复杂和应用最广泛的一种变形。所有的梁式构件均要发生弯曲变形。柱中的偏心受压也要产生弯曲变形,即使是轴心受压柱,由于要考虑稳定问题也涉及弯曲问题。凡是有弯矩出现的构件都会发生相应的弯曲变形。

弯曲变形在构件的横截面上通常要引起正应力,同时由于直杆中弯矩的变化率等于剪力,故截面中也往往存在切应力。这两种应力与构件的强度有直接关系,本章将重点讲述这两种应力的计算方法及其强度条件的建立和应用。

15.1 弯曲正应力

在一般情况下,梁的横截面上有弯矩 M 和剪力 F_S。由截面上分布内力系的合成关系可知,横截面上与正应力有关的法向内力元素 $dF_N = \sigma dA$ 才可能合成为弯矩;而与切应力有关的切向内力元素 $dF_S = \tau dA$ 才可能合成为剪力。所以,在梁的横截面上一般是既有正应力,又有切应力。

在图15.1(a)中,简支梁上的两个外力 $\boldsymbol{F}$ 对称地作用于梁的纵向对称面内。其剪力图和弯矩图分别表示于图15.1(b)和(c)中。从图中看出,在 AC 和 DB 两段内,梁横截面上既有弯矩又有剪力,因而既有正应力又有切应力。这种情况称为横力弯曲或剪切弯曲。在 CD 段内,梁横截面上剪力等于零,而弯矩为常量,于是就只有正应力而无切应力。梁受力弯曲后,横截面上只产生弯矩而无剪力的弯曲称为“纯弯曲”。在推导梁的正应力公式时,为了便于研究,我们从“纯弯曲”的情况进行推导。

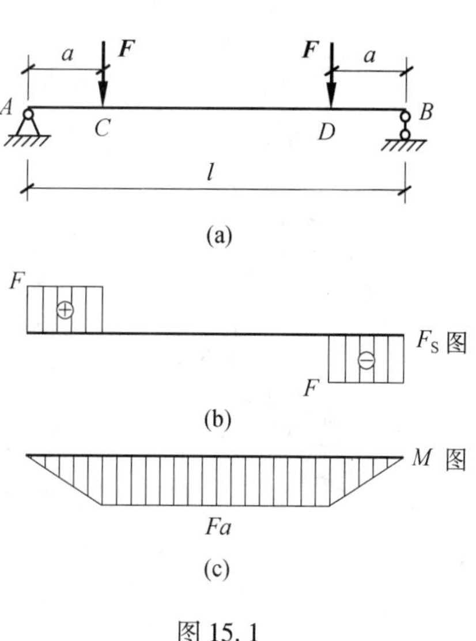

图15.1

取图15.1(a)所示梁的 CD 段(如图15.2(a)),由截面法可知,在这一段梁的任一横截面上剪力为零,弯矩 M 为常量,其值等于 Fa。为推导梁在横截面上正应力的计算公式,需综合考虑几何、物理和静力学三方面的关系。

15.1.1 几何方面

在梁加力以前(图 15.2(a)),先在其侧面上画两条相邻的横向线 mm 和 nn,并在两横向线间靠近顶面和底面处分别画纵向线 aa 和 bb,然后在梁端加一对矩为 M_e 的外力偶($M_e=Fa$)。根据实验观察,在梁变形后,侧面上的纵向线 aa 和 bb 弯曲成弧线,而横向线 mm 和 nn 在相对旋转了一角度后保持为直线,且仍与弧线 aa 和 bb 正交。这时,靠近底面的纵向线 bb 伸长,而靠近顶面的纵向线 aa 缩短。根据上述现象,假设:梁在受力而发生纯弯曲后,其原来的横截面保持为平面,并绕垂直于纵对称面的某一轴旋转,且仍垂直于梁变形后的轴线,此即弯曲问题中的平面假设。

设用两横截面从梁中假想地截取长为 $\mathrm{d}x$ 的微段(图 15.2(c)),由平面假设可知,在梁弯曲时,两横截面将相对旋转一微小角度 $\mathrm{d}\theta$。横截面的转动将使梁凹边的纵向线缩短,凸边的纵向线伸长。由于变形的连续性,中间必有一层纵向线 O_1O_2 无长度改变,称为中性层。中性层与横截面的交线称为中性轴(图 15.2(f))。梁在弯曲时,相邻横截面就是绕中性轴做相对转动的。由于外力、横截面形状及梁的物性均对称于梁的纵对称面,故梁变形后的形状也必对称于该平面,因此,中性轴应与横截面的对称轴正交。若将梁的轴线取为 x 轴,横截面的对称轴取为 y 轴,中性轴取为 z 轴(图 15.2(d))(至于中性轴在横截面上的具体位置,目前尚不能确定),现研究在横截面上距中性轴为 y 处的纵向线应变。作 O_2B_1 与 O_1A 平行(图 15.2(c)),则可得该点处的纵向线应变为

$$\varepsilon=\frac{\Delta AB_1}{AB_1}=\frac{B_1B}{O_1O_2}=\frac{y\mathrm{d}\theta}{\mathrm{d}x}$$

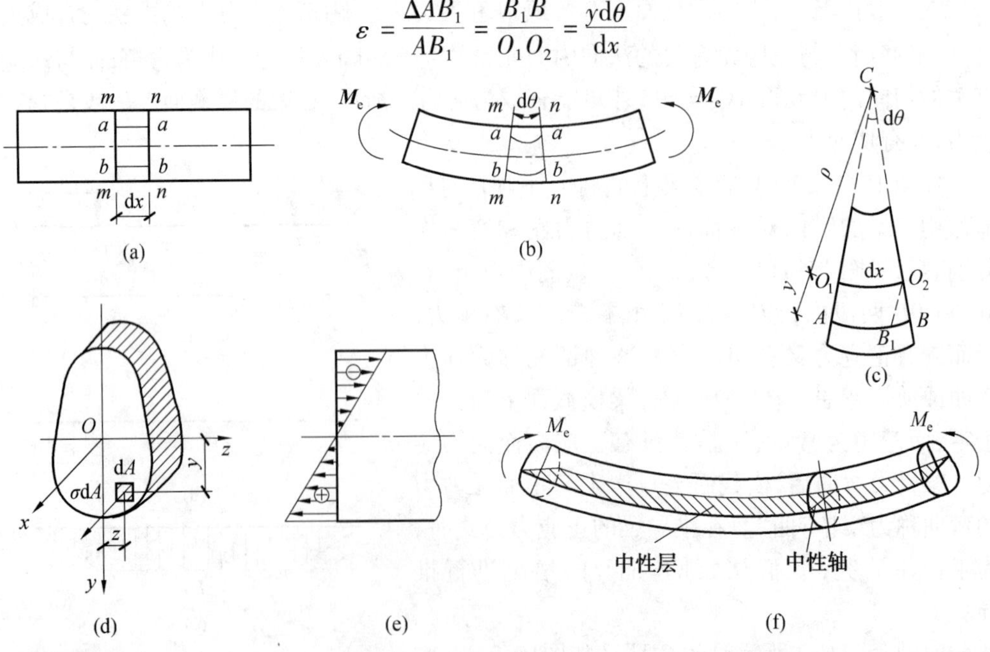

图 15.2

式中，$O_1O_2 = dx$ 为中性层上纵向线段的长度，而中性层的曲率为

$$\frac{1}{\rho} = \frac{d\theta}{dx}$$

代入上式，即得

$$\varepsilon = \frac{y}{\rho} \tag{a}$$

式(a) 表明横截面上任一点处的纵向线应变 ε 与该点至中性轴的距离 y 成正比。

15.1.2　物理方面

若各纵向线之间不因纯弯曲而引起相互挤压，则可认为横截面上各点处的纵向线段均处于单轴应力状态。于是，当材料处于线弹性范围内，且拉伸和压缩弹性模量相同时，由单轴应力状态下的胡克定律可得物理关系

$$\sigma = E\varepsilon \tag{b}$$

将式(a) 代入式(b)，即得

$$\sigma = E\varepsilon = E\frac{y}{\rho} \tag{c}$$

上式表明，横截面上任一点处的正应力与该点至中性轴的距离成正比，距中性轴为 y 的等高线上各点处的正应力均相等。其变化规律如图 15.2(e) 所示。

15.1.3　静力学方面

横截面上的法向内力元素 σdA(图 15.2(d)) 构成空间平行力系，因此，可能组成三个内力分量

$$F_N = \int_A \sigma dA,\quad M_y = \int_A z\sigma dA,\quad M_z = \int_A y\sigma dA$$

由于梁上仅有外力偶 M_e 作用，则由截面法，上式中的 F_N 和 M_y 均等于零，而 M_z 即为横截面上的弯矩 M，其值等于 M_e。于是，由静力学关系可得

$$F_N = \int_A \sigma dA = 0 \tag{d}$$

$$M_y = \int_A z\sigma dA = 0 \tag{e}$$

$$M_z = \int_A y\sigma dA = M \tag{f}$$

将式(c) 代入以上三式，并根据有关的截面几何参数的定义，可得

$$F_N = \frac{E}{\rho}\int_A y dA = \frac{E}{\rho}S_z = 0 \tag{g}$$

$$M_y = \frac{E}{\rho}\int_A zy dA = \frac{E}{\rho}I_{yz} = 0 \tag{h}$$

$$M_z = \frac{E}{\rho}\int_A y^2 dA = \frac{E}{\rho}I_z = M \tag{i}$$

为满足式(g)，由于 $\frac{E}{\rho}$ 不能为零，因此只能 $S_z = 0$。于是，z 轴必通过横截面形心，从而

确定了中性轴的位置。

式(h)是自动满足的,因为y轴是横截面的对称轴,所以I_{yz}必等于零。实际上,由于y轴为对称轴,其左、右两侧对称位置处的法向内力元素$\sigma\mathrm{d}A$对y轴的矩必等值而反向,故横截面上σdA所组成的力矩M_y必等于零。

最后由式(i)得中性层曲率$\frac{1}{\rho}$的表达式

$$\frac{1}{\rho}=\frac{M}{EI_z} \tag{15.1}$$

该式说明弯曲变形中变形后的轴线其曲率$\frac{1}{\rho}$与该纯弯段的弯矩成正比,与弹性模量和对中性轴(z轴)的惯性矩乘积成反比。此处EI_z称为抗弯刚度(flexural rigidity),它反映了截面抗弯曲的能力。

将式(15.1)代回式(c),消去E后最终得到

$$\sigma=\frac{My}{I_z} \tag{15.2}$$

式中,M为横截面上的弯矩;I_z为横截面对中性轴z的惯性矩;y为所求应力点的纵坐标。

公式(15.1)与(15.2)是计算弯曲变形和弯曲正应力的两个最基本公式。它们不仅在工程力学中起到重要作用,而且也是今后学习各结构课中受弯构件的重要基础。

弯曲正应力既然离中性轴越远越大,因此最大拉应力与最大压应力显然应发生在截面的上下边缘,有

$$\sigma_{\max}=\frac{My_{\max}}{I_z}=\frac{M}{\dfrac{I_z}{y_{\max}}}=\frac{M}{W_z} \tag{15.3}$$

式中,$W_z=\frac{I_z}{y_{\max}}$称为抗弯截面模量(section modulus)。

本节前面所述均是对纯弯曲而言,对于非纯弯曲(或称横力弯曲)的构件,由于切应力的存在,横截面变形后将发生翘曲而不再成为平面。但是,若构件的跨度(梁)或高度(柱)远大于其横截面的高度,则剪力影响很小,截面的翘曲可略去不计,平面假设仍适用,因此仍可采用式(15.2)计算正应力,不过式中M应以$M_{\max}$代替,此时构件内的最大正应力应发生在最大弯矩(绝对值)截面的上下边缘处,因此应力公式为

$$\sigma_{\max}=\frac{M_{\max}y_{\max}}{I_z}=\frac{M_{\max}}{W_z} \tag{15.4}$$

正应力是带有符号的量,一般拉应力为正,压应力为负。按式(15.2)和图15.2(d)所示坐标系以及考虑梁中弯矩的符号,则所算出的应力符号与一般规定相符合,即拉正压负,但对柱子而言由于弯矩正负不易确定,所以应力的符号可以不必计算而是采用直观判断。由于弯矩图是画在杆件受拉的一侧,因此拉、压应力是非常容易区别的。

当弯矩给定后抗弯截面模量是计算最大应力的主要数据,对于常用截面的W_z必须牢牢记熟。

矩形截面

$$W_z = \frac{I_z}{y_{\max}} = \frac{\frac{bh^3}{12}}{\frac{h}{2}} = \frac{bh^2}{6} \tag{15.5}$$

圆形截面

$$W_z = \frac{\frac{\pi d^4}{64}}{\frac{d}{2}} = \frac{\pi d^3}{32} \tag{15.6}$$

环形截面

$$W_z = \frac{\frac{\pi}{64}(D^4 - d^4)}{\frac{D}{2}} = \frac{\pi D^3}{32}(1 - \alpha^4) \tag{15.7}$$

式中

$$\alpha = d/D$$

【例 15.1】　图 15.3(a) 所示简支梁由 56a 号工字钢制成,其截面简化后的尺寸如图 15.3(c) 所示,$F = 150$ kN。试求梁危险截面上的最大正应力 $\sigma_{\max}$ 和同一截面上翼缘与腹板交界处 a 点(图 15.3(b)) 的正应力 σ_a。

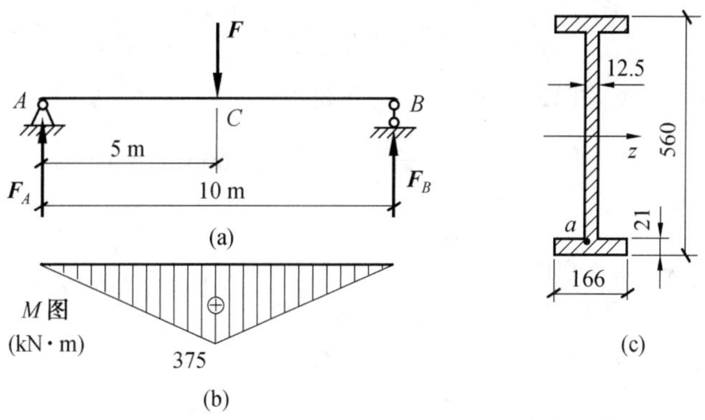

图 15.3

解:(1) 梁的最大正应力

作梁的弯矩图(图 15.3(b))。可见,截面 C 为危险截面,相应的最大弯矩值为 $M_{\max} = 375$ kN · m。

由型钢规格查表得,56a 号工字钢截面的 $W_z = 2\ 342 \times 10^3\ \text{mm}^3$ 和 $I_z = 65\ 586 \times 10^4\ \text{mm}^4$。

可得危险截面上的最大正应力 $\sigma_{\max}$ 为

$$\sigma_{\max} = \frac{M_{\max}}{W_z} = \frac{375 \times 10^3}{2\ 342 \times 10^{-6}}\ \text{Pa} = 160 \times 10^6\ \text{Pa} = 160\ \text{MPa}$$

(2) 危险截面上点 a 处的正应力

利用式(15.2) 代入 $M_{\max}$、I_z 和有关尺寸,得

$$\sigma_a = \frac{M_{\max} y_a}{I_z} = \frac{(375 \times 10^3) \times \left(\frac{0.56}{2} - 0.021\right)}{65\ 586 \times 10^{-8}}\ \text{Pa} = 148 \times 10^6\ \text{Pa} = 148\ \text{MPa}$$

注意到直梁横截面上的正应力与中性轴的距离成正比,因此,当求得横截面上的 σ_{max} 时,同一横截面上的正应力 σ_a 亦可按比例求得

$$\sigma_a/\text{MPa} = \frac{y_a}{y_{max}}\sigma_{max} = \frac{\frac{0.56}{2} - 0.021}{\frac{0.56}{2}} \times 160 = 148$$

【例 15.2】 试计算图 15.4(a) 所示简支矩形截面木梁平放与竖放时的最大正应力,并加以比较。

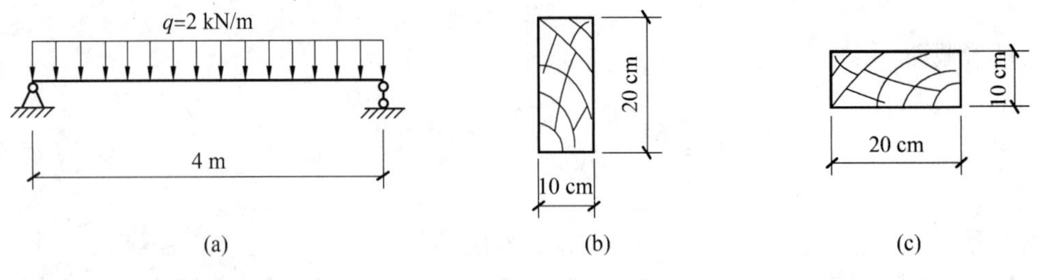

图 15.4

解:全梁最大弯矩发生在跨中截面,有

$$M_{max}/(\text{kN} \cdot \text{m}) = \frac{ql^2}{8} = \frac{2 \times 4^2}{8} = 4$$

(1) 竖放时截面如图 15.4(b) 所示,此时

$$W_z/\text{m}^3 = \frac{10 \times 20^2 \times 10^{-6}}{6} = 666.7 \times 10^{-6}$$

最大应力为

$$\sigma_{max} = \frac{4 \times 1\ 000}{666.7 \times 10^{-6}}\ \text{Pa} = 6 \times 10^6\ \text{Pa} = 6\ \text{MPa}(\text{上侧受压,下侧受拉})$$

(2) 平放时截面如图 15.4(c) 所示,此时

$$W_z/\text{m}^3 = \frac{20 \times 10^2 \times 10^{-6}}{6} = 333.3 \times 10^{-6}$$

最大应力为

$$\sigma_{max} = \frac{4 \times 1\ 000}{333.3 \times 10^{-6}}\ \text{Pa} = 12 \times 10^6\ \text{Pa} = 12\ \text{MPa}(\text{上侧受压,下侧受拉})$$

比较两种情况不难看出,竖放最大正应力仅是平放的 1/2,显然竖放有利。

15.2 弯曲正应力强度条件及其应用

因为受弯构件横截面上正应力分布并不均匀,因此为保证整个构件处于安全工作状态,则必须求出构件中危险截面上的最大正应力 σ_{max},而且 σ_{max} 应不大于材料的许用应力值 $[\sigma]$,即

$$\sigma_{max} = \frac{M_{max}}{W_z} \leqslant [\sigma] \tag{15.8}$$

这就是弯曲正应力的强度条件,它可用来进行弯曲强度校核。若要进行截面设计,可将此式改为

$$W_z \geqslant \frac{M_{max}}{[\sigma]} \tag{15.9}$$

当受弯构件的材料与截面尺寸给定后,若想求出许可荷载,可以先求出截面抗弯的承载力矩

$$M_d = W_z[\sigma] \tag{15.10}$$

令此力矩与许可荷载计算出的最大弯矩 M_{max} 相等,即可反求许可荷载。

【例 15.3】　长为 2.5 m 的工字形钢外伸梁,如图 15.5(a) 所示,其外伸部分为 0.5 m,梁上承受均布荷载 $q=30$ kN/m,试选择工字钢的型号。已知工字钢许用弯曲正应力 $[\sigma]=170$ MPa。

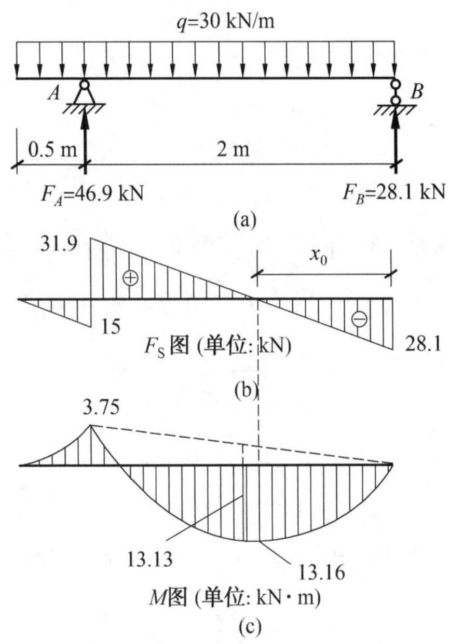

图 15.5

解:首先求出支座反力 $F_A=46.9$ kN,$F_B=28.1$ kN。

作出剪力图与弯矩图,如图 15.5(b)、(c) 所示。在确定最大弯矩时,准确作法应先确定剪力为零的截面位置,即图中的 x_0。按比例关系可求得 $x_0=0.937$ m,因此最大弯矩

$$M_{max}/(\text{kN}\cdot\text{m}) = 28.1\times 0.937 - 30\times 0.937\times\frac{0.937}{2} = 13.16$$

如采用区段叠加法,求跨中弯矩,有

$$M_{中}/(\text{kN}\cdot\text{m}) = \frac{30\times 2^2}{8} - \frac{3.75}{2} = 13.13$$

本题中两个弯矩十分接近,因此一般说来可用跨中弯矩近似代替最大弯矩。

利用式(15.9),得

$$W_z=\frac{M_{max}}{[\sigma]}=\frac{13.16\times 1\ 000}{170\times 10^6}\ \mathrm{m^3}=7.74\times 10^{-5}\ \mathrm{m^3}=77.4\ \mathrm{cm^3}$$

自型钢表中查得,满足 $W_z = 77.4\ \mathrm{cm^3}$ 的工字钢可选12.6号工字钢,其 $W_z = 77.5\ \mathrm{cm^3}$。

【例15.4】 跨长 $l=2$ m的铸铁梁受力如图15.6(a)所示。已知材料的拉、压许用应力分别为 $[\sigma_t]=30$ MPa和 $[\sigma_c]=90$ MPa。试根据截面最为合理的要求,确定倒T字形截面梁横截面的尺寸 δ,并校核梁的强度。

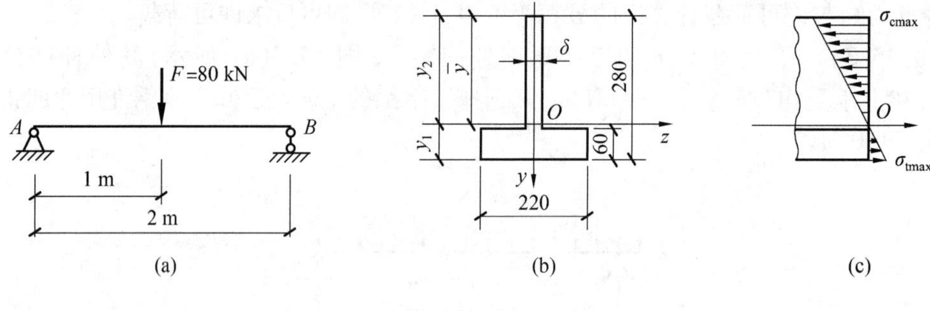

图15.6

解:(1) 确定尺寸 δ

为使截面最为合理,应使梁的同一危险截面上的最大拉应力与最大压应力之比 $\sigma_{tmax}/\sigma_{cmax}$ 与相应的许用应力之比 $[\sigma_t]/[\sigma_c]$ 相等。由于 $\sigma_{tmax}=\dfrac{My_1}{I_z}$ 和 $\sigma_{cmax}=\dfrac{My_2}{I_z}$,并已知 $[\sigma_t]/[\sigma_c]=30\ \mathrm{MPa}/90\ \mathrm{MPa}=1/3$,所以

$$\sigma_{tmax}/\sigma_{cmax}=y_1/y_2=1/3 \tag{a}$$

式(a)为确定中性轴即形心轴位置 $\bar{y}$ 的条件。联立式(a)及 $y_1+y_2=280$ mm,即得

$$\bar{y}=y_2=210\ \mathrm{mm} \tag{b}$$

显然,$\bar{y}$ 值与横截面尺寸有关,根据形心坐标公式及图15.6(b)中所示尺寸,并利用式(b)可列出

$$\bar{y}/\mathrm{mm}=\frac{(280-60)\times\delta\times(\frac{280-60}{2})+60\times 220\times(280-\frac{60}{2})}{(280-60)\times\delta+60\times 220}=210$$

由此求得

$$\delta=24\ \mathrm{mm} \tag{c}$$

(2) 强度校核

由平行移轴公式计算截面对中性轴的惯性矩 I_z 为

$$I_z/\mathrm{m^4}=[\frac{24\times(220)^3}{12}+24\times 220\times(210-110)^2+\frac{220\times(60)^3}{12}+220\times 60\times$$

$$(280-210-\frac{60}{2})^2]\times 10^{-12}=99.2\times 10^6\times 10^{-12}=99.2\times 10^{-6}$$

梁的最大弯矩为

$$M_{max}=\frac{Fl}{4}=\frac{(80\times 10^3)\times 2}{4}\ \mathrm{N\cdot m}=40\times 10^3\ \mathrm{N\cdot m}=40\ \mathrm{kN\cdot m}$$

于是,即得梁的最大压应力,并据此校核强度

$$\sigma_{\mathrm{cmax}}=\frac{My_2}{I_z}=\frac{(40\times10^3)\times(210\times10^{-3})}{99.2\times10^{-6}}\ \mathrm{Pa}=84.7\times10^6\ \mathrm{Pa}=84.7\ \mathrm{MPa}<[\sigma_{\mathrm{c}}]$$

可见,梁满足强度条件。

【例 15.5】 铸铁梁所受荷载情况及截面尺寸如图 15.7(a)、(c) 所示。已知截面对形心轴的惯性矩 $I_z=403\times10^{-7}\ \mathrm{m}^4$,铸铁许用弯曲拉应力$[\sigma_{\mathrm{t}}]=50\ \mathrm{MPa}$,压应力$[\sigma_{\mathrm{c}}]=125\ \mathrm{MPa}$。试按正应力强度条件校核梁的强度。

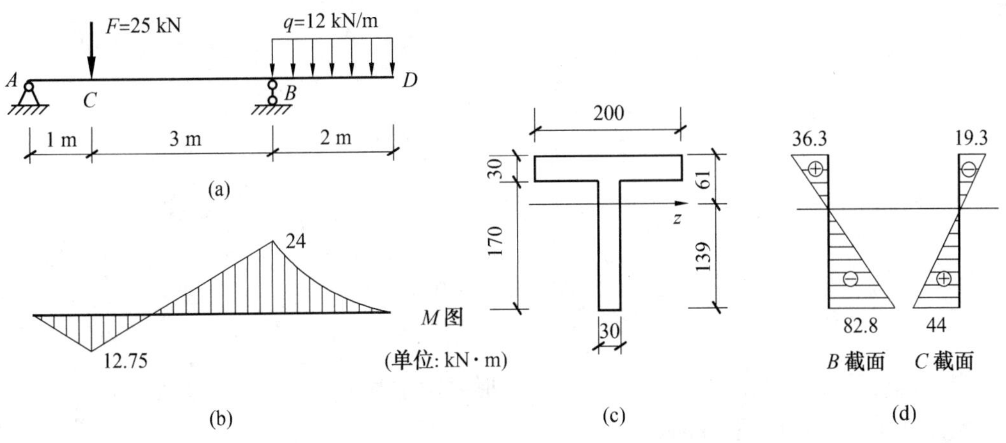

图 15.7

解:由于铸铁抗拉、抗压性能不同,因截面为 T 形,形心距上下两边尺寸也不同,因此校核时的危险截面需慎重判别。先作出梁的弯矩图,如图 15.7(b) 所示。B 截面弯矩最大属于上侧受拉,C 截面弯矩最大属于下侧受拉,两者应分别考虑。

B 截面最大拉应力

$$\sigma^{+}_{B\max}=\frac{M_{\max}y_{\max}}{I_z}=\frac{24\times1\ 000\times61\times10^{-3}}{403\times10^{-7}}\ \mathrm{Pa}=36.3\ \mathrm{MPa}$$

B 截面最大压应力

$$\sigma^{-}_{B\max}=\frac{24\times1\ 000\times139\times10^{-3}}{403\times10^{-7}}\ \mathrm{Pa}=82.8\ \mathrm{MPa}$$

C 截面最大拉应力

$$\sigma^{+}_{C\max}=\frac{12.75\times1\ 000\times139\times10^{-3}}{403\times10^{-7}}\ \mathrm{Pa}=44\ \mathrm{MPa}$$

C 截面最大压应力

$$\sigma^{-}_{C\max}=\frac{12.75\times1\ 000\times61\times10^{-3}}{403\times10^{-7}}\ \mathrm{Pa}=19.3\ \mathrm{MPa}$$

应力分布如图 15.7(d) 所示。自两截面选出最大拉应力为 $44\ \mathrm{MPa}<[\sigma_{\mathrm{t}}]=50\ \mathrm{MPa}$,最大压应力为 $82.8\ \mathrm{MPa}<[\sigma_{\mathrm{c}}]=125\ \mathrm{MPa}$,故此梁强度满足。

若将截面倒置,则应力数值不变,但符号改变,最大拉应力将出现在 B 截面,且其值为 $82.8\ \mathrm{MPa}\gg[\sigma_{\mathrm{t}}]=50\ \mathrm{MPa}$。此时结构强度将明显不足。因此,T 形梁的放置不能随意翻转。

15.3 梁的合理设计

由受弯构件的强度条件可知,在材料给定的情况下,截面的承载力主要取决于抗弯截面模量 W_z 的值。W_z 不仅与截面面积有关,而且与截面的形状有关,同时还随布置位置的变化而改变(例如平放与竖放)。在材料用量相同的情况下,合理的截面形式应使 W_z 值最大。对于等截面梁显然截面面积相同所用材料就应相等,因此研究 W_z/A 的值是有实际意义的。

矩形截面

$$\frac{W_z}{A}=\frac{\frac{bh^2}{6}}{bh}=\frac{h}{6}=0.167h$$

圆形截面

$$\frac{W_z}{A}=\frac{\frac{\pi d^3}{32}}{\frac{\pi d^2}{4}}=\frac{d}{8}=0.125d$$

矩形截面同圆形截面相比,当 $h=d$ 时矩形要优于圆形。

经计算工字形与槽形截面

$$W_z\approx 0.3h$$

当矩形和工字形截面取同高时,工字形要远远优越于矩形。例如,在钢结构中几乎所有受弯构件都做成工字形、槽形、箱形等(如图 15.8),而很少用矩形截面,这些形状之所以优于矩形,在于这些形状将靠近中性轴不能充分发挥作用的材料大大减少。预制空心板中部挖空也是这一道理。

W_z/A 的结果中都反映出 h 越大越好,但这并非是绝对的,若是矩形 h 太大、宽度 b 过窄将会出现丧失稳定问题,其他薄壁构件更有类似问题。

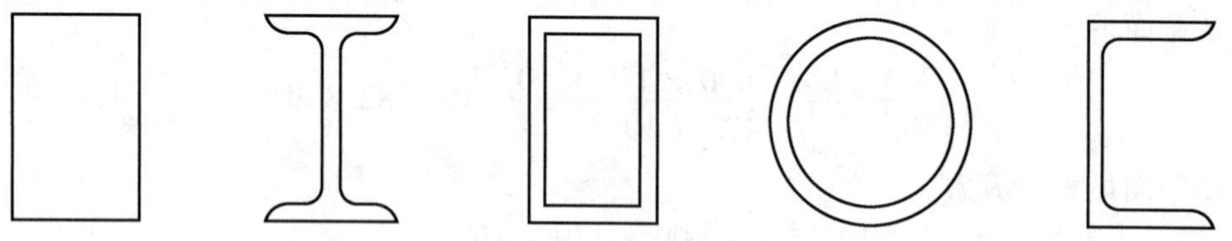

图 15.8

从截面的布置看,当产生弯矩的力铅垂向下时,矩形竖放比平放要优越(见图 15.9(a)),因为竖放时的 $W_z=\frac{bh^2}{6}$ 要大于平放时的 $W_z=\frac{b^2h}{6}$。工字钢以 10 号工字钢为例(见图15.9(b)),立放时 $W_z=49\ \text{cm}^3$,而平放时 $W_z=9.72\ \text{cm}^3$,相差 5 倍左右。如将正方形成对角线放置其 W_z 值要下降(见图 15.9(c)),原因在于这种放置方式材料大部分集中于中性轴附近,故强度要低。

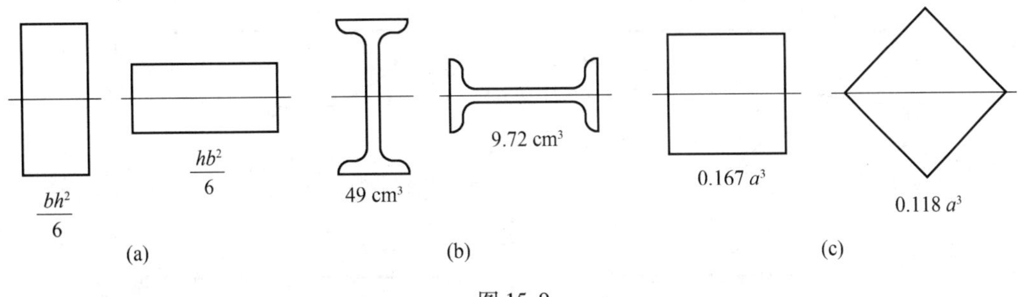

图 15.9

【例 15.6】 由圆木中取出使抗弯截面模量最大的矩形梁，问高(h)宽(b)比应为多少？

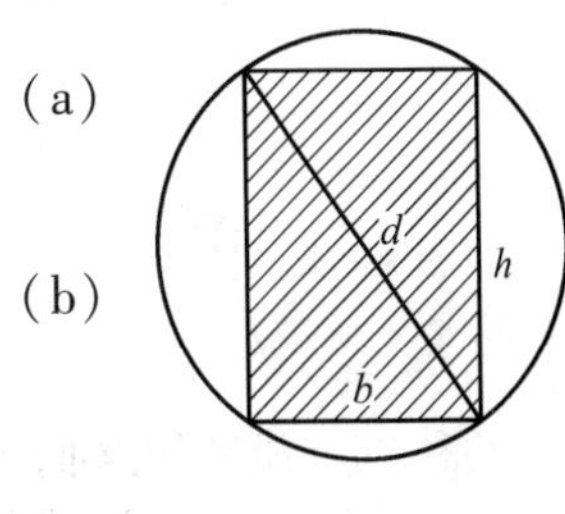

图 15.10

解：自图 15.10 看到，h 与 b 应满足

$$h^2 + b^2 = d^2 \tag{a}$$

矩形截面抗弯模量

$$W_z = \frac{bh^2}{6} \tag{b}$$

将式(a)代入式(b)，有

$$W_z = \frac{1}{6}b(d^2 - b^2)$$

取$\frac{dW_z}{db} = 0$，得到

$$d^2 - 3b^2 = 0$$

解此方程得

$$b = \frac{d}{\sqrt{3}}$$

代回式(a)，解出

$$h = \frac{\sqrt{2}}{\sqrt{3}}d$$

因此最后得出

$$\frac{h}{b} = \frac{\sqrt{2}}{\sqrt{3}}d / \frac{d}{\sqrt{3}} = \sqrt{2} \approx \frac{7}{5}$$

使受弯构件上的最大应力等于材料的许用应力，即 $\sigma_{max} = \frac{M_{max}}{W_z} = [\sigma]$，设计应该是合理的。但由于弯矩是变化的，除了 M_{max} 截面外的弯矩全小于 M_{max}，因此这种合理也仅是对一个截面而言。如能使 W_z 改变(即改变截面尺寸)，而使每一截面均满足 $\sigma_{max} = [\sigma]$，这种梁称为等强度梁。图 15.11(a)、(b)所示的变高度悬臂梁和鱼腹式吊车梁虽不完全是等强度梁，但都与荷载作用下的弯矩图有关，都能较好地发挥材料的抗弯能力。

最后指出，由于梁截面应力分布的不均匀性，使得很难全都发挥出材料的抗力性能，在这一点上梁不如桁架，桁架基本上是轴向受力，应力均匀，因此能充分发挥材料的作用，所以对大跨度结构往往采用桁架而不是梁。实际上如图 15.12(a)所示，将梁的某些靠中间部位的材料挖掉，逐渐形成了如图 15.12(b)所示的桁架。

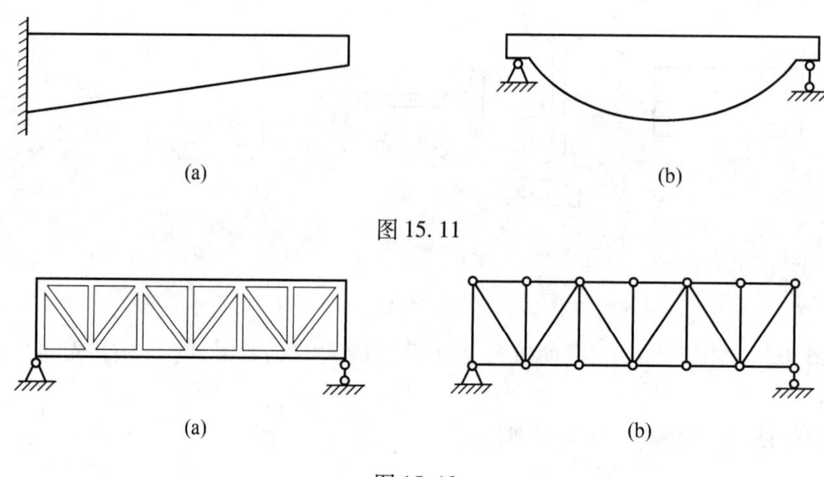

图 15.11

(a)
(b)

图 15.12

*15.4 组　合　梁

两种以上材料组合而成的梁称为组合梁(composite beam)。用相当截面法计算组合梁的正应力是一种很直观又很简便的方法,在结构课中将有所应用,现以矩形截面为例说明其计算原理。矩形截面梁由 ① 和 ② 两部分组成(图 15.13(a)):① 部分弹性模量为 E_1,② 部分弹性模量为 E_2。两部分形成一个整体,在弯矩作用下平面假设依然成立。因此,$\varepsilon=\dfrac{y}{\rho}$ 表达式成立,如图 15.13(b) 所示。利用胡克定律,对 ① 部分有

$$\sigma_1=E_1\varepsilon=\frac{E_1}{\rho}y \tag{a}$$

对 ② 部分有

$$\sigma_2=E_2\varepsilon=\frac{E_2}{\rho}y \tag{b}$$

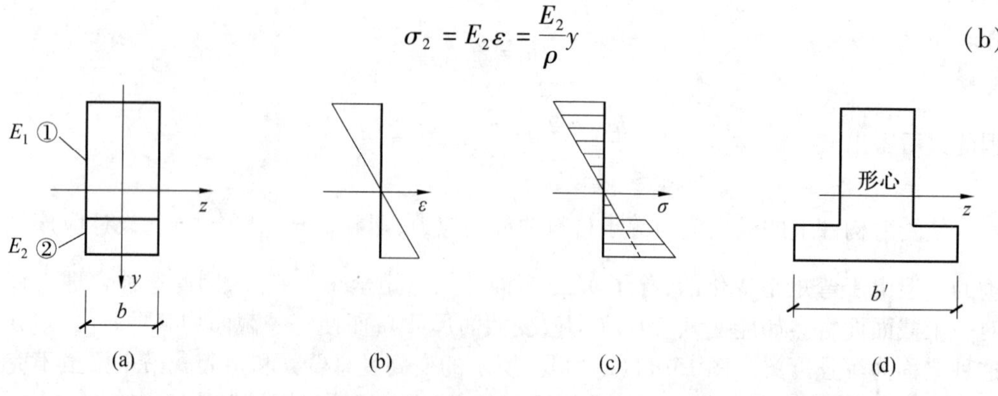

图 15.13

设 $E_2>E_1$,则应力分布如图 15.13(c) 所示。与前面推证单一材料弯曲正应力公式相似,这里也存在如何利用平衡条件确定中性轴位置和曲率 $1/\rho$ 值的问题。根据应力计算截面轴力与弯矩的过程中,积分表达式中都将出现 σdA 这一微元素,就两种材料而言

将出现 $\sigma_1 \mathrm{d}A=\sigma_1 b\mathrm{d}y$ 和 $\sigma_2 \mathrm{d}A=\sigma_2 b\mathrm{d}y$，如果将 σ_1 延续到②部分中（见图15.13（c）虚线），并注意

$$\frac{\sigma_2}{\sigma_1}=\frac{E_2}{E_1} \text{ 或 } \sigma_2=\frac{E_2}{E_1}\sigma_1$$

则 $\sigma_2 \mathrm{d}A$ 可作如下变化

$$\sigma_2 \mathrm{d}A=\sigma_2 b\mathrm{d}y=\sigma_1\frac{E_2}{E_1}b\mathrm{d}y=\sigma_1 b'\mathrm{d}y=\sigma_1 \mathrm{d}A'$$

式中，$b'=\dfrac{E_2}{E_1}b$ 或 $A'=\dfrac{E_2}{E_1}A$，相当于将截面中②的部分由宽度 b 扩展为宽度 b'（见图15.13（d））。这样处理后，所有积分均只与 σ_1 发生关系，和前面单一材料推证完全相同，但积分所对截面应以图15.13（d）所示倒T形截面（称为相当截面）为准。这样，中性轴应通过相当截面形心，而利用下式计算 σ_1 时，惯性矩 I_0 应是相当截面对形心轴的惯性矩。

$$\sigma_1=\frac{My}{I_0} \tag{15.11a}$$

最后需指明的是，对于②部分的应力，必须先求出相当截面中的 σ_1，然后用

$$\sigma_2=\frac{E_2}{E_1}\sigma_1 \tag{15.11b}$$

得到该区的应力 σ_2。

15.5　弯曲切应力　弯曲中心

弯矩在横截面上要引起正应力，剪力在横截面上要引起切应力。一般情况下，往往是正应力起着控制受弯构件强度的作用，但是在某些情况下切应力也可能起控制作用。如图15.14（a）所示，短木梁在试验机压弯下，首先发生的不是跨中的弯曲破坏，而是端部水平方向破坏（错裂）。就弯矩而言，梁两端是最小的，且中性层附近正应力几乎为零，所以木梁端部破坏显然不是由正应力引起的。观察剪力图可以发现端部剪力最大，根据切应力互等定理可知，横截面上有切应力，则水平面内也必有切应力产生。如图15.14（b）所示（图中未画正应力），正是端部靠近中间的水平切应力使梁错开。这一破坏现象表明矩形截面切应力一定在中性层附近是最大的。

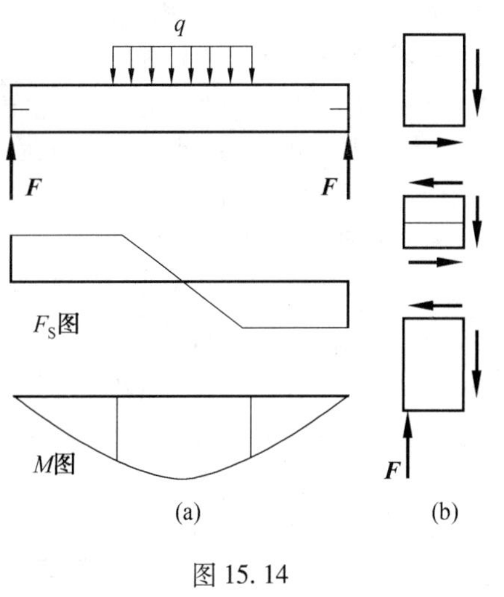

图 15.14

研究弯曲中由于剪力在横截面上引起的切应力，以及切应力的分布规律和计算公式，并不一定还要按几何、物理、平衡三方面来进行推证，因为剪力是弯矩的变化率（有弯矩

函数就可求剪力),弯矩引起正应力 σ,剪力引起切应力 τ,那么切应力 τ 与正应力 σ 也一定会存在着密切的关系。正是基于这一考虑,实际上通过平衡关系由研究正应力沿梁长的变化中,就可以推出切应力的公式。

15.5.1 矩形截面梁

在图 15.15(a) 所示矩形截面梁的任意截面上,剪力 F_S 皆与截面的对称轴 y 重合(图 15.15(b))。关于横截面上切应力的分布规律,作以下两个假设:(1) 横截面上各点的切应力的方向都平行于剪力 F_S;(2) 切应力沿截面宽度均匀分布。在截面高度 h 大于宽度 b 的情况下,以上述假定为基础得到的解,与精确解相比有足够的准确度。按照这两个假设,在距中性轴为 y 的横线 pq 上,各点的切应力 τ 都相等,且都平行于 F_S。再由切应力互等定理可知,在沿 pq 切出的平行于中性层的 pr 的平面上,也必然有与 τ 相等的 τ'(图 15.15(b) 中未画 τ',画在图 15.16 中),而且沿宽度 b,τ' 也是均匀分布的。

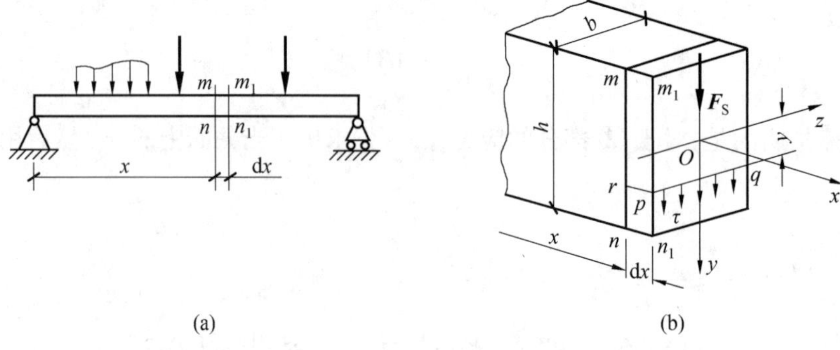

图 15.15

如以横截面 $m-n$ 和 m_1-n_1 从图 15.15(a) 所示梁中取出长为 dx 的一段(图 15.16(a)),设截面 $m-n$ 和 m_1-n_1 上的弯矩分别为 M 和 $M+dM$,再以平行于中性层且距中性层为 y 的 pr 平面从这一段梁中截出一部分 $prnn_1$,则在这一截出部分的左侧面 rn 上,作用着因弯矩 M 引起的正应力;在右侧面 pn_1 上,作用着因弯矩 $M+dM$ 引起的正应力;在顶面 pr 上,作用着切应力 τ'。以上三种应力(即两侧正应力和顶面切应力 τ')都平行于 x 轴(图 15.16(a))。

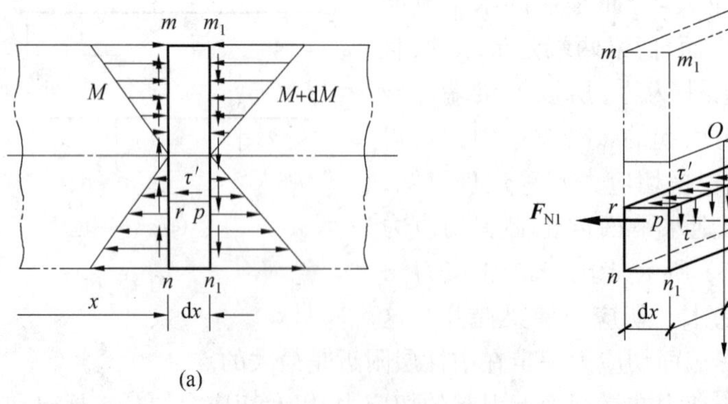

图 15.16

在右侧面 pn_1 上(图 15.16(b)),由内力 $\sigma \mathrm{d}A$ 组成的内力系的合力是

$$F_{\mathrm{N2}} = \int_{A} \sigma \mathrm{d}A \tag{a}$$

式中,A_1 为侧面 pn_1 的面积。

正应力 σ 应按式(15.2) 计算,于是

$$F_{\mathrm{N2}} = \int_{A_1} \sigma \mathrm{d}A = \int_{A_1} \frac{(M + \mathrm{d}M) y_1}{I_z} \mathrm{d}A = \frac{(M + \mathrm{d}M)}{I_z} \int_{A_1} y_1 \mathrm{d}A = \frac{(M + \mathrm{d}M)}{I_z} S_z^*$$

$$S_z^* = \int_{A_1} y_1 \mathrm{d}A \tag{b}$$

式中,S_z^* 为横截面的部分面积 A_1 对中性轴的静矩,也就是距中性轴为 y 的横线 pq 以下的面积对中性轴的静矩。同理,可以求得左侧面 rn 上的内力系合力 F_{N1} 为

$$F_{\mathrm{N1}} = \frac{M}{I_z} S_z^*$$

在顶面 rp 上,与顶面相切的内力系的合力为

$$\mathrm{d}F'_{\mathrm{S}} = \tau' b \mathrm{d}x$$

F_{N2}、F_{N1} 和 $\mathrm{d}F'_{\mathrm{S}}$ 的方向都平行于 x 轴,应满足平衡方程 $\sum F_x = 0$,即

$$F_{\mathrm{N2}} - F_{\mathrm{N1}} - \mathrm{d}F'_{\mathrm{S}} = 0$$

将 F_{N2}、F_{N1} 和 $\mathrm{d}F'_{\mathrm{S}}$ 表达式代入上式,得

$$\frac{(M + \mathrm{d}M)}{I_z} S_z^* - \frac{M}{I_z} S_z^* - \tau' b \mathrm{d}x = 0$$

简化后得出

$$\tau' = \frac{\mathrm{d}M}{\mathrm{d}x} \frac{S_z^*}{I_z b}$$

由公式$\frac{\mathrm{d}M}{\mathrm{d}x} = F_{\mathrm{S}}$,上式化为

$$\tau' = \frac{F_{\mathrm{S}} S_z^*}{I_z b}$$

式中,τ' 虽是距中性层为 y 的 pr 平面上的切应力,但由切应力互等定理,它等于横截面的横线 pq 上的切应力 τ,即

$$\tau = \frac{F_{\mathrm{S}} S_z^*}{I_z b} \tag{15.12}$$

式中,F_{S} 为横截面上的剪力;b 为截面宽度;I_z 为整个截面对中性轴的惯性矩;S_z^* 为截面上距中性轴为 y 的横线以下部分面积对中性轴的静矩。这就是矩形截面梁弯曲切应力计算公式。

对于矩形截面(图 15.17),可取 $\mathrm{d}A = b\mathrm{d}y$,于是式(b) 化为

$$S_z^* = \int_{A_1} y_1 \mathrm{d}A = \int_{y}^{\frac{h}{2}} b y_1 \mathrm{d}y_1 = \frac{b}{2}\left(\frac{h^2}{4} - y^2\right)$$

这样,公式(15.12) 可以写成

$$\tau = \frac{F_{\mathrm{S}} S_z^*}{2I_z}\left(\frac{h^2}{4} - y^2\right) \tag{15.13}$$

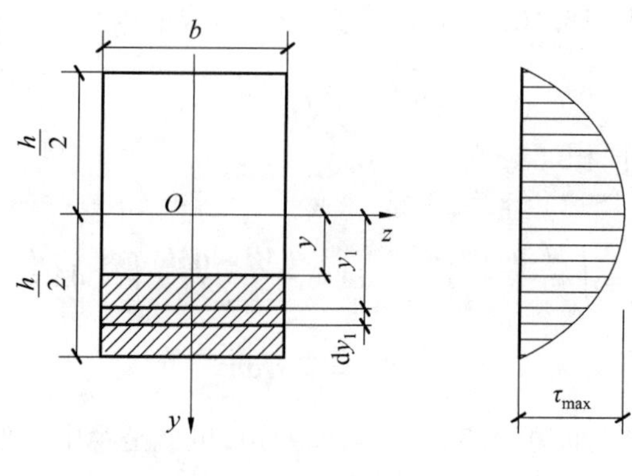

图 15.17

从公式(15.13)看出,沿截面高度切应力τ按抛物线规律变化。当$y=\pm\dfrac{h}{2}$时,$\tau=0$。这表明在截面上、下边缘的各点处,切应力等于零。随着离中性轴的距离y的减小,τ逐渐增大。当$y=0$时,τ为最大值,即最大切应力发生于中性轴上,且

$$\tau_{\max}=\frac{F_S h^2}{8I_z}$$

如以$I_z=\dfrac{bh^3}{12}$代入上式,即可得出

$$\tau_{\max}=\frac{3}{2}\frac{F_S}{A} \tag{15.14}$$

可见矩形截面梁的最大切应力为平均切应力$\dfrac{F_S}{A}$的1.5倍。

15.5.2 工字形、槽形截面梁的切应力 弯曲中心的概念

工字形截面(见图15.18)由腹板和翼缘组成。腹板部分与矩形相似,有关切应力分布两项基本假设成立,因此完全可以用公式(15.12)计算切应力,只是式中b应以d代替。需要注意的是:腹板与翼缘的交界处1点(见图15.18(a))的切应力并不为零,因为此处的$S_z^*=bt\dfrac{h_1}{2}$(式中h_1为两翼缘的形心距),切应力沿高度变化仍为抛物线,最大切应力$\tau_{\max}$仍在中性轴上,此时的静矩$S_{z\max}^*=bt\dfrac{h_1}{2}+d\dfrac{h_0}{2}\dfrac{h_0}{4}$。对比$\tau_1$与$\tau_{\max}$,由于$F_S$、$I$、$b$三者均相同,故自式(15.12)看到切应力之比仅是S_z^*与$S_{z\max}^*$之比,取$S_{z\max}^*/S_z^*$,有

$$\frac{\tau_{\max}}{\tau_1}=1+\frac{1}{4}\frac{dh_0^2}{tbh_1}\approx 1+\frac{1}{4}\frac{dh_0}{tb}=1+\frac{1}{4}\frac{\text{腹板面积}}{\text{翼缘面积}}$$

此式表明工字形截面腹板切应力分布相对较为均匀(最大与最小相差不多),一般取

$$\tau_{\max}\approx\frac{F_S}{dh_0} \tag{15.15}$$

可以得到很好的近似。由于dh_0为腹板的面积,因此可以说腹板承担了绝大部分剪力。

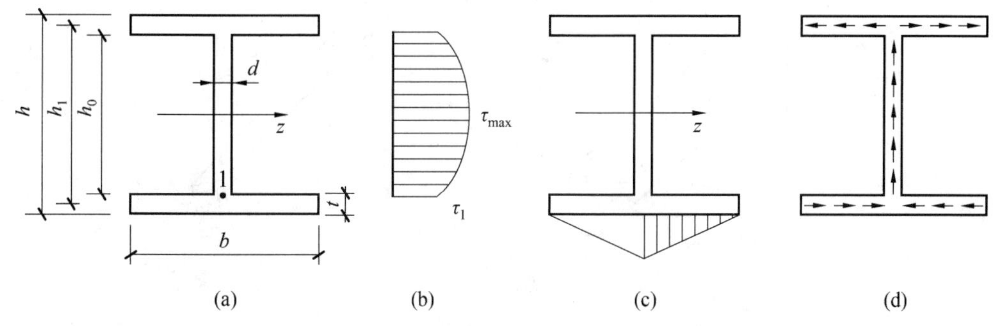

图 15.18

翼缘上的切应力与两项基本假设是矛盾的,因为 $\boldsymbol{\tau}$ 的方向不能再与 $\boldsymbol{F}_S$ 方向一致,否则在翼缘的水平边界切应力互等将不成立。根据互等定理,翼缘上切应力应呈水平方向,经计算(此处从略)其值沿水平方向成线性变化(图 15.18(c))。经上述分析,工字形截面切应力总的分布情况如图 15.18(d)所示,其分布好似呈流动状,称为剪力流。这种剪力流在薄壁杆件弯曲切应力中都存在。

槽形截面中的切应力分布如图 15.19(a)所示,其腹板部分主要承担竖向剪力 $\boldsymbol{F}_{Sy}$,该部分切应力图形与工字形截面相同,翼缘部分与工字形截面半个翼缘相同,上下剪力流各形成合力 $\boldsymbol{F}_{Sz}$,而两合力形成力偶矩 $F_{Sz}h_1$,该力偶矩与腹板上的剪力 $\boldsymbol{F}_{Sy}$ 将合成为过 A 点的一个总剪力 $\boldsymbol{F}_S$(见图 15.19(b)),A 点称为弯曲中心(bending center),A 点偏离 $\boldsymbol{F}_{Sy}$ 的距离 e 应为

$$e=\frac{M_T}{F_S}=\frac{h_1^2b'^2t}{4I_z}\text{(推导从略)} \tag{15.16}$$

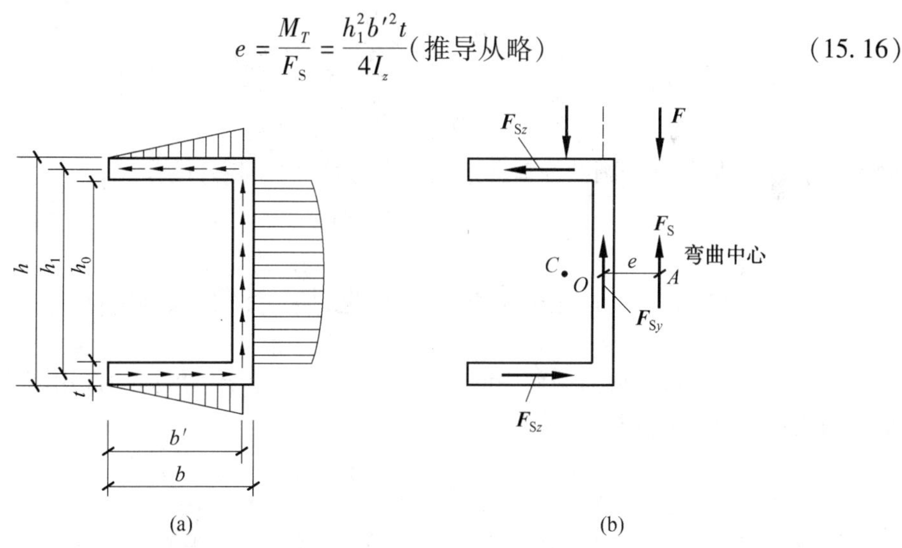

图 15.19

当外荷载 $\boldsymbol{F}$ 的作用位置也通过弯曲中心时,梁截面上将只有弯曲变形(见图 15.20(a)),一旦外力 $\boldsymbol{F}$ 不通过弯曲中心,例如作用在截面形心上或腹板中心上,则将形成一个绕弯曲中心纵轴的力矩,该力矩将使梁发生扭转变形(见图 15.20(b))。

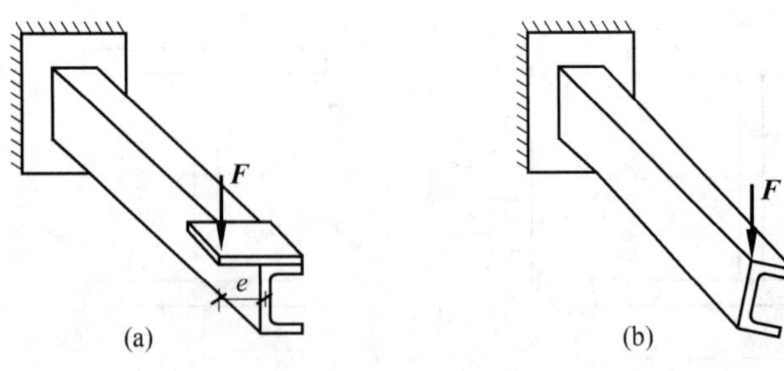

图 15.20

图 15.21 列出几种图形以及其弯曲中心的位置(A),这些位置均与截面上剪力合力作用线的位置相符。如果荷载作用线通过弯曲中心,则梁将不发生扭转变形。

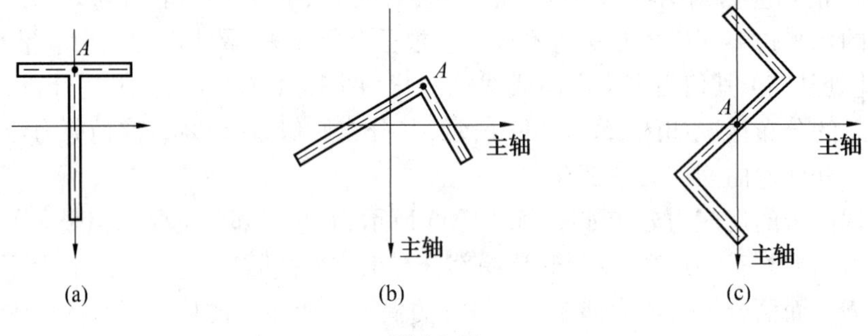

图 15.21

圆形截面最大切应力只能近似利用公式(15.12) 计算,其位置在中性轴处,有

$$\tau_{\max} = \frac{F_S S_{z\max}^*}{I_z b} = \frac{F_S \dfrac{\pi d^2}{8} \times \dfrac{2d}{3\pi}}{\dfrac{\pi d^4}{64} \times d} = \frac{4}{3} \frac{F_S}{\dfrac{\pi d^2}{4}} = 1.333\tau_{平} \tag{15.17}$$

弹性力学研究结果表明,圆截面弯曲最大切应力发生在圆心,且有

$$\tau_{\max} = 1.38\tau_{平}$$

15.6　弯曲切应力的强度条件及其应用

当受弯构件中最大剪力截面中的最大切应力小于等于材料剪切许用应力时,该构件应视为满足切应力强度条件,其表达式为

$$\tau_{\max} = \frac{F_{S\max} S_{z\max}^*}{I_z b} \leqslant [\tau] \tag{15.18}$$

同弯曲正应力强度条件相比,弯曲切应力强度条件的应用要少些,只是在以下一些情况中才需要应用:(1) 钢结构中的组合截面梁,例如工字形截面梁,特别是当腹板厚度相对较薄时;(2) 木梁;(3) 当梁的最大弯矩很小而最大剪力却很大时,例如当梁很短但受到很大集中力作用时。

在梁的设计中,通常是按弯曲正应力公式进行截面选择,然后进行弯曲切应力的强度校核。当切应力强度不能满足时,再用切应力公式(15.18) 进行设计,也可另选较大截面后再进行切应力强度校核。

【例 15.7】　如图 15.22 所示简支木梁跨度 $l=2$ m,$c=0.2$ m,截面为矩形,已知 $h:b=4:3$,木材弯曲许用应力$[\sigma]=12$ MPa,剪切许用应力$[\tau]=3$ MPa,梁承受 $F=100$ kN 的两个集中力作用,试选择木梁的截面尺寸。

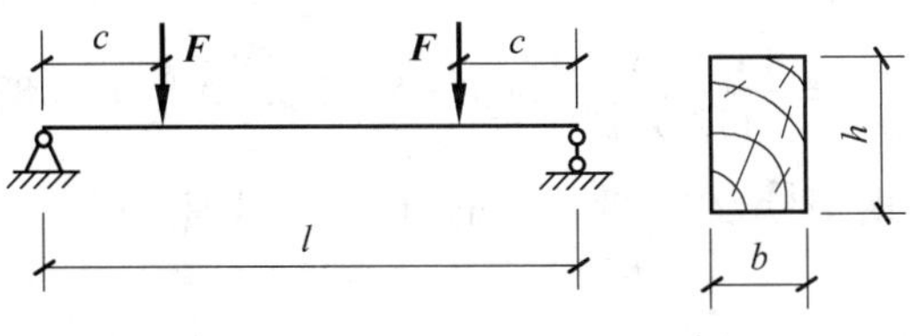

图 15.22

解:本题梁的最大弯矩和最大剪力为

$$M_{\max}/(\text{kN}\cdot\text{m})=Fc=100\times0.2=20$$

$$F_{\text{Smax}}=F=100\ \text{kN}$$

按正应力强度条件选择截面,有

$$W_z/\text{m}^3=\frac{M_{\max}}{[\sigma]}=\frac{20\times10^3}{12\times10^6}=1\ 666.7\times10^{-6}$$

根据已知条件,可得

$$W_z=\frac{bh^2}{6}=\frac{3}{4}\frac{h^3}{6}=\frac{h^3}{8}=1\ 666.7\times10^{-6}\ \text{m}^3$$

求得

$$h=23.7\times10^{-2}\ \text{m}=23.7\ \text{cm}$$

取 $h=24$ cm,有

$$b/\text{cm}=\frac{3}{4}h=\frac{3}{4}\times24=18$$

校核切应力强度条件,根据公式(15.14)有

$$\tau_{\max}=1.5\times\frac{F_{\text{Smax}}}{bh}=1.5\times\frac{100\times10^3}{0.24\times0.18}\ \text{Pa}=3.47\times10^6\ \text{Pa}=3.47\ \text{MPa}>[\tau]=3\ \text{MPa}$$

切应力强度条件不满足,需要重新设计截面。

根据切应力强度条件,取

$$\tau_{\max}=1.5\frac{F_{\text{Smax}}}{\frac{3}{4}h\cdot h}=[\tau]$$

有

$$h=\sqrt{\frac{2F_{\text{Smax}}}{[\tau]}}=\sqrt{\frac{2\times100\times10^3}{3\times10^6}}\ \text{m}=0.258\ \text{m}=25.8\ \text{cm}$$

选 $h=26$ cm,$b=\frac{3}{4}h=19.5$ cm。

【例 15.8】　某工字形钢梁承受图 15.23(a) 所示荷载作用,已知钢的弯曲许用应力$[\sigma]=170$ MPa,剪切许用应力$[\tau]=125$ MPa,试选择钢梁的型号。并绘出危险截面上腹板的切应力分布图。

解:(1) 作梁的剪力图与弯矩图,如图 15.23(b)、(c) 所示,得

$$|F_S|_{max} = 40 \text{ kN}$$

$$M_{max} = 14.45 \text{ kN} \cdot \text{m}$$

(2) 按正应力选择工字钢截面,有

$$W_z = \frac{M_{max}}{[\sigma]} = \frac{14.15 \times 10^3}{170 \times 10^6} \text{ m}^3 = 83.2 \times 10^{-6} \text{ m}^3 = 83.2 \text{ cm}^3$$

查型钢表,选工字钢型号为 14 号工字钢,其 $W_z = 102 \text{ cm}^3$。

(3) 校核切应力

公式(15.18) 中的 I_z/S^*_{zmax} 对工字钢而言在型钢表中已给出,因此可直接查出,例如本题中,有

$$I_z/S^*_{zmax} = 10.85 \text{ cm}$$

腹板厚度 $d = 5$ mm,将有关数据代入式(15.18),得

$$\tau_{max} = \frac{40 \times 10^3}{10.85 \times 10^{-2} \times 5 \times 10^{-3}} \text{ Pa} = 73.7 \times 10^6 \text{ Pa} = 73.7 \text{ MPa} < [\tau] = 125 \text{ MPa}$$

切应力强度条件满足。

(4) 绘工字形梁最大剪力截面上切应力分布图

最大切应力发生在中性轴上,有 $\tau_{max} = 73.7$ MPa(见图 15.24(b))。此应力若采用近似公式(15.15),有

$$\tau_{max} = \frac{F_{Smax}}{dh_0} = \frac{40 \times 10^3}{5 \times 109.2 \times 10^{-6}} \text{ Pa} = 73.3 \text{ MPa}$$

此值与精确值非常接近。腹板最小切应力发生在腹板的上下端,根据切应力公式(15.12),有(见图 15.24(b))

$$\tau_{max} = \frac{F_{Smax} S^*_z}{I_z b} = \frac{40 \times 10^3 \times 74 \times 8.4 \times (63 - 4.2) \times 10^{-9}}{488 \times 10^{-8} \times 5 \times 10^{-3}} \text{ Pa} = 59.9 \text{ MPa}$$

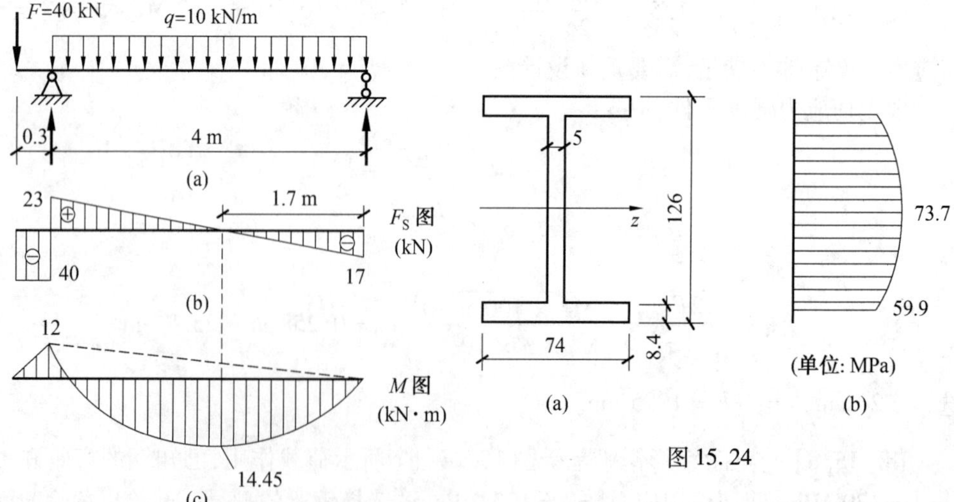

图 15.23

图 15.24

习题课选题指导

1. 梁在铅垂平面内受外力作用而弯曲。当梁具有如图 15. 25 所示各种不同形状的横截面时,试分别绘出各横截面上的正应力沿其高度变化的图。

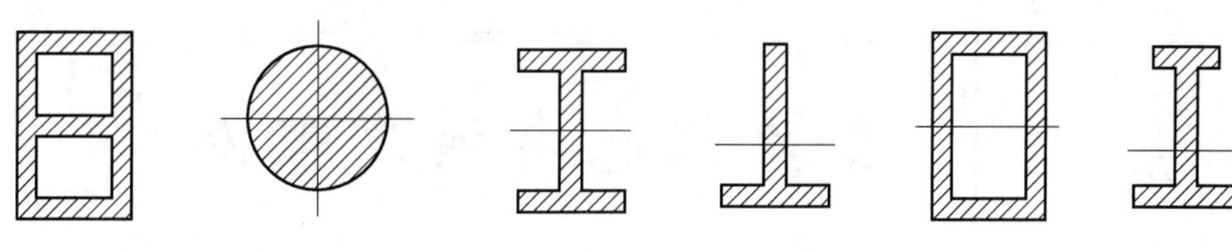

图 15. 25

2. 有一圆形截面梁,直径为 d。为增大其弯曲截面系数 W_z,可将圆形截面切去高度为 δ 的微小部分,如图 15. 26 所示。试求使弯曲截面系数 W_z 为最大的 δ 值。

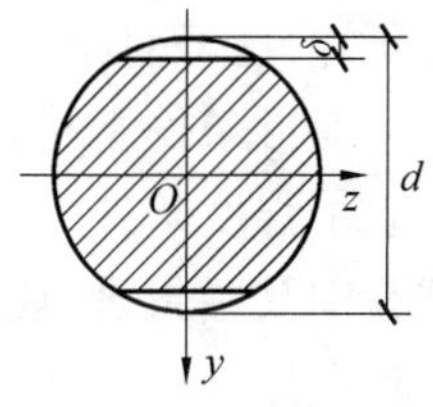

图 15. 26

3. 一简支木梁,如图 15. 27 所示,在全梁长度上受集度为 $q = 5$ kN/m 的均布荷载作用。已知跨长 $l = 7.5$ m,截面宽度 $b = 300$ mm,高度 $h = 180$ mm,木材的许用顺纹切应力为 1 MPa,试校核梁的切应力强度。

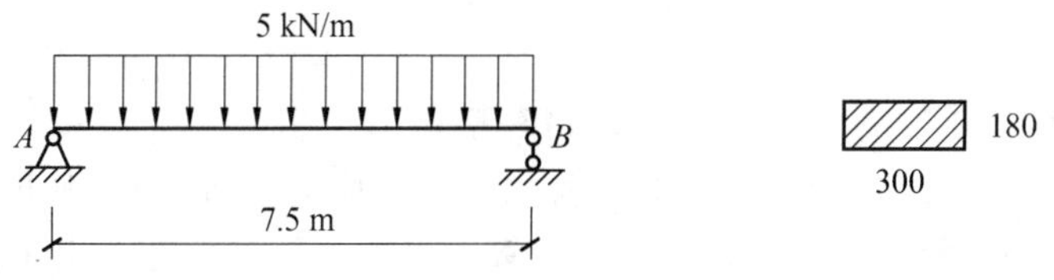

图 15. 27

4. 如图 15. 28 所示的外伸梁由 25a 号工字钢制成,其跨长 $l = 6$ m,且在全梁上受集度为 q 的均布荷载作用。当支座处截面 A、B 上及跨中截面 C 上的最大正应力均为 $\sigma = 140$ MPa 时,试问外伸部分的长度 a 及荷载集度 q 各等于多少?

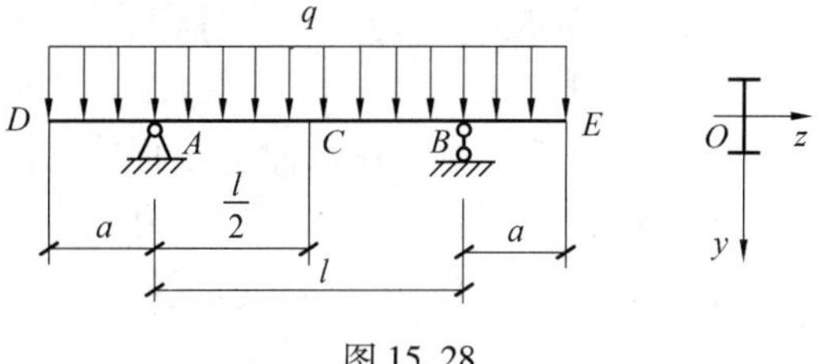

图 15. 28

第16章

应力状态与强度理论

16.1　应力状态的概念

通过第13章、14章和第15章的研究，已经对拉、压、剪、扭、弯五种基本变形下的应力与变形有了全面的了解，掌握了在这些变形条件下构件横截面或纵向截面内的正应力与切应力的计算方法，并在此基础上建立了强度条件，从而保证了构件横截面与纵向截面有足够的安全度。但是，在轴向压缩试验中已经发现，脆性材料的破坏并不发生在横截面，而是在斜截面上，同样脆性材料在扭转变形中也出现了沿斜面的开裂。

图16.1所示一钢筋混凝土梁，为了保证横截面的抗弯能力，在梁的底部配有足够的纵向钢筋。但仅配有这样的纵向钢筋，当荷载增大后，在支座附近会出现图中所示的斜裂缝。显然，这是由于斜方向的应力使混凝土开裂。所以弯曲中也有斜面破坏的现象。

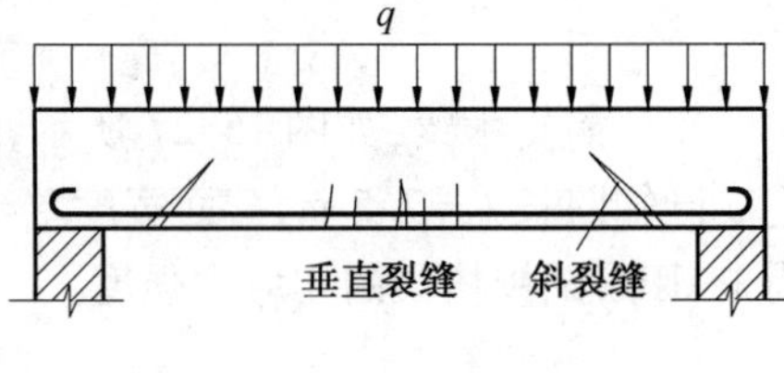

图16.1

因此，作为材料强度的研究不能仅停留在横截面与纵向截面内，还需深入到斜截面上。斜截面上的应力在轴向拉、压时是均匀分布的，因此应力值可以通过整个截面平衡去进行计算。但在扭转和弯曲中由于横截面上的应力（正应力或切应力）已经是非均匀分布的，故斜截面上的应力不便于取整个截面进行研究，而应当取出某一点附近的应力状态进行研究。

所谓一点的应力状态（stress state at a point）是指围绕该点取出与横截面和纵向截面平行的一个微小六面体（因为横截面和纵向截面上的应力可由相应公式计算出），然后根据横截面上应力的公式算出该点的正应力与切应力并标记在六面体上，只要六面体各个面上的应力为已知，则过该点任意斜面上的应力均可计算得出（见下节），该六面体上的已知应力即为该点的应力状态。图16.2给出了几种变形的应力状态：图16.2(a)为轴向拉伸时的应力状态；图16.2(b)给出了扭转时某一点的应力状态；图16.2(c)为弯曲变形中某一点的应力状态。这三种状态由于前后两侧无应力存在，一般称为平面应力状态，图16.2(d)为平面应力状态的最一般情况，除四个面上有切应力 τ 外，既有 σ_x 还有 σ_y 存在。

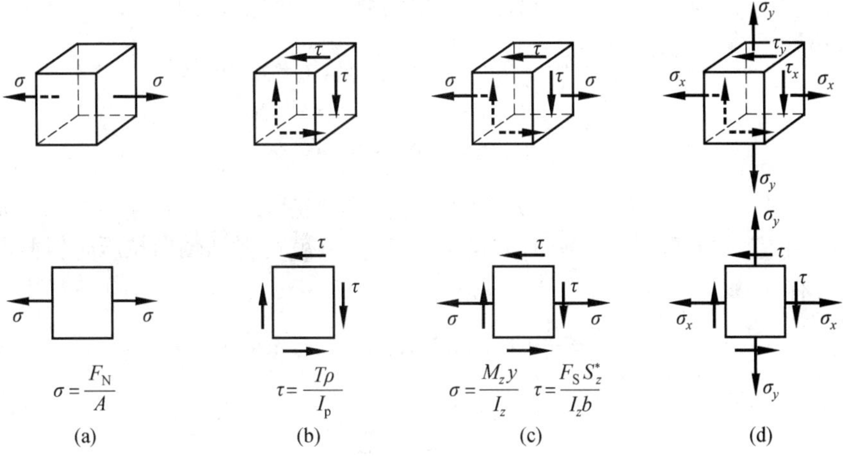

图 16.2

16.2　平面应力状态的分析　应力圆

16.2.1　斜截面上的应力

图 16.3(a) 所示单元体(element) 上给出了平面应力状态(plane stress state) 的情况,根据切应力互等定理有 $\tau_x = \tau_y$,现在求外法线与 x 轴成 α 角(逆时针为正)斜截面上的正应力 σ_α 与切应力 τ_α。图 16.3(b) 为斜面隔离体的受力图,斜面上的应力完全分解为正应力 σ_α 与切应力 τ_α,斜面的面积为 $\mathrm{d}A$,垂直面的面积为 $\mathrm{d}A\cos\alpha$,水平面的面积为 $\mathrm{d}A\sin\alpha$。取 n 方向的平衡条件,列出 $\sum F_n = 0$ 有

$$\sigma_\alpha \mathrm{d}A - \sigma_x \mathrm{d}A\cos^2\alpha - \sigma_y \mathrm{d}A\sin^2\alpha + \tau_x \mathrm{d}A\cos\alpha\sin\alpha + \tau_y \mathrm{d}A\sin\alpha\cos\alpha = 0$$

取 t 方向的平衡条件,列出 $\sum F_t = 0$,有

$$\tau_\alpha \mathrm{d}A - \sigma_x \mathrm{d}A\cos\alpha\sin\alpha + \sigma_y \mathrm{d}A\sin\alpha\cos\alpha - \tau_x \mathrm{d}A\cos^2\alpha + \tau_y \mathrm{d}A\sin^2\alpha = 0$$

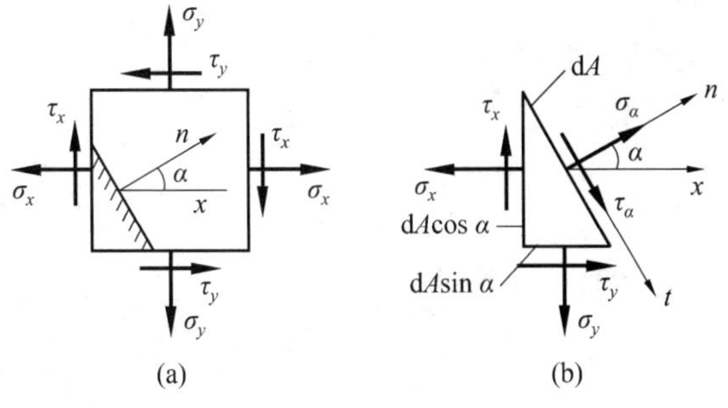

图 16.3

由两式中解出 σ_α 与 τ_α,并利用倍角三角函数公式简化,得到

$$\begin{cases}\sigma_\alpha = \dfrac{\sigma_x + \sigma_y}{2} + \dfrac{\sigma_x - \sigma_y}{2}\cos 2\alpha - \tau_x \sin 2\alpha \\ \tau_\alpha = \dfrac{\sigma_x - \sigma_y}{2}\sin 2\alpha + \tau_x \cos 2\alpha\end{cases} \tag{16.1}$$

这组公式是平面应力状态应力关系的基本公式,只要已知 σ_x、σ_y 和 τ_x,就可完全确定任意斜面上正应力与切应力。例如,取 $\sigma_y = 0$ 和 $\tau_x = 0$ 就可得到轴向拉压时斜截面上的公式(13.2),有

$$\sigma_\alpha = \frac{1}{2}(1 + \cos 2\alpha)\sigma_x = \sigma_x \cos^2\alpha$$

$$\tau_\alpha = \frac{\sigma_x}{2}\sin 2\alpha$$

若取 $\sigma_x = \sigma_y = 0$,就可得到扭转状态下(纯剪切)斜截面上的公式(14.17)与(14.18),有

$$\begin{cases}\sigma_\alpha = -\tau_x \sin 2\alpha \\ \tau_\alpha = \tau_x \cos 2\alpha\end{cases}$$

只要令 $\sigma_y = 0$,就可得到弯曲状态下斜截面上的应力公式,为

$$\begin{cases}\sigma_\alpha = \dfrac{\sigma_x}{2} + \dfrac{\sigma_x}{2}\cos 2\alpha - \tau_x \sin 2\alpha \\ \tau_\alpha = \dfrac{\sigma_x}{2}\sin 2\alpha + \tau_x \cos 2\alpha\end{cases} \tag{16.2}$$

研究斜面上应力其主要目的在于找到最大拉应力(主拉应力)、最大压应力(主压应力)和最大切应力(主切应力),因为构件沿斜面破坏往往与这些应力相关。

16.2.2 应力圆

研究主应力既可采用数解法又可采用图解法,而图解法显得更直观更简单。应力圆(stress circle)是研究斜截面上主应力(principal stress)的有效方法,现说明如下:

公式(16.1)中若 σ_α 视为 x 坐标,τ_α 视为 y 坐标,σ_x、σ_y、τ_x 为常量,α 为参量,则该式恰好是圆的参数方程。这点可证明如下:

将式(16.1)的第一式化为

$$\sigma_\alpha - \frac{\sigma_x + \sigma_y}{2} = \frac{\sigma_x - \sigma_y}{2}\cos 2\alpha - \tau_x \sin 2\alpha$$

左右平方后并与第二式左右平方后求和,有

$$\left(\sigma_\alpha - \frac{\sigma_x + \sigma_y}{2}\right)^2 + \tau_\alpha^2 = \left(\frac{\sigma_x - \sigma_y}{2}\right)^2 + \tau_x^2 \tag{16.3}$$

与下式相对比

$$(x - a)^2 + y^2 = R^2$$

σ_α 与 τ_α 恰好组成一个圆心坐标为($a = \dfrac{\sigma_x + \sigma_y}{2}$,0),半径 $R = \sqrt{\left(\dfrac{\sigma_x - \sigma_y}{2}\right)^2 + \tau_x^2}$ 的圆

(见图 16.4),此圆称为应力圆或莫尔圆(Mohr′s circle)。

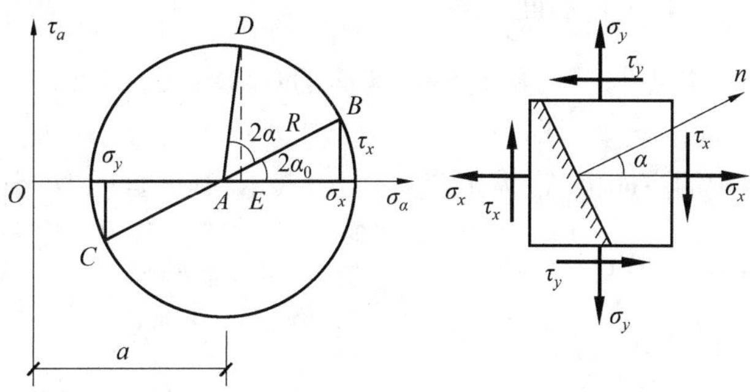

图 16.4

此圆的作图方法为:在 σ_α 轴上确定 σ_x 与 σ_y(拉应力为正,压应力为负),过 σ_x 点沿纵坐标量取 τ_x(顺时针转为正,逆时针转为负) 得 B 点,过 σ_y 点沿纵坐标量取 $\tau_y = -\tau_x$ 得 C 点,将 BC 两点相连与 σ_α 轴交于 A 点,以 A 为圆心、AB 为半径作圆,此圆即为应力圆。从图上不难看出,圆心坐标

$$a = OA = \frac{\sigma_x + \sigma_y}{2}$$

圆的半径

$$R = \sqrt{\left(\frac{\sigma_x - \sigma_y}{2}\right)^2 + \tau_x^2}$$

与公式(16.3) 完全符合。

现在考查应力圆上各点纵横坐标的意义。B 点的坐标为(σ_x,τ_x),这表明 B 点恰好与应力单元体中横截面对应,而两个坐标值分别代表该截面上的正应力与切应力。C 点的坐标为$(\sigma_y,-\tau_x)$或(σ_y,τ_y)恰好与单元体中的水平截面相对应,两个坐标值分别代表该截面上的正应力与切应力。需要注意的是,横截面与水平面相差 90°,但在应力圆上自 B 点 到 C 点要逆时针转 180°,因此应力圆中的角度应是单元体中角度的 2 倍。在应力圆上任取一点 D,令 AD 与 AB 间的夹角为 2α,AB 与 σ_α 间夹角为 $2\alpha_0$。已知

$$AB \times \cos 2\alpha_0 = \frac{\sigma_x - \sigma_y}{2},\quad AB \times \sin 2\alpha_0 = \tau_x$$

现在研究 D 点的两个坐标值,横坐标有

$$OE = OA + AE = OA + AD\cos(2\alpha + 2\alpha_0) = OA + AB\cos 2\alpha\cos 2\alpha_0$$

$$- AB\sin 2\alpha\sin 2\alpha_0 = \frac{\sigma_x + \sigma_y}{2} + \frac{\sigma_x - \sigma_y}{2}\cos 2\alpha - \tau_x\sin 2\alpha$$

参照公式(16.1),说明 $OE = \sigma_\alpha$,同样不难证明纵坐标

$$DE = AD\sin(2\alpha + 2\alpha_0) = AB\sin 2\alpha\cos 2\alpha_0 + AB\cos 2\alpha\sin 2\alpha_0 =$$

$$\frac{\sigma_x - \sigma_y}{2}\sin 2\alpha + \tau_x\cos 2\alpha = \tau_\alpha$$

上述结果表明应力圆上的任一点恰好与单元体上的某斜截面对应,该面的外法线与 σ_x 间的夹角应为 α(从 σ_x 逆时针转起为正),D 点的纵横方向坐标即为该斜面上的 σ_α、τ_α 两种应力值。

16.2.3 主应力与主平面

明确了应力圆上各点与受力单元体各斜面的对应关系,即可直观地得到,应力圆与σ_α轴相交的两点E、F的横坐标即为斜截面上最大正应力与最小正应力的值,这两个应力称为该点应力状态中的主应力,最大正应力用σ_1表示,其值自图16.5(a)中不难得到:

$$\sigma_1 = OE = OA + AE = \frac{\sigma_x + \sigma_y}{2} + \sqrt{\left(\frac{\sigma_x - \sigma_y}{2}\right)^2 + \tau_x^2}$$

最小正应力用σ_2表示,有

$$\sigma_2 = OF = OA - AF = \frac{\sigma_x + \sigma_y}{2} - \sqrt{\left(\frac{\sigma_x - \sigma_y}{2}\right)^2 + \tau_x^2} \tag{16.4}$$

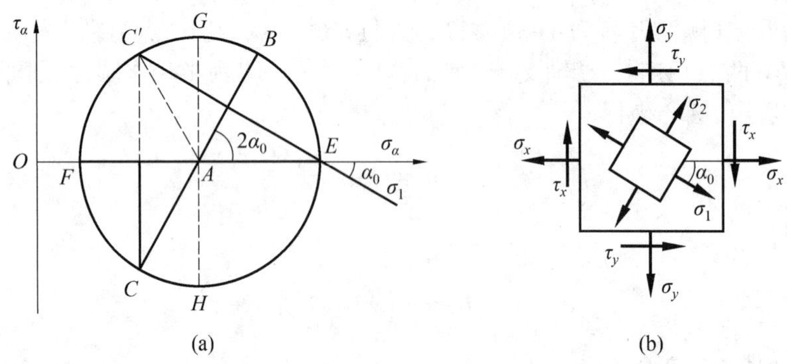

图16.5

主应力所在截面称为主平面(principal plane),由于E、F两点相差180°,故知两主平面间必相差90°,换句话说两面彼此垂直,只要给出第一主平面位置,第二主平面立即可得。由应力圆可以看到,E点可视为自B点顺时针转$2\alpha_0$而得,而B点对应的是横截面,故第一主平面的外法线应由横截面的外法线顺时针转α_0而得到(见图16.5(b)),此方向即为σ_1的方向。也可采用如下的简单作图方法得到σ_1的方向,在应力圆上作C点的对称点C'(与σ_α轴对称),连接$C'E$即为σ_1的方向,因为$\angle C'AF = \angle CAF = 2\alpha_0$,故$\angle C'EF = \alpha_0$,因此$C'E$与$\sigma_1$方向平行。

若采用数解法,自图16.5可得

$$\sin(-2\alpha_0) = \frac{\tau_x}{\sqrt{\left(\frac{\sigma_x - \sigma_y}{2}\right)^2 + \tau_x^2}} \text{ 或 } \sin 2\alpha_0 = \frac{-\tau_x}{\sqrt{\left(\frac{\sigma_x - \sigma_y}{2}\right)^2 + \tau_x^2}} \tag{16.5}$$

$$\tan(-2\alpha_0) = \frac{\tau_x}{\frac{\sigma_x - \sigma_y}{2}} \text{ 或 } \tan 2\alpha_0 = -\frac{2\tau_x}{\sigma_x - \sigma_y} \tag{16.6}$$

同时满足上两式的角度α_{01},其所对应的截面(第一主应力)上一定存在第一主应力σ_1,另一个与其垂直的截面(第二主平面)上一定存在第二主应力σ_2。

由于E、F两点的纵坐标为零,故知主平面上切应力一定为零,又因为应力圆上切应

力为零的点为两点,所以也可以说切应力为零的平面即为主平面。

自应力圆中还可发现具有最大和最小切应力(称为主切应力)的点为 G 和 H,因此有

$$\tau_{\max} = \sqrt{\left(\frac{\sigma_x - \sigma_y}{2}\right)^2 + \tau_x^2} \text{ 或 } \tau_{\max} = \frac{\sigma_1 - \sigma_2}{2} \tag{16.7}$$

主切应力所在平面应与主平面成45°,因为 G 点与 E 点相差90°。需要指出的是,主切应力所在平面上的正应力一般并不为零而是为

$$\sigma = \frac{\sigma_x + \sigma_y}{2}$$

由应力圆得出的上述各项结论也完全可以自公式(16.1)推导出,有兴趣的读者可以自己推证。

【例16.1】　已知一点应力状态如图16.6(a)所示,其中 $\sigma_x = 180$ MPa,$\sigma_y = 90$ MPa,$\tau_x = 36$ MPa,试用应力圆求 $\alpha = 45°$ 与 $\alpha = -30°$ 两截面上的正应力与切应力和单元体的主应力与主平面及主切应力的值。

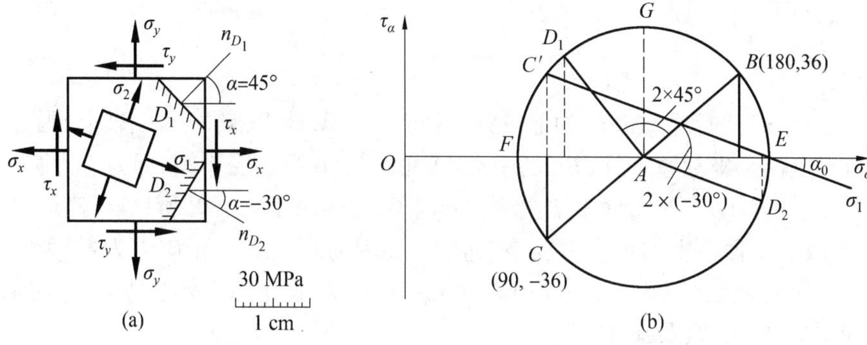

图16.6

解:取 σ_α、τ_α 坐标系,按1 cm = 30 MPa 的比例尺,先定出 B(180,36)和 C(90,−36)两点,连线与 σ_α 轴交于 A 点,以 AB 为半径、A 为圆心作应力圆。自 B 点逆时针转 2 × 45° 得 D_1;自 B 点顺时针转 2 × 30° 得 D_2 点。按比例尺量出 D_1 与 D_2 两点的坐标值,有 D_1(100.5,45.3),D_2(190.8,−21),即

$$\sigma_{45°} = 100.5 \text{ MPa}, \quad \sigma_{-30°} = 190.8 \text{ MPa}$$

$$\tau_{45°} = 45.3 \text{ MPa}, \quad \tau_{-30°} = -21 \text{ MPa}$$

量出 E 点与 F 点的横坐标值,得到

$$\sigma_1 = 194.4 \text{ MPa}, \quad \sigma_2 = 77.4 \text{ MPa}$$

第一主应力方向可由应力圆中 $C'E$ 得到,主应力单元体图示于图16.6(a)中。第一主平面外法线角度 α_0 可用量角器读出,也可利用公式(16.5)与(16.6)算出,有

$$\sin 2\alpha_0 = \frac{-36}{\sqrt{\left(\frac{180 - 90}{2}\right)^2 + 36^2}} = -0.624\ 7$$

$$\tan 2\alpha_0 = \frac{-2 \times 36}{180 - 90} = -0.8$$

得出

$$2\alpha_{01} = -38.66°, \quad \alpha_{01} = -19.33°$$

主切应力 τ_{max} 的值可直接自 G 点量出,有

$$\tau_{max} = 58.5\ \text{MPa}$$

其作用面外法线可自 σ_1 方向逆时针转 45° 而得到。

【例 16.2】 图 16.7(a) 所示为轴向拉伸的应力图,求主应力与主切应力。

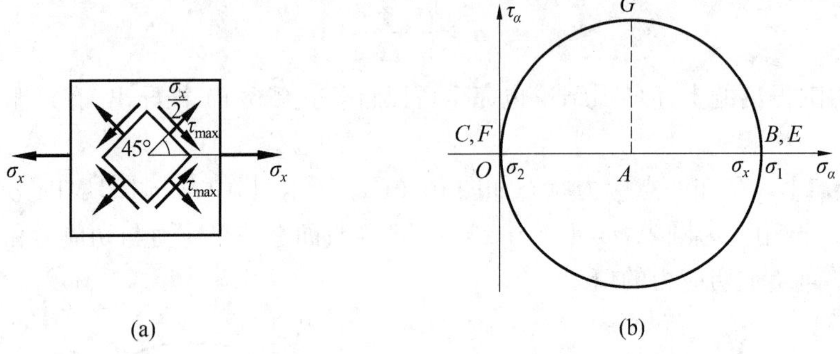

图 16.7

解:取 σ_α、τ_α 坐标系,在 σ_α 轴上量 σ_x,由于 $\tau_x = 0$,故 B 点位于 σ_α 轴上,因为 $\sigma_y = 0$, $\tau_y = 0$,故 C 点位于坐标原点,取 BC 的中点 A 为圆心、AB 为半径作圆,即为应力圆。由应力圆发现第一主应力 $\sigma_1 = \sigma_x$,而第二主应力 $\sigma_2 = 0$,实际由于 $\tau_x = 0$,所以 σ_x 就是主应力,同样 $\tau_y = 0$,故水平截面上的正应力也是主应力,又因为水平面上正应力为零,所以有 $\sigma_2 = 0$。主切应力为 G 点的纵坐标,由图中看到 $\tau_{max} = \sigma_x/2$,其作用面外法线与 σ_x 成 45°,该面上的正应力等于 $\sigma_x/2$(见图 16.7(a))。

轴向受拉中只有一个主应力不为零,这种应力状态称为单向应力状态。轴向受压中显然也只有一个主应力不为零,其应力圆如图 16.8 所示,也属于单向应力状态,但不为零的主应力从数学角度看此时应称为 σ_3,因为如图 16.8(b) 所示,单元体的六个面上均无切应力,故主应力应有三个,又因为水平面上和前后面上主应力均为零,只有左右面上不为零,但又是负值(压应力),故不为零的主应力应称为 σ_3。

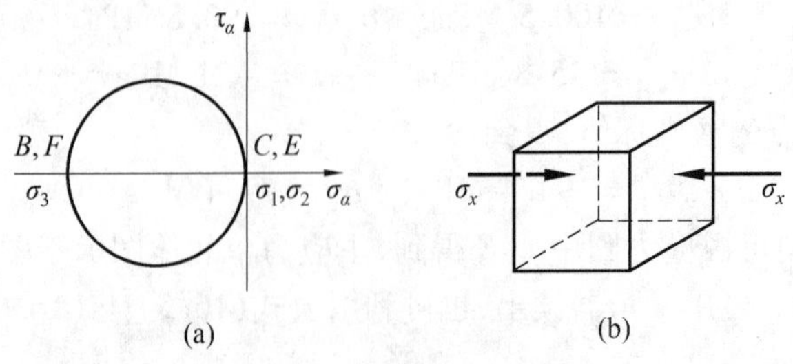

图 16.8

【例 16.3】 如图 16.9(a) 所示,作纯剪切状态的应力圆并求主应力。

解:由于 $\sigma_x = 0$,$\sigma_y = 0$,故 B 点、C 点落在 τ_α 轴上,以 A 为圆心、AB 为半径作圆,此圆即为纯剪切状态的应力圆。自图 16.9(b) 中可得

$$\sigma_1 = \tau_x, \quad \sigma_3 = -\tau_x$$

第一主应力方向为应力圆中的 $C'E$ 方向。

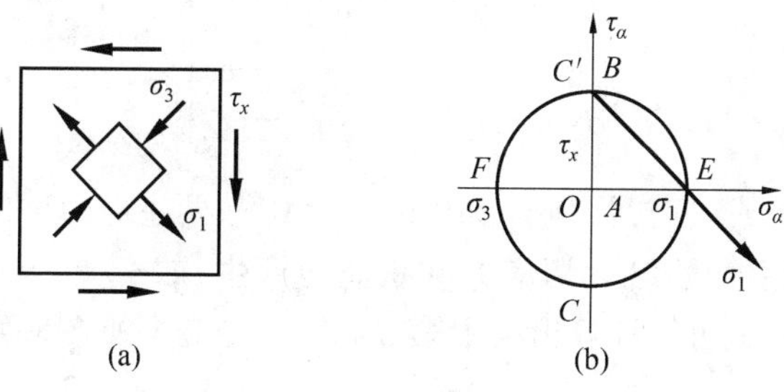

图 16.9

【例 16.4】　如图 16.10(a) 所示，已知单元体上 $\sigma_x = -20$ MPa，$\sigma_y = -100$ MPa，$\tau_x = 0$，试确定与 σ_x 成 30° 单元体上的应力状态。

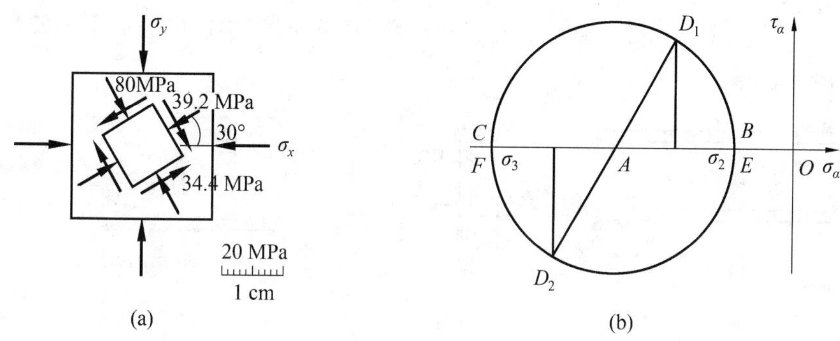

图 16.10

解：由于 $\tau_x = \tau_y = 0$，故 σ_x 与 σ_y 两应力均为主应力，按代数值考虑，有 $\sigma_2 = \sigma_x = -20$ MPa，$\sigma_3 = \sigma_y = -100$ MPa。作 σ_α 与 τ_α 坐标系，在 σ_α 轴上定出 σ_2(B、E 点) 与 σ_3(C、F 点)。由图中量出 D_1 与 D_2 两点横、纵坐标，有 D_1(39.2,34.4)，D_2(80,34.4)，即图 16.10(b) 所示，得

$$\sigma_{30^\circ} = -39.2 \text{ MPa}, \quad \tau_{30^\circ} = 34.4 \text{ MPa}$$

$$\sigma_{120^\circ} = -80 \text{ MPa}, \quad \tau_{120^\circ} = -34.4 \text{ MPa}$$

16.3　梁的主应力　主应力迹线

平面应力状态下主应力研究的一个重要应用就是用来确定梁中某些危险点的主应力，正是这些主应力促使梁在该处发生破坏。但梁中的应力状态并不是最复杂的平面应力状态，它的 σ_y 方向的应力由于假设纤维间无挤压而始终为零，这就使得梁中主应力的计算公式变得比较简单。只要根据公式

$$\sigma_x = \frac{My}{I_x} \text{ 和 } \tau_x = \frac{F_S S_z^*}{I_z b}$$

计算出横截面上某点的两种应力，然后通过作应力圆或公式就可求出主应力的值及主平

面的位置。将公式(16.4) 中的 σ_y 取为零,便得到梁中主应力公式为

$$\left.\begin{aligned}\sigma_1 &= \frac{\sigma_x}{2} + \sqrt{\left(\frac{\sigma_x}{2}\right)^2 + \tau_x^2}\\ \sigma_3 &= \frac{\sigma_x}{2} - \sqrt{\left(\frac{\sigma_x}{2}\right)^2 + \tau_x^2}\end{aligned}\right\} \tag{16.8}$$

式中无论 σ_x 与 τ_x 取正或取负,总有 $\sigma_1 > 0$ 和 $\sigma_3 < 0$,故两主应力称为第一与第三主应力,此时由于梁单元体前后面始终无切应力和正应力产生,故有 $\sigma_2 = 0$。将式(16.5) 和式(16.6) 中的 σ_y 取零,就可以计算出梁中第一和第三主应力所在平面的位置,有

$$\sin 2\alpha_0 = -\frac{\tau_x}{\sqrt{\left(\frac{\sigma_x}{2}\right)^2 + \tau_x^2}} \text{ 或 } \tan 2\alpha_0 = -\frac{2\tau_x}{\sigma_x} \tag{16.9}$$

【例16.5】 对图16.11(a)所示焊接工字形钢梁进行强度的全面校核(包括正应力、切应力与主应力)。已知钢材的许用应力[σ] = 170 MPa,许用切应力[τ] = 120 MPa。

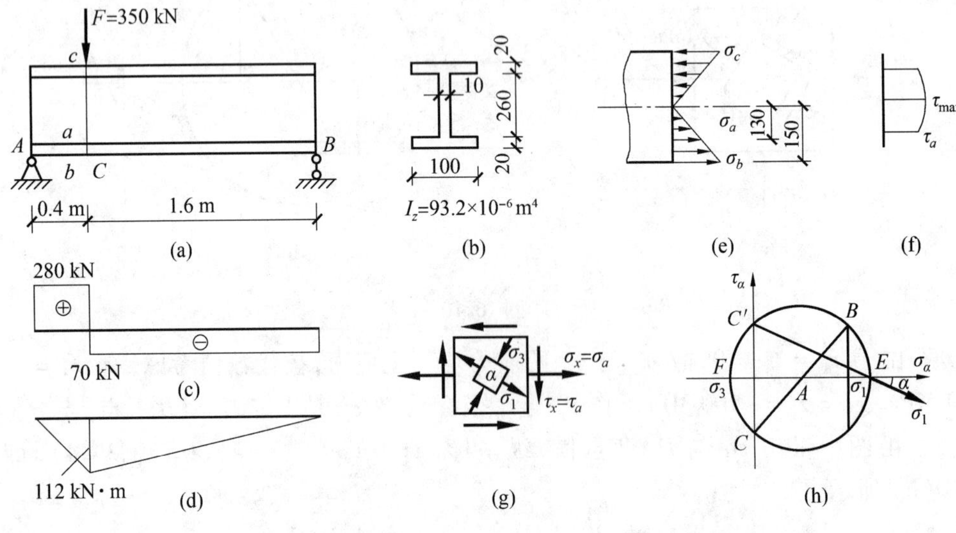

图 16.11

解:梁的截面如图16.11(b)所示,梁的剪力图与弯矩图示于图16.11(c)、(d)中。梁中最大弯矩发生在 C 截面处,有 M_{max} = 112 kN·m,梁中最大正应力发生在 C 截面的 b 点处,有

$$\sigma_{max} = \sigma_b = \frac{M_{max}y_{max}}{I_z} = \frac{112 \times 10^3 \times 150 \times 10^{-3}}{93.2 \times 10^{-6}} \text{ Pa} = 180 \text{ MPa} > [\sigma]$$

梁中最大剪力发生在 AC 段,有 F_{Smax} = 280 kN,最大切应力发生在中性层上,最大静矩

$$S_{zmax}^*/\text{m}^3 = \left(100 \times 20 \times 140 + 130 \times 10 \times \frac{130}{2}\right) \times 10^{-9} = 364.5 \times 10^{-6}$$

最大切应力

$$\tau_{max} = \frac{F_{Smax}S_{zmax}^*}{I_z b} = \frac{280 \times 10^3 \times 364.5 \times 10^{-6}}{93.2 \times 10^{-6} \times 10 \times 10^{-3}} \text{ Pa} = 109.5 \text{ MPa} < [\tau]$$

上述两项强度条件，仅限于横截面上，斜截面上是否满足尚须进一步研究。由于梁上各点应力状态不同，为寻求最大主应力的值，必须先找出它的位置。因为主应力是由横截面上正应力与切应力共同组成的，所以应找到这两种应力同时都具有较大值的点（梁是不存在σ与τ同时都为最大的点）。就本题而论，C截面左侧翼缘与腹板交界处的a点（在腹板上），由图 16.11(e) 与(f) 可以发现，σ_a 与 τ_a 都具有较大的值。σ_a 可按比例算出，有 $\dfrac{\sigma_a}{\sigma_b}=\dfrac{130}{150}$，得

$$\sigma_a/\mathrm{MPa}=\frac{130}{150}\times 180=156$$

为了计算 τ_a，先算

$$S_z^*/\mathrm{m}^3=100\times 20\times 140\times 10^{-9}=280\times 10^{-6}$$

有

$$\tau_a=\frac{F_{\mathrm{Smax}}S_z^*}{I_z b}=\frac{280\times 10^3\times 280\times 10^{-6}}{93.2\times 10^{-6}\times 10\times 10^{-3}}\ \mathrm{Pa}=84.1\ \mathrm{MPa}$$

a 点应力状态示于图 16.11(g) 中，作应力圆如图 16.11(h) 所示，量出主应力有

$$\sigma_1=195\ \mathrm{MPa}>[\sigma],\quad \sigma_3=-38.5\ \mathrm{MPa}$$

第一主平面位置 α_0 可以量出，也可自公式(16.9) 算出，有

$$\sin 2\alpha_0=-\frac{84.1}{\sqrt{\left(\dfrac{156}{2}\right)^2+84.1^2}}=-0.733\,2$$

$$\tan 2\alpha_0=-\frac{2\times 84.1}{156}=-1.078$$

得出

$$2\alpha_{01}=-47.2^\circ,\quad \alpha_{01}=-23.6^\circ$$

本题第一主应力的值不仅大大超过 σ_a 的值，而且比横截面上的最大正应力 σ_b 还要高出8.3%，况且由于σ_3 的存在其强度条件将变得复杂，这点将留在后面强度理论中再解决。这种主应力一般均发生在弯矩和剪力都比较大的横截面上并且位于横截面上正应力与切应力又同时较大的点上。

上述例题着重研究了梁危险截面上某一点的主应力状态，为了对梁上主应力的分布特别是主平面方向的变化规律有深刻的理解，让我们先研究一矩形截面梁上某横截面各点主应力的变化情况。图 16.12(a) 为一简支矩形截面梁受均布荷载作用，研究 mm 截面，此截面弯矩与剪力均为正值，截面正应力分布图与切应力分布图见图 16.12(b)。图 16.13 是各点应力状态所对应的应力图，由应力圆中可以发现，第一主应力（主拉应力）σ_1 的值自下而上由 σ_e 逐渐变小，到顶部趋向于零，σ_1 的方向自下而上由水平逐渐向右下方倾斜，到顶都趋于铅垂向下；第三主应力（主压应力）σ_3 的值（绝对值）自下而上由零逐渐增大，到顶部趋向 σ_a，σ_3 的方向自下而上由铅垂方向逐渐倾斜，到顶部趋于水平。主拉应力的值与主压应力的值自下而上的变化趋势恰好相反，两者方向都在不断变化，但相互间始终保持垂直。在了解了沿某个横截面上主应力的变化后，可进一步将横截面向左右扩

展到全梁,使得我们能对全梁各点主应力的情况有所了解。其中主应力迹线(traiectory of principal stress)的概念是一个十分重要的内容,现讲述如下:自图 16. 14 所示梁的某截面 mm 出发,先确定出一系列点 b、c、d 等处的第一主应力方向,将这些线延长到与相近的 nn 截面相交,得 b'、c'、d' 各点,用应力圆再找到这些点第一主应力方向,延长后与相近新的截面相交,继续不断地连续进行,就可以得到全梁第一主应力方向的轨迹。同样也可作出第三主应力迹线或主压应力迹线。

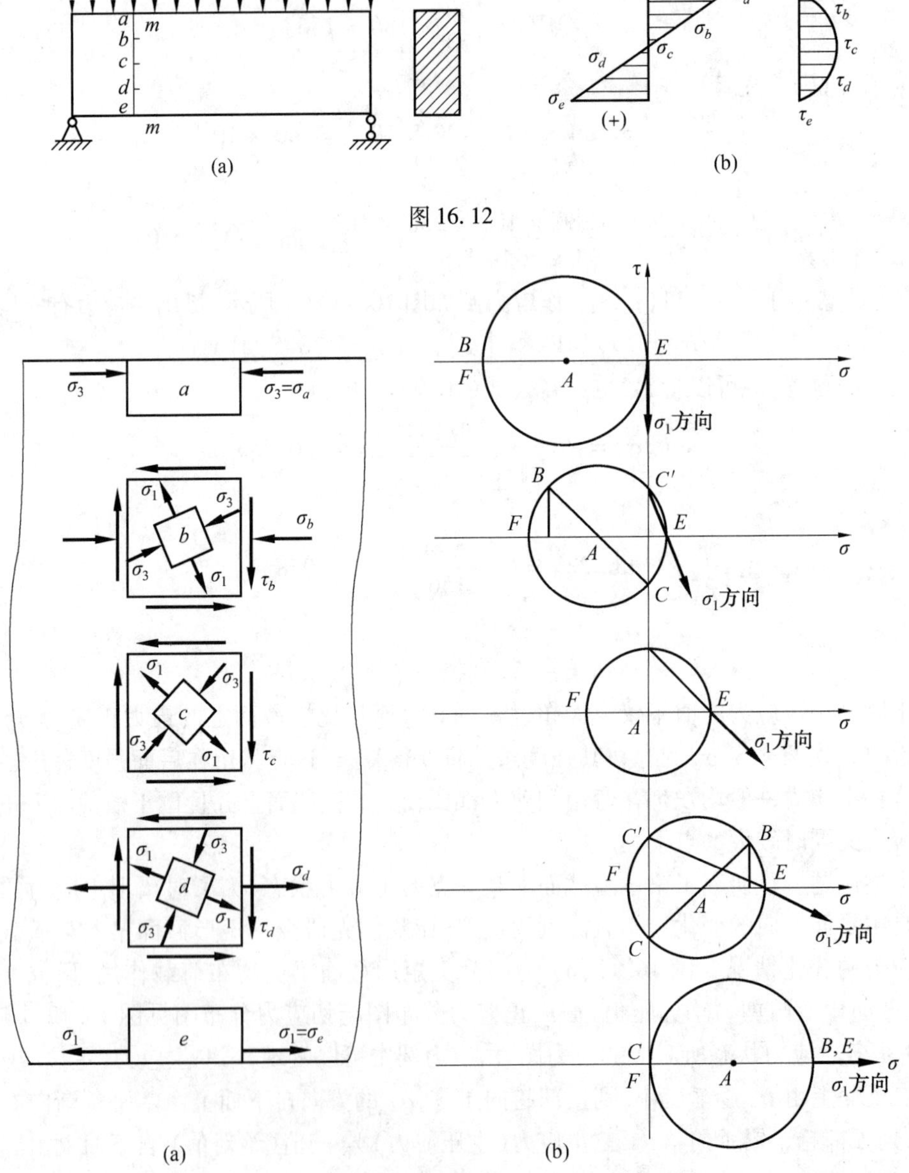

图 16. 12

图 16. 13

图 16.15 给出了简支梁在均布荷载作用下的主应力迹线,其中实线为主拉应力迹线,

虚线为主压应力迹线，它们在相交之点均相互垂直，这些迹线与中性层交线均成 45° 夹角，拉、压迹线在上、下边界处均垂直边界。主应力迹线特别是主拉应力迹线，在钢筋混凝土梁中是很重要的一个概念。因为钢筋要起到抗拉的作用，因此从理论上讲应把钢筋沿主拉应力轨迹布置，但这样做实际并不方便，而是布置成图 16.16 所示的形式，用弯起筋和箍筋抵抗斜方向的主拉应力，这些筋如布置的不足就会使梁发生斜向断裂。

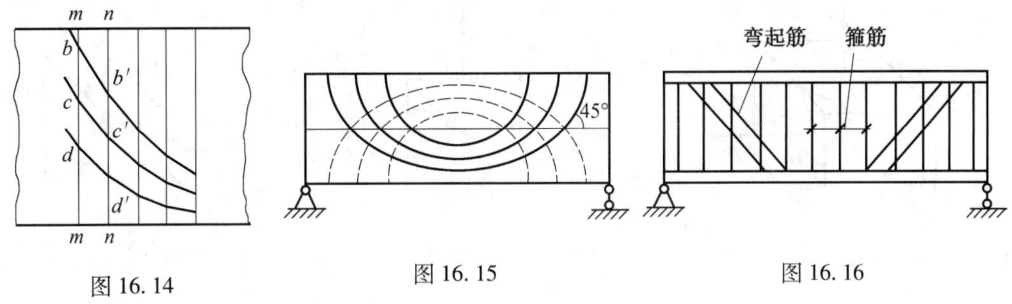

图 16.14　　图 16.15　　图 16.16

16.4　空间应力状态简介

前面所研究的应力状态多数属于平面应力状态或称双向应力状态(biaxial stress state)，也就是有两个主应力不为零的应力状态。只有一个主应力不为零的应力状态前面已说明称为单向应力状态(uniaxial stress state)。如果单元体上三个主应力均不为零，称为三向应力状态(triaxial stress state)，这是普遍形式的复杂应力状态。例如，在预应力钢筋混凝土构件端部锚固区局部承压验算中将有三向应力状态发生。

图 16.17 所示，构件左端部局部受压，靠近端部单元体 σ_x 为压应力，σ_y 与 σ_z 也为压应力，但当离端部较远处 σ_x 虽为压应力，但 σ_y 与 σ_z 却为拉应力，这种应力状态使混凝土产生纵向裂缝。

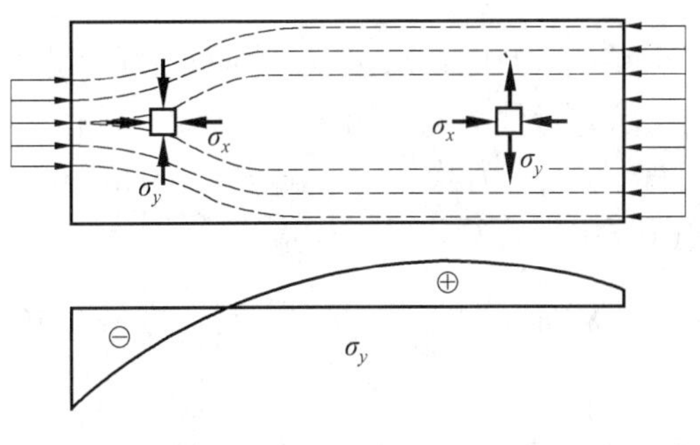

图 16.17

图 16.18(a) 给出了某一三向应力状态，有 $\sigma_1 > \sigma_2 > \sigma_3$。先研究与 σ_3 相垂直的平面内的应力状态，如图 16.18(b) 所示，这种状态上所有斜面上的正应力与切应力组成图 16.18(e) 中 σ_1 与 σ_2 的应力图；与 σ_1 相垂直的平面内的应力状态，如图 16.18(c) 所示，该图上所有斜截面上的正应力与切应力组成图 16.18(e) 中 σ_2 与 σ_3 的应力圆，最后图 16.18(d) 中的应力状态与 σ_1 和 σ_3 组成的应力圆对应。此外还可证明，单元体图 16.18(a) 中任一空间斜截面 D 上的正应力与切应力组成的坐标系必位于三个应力圆所

交的阴影线面积内,例如 D 点(证明可参看有关书籍)。明确了上述结论后,可以从三个应力圆中很容易确定出与其对应的复杂应力状态的 $\sigma_{\max}$ 与 $\tau_{\max}$,从图 16.18(e) 中看到 $\sigma_{\max}=\sigma_1$,而

$$\tau_{\max}=\frac{\sigma_1-\sigma_3}{2} \tag{16.10}$$

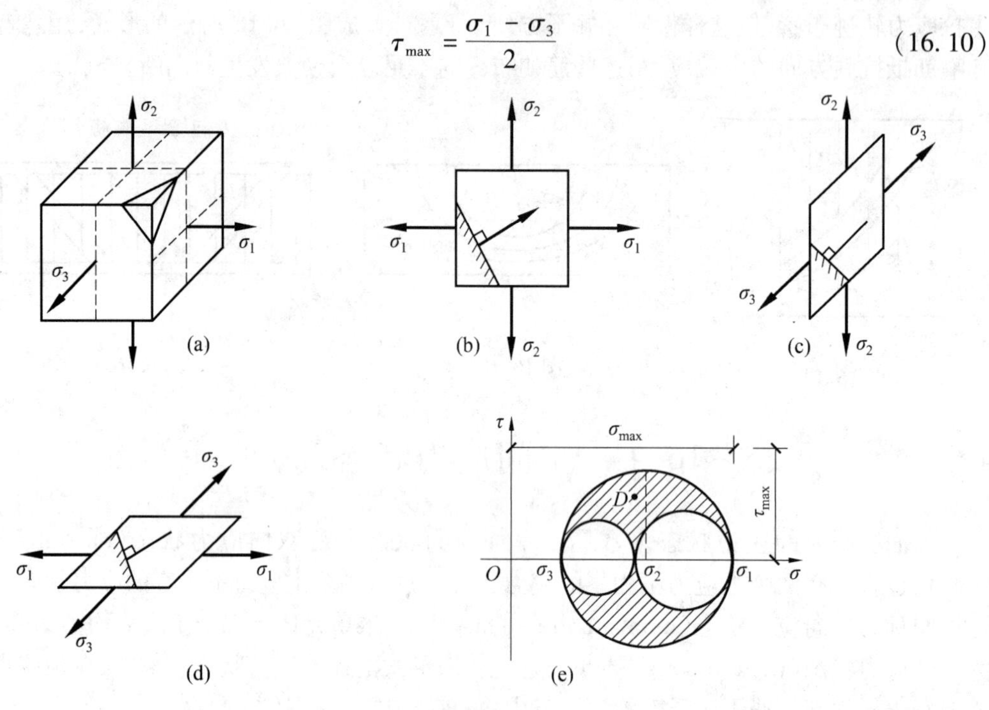

图 16.18

表明第一主应力就是复杂应力状态中的最大应力,而第一主应力与第三主应力差的一半为该复杂应力状态中的最大切应力,并作用在与 σ_2 方向平行,外法线与 σ_1 成 45° 的斜面上。

【例 16.6】 已知某结构物中一点处为平面应力状态,$\sigma_x=-220$ MPa,$\sigma_y=-110$ MPa,$\tau_x=\tau_y=0$,试求此点处的最大切应力。

解:由给定的条件可知,该点应力状态中的 $\sigma_1=\sigma_z=0$,$\sigma_2=\sigma_y=-110$ MPa,$\sigma_3=\sigma_x=-220$ MPa,因此由公式(16.10),可算得最大切应力

$$\tau_{\max}/\text{MPa}=\frac{\sigma_1-\sigma_3}{2}=\frac{0-(-220)}{2}=110$$

16.5 广义胡克定律 体应变 变形比能

16.5.1 广义胡克定律

单向应力状态下,应力与纵向变形间的关系服从胡克定律,即 $\sigma=E\varepsilon$ 或者 $\varepsilon=\sigma/E$,而横向应变 $\varepsilon'=-\mu\varepsilon$ 或 $\varepsilon'=-\mu\dfrac{\sigma}{E}$。三向应力状态下应力与应变关系可以通过叠加法得

到。

图 16.19(a) 所示一个三向应力状态的单元体,各边长分别为 dx、dy、dz,在 σ_1、σ_2、σ_3 的作用下发生变形,沿 σ_1 方向的线应变用 ε_1 表示,它应等于 $\Delta_1/\mathrm{d}x$,沿 σ_2 方向的线应变用 ε_2 表示,它应等于 $\Delta_2/\mathrm{d}y$,沿 σ_3 方向的线应变用 ε_3 表示,它应等于 $\Delta_3/\mathrm{d}z$,ε_1、ε_2、ε_3 称为三个主应变(princi - pal strain),主应变与主应力的关系称为广义胡克定律(generalized Hoole's Law),可通过叠加原理得出。图 16.19(b) 所示为在第一主应力 σ_1 作用下的变形,此时根据单向应力状态下的胡克定律,有 $\varepsilon_1^{(1)}=\dfrac{\sigma_1}{E}$(右上角标表示 σ_1 引起的),图 16.19(c) 所示为在第二主应力 σ_2 的作用下的变形,此时根据单向应力状态下的胡克定律,x 方向应发生缩短,其应变 $\varepsilon_1^{(2)}=-\mu\dfrac{\sigma_2}{E}$,图 16.19(d) 所示为 σ_3 作用下的变形,此时 x 方向应变为 $\varepsilon_1^{(3)}=-\mu\dfrac{\sigma_3}{E}$,根据叠加原理最后有

$$\varepsilon_1=\varepsilon_1^{(1)}+\varepsilon_1^{(2)}+\varepsilon_1^{(3)}=\frac{\sigma_1}{E}-\mu\left(\frac{\sigma_2}{E}+\frac{\sigma_3}{E}\right)$$

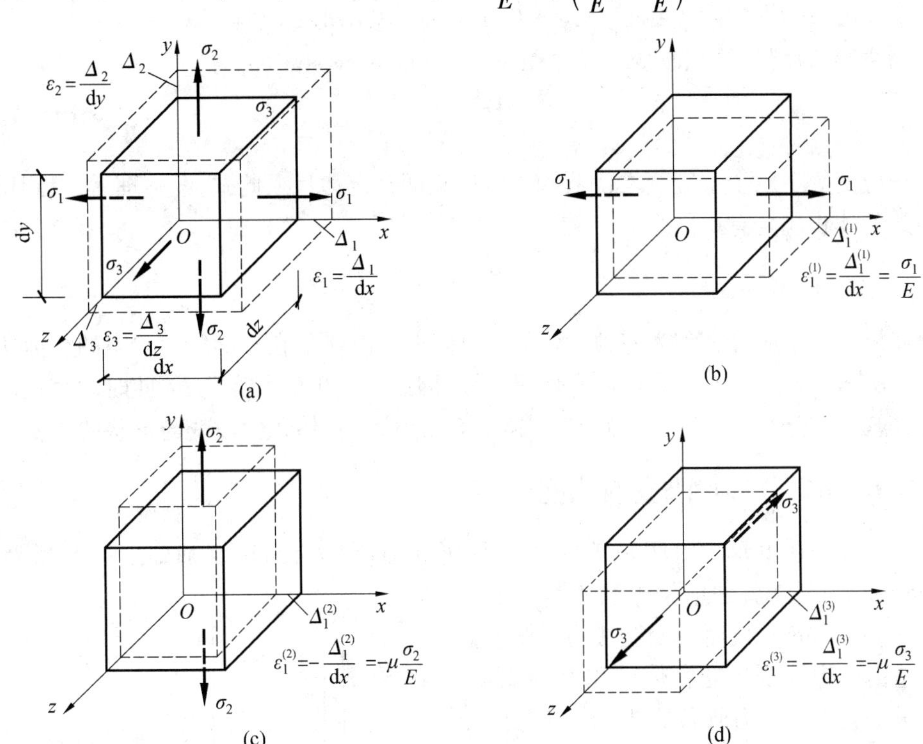

图 16.19

同理可得出另两个主应变,因此广义胡克定律有下式成立

$$\begin{cases} \varepsilon_1 = \dfrac{\sigma_1}{E} - \mu\left(\dfrac{\sigma_2}{E} + \dfrac{\sigma_3}{E}\right) \\ \varepsilon_2 = \dfrac{\sigma_2}{E} - \mu\left(\dfrac{\sigma_3}{E} + \dfrac{\sigma_1}{E}\right) \\ \varepsilon_3 = \dfrac{\sigma_3}{E} - \mu\left(\dfrac{\sigma_1}{E} + \dfrac{\sigma_2}{E}\right) \end{cases} \tag{16.11}$$

当某一主应力为零,例如 $\sigma_3 = 0$,则可得到平面应力状态下的广义胡克定律,但值得指出的是,此时 $\varepsilon_3 \neq 0$,这表明虽然 3 方向没有正应力存在,但并不等于没有变形。三个主应变与三个主应力一样,也有 $\varepsilon_1 > \varepsilon_2 > \varepsilon_3$,并且是按代数值排列。

*16.5.2　体积应变

三向应力状态下各边长均发生变化,单元体的体积也将发生变化,原体积为

$$V_0 = \mathrm{d}x\mathrm{d}y\mathrm{d}z$$

而变形后的体积为

$$V = \mathrm{d}x(1 + \varepsilon_1)\mathrm{d}y(1 + \varepsilon_2)\mathrm{d}z(1 + \varepsilon_3) \approx \mathrm{d}x\mathrm{d}y\mathrm{d}z(1 + \varepsilon_1 + \varepsilon_2 + \varepsilon_3)$$

此处略去高阶微量,体积改变率或体积应变(volumetric strain)为

$$\theta = \frac{V - V_0}{V_0} = \varepsilon_1 + \varepsilon_2 + \varepsilon_3 \tag{16.12}$$

即体积应变等于三个主应变之代数和。将广义胡克定律代入此式,经整理后,得到用主应力表达的体积应变有

$$\theta = \frac{1 - 2\mu}{E}(\sigma_1 + \sigma_2 + \sigma_3) \tag{16.13}$$

如果三个主应力之和为零,则将不发生体积变化,例如在平面应力状态的纯剪切中的 $\sigma_1 = \tau, \sigma_2 = 0, \sigma_3 = -\tau$,三者代数和恰好为零,因此不发生体积变化,但此时却存在形状的变化,即剪切变形。这样,对任何单元体而言变形应包括体积的改变与形状的改变两种。

*16.5.3　形状改变的比能

形状改变在单元体内所积蓄的比能是研究强度理论的重要基础之一。所谓比能(specific energy)就是单位体积所积蓄的应变能(strain energy),而应变能从物理概念上讲就是由于弹性变形在物体中积蓄的能量,在数量上它等于外力所做的功。

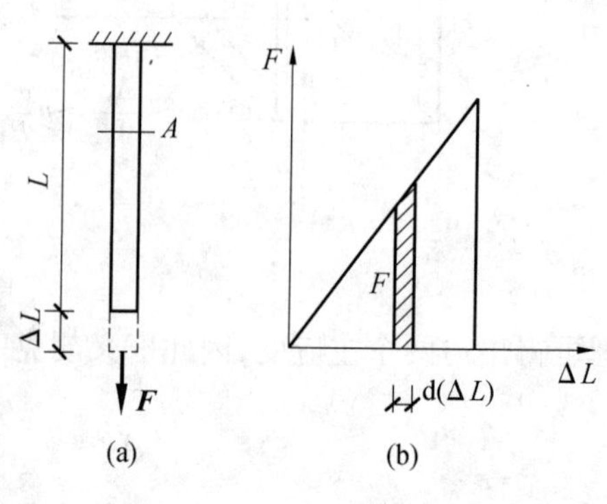

图 16.20

为了得到复杂应力状态下的比能,让我们从单向受力开始研究。图 16.20(a) 所示一长为 L、截面面积为 A、弹性模量为 E 的等直杆受轴向拉力 $\boldsymbol{F}$ 作用,发生 ΔL 伸长,此时外力所做功为杆的弹性变形能。但由于 $\boldsymbol{F}$ 力在加载过程中是变化的,因此它所做的功应

由图 16.20(b) 所示关系通过积分得到。由单向拉压胡克定律有 $\Delta L=\dfrac{FL}{EA}$,$\boldsymbol{F}$ 力所做总功为

$$W=\int_0^{\Delta L}Fd(\Delta L)=\frac{EA}{L}\int_0^{\Delta L}\Delta Ld(\Delta L)=\frac{EA\Delta L^2}{2L}=\frac{F\Delta L}{2}$$

以 U 表示物体的弹性变形能,则有

$$U=W=\frac{F\Delta L}{2} \tag{16.14}$$

单位体积的变形能用 u 表示(称为比能),有

$$u=\frac{U}{LA}=\frac{F}{2LA}\frac{FL}{EA}=\frac{\sigma^2}{2E}=\frac{\sigma\varepsilon}{2} \tag{16.15}$$

在建立三向应力状态下的变形比能时,由于能量不能采用叠加原理,因此要考虑加载的过程。图 16.21 给出了三向受力的三步加载过程,第一步将单位体积(边长为 1) 的单元体先仅受 σ_1 作用,沿 σ_1 方向产生 $\dfrac{\sigma_1}{E}$ 的变形(见图 16.21(a)),由于 σ_1 在加载过程中是变应力,因此它所做的总功为

$$\frac{1}{2}\sigma_1\times1\times1\times\frac{\sigma_1}{E}\times1=\frac{\sigma_1^2}{2E}$$

在此基础上 σ_1 保持不变,开始逐渐加 σ_2(见图 16.21(b)),在这一过程中 σ_2 在变形 $\dfrac{\sigma_2}{E}$ 上要做变力功,而 σ_1 在 $-\mu\dfrac{\sigma_2}{E}$ 变形上要做常力功,因此这一阶段总功为

$$\frac{\sigma_2}{2E}-\mu\frac{\sigma_2\sigma_1}{E}$$

保持 σ_1 与 σ_2 不变,继续逐渐加 σ_3(图 16.21(c)),这一阶段又增加如下三项功

$$\frac{\sigma_3}{2E}-\mu\frac{\sigma_3\sigma_1}{E}-\mu\frac{\sigma_3\sigma_2}{E}$$

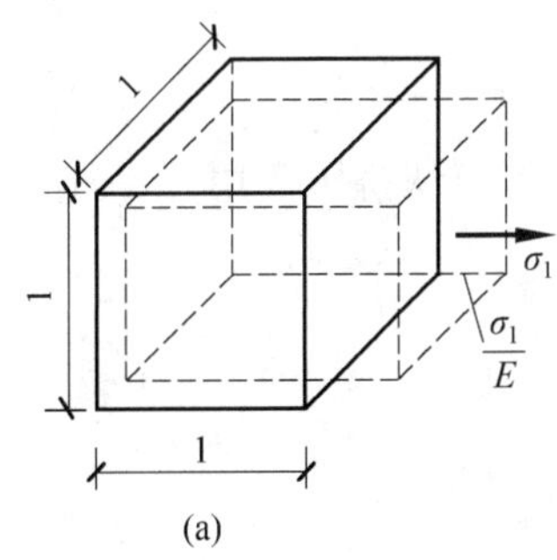

(a)

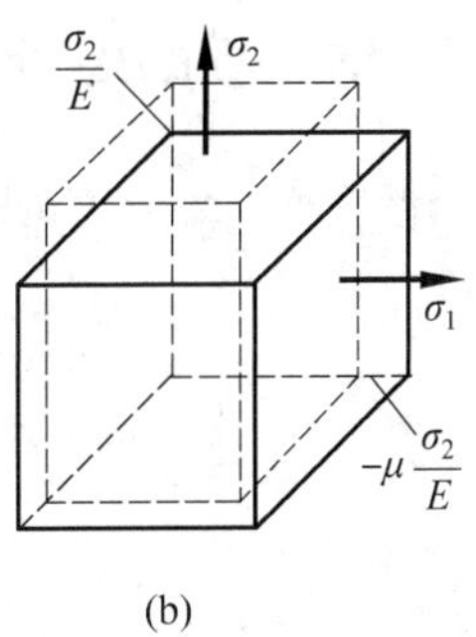

(b)

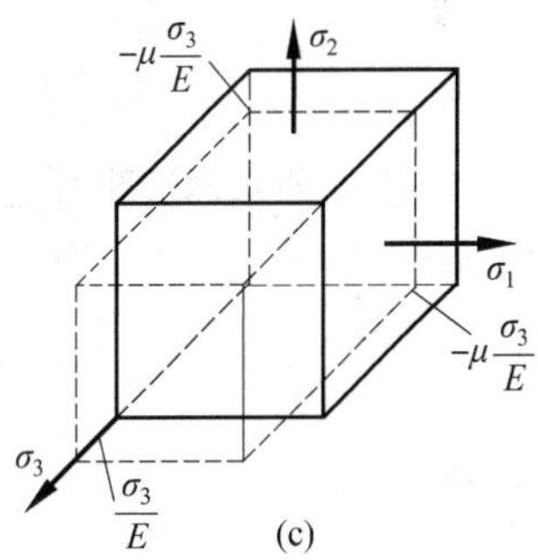

(c)

图 16.21

三个过程总功相加应为三向应力状态下总的变形比能(单位体积),有

$$u=\frac{1}{2E}[\sigma_1^2+\sigma_2^2+\sigma_3^2-2\mu(\sigma_1\sigma_2+\sigma_2\sigma_3+\sigma_3\sigma_1)]=$$

$$\frac{1}{2E}\{[\sigma_1-\mu(\sigma_2+\sigma_3)]\sigma_1+[\sigma_2-\mu(\sigma_3+\sigma_1)]\sigma_2+$$

$$[\sigma_3 - \mu(\sigma_1 + \sigma_2)]\sigma_3\} \tag{16.16}$$

利用广义胡克定律,有

$$u = \frac{1}{2}(\sigma_1\varepsilon_1 + \sigma_2\varepsilon_2 + \sigma_3\varepsilon_3) \tag{16.17}$$

此式并不表明变形能可以叠加,因为式中 ε_1 并不是 σ_1 一个应力引起的。

变形能可以分成两部分:一部分是由体积改变而形成的;另一部分是由形状改变而形成的。三向应力状态的体积应变为

$$\theta = \frac{1-2\mu}{E}(\sigma_1 + \sigma_2 + \sigma_3) \tag{16.18}$$

保证体积应变为此结果,而又仅发生体积变化没有形状变化的应力状态应取图 16.22 所示应力状态。这是一个均匀拉伸的应力状态,因此只有体积变化而无形状变化,将 σ 代入上式的 σ_1、σ_2 和 σ_3,显然 θ 并不发生变化,也就是说图 16.22 所示应力状态的体积应变与 σ_1、σ_2、σ_3 应力状态下的体积应变相同,因此可求出与图 16.22 所示状态对应的比能为(利用式(16.16))

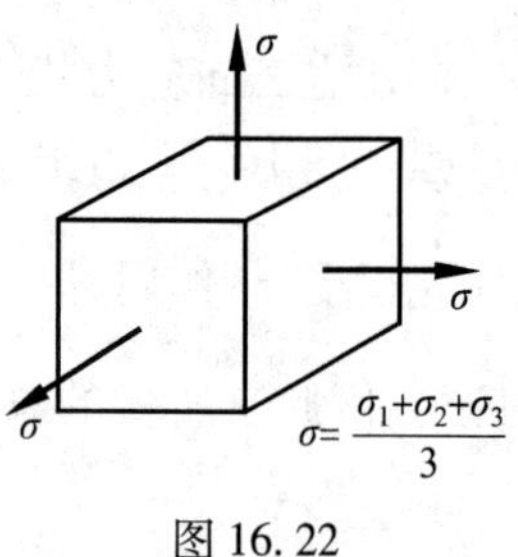

图 16.22

$$u_\theta = \frac{1}{2E}[\sigma^2 + \sigma^2 + \sigma^2 - 2\mu(\sigma^2 + \sigma^2 + \sigma^2)] = \frac{1-2\mu}{6E}(\sigma_1 + \sigma_2 + \sigma_3)^2 \tag{16.19}$$

此表达式即为 σ_1、σ_2、σ_3 应力状态下由体积改变而形成的比能,由式(16.16)减去式(16.19),最终得到一般三向应力状态下仅由形状变化而得到的变形比能为(化简后的结果)

$$u_d = u - u_\theta = \frac{1+\mu}{6E}[(\sigma_1 - \sigma_2)^2 + (\sigma_2 - \sigma_3)^2 + (\sigma_3 - \sigma_1)^2] \tag{16.20}$$

16.6 强度理论

在前述五种基本变形中,已经建立了一系列强度条件,除剪切挤压实用计算外,轴向拉压中有

$$\sigma_{\max} = \frac{F_{\mathrm{Nmax}}}{A} \leqslant [\sigma] \tag{a}$$

扭转中有

$$\tau_{\max} = \frac{T_{\max}}{W_{\mathrm{p}}} \leqslant [\tau] \tag{b}$$

弯曲中有

$$\sigma_{\max} = \frac{M_{\max}}{W_z} \leqslant [\sigma] \tag{c}$$

$$\tau_{\max} = \frac{F_{\mathrm{Smax}} S_{z\max}^*}{I_z b} \leqslant [\tau] \tag{d}$$

从应力状态角度考虑,式(a) 显然是处于单向应力状态,即 $\sigma_1 = \sigma_{max}, \sigma_2 = \sigma_3 = 0$,式(c) 虽然是发生在弯曲构件上,但都是位于截面的边缘,而此处切应力为零,故也是属于单向应力状态。式(b) 属于扭转,圆轴扭转横截面上是没有正应力的,因此式(b) 对应的应力状态是纯剪切应力状态。式(d) 一般均发生在中性轴上,而中性轴上是没有正应力的,所以也是纯剪切状态。总之,前面实际上只解决了单向应力状态与纯剪切应力状态下的强度条件问题。在这些条件的右端是材料的许用应力值,它们是直接根据单向应力状态的试验与纯剪切应力状态的试验数据经过统计分析而得到的。因此,在建立上述各强度条件的过程中并未遇到复杂应力状态的问题。结构构件满足了上述一系列强度条件是否就十分安全可靠,回答并不完全肯定。例如在例题 16.5 中已经发现,横截面的正应力与切应力均已满足强度条件,但在 C 左截面的 a 点处得到一个 $\sigma_1 = 195$ MPa,$\sigma_2 = 0$,$\sigma_3 = -38.5$ MPa 的应力状态,我们说由于 $\sigma_1 < [\sigma] = 240$ MPa,因此断定该点安全,这实际上是不充分的,或者说这已经应用了某种强度理论,因为在这个断言中 σ_2 与 σ_3 的值并未加以考虑,假如说 σ_2 与 σ_3 都等于 195 MPa,该点是否还安全? 这就很难回答了。最权威的回答就是试验,但试验不仅受设备和技术的制约,而且三个主应力可以有无穷个组合,这又如何能进行呢? 因此只有根据已有的试验结果,分析各种材料破坏的原因,抓住其中的主要因素,建立起各种强度理论(theory of strength),并在实践中不断考查其正确性与适用范围,这样才能较好地解决复杂应力状态下的强度问题。随着技术的不断进步,历史上曾建立了四种基本的强度理论。

第一强度理论称为最大拉应力理论,它的主要观点是:使材料发生断裂(fracture) 破坏的主要因素是最大主拉应力 σ_1,只要 σ_1 达到单向拉伸时材料的强度极限 σ_b,材料将要断裂破坏,其断裂条件为

$$\sigma_1 = \sigma_b$$

相应的强度条件为

$$\sigma_1 \leqslant [\sigma] \tag{16.21}$$

式中,σ_1 为荷载引起的工作应力;$[\sigma]$ 为单向拉伸时材料强度的许用值。

这一理论比较正确地解释了脆性材料的断裂破坏现象,例如混凝土的受拉开裂与砖石砌体的断裂服从这一规律。塑性材料在三向拉伸应力状态下也呈现脆性断裂破坏。但对于无主拉应力出现的应力状态,这一条件将无法应用。

第二强度理论称为最大伸长线应变理论,它的基本观点是:当材料的最大伸长线应变 ε_1 达到材料单向受拉破坏时的线应变 $\varepsilon_b = \dfrac{\sigma_b}{E}$ 时,材料将要发生断裂破坏。按照这一理论材料的断裂条件是

$$\varepsilon_1 = \varepsilon_b = \frac{\sigma_b}{E}$$

将广义胡克定律代入有

$$\sigma_1 - \mu(\sigma_2 + \sigma_3) = \sigma_b$$

其强度条件为

$$\sigma_1 - \mu(\sigma_2 + \sigma_3) \leqslant [\sigma] \tag{16.22}$$

这一理论由于其弱点较多已很少被应用。

第三强度理论称为最大切应力理论,它的基本观点是:最大切应力是使材料发生屈服破坏的根本原因,只要最大切应力 τ_{max} 达到材料单向受力时的屈服极限 σ_s 所对应的极限切应力 $\tau_s = \dfrac{\sigma_s}{2}$,材料将发生屈服(剪断)破坏。

这一理论的屈服强度破坏条件是

$$\tau_{max} = \tau_s = \frac{\sigma_s}{2}$$

将式(16.10)代入,有

$$\sigma_1 - \sigma_3 = \sigma_s$$

强度条件为

$$\sigma_1 - \sigma_3 \leqslant [\sigma] \tag{16.23}$$

这一理论比较适合于塑性材料的屈服破坏,同时与脆性材料受压剪切破坏的试验也能基本符合。这一理论的不足之处在于它完全忽视了第二主应力的作用,从切应力考查,它只注意了最大切应力而未考虑 σ_1 与 σ_2 或 σ_2 与 σ_3 所组成的最大切应力,这些不足将在第四强度理论中有所考虑。此外,这一理论对三向均匀拉伸给出了不破坏的结论是与实际不符的。

第四强度理论称为能量理论,它的基本观点是:形状改变比能是引起材料屈服破坏的基本原因,只要复杂应力状态下材料形状改变比能达到单向受力情况屈服破坏时相应的极限形状改变比能,材料就会发生屈服破坏。其屈服破坏条件为

$$u_d = u_s$$

或

$$\frac{1+\mu}{6E}[(\sigma_1 - \sigma_2)^2 + (\sigma_2 - \sigma_3)^2 + (\sigma_3 - \sigma_1)^2] = \frac{1+\mu}{6E}[\sigma_s^2 + \sigma_s^2]$$

强度条件为

$$\sqrt{\frac{1}{2}[(\sigma_1 - \sigma_2)^2 + (\sigma_2 - \sigma_3)^2 + (\sigma_3 - \sigma_1)^2]} \leqslant [\sigma] \tag{16.24}$$

这一理论从能量的观点出发既考虑了应力因素又考虑了应变因素,因此它比较全面,同时由于含有三个主应力的差值,因此与切应力有关,所以与第三强度理论有共同之处,但又比第三强度理论考虑的更全面、更完善。从屈服破坏试验结果看,第四强度理论比第三强度理论更接近实际,因此,塑性材料和脆性材料受压剪切破坏的情况更适合用第四强度理论。

上述四种基本的强度理论,出发点各不相同,但其强度条件都可用主应力表达,而且可以统一写为

$$\sigma_r \leqslant [\sigma] \tag{16.25}$$

式中,σ_r 称为“相当应力”(equivalent stress),对四种强度理论相当应力分别为:

第一强度理论 $\qquad \sigma_{r1} = \sigma_1$

第二强度理论 $\qquad \sigma_{r2} = \sigma_1 - \mu(\sigma_2 + \sigma_3)$

第三强度理论　　$\sigma_{r3}=\sigma_1-\sigma_3$

第四强度理论　　$\sigma_{r4}=\sqrt{\frac{1}{2}[(\sigma_1-\sigma_2)^2+(\sigma_2-\sigma_3)^2+(\sigma_3-\sigma_1)^2]}$

16.7　梁强度的全面校核

当梁横截面上的正应力与切应力已经满足强度条件后，还必须根据梁的受力情况和截面形式进行梁的主应力的强度校核，也就是按强度理论进行校核。对于钢梁一般多采用第四或第三强度理论，因为这些理论正如前节所述，比较适合于塑性材料，由于梁的主应力公式在式(16.8) 中给出为

$$\left.\begin{aligned}\sigma_1&=\frac{\sigma}{2}+\sqrt{\left(\frac{\sigma}{2}\right)^2+\tau^2}\\\sigma_3&=\frac{\sigma}{2}-\sqrt{\left(\frac{\sigma}{2}\right)^2+\tau^2}\end{aligned}\right\}\tag{16.26}$$

将此式代入式(16.23) 与(16.24)，可以得到用梁中横截面上的 σ 与 τ 所表达的第三强度理论与第四强度理论的相应强度条件为

$$\left.\begin{aligned}\sigma_{r3}&=\sqrt{\sigma^2+4\tau^2}\leqslant[\sigma]\\\sigma_{r4}&=\sqrt{\sigma^2+3\tau^2}\leqslant[\sigma]\end{aligned}\right\}\tag{16.27}$$

采用这两式进行主应力校核时可以不必计算主应力的值，因此使计算得到简化。

这两个公式虽然是来自梁的受力，但其适用范围并不仅限于梁，只要应力单元体上有一个主应力为零(平面应力状态) 同时又有一个正应力为零都可应用这两个公式。例如，在钢结构的焊缝计算中就要用到这些公式。

【例 16.7】　用强度理论校核例 16.5 所示梁的主应力强度，并加以比较。

解：自例 16.5 中已经得到 a 点横截面上的应力 $\sigma_a=156$ MPa，$\tau_a=84.1$ MPa，通过作应力圆求出 $\sigma_1=195$ MPa，$\sigma_2=0$，$\sigma_3=-38.5$ MPa。材料的许用应力值 $[\sigma]=215$ MPa。

若采用第一强度理论，有

$$\sigma_{r1}=\sigma_1=195\ \text{MPa}<[\sigma]=215\ \text{MPa}$$

若采用第三强度理论，有

$$\sigma_{r3}=\sigma_1-\sigma_3=233.5\ \text{MPa}>[\sigma]=215\ \text{MPa}$$

或用 $\sigma_{r3}=\sqrt{\sigma^2+4\tau^2}=\sqrt{156^2+84.1^2\times 4}\ \text{MPa}=229.4\ \text{MPa}>[\sigma]=215\ \text{MPa}$

两者数据稍有差异是因为前者是图解结果。

若采用第四强度理论，有

$$\sigma_{r4}=\sqrt{\frac{1}{2}[(\sigma_1-\sigma_2)^2+(\sigma_2-\sigma_3)^2+(\sigma_3-\sigma_1)^2]}=$$

$$\sqrt{\frac{1}{2}[195^2+38.5^2+(-233.5)^2]}\ \text{MPa}=$$

$$216.8\ \text{MPa}>215\ \text{MPa}$$

或用 $\sigma_{r4}=\sqrt{\sigma^2+3\tau^2}=\sqrt{156^2+3\times 84.1^2}\ \text{MPa}=213.4\ \text{MPa}<[\sigma]=215\ \text{MPa}$
后者为计算数值,应以此为准。

上述计算结果表明,按第三强度理论考虑该点强度条件不能满足,其相当应力大约比许用应力值大6% 以上,因此应修改设计,按第四强度理论考查,基本上刚好满足强度条件,应当说是一个比较理想的设计;而按第一强度理论考查,其相当应力还远低于$[\sigma]$值,说明还有相当多的安全储备。

三种强度理论得出三种不同结论,看来第四强度理论应适合些。不过从工程设计角度看,如果承认可以使用第三强度理论,则必须修改原设计,以保证使构件有足够的安全度。

原设计结果切应力值偏大,修改设计时应使切应力有所降低,对工字形截面,腹板主要用来抗剪,翼缘主要用来抗弯。因此可适当将腹板厚度加大,由原来的 10 mm 增大到 11 mm,这样切应力大体可降低 10% 左右。由于腹板加厚,I_z 将有所增加,经计算 $I_z=94.6\times 10^{-6}\ \text{m}^4$,$\sigma_a$ 的位置没有发生变化,仅 I_z 由 93.2×10^{-6} 变为 94.6×10^{-6},故可用原有σ_a 按比例计算,有

$$\sigma_a/\text{MPa}=156\times\frac{93.2}{94.6}=153.7$$

计算切应力 τ_a 时 S_z^* 未发生变化,$F_{S\max}$ 也未发生变化,仅 I_z 与 b 有所变化,有

$$\tau_a=\frac{280\times 10^3\times 280\times 10^{-6}}{94.6\times 10^{-6}\times 11\times 10^{-3}}\ \text{Pa}=75.3\ \text{MPa}$$

利用第三强度理论,有

$$\sigma_{r3}=\sqrt{\sigma^2+4\tau^2}=\sqrt{153.7^2+75.3^2\times 4}\ \text{MPa}=215\ \text{MPa}=[\sigma]$$

这种修改结果是比较适宜的。

通过本例可以看出,对钢结构而言第三、第四强度理论都较适用,用第三强度理论消耗材料要多些。

*16.8　薄壁圆筒受力计算 螺旋筋对混凝土抗压的增强作用

壁厚为 t,内径为 $d(d\gg t)$ 的封闭圆筒,如图 16.23(a) 所示,内部受均匀压力 p 的作用,试用第四强度理论建立筒壁单元体 $ABCD$ 的强度条件。首先求出图 16.23(b) 所示单元体 AB 和 BD 截面上的应力。为了求 AB 截面上的应力,可将圆筒纵向剖开如图 16.23(c) 所示,取单位长度考虑,根据水平方向的平衡条件可知筒纵向截面上只作用有拉应力,用 σ' 表示,有

$$2\times\sigma'\times t\times 1=\int_0^{\pi}p\,\frac{d}{2}\mathrm{d}\theta\times 1\times\sin\theta=\frac{pd}{2}\times 2$$

得到

$$\sigma'=\frac{pd}{2t}\tag{16.28}$$

为了求 BD 截面上的应力,可将圆筒横向剖开如图 16.23(d) 所示,根据纵向平衡条件,横

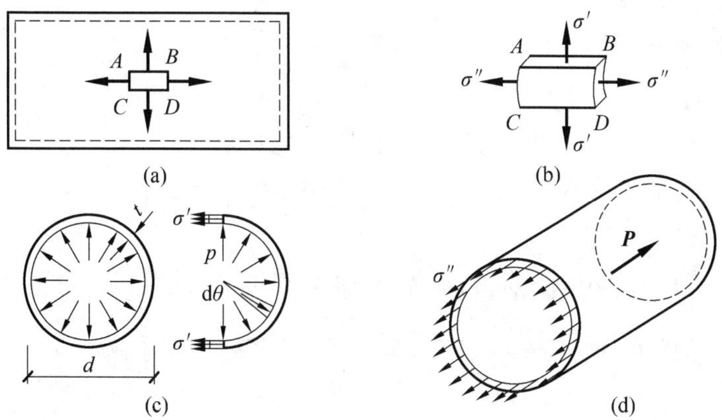

图 16.23

截面上只有拉应力作用,以 σ'' 表示,有

$$\sigma'' \times \pi d \times t = P = p \times \frac{\pi d^2}{4}$$

得到

$$\sigma'' = \frac{pd}{4t} \tag{16.29}$$

单元体 $ABCD$ 上有 σ' 与 σ'' 作用,在垂直筒壁方向本来有 p 作用,但其值远小于 σ' 与 σ'',一般可略去,因此单元体的主应力为 $\sigma_1 = \sigma' = \dfrac{pd}{2t}$,$\sigma_2 = \sigma'' = \dfrac{pd}{4t}$,$\sigma_3 = 0$,按第四强度理论将上述结果代入,得到验算薄壁圆筒的强度条件为

$$\sigma_{r4} = \sqrt{\sigma_1^2 + \sigma_2^2 - \sigma_1\sigma} = \sqrt{3}\,\frac{pd}{4t} \leqslant [\sigma]$$

例如 $p = 3.6$ MPa,$d = 100$ cm,$t = 1$ cm,$[\sigma] = 170$ MPa,则有

$$\sigma_{r4} = \frac{\sqrt{3}}{4}\,\frac{3.6 \times 10^6 \times 100 \times 10^{-2}}{1 \times 10^{-2}}\ \text{Pa} = 155.9\ \text{MPa} < [\sigma]\text{(安全)}$$

钢筋混凝土中配有螺旋筋的柱(图 16.24),由于螺旋筋的环向应力作用,可以使混凝土柱的承压力有所提高,现计算其提高值,混凝土核芯区直径为 d,螺旋筋间距为 s。混凝土柱在压力作用下要有侧向变形,但螺旋筋起到环箍的作用,因此螺旋筋对混凝土要产生环向应力 σ,这种环向应力正如薄壁筒一样,要使螺旋筋受力。以螺旋筋达到屈服强度 σ_s 为准,利用式(16.28),有

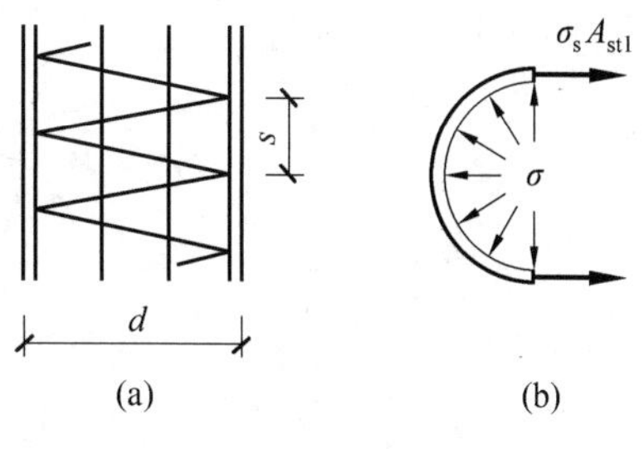

图 16.24

$$\sigma' = \sigma_s = \frac{\sigma d}{2A_{st1}/s}$$

式中,A_{st1}/s 相当于公式(16.28)中的 t,A_{st1} 为螺旋筋的截面面积。

由上式解出

$$\sigma = \frac{2A_{st1}\sigma_s}{ds}$$

按混凝土纵向承压强度 = 4σ 考虑,抗压承载力提高部分

$$F_{N提} = 4\sigma \frac{\pi d^2}{4} = \frac{2\pi A_{st1}\sigma_s d}{s} = 2\sigma_s A_{st0} \tag{16.30}$$

式中,$A_{st0} = \dfrac{\pi A_{st1} d}{s}$,称为螺旋钢筋的换算截面面积。

本节处理问题的基本原理完全可以用在钢管混凝土结构中。

16.9　莫尔强度理论及其在土的极限平衡中的应用

莫尔强度理论与前面所述四种基本强度理论不同之处在于,它是以材料在各种应力状态作用下产生破坏试验为基础的带有一定经验性的理论,该理论表达方式的特点在于应力圆(莫尔圆)的应用。这种理论更适合于抗拉、压性能不同的材料,特别是在土的极限平衡中有着重要应用。

材料在各种应力状态作用下产生破坏时,对应任何一种应力状态均可得到空间三个主应力 σ_1、σ_2、σ_3。根据应力圆的理论可做出三个应力圆,其中以 σ_1 与 σ_3 为准所做应力圆在最外边,莫尔强度理论中将此圆称为极限应力圆。随着应力状态的不同,如单向拉伸破坏、单向压缩破坏、纯剪切破坏、三向均压破坏以及其他不同主应力组合的破坏等,一定可以得到如图 16.25 所示的多个极限应力圆。图中圆 1 对应单向拉伸破坏;圆 2 对应纯剪切破坏;圆 3 对应单向压缩破坏等等。作图中各圆的公切线,即可得到各圆的包络线称为强度包线或莫尔包线。图中上下两条包线所夹范围显然属于不破坏区,若对试验材料给定某一应力状态值 σ_1^0、σ_2^0、σ_3^0,由 σ_1^0 与 σ_3^0 所作应力圆(见图 16.25)接近包线,则材料处于即将破坏的极限状态。如此圆越出包线,显然材料已发生破坏,这就是莫尔强度理论的基本准则。

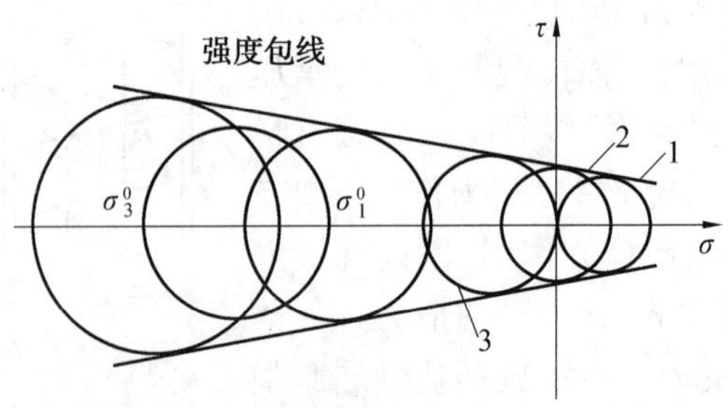

图 16.25

莫尔强度理论的关键在于找到强度包线。就地基土而言,通过土样的三轴剪切试验,可以得到该类土的若干个(3 ~ 4 个)极限应力圆,然后作这些圆的包线(见图 16.26),发现此包线非常接近一条斜直线,并且由图中还可定出此直线与水平轴的夹角 φ 和在竖轴

上的截距 c, φ 与 c 不仅可以用来确定包线的位置,在土力学中还有重要应用。对于土以外的材料,若得到若干个极限应力圆,试验并非是件容易事,而材料单向拉、压破坏试验是很容易得到的,所以工程应用中将求包线简化为如图 16.27 所示的确定两圆的公切线问题,图中 $[\sigma_t]$、$[\sigma_c]$ 为材料单向受力时抗拉与抗压的许用应力值。注意此时的包线已不是破坏的界限,而是安全的界限,因为采用的是许用值。只要应力状态中以 σ_1 与 σ_3 所画应力圆位于包线内或与其相切,则材料强度满足。如用公式表达为(推证从略)

$$\sigma_1 - \frac{[\sigma_t]}{[\sigma_c]}\sigma_3 \leqslant [\sigma_t] \tag{16.31}$$

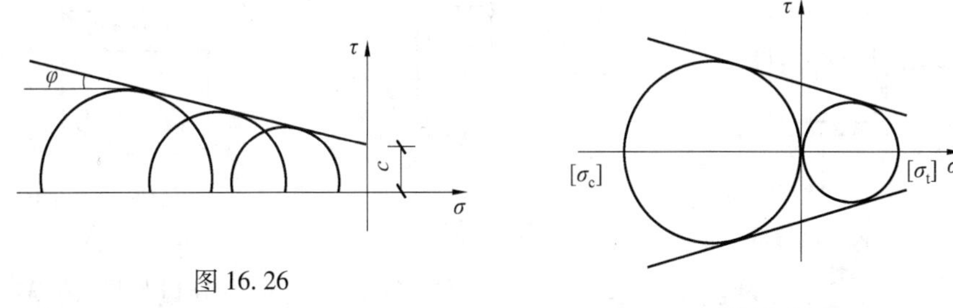

图 16.26　　图 16.27

【例 16.8】　已知铸铁的 $[\sigma_t] = 50$ MPa, $[\sigma_c] = 125$ MPa,由铸铁梁中分析得到危险点的应力状态为 $\sigma_1 = 24$ MPa, $\sigma_2 = 0$, $\sigma_3 = -60$ MPa,试用莫尔强度理论验算该点的强度。

解:将有关数据代入公式(16.31),得到

$$\sigma_1 - \frac{[\sigma_t]}{[\sigma_c]}\sigma_3 = \left[24 - \frac{50}{125} \times (-60)\right]\text{MPa} = 48\ \text{MPa} < [\sigma_t] = 50\ \text{MPa}$$

【例 16.9】　利用莫尔理论确定无粘性土极限平衡时破裂面的位置。

解:如图 16.28(a) 所示,已知无粘性土(砂土类) 的强度包线为过坐标原点与水平轴所夹锐角为 φ 的斜直线 OB,根据莫尔强度理论,处于极限平衡时的土体,其极限应力圆必与 OB 线相切(见图 16.28(a)),切点 B 的夹角 $2\alpha = 90° + \varphi$,故单元体中(见图 16.28(b)) σ_3 所在截面与破裂面 nn 所夹角 $\alpha = 45° + \dfrac{\varphi}{2}$。这一结果在土力学中有着重要应用。

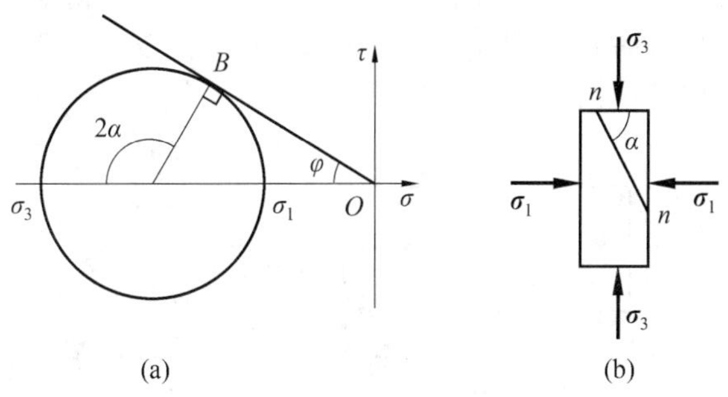

图 16.28

习题课选题指导

1. 已知一点的应力状态如图 16.29 所示，试用应力圆法确定：(1) 主应力的大小和方向。(2) 最大切应力的大小，并按第三强度理论校核此点强度，[σ] = 160 MPa。

2. 已知应力状态如图 16.30 所示(单位为 MPa)，试画三向应力圆，并求主应力、最大正应力与最大切应力。

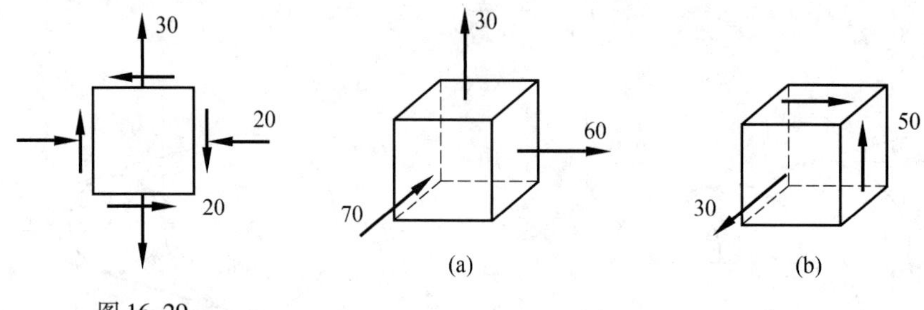

图 16.29

图 16.30

3. 从某铸铁构件内的危险点处取出的单元体，各面上的应力分量如图 16.31 所示。已知铸铁材料的泊松比 μ = 0.25，许用拉应力[σ_t] = 30 MPa，许用压应力[σ_c] = 90 MPa。试按第一和第二强度理论校核其强度。

4. 一简支钢板梁承受荷载如图 16.32(a) 所示，其截面尺寸如图 16.32(b) 所示。已知钢材的许用应力为[σ] = 170 MPa，[τ] = 100 MPa。试校核梁内的最大正应力和最大切应力，并按第四强度理论校核危险截面上 a 点的强度。

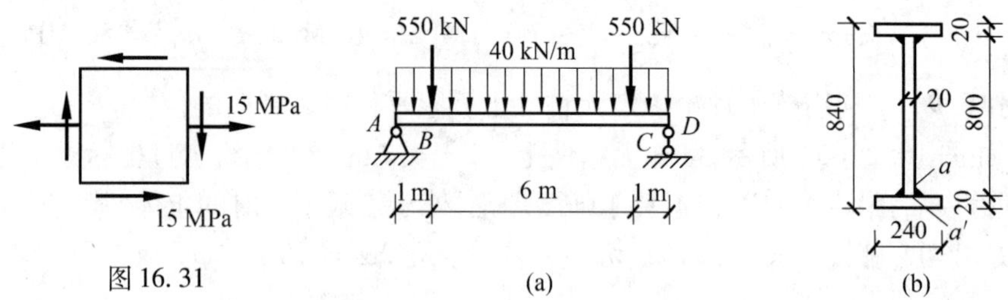

图 16.31

图 16.32

5. 受内压力作用的容器，其圆筒部分任意一点 A(图 16.33(a)) 处的应力状态(如图 16.33(b) 所示)。当容器承受最大的内压力时，用应变计测得 $\varepsilon_x = 1.88 \times 10^{-4}$，$\varepsilon_y = 7.37 \times 10^{-4}$。已知钢材的弹性模量 E = 200 GPa，泊松比 μ = 0.3，许用应力[σ] = 170 MPa。试按第三强度理论校核 A 点强度。

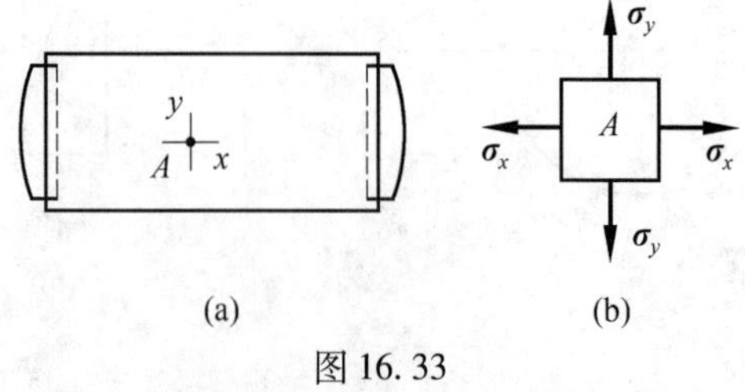

图 16.33

第17章 组合变形

17.1 概　　述

在前面几章中分别研究了杆件在基本变形时(拉伸、压缩、剪切、扭转、弯曲)的强度和刚度计算。在实际工程中,有许多构件常常同时发生两种或两种以上的基本变形,这种变形称为组合变形。例如,斜屋架上的檩条(图17.1(a)),可以作为简支梁来计算,承受屋面传来的荷载 q 的作用(图17.1(b))。但 q 的作用线并不通过截面的任一根形心主惯性轴,所以引起的不是平面弯曲。若把 q 沿着两个形心主惯性轴分解(图17.1(c)),则引起沿两个垂直平面的弯曲,这种情况称为斜弯曲或双向弯曲。

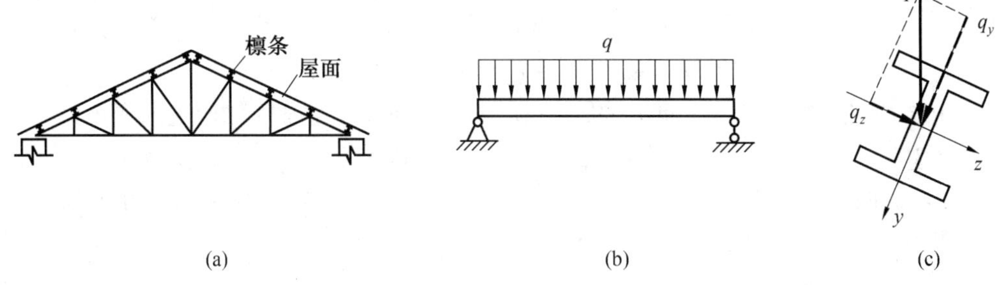

图17.1

对发生组合变形的杆件计算应力和变形时,仍采用叠加原理,先将荷载进行简化或分解,使简化后的静力等效荷载各自只引起一种简单变形,分别计算,再进行叠加。即组合变形在横截面上产生的应力等于各基本变形产生的应力的代数和(或矢量和),这种原理仍然建立在小变形和弹性关系的基础上。

本章着重讨论在工程中经常遇到的几种组合变形:(1)两相互垂直平面内的弯曲;(2)轴向拉伸(压缩)与弯曲;(3)偏心拉伸(压缩);(4)扭转与弯曲。组合变形中多数都存在弯曲正应力和弯曲切应力,但后者相对前者对构件强度的影响一般要小得多,因此常忽略不计。这样将主要研究横截面上的正应力和建立相应的强度条件,但弯扭组合中横截面上由扭转引起的切应力将成为主要因素之一,因此必须考虑。同时由于两种应力(σ 与 τ)都存在,还必须应用强度理论建立强度条件。

17.2　两相互垂直平面内的弯曲

由17.1节中可知,檩条属于典型的双向弯曲,外力不作用在形心主轴纵向平面内,此时构件的挠曲线并不在荷载平面内,即不属于平面弯曲。这种组合变形的应力分析通过图17.2(a)所示端部受斜向力的悬臂矩形截面梁来进行。梁在自由端受力 $\boldsymbol{F}$ 作用,$\boldsymbol{F}$ 通过截面形心,在 O 点将斜向力 $\boldsymbol{F}$ 分解为 $\boldsymbol{F}_z$ 与 $\boldsymbol{F}_y$,有 $F_z = F\sin\varphi$,$F_y = F\cos\varphi$。由于 $\boldsymbol{F}_z$ 与 $\boldsymbol{F}_y$ 都位于截面的形心主轴上,所以每一分力产生的弯矩均为平面弯矩。距悬臂端为 x 处取一截面 D,$\boldsymbol{F}_y$ 对 D 截面形心 z 轴产生的弯矩为 M_z(见图17.2(b)),有

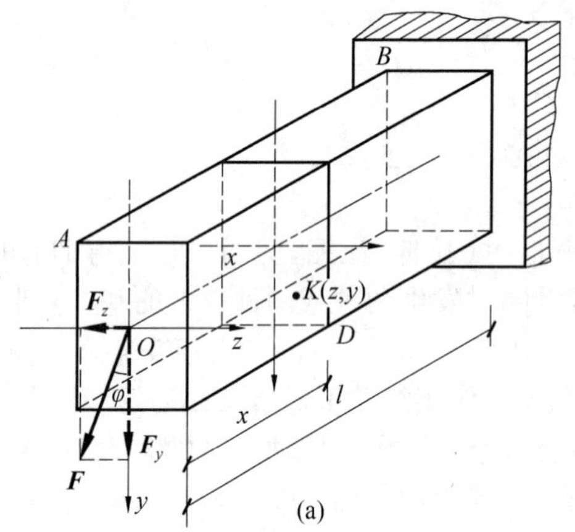

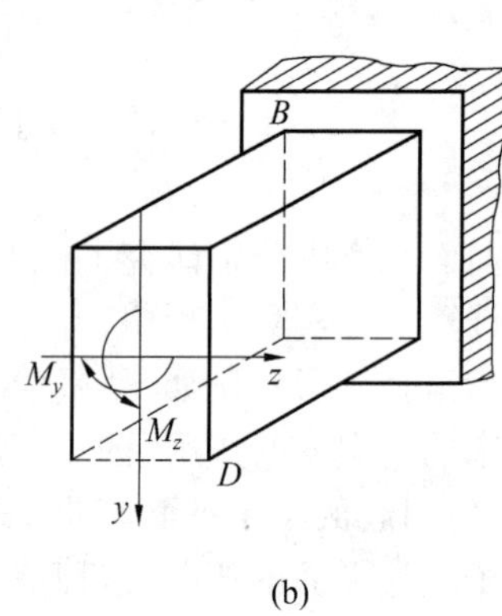

图17.2

$$M_z = -F_y x = -F\cos\varphi x = -M\cos\varphi$$

式中,$M = Fx$ 为力 $\boldsymbol{F}$ 对 D 截面形心的力矩;F_z 对 D 截面形心主轴 y 轴产生的弯矩为 M_y,有

$$M_y = F_z x = F\sin\varphi x = M\sin\varphi$$

对 D 截面上坐标为(y,z)的 K 点,两种弯矩均产生正应力,并且两正应力均垂直 D 截面,因此在叠加时应为正应力的代数和,有

$$\boldsymbol{\sigma}_K = \frac{M_z y}{I_z} + \frac{M_y z}{I_y} = M\left(-\frac{\cos\varphi y}{I_z} + \frac{\sin\varphi z}{I_y}\right) \tag{17.1}$$

式(17.1)是求斜弯曲正应力的基本公式。式中 M_z 与 M_y 的符号以使第一象限内的点产生拉应力为正,反之为负;φ 角为力 $\boldsymbol{F}$ 与 y 轴夹角。当 M、φ、I_z、I_y 一定时,$\boldsymbol{\sigma}_K$ 是 y、z 的一次函数,其应力分布成一斜平面,如图17.3所示。该斜面与横截面的交线正应力显然为零,此线即为斜弯曲时的中性轴,而截面最大应力点位于离中性轴最远的点。因此,应首先确定中性轴的位置,令式(17.1)为零,得到中性轴应满足的方程为(以 y_0、z_0 表示)

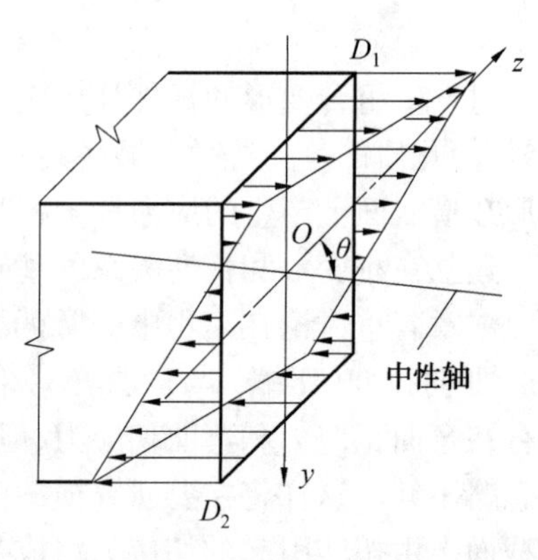

图17.3

$$-\frac{\cos\varphi y_0}{I_z}+\frac{\sin\varphi z_0}{I_y}=0$$

$$y_0=\tan\varphi\frac{I_z}{I_y}z_0 \tag{17.2}$$

这是一条过坐标原点的斜直线(见图 17.4),设此直线与 z 轴夹角为 α,则 $\tan\alpha=\frac{y_0}{z_0}$。当 $I_z=I_y$(如正方形或圆形)时,有

$$\tan\alpha=\frac{y_0}{z_0}=\tan\varphi$$

这表明中性轴与作用力 $\boldsymbol{F}$ 的方位垂直(见图 17.5),此时仍为平面弯曲。但一般说来,由于 $I_z\neq I_y$,故斜弯曲中作用力 $\boldsymbol{F}$ 的方位并不垂直于中性轴。显然,对于圆形、正方形等 $I_z=I_y$ 的截面,有 $\alpha=\varphi$,中性轴与合成弯矩 M 的矢量方向一致(图 17.5)。此时,若 φ 角为一恒定值,梁所发生的弯曲总是平面弯曲。但是,需要指出,有些情况下,合成弯矩 M 的矢量与 y 轴间的夹角 φ 是关于截面位置坐标 x 的函数,因此,即使截面的 $I_z=I_y$,$\alpha=\varphi$,挠曲线也不一定是平面曲线,而是一条空间曲线。

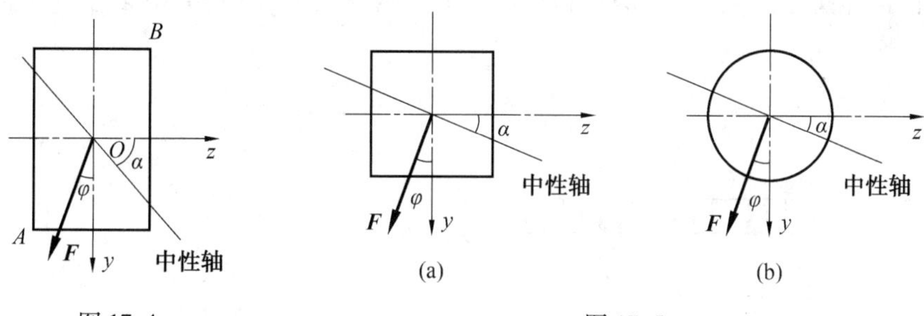

图 17.4　　　　图 17.5

中性轴位置确定以后,最大应力点的位置就是截面上离中性轴最远的点。对于矩形和工字形等截面,最大应力点为离中性轴较远的两个点,如图 17.4 的 A、B 两点。由于这两点的坐标 $|y_{B(A)}|=y_{\max}$,$|z_{B(A)}|=z_{\max}$,代回式(17.1)有

$$\sigma_{\max}=M\left(\frac{\cos\varphi}{I_z/y_{\max}}+\frac{\sin\varphi}{I_y/z_{\max}}\right)=M\left(\frac{\cos\varphi}{W_z}+\frac{\sin\varphi}{W_y}\right) \tag{17.3}$$

实际上对矩形截面而言,M_z 产生的应力图(见图 17.6)使截面上侧受拉,下侧受压,最大值为$\frac{M\cos\varphi}{W_z}$,M_y 产生应力图使右侧受拉左侧受压,最大值为$\frac{M\sin\varphi}{W_y}$,因此最大拉应力显然在 B 点而最大压应力在 A 点,整个截面上的应力分布如图 17.6 所示。

求出梁中危险截面上危险点的应力以后,可建立如下强度条件

$$\sigma_{\max}=M_{\max}\left(\frac{\cos\varphi}{W_z}+\frac{\sin\varphi}{W_y}\right)\leqslant[\sigma] \tag{17.4}$$

该式可以用来进行斜弯曲的强度校核,但用于选择截面时,因为式中含有 W_z 与 W_y 两个抗弯截面模量,无法确定其值。此时将式(17.4)改变为

$$\frac{M_{\max}}{W_z}\left(\cos\varphi+\frac{W_z}{W_y}\sin\varphi\right)\leqslant[\sigma] \tag{17.5}$$

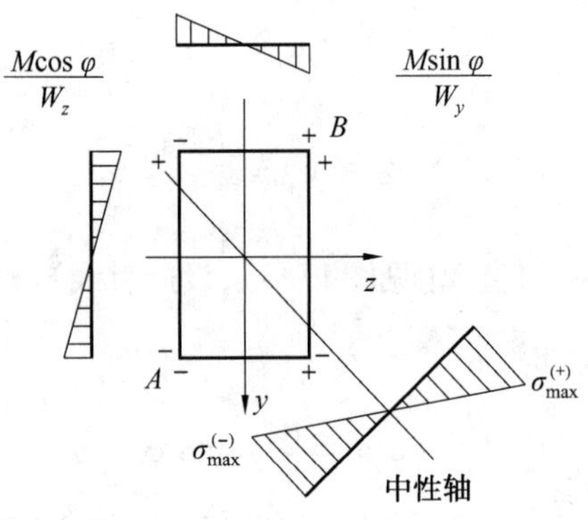

图 17.6

在设计时,先假设 W_z/W_y 之值,然后通过上式可以得到 M_z,根据 M_z 进行截面选择,已选择的截面 W_z/W_y 如与原假设不符合,可以将设计进行适当修改,并验算其强度是否满足。

【例 17.1】 图 17.7 所示一屋架,屋架的间距为 6 m,上弦杆的坡度为 1/2,架于两屋架间的工字钢檩条受屋面传来的均布荷载 $q = 3$ kN/m,$[\sigma] = 170$ MPa,试选择檩条的截面型号。

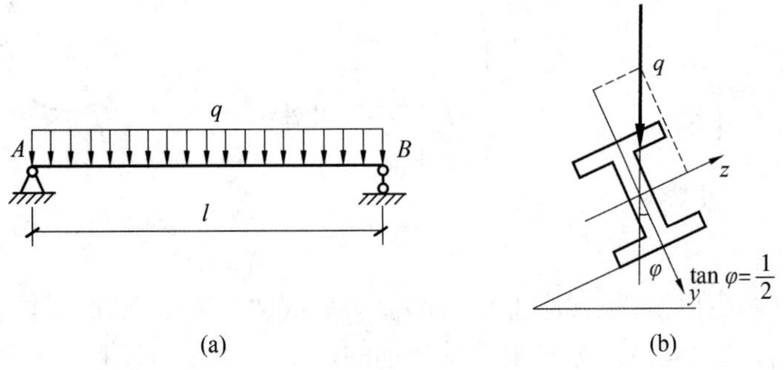

图 17.7

解:梁的危险截面位于跨中,最大弯矩

$$M_{\max}/(\text{kN}\cdot\text{m}) = \frac{ql^2}{8} = \frac{3\times 6^2}{8} = 13.5$$

荷载方向与 y 轴夹角

$$\varphi = \arctan\frac{1}{2} = 26.57°$$

利用式(17.5) 选择工字钢截面,暂定$\frac{W_z}{W_y} = 8$,取

$$W_z/\text{m}^3 = \frac{M_{\max}\left(\cos\varphi + \frac{W_z}{W_y}\sin\varphi\right)}{[\sigma]} = \frac{13.5\times 10^3(\cos 26.57° + 8\sin 26.57°)}{170\times 10^6} = 0.355\times 10^{-3}$$

选择25a号工字钢，其 $W_z=402\ \mathrm{cm}^3$，$W_y=48.3\ \mathrm{cm}^3$，$W_z/W_y=\dfrac{402}{48.3}=8.32$，与8接近。用公式(17.4)校核，有

$$\sigma_{\max}=13.5\times10^3\left(\frac{\cos 26.57^\circ}{402\times10^{-6}}+\frac{\sin 26.57^\circ}{48.3\times10^{-6}}\right)\mathrm{Pa}=155.05\ \mathrm{MPa}<[\sigma]=170\ \mathrm{MPa}$$

设计可行。

【例 17.2】　如图17.8(a)所示一简支梁，用32a号工字钢制成。在梁跨中有一集中力 $\boldsymbol{F}$ 作用，已知 $l=5\ \mathrm{m}$，$F=20\ \mathrm{kN}$，$E=200\ \mathrm{GPa}$，力 $\boldsymbol{F}$ 的作用线与横截面铅垂对称轴间的夹角为 $\varphi=20^\circ$ 且通过横截面的形心。钢的许用应力为$[\sigma]=170\ \mathrm{MPa}$。试按正应力强度条件校核此梁的强度。

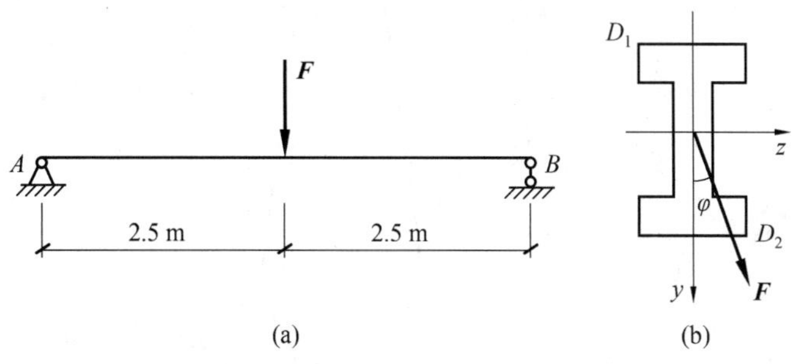

图 17.8

解：荷载 $\boldsymbol{F}$ 在 y 轴和 z 轴上的分量为

$$F_y=F\cos\varphi=18.79\ \mathrm{kN}$$
$$F_z=F\sin\varphi=6.84\ \mathrm{kN}$$

该梁跨中截面为危险截面，其弯矩值为

$$M_{z\max}/(\mathrm{kN\cdot m})=\frac{1}{4}F_y l=\frac{1}{4}\times18.79\times5=23.49$$

$$M_{y\max}/(\mathrm{kN\cdot m})=\frac{1}{4}F_z l=\frac{1}{4}\times6.84\times5=8.55$$

根据梁的变形情况可知，最大应力发生在 D_1、D_2 两点，如图17.8(b)所示，其中 D_1 为最大压应力点，D_2 为最大拉应力点，其绝对值相等，即

$$\sigma_{\max}=\frac{M_{z\max}}{W_z}+\frac{M_{y\max}}{W_y}$$

由型钢表查得

$$W_z=692\ \mathrm{cm}^3=692\times10^{-6}\ \mathrm{m}^3,\quad W_y=70.8\ \mathrm{cm}^3=70.8\times10^{-6}\ \mathrm{m}^3$$

代入上式，得危险点处的正应力为

$$\sigma_{\max}=\left(\frac{23.49\times10^3}{692\times10^{-6}}+\frac{8.55\times10^3}{70.8\times10^{-6}}\right)\mathrm{Pa}=154.7\times10^6\ \mathrm{Pa}=154.7\ \mathrm{MPa}<[\sigma]$$

可见，此梁满足正应力的强度条件。

17.3 拉(压)弯组合与偏心压缩　截面核心

17.3.1 拉(压)弯组合

拉伸(压缩)与弯曲组合变形是工程中常见的情况。如果作用在杆件上的外力除了轴向拉(压)力外,还有横向力,则杆件将发生拉伸(压缩)与弯曲组合变形。例如,图17.9烟囱在自重 $\boldsymbol{P}$ 和风荷载 q 作用下就发生这样的组合变形。烟囱作为下端固定、上端自由的悬臂杆,在自重下引起轴向压缩,在风力作用下引起弯曲。

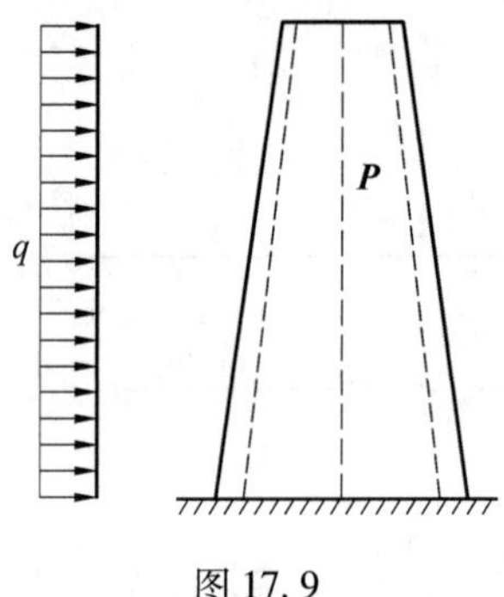

图 17.9

现以图17.10(a)所示矩形截面简支梁同时受横向力 $\boldsymbol{F}$ 和轴向力 $\boldsymbol{F}_N$ 的作用为例来说明正应力的计算。

梁受轴力 F_N 作用引起轴向拉伸,拉应力均匀分布,如图17.10(c)所示,其值为

$$\sigma' = \frac{F_N}{A}$$

梁受横向力 F 作用发生弯曲,横截面产生如图17.10(d)所示的线性分布弯曲正应力 σ'',最大正应力值为

$$\sigma''_{max} = \frac{M}{W_z} = -\sigma''_{min}$$

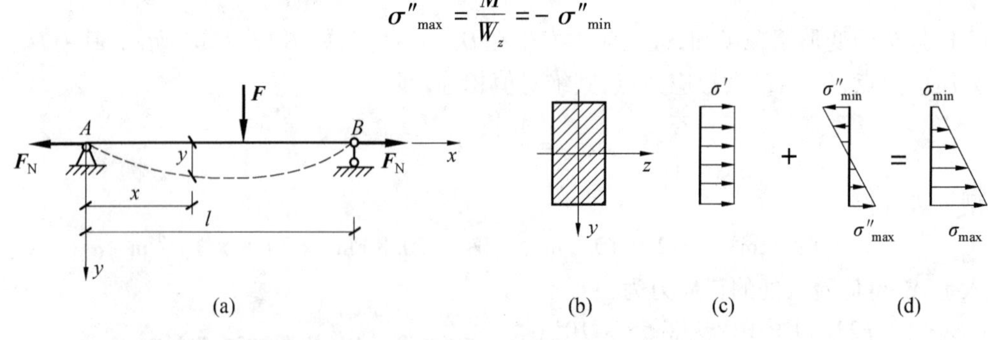

图 17.10

根据叠加原理,截面上总应力为 $\sigma = \sigma' + \sigma''$,如图17.10(d)所示,其最大最小应力分别为

$$\sigma_{\min}^{\max} = \frac{F_N}{A} \pm \frac{M}{W_z}$$

拉弯组合中最大应力一定为拉应力,但最小应力是否为压应力,这需要具体计算才能确定,但如果为压应力,它一定是绝对值最大的压应力。当建立强度条件时,M 应取 $M_{\max}$,有

$$\sigma_{\min}^{\max} = \frac{F_N}{A} \pm \frac{M_{\max}}{W_z} \leqslant [\sigma] \tag{17.6}$$

【例 17.3】　图 17.11 所示 25a 号工字钢简支梁。受均布荷载 q 及轴向压力 $\boldsymbol{F}_N$ 作用。已知 $q = 10$ kN/m, $l = 3$ m, $F_N = 20$ kN,试求最大正应力。

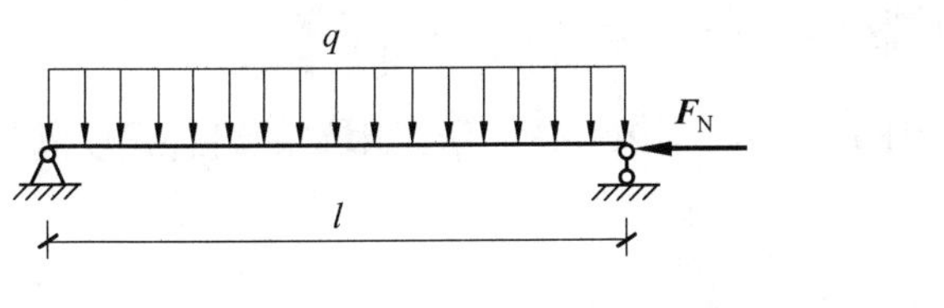

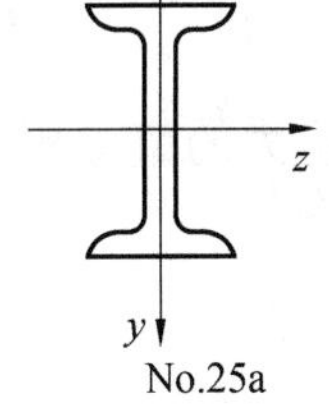

图 17.11

解:(1) 最大弯矩 $M_{\max}$ 发生在跨中,其值为

$$M_{\max}/(\mathrm{N \cdot m}) = \frac{1}{8}ql^2 = \frac{1}{8} \times 10 \times 10^3 \times 3^2 = 11\ 250$$

(2) 分别求出最大弯矩 $M_{\max}$ 及轴力 $\boldsymbol{F}_N$ 所引起的最大应力。由型钢表查得 $W_z = 402\ \mathrm{cm}^3$, $A = 48.5\ \mathrm{cm}^2$。

由弯矩引起的最大正应力为

$$\sigma''_{\max} = \frac{M_{\max}}{W_z}$$

代入得

$$\sigma''_{\max} = \frac{11\ 250}{402 \times 10^{-6}}\ \mathrm{Pa} = 28\ \mathrm{MPa}$$

由轴力引起的压应力为

$$\sigma' = \frac{F_N}{A}$$

代入得

$$\sigma' = \frac{F_N}{A} = -\frac{20 \times 10^3}{48.5 \times 10^{-4}}\ \mathrm{Pa} = -4.12\ \mathrm{MPa}$$

(3) 求最大总的压应力

$$\sigma_{\max}/\mathrm{MPa} = \sigma' + \sigma''_{\max} = -4.12 - 28 = -32.12$$

【例 17.4】　木斜梁 AB 在跨度中点处受一集中力 $F = 10$ kN 作用,如图 17.12 所示,已知木梁许用应力 $[\sigma] = 10$ MPa,截面为 18 cm × 12 cm,试校核木梁强度。

解:将荷载 $\boldsymbol{F}$ 分解为垂直梁轴线的 $\boldsymbol{F}_1$ 和平行梁轴线的 $\boldsymbol{F}_2$。其中 $F_1 = F\cos 30° = 8.66$ kN, $F_2 = F\sin 30° = 5$ kN。在 $\boldsymbol{F}_1$ 作用下,A、B 两支座有垂直梁轴的反力,为 $F_1/2 =$

4.33 kN;在 $\boldsymbol{F}_2$ 作用下,只在 A 支座有沿梁轴方向的反力 $F_2 = 5$ kN。梁的受力属压弯组合,CA 段受轴向压缩,压应力

$$\sigma' = -\frac{F_2}{A} = -\frac{5 \times 1\,000}{18 \times 12 \times 10^{-4}}\ \text{Pa} = -0.23\ \text{MPa}$$

危险截面为 C,此截面上最大应力

$$\sigma''_{\max} = \frac{M_{\max}}{W_z} = \frac{Fl}{4 \times W_z} = \frac{10 \times 1\,000 \times 2}{4 \times \dfrac{12 \times 18^2}{6} \times 10^{-6}}\ \text{Pa} = 7.72\ \text{MPa}$$

C 截面上组合应力为

$$\sigma_{\min}^{\max}/\text{MPa} = -0.23 \pm 7.72 = \begin{cases} 7.49 \\ -7.95 \end{cases}$$

由于最大压应力的值 7.95 MPa < [σ] = 10 MPa,所以木梁的组合强度满足。

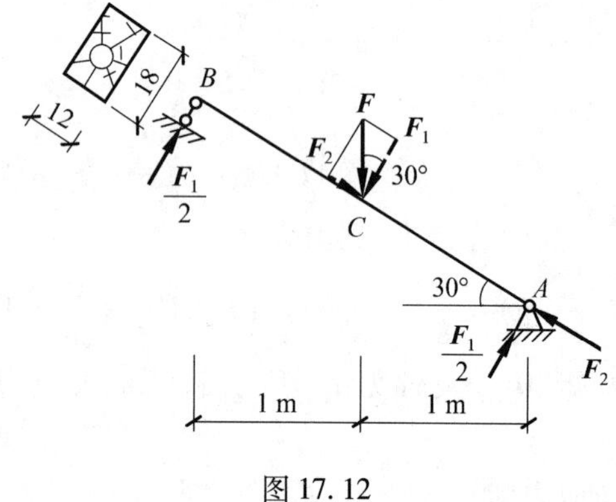

图 17.12

【例 17.5】 边长为 50 cm 的方柱如图 17.13(a) 所示,受轴向压力 $P = 500$ kN 的作用,风荷载 $q = 10$ kN/m,顶部沿 y 方向受到水平力 $F = 50$ kN 的作用,试确定柱的最大最小应力的位置,并求其值。

解:本题根据受力性质属于双向弯曲与压缩组合,轴向力 $\boldsymbol{P}$ 只产生均匀压缩,水平力 $\boldsymbol{F}$ 产生弯曲,最大弯矩 $M_z/(\text{kN}\cdot\text{m}) = 50 \times 6 = 300$,发生在柱底。风荷载产生弯曲,最大弯矩 $M_y/(\text{kN}\cdot\text{m}) = 10 \times 6 \times 3 = 180$,发生在柱底。因此危险截面在柱底,危险截面上的应力示于图 17.13(b) 中,由 M_y 引起的正应力使截面右侧受拉左侧受压,由 M_z 引起的正应力使截面上侧受拉下侧受压,轴力引起正应力均为压应力,三者组合后,最大压应力显然位于 A 点,而正应力代数值最大的点显然位于 B 点,将有关数据代入,有

$$\sigma_{\min}^{\max} = \frac{P}{A} \pm \frac{M_y}{W_y} \pm \frac{M_z}{W_z} = \left(-\frac{500 \times 10^3}{50 \times 50 \times 10^{-4}} \pm \frac{180 \times 10^3}{\dfrac{50^3 \times 10^{-6}}{6}} \pm \frac{300 \times 10^3}{\dfrac{50^3 \times 10^{-6}}{6}} \right)\text{Pa} =$$

$$(-20 \pm 8.64 \pm 14.4) \times 10^6\ \text{Pa} = \begin{cases} 3.04\ \text{MPa} \\ -43.04\ \text{MPa} \end{cases}$$

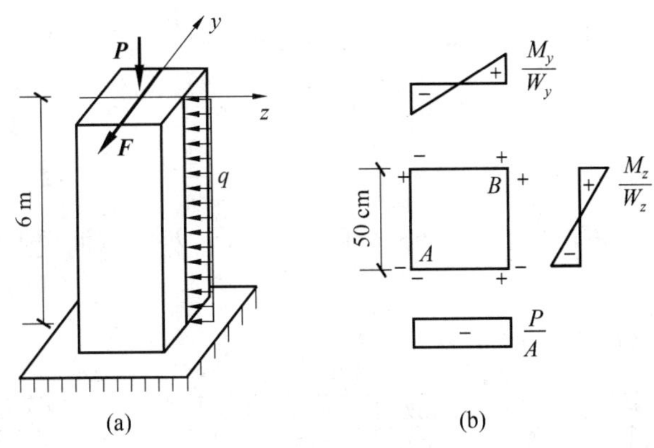

图 17.13

17.3.2　偏心压缩

1. 单向偏心压缩(拉伸)

如图 17.14(a) 所示的柱子,受到平行于轴线但不与轴线重合的力 $\boldsymbol{F}$ 的作用时,引起的变形称为偏心压缩(拉伸)。力 $\boldsymbol{F}$ 称为偏心力,其作用线与轴线间的距离 e 称为偏心距。偏心力 $\boldsymbol{F}$ 通过截面一根形心主轴时,称为单向偏心受压。

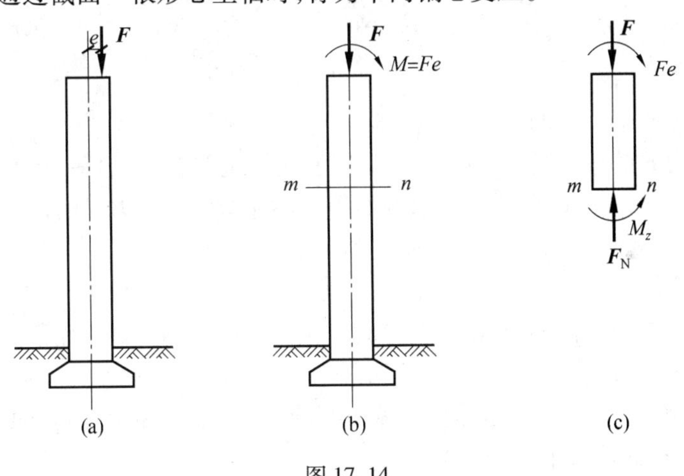

图 17.14

(1) 荷载简化和内力计算

将偏心力 $\boldsymbol{F}$ 向截面形心平移,得到一个通过轴线的轴向压力 $\boldsymbol{F}$ 和一个力偶矩 $M = Fe$ 的力偶,如图 17.14(b) 所示。可见,偏心压缩实际上是轴向压缩和平面弯曲的组合变形。运用截面法可求得任意横截面 $m-n$ 的内力。由图 17.14(c) 可知,横截面 $m-n$ 上的内力为轴力 $\boldsymbol{F}_{\mathrm{N}}$ 和弯矩 M_z,其值分别为

$$F_{\mathrm{N}} = -F, \quad M_z = Fe$$

(2) 应力计算

对于横截面上任一点 K(图 17.15(a)),由轴力 $\boldsymbol{F}_{\mathrm{N}}$ 引起的正应力为:$\sigma' = \frac{F_{\mathrm{N}}}{A}$,如图

17.15(b)所示。由弯矩 M_z 所引起的正应力为：$\sigma''=-\dfrac{M_z y}{I_z}$，如图 17.15(c)所示。根据叠加原理 K 点的总应力为

$$\sigma=\sigma'+\sigma''=\frac{F_N}{A}-\frac{M_z y}{I_z} \tag{17.7}$$

式中弯曲正应力 σ'' 的正负号由变形情况判定。当 K 点处于弯曲变形的受压区时取负值，处于受拉区时取正号。

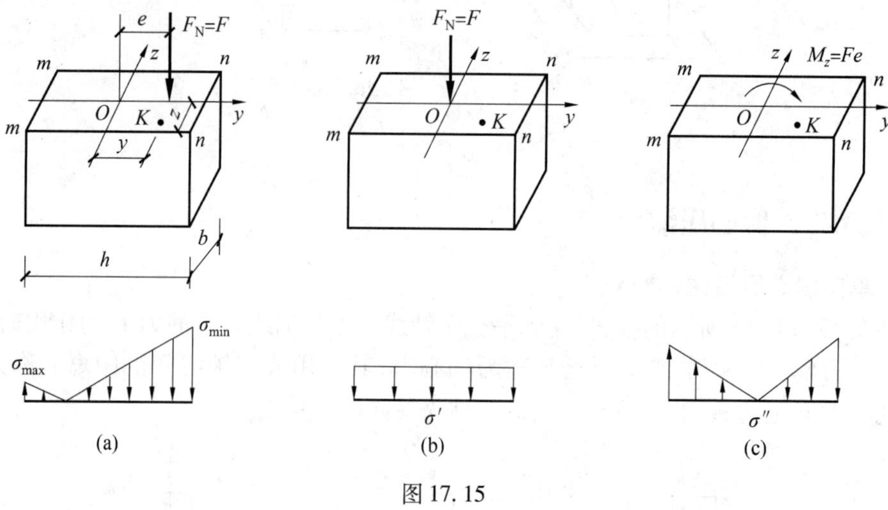

图 17.15

2. 双向偏心压缩(拉伸)

当偏心压力 $\boldsymbol{F}$ 的作用线与受压柱轴线平行，但不通过横截面任一形心主轴时，称为双向偏心压缩。图 17.16(a)所示为任意截面等直轴体受到偏心力 $\boldsymbol{F}$ 的作用，过形心 O 建立直角坐标系 zOy，偏心力在两个方向的偏心距分别为 e_z、e_y。

(1) 荷载简化和内力计算

将偏心压力 $\boldsymbol{F}$ 向截面的形心平移，得到一个轴向压力 $\boldsymbol{F}$ 和两个附加力偶矩 M_z 与 M_y，其中 $M_z=Fe_y$，$M_y=Fe_z$，如图 17.16(a)所示。

可见双向偏心压缩就是轴向压缩和两个相互垂直的平面弯曲的组合(见图 17.16(b))。由截面法可求得任一截面 $ABCD$ 上的内力为

$$F_N=-F,\quad M_z=Fe_y,\quad M_y=Fe_z$$

(2) 应力计算

对于该截面上任一点 K，算其应力，如图 17.16(c)所示。

由轴力 F_N 所引起的正应力为

$$\sigma'=\frac{F_N}{A}$$

由弯矩 M_z 所引起的正应力为

$$\sigma''=-\frac{M_z y}{I_z}=-\frac{Fe_y y}{I_z}$$

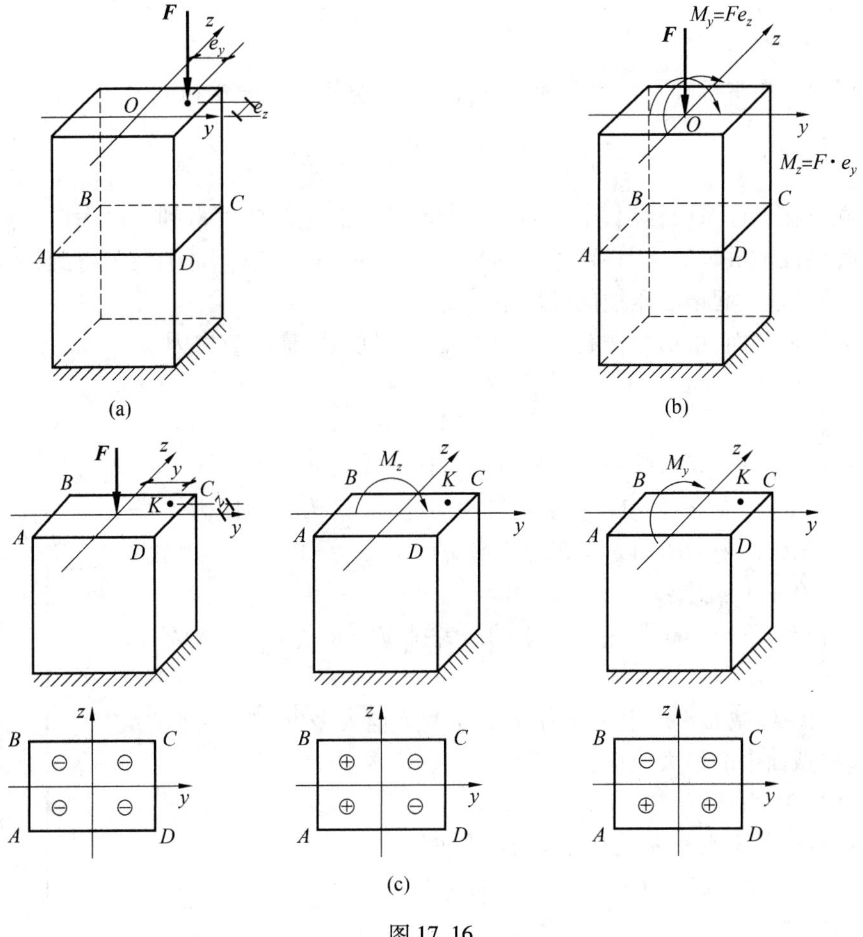

图 17.16

由弯矩 M_y 所引起的正应力为

$$\sigma''' = -\frac{M_y z}{I_y} = -\frac{Fe_z z}{I_y}$$

式中弯曲正应力 σ'' 和 σ''' 的正负号由变形情况判定，如图 17.16(c) 所示。根据叠加原理 K 点的总应力为

$$\sigma_K = \sigma' + \sigma'' + \sigma''' = \frac{F_N}{A} - \frac{M_z y}{I_z} - \frac{M_y z}{I_y} = -\frac{F}{A} - \frac{Fe_y y}{I_z} - \frac{Fe_z z}{I_y} =$$

$$-\frac{F}{A}\left[1 + \frac{e_y y}{\frac{I_z}{A}} + \frac{e_z z}{\frac{I_y}{A}}\right] = -\frac{F}{A}\left(1 + \frac{e_y y}{i_z^2} + \frac{e_z z}{i_y^2}\right) \tag{17.8}$$

式中，$i_z = \sqrt{\frac{I_z}{A}}$，$i_y = \sqrt{\frac{I_y}{A}}$，分别称为对 z、y 轴的惯性半径；M_z 与 M_y 以使第一象限内的点产生压力为正，反之为负。由于截面上应力仍呈平面分布，为了确定最大应力位置，还必须先定出中性轴的位置。令 $\sigma_K = 0$，自式(17.8) 得到中性轴应满足的方程为(以 y_0、z_0 表示)

$$1+\frac{e_y}{i_z^2}y_0+\frac{e_z}{i_y^2}z_0=0 \tag{17.9}$$

取中性轴在坐标轴上的截距为 a_z、a_y，自上式分别取 $z_0=0$ 和 $y_0=0$，得出

$$a_y=-\frac{i_z^2}{e_y},\quad a_z=-\frac{i_y^2}{e_z} \tag{17.10}$$

将截距在坐标系中标出，中性轴的位置通过截点连线便可得到。最大应力点的位置仍然在离中性轴最远的点，将这些点的坐标求出后，代入式(17.8)便可得到最危险点的应力，进而可建立起偏心压缩的强度条件。

若为矩形截面，可仿照例题 17.5 的方法，得到最大最小应力为

$$\sigma_{\min}^{\max}=-\frac{F}{A}\pm\frac{Fe_y}{W_z}\pm\frac{Fe_z}{W_y} \tag{17.11}$$

只要 $|\sigma_{\min}^{\max}|<[\sigma]$，则矩形截面柱强度便可满足。

【例 17.6】 如图 17.17 所示矩形截面柱，屋架传来的压力 $F_1=100\ \text{kN}$，吊车梁传来的压力 $F_2=50\ \text{kN}$，F_2 的偏心距 $e=0.2\ \text{m}$。已知截面宽 $b=200\ \text{mm}$，试求：

(1) 若 $h=300\ \text{mm}$，则柱截面中的最大拉应力和最大压应力各为多少？

(2) 欲使柱截面不产生拉应力，截面高度 h 应为多少？在确定的 h 尺寸下，柱截面中的最大压应力为多少？

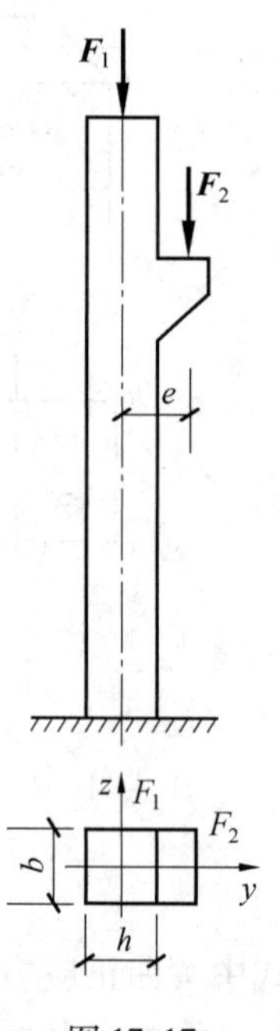

图 17.17

解:(1) 内力计算

将荷载向截面形心简化，柱的轴向压力为

$$F_N/\text{kN}=F_1+F_2=-100-50=-150$$

截面的弯矩为

$$M_z/(\text{kN}\cdot\text{m})=F_2e=50\times0.2=10$$

(2) 计算 σ_{tmax} 和 σ_{cmax}

由式(17.7)得

$$\sigma_{\text{tmax}}=\frac{F_N}{A}+\frac{M_z}{W_z}=\left(-\frac{150\times10^3}{200\times300\times10^{-6}}+\frac{10\times10^3}{\frac{200\times300^2}{6}\times10^{-9}}\right)\text{Pa}=$$

$$(-2.5+3.33)\times10^6\ \text{Pa}=0.83\ \text{MPa}$$

$$\sigma_{\text{cmax}}=\frac{F_N}{A}-\frac{M_z}{W_z}=\left(-\frac{150\times10^3}{200\times300\times10^{-6}}-\frac{10\times10^3}{\frac{200\times300^2}{6}\times10^{-9}}\right)\text{Pa}=$$

$$(-2.5-3.33)\times10^6\ \text{Pa}=-5.83\ \text{MPa}$$

(3) 确定 h 和计算 σ_{cmax}

欲使截面不产生拉应力，应满足 $\sigma_{\text{tmax}}\leqslant0$，即

$$\frac{F_N}{A}+\frac{M_z}{W_z}\leqslant0$$

$$-\frac{150\times10^3}{200\times h}+\frac{10\times10^3}{\dfrac{200\times h^2}{6}}\leqslant 0$$

求得 $h\geqslant 400$ mm，取 $h=400$ mm。

当 $h=400$ mm 时，截面的最大压应力为

$$\sigma_{\text{cmax}}=\frac{F_{\text{N}}}{A}-\frac{M_z}{W_z}=\left(-\frac{150\times10^3}{200\times400\times10^{-3}}-\frac{10\times10^3}{\dfrac{200\times400^2}{6}\times10^{-9}}\right)\text{Pa}=$$

$$(-1.875-1.875)\times10^6\ \text{Pa}=-3.75\ \text{MPa}$$

17.3.3　截面核心

当偏心拉力的偏心距较小时，杆横截面上就可能全部是拉应力而不出现压应力，同理，当偏心压力的偏心距较小时，杆横截面上就可能全部是压应力而不出现拉应力，土建工程中常用的混凝土构件、砖、石等，其抗压性能良好，抗拉性能很差，一般设计时尽可能使横截面上不出现拉应力。为此，应使中性轴不穿过横截面。偏心受压柱当偏心距 e 增大后，弯矩随之加大，在与轴向压缩组合时有可能使截面上产生拉应力，此时中性轴一定位于截面内，当中性轴与截面边界相切时（不通过截面内部），截面上只有压应力，此时偏心力应有确定位置，若使中性轴保持与截面边界始终相切（但不能过内部）而绕截面边界回转一周时，偏心力的作用点将在截面上形成一绕形心的封闭曲线，如图 17.18 所示，该曲线所围区域称为截面核心（core of section）。图中给出了五条中性轴，每一条对应于核心边上的某一点。

为确定任意形状截面（图 17.18）的截面核心边界，可将与截面周边相切的任一直线看 做是中性轴，它在 y、z 两个形心主惯性轴上的截距分别为 a_y、a_z。根据这两个值，就可从公式（17.10）确定与该中性轴对应的外力作用点，亦即截面核心边界上一个点的坐标（e_z，e_y）。

$$e_z=-\frac{i_y^2}{a_z},\quad e_y=-\frac{i_z^2}{a_y}\tag{17.12}$$

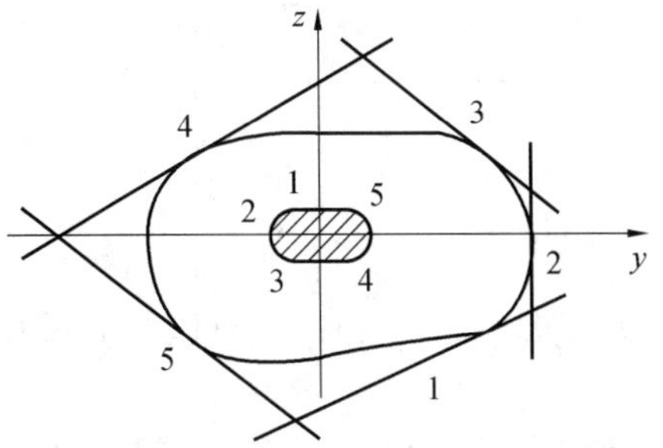

图 17.18

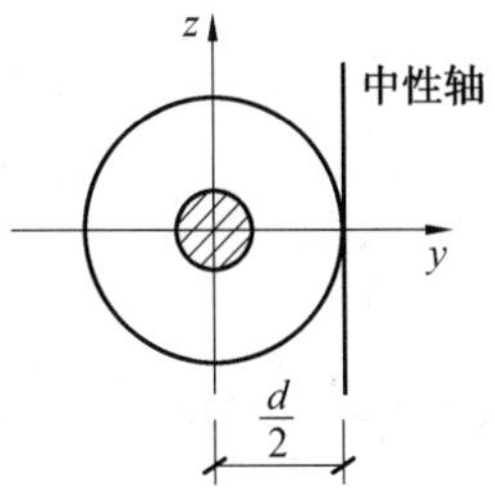

图 17.19

以圆形截面为例，由于对称性，核心也一定为圆形区，只要定出图 17.18 中核心区边界的一点坐标即可得到圆截面的核心。如图 17.19 所示，将中性轴置于圆截面的右端与圆相切并平行 z 轴，此时中性轴的两个截距为 $a_y=\dfrac{d}{2}$，$a_z=\infty$。由于

$$i_z^2 = I_z/A = i_y^2 = I_y/A = \frac{\pi d^4}{64} / \frac{\pi d^2}{4} = \frac{d^2}{16}$$

代入式(17.12),得到 $e_z = 0, e_y = -\frac{d}{8}$。

对于边长为 b 和 h 的矩形截面,如图 17.20 所示,y、z 两对称轴就是该截面的两个形心主惯性轴,可围绕截面建立 1、2、3、4 四个中性轴得到核心边界上的 1、2、3、4 点,以 1 中性轴为例,有截距 $a_y = \frac{h}{2}, a_z = \infty, i_z^2 = \frac{I_z}{A} = \frac{\frac{bh^3}{12}}{bh} = \frac{h^2}{12}$,代入式(17.10),$e_{y1} = -\frac{h}{6}$,得 $e_{z1} = 0$,即图 17.20 中的 1 点,显然 3 点的坐标应为($e_{y3} = \frac{h}{6}, e_{z3} = 0$),类似计算可得到 2 点坐标为($e_{y2} = 0, e_{z2} = -\frac{b}{6}$),4 点坐标为$\left(e_{y4} = 0, e_{z4} = -\frac{b}{6}\right)$。但四点间应如何连接?以 1、2 为例,由中性轴 1 过渡到中性轴 2 其间应有无限多斜方向的中性轴,如图 17.20 所示,这些中性轴有一个共同特点,就是这些轴均过 B 点,且 B 点坐标是固定不动的,将式(17.9)中中性轴坐标 y_0 与 z_0 用 B 点坐标$\left(\frac{h}{2}, -\frac{b}{2}\right)$代入,式(17.9)变为

$$\frac{\frac{h}{2}}{i_z^2}e_y - \frac{\frac{b}{2}}{i_y^2}e_z = -1 \text{ 或 } \frac{6}{h}e_y - \frac{6}{b}e_z = -1$$

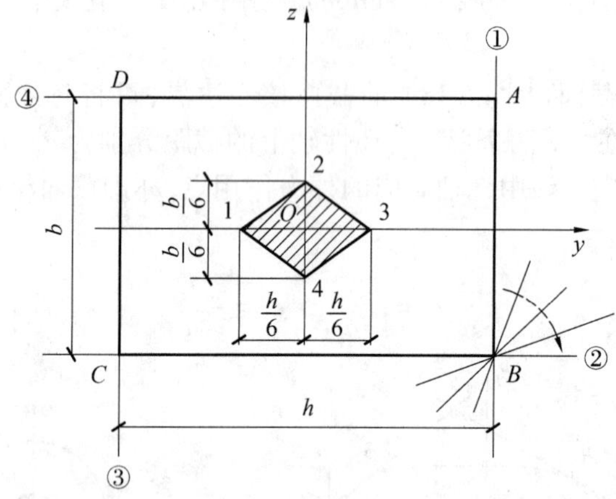

图 17.20

将 e_y 与 e_z 视为坐标变量,此方程恰好说明核心边界应为直线,当 $e_y = 0$ 时 $e_z = \frac{b}{6}$,这就是 2 点,当 $e_z = 0$ 时 $e_y = -\frac{h}{6}$,这就是 1 点,因此两点间应为直线。2、3 间 3、4 间与 4、1 间均可连直线,故矩形截面核心为菱形。

对于纵向很长的矩形截面(如墙体或坝体),不难得到,其核心将由 1/3 宽度的条带组成(见图 17.21),只要偏心力不出此核心范围,截面将不出现拉应力。

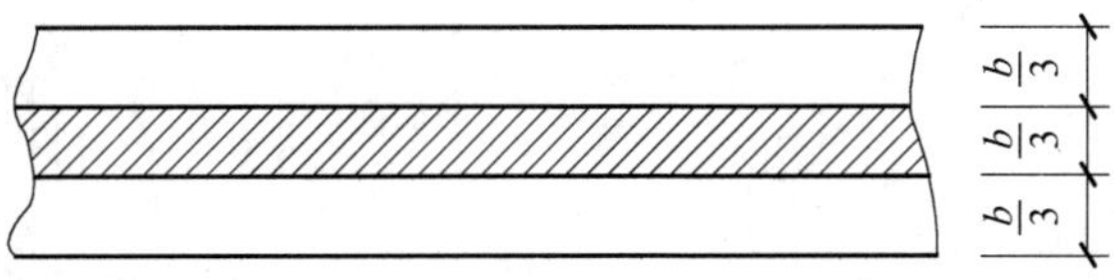

图 17.21

对于拱形结构也存在与此相仿的核心区，只是轴线为曲线，当三铰拱的压力线（合力作用线）位于核心区时，拱中将不出现拉应力，这对由砖石材料筑成的拱是尤为重要的。

在图 17.22 中分别画出了圆形、矩形、工字形和槽形等四种截面的截面核心，其中截面的惯性半径 $i_z = \sqrt{\frac{I_z}{A}}$，$i_y = \sqrt{\frac{I_y}{A}}$。

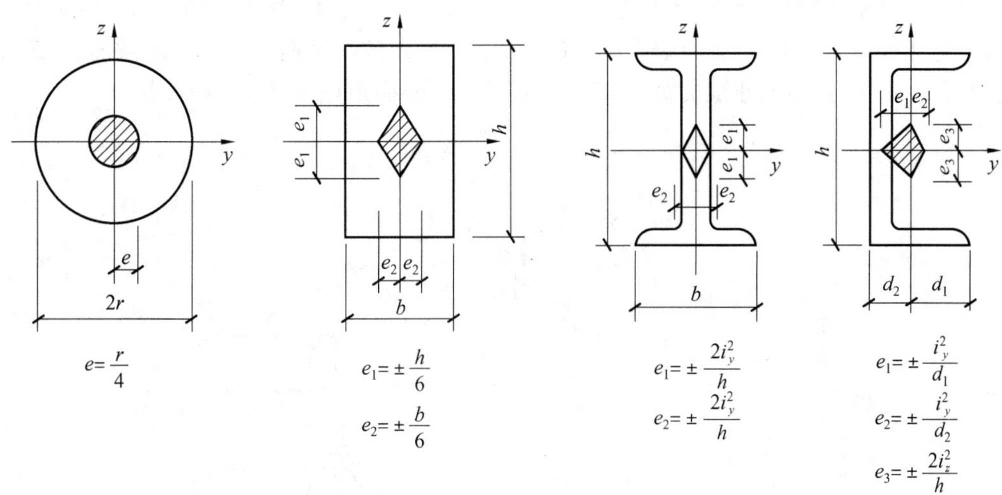

图 17.22

17.4　扭转与弯曲组合

工程中有很多杆件同时受弯曲和扭转的作用。如建筑结构中的雨篷梁（图 17.23(a)），两端置于墙上，该梁不仅要承受来自上部墙体的荷载与自重的作用，而且承担雨篷板的荷载 q，将 q 的合力平移与上部荷载及梁的自重等形成图 17.23(b) 所示的梯形荷载，其总重为 $\boldsymbol{G}$，此外在 q 平移过程中还要产生连续均匀的力偶荷载 m（单位 $\frac{\mathrm{kN \cdot m}}{\mathrm{m}}$），其总和为 M_e，这种力偶荷载将使雨篷梁产生扭转，梁在荷载作用下不仅有竖向反力 $\boldsymbol{F}_A$、$\boldsymbol{F}_B$ 产生，两端面内还要有反力偶 M_A、M_B 产生，这种梁的受力属于弯曲扭转组合（combined bending and torsion）。一般在水平曲梁中也会出现这种组合，在机械中弯扭组合的实例大量存在，各种转动轴当横向受力时都要发生这种组合。

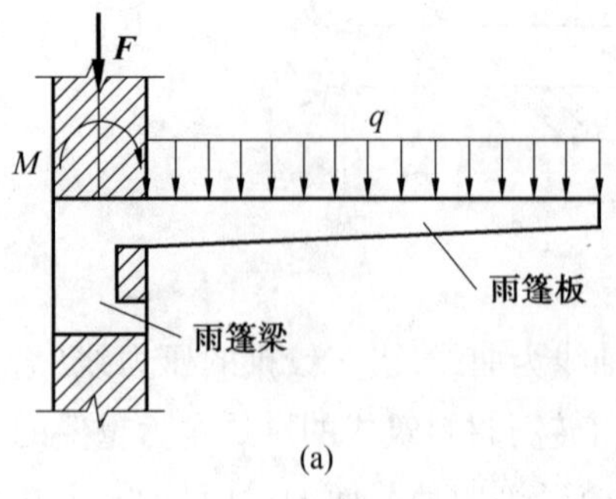

(a)

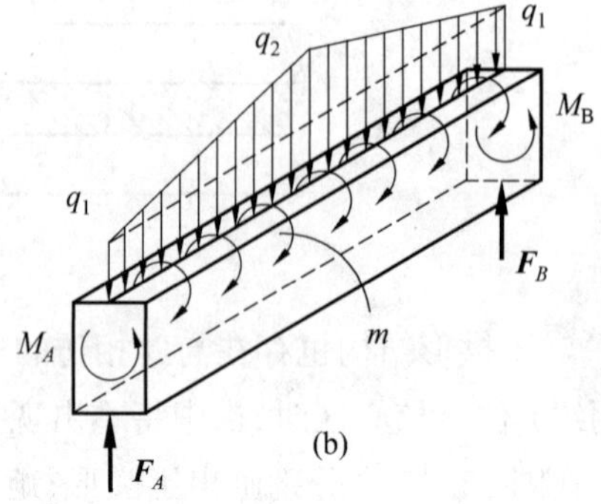

(b)

图 17.23

图 17.24(a) 所示一水平悬臂刚架 ABC,现在进行圆杆 AB 部分的应力分析。如图 17.24(b) 所示,将力 $\boldsymbol{F}$ 平移至 B 点,应加一力偶 $T=Fa$,杆 AB 受到弯曲与扭转的组合作用,其弯矩图、扭转图分别示于图 17.24(c) 和(d) 中。危险截面显然在 A 端截面,该截面上由弯矩 $M=Fl$ 产生的正应力如图 17.24(e) 所示,截面顶点 D 应力最大,有

$$\sigma_{\max}=\frac{M_{\max}}{W_z}$$

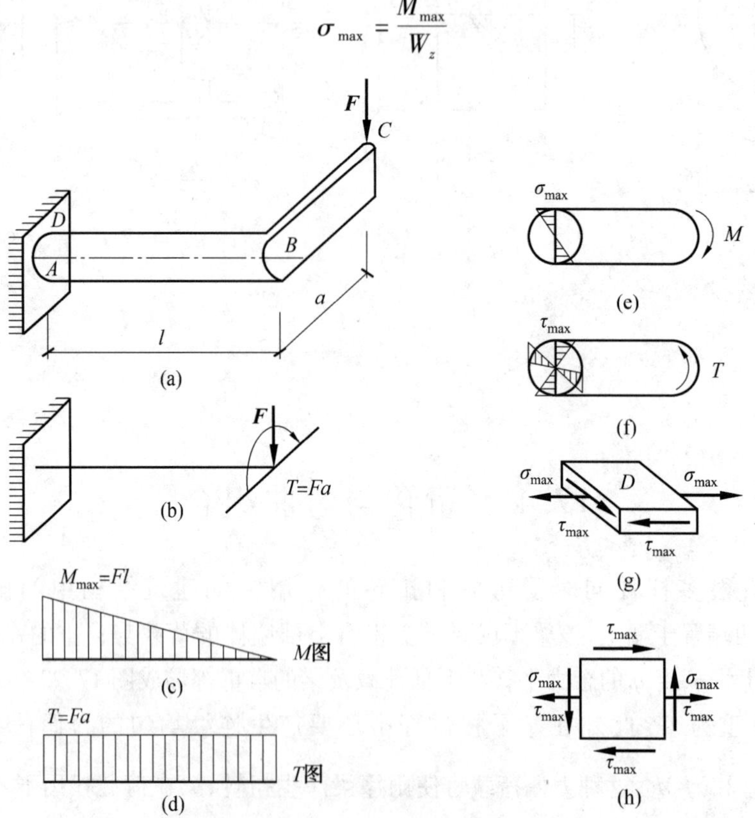

图 17.24

扭矩 T 作用下 A 截面 D 点切应力最大，有

$$\tau_{\max} = \frac{T_{\max}}{W_{\mathrm{p}}}$$

因此 A 截面上 D 点属于危险点，该点应力状态绘于图 17.24(g) 和(h) 中，这是一个二向应力状态，其强度条件应该按强度理论建立，对于钢材可按第三或第四强度理论，由于这种应力状态与梁中的应力状态相同，故可用公式(16.26) 和(16.27) 建立强度条件，并将上两式代入，有

$$\sigma_{\mathrm{r3}} = \sqrt{\left(\frac{M_{\max}}{W_z}\right)^2 + 4\left(\frac{T_{\max}}{W_{\mathrm{p}}}\right)^2} \leqslant [\sigma]$$

$$\sigma_{\mathrm{r4}} = \sqrt{\left(\frac{M_{\max}}{W_z}\right)^2 + 3\left(\frac{T_{\max}}{W_{\mathrm{p}}}\right)^2} \leqslant [\sigma]$$

圆形截面有 $W_{\mathrm{p}} = \frac{\pi d^3}{16} = 2W_z$，并考虑一般弯扭组合时危险截面上弯矩与扭矩并不一定都为最大，所以上两式可整理成如下公式

$$\left.\begin{aligned} \sigma_{\mathrm{r3}} &= \frac{\sqrt{M^2 + T^2}}{W_z} \leqslant [\sigma] \\ \sigma_{\mathrm{r4}} &= \frac{\sqrt{M^2 + 0.75T^2}}{W_z} \leqslant [\sigma] \end{aligned}\right\} \tag{17.13}$$

在上述弯扭组合中，弯曲引起的切应力未考虑，一般说来它要远小于由扭转引起的切应力。注意公式(17.13) 对于非圆截面杆是不适用的。

【例 17.7】　手摇绞车如图 17.25 所示，传动轴直径 d = 24 mm，许用应力$[\sigma]$ = 80 MPa，圈筒半径 R = 180 mm，起重量 G = 400 N，手柄长 a = 360 mm，两轴承间距离 l = 800 mm，试确定圈筒匀速转动提升时手柄所受力 $\boldsymbol{F}$，并按第三强度理论校核圆轴的弯扭组合强度。

解：圈筒匀速转动时轴所受的外力偶应保持平衡，因此有

$$Fa = GR$$

得出

$$F/\mathrm{N} = \frac{GR}{a} = \frac{400 \times 0.18}{0.36} = 200$$

轴在外力偶作用下 AC 段要发生扭转变形，扭矩图示于图 17.25(c) 中。轴 AB 作为简支梁在 $\boldsymbol{G}$ 作用下(将 $\boldsymbol{G}$ 平移至轴心并加一力偶) 要发生弯曲变形，弯矩图示于图 17.25(d) 中。轴的危险截面位于 C 左，所受弯矩 M = 80 N · m，扭矩 T = 72 N · m，轴的抗弯截面模量 $W_z/\mathrm{m}^3 = \frac{\pi d^3}{32} = \frac{\pi \times 0.024^3}{32} = 1.36 \times 10^{-6}$，代入公式(17.13) 的第一式，得到

$$\sigma_{\mathrm{r3}} = \frac{\sqrt{M^2 + T^2}}{W_z} = \frac{\sqrt{80^2 + 72^2}}{1.36 \times 10^{-6}}\ \mathrm{Pa} = 79.1\ \mathrm{MPa} < [\sigma] = 80\ \mathrm{MPa}$$

轴的抗弯扭强度满足。

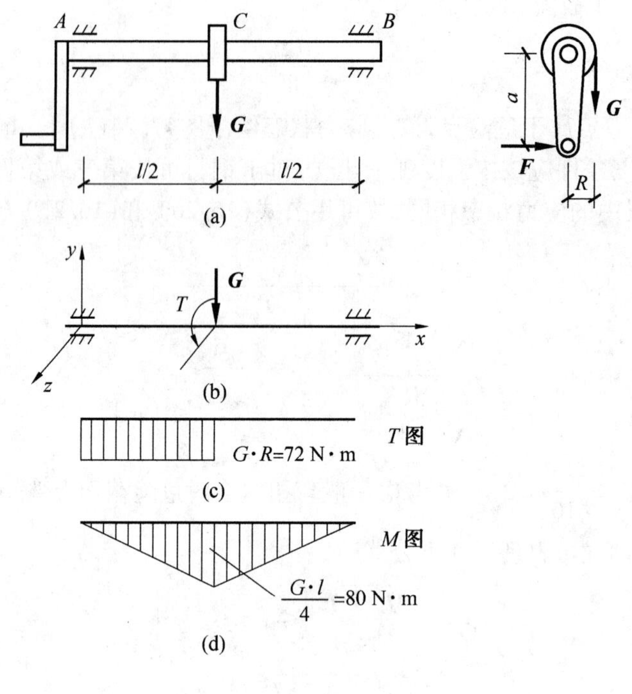

图 17.25

习题课选题指导

17.1　图 17.26 所示,正方形截面柱,边长为 a,顶端受轴向压力 $\boldsymbol{F}$ 作用,在右侧中部挖一个槽,槽深 $a/4$。

试求:(1) 开槽前后柱内最大压应力值及所在点的位置?

(2) 若在槽的对称位置再挖一个相同的槽,则应力有何变化?

17.2　图 17.27 所示,矩形截面柱,受压力 $\boldsymbol{F}_1$ 和 $\boldsymbol{F}_2$ 作用,$F_1 = 100$ kN,$F_2 = 40$ kN,F_2 与轴线有一个偏心距 $y_F = 200$ mm,$b = 180$ mm,$h = 300$ mm。试求 $\sigma_{\max}$ 及 $\sigma_{\min}$。欲使柱截面内不出现拉应力,试问截面高度 h 应为多少？此时的 $\sigma_{\min}$ 为多大？

17.3　绘出下列各截面的截面核心。

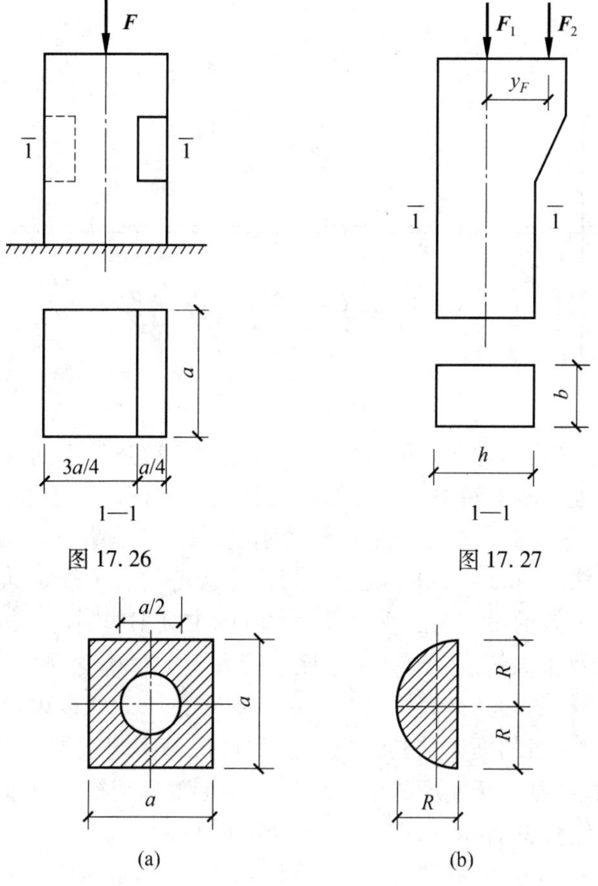

图 17.26

图 17.27

(a)

(b)

图 17.28

第 18 章

梁的位移

前面重点研究了结构构件在 5 种基本变形和组合变形条件下的应力应变问题,建立起各种强度条件,从而基本上解决了静定结构的强度设计问题。强度问题是属于结构承载能力极限状态的问题。此外尚须研究结构的刚度问题。所谓刚度问题就是结构的变形(deformation)或位移(displacement)是否超过国家规范的有关规定问题,例如吊车梁或吊车桁架,当上面所行走的吊车为起重量 $Q<50$ t 的中级工作制桥式吊车时,结构所产生的竖向最大位移(或称最大挠度)与梁跨之比不能大于 1/600,否则将会影响吊车在轨道上的运行。带抹灰顶棚的梁其最大挠度应控制在跨度的 1/350 以内,否则将影响抹灰的质量。抗震设计中对一般的框架结构要求层间相对位移不超过层高的 1/450,否则将影响填充墙的质量。这些都属于刚度的要求。为了满足工程结构对刚度的要求,就必须掌握各种结构变形和位移的计算方法。本章以梁的位移计算为中心讲述计算梁挠度(deflection)的一些基本方法,并建立起梁的刚度条件。后面将深入研究包括梁在内的各种静定结构求位移的普遍方法(能量法)。还需指出的是,求结构的变形与位移并不仅仅只是为了刚度验算,它的另一个重要作用,就是在求解超静定问题时也需借助于变形情况建立补充方程。

18.1 梁挠曲线的近似微分方程

梁在竖向荷载作用下,轴线将变为平面曲线,如图 18.1 所示,在小变形条件下,梁轴线上各点的水平位移可以忽略不计(B 点不考虑水平移动)而只是竖向位移。距 A 支座 x 远的截面 D 变形后将位于 D',D 截面的形心 C 将移到 C',$C'C=y$ 即为 D 截面的竖向位移,称为梁的挠度(或叫做线位移),作为一个截面而言,除随形心 C 产生挠度外还要绕形心轴旋转一微小角度 θ,称为转角(angles of rotation)或称角位移,所谓求梁的位移,也就是求梁任意截面的 y 和 θ。由于挠曲线各点的 y 值是 x 的函数,即 $y=f(x)$,因此求挠度也就是求未知函数 $y=f(x)$,一旦该函数求出

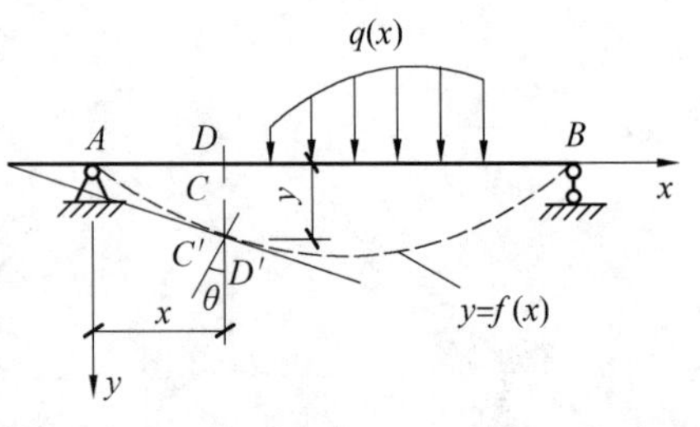

图 18.1

后，梁上任一点的挠度便可得出。在小变形条件下，由于

$$\theta \approx \tan\theta = y' = f'(x) \tag{18.1}$$

所以角位移是与挠度有关的量，只要 $y=f(x)$ 给出，梁上各截面的角位移便可通过式(18.1) 得到。

总之，求梁位移的问题最后归结为求梁挠曲线方程 $y=f(x)$ 的问题。图 18.1 中 y 坐标取向下为正，是基于实际多数挠度都是朝下的。

梁的挠曲线与所受荷载有关，与梁长有关，与梁的截面大小和形状有关，与材料有关，此外还与支座形式有关，因此很难直接给出 $y=f(x)$ 方程自身，通常是先确立它的微分方程，通过求解微分方程便可得到原函数 $y=f(x)$。在研究弯曲变形的应力分析中，曲率与梁的弯曲刚度及弯矩的关系为

$$\frac{1}{\rho} = \frac{M}{EI_z}$$

当梁各截面弯矩有变化时，上式可写为

$$\frac{1}{\rho} = \frac{M(x)}{EI_z}$$

数学上，曲线 $y=f(x)$ 上任一点的曲率公式为

$$\frac{1}{\rho} = \pm\frac{y''}{(1+y'^2)^{3/2}} = \frac{M(x)}{EI_z} \tag{18.2}$$

在小变形条件下，$y' = \tan\theta \approx \theta$ 是远小于 1 的量，略去 y'^2 高阶无穷小量，有

$$y'' = \pm\frac{M(x)}{EI_z} \tag{18.3}$$

本式是简化后的梁的挠曲线近似微分方程，当弯矩方程 $M(x)$ 给出后，由于等截面梁 EI_z 为常量，挠曲线方程 $y=f(x)$ 便可通过式(18.3) 得到。式中的"±"号应根据坐标系的选取使 y'' 与 $M(x)$ 统一起来。如图 18.2 所示，当 y 轴取向下为正时，取正号弯矩(即 $M>0$) 对应的 y'' 应为负值，反之取负号弯矩(即 $M<0$) 对应的 y'' 应为正值，故 y'' 与 $M(x)$ 间的符号始终相反，因此式(18.3) 在这种坐标系下应取负号，所以挠曲线近似微分方程最终为

$$y'' = -\frac{M(x)}{EI_z} \quad 或 \quad y''EI_z = -M(x) \tag{18.4}$$

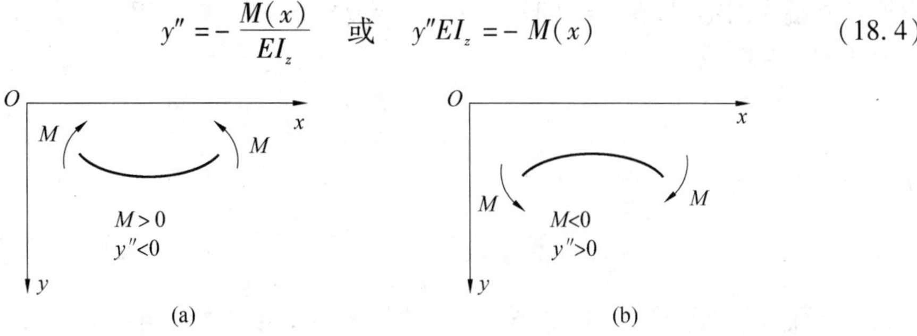

图 18.2

18.2 积分法求梁的挠度和转角

在计算梁的位移时,可以对挠曲线的近似微分方程式(18.4) 进行积分,通过一次积分便可得到转角方程式,二次积分便可得到挠度方程式,此方法称为积分法(method of integration)。

对等截面梁来说,EI_z 为常量,对式(18.4) 积分一次,得

$$EI_z\theta = EI_zy' = -\int M(x)\,\mathrm{d}x + C \tag{18.5}$$

再积分一次,得

$$EI_zy = -\int\left(\int M(x)\,\mathrm{d}x\right)\mathrm{d}x + Cx + D \tag{18.6}$$

式中,两个积分常数 C、D 值需要根据梁的某些截面的已知变形条件来确定。例如边支座为固定端,则该点将有截面的挠度 $y=0$ 与截面的转角 $\theta=0$;铰支座处截面的挠度 $y=0$。这种已知的变形条件称为梁的边界条件(boundary conditions)。

【例 18.1】 求图 18.3 所示悬臂梁在力偶作用下的挠曲线方程。

解:取坐标系如图 18.3,列出弯矩方程为

$$M(x) = -M_e$$

代入式(18.4),得到

$$y'' = -\frac{-M_e}{EI_z} = \frac{M_e}{EI_z}$$

积分一次

$$EI_z\theta = \int M_e\mathrm{d}x + C = M_ex + C \tag{a}$$

再积分一次,得到

$$EI_zy = \int M_ex\mathrm{d}x + Cx + D = \frac{M_ex^2}{2} + Cx + D \tag{b}$$

由于梁 A 端为固定端,有 $x=0$ 时 $y=0$ 和 $x=0$ 时 $\theta=0$,代入式(a)、(b) 得 $D=0$ 和 $C=0$,因此梁的挠曲线方程为

$$y = \frac{M_ex^2}{2EI_z} \tag{c}$$

转角方程为

$$\theta = \frac{M_ex}{EI_z} \tag{d}$$

由上面得到的两个方程不难看出,梁的最大挠度与最大转角均出现在自由端,有

$$y_{\max} = y_B = \frac{M_el^2}{2EI_z},\quad \theta_{\max} = \theta_B = \frac{M_el}{EI_z} \tag{18.7}$$

需要说明的是,本题的悬臂梁属于纯弯曲梁,严格讲挠曲线应为圆弧线,而式(c) 为抛物线方程。其原因在于微分方程用的是近似微分方程。

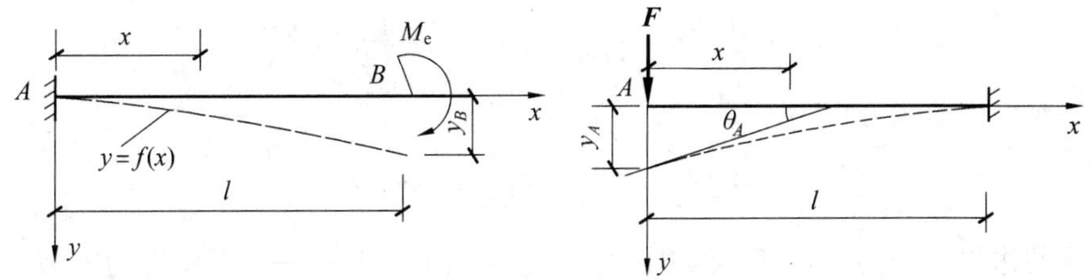

图 18.3　　　　图 18.4

【例 18.2】　求图 18.4 所示悬臂梁 A 点的挠度与转角。

解：取坐标系如图 18.4 所示，列出弯矩方程为

$$M(x) = -Fx$$

代入式(18.4)，得到

$$y'' = -\frac{-Fx}{EI_z} = \frac{Fx}{EI_z}$$

积分一次得转角方程

$$EI_z\theta = \int Fx\mathrm{d}x + C = F\frac{x^2}{2} + C \tag{a}$$

再积分一次得挠曲线方程

$$EI_z y = \frac{Fx^3}{6} + Cx + D \tag{b}$$

边界条件为 $x = l$ 时 $\theta = 0$，代入式(a)得到 $C = -\frac{Fl^2}{2}$；再将边界条件 $x = l$ 时 $y = 0$ 一并代入式(b)解出 $D = \frac{Fl^3}{3}$，将 C 与 D 代回式(a)、(b)，得到

$$\theta = \frac{Fx^2}{2EI_z} - \frac{Fl^2}{2EI_z}$$

$$y = \frac{Fx^3}{6EI_z} - \frac{Fl^2}{2EI_z}x + \frac{Fl^3}{3EI_z}$$

将 $x = 0$ 代入上两式求得

$$\theta_A = -\frac{Fl^2}{2EI_z}$$

$$y_A = \frac{Fl^3}{3EI_z} \tag{18.8}$$

【例 18.3】　图 18.5 所示一承受均布荷载的等截面简支梁，梁的弯曲刚度为 EI_z，求梁的最大挠度与支座处的转角。

解：取坐标系如图 18.5，列弯矩方程，由于 A 支座反力为$\frac{ql}{2}$，故 $M(x) = \frac{ql}{2}x - \frac{qx^2}{2}$ 代入式(18.4)，有

$$y'' = -\frac{\frac{ql}{2}x - \frac{qx^2}{2}}{EI_z}$$

积分一次得转角方程为

$$EI_z\theta = -\int \frac{ql}{2}x\mathrm{d}x + \int \frac{qx^2}{2}\mathrm{d}x + C = -\frac{qlx^2}{4} + \frac{qx^3}{6} + C \tag{a}$$

再积分一次得挠曲线方程为

$$EI_z y = -\frac{qlx^3}{12} + \frac{qx^4}{24} + Cx + D \tag{b}$$

本题的边界条件为 $x=0$ 时 $y=0$,代入式(b) 得 $D=0$;另一边界条件为 $x=l$ 时 $y=0$,再代入式(b),解出 $C=\frac{ql^3}{24}$。将 D 与 C 代回式(b)、(a) 得到

$$y = \frac{1}{EI_z}\left(\frac{ql^3}{24}x - \frac{ql}{12}x^3 + \frac{q}{24}x^4\right) \tag{c}$$

$$\theta = \frac{1}{EI_z}\left(\frac{ql^3}{24} - \frac{ql}{4}x^2 + \frac{q}{6}x^3\right) \tag{d}$$

为了求最大挠度,应令 $y'=\theta=0$,有

$$\frac{ql^3}{24} - \frac{ql}{4}x^2 + \frac{q}{6}x^3 = 0$$

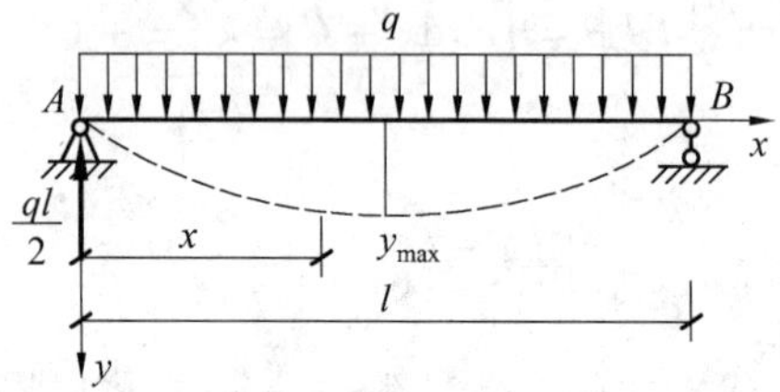

图 18.5

此方程有三个根,一个根为负值,一个根大于 l,这两个根没有力学意义,只有取第三个根为 $x=\frac{l}{2}$。实际上根据对称性原理 $\theta=0$ 一定位于跨中,将 $x=\frac{l}{2}$ 代入式(c),得最大挠度

$$y_{\max} = \frac{1}{EI_z}\left(\frac{ql^4}{48} - \frac{ql^4}{96} + \frac{ql^4}{384}\right) = \frac{5ql^4}{384EI_z} \tag{18.9}$$

将 $x=0$ 和 $x=l$ 分别代入式(d),得

$$\theta_A = \frac{ql^3}{24EI_z} = -\theta_B \tag{18.10}$$

若本题为钢筋混凝土矩形截面梁,其截面尺寸为 40 cm × 20 cm,弹性模量为 $E=$ 25.5 GPa(未考虑钢筋的影响),梁跨为 6 m,受 $q=16$ kN/m 的竖向荷载作用,此时梁的最大挠度为

$$y_{\max} = \frac{5ql^4}{384EI_z} = \frac{5\times16\times10^3\times6^4}{384\times25.5\times10^9\times\frac{0.2\times0.4^3}{12}}\ \mathrm{m} = 0.009\,9\ \mathrm{m} = 9.9\ \mathrm{mm}$$

最大转角为

$$\theta_A/\mathrm{rad} = \frac{ql^3}{24EI_z} = \frac{16\times10^3\times6^3}{24\times25.5\times10^9\times\frac{0.2\times0.4^3}{12}} = 0.00\,529$$

截面尺寸若为60 cm × 20 cm(I_z 提高3.375倍),其他条件不变,此时梁的最大挠度为

$$y_{max} = 2.93\ mm$$

此处计算未考虑混凝土开裂后弹性模量的降低,若考虑,挠度和转角将会增大2倍左右。从计算中可以看出,实际结构的位移同结构尺寸相比确实是微小的,即使考虑混凝土开裂的 θ_A 值也只能达到0.02左右,在挠曲线精确微分方程中的 $1+y'^2$ 项为 $1+y'^2 = 1+\theta^2 = 1+0.02^2 = 1+0.0004 = 1.0004$,因此 y'^2 可以忽略不计。

【例 18.4】　求图18.6所示简支梁在集中荷载 $\boldsymbol{F}$ 作用下($\boldsymbol{F}$ 力在右半跨)的最大挠度。

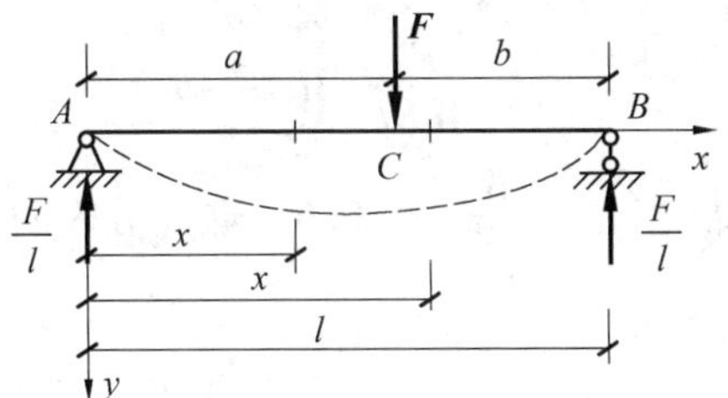

图 18.6

解:求出 A 端反力为$\dfrac{Fb}{l}$,B 端反力为$\dfrac{Fa}{l}$。解本题时取 AC 与 CB 段分别建立方程,由式(18.4)有

AC 段:
$$EI_z y''_1 = -M(x) = -\frac{Fb}{l}x$$

BC 段:
$$EI_z y''_2 = -M(x) = -\frac{Fb}{l}x + F(x-a)$$

积分一次,有

$$EI_z\theta_1 = -\frac{Fb}{2l}x^2 + C_1$$

$$EI_z\theta_2 = -\frac{Fb}{2l}x^2 + \frac{F(x-a)^2}{2} + C_2$$

再积分一次,有

$$EI_z y_1 = -\frac{Fb}{6l}x^3 + C_1 x + D_1$$

$$EI_z y_2 = -\frac{Fb}{6l}x^3 + \frac{F(x-a)^3}{6} + C_2 x + D_2$$

C_1、D_1、C_2、D_2 四个任意常量应由四个边界条件来确定,其中两端支座的边界条件分别为 $x=0$,$y_1=0$ 与 $x=l$,$y_2=0$。两段交接处,挠曲线在 C 截面(交接处)应保持连续和光滑,此处的连续条件(continuity condition)为 $x=a$ 时 $y_1=y_2$ 和 $\theta_1=\theta_2$。得到

$$C_1 = C_2 = \frac{Fb}{6l}(l^2-b^2),\quad D_1 = D_2 = 0$$

当 $a>b$ 时,梁挠度极值显然应在左侧,现取左侧研究,将 C_1 与 D_1 代回,得转角与挠度方程为

$$EI_z\theta_1 = -\frac{Fb}{2l}x^2 + \frac{Fb}{6l}(l^2-b^2)$$

$$EI_z y_1 = -\frac{Fb}{6l}x^3 + \frac{Fb}{6l}(l^2 - b^2)x$$

令 $\theta_1 = 0$ 解出 $x = \sqrt{\frac{l^2 - b^2}{3}}$,代入挠度公式,得最大挠度

$$y_{\max} = \frac{Fb(l^2 - b^2)\sqrt{l^2 - b^2}}{9\sqrt{3}\,lEI_z} \tag{18.11}$$

上述结论表明:梁的最大挠度并不在跨中,现将跨中挠度给出,$x = \frac{l}{2}$ 代入 y_1 式,有

$$y_{中} = \frac{Fb}{48EI_z}(3l^2 - 4b^2) \tag{18.12}$$

当 $b \to 0$ 时,$y_{\max}$ 与 $y_{中}$ 之比为$\frac{16}{9\sqrt{3}} = 1.026$。这充分表明,即使梁的最大挠度不在跨中,但是跨中挠度代替最大挠度误差是很小的。

最常见的情况是集中力位于跨度的中点,用 $b = \frac{l}{2}$ 代入式(18.12)得跨中(即最大)挠度为

$$y_{\max} = \frac{Fl^3}{48EI_z} \tag{18.13}$$

此时梁的最大转角为

$$\theta_A = \frac{Fl^2}{16EI_z} = -\theta_B \tag{18.14}$$

通过上面的几个例题看到,用积分法计算位移时,先列弯矩方程,然后建立挠曲线的近似微分方程,对微分方程进行积分便得转角方程和挠度方程。在积分中出现的积分常数,一般通过梁的边界条件求得。当梁各截面的弯矩不能用一个统一的函数式表达时,应该分段列出弯矩方程和挠曲线的近似微分方程,并分段积分,此时积分常数的确定,除利用梁的边界条件外,还需利用梁的变形连续条件。

为了使用上的方便,各种常见荷载作用下简单梁的转角和挠度计算公式及挠曲线的方程均可查表。表 18.1 中列举了一些常见的情况,以备查用。

表 18.1　简单荷载作用下梁的转角和挠度

编号	梁的形式及荷载情况	梁端转角	最大挠度 $y_{\max}$
①	F, A, B, x, l	$\theta_B = \frac{Fl^2}{2EI}$	$y_{\max} = y_B = \frac{Fl^3}{3EI}$
②	F, a, b, A, B, x, l	$\theta_B = \frac{Fa^2}{2EI}$	$y_{\max} = y_B = \frac{Fa^2}{6EI}(3l - a)$

续表 18.1

编号	梁的形式及荷载情况	梁端转角	最大挠度 $y_{\max}$
③	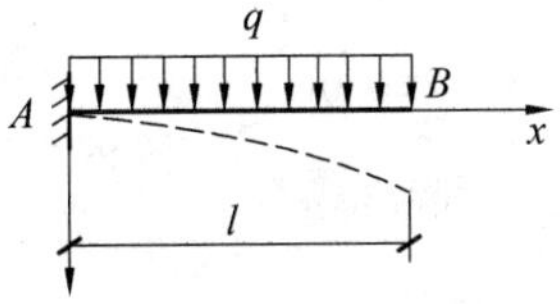 q, A, B, x, l	$\theta_B = \dfrac{ql^3}{6EI}$	$y_{\max} = y_B = \dfrac{ql^4}{8EI}$
④	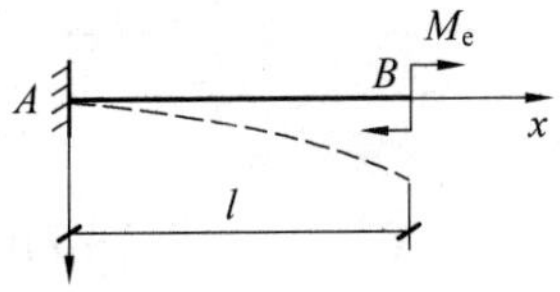 M_e, A, B, x, l	$\theta_B = \dfrac{M_e l}{EI}$	$y_{\max} = y_B = \dfrac{M_e l^2}{2EI}$
⑤	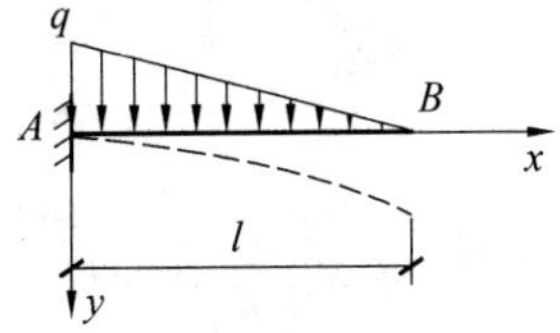 q, A, B, x, l, y	$\theta_B = \dfrac{ql^3}{24EI}$	$y_{\max} = y_B = \dfrac{ql^4}{30EI}$
⑥	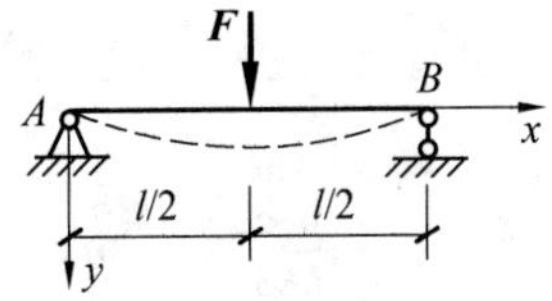 F, A, B, x, $l/2$, $l/2$, y	$\theta_A = \dfrac{Fl^2}{16EI} = -\theta_B$	$y_{\max} = y\big\|_{x=\frac{l}{2}} = \dfrac{Fl^3}{48EI}$
⑦	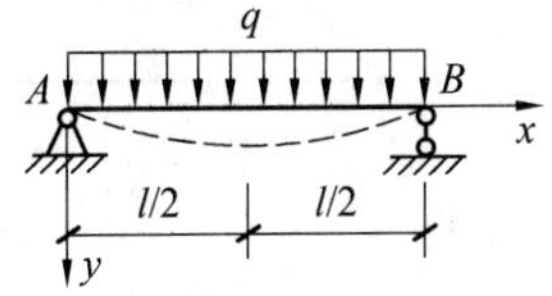 q, A, B, x, $l/2$, $l/2$, y	$\theta_A = \dfrac{ql^3}{24EI} = -\theta_B$	$y_{\max} = y\big\|_{x=\frac{l}{2}} = \dfrac{5ql^4}{384EI}$
⑧	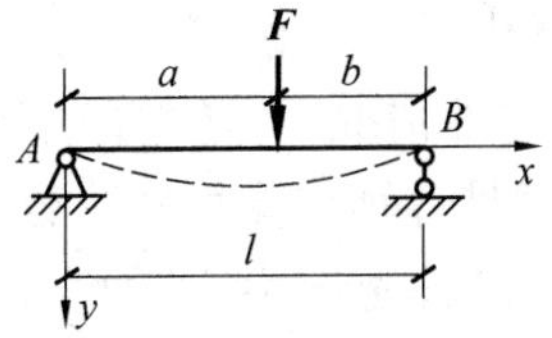 F, a, b, A, B, x, l, y	$\theta_A = \dfrac{Fab(l+b)}{6lEI}$ $\theta_B = -\dfrac{Fab(l+a)}{6lEI}$	$a > b$ $y_{\max} = y\big\|_{x=x_0} = \dfrac{Fb(l^2-b^2)\sqrt{l^2-b^2}}{9\sqrt{3}\,lEI}$ $x_0 = \sqrt{\dfrac{l^2-b^2}{3}}$ $y\big\|_{x=\frac{l}{2}} = \dfrac{Fb}{48EI}(3l^2-4b^2)$
⑨	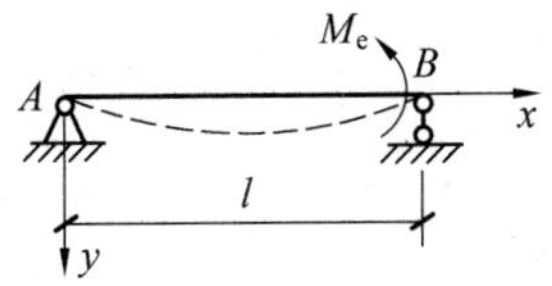 M_e, A, B, x, l, y	$\theta_A = \dfrac{M_e l}{6EI}$ $\theta_B = -\dfrac{M_e l}{3EI}$	$y_{\max} = y\big\|_{x=x_0} = 0.064\,2\dfrac{M_e l^2}{EI}$ $x_0 = 0.578l$ $y\big\|_{x=\frac{l}{2}} = \dfrac{M_e l^2}{16EI}$

续表 18.1

编号	梁的形式及荷载情况	梁端转角	最大挠度 $y_{\max}$
⑩	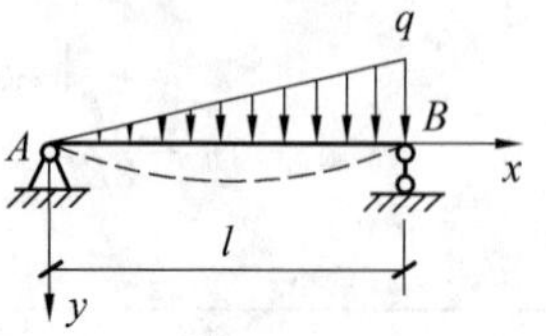	$\theta_A=\dfrac{7}{360}\dfrac{ql^3}{EI}$ $\theta_B=-\dfrac{ql^3}{45EI}$	$y_{\max}=y\big\vert_{x=x_0}=0.065\,4\dfrac{ql^4}{EI}$ $x_0=0.519l$
⑪	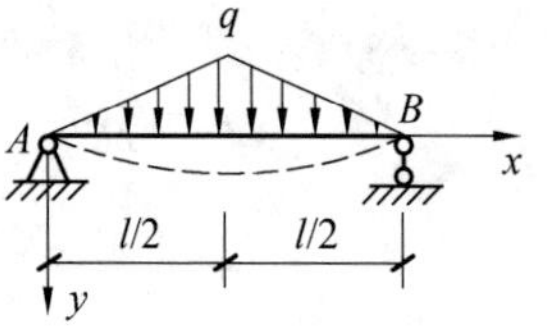	$\theta_A=\dfrac{5ql^3}{192EI}=-\theta_B$	$y_{\max}=y\big\vert_{x=\frac{l}{2}}=\dfrac{ql^4}{120EI}$
⑫	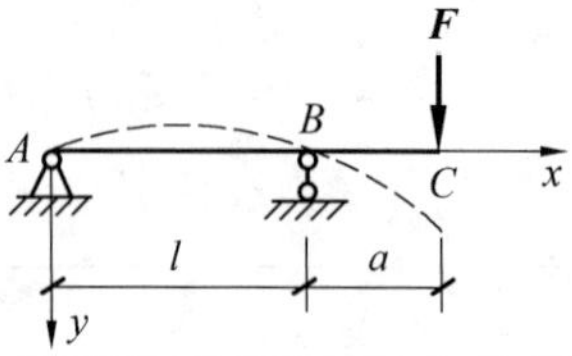	$\theta_A=-\dfrac{Fal}{6EI}=-\dfrac{1}{2}\theta_B$ $\theta_C=\dfrac{Fa}{6EI}(2l+3a)$	$y_C=\dfrac{Fa^2}{3EI}(l+a)$
⑬	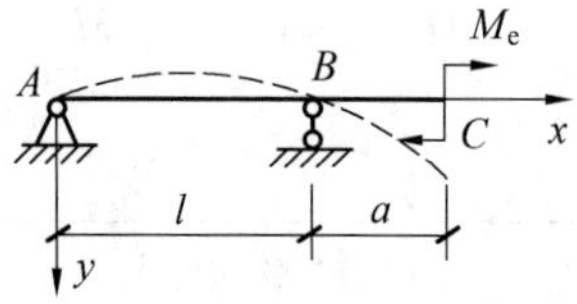	$\theta_A=-\dfrac{M_e l}{6EI}=-\dfrac{1}{2}\theta_B$ $\theta_C=\dfrac{M_e}{3EI}(l+3a)$	$y_C=\dfrac{M_e a}{6EI}(2l+3a)$

18.3 叠加法求梁的挠度

前节讲述了悬臂梁和简支梁在简单荷载作用下的位移计算问题,得到了挠曲线方程和转角方程,从而获得了最大挠度与最大转角。当有多种荷载同时作用于梁上,此时若用积分法来计算位移时,其计算过程比较繁琐,工作量大,在这种情况下,通常采用叠加法(与以前所用叠加法原理和条件基本相同)。所谓叠加法,就是分别计算每种荷载单独作用下产生的位移,然后将这些位移代数相加。这里所述代数和是对平面弯曲而言,斜弯曲时将为矢量和。

【例 18.5】 求图 18.7 所示简支梁在均布荷载与跨中集中力作用下的最大挠度与最大转角。

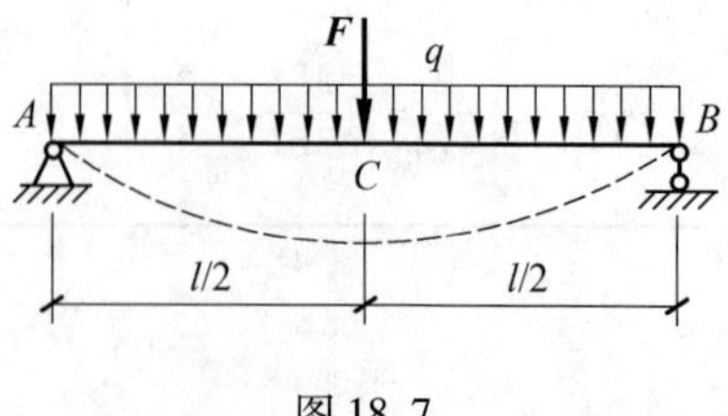

图 18.7

解:按叠加原理,图 18.7 所示梁的最大挠度显然应位于跨中 C 截面,自表 18.1 查得

$$y_{\max} = \frac{5ql^4}{384EI_z} + \frac{Fl^3}{48EI_z}$$

最大转角发生在 A 端,有

$$\theta_{\max} = \theta_A = \frac{ql^3}{24EI_z} + \frac{Fl^2}{16EI_z} = -\theta_B$$

【**例 18.6**】　求图 18.8 所示悬臂梁的最大挠度和转角。

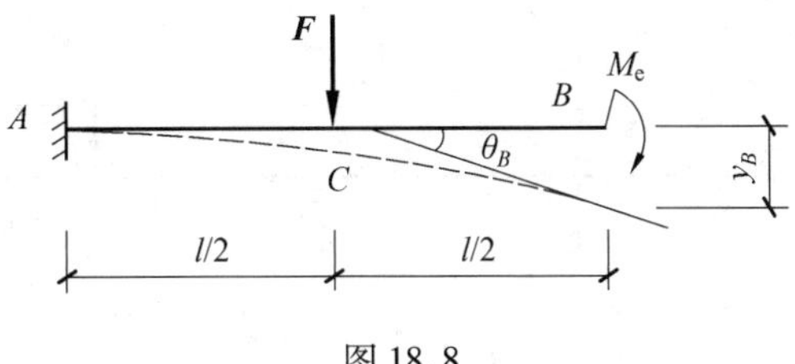

图 18.8

解:自图中明显看到梁中最大挠度与最大转角均发生在 B 端。利用表 18.1 查得:

F 力引起的

$$y_{BF} = \frac{F\left(\frac{l}{2}\right)^2}{16EI_z}\left(3l - \frac{l}{2}\right) = \frac{5Fl^3}{48EI_z}$$

M_e 引起的

$$y_{BM_e} = \frac{M_e l^2}{2EI_z}$$

因此总挠度

$$y_{\max} = y_B = y_{BF} + y_{BM_e} = \frac{5Fl^3}{48EI_z} + \frac{M_e l^2}{2EI_z}$$

总转角可类似求出,为

$$\theta_{\max} = \theta_B = \theta_{BF} + \theta_{BM_e} = \frac{Fl^2}{8EI_z} + \frac{M_e l}{EI_z}$$

【**例 18.7**】　求图 18.9(a) 所示外伸梁 C 截面的挠度与转角。

解:按叠加原理将图 18.9(a) 所示梁按荷载的不同分为图 18.9(b) 与图 18.9(c) 两段梁,两梁 C 截面转角代数和与挠度代数和即为所求转角与挠度。图 18.9(b) 所示梁 BC 段无弯矩,挠曲线应为直线,因此 B 截面转角与 C 截面转角相同,自表 18.1 查得 B 截面转角为

$$\theta_{B1} = \theta_{C1} = -\frac{q(2a)^3}{24EI} = -\frac{qa^3}{3EI}$$

$$y_{C1} = \theta_{C1}a = -\frac{qa^4}{3EI}$$

自表 18.1 查得图 18.9(c) 梁 C 截面转角与挠度为

$$\theta_{C2} = \frac{Fa}{6EI}(2\times 2a + 3a) = \frac{7qa^3}{6EI},\quad y_{C2} = \frac{Fa^2}{3EI}(2a + a) = \frac{qa^4}{EI}$$

叠加后得到

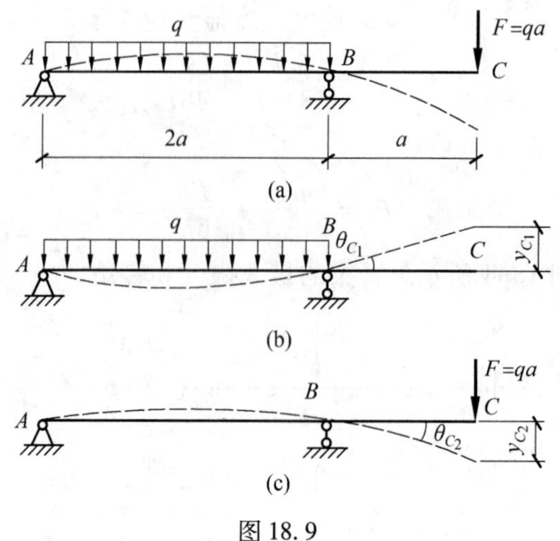

图 18.9

$$\theta_C = -\frac{qa^3}{3EI} + \frac{7qa^3}{6EI} = \frac{5qa^3}{6EI},\quad y_C = -\frac{qa^4}{3EI} + \frac{qa^4}{EI} = \frac{2qa^4}{3EI}$$

【例 18.8】 一外伸梁,梁上荷载如图 18.10(a) 所示,求 C 截面的挠度。

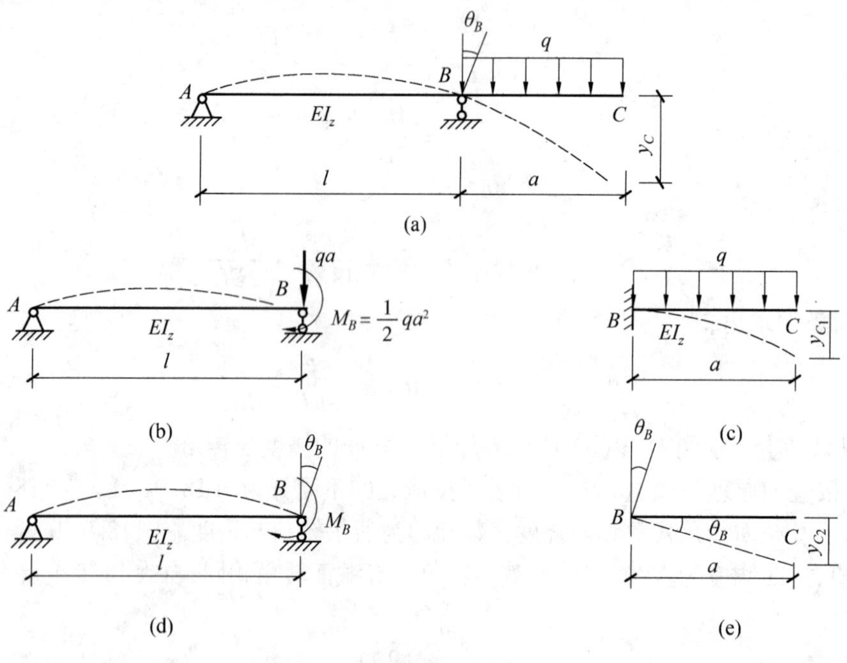

图 18.10

解:表中虽然没有计算公式,但仍然可以用叠加法。

外伸梁在荷载作用下的挠曲线如图 18.10(a) 中虚线所示,两支座处只产生转角而挠度等于零。在计算 C 截面的挠度时,梁的 BC 段可看成 B 端为固定端的悬臂梁(图 18.10(c)),此悬臂梁在均布荷载 q 的作用下,C 截面的挠度为 y_{C1}。但 B 截面并非固定不动,而要产生转角 θ_B,B 截面转动 θ_B 角使 C 截面也要产生向下的竖向位移(相当刚体转动),该竖向位移用 y_{C2} 表示(图 18.10(e))。将图 18.10(c) 的 y_{C1} 与图 18.10(e) 中的 y_{C2}

相叠加，就是外伸梁上 C 截面的挠度 y_C。即

$$y_C = y_{C1} + y_{C2}$$

因 θ_B 很小，y_{C2} 可用 $a\theta_B$ 表示。外伸梁上 B 截面的转角为 θ_B，相当于图 18.10(b) 所示荷载作用下简支梁上 B 截面的转角。因为集中力 qa 是作用在支座上，故不引起梁的变形，仅力矩 M_B($M_B = \frac{1}{2}qa^2$) 使梁产生变形。简支梁在 M 作用下 B 截面的转角可以从表 18.1 查得

$$\theta_B = \frac{M_B l}{3EI_z} = \frac{\frac{1}{2}qa^2 l}{3EI_z} = \frac{qa^2 l}{6EI_z}$$

所以

$$y_{C2} = a\theta_B = \frac{qa^3 l}{6EI_z}$$

由表 18.1 查得

$$y_{C1} = \frac{qa^4}{8EI_z}$$

外伸梁上 C 截面的挠度为

$$y_C = y_{C1} + y_{C2} = \frac{qa^4}{8EI_z} + \frac{qa^3 l}{6EI_z} = \frac{qa^3 l}{24EI_z}(4l + 3a)$$

* 18.4　共轭梁法(虚梁法)计算梁的位移

共轭梁法又称为虚梁法，是计算梁的位移的方法之一，用该方法在计算梁的指定截面的位移时比较简便。

共轭梁法计算位移的基本思路是：经过一定的变换后，将计算梁的某一截面的转角和挠度问题，转换为计算另一梁的(该梁与原梁的长度相同)相应截面的剪力和弯矩问题。由于计算梁的任一截面的剪力和弯矩比较容易，因而共轭梁法远比积分法简便。下面讨论该方法的基本原理。

共轭梁法是建立在两组微分方程相似的基础上的。

已知荷载集度 $q(x)$、剪力 $F_S(x)$、弯矩 $M(x)$ 存在如下关系

$$\begin{cases} \dfrac{d^2 M(x)}{dx^2} = q(x) \\ \dfrac{dF_S(x)}{dx} = q(x) \end{cases} \tag{a}$$

已知梁的挠曲线的近似微分方程为 $\frac{d^2 y(x)}{dx^2} = -\frac{M(x)}{EI}$，$\theta = \frac{dy(x)}{dx}$，所以有 $\frac{d\theta(x)}{dx} = \frac{d^2 y(x)}{dx^2} = -\frac{M(x)}{EI}$，即存在

$$\begin{cases} \dfrac{d^2 y(x)}{dx^2} = -\dfrac{M(x)}{EI} \\ \dfrac{d\theta(x)}{dx} = -\dfrac{M(x)}{EI} \end{cases} \tag{b}$$

可以看到(a)、(b) 两式完全相似。在两组方程式中，$-\dfrac{M(x)}{EI}$ 相当于 $q(x)$ 的位置，$y(x)$ 相当于 $M(x)$ 的位置,$\theta(x)$ 相当于 $F_S(x)$ 的位置。于是,我们设想存在一虚设的梁(称为虚梁,其长度与欲求位移的梁的长度相同),梁上作用有虚设的荷载 $\bar{q}(x)$(称为虚荷载),在 $\bar{q}(x)$ 作用下虚梁将产生剪力 $\bar{F}_S(x)$(称为虚剪力) 和弯矩 $\bar{M}(x)$(称为虚弯矩),且 $\bar{q}(x)$、$\bar{F}_S(x)$、$\bar{M}(x)$ 间存在与式(a) 相同的关系,即

$$\begin{cases}\dfrac{d^2\bar{M}(x)}{dx^2}=\bar{q}(x)\\[2ex]\dfrac{d\bar{F}_S(x)}{dx}=\bar{q}(x)\end{cases} \tag{c}$$

令

$$\bar{q}(x)=-\frac{M(x)}{EI}$$

则有

$$\begin{cases}\dfrac{d^2\bar{M}(x)}{dx^2}=\dfrac{d^2y(x)}{dx^2}\\[2ex]\dfrac{d\bar{F}_S(x)}{dx}=\dfrac{d\theta(x)}{dx}\end{cases} \tag{d}$$

式(d) 表示了虚弯矩 $\bar{M}(x)$ 与挠度 $y(x)$ 间及虚剪力 $\bar{F}_S(x)$ 与转角 $\theta(x)$ 间的关系。从式(d) 求他们的具体关系时,积分即可。如能够保证等式两侧出现的积分常数相同,则有

$$\begin{cases}\bar{M}(x)=y(x)\\ \bar{F}_S(x)=\theta(x)\end{cases} \tag{e}$$

式(e) 表明:如果我们以真实梁(简称实梁) 的弯矩 $M(x)$ 除以梁的弯曲刚度 EI_z 为虚荷载(即 $\bar{q}(x)=-\dfrac{M(x)}{EI}$) 作用在虚梁上时,则虚梁的弯矩就是实梁的相应截面的挠度;虚梁的剪力就是实梁的相应截面的转角。这样,就把求梁的位移问题转换为求另一梁的内力问题了。

下面讨论如何选择虚梁:

式(e) 成立的条件是式(d) 积分后等式两侧出现的积分常数相等。而积分常数是由梁的边界条件确定的,因此虚梁的选择,应根据虚梁与实梁对应的边界条件相同来确定,也就是根据虚梁的支承情况与实梁的支承情况对应一致来确定。例如图 18. 11(a) 所示悬臂梁,其左端自由,当梁上有荷载作用时,自由端截面将产生挠度和转角,即 $y_A\neq0$,$\theta_A\neq0$。实梁的挠度和转角分别与虚梁的弯矩和剪力对应,因而要求虚梁左端 $\bar{M}_A(x)\neq0$,$\bar{F}_{SA}(x)\neq0$,这样虚梁左端的支承就应该是固定端。实梁的右端 $y_B=0$,$\theta_B=0$,相应的虚梁右端 $\bar{M}_B(x)=0$,$\bar{F}_{SB}(x)=0$,这样虚梁右端应该是自由端。由此可知,悬臂梁对应的虚梁仍然为悬臂梁,只是固定端与自由端的位置互换了。当实梁为简支梁时,其铰支座处有 $y=0$,$\theta\neq0$,虚梁对应处 $\bar{M}=0$,$\bar{F}_S\neq0$,这样,简支梁对应的虚梁仍为简支梁(图 18. 12)。

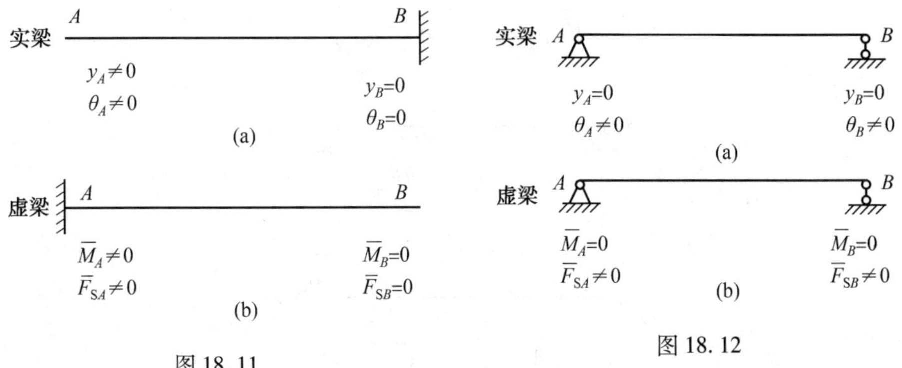

图 18.11　　图 18.12

常见的各类实梁与虚梁在支承方面的对应关系列于表 18.2 中。

表 18.2　实梁与虚梁对应关系表

实梁	$y_A \neq 0$　$y_B = 0$ $\theta_A \neq 0$　$\theta_B = 0$	$y_A = 0$　$y_B = 0$ $\theta_A \neq 0$　$\theta_B \neq 0$	$y_A = 0$　$y_C = 0$　$y_B \neq 0$ $\theta_A \neq 0$　$\theta_C \neq 0$　$\theta_B \neq 0$ 且 $\theta_{C左} = \theta_{C右}$	$y_A = 0$　$y_C \neq 0$　$y_B = 0$ $\theta_A \neq 0$　$\theta_C \neq 0$　$\theta_B = 0$ 且 $\theta_{C左} \neq \theta_{C右}$
虚梁	$\overline{M}_A \neq 0$　$\overline{M}_B = 0$ $\overline{F}_{SA} \neq 0$　$\overline{F}_{SB} = 0$	$\overline{M}_A = 0$　$\overline{M}_B = 0$ $\overline{F}_{SA} \neq 0$　$\overline{F}_{SB} \neq 0$	$\overline{M}_A = 0$　$\overline{M}_C = 0$　$\overline{M}_B \neq 0$ $\overline{F}_{SA} \neq 0$　$\overline{F}_{SC} \neq 0$　$\overline{F}_{SB} \neq 0$ 且 $\overline{F}_{SC左} = \overline{F}_{SC右}$	$\overline{M}_A = 0$　$\overline{M}_C \neq 0$　$\overline{M}_B = 0$ $\overline{F}_{SA} \neq 0$　$\overline{F}_{SC} \neq 0$　$\overline{F}_{SB} = 0$ 且 $\overline{F}_{SC左} \neq \overline{F}_{SC右}$

用共轭梁法计算梁的位移的具体步骤为：

(1) 画出实梁的弯矩图；

(2) 选择虚梁；

(3) 以 $\overline{q}(x) = -\dfrac{M(x)}{EI}$ 为荷载作用在虚梁上，当 $\overline{q}(x)$ 为正时其方向向上，反之向下。

(4) 虚梁上任一截面的剪力和弯矩即为实梁相应截面的转角和挠度。

【例 18.9】　一简支梁，梁上荷载如图 18.13 所示，求 B 截面的转角和 C 截面的挠度。

解：实梁的弯矩图及虚梁的形式分别如图 18.13 所示。由实梁的弯矩图可知，虚梁上应作用有均布荷载，荷载集度为$\dfrac{M_e}{EI_z}$。因 $M(x)$ 为正，由 $\overline{q}(x) = -\dfrac{M(x)}{EI}$ 知 $\overline{q}(x) < 0$，所以 $q(x)$ 的方向向下。虚梁上 B 截面的剪力和 C 截面的弯矩分别为实梁上 B 截面的转角和 C 截面的挠度，即

$$\overline{F}_{SB} = \theta_B = \frac{1}{2}\overline{q}l = -\frac{M_e l}{2EI_z}$$

$$\overline{M}_C = y_C = \frac{1}{2}\bar{q}l^2 = \frac{M_e l^2}{8EI_z}$$

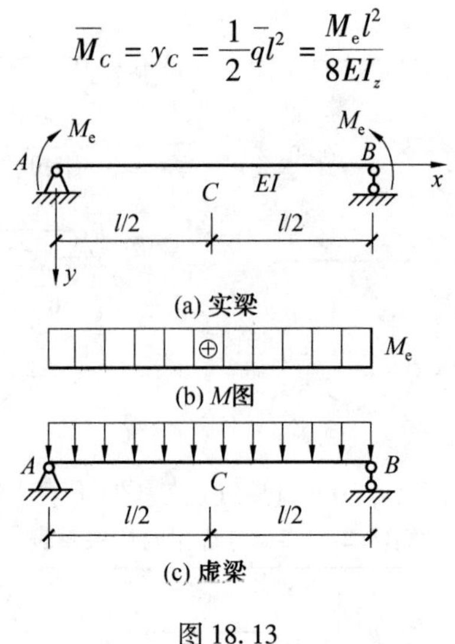

图 18.13

18.5 梁的刚度校核

梁的挠度与转角的计算解决后,现在可以建立起梁的刚度条件。结构规范规定,梁在荷载作用下的最大挠度$|y_{max}|$不应超过某一限值$[y]$,$[y]$ 称为许用挠度,它随着情况的不同而变化,通常在规范中按跨度的若干分之一的方式给出。因此刚度条件就成为如下的表达式,即

$$|y_{max}| \leqslant [y] \tag{18.15}$$

【例 18.10】 校核图 18.14(a) 所示工字形钢梁横截面上正应力的强度条件与刚度条件。工字钢型号为 I25b,$E = 210$ GPa,$[\sigma] = 170$ MPa,许用挠度$[y] = \frac{l}{300}$。

解:求两支座反力,有 $F_A = 80$ kN,$F_B = 100$ kN,作弯矩图如图 18.14(b) 所示。最大弯矩为$M_{max} = 88$ kN·m,I25b工字钢的 W_z 查表为423×10^{-6} m^3,I_z 查表为5280×10^{-8} m^4。

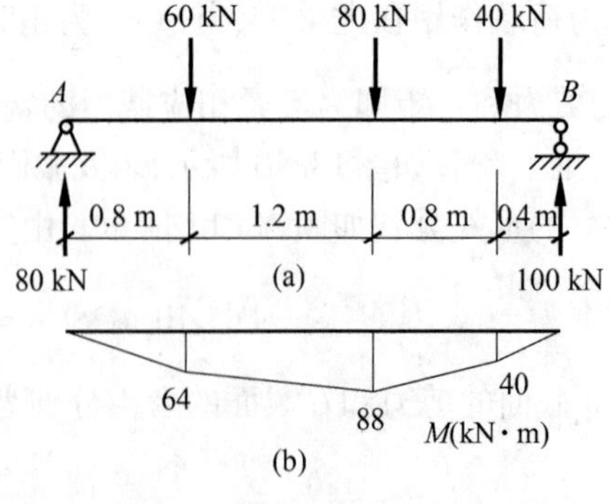

图 18.14

梁横截面上弯曲最大正应力

$$\sigma_{max} = \frac{M_{max}}{W_z} = \frac{88 \times 10^3}{423 \times 10^{-6}}\text{Pa} = 208\ \text{MPa} > [\sigma] = 170\ \text{MPa}$$

强度条件不满足。

求梁的最大挠度时，为简化计算采用叠加法，并且以跨中挠度代替梁最大挠度，应用表 18.1，可以得到

$$y_{max} = \frac{1}{48EI_z}[60 \times 0.8(3 \times 3.2^2 - 4 \times 0.8^2) + 80 \times 1.2 \times (3 \times 3.2^2 - 4 \times 1.2^2) +$$

$$40 \times 0.4 \times (3 \times 3.2^2 - 4 \times 0.4^2)]\text{m} = \frac{4\ 229 \times 10^3}{48 \times 210 \times 10^9 \times 5\ 280 \times 10^{-8}}\ \text{m} =$$

$$0.007\ 95\ \text{m} = 7.95\ \text{mm} < [y] = (3.2/300)\text{m} = 10.67\ \text{mm}$$

钢结构中为简化计算给出最大挠度的近似公式为

$$y_{max} = \frac{M_{max}l^2}{10EI_z} \tag{18.16}$$

若采用此式，有

$$y_{max} = \frac{88 \times 10^3 \times 3.2^2}{10 \times 210 \times 10^9 \times 5\ 280 \times 10^{-8}}\ \text{m} = 0.008\ 19\ \text{m} = 8.19\ \text{mm} < [y] = 10.67\ \text{mm}$$

【例 18.11】　厚度为 4 mm 的大型钢模板用 65 号槽钢($E = 210$ GPa)作水平加劲肋，以增强模板的刚度。水平肋的计算简图如图 18.15(a) 所示为一超静定梁，AB 跨的受力图如图 18.15(b) 所示，其两弯矩已算出 $M_A = 0.66$ kN·m，$M_B = 1.02$ kN·m，模板所受荷载经计算为 $q = 7.5$ kN/m，加劲肋的截面如图 18.15(c) 所示，除槽钢外，模板本身也参加部分工作，有效长度取 284 mm，截面形心位置如图 18.15(c) 所示，对形心轴 z 的惯矩 $I_z = 114.5 \times 10^{-8}\ \text{m}^4$，试验算水平肋的刚度(最大挠度不允许超过 2 mm)。

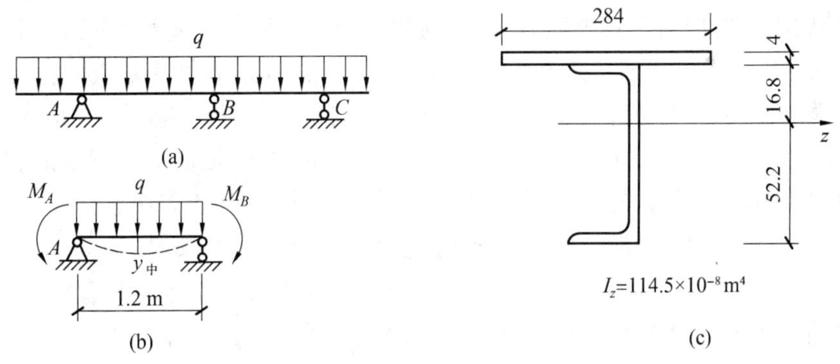

图 18.15

解：按照叠加原理，以跨中挠度代替最大挠度，有

$$y_{max} = y_中 = \frac{5ql^4}{384EI_z} - \frac{M_Al^2}{16EI_z} - \frac{M_Bl^2}{16EI_z}$$

将有关数据代入，得到

$$y_{max} = \frac{1.2^2 \times 1\ 000}{210 \times 10^9 \times 114.5 \times 10^{-8}} \times (\frac{5}{384} \times 7.5 \times 1.2^2 - \frac{0.66}{16} - \frac{1.02}{16})\text{m} =$$

$$0.000\ 21\ \text{m} = 0.21\ \text{mm} < 2\ \text{mm}$$

【例 18.12】 校核图 18.16 所示悬臂木梁的刚度条件。已知弹性模量 $E = 10\ \text{GPa}$，$[y] = \dfrac{l}{100}$。

解：木梁截面惯性矩 $I/\text{m}^4 = \dfrac{0.12 \times 0.2^3}{12} = 80 \times 10^{-6}$，按叠加法悬臂梁最大挠度 $y_B = y_{max}$，有

$$y_{max} = \frac{Fl^3}{3EI_z} + \frac{F\left(\frac{l}{2}\right)^2}{6EI_z}\left(3l - \frac{l}{2}\right) = \frac{7Fl^3}{16EI_z} =$$

$$\frac{7 \times 6 \times 10^3 \times 2^3}{16 \times 10 \times 10^9 \times 80 \times 10^{-6}}\text{m} = 0.026\ \text{m} = 2.6\ \text{cm}$$

$$[y] = \frac{l}{200} \times 2 = \frac{200}{200} \times 2\ \text{cm} = 2\ \text{cm}$$

$y_{max} > [y]$ 刚度不能满足，建议读者修改此设计。

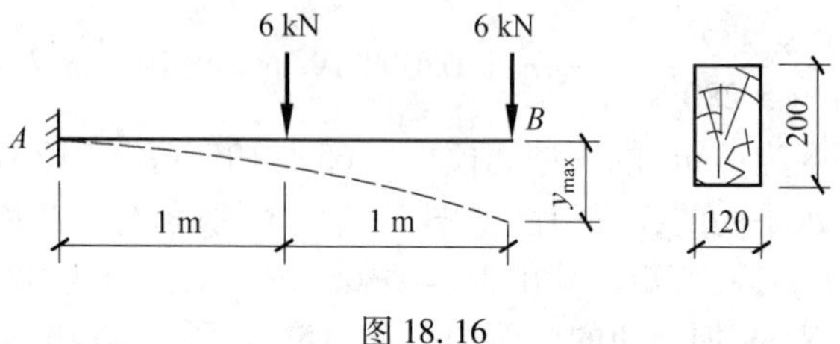

图 18.16

如何增加梁的刚度这是一个非常重要的课题。增加刚度的主要目的在于减少挠度，从挠度计算公式可以看到，挠度除与荷载有关外，还主要与 E、I_z、l 三项有关。增大弹性模量 E 可以减少挠度，但对于钢材而言，各种强度的钢材其弹性模量大体一致，因此为了增加刚度特别选用优质高强钢材并不是好的方法。由于木材的弹性模量要大大低于钢材，因此一般说来，以钢代木会大大提高刚度。混凝土与砌体的弹性模量都与其强度等级有关，选用时要注意区别。在相同材料下选用大惯性矩的截面，是增加梁刚度的有效方法，如各种型钢截面的选用，此外如箱形截面，环形截面等的应用，还需注意截面位置的布置方式，如横放、竖放等都应使 I_z 增大。梁的挠度对梁的跨度特别敏感，因为它将与跨度的不同次幂成正比。例如在均布荷载下，挠度将与跨度 4 次方成正比，跨度增大一倍，挠度将增加 15 倍。因此对大跨度的梁要特别注意刚度要求。增加支座减少跨度是增加刚性的重要措施，但这样经常要遇到连续梁（超静定梁），需要按超静定方法去求解。在均布荷载作用下采用伸臂梁，利用支座处的负弯矩使跨中挠度降低，也是一种常用的形式。

* 在结束本章内容时，最后说明一下梁中剪力对刚度的影响问题。当梁截面尺寸远小于跨度时，剪力对梁挠度的影响是很小的，但当梁的宽度与跨度之比不是很小，例如在高层建筑中的剪力墙以及剪力墙中的连系梁等，剪力的影响就必须考虑。为使计算公式简化，往往将剪力的影响包括在 EI_d 之中称为等效刚度，现举一例说明，图 18.17 所示短梁 AB 受集中力 $\boldsymbol{F}$ 作用，使 B 端产生挠度 y_B，严格讲 y_B 应由两部分组成，其一为弯曲引起的挠度 y_M，利用表 18.1 有

$$y_M = \frac{Fl^3}{3EI_z}$$

其二为剪力引起的挠度 y_{F_S} 应有

$$y_{F_S} = \frac{Flk}{GA}$$

式中，k 为切应力不均匀系数。梁 B 端总挠度应为

$$y_B = \frac{Fl^3}{3EI_z} + \frac{Flk}{GA} = \frac{Fl^3}{3EI_z} + \frac{Fl^3}{3EI_z}\frac{3kEI_z}{l^2GA} = \frac{Fl^3}{3EI_z}(1 + \frac{3kEI_z}{l^2GA}) =$$

$$\frac{Fl^3}{3EI_z/(1 + \frac{3kEI_z}{l^2GA})} = \frac{Fl^3}{3EI_d}$$

其中

$$EI_d = \frac{EI_z}{1 + \frac{3kEI_z}{l^2GA}} \tag{18.17}$$

式中，EI_d 称为等效刚度，在钢筋混凝土剪力墙中有着广泛应用，公式

$$y_B = \frac{Fl^3}{3EI_d}$$

仍采用弯曲形式，但等效刚度必须按公式(18.17) 计算，此时剪切变形影响已加以考虑。

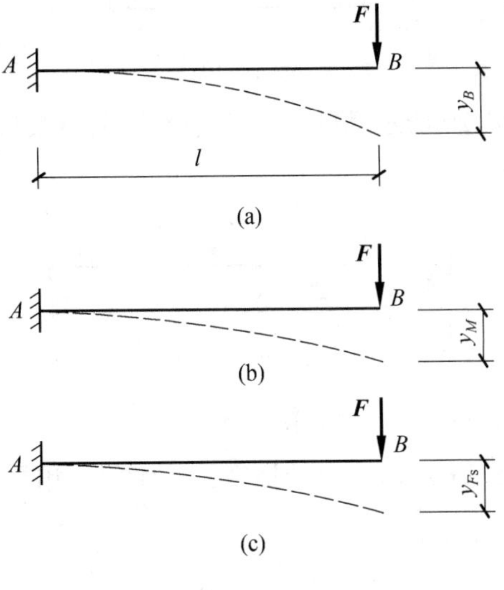

图 18.17

习题课选题指导

1. 利用积分法解图 18.18 中各题时挠度及转角的边界条件是什么?

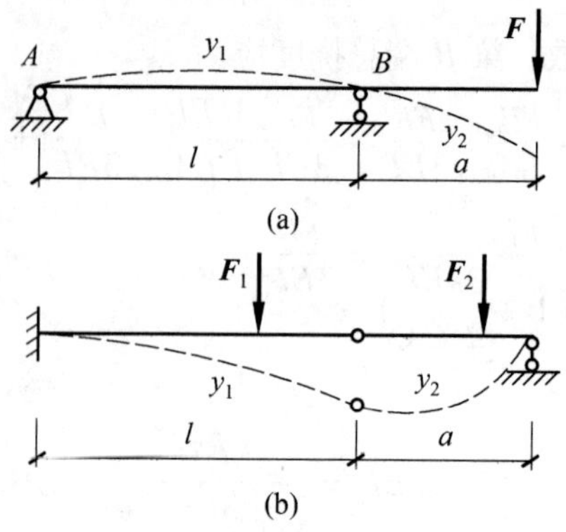

图 18.18

2. 利用积分法求图 18.19 所示悬臂梁在三角形荷载作用下的最大挠度。

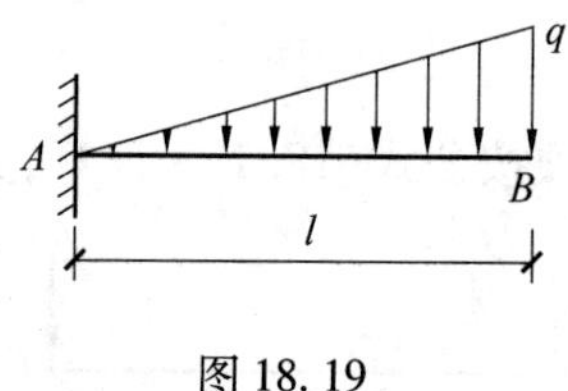

图 18.19

3. 利用叠加法求图 18.20 所示悬臂梁 C 处的挠度,悬臂梁抗弯刚度为 EI,B 处受集中力 $\boldsymbol{F}$ 作用。

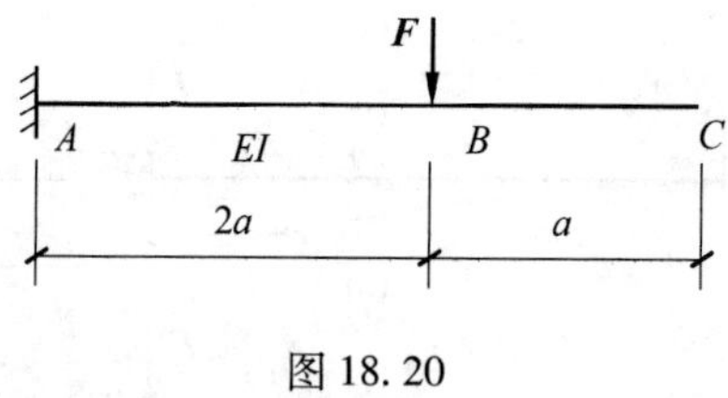

图 18.20

4. 利用叠加法求图 18.21 结构 D 点的挠度,全梁的 EI 相同。要求迅速给出 D 点挠度的结果。

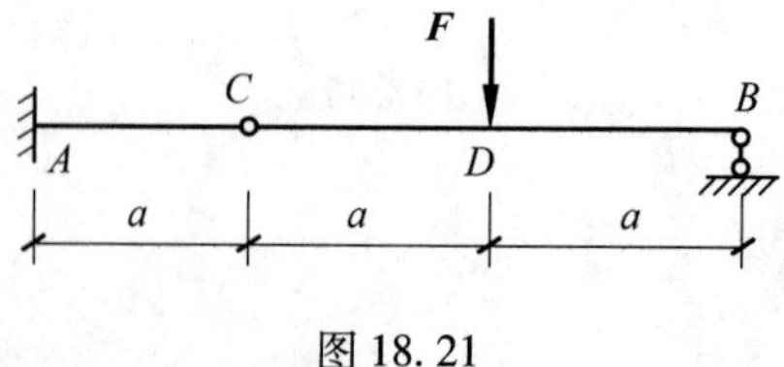

图 18.21

5. 图 18.22 所示一弯曲杆件(EI 为常数),在 A、B、C 三点用螺栓将其连接在一条直线上,有两种施工方式:(1) 先将杆的两端连接到 A、B 两点,然后在杆的中点处施加横向力

$\boldsymbol{F}_1$，使其成为一条直线，最后再与 C 点连接；(2) 先将杆的左端和中点连接到 A、C 两点，然后在杆的右端点处施加横向力 $\boldsymbol{F}_2$，使其成为一条直线，最后再与 B 点连接。试计算 F_1 与 F_2 的大小，以确定哪种方式省力。

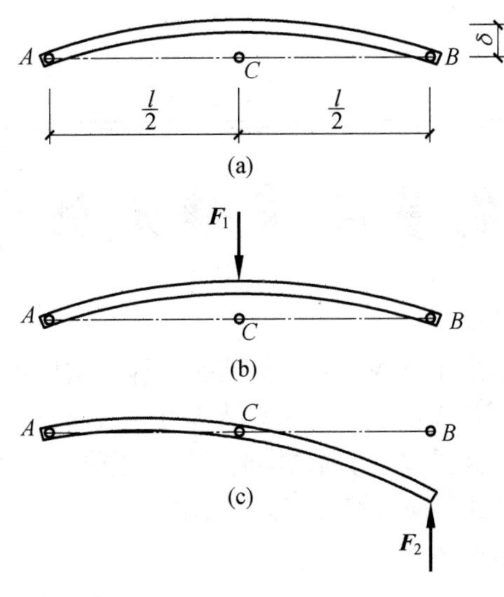

图 18. 22

第19章

能量法求静定结构位移

上一章通过积分法解决了梁的位移计算问题。静定结构中除梁以外，桁架、刚架、三铰拱等结构在荷载作用下都存在位移。这些结构每一截面也都存在线位移和角位移，但正如图19.1所示，由于刚架梁BC弯曲的同时柱AB也要弯曲，梁上任一截面D将产生斜向位移Δ_D，计算时经常将此斜向位移分解为水平位移Δ_{Dx}和竖向位移Δ_{Dy}，此外截面将发生转角θ_D，即D截面的角位移。

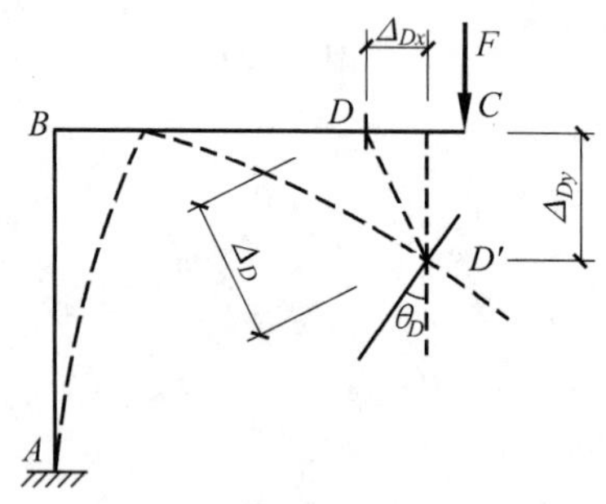

图19.1

计算静定结构的位移，例如图19.1所示，可以以梁的位移为基础，将柱AB视为梁求此柱的水平位移，然后将BC按梁的方法求位移，最后在结点B变形协调统一。这种方法几何关系往往很复杂不便求解，通常求位移的有效方法是能量法。

19.1 应变能及其应用

19.1.1 拉压应变能及其在简单桁架位移计算中的应用

在强度理论一章中已经通过积分导出了构件由于轴向荷载所产生的应变能(strain energy due to direct load)计算公式为

$$U=\frac{F\Delta L}{2}=\frac{F^2l}{2EA} \tag{19.1}$$

而单位体积的应变能(比能)为

$$u = \frac{\sigma^2}{2E} = \frac{\sigma\varepsilon}{2} \tag{19.2}$$

【例 19.1】　如图 19.2 所示实心圆钢杆 AB 和 AC 在 A 点铰结,受铅垂力 $F = 35$ kN 的作用,已知 $d_1 = 12$ mm 和 $d_2 = 15$ mm,$E = 210$ GPa,求 A 点铅垂方向位移 Δ_{Ay}。

解:根据能量原理,力 $\boldsymbol{F}$ 在 A 点位移上所做的功应等于结构中所积蓄的应变能。图 19.3 为 A 点的位移图。总位移 AA' 分解为 Δ_{Ay} 和 Δ_{Ax}。

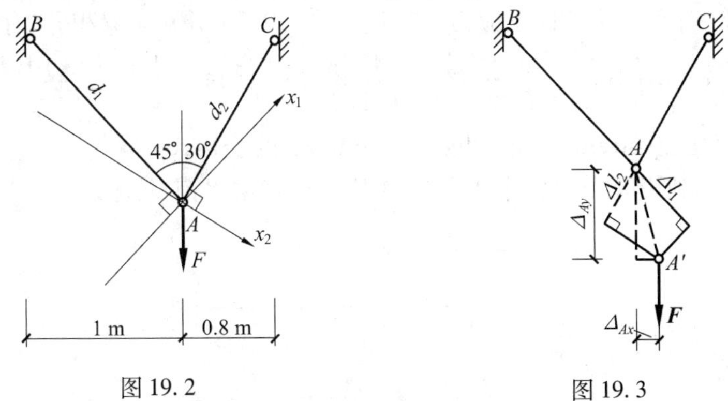

图 19.2　　　　图 19.3

采用几何方法可以求出 Δ_{Ay},但这种方法比较复杂。采用应变能法,外力 $\boldsymbol{F}$ 在 AA' 上所做的功等于 $\boldsymbol{F}$ 在 Δ_{Ay} 上所做的功($\boldsymbol{F}$ 与 Δ_{Ax} 垂直,在 Δ_{Ax} 上不做功),考虑到 $\boldsymbol{F}$ 与位移成正比,属于变力做功,因此外力功

$$W = \frac{1}{2}F\Delta_{Ay} = 17.5\Delta_{Ay}$$

利用平衡条件求出 AB 杆和 AC 杆的内力 $\boldsymbol{F}_{NAB}$ 与 $\boldsymbol{F}_{NAC}$。对图 19.2 所示的 x_1 轴列平衡方程,有

$$F_{NAC}\cos 15° - F\cos 45° = 0$$

$$F_{NAC}/\text{kN} = 35 \times \frac{0.707}{0.966} = 25.6$$

对 x_2 轴列平衡方程,有

$$F\cos 60° - F_{NAB}\cos 15° = 0$$

$$F_{NAB}/\text{kN} = 35 \times \frac{0.5}{0.966} = 18.1$$

利用公式(19.1),总应变能

$$U/(\text{kN}\cdot\text{m}) = \frac{F_{NAB}^2 l_1}{2EA_1} + \frac{F_{NAC}^2 l_2}{2EA_2} = \frac{1.81^2 \times \sqrt{2}}{2 \times 210 \times 10^6 \times \frac{\pi \times 12^2}{4} \times 10^{-6}} +$$

$$\frac{25.6^2 \times 1.6}{2 \times 210 \times 10^6 \times \frac{\pi \times 15^2 \times 10^{-6}}{4}} = 0.023\,9$$

令 $W=U$,得

$$\Delta_{Ay}=\frac{0.0239}{17.5}\ \text{m}=0.00136\ \text{m}=1.36\ \text{mm}$$

应变能法虽然能求出沿 $\boldsymbol{F}$ 方向的 Δ_{Ay} 位移,但要求 Δ_{Ax} 却不可能,因 $\boldsymbol{F}$ 在此位移上不做功。

19.1.2 弯曲应变能及其在简单梁位移计算中的应用

弯曲变形中若不计切应力,则各点正应力处于单向拉压状态,其单位体积的应变能可以利用式(19.2)计算。将弯曲正应力公式代入式(19.2)并对全梁积分,有

$$U=\int_V\frac{\sigma^2}{2E}\mathrm{d}V=\int_l\mathrm{d}x\int_A\frac{M^2(x)y^2}{2EI_z^2}\mathrm{d}A=\int_l\frac{M^2(x)}{2EI_z^2}\mathrm{d}x\int_A y^2\mathrm{d}A=\frac{1}{2}\int_l\frac{M^2(x)\mathrm{d}x}{EI_z} \tag{19.3}$$

此式即为弯曲应变能(strain energy due to bending)的表达式。

【例 19.2】 利用应变能法计算图 19.4 所示悬臂梁 B 点的挠度。

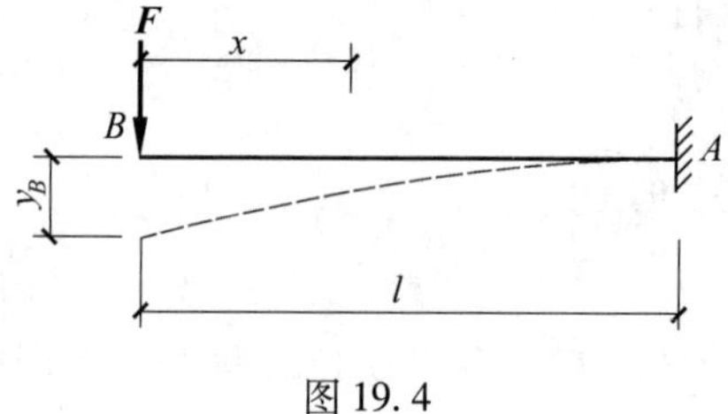

图 19.4

解:$\boldsymbol{F}$ 在 y_B 上所做的功为

$$W=\frac{1}{2}Fy_B$$

悬臂梁的弯矩方程为

$$M(x)=-Fx$$

代入式(19.3),有

$$U=\frac{1}{2}\int_0^l\frac{1}{EI_z}(-Fx)^2\mathrm{d}x=\frac{F^2}{2EI_z}\int_0^l x^2\mathrm{d}x=\frac{F^2l^3}{6EI_z}$$

令 $W=U$,解出

$$y_B=\frac{F^2l^3\times 2}{6EI_z\times P}=\frac{Fl^3}{3EI_z}$$

此结果与积分法计算结果相同,本题利用应变能法求得 B 点的挠度,但要求 B 点以外任何点的挠度却无法得到,因为其他点并无外力作用。

19.1.3 剪切应变能及其在梁中的应用

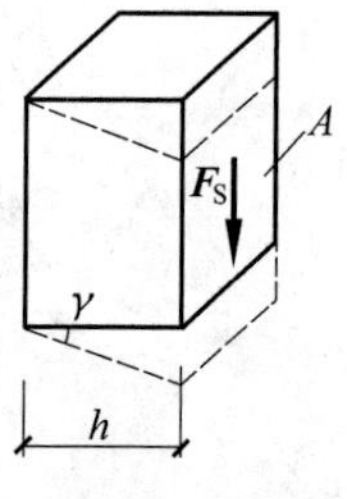

图 19.5

图 19.5 所示单元体截面面积为 A,受剪力 $\boldsymbol{F}_S$ 作用,发生剪切变形,剪切角为 γ,单元体所积蓄的剪切应变能(strain energy due to shear)为

$$U=\frac{1}{2}F_S\gamma h$$

单位体积的应变能为

$$u=\frac{\frac{1}{2}F_S\gamma h}{Ah}=\frac{1}{2}\tau\gamma=\frac{\tau^2}{2G} \tag{19.4}$$

应用此式可以计算梁弯曲中切应力所引起的应变能。将 $\tau=\frac{F_S S_z^*}{I_z b}$ 代入上式,并对全梁积分,有

$$U=\int_l \mathrm{d}x\int_A \frac{\tau^2}{2G}\mathrm{d}A=\frac{1}{2G}\int_l \mathrm{d}x\int_A F_S^2\left(\frac{S_z^*}{I_z b}\right)^2\mathrm{d}A$$

当剪力沿梁长为定值,且截面为矩形时,上式化为

$$U=\frac{F_S^2 l}{2G}\int_{-\frac{h}{2}}^{\frac{h}{2}}\left\{\frac{1}{\frac{bh^3}{12}b}\frac{1}{2}\left[\left(\frac{h}{2}\right)^2-y^2\right]b\right\}^2 b\mathrm{d}y=\frac{F_S^2 l}{2G}\frac{6}{5}\frac{1}{A}=\frac{1}{2}F_S\frac{1.2F_S l}{GA} \tag{19.5}$$

式中,$\frac{1.2F_S l}{GA}$ 相当于剪力 $\boldsymbol{F}_S$ 在梁中引起的剪切变形,系数 1.2 是梁中横截面切应力不均匀系数,对矩形截面是 1.2,圆形截面为 1.5。

公式(19.5) 还可以应用于扭转。

19.2　弹性体的虚功原理

如图 19.6(a) 所示,一平面结构受外力作用,保持整体平衡,其内部各截面上将有弯矩、剪力和轴力存在(不考虑扭转),取出一微分单元体 A 在内外力作用下也应保持平衡。图 19.6(a) 称为力状态,图 19.6(b) 表示原结构的变形状态,这种变形可以包括多方面的原因,例如荷载、温度改变、支座移动、材料收缩、制造误差等等,同时也可以是上述诸因素的组合而引起的。

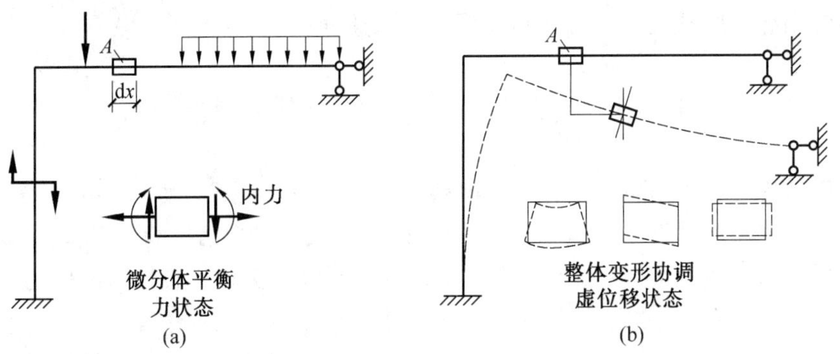

图 19.6

无论引起变形与位移的原因是什么,但所有变形与位移都是微小的,同时这些位移在支座处应是满足边界约束条件的,在内部彼此应是协调的。这种位移统称为虚位移(virtual displacement)。虚位移中既包括如图 19.6(b) 所示的单元体的刚体位移,也包括各单元体由弯曲、剪切和拉压引起的虚变形两个部分。两种状态一般说来是相互无关的,先将外力加入结构形成力状态(图 19.6(a)),然后令结构再发生虚位移状态(图

19.6(b)),在后一过程中力状态所属的外力与内力值均不发生变化,但由于虚位移的发生,力状态所属的外力与内力都将做功,而且这些功属于常力做功,其总功应等于

$$W_{总} = W_{外} + W_{内}$$

式中,$W_{外}$ 为外力在虚位移上所做总功;$W_{内}$ 为各横截面内力在虚位移上所做总功,由于截面左右两侧内力互为作用与反作用,而截面发生相应虚位移时又保持连续协调,因此各截面内力功彼此相消,故 $W_{内} = 0$,这样有

$$W_{总} = W_{外} \tag{a}$$

从另一角度出发将所有虚位移分解为刚体虚位移和虚变形,因此总虚功又可写成

$$W_{总} = W_{刚} + W_{变}$$

式中,$W_{变}$ 为外力与内力在虚变形上所做的总功。经计算外力在虚变形上所做总功属于无穷小量,而内力在虚变形上所做总功为常量,因此 $W_{变}$ 的含义仅为内力在虚变形上所做总功。$W_{刚}$ 为外力与内力在刚体位移上所做总虚功,根据刚体虚功原理,因为力状态是属于平衡的,所以 $W_{刚} = 0$,因此上式化为

$$W_{总} = W_{变} \tag{b}$$

将式(a) 与式(b) 联合,有

$$W_{外} = W_{变} \tag{19.6}$$

本式即为弹性体虚功原理的表达式,它表明在外力作用下的弹性体若处于平衡状态,则外力在任何可能发生的虚位移上所做的总功等于该外力所引起的内力在相应虚位移中虚变形上所做总功。

虚功原理有两种用法:

(1) 虚设位移状态。可求实际力状态的未知力。这时在给定的力状态与虚设的位移状态之间应用虚功原理,这种形式的应用即为虚位移原理。

(2) 虚设力状态。可求实际位移状态的位移。这时在给定的位移状态与虚设的力状态之间应用虚功原理,这种形式的应用即为虚力原理。

19.3 结构位移计算的一般公式

下面从虚功原理出发导出计算杆件结构位移的一般公式。如图 19.7(a) 所示,一结构在荷载与支座移动下发生虚线所示的变形,这一状态称为结构的实际状态,现要求实际状态中任一 K 点沿某 $k-k$ 方向的真实位移 Δ_{Ki},所以将实际状态作为结构的位移状态。Δ_{Ki} 的第一个下标表示截面位置,第二个下标表示产生变形的原因。为了能够利用弹性体虚功原理求解此位移,就需要两个状态:力状态和位移状态。现在要求的位移是由荷载、温度变化及支座移动等因素引起的,故应以此作为结构的位移状态,并称为实际状态。此外还要人为设置一个力状态(图19.7(b)),由于力状态和位移状态是彼此独立无关的,因此力状态完全可以根据计算的需要来假定。目的是要求 Δ_{Ki},所以顺 $k-k$ 方向加一集中力 $\boldsymbol{F}_K$,为了计算简便,令 $F_K = 1$,称为单位荷载,或者单位力。这样就可以构成外力虚功,且含有 Δ_{Ki}。在单位力 $\boldsymbol{F}_K$ 作用下,为了应用公式(19.6),在位移状态中将所谓虚变形示于图 19.7(a),这些变形对静定结构而言是在实际荷载作用下由 M_P、F_{SP} 和 F_{NP} 所产生的或

由温度变化而直接引起的。对超静定结构而言，这些变形既包含实际荷载又包含支座移动或温度变化产生的内力所引起的。

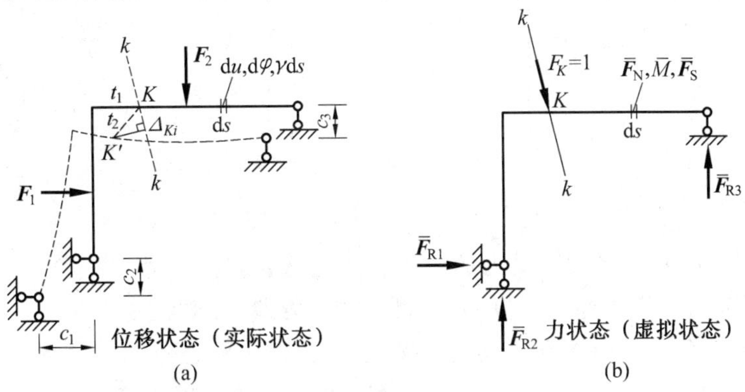

图 19.7

现在来计算虚拟状态的外力和内力在实际状态相应的位移和变形上所做的虚功，设在虚拟状态中 $F_K=1$ 引起的支座反力为 $\overline{F}_{R1}$、$\overline{F}_{R2}$、$\overline{F}_{R3}$，而在实际状态中相应的支座位移为 c_1、c_2、c_3，则外力虚功

$$W_{外}=F_K\Delta_{Ki}+\overline{F}_{R1}c_1+\overline{F}_{R2}c_2+\overline{F}_{R3}c_3=1\cdot\Delta_{Ki}+\sum\overline{F}_Rc$$

这样，单位荷载 $F_K=1$ 所做的虚功就等于所要求的位移 Δ_{Ki}。

变形虚功为

$$W_{变}=\sum\int\overline{F}_N\mathrm{d}u+\sum\int\overline{M}\mathrm{d}\varphi+\sum\int\overline{F}_S\gamma\mathrm{d}s$$

由虚功原理 $W_{外}=W_{变}$ 得到

$$\Delta_{Ki}=-\sum\overline{F}_Rc+\sum\int\overline{F}_N\mathrm{d}u+\sum\int\overline{M}\mathrm{d}\varphi+\sum\int\overline{F}_S\gamma\mathrm{d}s \tag{19.7}$$

这就是结构位移一般计算公式。

由以上可见，利用虚功原理来求结构的位移，关键在于虚设恰当的力状态，而方法的巧妙之处在于虚拟状态中在所求位移地点沿所求位移方向加一单位荷载，以使荷载虚功恰好等于所求位移，此法又称为单位荷载法（method of unit load）。

实际问题中，除了计算线位移外，还需计算角位移、相对位移等。下面讨论如何按照所求位移类型的不同，设置相应的虚拟状态。

由上可知，当要求某点沿某方向的线位移时，应在该点沿所求位移方向加一个单位集中力。如图 19.8(a) 所示，即为求 A 点水平位移时的虚拟状态。

当要求某截面的角位移时，则应在该截面处加一集中力偶，如图 19.8(b) 即为求 A 截面角位移时的虚拟状态。

当要求两点间距离变化时，此时应在两点沿其连线方向加一对指向相反的单位力，如图 19.8(c) 所示。

同理，若要求两截面的相对角位移，就应在两截面处加一对方向相反的单位力偶，如图 19.8(d) 所示。

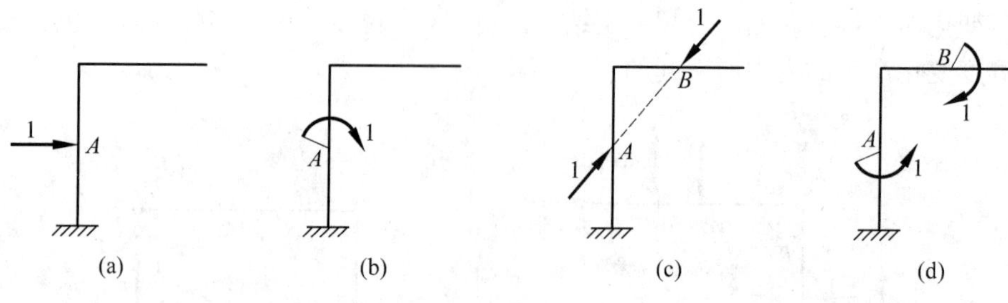

图 19.8

这里,引入广义位移和广义力的概念。线位移、角位移、相对线位移、相对角位移以及某一组位移等,可统称为广义位移。而集中力、力偶、一对集中力、一对力偶、某一力系等,可统称为广义力。这样,在求任何广义位移时,虚拟状态所加的荷载就应是与广义位移相应的广义力。这里的相应是指力与位移在做功关系上的对应。

在求桁架某杆的角位移时,由于桁架只承受轴力,故应将单位力偶换为等效结点集中荷载,即在该杆两端加一对方向与杆件垂直,大小等于杆长倒数,指向相反的集中力,如图 19.9(a) 所示。在位移微小的前提下,桁架杆件的角位移等于其两端在垂直于杆轴方向上的相对线位移除以杆长,如图 19.9(b) 所示。

$$\varphi_{AB}=\frac{\Delta_A+\Delta_B}{d}$$

荷载所做虚功等于所求杆件角位移,即

$$\frac{1}{d}\Delta_A+\frac{1}{d}\Delta_B=\frac{\Delta_A+\Delta_B}{d}=\varphi_{AB}$$

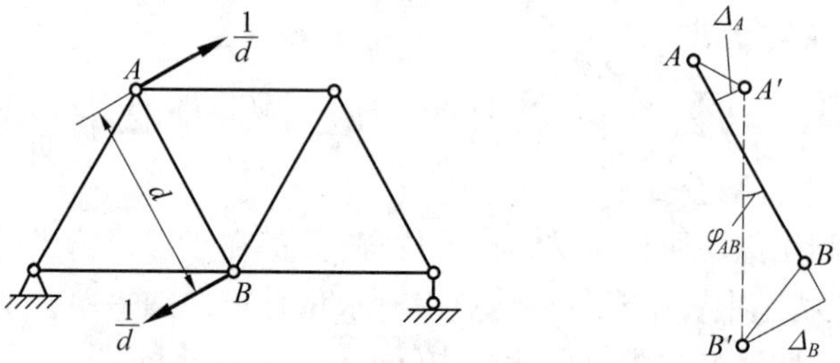

图 19.9

当不发生支座移动时,公式成为

$$\Delta_{Ki}=\sum\int\overline{F}_{\mathrm{N}}\mathrm{d}u+\sum\int\overline{M}\mathrm{d}\varphi+\sum\int\overline{F}_{\mathrm{S}}\gamma\mathrm{d}s \tag{19.8}$$

当结构仅受荷载作用时,式中 $\mathrm{d}\varphi$、$\gamma\mathrm{d}s$ 与 $\mathrm{d}u$ 是由结构的实际内力 M_P、F_{SP} 和 F_{NP} 所引起的,利用基本变形公式,有

$$\frac{1}{\rho}=\frac{\mathrm{d}\varphi}{\mathrm{d}x}=\frac{M_P}{EI_z},\quad \gamma\mathrm{d}s=\frac{k\overline{F}_{SP}\mathrm{d}x}{GA},\quad \mathrm{d}u=\frac{F_{NP}\mathrm{d}x}{EA}$$

式中,k 为梁弯曲中切应力分布不均匀系数,它只与截面形状有关。将这些关系代入式(19.8),得到

$$\Delta_{KP} = \sum \int_l \frac{\overline{M} M_P}{E I_z} \mathrm{d}x + \sum \int_l \frac{k \overline{F}_S F_{SP}}{GA} \mathrm{d}x + \sum \int_l \frac{\overline{F}_N F_{NP}}{EA} \mathrm{d}x \tag{19.9}$$

第一项是由弯曲变形所引起的位移,对于梁和刚架经常仅用此项结果计算位移;第二项是由剪切变形所引起的位移,一般只有在构件的高跨比较大时才考虑这项影响,通常不计这一因素;第三项是由轴向变形所引起的位移,桁架位移计算仅用此项,组合结构中既要考虑这项又要考虑第一项,拱结构在考虑第一项的同时有时要计算第三项。位移符号第二个下标 P 表示荷载(或外力)引起。

在计算桁架位移时,由于每根杆件各截面的内力相等,因此位移公式可进行简化,有

$$\Delta_{KP} = \sum \int_l \frac{\overline{F}_N F_{NP}}{EA} \mathrm{d}x = \sum \frac{\overline{F}_N F_{NP}}{EA} l \tag{19.10}$$

【例 19.3】　计算例 19.1 中 A 点的水平位移 Δ_{Ax}(下标 x 表示水平方向)。

解: 在图 19.10 中沿所求位移方向设一虚单位力 $\boldsymbol{F}_K$,利用平衡条件求:$\boldsymbol{F}_K = 1$ 作用下两杆的内力 $\overline{F}_{NAB}$ 与 $\overline{F}_{NAC}$。

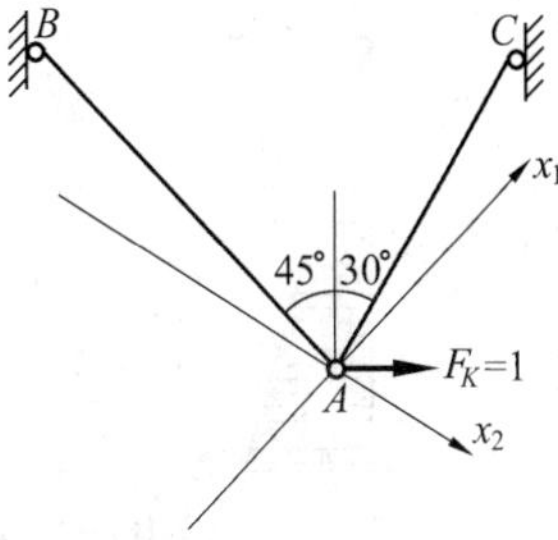

图 19.10

取 $\sum F_{x_1} = 0$,有

$$\overline{F}_{NAC} \cos 15^\circ + 1 \times \cos 45^\circ = 0$$

$$\overline{F}_{NAC} = -0.732$$

取 $\sum F_{x_2} = 0$,有

$$1 \times \cos 30^\circ - \overline{F}_{NAB} \cos 15^\circ = 0$$

$$\overline{F}_{NAB} = 0.897$$

将例 19.1 的有关数据和 $\overline{F}_{NAB}$、$\overline{F}_{NAC}$ 值代入式(19.10),得到 A 点水平位移

$$\Delta_{Ax} = \left(\frac{0.897 \times 18.1 \times \sqrt{2}}{210 \times 10^6 \times \frac{\pi \times 12^2 \times 10^{-6}}{4}} + \frac{(-0.732) \times 25.6 \times 1.6}{210 \times 10^6 \times \frac{\pi \times 15^2 \times 10^{-6}}{4}} \right) \mathrm{m} =$$

$$0.000\ 159\ \mathrm{m} = 0.159\ \mathrm{mm}$$

【例 19.4】　试求图 19.11(a) 所示结构 C 端的水平位移 Δ_{Cx} 和角位移 φ_C。已知 EI 为一常数。

解: 略去轴向变形和剪切变形的影响,只计算弯曲变形一项。在荷载作用下,弯矩的变化如图 19.11(b) 所示。

(1) 求 C 端的水平位移时,可在 C 点加上一水平单位荷载作为虚拟状态,其方向取为向左,如图 19.11(c) 所示。两种状态的弯矩为

横梁 BC 上　　　$\overline{M} = 0$,　$M_P = -\frac{1}{2} q x^2$

竖柱 AB 上　　　$\overline{M} = x$,　$M_P = -\frac{1}{2} q l^2$

代入式(19.10) 得 C 端的水平位移为

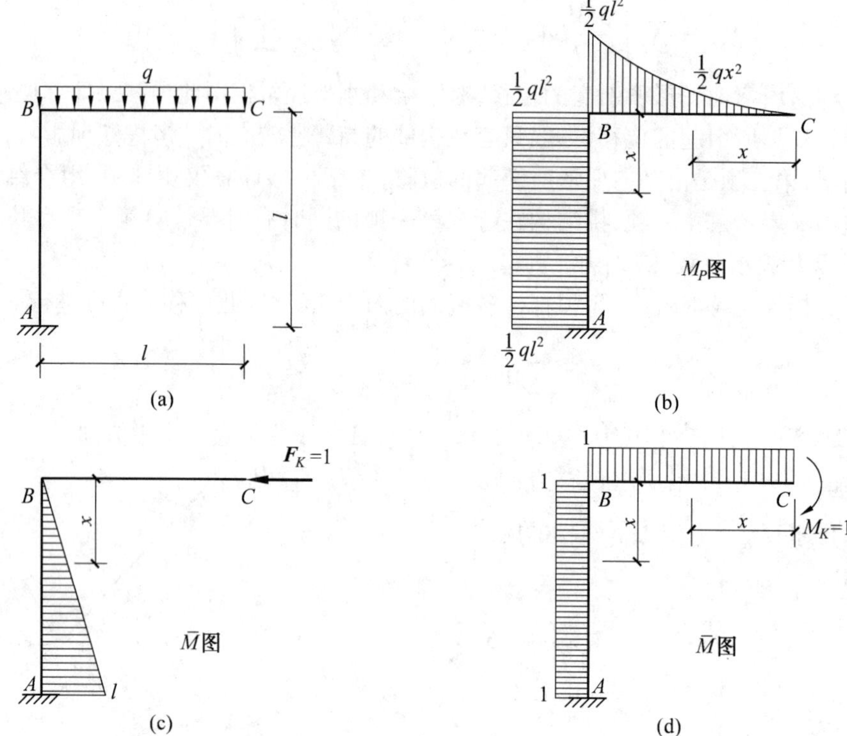

图 19.11

$$\Delta_{Cx} = \sum\int\frac{\overline{M}M_P}{EI}\mathrm{d}x = \frac{1}{EI}\int_0^l x\left(-\frac{1}{2}ql^2\right)\mathrm{d}x = -\frac{ql^4}{4EI}(\rightarrow)$$

计算结果为负,表示实际位移与所设虚拟单位荷载的方向相反,即为向右。

(2) 求 C 端的角位移时,可在 C 点加一单位力偶作为虚拟状态,其方向设为顺时针方向,如图 19.11(d) 所示。两种状态的弯矩为

横梁 BC 上　　$\overline{M} = -1, M_P = -\frac{1}{2}qx^2$

竖柱 AB 上　　$\overline{M} = -1, M_P = -\frac{1}{2}ql^2$

代入式(19.10) 得 C 端的角位移为

$$\varphi_C = \frac{1}{EI}\int_0^l(-1)\left(-\frac{1}{2}qx^2\right)\mathrm{d}x + \frac{1}{EI}\int_0^l(-1)\left(-\frac{1}{2}ql^2\right)\mathrm{d}x = \frac{2ql^3}{3EI}(\curvearrowright)$$

计算结果为正,表示 C 端转动的方向与虚拟力偶的方向相同,为顺时针转动。

【例 19.5】 求图 19.12(a) 所示圆弧杆件在水平力作用下 B 截面的转角 θ_B, EI_z 为定值。

解:利用式(19.9) 的第一项,当轴线为曲线时应以 $R\mathrm{d}\theta$ 代替 $\mathrm{d}x$,有

$$\Delta_{KP} = \sum\int_l\frac{\overline{M}M_P}{EI_z}R\mathrm{d}\theta$$

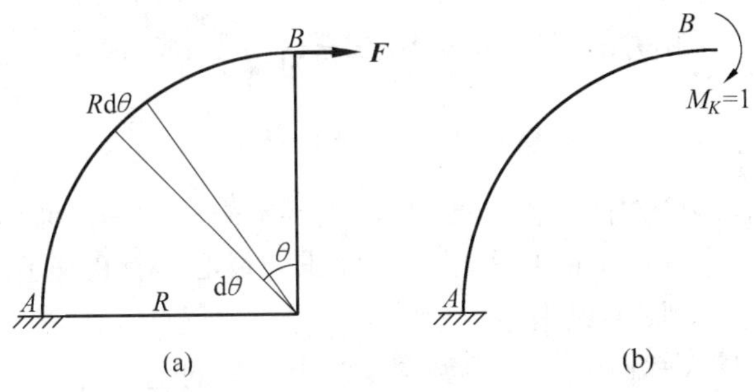

图 19.12

首先确定任意 θ 截面上的弯矩

$$M_P = -R(1-\cos\theta)F$$

单位荷载(图 19.12(b))M_K 作用下截面的弯矩

$$\overline{M} = -1$$

代入 Δ_{KP} 式,有

$$\theta_B = \frac{1}{EI_z}\int_0^{\frac{\pi}{2}}(-1)[-R(1-\cos\theta)F]R\mathrm{d}\theta =$$

$$\frac{R^2F}{EI_z}\int_0^{\frac{\pi}{2}}(1-\cos\theta)\,\mathrm{d}\theta = (\frac{\pi}{2}-1)\frac{R^2F}{EI_z} = 0.57\frac{R^2F}{EI_z}$$

19.4　图乘法求梁与刚架的位移

在略去剪力与轴力影响时,梁与刚架的位移计算公式为

$$\Delta_{KP} = \sum\int_l \frac{\overline{M}M_P}{EI_z}\mathrm{d}x \tag{19.11}$$

根据此公式求解位移必须先建立弯矩方程 $\overline{M}(x)$ 与 $M_P(x)$,然后通过相乘积分才能得到具体结果,这样做往往比较繁杂。由于式(19.11)是以定积分的形式表达,其中又有弯矩方程,显然与我们已熟知的弯矩图有关,因此能否通过先绘弯矩图的方法然后求得梁与刚架的位移呢? 图乘法给出肯定的回答。

单位荷载 $\boldsymbol{F}_K$ 不论是集中力还是集中力偶,在梁与刚架上引起的弯矩图绝不会是曲线,一般为斜直线,这是一条重要依据。当 EI_z 为常量时积分与其无关,现在研究积分 $\int_l \overline{M}M_P\mathrm{d}x$ 与弯矩图的关系。图 19.13 给出了 M_P 与 $\overline{M}$ 的弯矩图,M_P 可以为任意复杂曲线,但 $\overline{M}$ 只能为一条斜直线。将此斜直线延长与 x 轴相交得 O 点,以此为坐标原点。现在结合图 19.13 对下面乘积积分进行计算(evaluation of product integrals),有

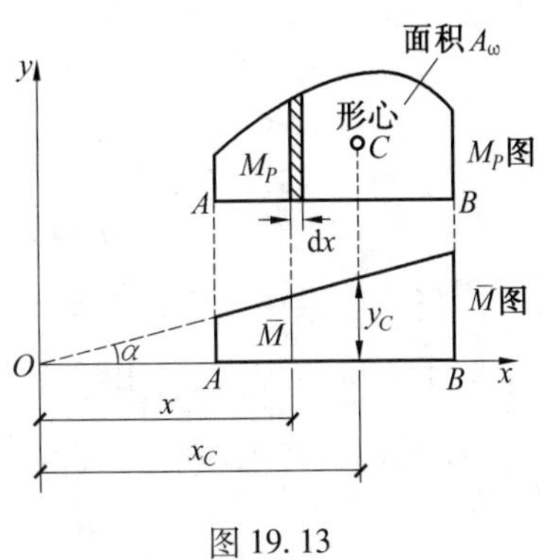

图 19.13

$$\int_l \overline{M}M_P\mathrm{d}x = \int_A^B x\tan\alpha M_P\mathrm{d}x = \tan\alpha\int_A^B xM_P\mathrm{d}x =$$

$$\tan\alpha\int_A^B x\mathrm{d}A_\omega = \tan\alpha A_\omega x_C = A_\omega y_C$$

式中,$\mathrm{d}A_\omega = M_P\mathrm{d}x$ 为荷载弯矩图的微分面积;A_ω 为荷载弯矩图的总面积;x_C 为荷载弯矩图形心的水平坐标,推导中利用了静矩等于图形面积与形心坐标的乘积;y_C 为与荷载弯矩图形心 C 对应的单位弯矩图的纵坐标。

将上述推证结果代入式(19.11),得到图乘法求位移的基本公式

$$\Delta_{KP} = \sum\frac{A_\omega y_C}{EI_z} \tag{19.12}$$

这里所讲述的图乘法并不是两个弯矩图的面积相乘,而是荷载弯矩图的面积与其形心对应的单位弯矩图的纵坐标相乘,然后除以弯曲刚度 EI_z,如果有多根杆件尚须求和。

图乘法是 Vereshagin 于 1925 年在莫斯科铁道运输学院就读时提出的。根据上面的推证过程,可知在应用图乘法时应注意以下几点:

(1) 杆轴为直线;

(2)EI 为常量;

(3)M_P 与 $\overline{M}$ 两个弯矩图中,至少有一个是直线图形;

(4) 竖标 y_C 只能取自直线图;

(5)A_ω 与 y_C 若在杆件的同侧则乘积取正号,异侧取负号。

公式(19.12) 是基于单位弯矩图为斜直线而导出的,如果 M_P 图也为斜直线,则图乘关系可以对调,此时哪个作面积、哪个找纵坐标均可。

当 $\overline{M}$ 图是由几根不同斜率的直线组成,如图 19.14 所示由三段组成,则对应 M_P 图也必须分成三部分,其图乘结果为$\Delta_{KP} = \dfrac{1}{EI}(A_{\omega1}y_1 + A_{\omega2}y_2 + A_{\omega3}y_3)$。当各杆段的截面不相等时,也应分段图乘,再进行叠加,如图 19.15 所示。

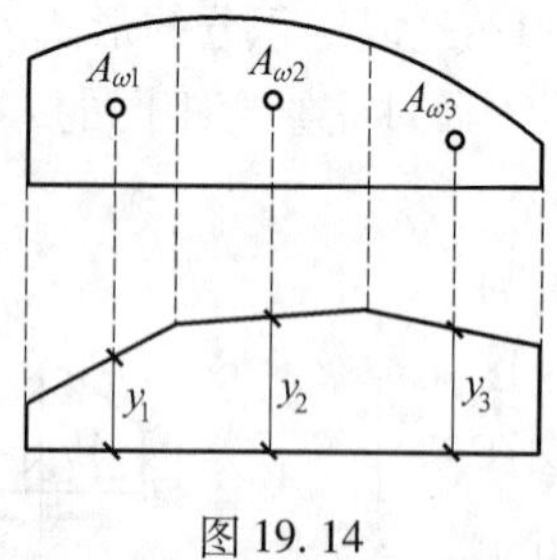

图 19.14

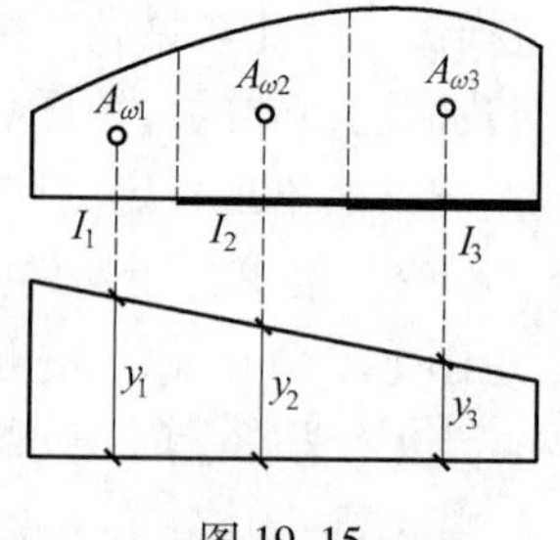

图 19.15

现将在图乘法中常用图形面积与形心坐标列于图 19.16 中。

对于二次抛物线,应用时要注意顶点条件。对于不是顶点的二次抛物线,如图 19.17 所示,应将抛物线面积分为两部分,曲线部分面积为$\dfrac{2}{3}db$,形心位于离左边界水平距离为$\dfrac{b}{2}$ 的铅垂线上;直线部分为三角形面积。当图形的面积或形心位置不便确定时,我们可

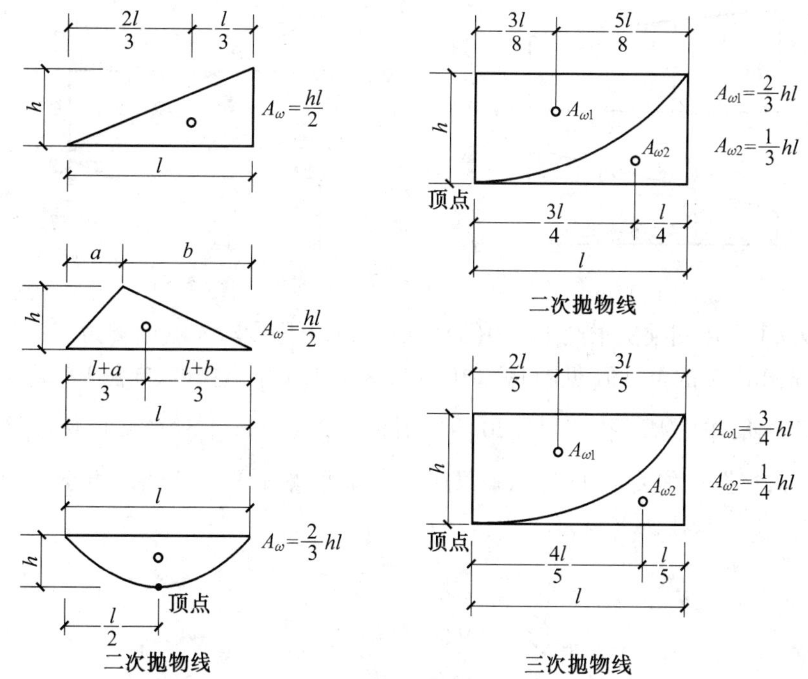

图 19. 16

以将它分解为几个简单的图形，将他们分别与另一图形相乘，然后把所得结果叠加。

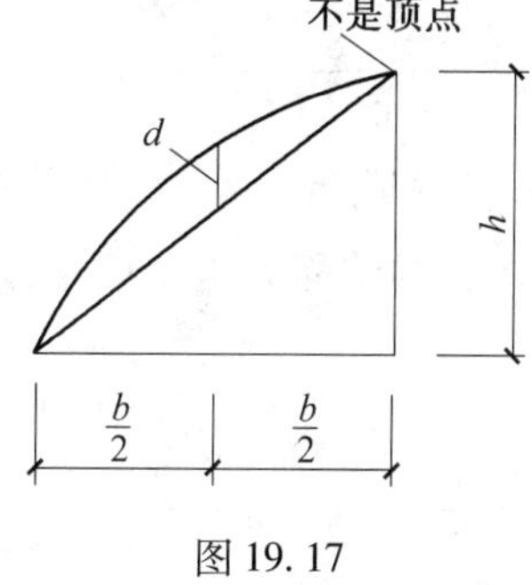

图 19. 17

如图 19. 18 所示两个梯形相乘时，可以将 M_P 图的梯形分成两个三角形，两三角形形心所对应的另一弯矩图的纵坐标为

$$y_a = \frac{2}{3}c + \frac{1}{3}d,\quad y_b = \frac{1}{3}c + \frac{2}{3}d \tag{19.13}$$

图 19. 19 也是两斜直线，但坐标有正有负，同样将 M_P 图分为两个三角形，两三角形形心所对应的另一弯矩图的纵坐标为

$$y_a = \frac{d}{3} - \frac{2}{3}c,\quad y_b = \frac{2}{3}d - \frac{c}{3} \tag{19.14}$$

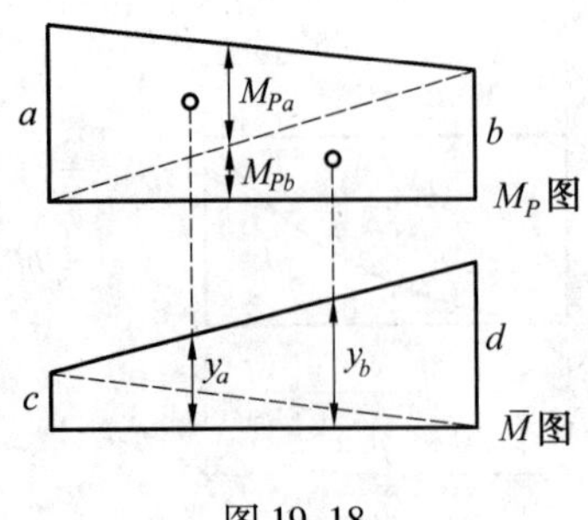

图 19.18

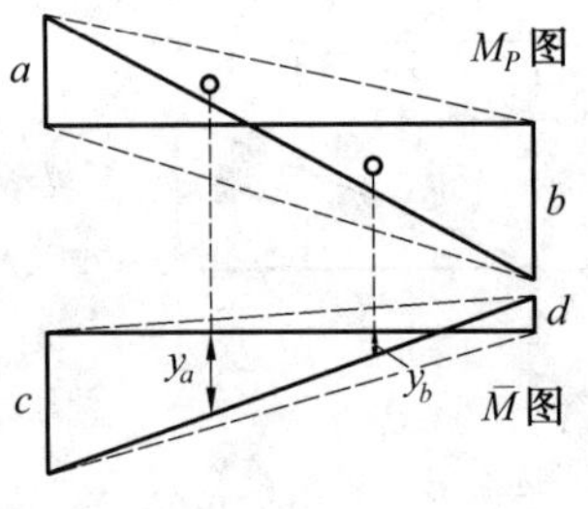

图 19.19

【**例 19.6**】 用图乘法求图 19.20(a) 所示梁中点挠度与 A 截面转角。

解:首先作出梁的 M_P 图(见图 19.20(b)),为了求梁中点挠度,在图 19.20(c) 中梁的中点处加 $F_K=1$,作出 $\overline{M}_1$ 图。图 19.20(b) 与图 19.20(c) 相乘时必须取 M_P 为面积,并在 $\overline{M}_1$ 上确定 y_C,根据对称关系,图形相乘只作一半即可,然后乘以 2 倍。由于 M_P 图为抛物线,C 点对应的 y_C 按比例求出,有

$$\frac{y_C}{5l/16}=\frac{\frac{l}{4}}{l/2}$$

得

$$y_C=\frac{5l}{32}$$

代入式(19.12),得梁跨中挠度

$$y_{中}=2\times\frac{\frac{2}{3}\times\frac{ql^2}{8}\times\frac{l}{2}\times\frac{5l}{32}}{EI_z}=\frac{5ql^4}{384EI_z}$$

此结果与积分法完全相同,但计算已相当简单。为了求 A 截面的转角,在图 19.20(d) 中的 A 端加一单位力偶 $M_K=1$(求出的位移为角位移),作 $\overline{M}_2$ 图,利用公式(19.12),得 A 截面转角

$$\theta_A=\frac{\frac{2}{3}\times\frac{ql^2}{8}\times l\times\frac{1}{2}}{EI_z}=\frac{ql^3}{24EI_z}$$

【**例 19.7**】 利用图乘法求图 19.21(a) 所示悬臂梁跨中挠度。

解:作荷载弯矩图 M_P(见图 19.21(b)),在梁跨中点加单位力 $F_K=1$(见图 19.21(c)),作 $\overline{M}$ 图(见图 19.21(d))。利用图乘法求挠度,本题 $\overline{M}$ 分为两段,右段为零,因此可以只算左段,按照区段叠加原理将 M_P 图分为如图 19.21(b) 所示的三部分,需要注意的是抛物线部分面积为负,将三部分形心所对应的纵坐标在 $\overline{M}$ 图上标出,最后中点挠度用式(19.12),有

$$\Delta_{中y}=\frac{1}{EI_z}\left(\frac{1}{2}\frac{ql^2}{2}\times\frac{l}{2}\times\frac{l}{3}+\frac{1}{2}\times\frac{ql^2}{8}\times\frac{l}{2}\times\frac{l}{6}-\frac{2}{3}\times\frac{ql^2}{32}\times\frac{l}{2}\times\frac{l}{4}\right)=\frac{17ql^4}{384EI_z}$$

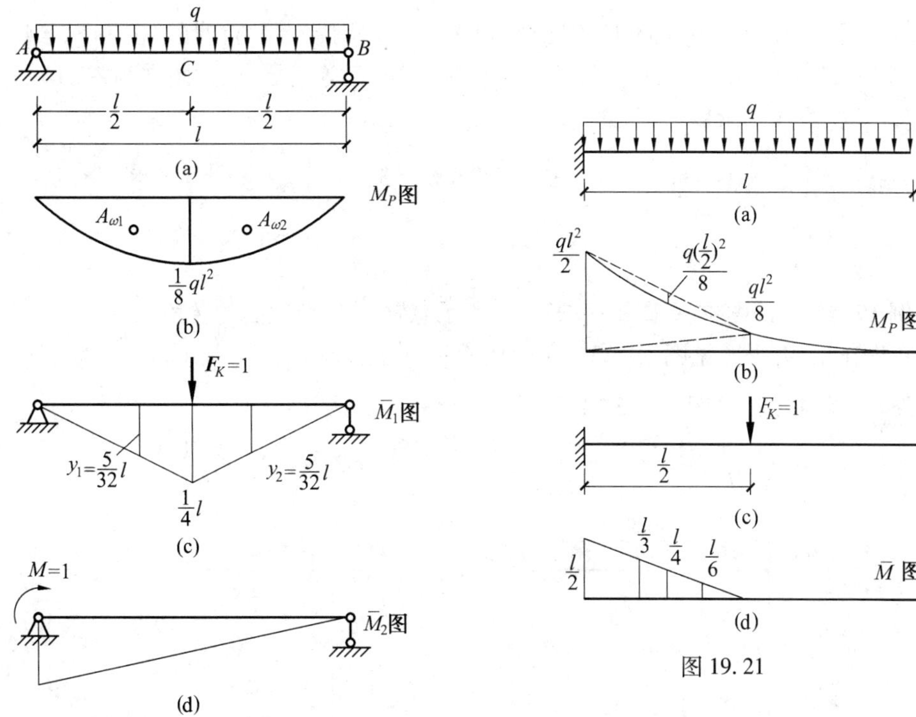

图 19.21

图 19.20

【例 19.8】　用图乘法求图 19.22(a) 所示刚架 D 点的水平位移 Δ_{Dx}，已知横梁 BC 刚度为 2EI，柱 AB 和 CD 刚度为 EI。

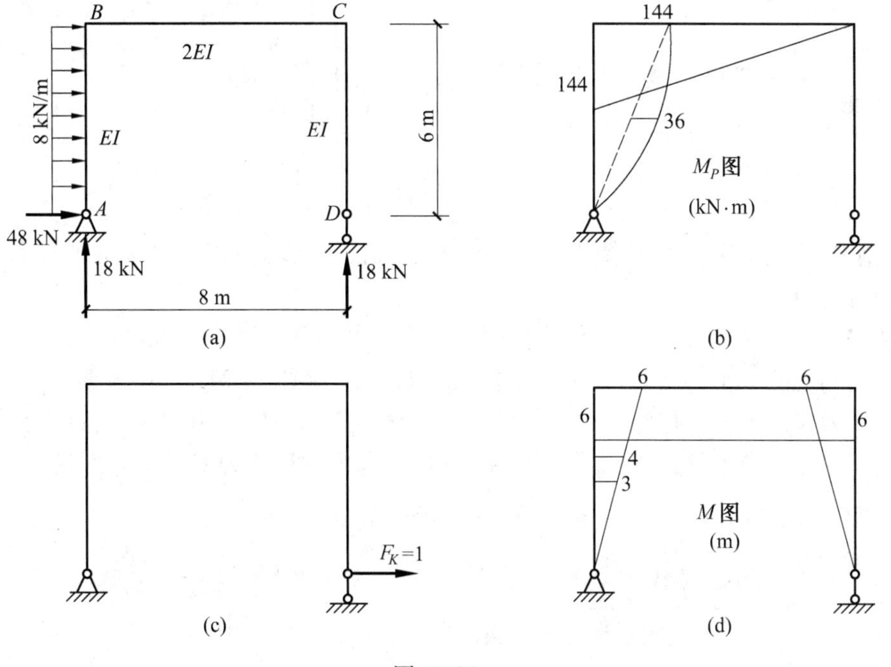

图 19.22

解:求反力,画 M_P 图(见图19.22(a)、(b)),在 D 点沿水平方向加单位力 $F_K=1$,作 $\overline{M}$ 图(见图19.22(c)、(d)),图乘法按三杆进行,CD 杆 M_P 等于零,因此图乘为零,AB 杆分两块面积,BC 杆一次图乘就可以,总之

$$\Delta_{Dx}=\frac{1}{EI}\left(\frac{1}{2}\times144\times6\times4+\frac{2}{3}\times36\times6\times3\right)+\frac{1}{2EI}\times\frac{1}{2}\times144\times8\times6=\frac{3\ 888}{EI}$$

【例19.9】 用图乘法求图19.23(a)所示悬臂刚架 C 截面的转角。

解:先作出 M_P 图(见图19.23(b)),在 C 截面加一单位力偶 M_K(转向可以假设见图19.23(c)),作 $\overline{M}$ 图(见图19.23(d))。

$$\theta_C=-\frac{1}{EI}\left(\frac{1}{3}\times16\times4\times1+\frac{16+30}{2}\times3.5\times1\right)=-\frac{101.8}{EI}$$

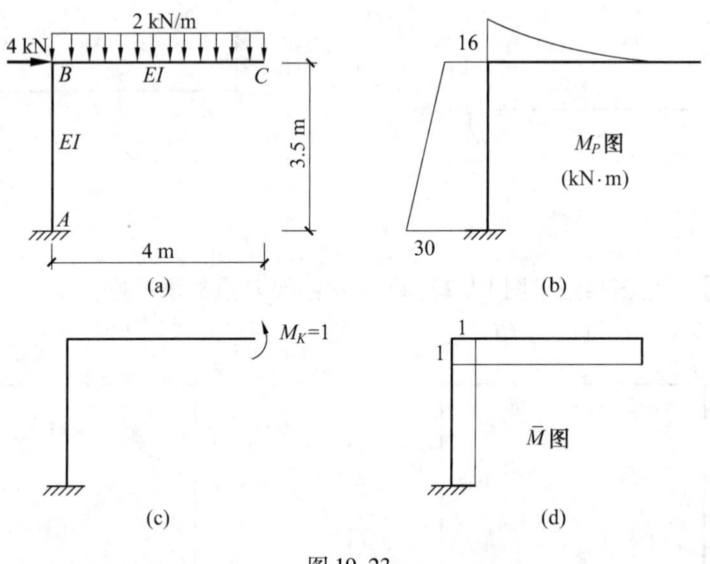

图19.23

【例19.10】 用图乘法求图19.24(a)所示三铰刚架 EG 两点的相对水平位移与 C 截面的相对转角。

解:E、G 两点间的相对水平位移指两点间绝对水平位移的差值,即 $\Delta_E-\Delta_G$,为求此值可以在结构上的 E、G 点加上一对相等相反的单位力(见图19.24(b)),根据叠加原理,结构在一对力作用下的位移即为相对位移。求 C 截面的相对转角道理相同,只要在铰的左右加上一对相反的单位力偶(见图19.24(c)),所求角位移即为 C 截面相对转角。作 M_P 和两种 $\overline{M}$ 图,见图19.25(d)、(e)、(f)。根据图乘法得到

$$\Delta_{EG}=\frac{1}{EI}\left(-\frac{1}{2}\times1\times4\times\frac{26}{2}+\frac{1}{2}\times1\times4\times\frac{6}{2}\right)=-\frac{20}{EI}$$

所得负值说明实际方向(相互离开)与假设方向(相互接近)相反。

同样得到

$$\theta_{C左右}=\frac{1}{EI}(\frac{1}{2}\times 26\times 4\times \frac{2}{3}+\frac{1}{2}\times 26\times 2\times 1-\frac{1}{2}\times 6\times 2\times 1-\frac{1}{2}\times 6\times 4\times \frac{2}{3})=\frac{46.67}{EI}$$

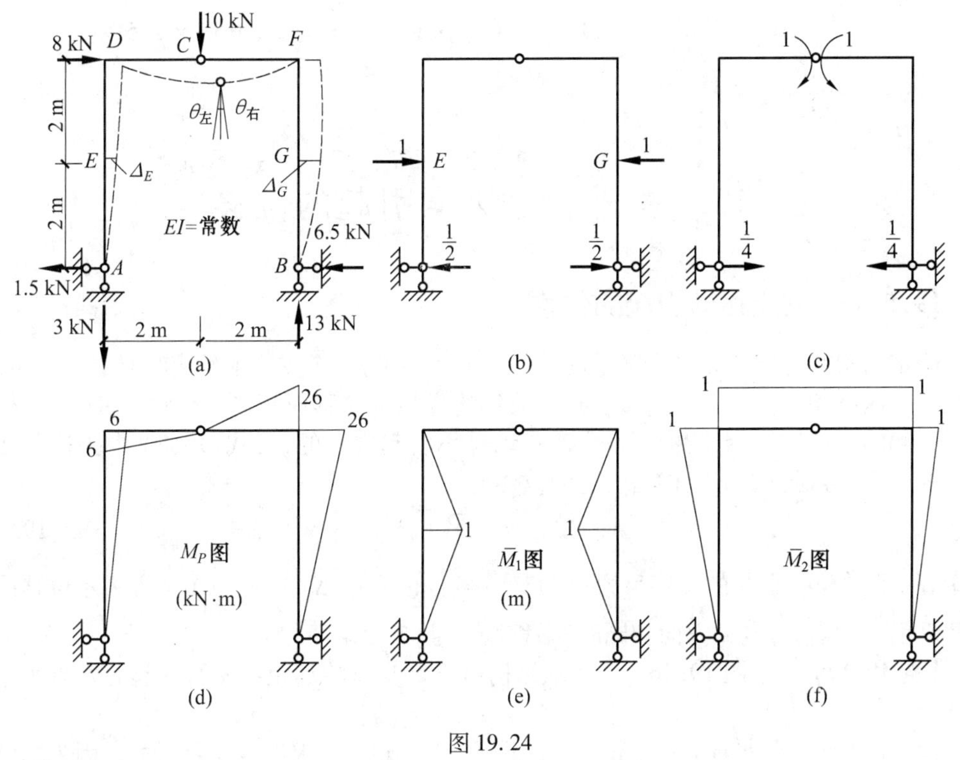

图 19.24

【例 19.11】　求图 19.25(a) 所示组合结构 C 点的挠度 Δ_{Cy}。

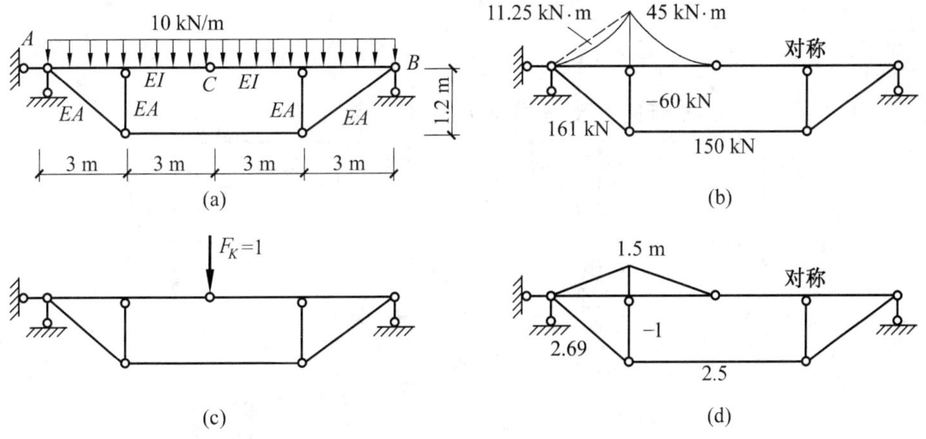

图 19.25

解:本题属于组合结构,既有受弯构件又有轴向拉压构件,因此既要用图乘法求受弯构件引起的位移,又要用桁架位移公式计算拉压杆件引起的位移。荷载作用下构件的弯矩图和轴力示于图 19.25(b) 中,单位荷载作用下的弯矩图和轴力示于图 19.25(d) 中。

综合图乘法与公式(19.10),可以得到 C 点竖向位移。

$$\Delta_{Cy}=\frac{4}{EI}\left(\frac{1}{2}\times 45\times 3\times 1-\frac{2}{3}\times 11.25\times 3\times 0.75\right)+$$
$$\frac{2}{EA}[161\times 2.69\times 3.23+(-60)\times(-1)\times 1.2+150\times 2.5\times 3]=$$
$$\frac{202.5}{EI}+\frac{5\,192}{EA}$$

19.5　非荷载因素引起的位移

19.5.1　支座移动引起的位移

静定结构本身属于无多余联系的几何不变体系,每一个支座的约束都是必不可少的,因此当支座移动(variation of supports)时结构发生的位移属于刚体位移,并不是由构件变形引起的,所以对静定结构而言支座移动是不引起内力的,公式(19.7)中去掉与变形有关的项后,得到由于支座移动引起的位移公式

$$\Delta_{Kc}=-\sum \overline{F}_{R}c \tag{19.15}$$

式中,$\overline{F}_{R}$ 为单位力引起的支座反力;c 为支座移动的量值;Δ_{Kc} 中第二个下标表示位移由支座移动引起。当 $\overline{F}_{R}$ 与 c 方向相同时,乘积取正号,反之取负号。

【例 19.12】　求图 19.26(a)所示结构由于 B 支座移动距离 a 所引起的 B 点水平位移 Δ_{Bx}。

解:在 B 点水平方向加一单位力 $\boldsymbol{F}_K$(见图 19.26(b)),求出各支座反力。因为本题只有 B 支座发生移动且移动距离为 a,与此对应的 $\overline{F}_R=\frac{1}{2}$(向上)代入公式(19.15),得到

$$\Delta_{Bx}=-\left(-\frac{1}{2}\times a\right)=\frac{a}{2}$$

括弧中的负号是因为反力方向与支座移动方向相反应做负功。

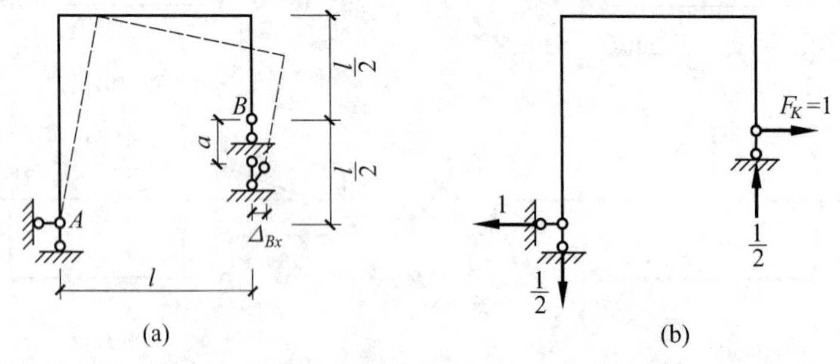

图 19.26

【例 19.13】　求图 19.27 所示组合刚架由于支座移动在 F 点引起的水平位移 Δ_{Fx}。

解:如图 19.27(b)所示,在 F 点加一水平单位力 $\boldsymbol{F}_K$,求出此力作用下结构的各支座反力(已示于图 19.28(b)中)。由于仅发生 A 支座的水平位移与转角位移,因此公式(19.15)中只有两项,即

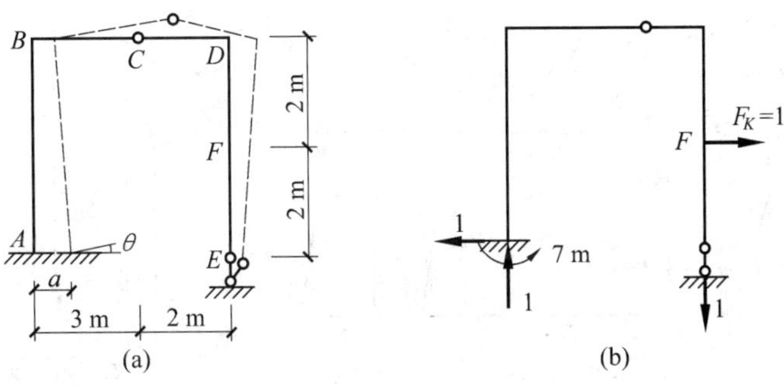

图 19.27

$$\Delta_{Fx}=-(-1a+7\theta)=a-7\theta$$

19.5.2　温度变化引起的位移

静定结构由于温度(temperature)的变化或温差的影响构件将发生尺寸和形状的变化,从而引起结构的位移,但由于这种位移没有多余约束的限制,因此静定结构中没有内力产生。例如,施工中的独立柱,由于每日早、中、晚温度的不同,因此柱的长度也在变化。此外由于柱的侧面受阳光照射的不同将有温差产生,这种温差会使柱子发生弯曲变形,从而引起柱的侧移,这种侧移在柱的吊装就位时必须给予考虑。结构由于室内室外温差的影响也要产生位移,特别是超静定结构温差不仅引起位移还要引起温度应力。

研究温度影响所产生的位移仍然采用虚功原理,在公式(19.8)中略去剪力项后将得到位移公式

$$\Delta_{Ki}=\sum\int\overline{F}_{\mathrm{N}}\mathrm{d}u+\sum\int\overline{M}\mathrm{d}\varphi \tag{19.16}$$

温度影响所产生的 $\mathrm{d}u$ 与 $\mathrm{d}\varphi$ 可由物理学中得出,图 19.28 所示为具有一个对称轴截面的杆件,当外部上下的温度升高分别为 t_1 与 t_2 时微段的变形情况,杆件内部温度变化按线性考虑,轴线上的温度变化按比例,有

$$t=t_1+\frac{t_2-t_1}{h}h_1=\frac{t_2h_1+t_1h_2}{h}\quad\left(\text{当 } h_1=h_2=\frac{h}{2}\text{ 时},t=\frac{t_2+t_1}{2}\right)$$

按照热学的最基本关系,轴线上由温度影响而产生的伸长 $\mathrm{d}u=\alpha t\mathrm{d}x$,$\alpha$ 为材料的线膨胀系数,该伸长是相对 0 ℃ 而言,上下两边缘的伸长分别为 $\alpha t_1\mathrm{d}x$ 和 $\alpha t_2\mathrm{d}x$,由于温度不同伸长量也不同,原横截面将变成如图 19.28 所示的斜面,其发生的转角为

$$\mathrm{d}\varphi=\frac{\alpha(t_2-t_1)\mathrm{d}x}{h}=\frac{\alpha\Delta t\mathrm{d}x}{h}$$

式中,Δt 为两侧温度变化之差,即 t_2-t_1,将 $\mathrm{d}u$ 与 $\mathrm{d}\varphi$ 代入式(19.16),得到

$$\Delta_{Kt}=\sum\int\overline{F}_{\mathrm{N}}\,\alpha t\mathrm{d}x+\sum\int\overline{M}\,\frac{\alpha\Delta t\mathrm{d}x}{h}=\sum\alpha t\int\overline{F}_{\mathrm{N}}\mathrm{d}x+\sum\alpha\Delta t\int\frac{\overline{M}\mathrm{d}x}{h}$$

$$\Delta_{Kt}=\sum\alpha tA_{\omega\overline{F}_{\mathrm{N}}}+\sum\frac{\alpha\Delta t}{h}A_{\omega\overline{M}} \tag{19.17}$$

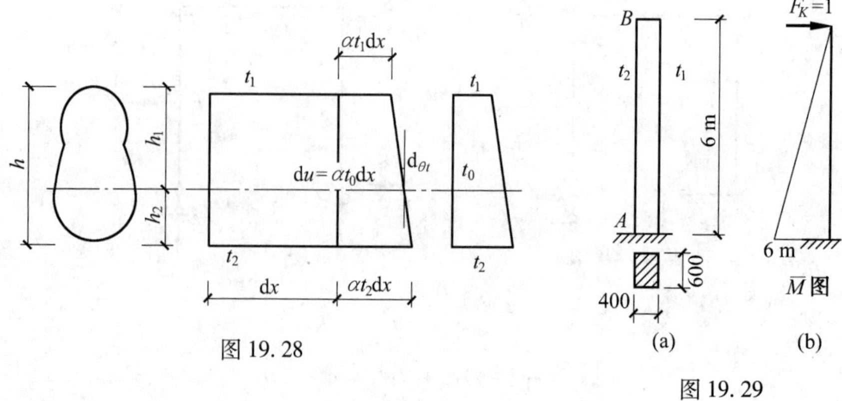

图 19.28

图 19.29

式中,$A_{\omega \overline{F}_N}$ 为单位轴力图的面积;$A_{\omega \overline{M}}$ 为单位弯矩图 $\overline{M}$ 的面积;各项的正负与虚功的正负相一致。符号的确定:温度变化以升温为正,轴力 $\overline{F}_N$ 以拉力为正,弯矩 $\overline{M}$ 以使 t_2 边受拉为正。

【例 19.14】 试计算柱吊装定位过程中由于温差影响而产生的柱顶水平位移量,混凝土线膨胀系数 $\alpha = 1.08 \times 10^{-5}/℃$。

解:图 19.29 所示为一矩形截面钢筋混凝土柱,若测得 t_2 为 35 ℃,t_1 为 29 ℃,为计算顶点由温度所引起的位移,可在顶点加一水平方向的单位力 $\boldsymbol{F}_K$,作出单位弯矩图 $\overline{M}$,由于 $\boldsymbol{F}_K$ 作用下柱不产生轴力,故温度影响中可不考虑轴力项,算出单位弯矩图的面积

$$A_{\omega \overline{M}}/\mathrm{m}^2 = \frac{1}{2} \times 6 \times 6 = 18$$

将图中有关数据代入式(19.17),得出温差影响柱的顶点水平位移为

$$\Delta_{Bx} = \frac{\alpha \Delta t}{h} A_{\omega \overline{M}} = \frac{1.08 \times 10^{-5} \times (35 - 29)}{400 \times 10^{-3}} \times 18\ \mathrm{m} = 0.00292\ \mathrm{m} = 2.92\ \mathrm{mm}$$

【例 19.15】 钢筋混凝土门式简支框架,尺寸及温度如图 19.30(a) 所示,截面为矩形,高度 $h = 500$ mm,求 DB 柱中点 E 由于温差影响而产生的水平位移 Δ_{Ex}。

解:作单位弯矩图与单位轴力图,如图 19.30(b)、(c) 所示。温差为

$$\Delta t/℃ = t_2 - t_1 = 20 - (-10) = 30$$

轴线平均温度

$$t/℃ = \frac{t_2 + t_1}{2} = \frac{20 - 10}{2} = 5$$

三根杆件在温差作用下弯曲的方向均凸向内侧(见图 19.30(a))。利用公式(19.17) 分段计算并叠加,可以得到

$$\Delta_{Kt} = \Delta_{Ex} = \frac{1.08 \times 10^{-5} \times 30}{500 \times 10^{-3}} \times \left(\frac{1}{2} \times 6 \times 6 + \frac{6 + 3}{2} \times 6 + \frac{1}{2} \times 3 \times 3\right)\ \mathrm{m} +$$

$$1.08 \times 10^{-5} \times 5 \times \left(1 \times 6 + \frac{1}{2} \times 6 - \frac{1}{2} \times 6\right)\ \mathrm{m} =$$

$$(0.03208 + 0.000324)\mathrm{m} = 32.4\ \mathrm{mm}$$

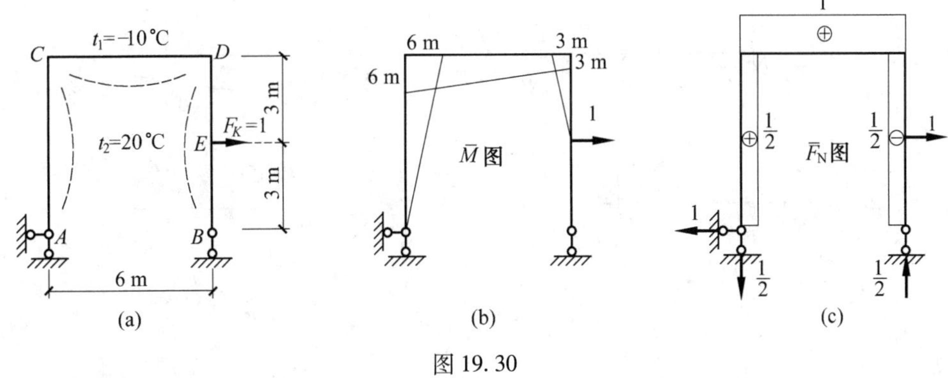

图 19. 30

19.6　线弹性结构的互等定理

下面将要叙述的几个互等定理(reciprocal theorems) 在解决超静定问题中会起到重要作用,同时通过这些定理可以更好地理解结构位移中的相互关系,它们还可以起到沟通静定结构与超静定结构的桥梁作用。

19.6.1　功的互等定理

现在来研究图19. 31 所示一简支梁先后作用$\boldsymbol{F}_1$与$\boldsymbol{F}_2$两力所引起的虚功,图19. 31(a)为先作用$\boldsymbol{F}_1$后作用$\boldsymbol{F}_2$,为结构的第一状态;图 19. 31(b) 为先作用$\boldsymbol{F}_2$后作用$\boldsymbol{F}_1$,为结构的第二状态(两图的最后状态相同),因此积蓄的应变能应相同,而应变能应等于外力功,故两种加载方式的外力功应相同,注意到小变形的条件和实功、虚功计算的不同,有下式成立

$$\frac{1}{2}F_1\Delta_{11}+\frac{1}{2}F_2\Delta_{22}+F_1\Delta_{12}=\frac{1}{2}F_2\Delta_{22}+\frac{1}{2}F_1\Delta_{11}+F_2\Delta_{21}$$

简化后得到

$$F_1\Delta_{12}=F_2\Delta_{21} \tag{19.18}$$

功的互等定理(reciprocal work theorem) 更广泛地说应该是同一结构的两种不同状态之间具有如下关系,即第一状态的所有外力在第二状态相应位移上所做的总虚功等于第二状态的所有外力在第一状态相应位移上所做的总虚功。

功的互等定理对静定与超静定结构均适合。

功的互等定理也可通过弹性体虚功原理加以证明。

19.6.2　位移互等定理

将式(19. 18) 中的$\boldsymbol{F}_1$与$\boldsymbol{F}_2$均取为单位力,则该公式化为

$$\delta_{12}=\delta_{21} \tag{19.19}$$

式中,δ表示单位力引起的位移,此结构即为位移互等定理(reciprocal displacement theorem),它表明:2 方向作用的单位力在1 方向产生的位移应等于1 方向作用的单位力在

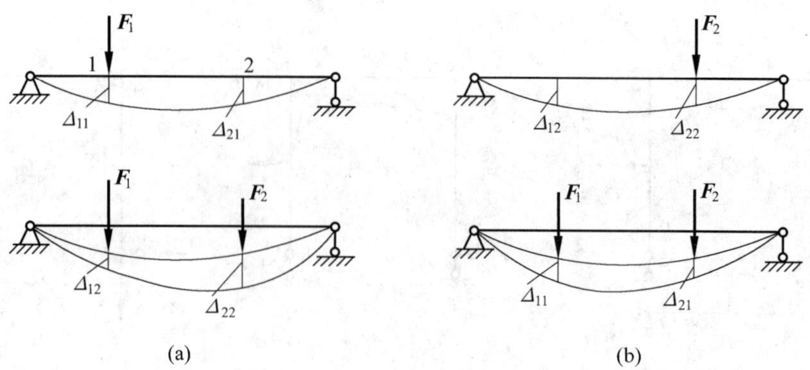

图 19.31

2 方向产生的位移。实际上式(19.18)中只要 $F_1 = F_2 = F$,则有

$$\Delta_{12} = \Delta_{21} \tag{19.20}$$

成立,即 $\boldsymbol{F}$ 作用于2方向使1方向产生的位移等于 $\boldsymbol{F}$ 作用于1方向使2方向产生的位移。

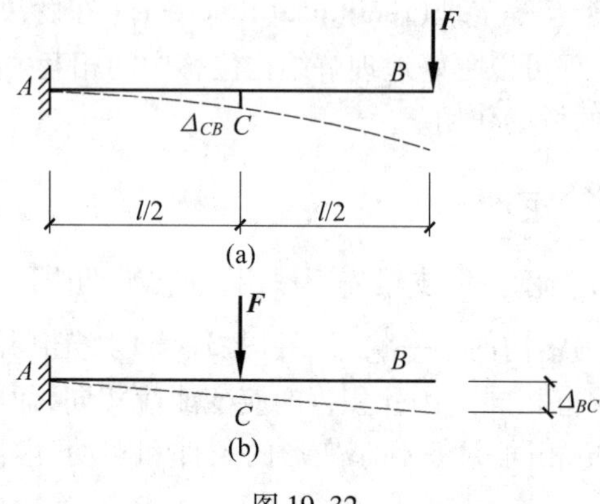

图 19.32

例如图 19.32 所示悬臂梁,$\boldsymbol{F}$ 力加在 B 点时中点 C 的挠度用例 18.2 中的挠度公式,有

$$\Delta_{CB} = \frac{F\left(\frac{l}{2}\right)^3}{6EI_z} - \frac{Fl^2}{2EI_z}\frac{l}{2} + \frac{Fl^3}{3EI_z} = \frac{5Fl^3}{48EI_z}$$

而 $\boldsymbol{F}$ 力加在中 C 时 B 点的挠度用表 18.1 计算为

$$\Delta_{BC} = \frac{F\left(\frac{l}{2}\right)^2}{6EI_z}\left(3l - \frac{l}{2}\right) = \frac{5Fl^3}{48EI_z}$$

两者相等。

再例如图 19.33 所示简支梁,当跨中作用单位力 $F_K = 1$ 时 A 截面转角

$$\theta_A = \delta_{AC} = \frac{l^2}{16EI_z}$$

而当截面作用有单位力偶矩 $M_K = 1$ 时,梁中点挠度值恰好为

$$\Delta_{Cy} = \delta_{CA} = \frac{l^2}{16EI_z}$$

两者值完全相同。

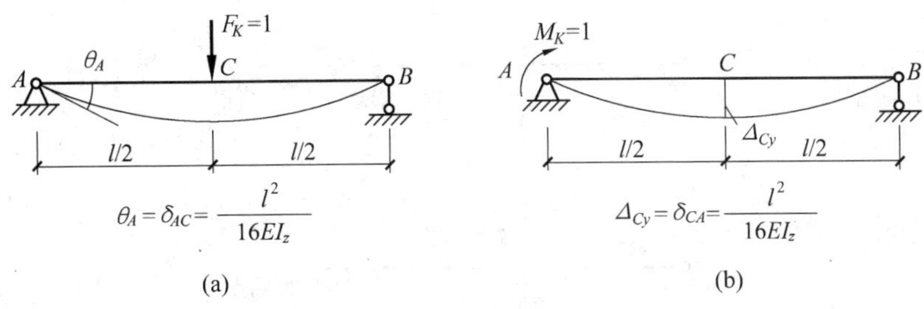

图 19.33

19.6.3　反力互等定理

图 19.34 中超静定结构 1 支座发生单位支座移动时,2 支座产生的反力 $\boldsymbol{r}_{21}$ 等于该结构 2 支座发生单位支座移动时 1 支座产生的支座反力 $\boldsymbol{r}_{12}$,即

$$r_{12}=r_{21} \tag{19.21}$$

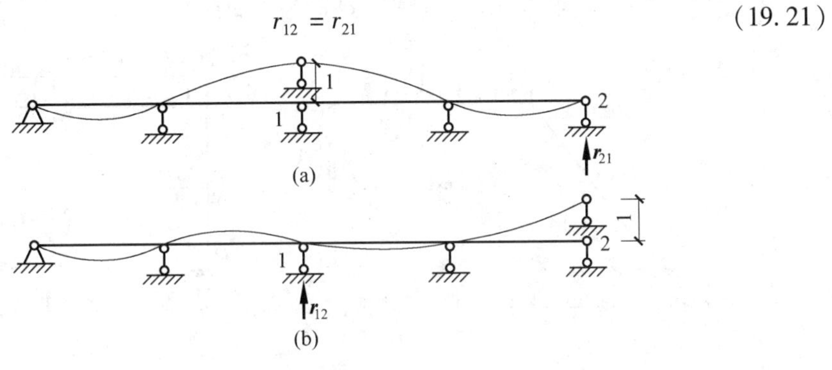

图 19.34

这就是反力互等定理(reciprocal reaction theorem),它也是功的互等定理的特殊情况。将图 19.34(a) 视为 Ⅰ 状态,图 19.34(b) 视为 Ⅱ 状态,Ⅰ 状态的所有外力(反力) 在 Ⅱ 状态变形上所做的虚功为 $r_{21}\times 1$;Ⅱ 状态的所有外力(反力) 在 Ⅰ 状态变形上所做的虚功为 $r_{12}\times 1$,根据功的互等定理即可推出式(19.21)。

19.6.4　反力与位移互等定理

图 19.35(a) 中结构上 2 点作用单位力 $\boldsymbol{F}_K$,在 1 支座产生反力 $\boldsymbol{r}_{12}$。顺 $\boldsymbol{r}_{12}$ 方向将支座 1 移动单位距离,如图 19.35(b) 所示,则 2 点将产生位移 δ_{21},反力位移互等即有 $r_{12}=-\delta_{21}$ 成立。根据功的互等,图 19.35(a) 状态的所有外力在图 19.35(b) 状态变形上所做虚功为

$$r_{12}\cdot 1+1\cdot\delta_{21}$$

而图 19.35(b) 中结构所有外力(支座反力) 在图 19.35(a) 变形状态上所作虚功为 0,二者相等有 $r_{12}+\delta_{21}=0$ 或者 $r_{12}=-\delta_{21}$。

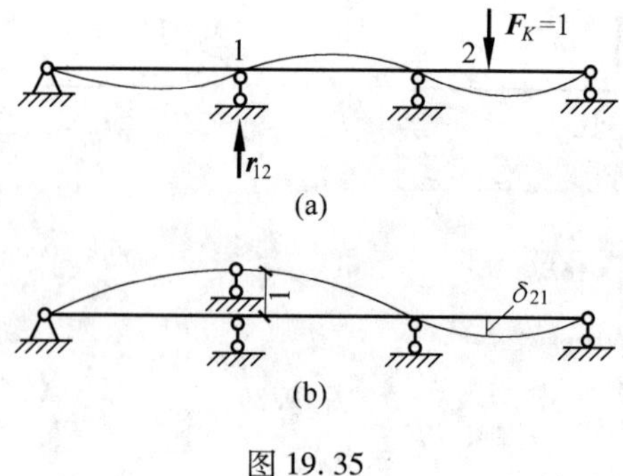

图 19. 35

习题课选题指导

1. 试用图乘法求图 19. 36 所示结构 C 点的竖向位移。

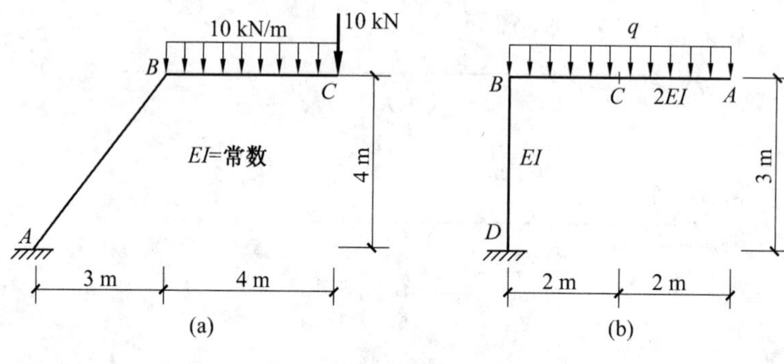

图 19. 36

2. 试用图乘法求图 19. 37 所示结构的指定位移。

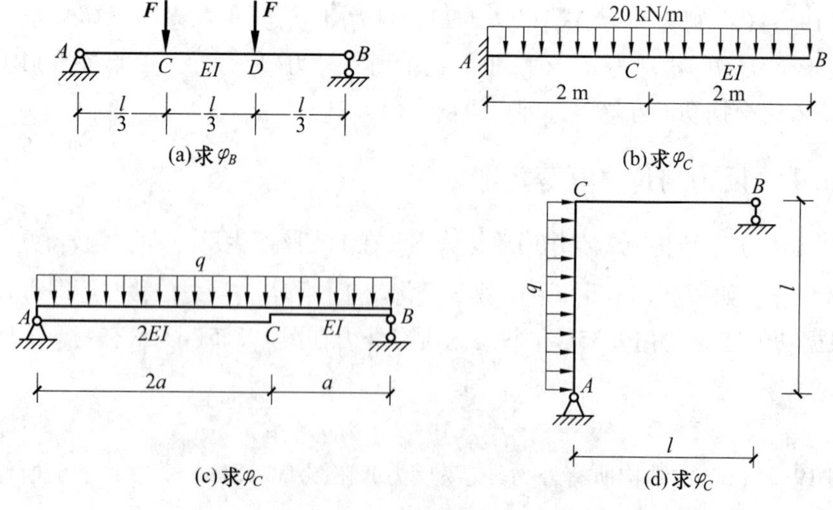

图 19. 37

3. 求图 19.38 所示三铰刚架在一对单位力偶作用下 C 截面的相对转角。

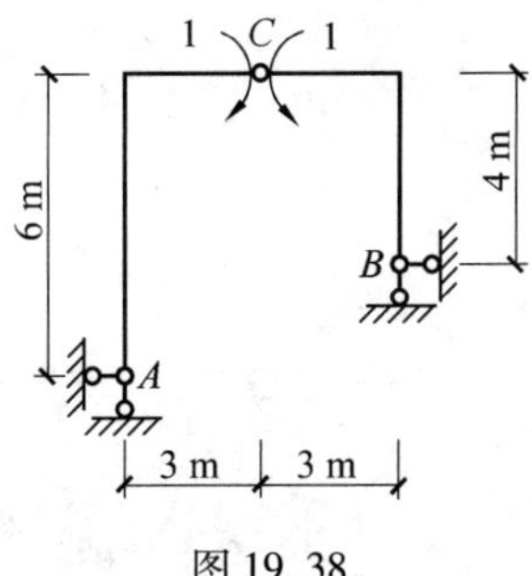

图 19.38

4. 求图 19.39 所示三铰刚架 B 支座移动后引起 C 点的竖向位移。

5. 图 19.40 所示刚架各杆截面为矩形，截面高度为 h，已知材料的线膨胀系数为 α，试计算 B 点的水平位移及 D 点的竖向位移。

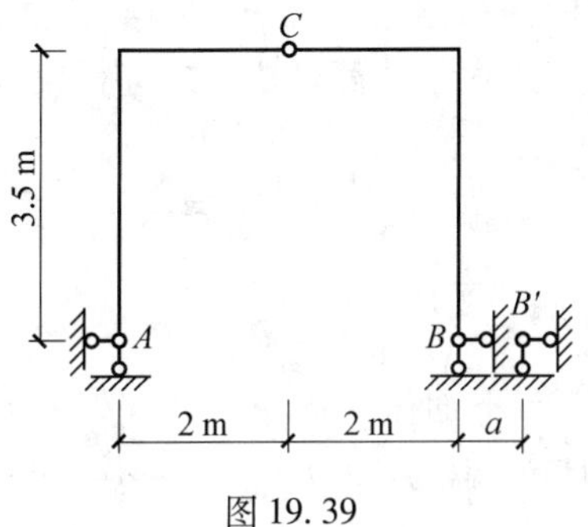

图 19.39

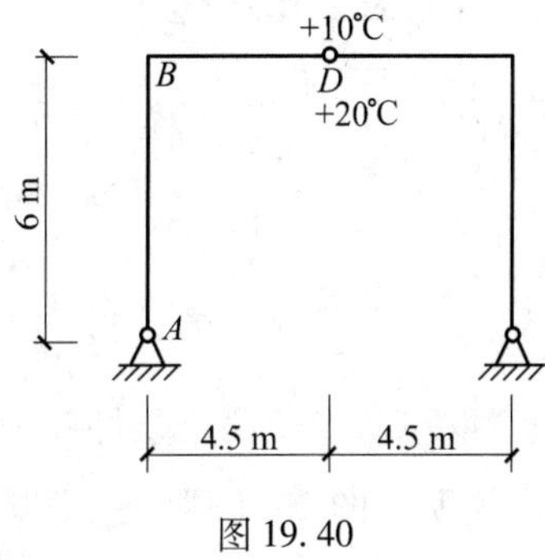

图 19.40

第20章

压杆稳定

建筑结构中受压杆件比较多见，如砖混结构中墙体受压，钢筋混凝土结构中柱的受压，钢结构中除柱受压外，各种桁架中有大量受压杆件等等，这些受压杆件当其长度很短时，例如基础受压，不论是受轴向压缩还是偏心压缩，其强度条件都可按下式进行校核：

$$\sigma = \frac{F_N}{A} \leqslant [\sigma]\text{（轴向受压）}$$

$$\sigma_{max} = \frac{F_N}{A} + \frac{M}{W_z} \leqslant [\sigma]\text{（单向偏心受压）}$$

对于细长柱受压，上述两个条件并不能保证构件的安全，下面做一简单试验加以说明。图 20.1 所示一把 600 mm 长的钢板尺两端铰结放入试验架中受轴向压力，其横截面为 32 mm × 1 mm，按上面给出的强度条件，该钢板尺能承受的荷载为

$$[F]/\text{N} = [\sigma]A = 170 \times 10^6 \times 32 \times 1 \times 10^{-6} = 5\ 440$$

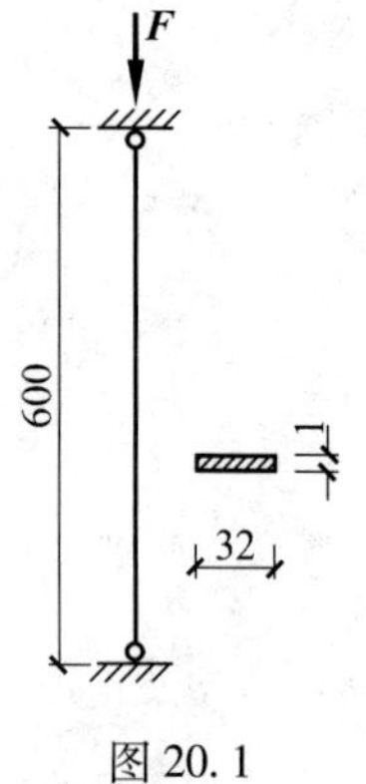

图 20.1

但是，实际上当荷载 $\boldsymbol{F}$ 加到 15 N 左右时，钢板尺便开始处于弯曲状态，随着 $\boldsymbol{F}$ 的继续增大，钢板尺将迅速弯曲以至破坏。对于实际结构，轴向受压时一旦由直线状态转化为曲线状态，这已经意味着构件处于临界状态，继续加载将会引起突然破坏。例如 1982 年，内蒙古自治区某厂碳素车间西围护墙（370 mm 厚，高 13.3 m，长 78 m，与柱无任何连接）突然整体向外侧倒塌，正在墙外侧进行勾缝施工的工人当场死亡 4 人，受伤 8 人。再例如，1973 年宁夏回族自治区某礼堂（兼库房），正当工人施工室内地坪时，屋盖突然全部塌落，造成当场死亡 3 人、重伤 1 人、轻伤 2 人的重大事故。其主要原因是三铰拱式轻型钢屋架第四节间上弦杆和第四根腹杆受压弯曲破坏所引起。钢板尺从强度出发可以承受5 440 N的力，而从纵向弯曲出发仅能承受 15 N，这种差别反映了细长杆受压与短粗杆受压有着本质的区别。

20.1　细长中心受压直杆临界力的欧拉公式

两端铰结细长中心受压直杆试验表明(图 20.2(a)),当轴向力小于某值 F_{cr} 时,杆处于直线状态,当横向加微小干扰力后,直杆将呈微弯状态,一旦横向力移去,杆靠弹性仍能恢复直线状态,这种平衡状态称为杆的直线稳定平衡状态;当荷载 F 增大到某值 F_{cr} 时,横向微小干扰力使杆微弯后,撤掉干扰力,但此时杆并不能回到原始的直线状态(见图 20.2(b)),而呈曲线状态的随遇平衡趋势,这种状态相对第一种状态而言可以称为直线不稳定平衡,或者说杆失去了直线稳定平衡,通常所说压杆失稳就是指这种状态,这种状态对实际结构而言应为临界状态,与此相应的荷载 F_{cr} 称为临界荷载或临界力;继续增大荷载,使 $F > F_{cr}$(图 20.2(c)),对塑性材料的杆件可以产生相当大的弯曲,但对脆性材料的杆件而言将会折断。

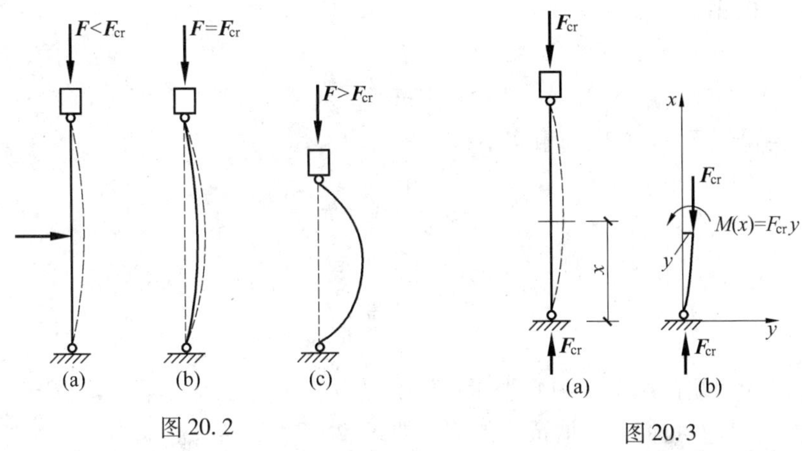

图 20.2

图 20.3

临界力 F_{cr} 是工程中压杆的一个重要指标,1774 年欧拉利用求解微分方程的方法得到了 F_{cr} 的表达式,现简要推证如下:

F_{cr} 的特征是与杆件微弯相联系的,因此推导 F_{cr} 时取图 20.3(a) 所示,对两端铰结中心受压细长杆的受力图进行研究,沿 x 截面将杆截开保留下部(见图 20.3(b)),截面位移为 y。由平衡条件可知截面上应有竖向力 F_{cr} 作用,此力与支座反力 F_{cr} 形成一力偶,所以截面上还要有一 $M(x) = F_{cr}y$ 的力偶存在方能维持平衡,实际上正是这一弯矩使杆件弯曲。利用梁的挠曲线近似微分方程,有

$$EIy'' = -M(x) = -F_{cr}y \quad \text{或} \quad y'' + \frac{F_{cr}}{EI}y = 0 \tag{20.1}$$

由此式看到,在 EI 为常量的条件下,只要能求出 y,即能找到弹性曲线,则 y'' 也能得到,因此便可确定 F_{cr} 的值。从数学角度考查,式(20.1)恰好为二阶线性常系数齐次微分方程,其通解很容易得出,为

$$y = A\sin kx + B\cos kx \tag{a}$$

式中,$k = \sqrt{\dfrac{F_{cr}}{EI}}$;$A$、$B$ 为积分常量。

根据两端铰支座的约束特点,有边界条件为:① $x = 0$ 时 $y = 0$;② $x = l$ 时 $y = 0$。将①条件代入式(a)可得

$$B = 0$$

式(a)化为

$$y = A\sin kx \tag{b}$$

代入条件②,有

$$A\sin kl = 0 \tag{c}$$

此时如取 $A = 0$,则由式(b)看到将会出现 $y = f(x) = 0$,即杆件无横向位移,这与微弯状态相矛盾,因此不能采用,这时若使式(c)满足,只有

$$\sin kl = 0$$

显然

$$kl = 0, \pi, 2\pi, \cdots$$

若 $kl = 0$,即

$$\sqrt{\frac{F_{cr}}{EI}}l = 0$$

这又会得到 $F_{cr} = 0$,也与事实不符。最后取

$$\sqrt{\frac{F_{cr}}{EI}}l = \pi$$

则

$$F_{cr} = \frac{\pi^2 EI}{l^2} \tag{20.2}$$

此式即为两端铰结细长中心受压直杆临界力的欧拉公式。若取 $kl = 2\pi, 3\pi, \cdots$,还会得到各种 F_{cr},显然我们只能取最小的 F_{cr},即式(20.2)的结果。

现在利用欧拉公式(20.2)计算图 20.1 所给钢板尺的临界力,已知 $E = 210$ GPa。需要说明的是,式(20.2)中惯性矩 I 的取值方法,由于每个截面都具有两个相互垂直的形心主轴,一个具有最大惯性矩 I_{max},另一个具有最小惯性矩 I_{min},纵向弯曲中一般总是绕最小惯性矩轴发生,因此 I 要取 I_{min}。将有关数据代入,得钢板尺的临界力为

$$F_{cr}/\text{N} = \frac{\pi^2 \times 210 \times 10^9 \times \dfrac{32 \times 1^3 \times 10^{-12}}{12}}{0.6^2} = 15.4$$

与试验结果相符。

20.2 杆端约束对临界力的影响

工程应用中除两端铰结支承受压柱外,还有各种不同支承的受压柱或受压杆件,这些构件的临界力一般虽与两端铰结的不同,但又有一定联系。从数学推导上讲,都可仿照上节做法进行(建议读者自己作一定的类似推证),下面通过变形比较法直接给出结论。

20.2.1　一端固定一端自由压杆的临界力

若给出一长为 $2l$ 的两端铰结压杆(图 20.4(a)),其临界力 F_{cr1} 按公式(20.2) 应为

$$F_{cr1}=\frac{\pi^2 EI}{(2l)^2}=\frac{\pi^2 EI}{4l^2}$$

现在取图 20.4(b) 所示的压杆,顶端为自由,下端为固定端,长为 l,其失稳状态如图所示,B 截面由于固定既不能有位移也不能有转角,且 F_{cr2} 与 B 点应有一不定值 A 存在。图 20.4(a) 中点截面 B 处由于结构对称,转角也应为零,且 B 点与 F_{cr1} 也有一不定距离 A 存在。因此图 20.4(a) 上半部与图 20.4(b) 变形一致,可判断 F_{cr2} 应等于 F_{cr1},即一端固定一端自由的压杆,其临界力为

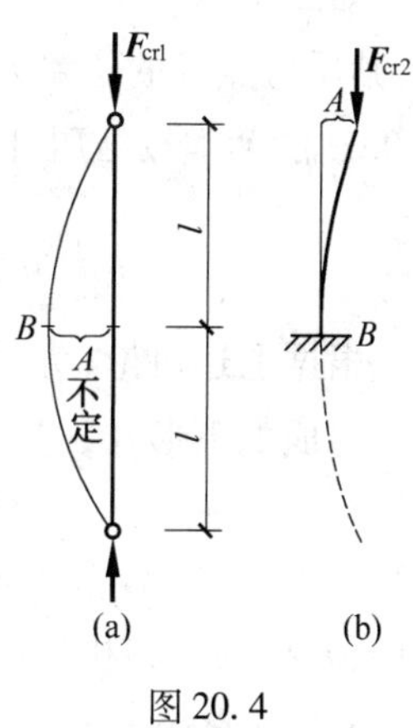

图 20.4

$$F_{cr}=\frac{\pi^2 EI}{4l^2} \tag{20.3}$$

上述对比也可将图 20.4(b) 向下对称延伸(见虚线),形成与图 20.4(a) 相同的半个正弦波,只不过计算长度应取 $2l$,结果与式(20.3) 相同。式(20.3) 结果仅为式(20.2) 结果的 1/4,说明一端固定一端自由的压杆同前者相比是非常容易失稳的。本章开始介绍的事故之一,即 13.2 m 高、78 m 长、37 mm 厚的墙由于与柱无任何连接,实际上近似形成一端固定一端自由的受压构件,因此仅在自重作用下就产生失稳倒塌。

20.2.2　两端固定压杆的临界力

图 20.5(a) 所示为两端固定压杆失稳的状态图,根据对称关系,中点 C 截面不能发生转角,然而 AC 间杆的弯曲方向必定要发生变化,所以反弯点 D 应在 $l/4$ 处。反弯点处弯矩应为零,把 D、E 两反弯点间的失稳图取出(图 20.5(b)),D、E 两点相当于两端铰结,其临界力 F_{cr} 用公式(20.2) 并注意杆长为 $l/2$,有

$$F_{cr}=\frac{\pi^2 EI}{\left(\frac{l}{2}\right)^2}=\frac{4\pi^2 EI}{l^2} \tag{20.4}$$

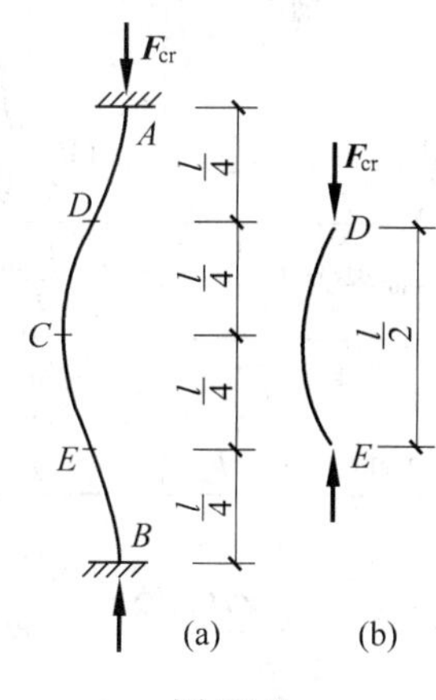

图 20.5

不难判断,长为 l 的两端固定压杆临界力应与此式相同,因为压杆中各截面所受竖向力应相同。

20.2.3 一端铰结一端固定压杆的临界力

如图 20.6(a) 所示为一端铰结一端固定压杆失稳的状态图,其反弯点 C 的位置大约在距顶点 $0.7l$ 处,因此临界力应按长为 $0.7l$ 的两端铰结压杆处理,有

$$F_{cr}=\frac{\pi^2 EI}{(0.7l)^2}\approx\frac{2\pi^2 EI}{l^2} \tag{20.5}$$

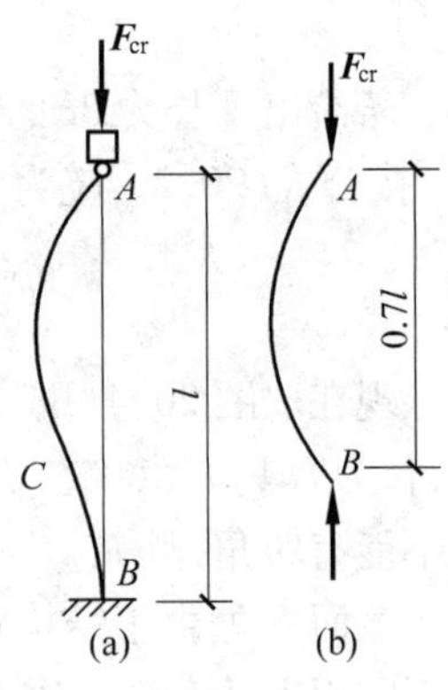

图 20.6

根据上述讨论,为使公式统一化,不论哪种支承,均可将临界力写成如下形式,即

$$F_{cr}=\frac{\pi^2 EI}{(\mu l)^2} \tag{20.6}$$

式中,μl 称为杆的相当长度或计算长度(含有两端铰结的长度);μ 称为计算长度系数。各种情况的计算长度系数在表 20.1 中列出,这里列出的计算长度都属于理论上的计算长度,结合各种具体结构还要作适当修正,这将在各种结构课中给出。

表 20.1 压杆临界力及其计算长度

支承情况	两端铰支	一端固定另端自由	两端固定	一端固定另端铰支	两端固定但可沿横向相对移动
弹性曲线形状	F_{cr}, l	F_{cr}, l	F_{cr}, l	F_{cr}, l	F_{cr}, l
临界力 F_{cr}	$\frac{\pi^2 EI}{l^2}$	$\frac{\pi^2 EI}{(2l)^2}$	$\frac{\pi^2 EI}{(0.5l)^2}$	$\frac{\pi^2 El}{(0.7l)^2}$	$\frac{\pi^2 El}{l^2}$
计算长度 μl	l	$2l$	$0.5l$	$0.7l$	l
计算长度系数 μ	1	2	0.5	0.7	1

*20.3 初弯曲、初偏心对稳定承载力的影响

前面所讨论的欧拉公式是属于理想轴心受压的细长杆,而实际的细长柱或细长的受压杆件在制造运输和安装过程中都会出现微小的偏心与初弯曲(initally bent),两者对压杆稳定的影响具有类似之处,现以初弯曲为例说明对稳定的影响。

如图 20.7 所示一具有初弯曲的细长杆件,其初弯曲的位移函数一般近似取正弦曲

线，即

$$y_0 = y_{om}\sin\frac{\pi}{l}x \tag{a}$$

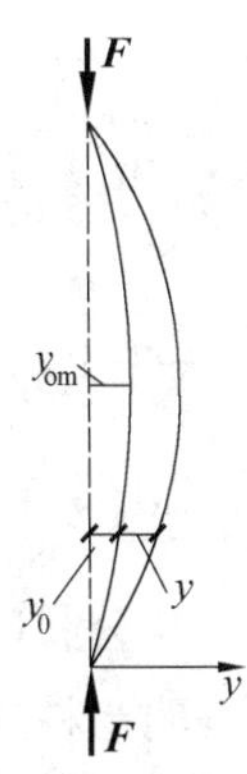

图 20.7

式中，y_{om} 为最大初始位移，一般为杆长的 1/2 000 ~ 1/500，发生在杆的中点。在荷载 $\boldsymbol{F}$ 的作用下杆将进一步发生弯曲变形，新增的位移为 y，现求解 y 的函数关系。此时柱截面上的弯矩为

$$M(x) = F(y_0 + y)$$

代入弹性曲线近似微分方程得到

$$EIy'' = -F(y_0 + y)$$

将式(a) 代入可以得到

$$y'' + \frac{F}{EI}y = -\frac{F}{EI}y_{om}\sin\frac{\pi}{l}x$$

为求此方程的解可用待定系数法，设 $y = C\sin\frac{\pi}{l}x$，C 为待定系数，将此解代入上式，得到

$$-C\frac{\pi^2}{l^2}\sin\frac{\pi}{l}x + \frac{F}{EI}C\sin\frac{\pi}{l}x = -\frac{F}{EI}y_{om}\sin\frac{\pi}{l}x$$

简化后，求得

$$C = \frac{y_{om}}{\frac{\pi^2 EI}{l^2}/F - 1} = \frac{y_{om}}{F_{cr}/F - 1}$$

因此得到方程的解为

$$y = \frac{y_{om}}{F_{cr}/F - 1}\sin\frac{\pi}{l}x \tag{20.7}$$

由于此解完全满足 $x = 0, y = 0$ 和 $x = l, y = 0$ 的边界条件，因此即为原方程的解。

当 $x = \frac{l}{2}$ 时，求得最大附加位移

$$y_{max} = \frac{y_{om}}{F_{cr}/F - 1} \tag{20.8}$$

此结果表明，当 F 力远小于欧拉临界力 F_{cr} 时，y_{max} 仅是 y_{om} 的若干分之一；当 $F = 0.5F_{cr}$ 时，$y_{max} = y_{om}$；而当 F 接近 F_{cr} 时，y_{max} 要迅速增长，一旦 $F = F_{cr}$，y_{max} 将趋于无穷。因此，在实际结构设计中必须考虑这一因素。

20.4　临界应力总图

将欧拉临界力 F_{cr} 除以压杆的横截面面积 A 可以得到临界应力 σ_{cr}，有

$$\sigma_{cr} = \frac{F_{cr}}{A} = \frac{\pi^2 EI}{A(\mu l)^2} = \frac{\pi^2 E}{\frac{(\mu l)^2}{\frac{I}{A}}} = \frac{\pi^2 E}{\left(\frac{\mu l}{i}\right)^2} = \frac{\pi^2 E}{\lambda^2} \tag{20.9}$$

$$\lambda = \frac{\mu l}{i} \tag{20.10}$$

式中,$i = \sqrt{\frac{I}{A}}$ 为惯性半径或回转半径;λ 称为压杆的长细比或柔度,它反映压杆的细长程度,为无名数。

20.4.1 临界应力的范围

从公式(20.9)可以发现,长细比越大临界应力越小,反之长细比越小临界应力越大,这表明当柱或压杆越来越短粗时,σ_{cr} 可以无限增大。显然这仅有数学意义,而实际杆在受力中若应力超过比例极限 σ_P,则胡克定律就不能应用,然而欧拉公式正是建立在材料为线弹性阶段的,因此当 $\sigma_{cr} > \sigma_P$ 时临界应力公式将不再适用。其界限可令 $\sigma_{cr} = \sigma_P$ 而推出相应的长细比 λ_P。以 Q235 钢为例,$\sigma_P \approx 200$ MPa,$E = 2.06 \times 10^5$ MPa,自式(20.9)解出

$$\lambda_P = \sqrt{\frac{\pi^2 E}{\sigma_P}} = \sqrt{\frac{\pi^2 \times 2.06 \times 10^5}{200}} \approx 100$$

这说明 $\lambda < \lambda_P$ 时是不能应用临界力公式的(见图 20.8)。在实用计算中,$\lambda \geqslant \lambda_e (=123)$ 时,才用欧拉公式。

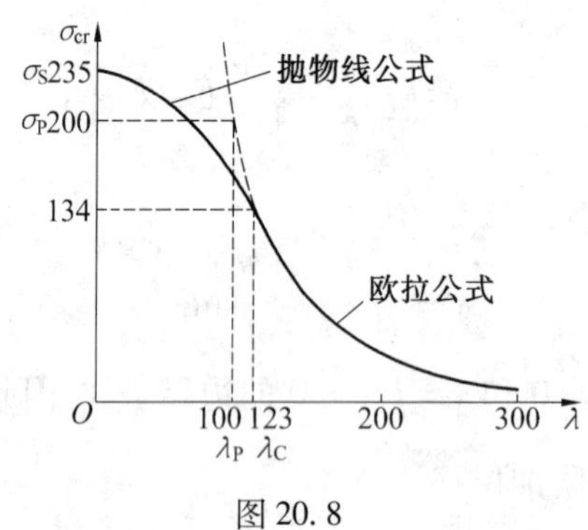

图 20.8

20.4.2 非弹性失稳短柱的临界应力

理想中心受压杆当其临界应力 σ_{cr} 超过比例极限 σ_P 后,杆中将发生塑性变形,失稳将处于弹塑性状态,这一状态下临界应力 σ_{cr} 与长细比 λ 的关系从理论上讲绝不像弹性状态下那样简单,而变得相当复杂。此外实际中心受压柱还要受到如前所述的初弯曲与初偏心的影响以及构件在加工制造过程中的各种残余应力的影响等,更增加了这一课题的研究难度。我国钢结构规范中对于不能采用欧拉公式计算临界应力的中心受压柱,给出了以实验为基础的 σ_{cr} 与 λ 间的抛物线公式。对 Q325 钢,$\sigma_{cr} = (235 - 0.006\,68\lambda^2)$ MPa。

图 20.8 中左上部曲线即为该抛物线的图形,由应力总图中可以看到,只有 $\lambda = 0$ 的柱才有 $\sigma_{cr} = \sigma_s$ 即破坏属于强度问题,只要 $\lambda > 0$,即使是短粗柱也都有 $\sigma_{cr} < \sigma_s$,因此都存在失稳问题。所以在结构课中一般研究受压构件时都要考虑稳定问题。

20.5　压杆稳定的实用计算　稳定条件

当压杆中的应力达到其临界应力时,压杆要丧失稳定,因此,正常工作的压杆,其横截面上的应力小于临界应力。在工程中,为了保证压杆有足够的稳定性,还必须考虑一定的安全储备,这就要求横截面上的应力不能超过压杆的临界应力的许用值$[\sigma_{cr}]$,即

$$\sigma = \frac{F_N}{A} \leqslant [\sigma_{cr}] \tag{a}$$

临界应力的许用值

$$[\sigma_{cr}] = \frac{\sigma_{cr}}{n_{st}} \tag{b}$$

式中,n_{st}为稳定安全因数。

稳定安全因数一般都大于强度计算时的安全因数,因为在确定稳定安全因数时,除应遵循确定安全因数的一般原则外,还须考虑实际压杆并非理想的轴向压杆这一情况。例如,在制造过程中,杆总会不可避免地存在着微小的弯曲(即存在初曲率);外力作用线也不可能绝对准确地与杆的轴线相重合(即存在初偏心)等等。这些因素均应在稳定安全因数中考虑。

为了计算上的方便,将临界应力的许用值写成下列形式

$$[\sigma_{cr}] = \frac{\sigma_{cr}}{n_{st}} = \varphi[\sigma] \tag{c}$$

此处$[\sigma]$即为材料的许用压应力。将式(c)代入式(a),得到

$$\sigma = \frac{F_N}{A} \leqslant \varphi[\sigma] \quad 或 \quad \frac{F_N}{A\varphi} \leqslant [\sigma] \tag{20.11}$$

此式即为压杆需满足的稳定条件。因其中引入φ系数(或称应力折减系数),又称φ系数法。此处φ系数的作用可以理解为考虑稳定时材料的许用应力有所降低(φ系数小于1),但此处的φ值并不是一个对所有情况均为同一常量的值,它实际上是临界应力与屈服极限的比值,由于临界应力σ_{cr}与λ有关,而$\lambda = \frac{\mu l}{i}, i = \sqrt{\frac{I}{A}}$,所以要确定$\varphi$值就要给出一系列的已知条件,其中包括横截面面积$A$,绕最小主惯性轴的主惯性矩$I_{min}$,要给出两端支座约束情况以便确定计算长度系数$\mu$,当然杆长必须给出,此外还要给出是哪一种材料。

为便于设计人员使用公式(20.11),国家规范已针对各种不同材料给出随长细比λ而变的φ系数表。

我国钢结构设计规范根据国内常用构件的截面形式、尺寸和加工条件,规定了相应的残余应力变化规律,并考虑了$l/1\ 000$的初曲率,计算了96根压杆的稳定因数φ与柔度λ间的关系值,然后把承载能力相近的截面归并为a、b、c三类,根据不同材料的屈服强度分别给出a、b、c三类截面在不同柔度λ下的φ值(对于Q235钢,a、b类截面的稳定因数如附录Ⅱ所示),以供压杆设计时参考。其中a类的残余应力影响较小,稳定性较好,c类的残

余应力影响较大,基本上多数情况可取作 b 类。

由于 φ 系数可以直接从表中查到,因而按式(20. 11) 进行稳定计算时,十分简便。此方法又称为实用计算方法。

与强度条件类似,应用稳定条件可解决三类问题:① 稳定校核;② 确定许可荷载;③ 选择截面。

【例 20.1】 图 20.9 所示结构是由两根直径相同的圆杆组成,杆的材料为 Q235 钢,已知 $h = 0.4$ m,直径 $d = 20$ mm,材料的许用应力$[\sigma] = 170$ MPa,荷载 $F = 15$ kN,试校核两杆的稳定(只考虑在平面)。

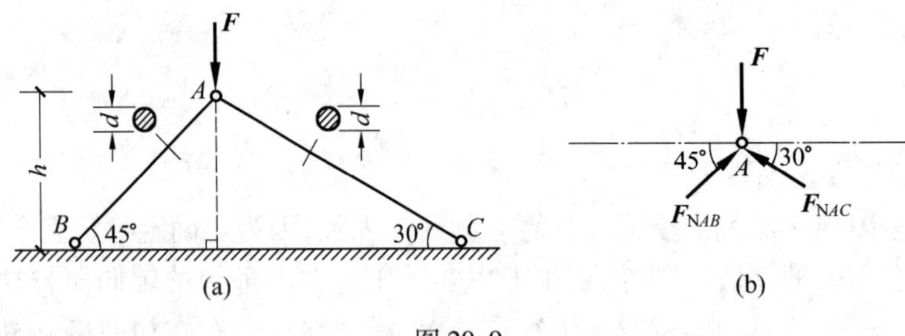

图 20.9

解:校核两杆之稳定,需首先算出每个杆所承受的压力。取结点 A 平衡,其平衡方程式为

$$\sum F_x = 0, \quad F_{NAB}\cos 45° - F_{NAC}\cos 30° = 0$$

$$\sum F_y = 0, \quad F_{NAB}\sin 45° + F_{NAC}\sin 30° - F = 0$$

上述两个方程联立,解得两杆承受的压力为

$$F_{NAB} = 0.896F$$

$$F_{NAC} = 0.732F$$

算得两杆的长度分别为

$$l_{AB} = 0.566 \text{ m}, \quad l_{AC} = 0.8 \text{ m}$$

两杆的长细比分别为

AB 杆
$$\lambda_1 = \frac{\mu l_{AB}}{i} = \frac{\mu l_{AB}}{d/4} = \frac{4 \times 1 \times 0.566}{0.02} = 113$$

AC 杆
$$\lambda_2 = \frac{\mu l_{AC}}{i} = \frac{\mu l_{AC}}{d/4} = \frac{4 \times 1 \times 0.8}{0.02} = 160$$

由 λ_1 和 λ_2 查得折减系数

$$\varphi_1 = 0.475, \quad \varphi_2 = 0.276$$

按稳定条件$\dfrac{F_N}{A\varphi} \leqslant [\sigma]$分别校核两杆:

AB 杆
$$\frac{F_{NAB}}{A\varphi} = \frac{0.896F}{A\varphi_1} = \frac{0.896 \times 15 \times 10^3}{\pi(\frac{0.02}{2})^2 \times 0.475} \text{ Pa} = 90.1 \times 10^6 \text{ Pa} = 90.1 \text{ MPa} < [\sigma]$$

AC 杆
$$\frac{F_{NAC}}{A\varphi} = \frac{0.732F}{A\varphi_2} = \frac{0.732 \times 15 \times 10^3}{\pi(\frac{0.02}{2})^2 \times 0.276} \text{ Pa} = 126.7 \times 10^6 \text{ Pa} = 126.7 \text{ MPa} < [\sigma]$$

故两杆均满足稳定条件。

【例 20.2】 试确定图 20.10 所示圆截面立柱抗稳定的承载力[F]。已知截面直径 $d = 6$ cm,木材的许用压应力$[\sigma] = 10$ MPa,立柱两端均按铰结考虑。木材的稳定因数按下式计算:

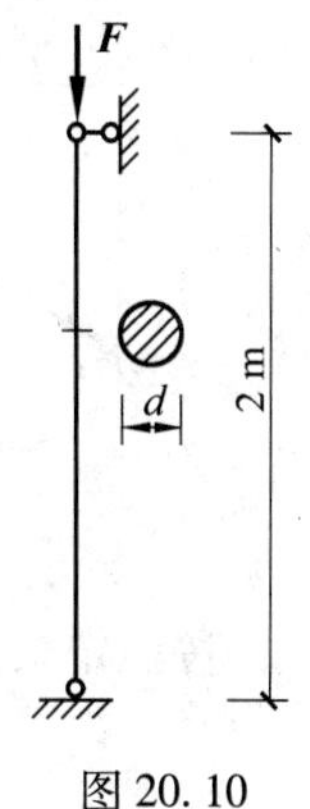

图 20.10

$$\lambda \leqslant 75, \varphi = \frac{1}{1 + (\frac{\lambda}{80})^2}; \lambda > 75, \varphi = \frac{3\,000}{\lambda^2}$$

解:本题中柱的轴力 $\boldsymbol{F}_\mathrm{N}$ 即为所求承载力[F],公式(20.12)中取等号,得

$$[F] = F_\mathrm{N} = A\varphi[\sigma] \tag{a}$$

式中 A 与$[\sigma]$均可直接计算或代入,但 φ 值需根据公式计算,为此首先要确定长细比 λ 值。由式(20.10)得到 $\lambda = \frac{\mu l}{i}$,其中长度 $l = 2$ m,计算长度系数 μ 根据表 20.1 结合本题应取 1,回转半径 i 对本题圆截面而言有

$$i = \sqrt{\frac{I}{A}} = \sqrt{\frac{\frac{\pi d^4}{64}}{\frac{\pi d^2}{4}}} = \frac{d}{4} = 1.5 \text{ cm}$$

由此得到细长比

$$\lambda = \frac{1 \times 2}{1.5 \times 10^{-2}} = 133.3$$

因 $\lambda > 75$,故

$$\varphi = \frac{3\,000}{\lambda^2} = \frac{3\,000}{133.3^2} = 0.168\,8$$

将有关数据代入式(a),得到立柱抗稳定的承载力

$$[F]/\text{kN} = \frac{\pi \times 0.06^2}{4} \times 0.168\,8 \times 10 \times 10^3 = 4.8$$

我国有句俗语:“立木顶千斤”,本题为 6 cm 粗 2 m 长的立木,承载力为 4.8 kN,说明此话有一定道理。

【例 20.3】 如图 20.11 所示承载结构中,BD 杆为正方形截面的木杆,已知 $l = 2$ m,$a = 0.1$ m,木材的许用应力$[\sigma] = 10$ MPa,试从 BD 杆的稳定考虑,计算该结构所能承受的最大荷载 $F_{\max}$。木材的稳定因数按下式计算:

$$\lambda \leqslant 75, \varphi = \frac{1}{1 + (\frac{\lambda}{80})^2}; \lambda > 75, \varphi = \frac{3\,000}{\lambda^2}$$

解:首先求出外载 $\boldsymbol{F}$ 与 BD 杆所受压力的关系。考虑 AC 杆平衡

$$\sum M_A = 0, F_{BD} \cdot \frac{l}{2} - F \cdot \frac{3}{2} l = 0$$

从而得

$$F = \frac{1}{3} F_{BD}$$

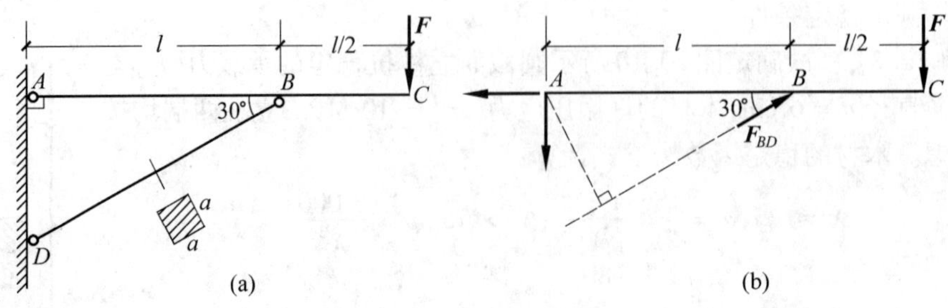

图 20.11

按稳定条件$\frac{F_N}{A\varphi} \leqslant [\sigma]$,压杆 BD 能承受的最大压力为

$$F_{BD} = A\varphi[\sigma]$$

所以结构能承受的最大荷载为

$$F_{\max} = \frac{1}{3}F_{BD} = \frac{1}{3}A\varphi[\sigma]$$

算得 BD 杆长度为 $l_{BD} = 2.31$ m,BD 杆的长细比为

$$\lambda = \frac{\mu l_{BD}}{\sqrt{\frac{I}{A}}} = \frac{\mu l_{BD}}{a\sqrt{\frac{1}{12}}} = \frac{1 \times 2.31}{0.1 \times \sqrt{\frac{1}{12}}} = 80$$

由 $\varphi = \frac{3\,000}{\lambda^2}$ 算得 $\varphi = 0.469$,结构能承受的最大荷载则为

$$F_{\max}/\text{N} = \frac{1}{3}A\varphi[\sigma] = \frac{1}{3} \times 0.1^2 \times 0.469 \times 10 \times 10^6 = 15.6 \times 10^2$$

【例 20.4】 图 20.12 所示之压杆为工字形钢(Q235),已知 $l = 4.2$ m,$F = 300$ kN,材料的许用应力$[\sigma] = 170$ MPa,试选择工字钢的型号。

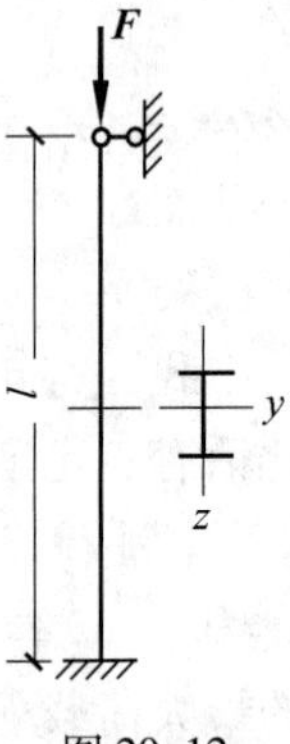

图 20.12

解:选择截面需用试算法。

(1) 取 $\varphi_1 = 0.5$(φ 在 0 与 1 之间变化,在无经验时,可先取其中值),由稳定条件$\frac{F_N}{A\varphi} \leqslant [\sigma]$ 算出压杆的横截面面积

$$A_1 = \frac{F}{\varphi_1[\sigma]} = \frac{300 \times 10^3}{0.5 \times 170 \times 10^6} \text{ m}^2 = 0.00353 \text{ m}^2 = 35.3 \text{ cm}^2$$

依 $A_1 = 35.3$ cm^2 由型钢表中选取 20a 号工字钢。该工字钢的横截面面积为 $A'_1 = 35.578$ cm^2,最小惯性半径为 $i_{\min} = i_z = 2.12$ cm,对选取的压杆验算其是否满足稳定条件。压杆的长细比为

$$\lambda_1 = \frac{\mu l}{i_z} = \frac{0.7 \times 4.2}{0.0212} = 139$$

依 $\lambda_1 = 139$ 查得折减系数 $\varphi'_1 = 0.349$

$$\frac{F'}{\varphi'_1 A'_1} = \frac{300 \times 10^3}{0.349 \times 35.578 \times 10^{-4}} \text{ Pa} = 242 \times 10^6 \text{ Pa} = 242 \text{ MPa} > [\sigma]$$

不满足稳定条件，需要重新选择工字钢型号。

(2) 取 $\varphi_2 = \frac{1}{2}(\varphi_1 + \varphi'_1) = \frac{0.5 + 0.349}{2} = 0.425$，由稳定条件得

$$A_2 = \frac{F}{\varphi_2[\sigma]} = \frac{300 \times 10^3}{0.425 \times 170 \times 10^6} \text{ m}^2 = 0.004\ 15 \text{ m}^2 = 41.5 \text{ cm}^2$$

依 $A_2 = 41.5\text{ cm}^2$ 由型钢表中选取22a号工字钢。再验算其是否满足稳定条件。22a号工字钢的横截面面积为 $A'_2 = 42.128\text{ cm}^2$，最小惯性半径为 $i_{min} = i_z = 2.31\text{ cm}$，杆的长细比为

$$\lambda_2 = \frac{\mu l}{i_z} = \frac{0.7 \times 4.2}{0.023\ 1} = 127$$

依 $\lambda_2 = 127$ 查得折减系数 $\varphi'_2 = 0.402$

$$\frac{F'}{\varphi'_2 A'_2} = \frac{300 \times 10^3}{0.402 \times 42.128 \times 10^{-4}} \text{ Pa} = 177 \times 10^6 \text{ Pa} = 177 \text{ MPa}$$

该值超过 $[\sigma]$ 不足5%，压杆是可用的，所以应选取22a号工字钢。

20.6　提高压杆稳定性的措施

由以上各节的讨论可知，影响压杆稳定的因素有：压杆的截面形状、长度和约束条件、材料的性质等。因而，也从这几个方面入手，讨论如何提高压杆的稳定性。

20.6.1　选择合理的截面形状

从欧拉公式看出，截面的惯性矩 I 越大，临界压力 F_{cr} 越大；柔度 λ 越小，临界压力越高。由于 $\lambda = \frac{\mu l}{i}$，所以提高惯性半径 i 的数值就能减小 λ 的数值。可见，如不增加截面面积，尽可能地把材料放在离截面形心较远处，以取得较大的 I 和 i，就等于提高了临界压力。例如，空心环形截面就比实心圆截面合理（图20.13），因为若两者截面面积相同，环形截面的 I 和 i 都比实心圆截面的大得多。同理，由四根角钢组成的起重臂（图20.14(a)），其四根角钢分散放置在截面的四角（图20.14(b)），而不是集中地放在截面形心的附近（图20.14(c)）。由型钢组成的桥梁桁架中的压杆或建筑物中的柱，也都是把型钢分开安放，如图20.15所示。当然，也不能为了取得较大的 I 和 i，就无限制地增加环形截面的直径并减小其壁厚，这将使其因变成薄壁圆管而有引起局部失稳，发生局部折皱的危险。对由型钢组成的组合压杆，也要用足够强的缀条或缀板把分开放置的型钢联成一个整体（图20.14和图20.15）。否则，各条型钢将变为分散单独的受压杆件，反而降低了稳定性。

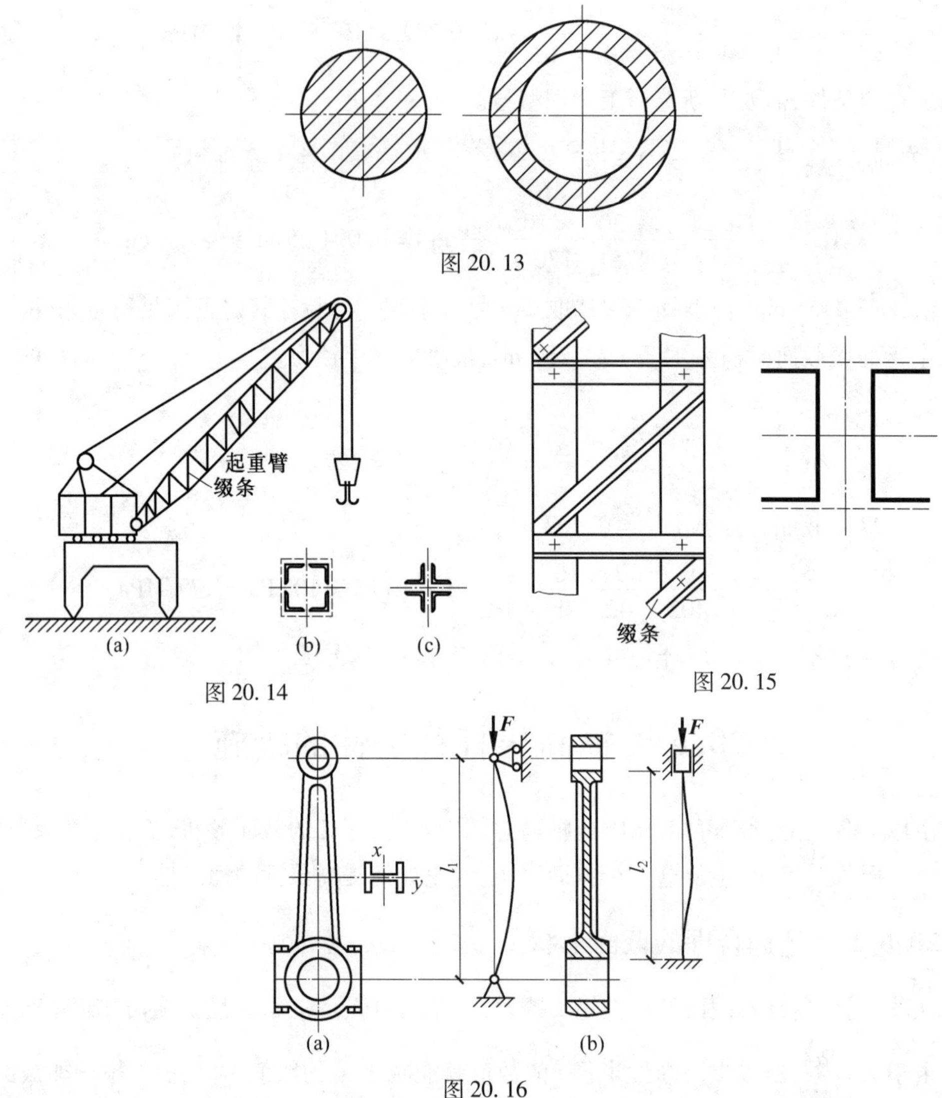

图 20.13

图 20.14

图 20.15

图 20.16

如压杆在各个纵向平面内的相当长度μl相同,应使截面对任一形心轴的i相等,或接近相等,这样,压杆在任一纵向平面内的柔度λ都相等或接近相等,于是在任一纵向平面内有相等或接近相等的稳定性。例如,圆形、环形或图20.14(b)所表示的截面,都能满足这一要求。相反,某些压杆在不同的纵向平面内,μl并不相同。例如,发动机的连杆,在摆动平面内,两端可简化为铰支座(图20.16(a)),$\mu_1=1$;而在垂直于摆动平面的平面内,两端可简化为固定端(图20.16(b)),$\mu_2=0.5$。这就要求连杆截面对两个形心主惯性轴x和y有不同的i_x和i_y,使得在两个主惯性平面内的柔度$\lambda_1=\dfrac{\mu_1 l_1}{i_x}$和$\lambda_2=\dfrac{\mu_2 l_2}{i_y}$接近相等。这样,连杆在两个主惯性平面内仍然可以有接近相等的稳定性。

20.6.2　改变压杆的约束条件

改变压杆的支座条件直接影响临界力的大小。例如，长为 l、两端铰支的压杆，其 $\mu=1$，$F_{cr}=\dfrac{\pi^2 EI}{l^2}$。若在这一压杆的中点增加一个中间支座，或者把两端改为固定端（图20.17），则相当长度变为 $\mu l=\dfrac{l}{2}$，临界压力变为

$$F_{cr}=\frac{\pi^2 EI}{\left(\dfrac{l}{2}\right)^2}=\frac{4\pi^2 EI}{l^2}$$

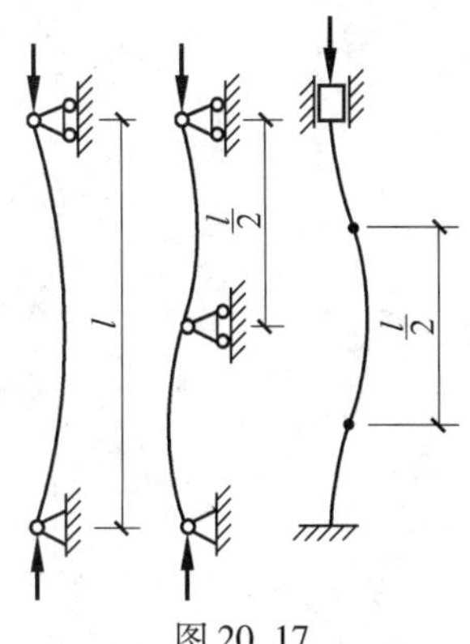

图 20.17

可见临界压力变为原来的 4 倍。增加压杆的约束，使其更不容易发生弯曲变形，都可以提高压杆的稳定性。

20.6.3　合理选择材料

细长压杆的临界压力由欧拉公式计算，故临界压力的大小只与材料的弹性模量 E 有关。由于各种钢材的 E 大致相等，所以选用优质钢材或低碳钢并无很大差别。对中等柔度的压杆，无论是根据经验公式或理论分析，都说明临界应力与材料的强度有关。优质钢材在一定程度上可以提高临界应力的数值。至于柔度很小的短杆，本来就是强度问题，优质钢材的强度高，其优越性自然是明显的。

习题课选题指导

1. 说明两端为球形铰支的细长压杆，如有图 20.18 所示形式的横截面，失稳时会在哪个方向屈曲（失稳弯曲）？

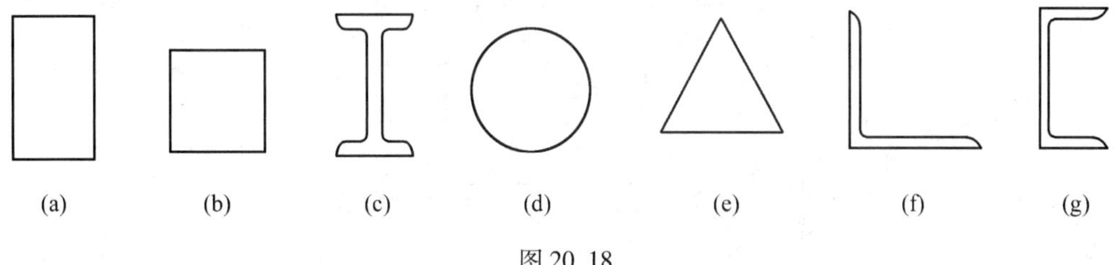

图 20.18

2. 如图 20.19 所示各杆材料和截面均相同，试问杆能承受的压力哪根最大，哪根最小（图(f) 所示杆在中间支承处不能转动）？

3. 验算图 20.20 所示结构 Q235 钢压杆 BC 的稳定性，已知$[\sigma]=170$ MPa。绕 z 轴失稳（平面内）按两端铰结处理；绕 y 轴失稳（平面外）按 B 端固定、C 端自由处理。

4. 如图 20.21 所示压杆的横截面为矩形,$h = 80$ mm,$b = 40$ mm,杆长 $L = 2$ m,$E = 210$ GPa,两端约束为:在正视图(a)的平面内相当于铰结;在俯视图(b)的平面内弹性固定,采用 $\mu = 0.8$。试求此杆的临界力。

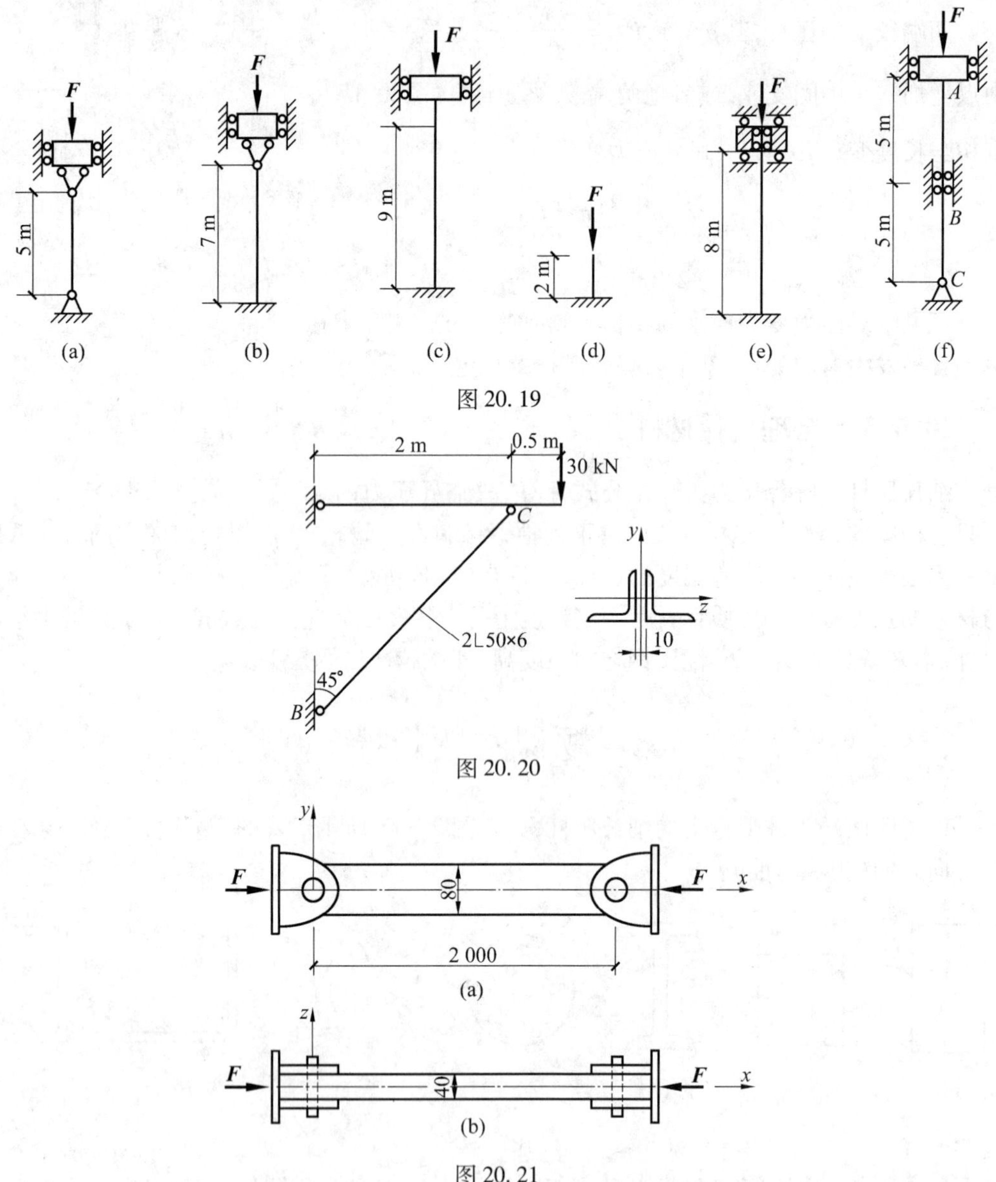

图 20.19

图 20.20

图 20.21

第 21 章

力法解超静定结构

前面的章节已经系统地研究了静定结构的外力与内力分析和变形与位移的计算方法,这些知识为解决超静定结构的受力分析与位移计算打下了坚实的基础。从计算的复杂程度看,超静定结构要远远大于静定结构,从重要性看,超静定结构往往出现在房屋的主体结构中,如梁板结构中的主梁、次梁以及某些连续板均属于超静定结构;框架结构(包括内框架) 多数是超静定结构,特别是多高层建筑,有时超静定次数可达数百甚至上千次;单层工业厂房排架也是超静定结构;网架结构属于空间超静定桁架体系。所以超静定结构的受力分析与位移计算在土木工程专业中占有极其重要的地位。

超静定结构计算之所以复杂,就在于除静力平衡条件外,它还要受变形条件的约束。这些条件最少也要有一个,多则成百上千。变形条件的建立是以静定结构的位移为基础的,为了计算静定结构某一点的位移,必须计算该结构的所有部分,这样就使得超静定结构的计算工作量大大增加。在电子计算机出现以前,科学家用了相当大的精力研究如何有效地解算超静定问题,给出了很多手算的具体方法,这一研究工作至今仍在进行。随着电子计算机的出现,结构计算中,特别是超静定结构的计算发生了根本性的变化,使得过去人为手算不敢想象的东西,现在在数分钟,甚至几秒钟就给出了答案,几十层的高层建筑,考虑各种荷载的因素(包括地震) 进行结构计算,也只不过在数小时或更短的时间内就给出全部结果(包括绘图)。计算手段的改革促使计算方法进一步发展,如为了适应电算而发展起来的结构矩阵分析以及有限元法等,已经成为结构计算分析中不可缺少的方法,但是作为这些方法的基础(如力法、位移法) 仍是初学超静定结构分析的人所必须掌握的。

本章以力法或称柔度法为最基本的超静定解法,它涉及各种类型的结构,第 22 章的位移法侧重求解框架结构,第 23 章各种以手算为基础的渐近方法与简化方法也是必不可少的内容,最后是通向电算的矩阵位移法。

21.1 简单的拉、压超静定

预应力钢筋混凝土轴心受拉构件采用后张法时遇到了如下的受力分析问题:如图 21.1(a) 所示,后张法施工时构件中央的预应力钢筋与混凝土是分离的(设预留孔),浇筑混凝土时只有四角上的非预应力钢筋,混凝土达到强度后,将预应力钢筋放入孔内,左端与混凝土固定,右端采取专用设备使中央钢筋得到预加应力 σ_p,以 A_p 代表预应力钢筋截面面积,则总的预加力 $F=\sigma_p A_p$。这种专用设备以 $\boldsymbol{F}$ 力预拉钢筋的同时可以使混凝土与非预应力钢筋受到同样大小的压力 $\boldsymbol{F}$(图 21.1(b)),该力使含有非预应力钢筋的混凝土构件受到均匀的轴向压缩,如图 21.1(c) 所示。在 $\boldsymbol{F}$ 力作用下,混凝土产生均匀压应力 σ_C,钢筋中产生压应力 σ_S,这里出现了两个未知应力(两个未知量),而静力学的平衡条件只有 $\sum F_x=0$,即

$$\sigma_C A_C + \sigma_S A_S = F \tag{a}$$

式中,A_C 与 A_S 分别为混凝土与非顶应力钢筋的截面面积。这种未知力的个数超过静力平衡方程个数的问题属于超静定问题,超过的数目即为该结构的超静定次数,显然本题是一次超静定问题。

解决超静定问题的关键就在于建立未知量间的补充方程,这种补充方程只有通过研究结构变形才能获得,或称变形协调方程。就本题而言,含非预应力钢筋的混凝土构件在压力 $\boldsymbol{P}$ 作用下发生均匀缩短,这表明混凝土与非预应力钢筋将产生如图 21.1(b) 所示的相同缩短量 Δ,由于它们的原长相同,均为 l,因此有如下变形协调方程成立,即

$$\varepsilon_C = \varepsilon_S = \frac{\Delta}{l} \tag{b}$$

式中,ε_C 与 ε_S 分别为混凝土与非预应力钢筋的应变。根据拉、压胡克定律,式(b) 成为

$$\frac{\sigma_C}{E_C} = \frac{\sigma_S}{E_S} \text{或} \frac{\sigma_S}{\sigma_C} = \frac{E_S}{E_C} = \alpha_E \tag{c}$$

式中,E_C 与 E_S 分别为混凝土与非预应力钢筋的弹性模量;α_E 代表 E_S 与 E_C 之比。

将式(a) 与式(c) 联立,可得到

$$\sigma_C = \frac{F}{A_C + \alpha_E A_S}, \quad \sigma_S = \frac{F\alpha_E}{A_C + \alpha_E A_S}$$

上述结果在钢筋混凝土课程中将有直接应用。

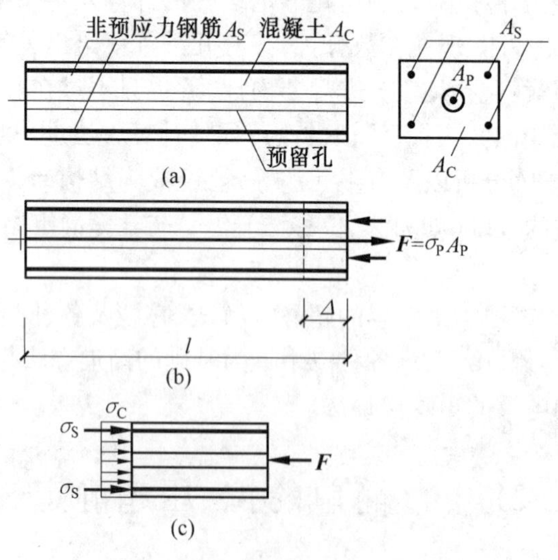

图 21.1

【例 21.1】 图 21.2(a) 所示一刚性梁 ABC(抗弯刚度为无限大,不产生弯曲变形),A 端为铰结固定支座,B 点与 C 点分别挂有 EA 相等的两根弹性杆件,B 点梁上受一向下 $\boldsymbol{F}$ 力作用,试求 BD 与 CF 两杆的轴力。

解: 取刚性梁的受力图,如图21.2(b) 所示。本题根据 $\sum F_x = 0$,得知水平反力为零,因此属于平行力系,除所要求解的两个力外,A 支座还有一个竖向反力 $\boldsymbol{F}_A$,由于平行力系仅有两个独立的平衡方程,现在有 3 个未知量,因此属于一次超静定问题。

研究本题的变形协调条件时,由图 21.2(b) 中不难发现,由于刚性横梁绕 A 点转动,两弹性杆的伸长量 Δ_{BD} 与 Δ_{CF} 之间显然存在倍数关系,即

$$\Delta_{CF} = 2\Delta_{BD}$$

根据拉、压胡克定律,上式变为

$$\frac{F_{NCF}l}{EA} = 2\frac{F_{NBD}l}{EA} \text{ 或 } F_{NCF} = 2F_{NBD}$$

此式即为变形补充方程,这时仅取 $\sum M_A = 0$,有

$$F_{NBD}a + F_{NCF}2a - Fa = 0$$

两式联立,即可求得

$$F_{NBD} = \frac{F}{5}, F_{NCF} = \frac{2F}{5}$$

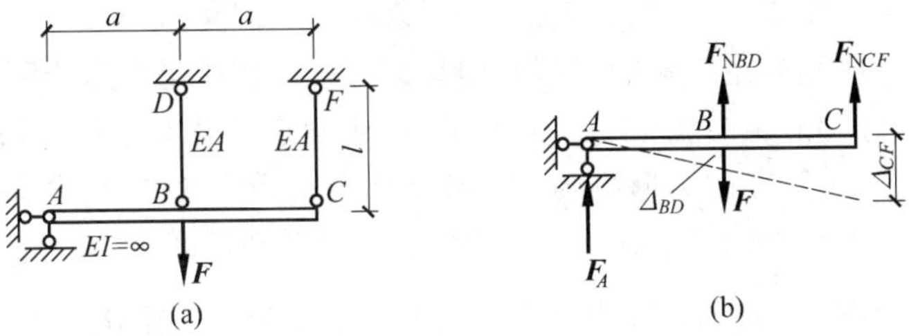

(a)　(b)

图 21.2

21.2　力法的基本概念

21.2.1　一次超静定梁

图 21.3(a) 所示单跨梁,其受力按平行力系处理,约束反力为两个竖向反力与一个力偶反力共 3 个,而静力平衡方程仅有两个,故为一次超静定梁。按照求解超静定问题的思路,必须建立这些约束反力之间通过变形而形成的定量关系。但是就超静定梁本身而言,这种关系并非如前节所述内容那样容易直观建立,而必须将超静定结构同我们已经熟悉了的静定结构相联系以求得问题的解决,这正是“力法”的解题思路。下面结合本例讲述力法的基本概念。

图 21.3(a) 所示超静定梁从几何组成方面进行分析是属于具有一个多余联系的几何不变体系,多余联系的个数就是超静定次数,因此本题为一次超静定结构。若以 B 支座的

链杆约束为多余联系,当人为撤去此约束后将得到图 21.3(b) 所示的静定结构(悬臂梁),该结构称为原超静定结构的基本结构。将荷载 q 作用于基本结构,并与原结构对比,从受力角度考查,基本结构失去了反力 $\boldsymbol{F}_B$,为与原结构相当,应将此反力人为作用在基本结构的 B 端,力法中称此反力为多余未知力并统一用 $\boldsymbol{X}_1$ 表示(图 21.3(c)),若能求得此力,则原超静定梁就可以转化为图 21.3(c) 所示的静定梁。加入荷载 q 与多余未知力 $\boldsymbol{X}_1$ 后的基本结构称为原结构的基本体系。为使基本体系与原结构完全等价还需要在变形方面做到完全一致,这就要求基本体系在 B 端的总竖向位移为零才能满足原结构 B 端的约束条件。B 端总竖向位移应由如图 21.3(d) 和(e) 所示的两部分组成:Δ_{1P} 表示基本结构仅受荷载 q 作用时 B 端的挠度,符号中第一个下标代表位移的方位(即沿 $\boldsymbol{X}_1$ 的方位)。第二个下标表示引起此位移的原因(由荷载引起用 $\boldsymbol{P}$ 表示);Δ_{11} 表示基本结构仅受多余未知力 $\boldsymbol{X}_1$ 作用时 B 端的挠度,下标11 代表由 X_1 引起(第二个下标) 沿 X_1 方向(第一个下标)。由 B 端总竖向位移为零的位移协调条件,得到变形方程

$$\Delta_{11} + \Delta_{1P} = 0$$

式中,Δ_{1P} 可以通过图乘法求得。Δ_{11} 是 $\boldsymbol{X}_1$ 引起的,如果令 $\overline{X}_1 = 1$ 作用于基本结构的 B 端(见图 21.3(f)),该点产生的挠度用 δ_{11} 表示,显然应有 $\Delta_{11} = \delta_{11}X_1$ 成立,这样式(a) 将成为

$$\delta_{11}X_1 + \Delta_{1P} = 0 \text{ 或 } X_1 = -\frac{\Delta_{1P}}{\delta_{11}} \tag{21.1}$$

此式即为力法解一次超静定结构的典型方程。该方程的实质是变形协调关系。

综上所述,解除超静定结构中的多余约束,形成静定的基本结构,以多余未知力为基本未知量,通过基本体系中的变形协调方程解出多余未知力,这就是力法的最基本概念。

为了求得力法方程中的系数 δ_{11} 与自由项 Δ_{1P},可以利用图乘法。作基本结构由于荷载引的弯矩图 M_P(图 21.3(g)) 和由于 $\overline{X}_1$ 作用下的单位弯矩图 $\overline{M}_1$(图 21.3(h))。位移 Δ_{1P} 应为两弯矩图的图乘,有

$$\Delta_{1P} = -\frac{1}{EI}\left(\frac{1}{3} \cdot l \times \frac{ql^2}{2}\right) \times \frac{3}{4}l = -\frac{ql^4}{8EI}$$

而 δ_{11} 应为 $\overline{M}_1$ 图的自乘,有

$$\delta_{11} = \frac{1}{EI} \times \frac{l^2}{2} \times \frac{2l}{3} = \frac{l^3}{3EI}$$

代入力法方程,解得

$$X_1 = -\frac{\Delta_{1P}}{\delta_{11}} = \frac{ql^4}{8EI} \times \frac{3EI}{l^3} = \frac{3}{8}ql$$

求解超静定梁的目的不仅是为了得到多余未知力的量值,而且还要得到内力图特别是弯矩图。一种方法是将 X_1 的值代入图 21.3(c) 中重新作静定结构的内力图;另一种方法是将图 21.3(d) 与(e) 两种状态所对应的弯矩图进行叠加即为原超静定梁的最终 M 图,为此只要将图 21.3(h) 中的纵坐标 $\overline{M}_1$ 乘以 X_1 并与图 21.3(g) 叠加,即可得到

$$M = M_P + \overline{M}_1X_1 \tag{21.2}$$

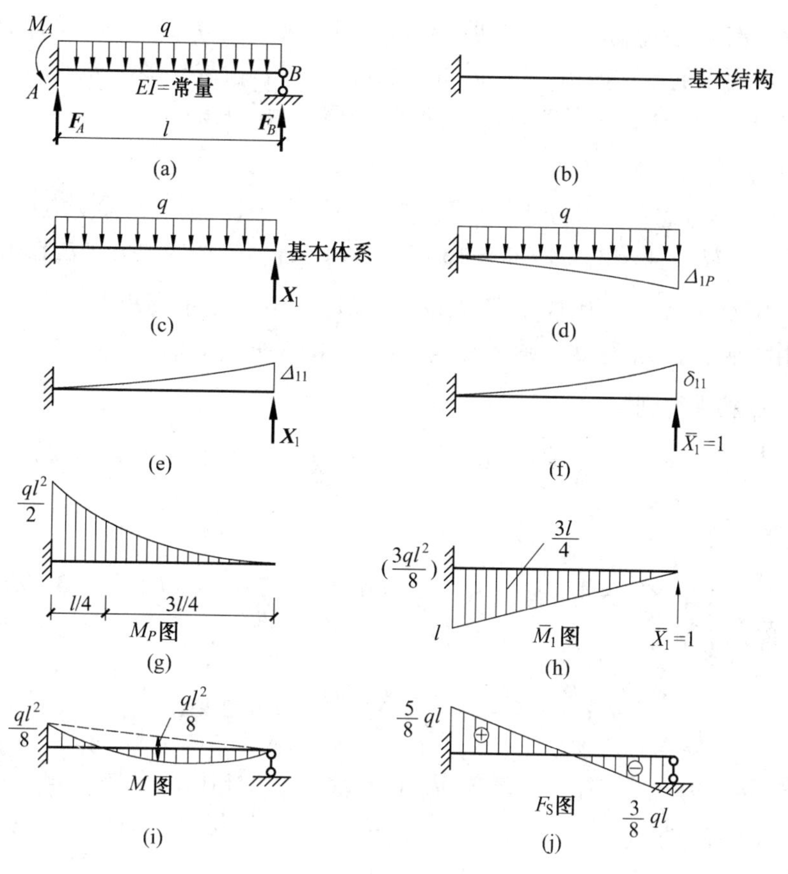

图 21.3

结合本题采用后一种方法,将图 21.3(h) 中的纵坐标扩大 X_1 倍(如支座弯矩原为 l 现为 $\overline{M}_1 X_1 = l\frac{3}{8}ql = \frac{3}{8}ql^2$,记入圆括弧内),与图 21.3(g) 叠加后,得到如图 21.3(i) 所示的最终弯矩图。根据弯矩图不难得到如图 21.3(j) 所示的剪力图。

通过本例可以总结出,凡是一次超静定梁,只要取好基本结构与组成好基本体系,即可求作 M_P 图与 $\overline{M}_1$ 图,利用图乘法求 δ_{11} 与 Δ_{1P},代入力法方程式(21.1) 就可解出多余未知力,然后根据 $M = M_P + \overline{M}_1 X_1$ 即可得到原超静定梁的弯矩图,随之还可得到剪力图。这种解题过程可以扩展应用到一次超静定刚架中去。对于一次超静定桁架,总的思路仍然相同,但由于桁架内力以轴力形式出现,故具体求解时 δ_{11} 与 Δ_{1P} 的计算方法要有所不同。

21.2.2　一次超静定刚架

【例 21.2】　用力法求解图 21.4(a) 所示超静定刚架,并作出该结构的内力图。

解:(1) 选取基本结构建立基本体系

图 21.4(a) 所示刚架与地面用 4 根链杆相联系,属于具有一个多余联系的几何不变体系,因此为一次超静定刚架。本题 4 个支座链杆中任何一个都可视为多余联系,因此撤

去多余链杆后都可成为静定(几何不变)结构。现在采用撤去 B 点水平链杆的方式得到如图 21.4(b) 所示的基本结构(这样做 M_P 较为简单),将荷载与多余未知力 X_1 加入基本结构形成如图 21.4(c) 所示的基本体系,X_1 方向假设为向右。

2. 作 M_P 图与 $\overline{M}_1$ 图

作 M_P 图时不考虑 X_1,BC 杆弯矩与 B 点竖向反力无关,可按悬臂梁受均布荷载一样考虑,$M_{CB}=M_{CA}=(2\times4\times2)\text{kN}\cdot\text{m}=16\ \text{kN}\cdot\text{m}$,$AC$ 杆弯矩按区段叠加法作出,见图 21.4(d);作 $\overline{M}_1$ 图时,以 $\overline{X}_1=1$ 代替 X_1 不难得到图 21.4(e) 所示的弯矩图。

3. 利用图乘法求 δ_{11} 与 Δ_{1P},代入方程(21.1) 求得多余未知力 X_1

M_P 与 $\overline{M}_1$ 相乘得到

$$\Delta_{1P}=(-\frac{1}{3}\times16\times4\times3-\frac{1}{2}\times16\times6\times\frac{2}{3}\times4+\frac{1}{2}\times15\times6\times2)/EI=-102/EI$$

$\overline{M}_1$ 自乘得到

$$\delta_{11}=(\frac{1}{2}\times4\times4\times\frac{2}{3}\times4+\frac{1}{2}\times4\times6\times\frac{2}{3}\times4)/EI=53.33/EI$$

代入式(21.1),求得

$$X_1=-\frac{\Delta_{1P}}{\delta_{11}}=-\frac{-102/EI}{53.33/EI}=1.912\ \text{kN}$$

4. 利用 $M=M_P+X_1\overline{M}_1$ 作出最后 M 图,根据平衡条件作出 F_S 图与 F_N 图

将$\overline{M}_1$ 图坐标值扩大 X_1 倍,见图 21.4(e) 中圆括弧内数字。叠加 M_P 与 $X_1\overline{M}_1$ 得到图 21.4(f) 所示弯矩图,此图即为最终 M 图。

根据杆端弯矩与荷载可作出剪力图,见图 21.4(g)。例如对 BC 杆取 $\sum M_B=0$,有

$$-F_{SCB}\times4+2\times4\times2+8.352=0$$

求得

$$F_{SCB}/\ \text{kN}=\frac{24.352}{4}=6.088$$

根据 C 结点处的平衡条件,由 F_S 图可以得到轴力图,见图 21.4(h)。

为了进行对比,现将本题的基本结构取成如图 21.5(a) 所示的三铰刚架,这相当于将 C 点的相互转动约束视为多余联系,这种基本结构显然也属于静定结构。由于铰 C 的出现,将使原结构 C 结点失去弯矩,因此多余未知力应是一对力偶 X_1,图 21.5(b) 即为相应的基本体系。这种基本结构上的 M_P 图与$\overline{M}_1$ 图不难作出(见图 21.5(c) 与(d)),通过图乘法得到

$$\Delta_{1P}=(\frac{1}{2}\times15\times6\times\frac{1}{2}+\frac{2}{3}\times4\times4\times\frac{1}{2})/EI=27.83/EI$$

$$\delta_{11}=(\frac{1}{2}\times1\times4\times\frac{2}{3}+\frac{1}{2}\times1\times6\times\frac{2}{3})/EI=3.333/EI$$

代入方程式(21.1),解出

$$X_1=-\frac{27.83/EI}{3.333/EI}=-8.352\ \text{kN}\cdot\text{m}$$

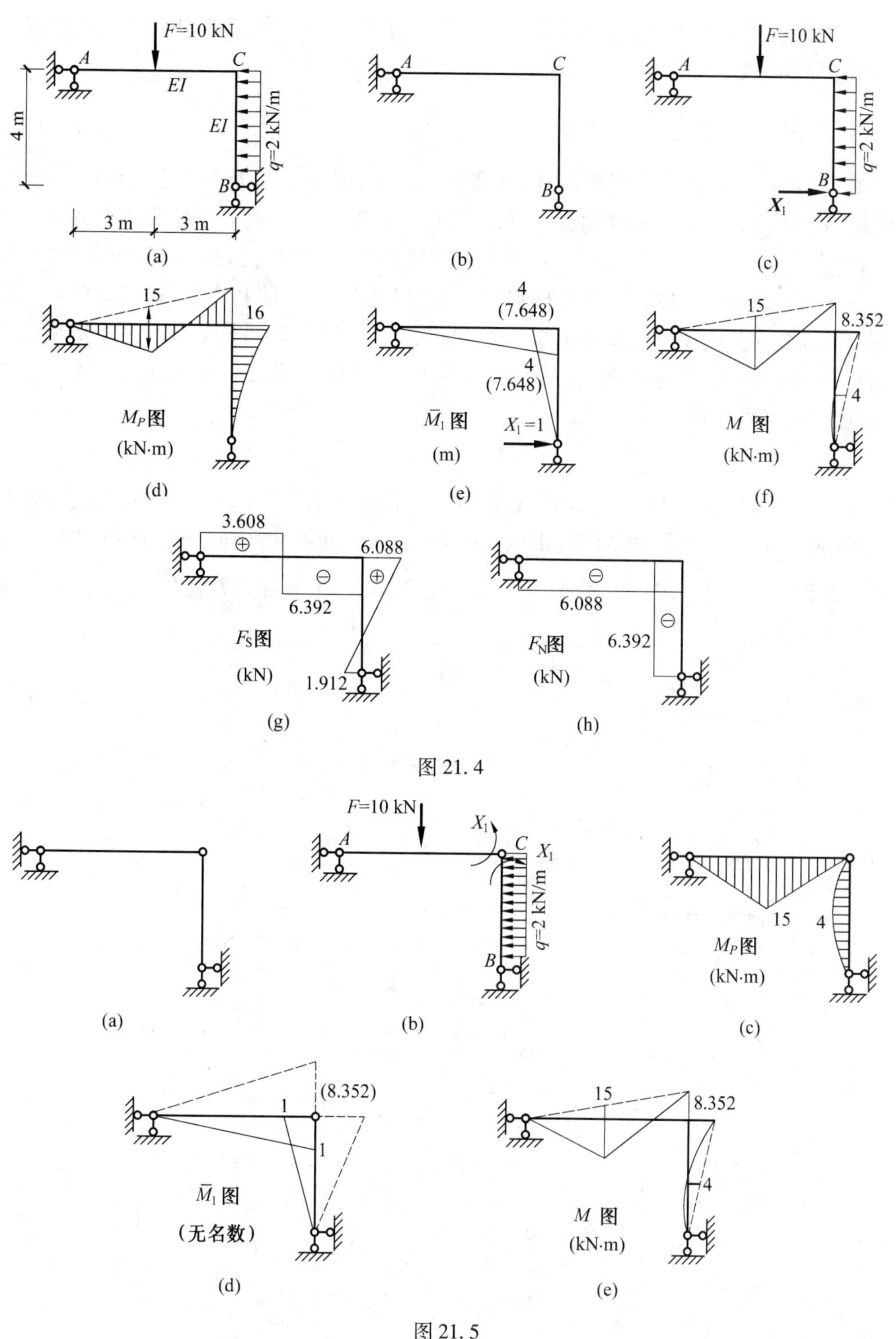

图 21.4

图 21.5

将 $\overline{M}_1$ 放大 -8.352 倍(见图 21.5(d) 中的虚线),与 M_P 叠加后得到最终 M 图(见图 21.5(e))。此结果与前面所得完全相同。需要指出的是,后面解题过程中所用力法方程

$\delta_{11}X_1+\Delta_{1P}=0$ 的物理概念是,在荷载与多余未知力 $\boldsymbol{X}_1$(一对)作用下,使基本结构 C 结点处的相对转角为零。

21.2.3 一次超静定桁架

图21.6(a)所示超静定桁架各杆 EA 均相等。由于桁架内部有一个多余约束,因此为一次超静定结构。从几何组成观点分析,桁架中6根杆件任一根都可作为多余约束。现取图21.6(b)所示基本结构,即确认 CD 杆为多余联系,将 CD 杆沿某一截面切断,在荷载作用下被切断截面的两侧将发生沿杆轴方向的相对位移。为使基本体系与原结构一致,应在切断截面的两侧加一对多余未知力 $\boldsymbol{X}_1$(见图21.6(c)),然后使荷载作用下产生的沿 $\boldsymbol{X}_1$ 方向的相对位移 Δ_{1P} 与 $\boldsymbol{X}_1$ 作用下沿 $\boldsymbol{X}_1$ 方向产生的相对位移 Δ_{11}($\Delta_{11}=\delta_{11}X_1$)之和为零(被切截面相对总位移为零),即

$$\delta_{11}X_1+\Delta_{1P}=0 \tag{a}$$

式中,δ_{11} 为 $\overline{X}_1=1$ 时截面的相对位移,此公式与前面的力法方程(21.1)具有相同形式,因此该式具有普遍性。根据静定结构求位移的方法,首先计算荷载在基本结构上产生的轴力 F_{NP}(见图21.6(d)),其次计算 $\overline{X}_1=1$ 作用在基本结构上的轴力 $\overline{F}_{N1}$(见图21.6(e)),利用求位移的公式,有

$$\Delta_{1P}=\sum\frac{F_{NP}\overline{F}_{N1}}{EA}l=$$

$$\frac{1}{EA}[2\times F\times(-1)a+(-\sqrt{2}F)\times\sqrt{2}\times\sqrt{2}a]=-\frac{2Fa}{EA}(1+\sqrt{2})$$

$$\delta_{11}=\sum\frac{\overline{F}_{N1}^2}{EA}l=\frac{1}{EA}[4(-1)\times(-1)\times a+2\times\sqrt{2}\times\sqrt{2}\times\sqrt{2}a]=\frac{4a}{EA}(1+\sqrt{2})$$

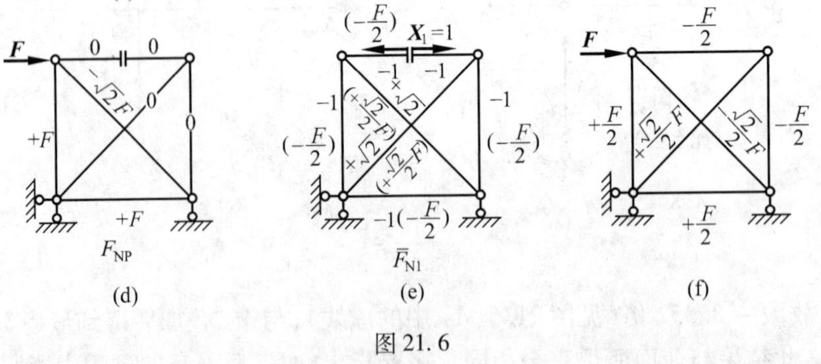

(a) (b) (c)

(d) (e) (f)

图21.6

代入式(a),得到

$$X_1 = -\frac{\Delta_{1F}}{\delta_{11}} = -\frac{-\dfrac{2Fa}{EA}(1+\sqrt{2})}{\dfrac{4a}{EA}(1+\sqrt{2})} = \frac{F}{2}(\text{压力})$$

X_1 解出后,其余各杆内力可按静定桁架求解,但也可利用

$$F_{\mathrm{N}} = F_{\mathrm{NP}} + X_1 \overline{F}_{\mathrm{N1}}(\text{叠加原理}) \tag{21.3}$$

将 $\overline{F}_{\mathrm{N1}}$ 内力扩大 X_1 倍(图 21.6(e) 中括弧内数字),然后将图 21.6(d) 与(e) 中括弧内数字叠加,得到最后图 21.6(f) 所示超静定桁架各杆的内力。

21.3　超静定次数的确定

前面两节主要叙述了一次超静定结构的解法及其应用。在进入用力法求解多次超静定结构以前,先对各种超静定结构的超静定次数进行判别并选取相应的基本结构。所谓结构的超静定次数就是指几何组成分析中结构的多余联系的数目。由于静定结构为无多余联系的几何不变体系,因此将超静定结构变成静定结构(即如前面所述的基本结构) 的过程中所去掉的多余联系数目就是超静定次数。

图 21.7(a) 所示超静定刚架具有一个多余联系,因此为一次超静定结构,其基本结构有多种取法,主要视其解除何种多余约束而定。图 21.7(b) 视右端链杆为多余约束,解除后加竖向力 $\boldsymbol{X}_1$,基本结构为悬臂式刚架;图 21.7(c) 视左端支座转动为多余约束,解除后加力偶 X_1,基本结构为简支刚架;图 21.7(d) 解除的是左上端刚结点的相互转动约束,加一对力偶 X_1,基本结构为两个静定梁;图 21.7(e) 所示基本结构仍为静定刚架;但图 21.7(f) 所取基本结构由于属于可变体系因此是错误的。

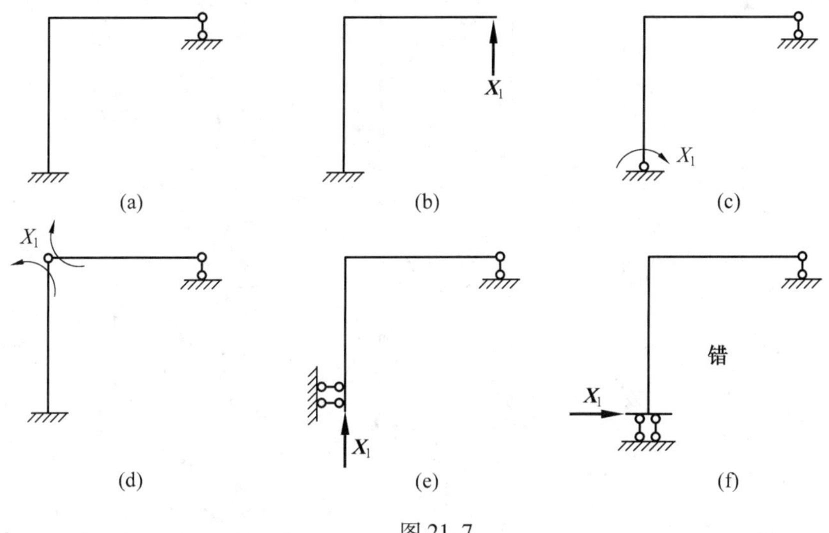

图 21.7

上述研究中,图 21.7(b) 和(e) 属于撤去一根支座链杆,而图 21.7(c) 与(d) 为增加一个单铰,都转变为静定结构,因此可以说撤去一链杆或增加一单铰均使结构减少一次超

静定。在组成基本结构时,图 21.7(d) 中的单铰在理论上讲不一定必须加在结点上,加在除两支座外结构的任何位置均可,所以理论上说基本结构有无穷多种。还需指出的是,由图 21.7(f) 中发现,本题中固定端支座处的水平链杆不能视为多余联系。

图 21.8 为超静定桁架,由于多余约束有两根杆,因此为两次超静定,切断两个多余杆可使结构变为静定,而且视切断杆件的不同而有不同的基本结构。图 21.8(b) 与(c) 给出了其中两种基本结构。由此分析得出切断一根链杆和撤去一根支座链杆相同,都要减少一次超静定。

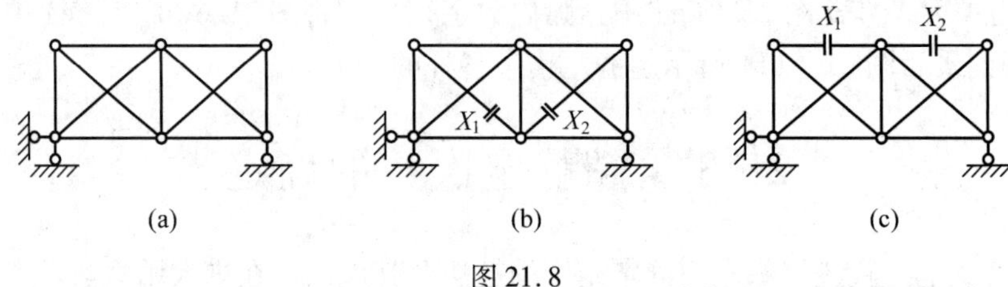

图 21.8

图 21.9 所示超静定刚架,由于去掉一个固定端(图 21.9(b)) 变为静定刚架,而一个固定端相当三个联系,所以为3 次超静定刚架。利用加铰的方法可以使基本结构成为3 铰刚架(图 21.9(c)),由于加了 3 个铰变为静定,所以原结构还是 3 次超静定。图21.9(d) 表示自刚架横梁中部切断,由于这种梁式杆可以传递弯矩、剪力和轴力 3 种内力,相当于 3 个 联系,故切断后要失去 3 个联系,因此在组成基本体系时多余未知力要加上 3 对内力。由此还可得出切断梁式杆结构要减少 3 次超静定。图 21.9(e) 为加铰与撤杆同时进行。图 21.9(f) 为切断结点,此时与图 21.9(d) 有所不同,多余未知力组中左侧剪力与右侧轴力对应,而左侧轴力与右侧剪力对应。

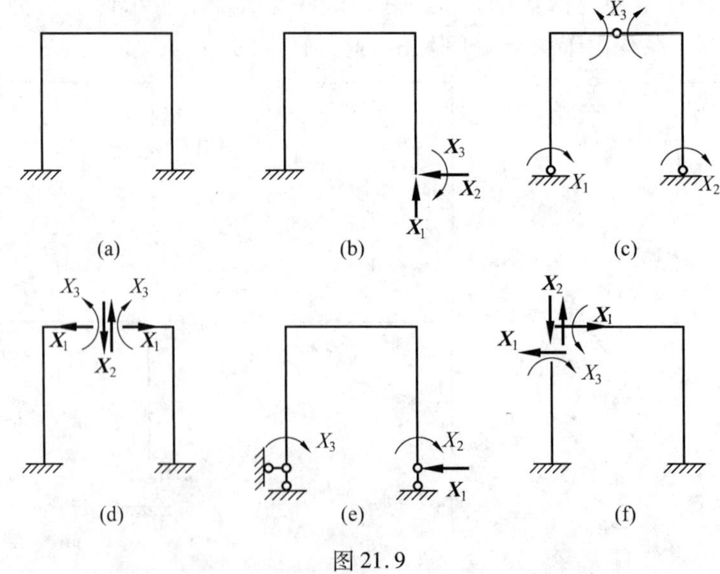

图 21.9

图 21.10 所示结构外部有一个多余支承杆,但内部属于两个闭合刚架,只有当切断两根梁式杆后内部方为静定,因此该结构为 7 次超静定结构。这里的分析又表明,每一封闭

框(框上无铰) 为三次超静定。

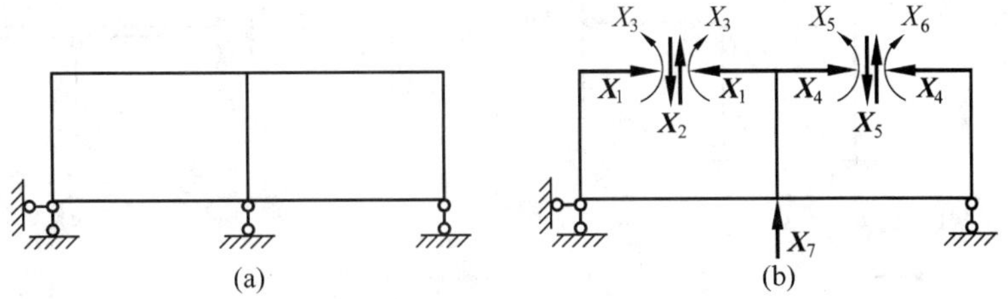

图 21.10

图 21.11(a) 为高层框架结构(11 层),由于其中每层 3 跨,所以有 3 × 11 = 33 个封闭框(首层也算),因此超静定次数为 33 × 3 = 99 次。图 21.11(b) 为 11 层框 - 剪结构,框架部分(左侧) 为 66 次超静定,而剪力墙可视为一个悬臂梁(静定),框架与墙间每层多一个链杆约束,因此又增加 11 次超静定,故该框 - 剪结构为 66 + 11 = 77 次超静定。图 21.11(c) 是在处理风荷载或地震力时遇到的结构计算简图,当撤去所有支座链杆(不包括固定端) 后结构为静定的,因此该结构为 14 次超静定。

图 21.12(a) 与(b) 为单层工业厂房排架,其屋架部分简化为一根链杆,当切断这些链杆后结构变为数根悬臂柱(静定),因此超静定次数就是链杆数,故图 21.12(a) 为一次超静定,图 21.12(b) 为 2 次超静定,相应基本结构分别绘于图 21.12(d) 和(e) 中。图 21.12(c) 为组合结构,切断中间链杆减少一次超静定,原结构为一次超静定,基本结构示于图 21.12(f)。

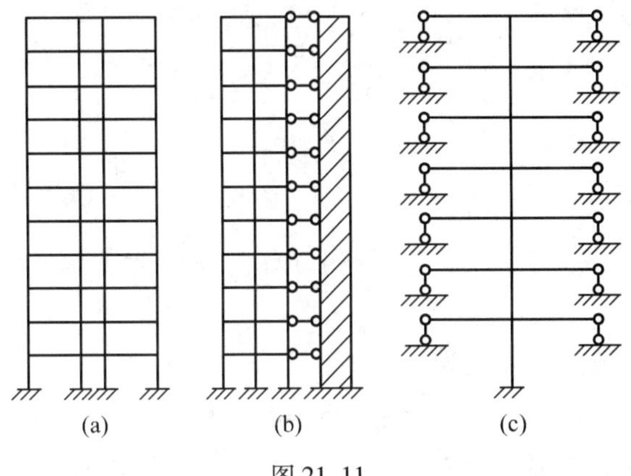

图 21.11

常见的超静定拱有两铰拱和无铰拱(见图 21.13),显然两铰拱为一次超静定,而无铰拱为 3 次超静定,其基本结构的一些取法示于图 21.13(c) 与(d)。

综上所述,判断超静定次数的主要结论是:撤去、切断一根链杆或增加一个单铰均减少一次超静定;切断梁式杆减少 3 次超静定;每一无铰的封闭框为 3 次超静定。

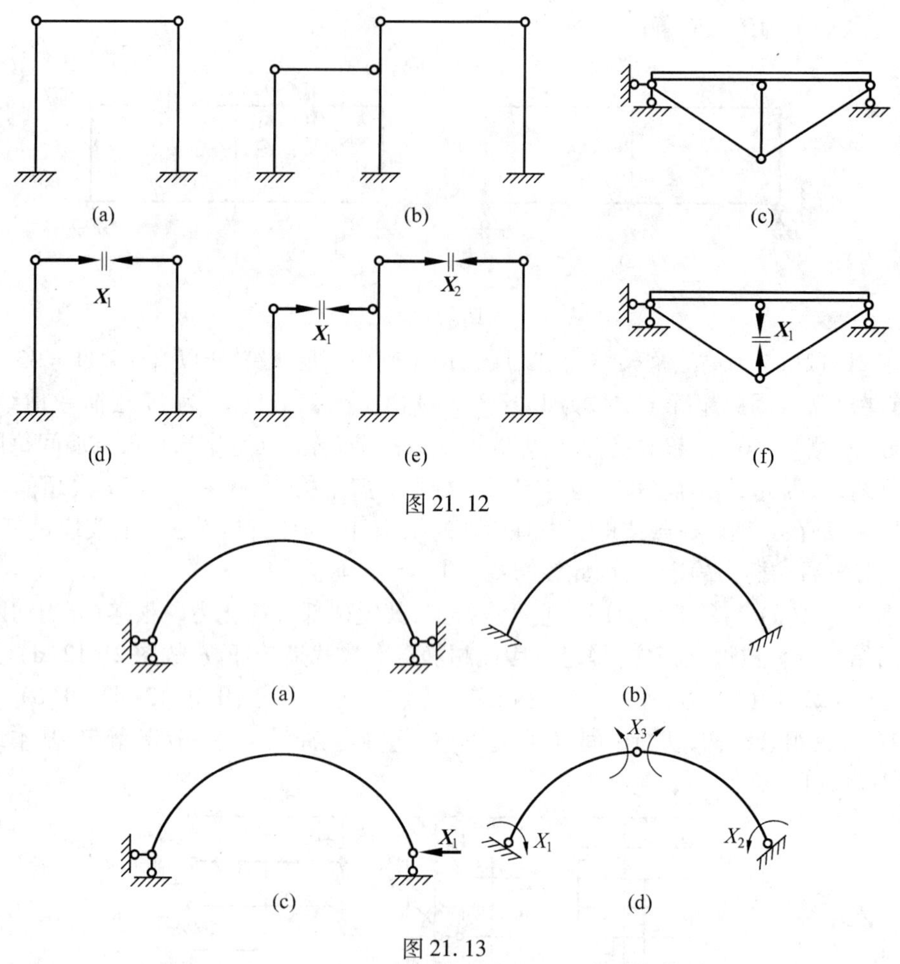

图 21.12

图 21.13

21.4 力法的典型方程

一次超静定结构的力法方程为

$$\delta_{11}X_1 + \Delta_{1P} = 0$$

式中,基本未知量 X_1 代表结构的多余未知力,而方程表示沿 X_1 方向基本结构在多余未知力和荷载作用下的总位移为零,它实质是一个位移方程。

当超静定次数在一次以上时,力法方程的基本未知量以及方程本身的物理意义原则上并没有变,但由于未知量的增多方程将变得复杂,特别是增加了未知力相互间的关系,使方程的求解难度增大,现在以图 21.14(a) 所示超静定刚架为例建立力法方程。

图 21.14(a) 所示刚架,由于两端均为固定端,所以为 3 次超静定结构。解除 B 支座的多余约束用多余未知力 $\boldsymbol{X}_1$、$\boldsymbol{X}_2$、$\boldsymbol{X}_3$ 代替,图 21.14(b) 示出了原结构的基本结构与基本体系,为使基本体系和原结构在变形上能完全一致,就要求基本结构在荷载与多余未知力 $\boldsymbol{X}_1$、$\boldsymbol{X}_2$、$\boldsymbol{X}_3$ 共同作用下使 B 点沿三个方向($\boldsymbol{X}_1$、$\boldsymbol{X}_2$、$\boldsymbol{X}_3$) 的位移分别都为零,即

$$\Delta_{B1} = \Delta_{B2} = \Delta_{B3} = 0$$

才能满足 B 支座为固定端的约束条件。

这三个条件就是力法的三个方程。图 21.14(b)、(c)、(e)、(f) 相应给出外力 $\boldsymbol{F}$ 与 $\boldsymbol{X}_1$、$\boldsymbol{X}_2$、$\boldsymbol{X}_3$ 单独作用于基本结构上的位移图及其代表符号。由于位移的复杂性，Δ_{B1}、Δ_{B2} 与 Δ_{B3} 中的每一个并非如一次超静定那样只有两项（荷载项与 X_1 项），而是都含有四项，以 Δ_{B1} 为例，自图 21.14 中可以找出它应取如下形式：

$$\Delta_{B1} = \Delta_{1P} + \Delta_{11} + \Delta_{12} + \Delta_{13}$$

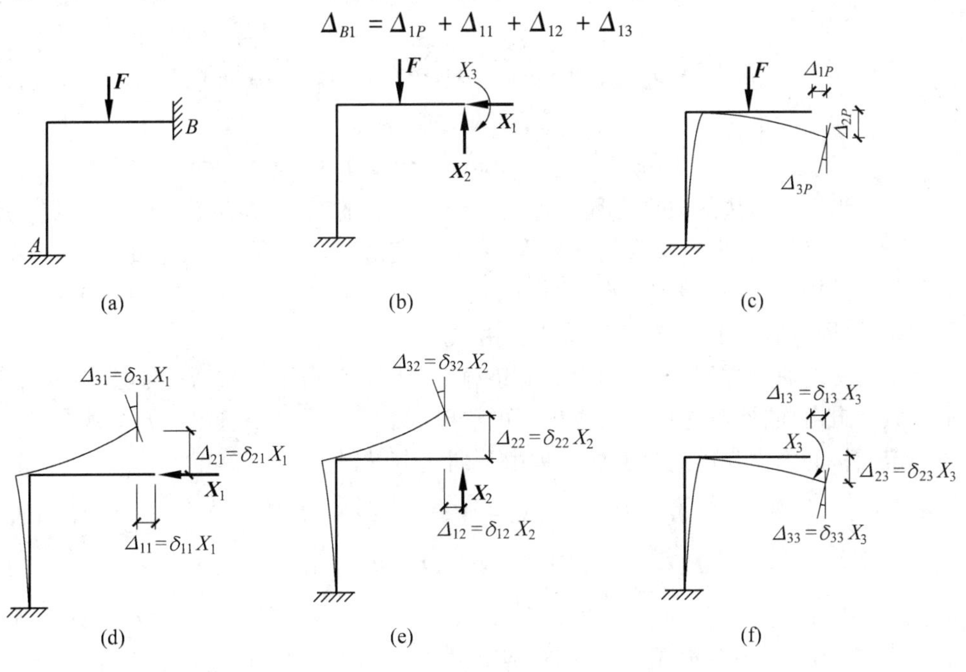

图 21.14

为使方程中明显呈现基本未知量，可以如一次超静定那样，将 Δ_{11} 变为 $\delta_{11}X_1$，而 Δ_{12} 变为 $\delta_{12}X_2$，Δ_{13} 变为 $\delta_{13}X_3$，这里 δ_{11} 的概念不变，δ_{12} 表示当 $\overline{X}_2 = 1$ 时沿 1 方向所引起的位移，它可通过弯矩图乘而得到，是已知常量。同理，δ_{13} 表示当 $\overline{X}_3 = 1$ 时沿 1 方向引起的位移，也可以求出。将这些变换代入，并取 $\Delta_{B1} = 0$，即可得到

$$\delta_{11}X_1 + \delta_{12}X_2 + \delta_{13}X_3 + \Delta_{1P} = 0$$

它同一次超静定的力法方程相比，主要在于多了 X_2 与 X_3 对 1 方向的影响。显然本题的三个方程应取如下形式

$$\begin{cases}\delta_{11}X_1 + \delta_{12}X_2 + \delta_{13}X_3 + \Delta_{1P} = 0 \\ \delta_{21}X_1 + \delta_{22}X_2 + \delta_{23}X_3 + \Delta_{2P} = 0 \\ \delta_{31}X_1 + \delta_{32}X_2 + \delta_{33}X_3 + \Delta_{3P} = 0\end{cases} \tag{21.4}$$

这里前两个方程分别表示 B 点沿 X_1 方向和沿 X_2 方向的线位移总和为零，而第三个方程表示沿 X_3 方向的角位移总和为零。所有 δ_{ij} 均称为柔度系数（它表示 j 方向加单位力在 i 方向引起的位移），根据位移互等定理有

$$\delta_{ij} = \delta_{ji}$$

因此独立的系数并非 9 个而是 6 个,此外还有 3 个自由项,即 Δ_{1P}、Δ_{2P}、Δ_{3P},他们表示荷载引起的相应位移。有了 3 次超静定的力法方程,便可推广到 n 次超静定中去,其一般表达式为:

$$\begin{cases}\delta_{11}X_1+\delta_{12}X_2+\cdots+\delta_{1i}X_i+\cdots+\delta_{1n}X_n+\Delta_{1P}=0\\ \delta_{21}X_1+\delta_{22}X_2+\cdots+\delta_{2i}X_i+\cdots+\delta_{2n}X_n+\Delta_{2P}=0\\ \vdots\\ \delta_{j1}X_1+\delta_{j2}X_2+\cdots+\delta_{ji}X_i+\cdots+\delta_{jn}X_n+\Delta_{jP}=0\\ \vdots\\ \delta_{n1}X_1+\delta_{n2}X_2+\cdots+\delta_{ni}X_i+\cdots+\delta_{nn}X_n+\Delta_{nP}=0\end{cases} \tag{21.5}$$

该方程组即为力法的典型方程。正是由于方程中的基本未知量为力(或力偶)所以称为力法,但方程的物理意义为位移方程(或称为变形协调方程)。式中 δ_{ii} 称为主系数,它表示基本结构 i 方向加单位力沿 i 方向(自己方向)所产生的位移(均为正号),$\delta_{ji}(i\neq j)$ 称为副系数,同样有 $\delta_{ij}=\delta_{ji}$ 成立,Δ_{jP} 为自由项是由荷载引起的。

有了力法的典型方程,今后用力法解超静定结构时就可不必重新推证公式,而关键在于求系数和自由项,然后通过力法方程就可解出基本未知量。一旦得到 n 个基本未知量,则超静定结构的内力就可通过叠加原理由下列式中得到:

$$M=M_P+\overline{M}_1X_1+\overline{M}_2X_2+\cdots+\overline{M}_nX_n \tag{21.6}$$

$$F_{\mathrm{N}}=F_{\mathrm{NP}}+\overline{F}_{\mathrm{N1}}X_1+\overline{F}_{\mathrm{N2}}X_2+\cdots+\overline{F}_{\mathrm{N}n}X_n \tag{21.7}$$

式中,$\overline{M}$ 与 $\overline{F}_{\mathrm{N}}$ 分别为单位力引起的弯矩与轴力。此处式(21.7)主要指桁架,对于刚架主要应用式(21.6),一旦得到最终弯矩图,便可由弯矩图作剪力图,最后由剪力图按结点平衡再作轴力图。

【例 21.3】 用力法解图 21.15(a)所示刚架,作出内力图。

解:该题属于两次超静定结构,比较简单的基本结构可取成图 21.15(b)所示的悬臂式静定刚架,基本体系中多余未知力为 B 支座水平反力 $\boldsymbol{X}_1$ 与竖向反力 $\boldsymbol{X}_2$。与两次超静定对应的力法方程取如下形式,有

$$\begin{cases}\delta_{11}X_1+\delta_{12}X_2+\Delta_{1P}=0\\ \delta_{21}X_1+\delta_{22}X_2+\Delta_{2P}=0\end{cases}$$

为求系数和自由项,本题需先作出 M_P、$\overline{M}_1$ 与 $\overline{M}_2$ 图,三图分别示于图 21.15(c)、(d)、(e)中。这些弯矩图由于基本结构较简单所以很快可以绘出。根据静定刚架的位移计算,M_P 图与 $\overline{M}_1$ 图相乘可以得到 Δ_{1P},有

$$\Delta_{1P}=-\frac{qa^2}{2}\times a\times\frac{a}{2}\times\frac{1}{EI}=-\frac{qa^4}{4EI}$$

M_P 图与 $\overline{M}_2$ 相乘可以得到 Δ_{2P},有

$$\Delta_{2P}=-\frac{1}{3}\frac{qa^2}{2}\times a\times\frac{3}{4}\times\frac{a}{2EI}-\frac{qa^2}{2}\times a\times\frac{a}{EI}=-\frac{9qa^4}{16EI}$$

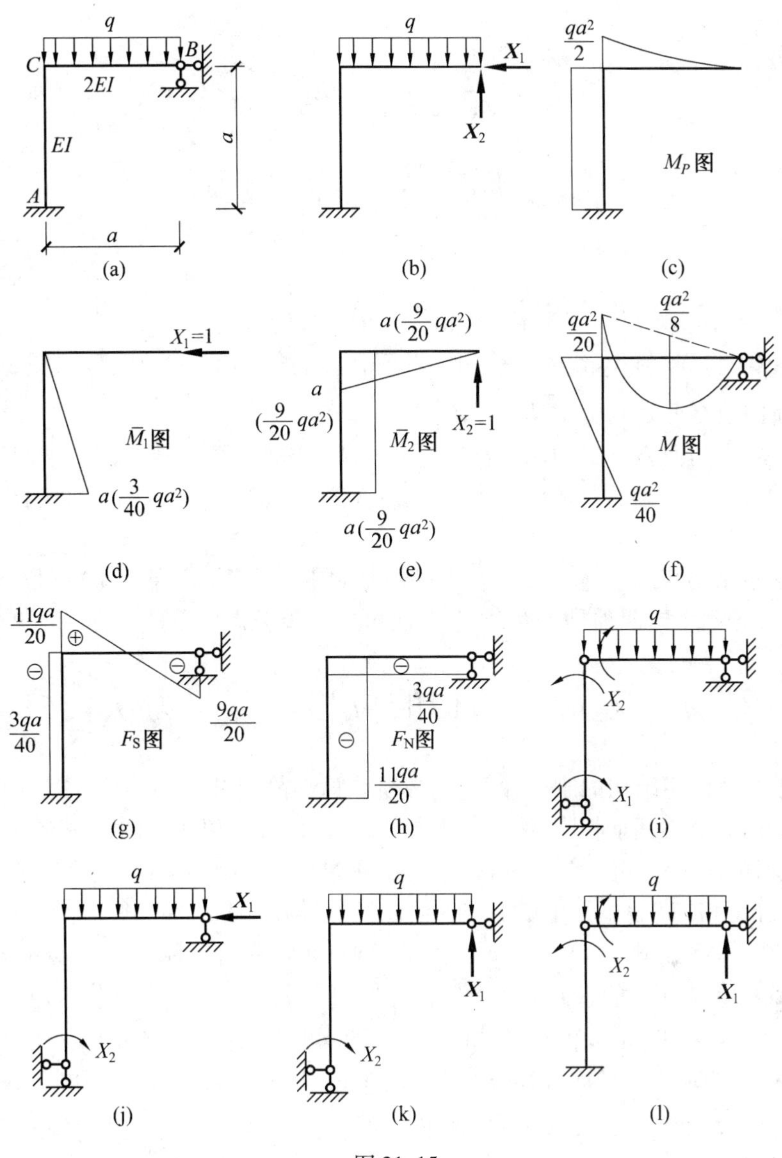

图 21. 15

$\overline{M}_1$ 图自乘得 δ_{11}，$\overline{M_2}$ 自乘得 δ_{22}，$\overline{M}_1$ 与 $\overline{M}_2$ 互乘得 $\delta_{12}=\delta_{21}$，有

$$\delta_{11}=\frac{1}{2}a\times a\times\frac{2}{3}a/EI=\frac{a^3}{3EI}$$

$$\delta_{22}=\frac{1}{2}a\times a\times\frac{2}{3}a/(2EI)+a\times a\times a/EI=\frac{7a^3}{6EI}$$

$$\delta_{12}=\delta_{21}=\frac{1}{2}a\times a\times a/EI=\frac{a^3}{2EI}$$

建立力法方程,约去公共项$\frac{a^3}{EI}$,有

$$\begin{cases}\frac{1}{3}X_1+\frac{1}{2}X_2-\frac{qa}{4}=0\\ \frac{1}{2}X_1+\frac{7}{6}X_2-\frac{9qa}{16}=0\end{cases}$$

解得

$$X_1=\frac{3}{40}qa,\quad X_2=\frac{9}{20}qa$$

利用式(21.6) 将 X_1 与 X_2 代入并叠加可得最后弯矩图(见图 21.15(f)),图 21.15(d) 与(e) 中括弧内数字分别表示 $\overline{M}_1X_1$ 与 $\overline{M}_2X_2$。

根据弯矩图可直接作剪力图,也可利用 X_1、X_2 作剪力图。剪力图绘于图21.15(g)。根据剪力图考虑结点平衡可作出轴力图,也可利用 X_1、X_2 作轴力图。轴力图绘于图 21.15(h)。

本题基本结构与基本体系可以有多种取法,图 21.15(i)、(j)、(k)、(l) 又提供了四种,请读者首先判定这四种是否都合理,其次可进一步考虑哪一种会使计算更简单。

21.5 超静定结构的位移计算与力法校核

为了进行超静定结构的刚度计算,就必须计算超静定结构的位移。就计算方法而言与求静定结构的位移基本相同,例如对于刚架或梁,同样可以采用图乘法求位移。但是所不同的是,求位移时所加的单位力可以不作用在原超静定结构上,而是可作用在任何一个基本结构(静定结构) 上。为了讲清这一概念,仍以例21.3 为例。图21.16 给出了例21.3 的原结构和最终弯矩图(图 21.16(a)、(b)),现在求此超静定结构 C 结点的转角。按道理应在此超静结构的 C 结点上加一个单位力偶(图 21.16(c)),然后作弯矩图,不过这时尚需重新解两次超静定后才能得到此图。现在取如图21.16(d) 所示的一个静定刚架,受有均布荷载 q 与两个集中荷载,若要求此静定结构 C 截面的转角,则应在此结构 C 点加一单位力偶并作 $\overline{M}_1$ 图(图21.16(e))。如果注意到图21.16(d) 所示结构就是图21.16(a) 图的基本体系(参看例21.3),而图21.16(b) 的弯矩图就是图21.16(d) 所示结构的弯矩图,则图 21.16(b) 与图 21.16(e) 相乘即为(d) 图中 C 点转角。由于基本体系可以代替原结构,因此所求得的 C 点转角最终也就是原超静定结构 C 点的转角。现在将结果算出,有

$$\Delta_{C\varphi}=\varphi_C=1a\left(\frac{qa^2}{20}-\frac{qa^2}{40}\right)/2\times\frac{1}{EI}=\frac{qa^3}{80EI}$$

由于基本结构选取的多样性,因此单位力偶可以加在任何一种合理的基本结构上。图21.16(f) 给出另一种基本结构,将单位力偶加在 C 点,作出 $\overline{M}_1$ 图,此图虽与前者不同,但图乘结果为

$$\Delta_{C\varphi}=\varphi_C=\frac{1}{2}\times1\times a\times\left(\frac{2}{3}\frac{qa^2}{20}-\frac{1}{3}\frac{qa^2}{40}\right)/\frac{1}{EI}=\frac{qa^3}{80EI}$$

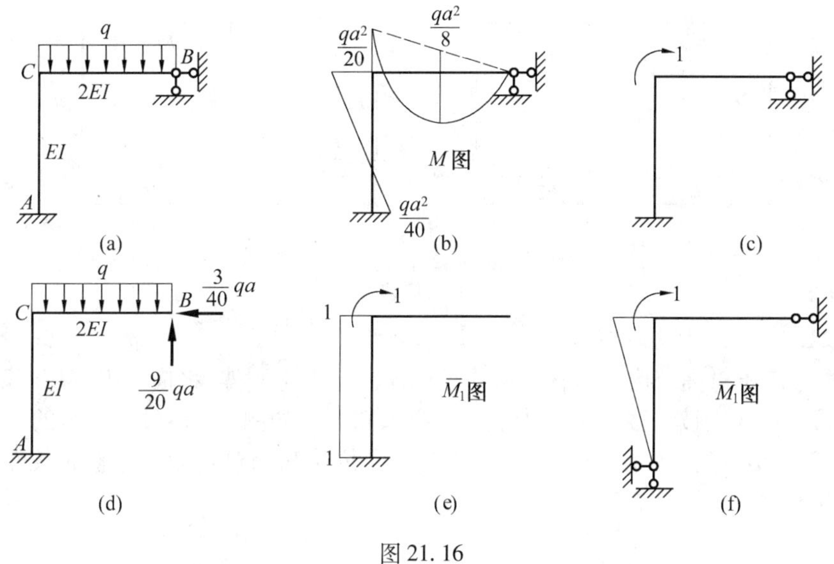

图 21.16

两结果相同。

掌握了超静定结构求位移的方法，可以根据此方法计算超静定结构中的某些已知位移（如支座处的位移等），目的并不在于得到位移，而是通过计算所得位移是否与已知位移相等而校核力法所得结果的正确性。例如，为了校核例 21.3 所得最后弯矩图是否正确，可以将此弯矩图（图 21.15（f））与图 21.15（e）所示弯矩图相乘，根据求超静定结构位移的原理，该乘积代表原超静定结构 B 点的竖向位移。由于 B 点为铰结固定支座，此点竖向位移必为零，所以图形相乘结果也应为零，现计算如下

$$\Delta_{B_2}=\left(-\frac{1}{2}\times a\times a\times\frac{2}{3}\times\frac{qa^2}{20}+\frac{2}{3}\times\frac{qa^2}{8}\times a\times\frac{a}{2}\right)\times\frac{1}{2EI}-a\times a\left(\frac{qa^2}{20}-\frac{qa^2}{40}\right)\times\frac{1}{2}\times\frac{1}{EI}=$$

$$\left(-\frac{1}{120}+\frac{1}{48}-\frac{1}{80}\right)\times\frac{1}{EI}=\frac{-2+5-3}{240EI}=0$$

由于在计算该图乘中原弯矩图均已用到，说明原弯矩图无误。

最后指出，由于超静定结构总的约束反力个数超过平衡方程个数，所以满足平衡方程的约束反力解是不唯一的，实际上可以有无穷多组解。因此只校核平衡条件是不够的，而必须进一步核对变形条件是否满足，才能最终判断所得结果是否正确。

21.6　对称性的利用

建筑工程中的结构很多都具有对称性，特别是超静定刚架中经常遇到对称结构。所谓结构对称，既有结构的几何形式和支承情况与某轴对称，又包含着杆截面与材料性质也与此轴对称。图 21.17（a）所示刚架，当两柱具有相同的 EI_2 时为对称结构，图 21.17（b）中虽然中间柱 EI_3 与两侧边柱 EI_2 不同，但因其位于对称轴上，仍属于对称结构。

在计算对称的超静定刚架时，基本结构尽可能取为对称，这样做力法方程将会简化。

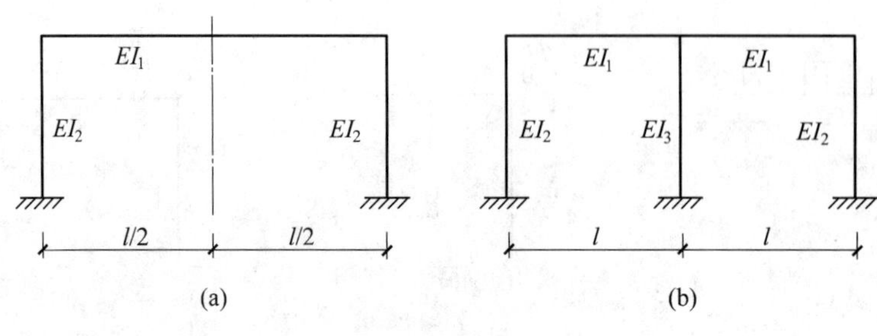

图 21.17

【例 21.4】 用力法解图 21.18(a) 所示刚架。

解:本题属于对称结构受对称荷载作用的 3 次超静定刚架,将横梁中部切断取基本结构为对称的两悬臂刚架组合,基本体系中多余未知力取如图 21.18(b) 所示的 3 组,按照被切截面 3 个相对位移(相对水平位移、相对竖向位移和相对转角)为零的条件,列出力法方程,有

$$\begin{cases}\delta_{11}X_1 + \delta_{12}X_2 + \delta_{13}X_3 + \Delta_{1P} = 0 \\ \delta_{21}X_1 + \delta_{22}X_2 + \delta_{23}X_3 + \Delta_{2P} = 0 \\ \delta_{31}X_1 + \delta_{32}X_2 + \delta_{33}X_3 + \Delta_{3P} = 0\end{cases} \tag{a}$$

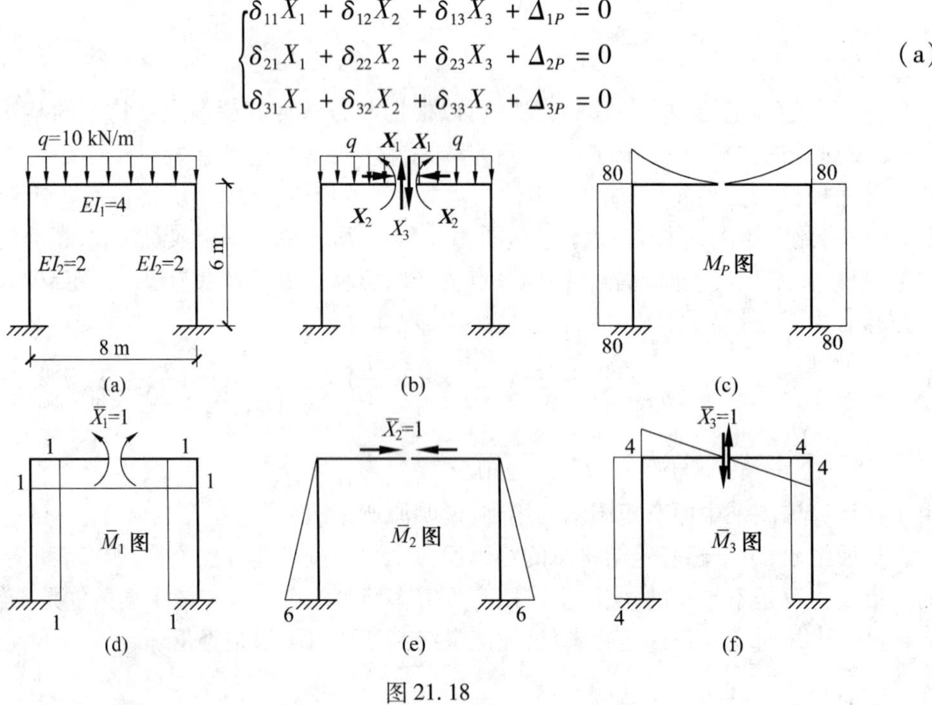

图 21.18

在具体计算系数和自由项以前,先针对对称性进行某些研究。3 组多余未知力:第一组 X_1 为一对力偶,两个力偶为对称关系;第二组 X_2 为一对轴力,两力也呈对称关系,这两组属于对称未知力;第三组为一对剪力,这两个力呈反对称关系(转 180° 后两者相反),属于反对称未知力。三种单位力组所绘出的 $\overline{M}_1$、$\overline{M}_2$、$\overline{M}_3$ 图前两个为正对称图形,最后一个为反对称图形(图 21.18(d)、(e)、(f))。在利用图形相乘求系数时,正对称图形与反对称图形相乘必为零,因此可以发现

$$\delta_{13} = \delta_{31} = \delta_{23} = \delta_{32} = 0$$

由于 M_P 图也为正对称图形,故

$$\Delta_{3P} = 0$$

代入式(a),得到

$$\begin{cases}\delta_{11}X_1 + \delta_{12}X_2 + \Delta_{1P} = 0\\ \delta_{21}X_1 + \delta_{22}X_2 + \Delta_{2P} = 0\end{cases}$$

$$\delta_{33}X_3 = 0$$

由于 $\delta_{33} \neq 0$,所以 $X_3 = 0$。

通过上述分析可以得出结论,对称结构在对称荷载(balanced load)作用下,对称轴所在截面上反对称内力(剪力)为零。本题由于利用对称性,由 3 个未知量降为两个未知量。

通过图形相乘,得到

$$\delta_{11} = \frac{1 \times 8 \times 1}{4} + \frac{1 \times 6 \times 1}{2} \times 2 = 8$$

$$\delta_{22} = \frac{1}{2} \times 6 \times 6 \times 4 \times 2/2 = 72$$

$$\delta_{12} = \delta_{21} = -\frac{1}{2} \times 6 \times 6 \times 1 \times 2/2 = -18$$

$$\Delta_{1P} = \left(-\frac{1}{3} \times 80 \times 4 \times 1/4 - 80 \times 6 \times 1/2\right) \times 2 = -533.3$$

$$\Delta_{2P} = \frac{1}{2} \times 6 \times 6 \times 80 \times 2/2 = 1440$$

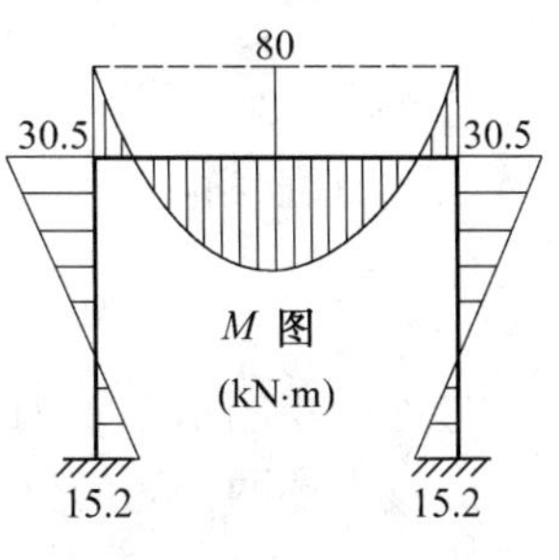

图 21. 19

力法方程为

$$\begin{cases}8X_1 - 18X_2 - 533.3 = 0\\ -18X_1 + 72X_2 + 1440 = 0\end{cases}$$

解出
$$X_1 = 49.5\ \text{kN}\cdot\text{m},\quad X_2 = -7.62\ \text{kN}$$

最终弯矩图示于图 21. 19。

【例 21. 5】　用力法解图 21. 20 所示刚架。

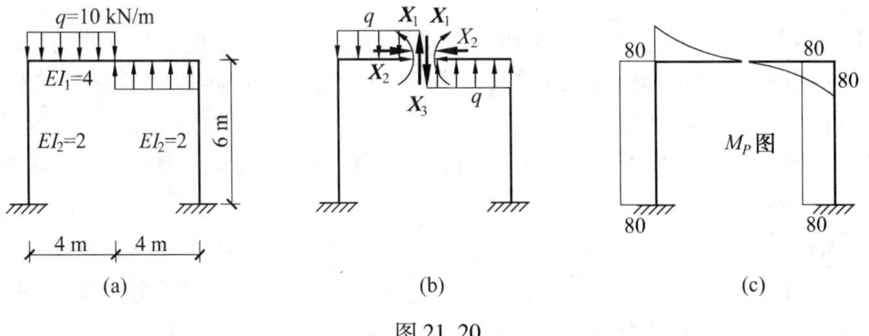

图 21. 20

解:本题与例 21. 4 结构相同,仅荷载为反对称,取与例 21. 4 相同的基本结构,但基本体系有所不同(图 21. 20(b)),除 M_P 图(图 21. 20(c))与例 21. 4 不同外,$\overline{M}_1$、$\overline{M}_2$、$\overline{M}_3$ 图均相同,由于图 M_P 为反对称图形,因此本题除继续满足 $\delta_{13} = \delta_{31} = \delta_{23} = \delta_{32} = 0$ 外,还有 $\Delta_{1P} = \Delta_{2P} = 0$,这样力法方程将变为

$$\begin{cases}\delta_{11}X_1 + \delta_{12}X_2 = 0\\ \delta_{21}X_1 + \delta_{22}X_2 = 0\\ \delta_{33}X_3 + \Delta_{3P} = 0\end{cases}$$

前两方程由于 $\delta_{11}\delta_{22} - \delta_{12}\delta_{21} \neq 0$(证明从略),故只有零解,即

$$X_1 = 0, X_2 = 0$$

上述分析表明,对称结构在反对称荷载作用下对称截面上对称内力(弯矩、轴力)为零,此时不为零的只有反对称内力 $\boldsymbol{X}_3$(剪力)。计算系数

$$\delta_{33} = (\frac{1}{2} \times 4 \times 4 \times \frac{2}{3} \times \frac{4}{4} + 4 \times 6 \times \frac{4}{2}) \times 2 = 106.6$$

$$\Delta_{3P} = (\frac{1}{3} \times 80 \times 4 \times \frac{3}{4} + 80 \times 6 \times \frac{4}{2}) \times 2 = 2\ 080$$

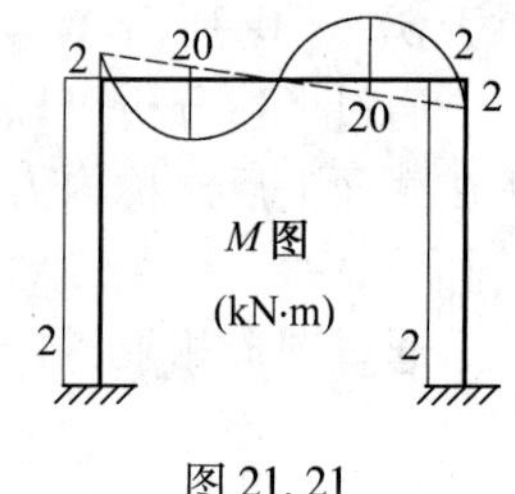

图 21.21

代入上述方程,解出

$$X_3 = -\frac{\Delta_{3P}}{\delta_{33}} = -19.5\ \text{kN}$$

最终弯矩图示于图 21.21。

通过上述两例题的分析可以看到,只要将基本结构取成对称形式,力法方程就可划分为两组,一组中只含有对称未知力(X_1、X_2),而另一组中只含有反对称未知力(X_3)。在此基础上,若荷载为对称,则对称轴截面上将只有对称内力存在,而反对称内力为零,反之若荷载为反对称,则对称轴截面上将只有反对称内力存在,而对称内力为零。

如果结构对称而荷载为非对称时,一种方法就是直接求解,计算非零的各系数与自由项,然后代入两组方程求解基本未知量,从而得到最后弯矩图。另一种方法,就是将荷载分组,使非对称荷载化为对称与反对称荷载的组合。如图 21.22(a) 所示,对称结构受有非对称荷载作用,可以将此荷载分解为两个荷载的叠加,图 21.22(b) 为对称荷载,图 21.22(c) 为反对称荷载,两种荷载的值均为原荷载的一半。不难看出,(b) + (c) 显然等于(a)。

图 21.22(b) 与(c) 的弯矩图绘于图 21.22(f) 和(g) 中,根据叠加原理,图 21.22(a) 所示非对称荷载的弯矩图可由图 21.22(f) 加图 21.22(g) 而得到,示于图 21.22(e) 中。最后请注意:掌握了对称性原理后,再计算图 21.22(b) 所示结构时,基本体系应当按图 21.22(d) 选用,只加 X_1 与 X_2,不加 X_3;而计算图 21.22(c) 所示结构时,基本体系应当按图 21.22(h) 选用,只加 X_3,不加 X_1 与 X_2。

【例 21.6】 考虑对称性用力法解图 21.23 所示刚架(各杆 EI 均相等)。

解:本题所给刚架为内部 6 次超静定结构,该结构在水平与铅垂方向均有对称轴,属于双向对称,荷载与水平轴对称,但在竖直方向为非对称荷载。将荷载在竖直方向分解为对称与反对称的组合,见图 21.23(b) 与(c)(水平方向均为对称)。图 21.23(b) 中在不计轴力引起的变形时,各杆弯矩均为零(各杆均不发生弯曲变形),因此没有弯矩和剪力,只是 3 个水平杆有轴力存在。故原结构的弯矩图就等于图 21.23(c) 所示结构的弯矩图。为使图 21.23(c) 的基本结构仍具有对称形式,可将上下水平杆自中间截面切开,一般说来切断梁式杆时基本体系中对应处要加 3 组内力,但目前所讨论的结构为对称而荷

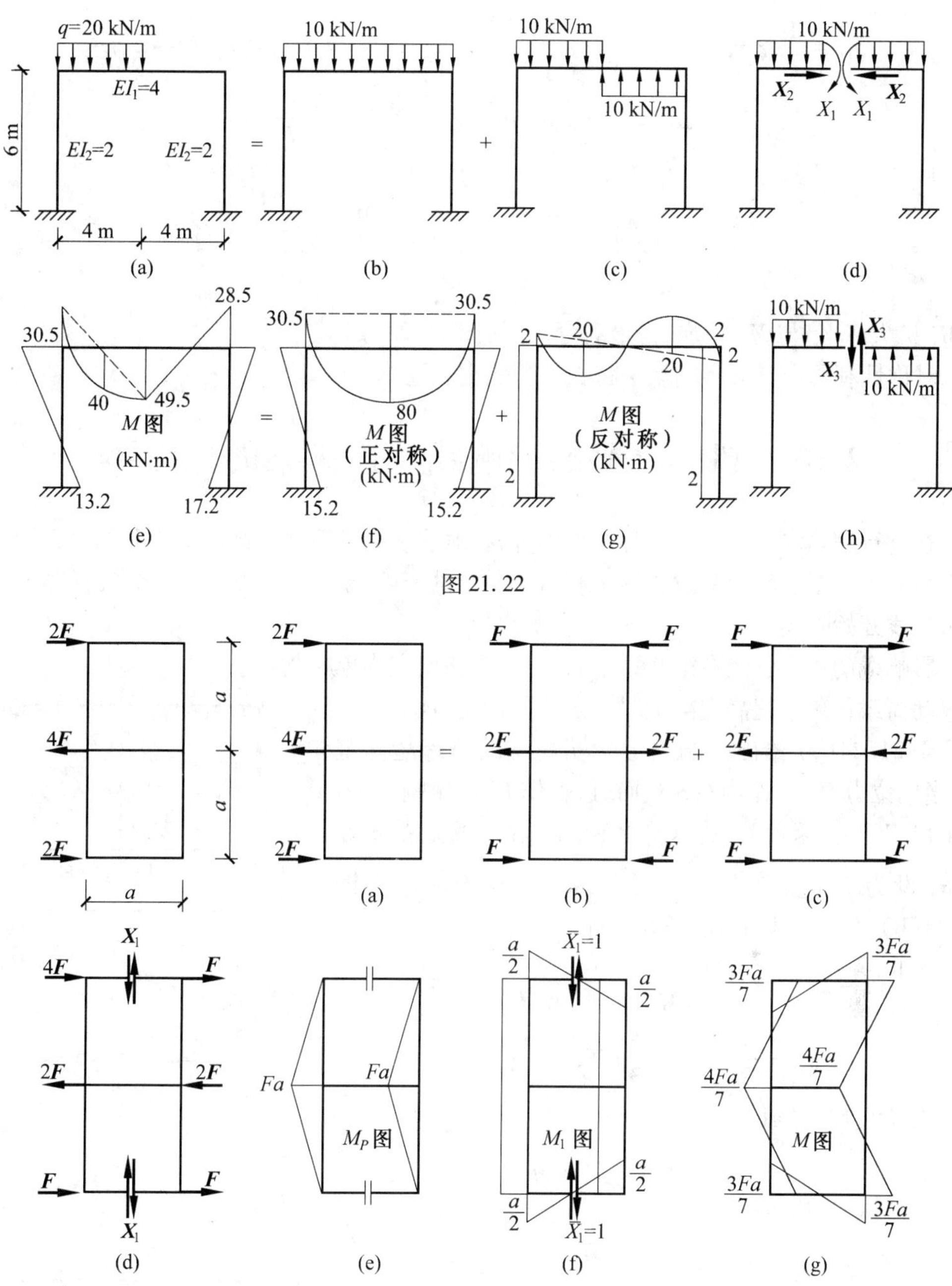

图 21.22

图 21.23

载为反对称,故在对称轴截面上弯矩与轴力均应为零,所以只加一对剪力 $\boldsymbol{X}_1$,考虑到荷载与水平轴又是对称的,因此上下两切口的剪力均应为 $\boldsymbol{X}_1$,并且剪力符号应相反,取图 21.23(d) 所示基本结构与基本体系。至此,由于考虑对称性,已将6个未知量化简为1个未知量,只要用一次超静定的力法方程就可解出 X_1 值。M_P 图与 $\overline{M}_1$ 图均示于图21.23(e)和(f) 中,求系数

$$\delta_{11}=\frac{1}{2}\times\frac{a}{2}\times\frac{a}{2}\times\frac{2}{3}\times\frac{a}{2}\times 4/EI+\frac{a}{2}\times 2a\times\frac{a}{2}\times 2/EI=\frac{7a^3}{6EI}$$

$$\Delta_{1P}=\frac{1}{2}Fa\times 2a\times\frac{a}{2}\times 2/EI=\frac{Fa^3}{EI}$$

$$X_1=-\frac{\Delta_{1P}}{\delta_{11}}=-\frac{\frac{Fa^3}{EI}}{\frac{7a^3}{6EI}}=-\frac{6}{7}F$$

将 $\overline{M}_1$ 扩大 X_1 倍与 M_P 叠加,得最后弯矩图(图 21.23(g))。

对称性利用中有关半刚架法将在位移法中叙述。

21.7　超静定梁的影响线　连续梁的包络图

在进行钢筋混凝土主梁设计过程中,需要对连续梁进行活荷载的最不利组合,从而得到内力的包络图。然而荷载的最不利组合与梁的影响线有密切关系,因此先由超静定梁的影响线开始叙述。

影响线的概念已经在第 9 章中介绍过,现在研究当单位移动荷载作用于超静定梁上时影响线的绘制方法。

图 21.24(a) 给出一端固定一端简支的单跨超静定梁,当单位力 $P=1$ 作用在 x 截面时,若作 F_A 的影响线,需先求出 F_A 与 x 函数关系,这恰好相当于解一次超静定。将 F_A 设为 X_1(多余未知力),作 M_P 图与 $\overline{M}_1$ 图(见图 21.24(b)、(c)),计算 Δ_{1P} 与 δ_{11},有

$$\Delta_{1P}=-\frac{1}{2}(l-x)(l-x)\frac{(2l+x)}{3EI}=-\frac{1}{6EI}(l-x)^2(2l+x)$$

$$\delta_{11}=\frac{1}{2}l\times l\times\frac{2}{3}l/EI=\frac{l^3}{3EI}$$

代入力法方程,得到

$$X_1=F_A=-\frac{-\frac{1}{6EI}(l-x)^2(2l+x)}{\frac{l^3}{3EI}}=3\frac{EI}{l^3}\left(\frac{x^3}{6EI}-\frac{l^2}{2EI}x+\frac{l^3}{3EI}\right)\qquad(21.8)$$

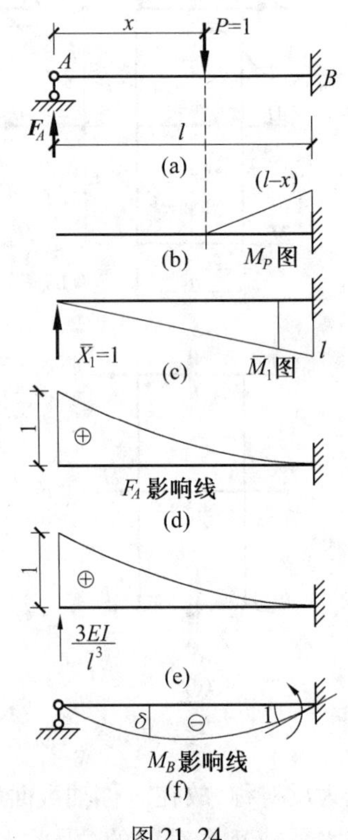

图 21.24

此方程表明超静定梁影响线是曲线而不是直线。将此函数图像绘于图 21.24(d),即为 F_A 的影响线。实际绘制超静定梁影响线时可以采用机动法,例如本题中为了得到 F_A 的影响线可将 A 支座向上移动一单位距离,梁的弹性曲线即为所求影响线。此结论可通过梁的挠曲线(图 21.24(e))加以证明。

此结论说明,弹性曲线纵坐标 y 就是反力 F_A,因此整个弹性曲线就是 F_A 的影响线。

为了得到超静定梁 B 支座弯矩的影响线,可将 B 支座加一铰链,然后按正弯矩方向转一单位角,得到如图 21.24(f) 所示的弹性曲线,即为所求的影响线。

下面按机动法给出多跨连续梁弯矩与剪力影响线的图形。图 21.25(a) 为 M_C 影响线,它是支座 C 加铰后产生正单位相对转角时梁的弹性曲线;图 21.25(b) 为 M_K 的影响线,它是 K 截面加铰后产生正单位相对转角时梁的弹性曲线;图 21.25(c) 为 F_{SN} 的影响线,它是 N 截面变为定向约束后产生正单位相对竖向位移时梁的弹性曲线;图 21.25(d) 为 F_{SC}^{R} 影响线,它是 C 右截面变为定向约束后产生正单位相对竖向位移时梁的弹性曲线。

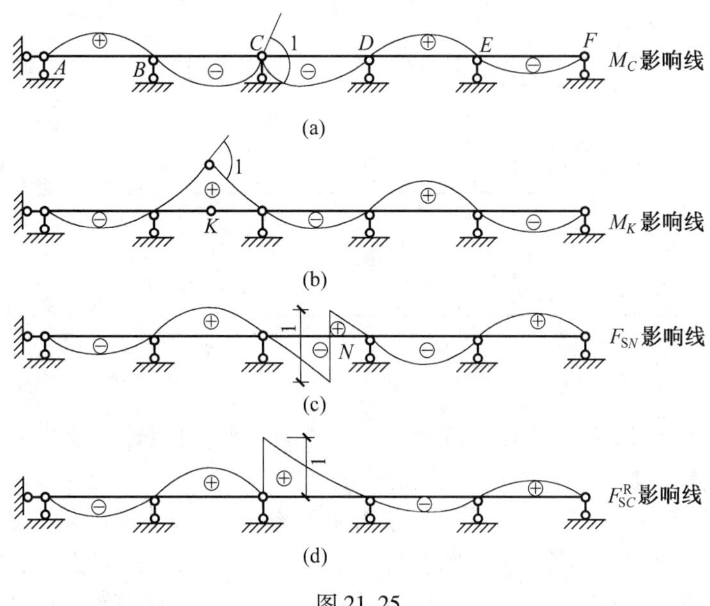

图 21.25

这里讲述的连续梁影响线的机动法与多跨静定梁影响线所应用的机动法有类似之处(指做法),但静定梁影响线是几何可变体系梁轴的位移图,为斜直线,而连续梁的影响线是梁的弹性曲线,为曲线(静定部分为直线)。上述连续梁的影响线仅给出图形的形状而没给出具体坐标数值(这点已经可以满足绘制连续梁包络图的需要)。

掌握了连续梁影响线图形的绘制方法就可以进行活荷载的最不利组合,图 21.26 根据不同截面弯矩的影响线布置了相应最不利活载 p 的位置。由于 C 截面弯矩影响线在 C 截面相邻两跨中均为负(图 21.26(a)),然后隔一跨为负,故使 C 支座产生最大负弯矩应在 BC、CD 与 EF 跨满布活荷载 p(图 21.26(b));而要使 C 支座产生最大正弯矩就只应在 AB 跨和 DE 跨满布活荷载 p(图 21.26(c))。不难推出,若想使连续梁中间支座产生最大负弯矩,一定要在该支座的相邻两跨满布活荷载,此外还要隔跨满布活荷载。图 21.26(d) 给出了第二跨跨中 K 截面的弯矩影响线,由于 K 截面所在跨影响线为正值,然后隔跨为正值,因此使 K 截面产生最大正弯矩时活荷载 p 应满布在 BC、DE 跨(图 21.26(e))。而若使 K 截面产生最大负弯矩,显然应在 AB、CD 和 EF 跨满布活荷载(图 21.26(f))。将此结论推广,若想使连续梁某跨中有最大正弯矩,则活荷载应在此跨满布,然后向两侧隔跨满布。

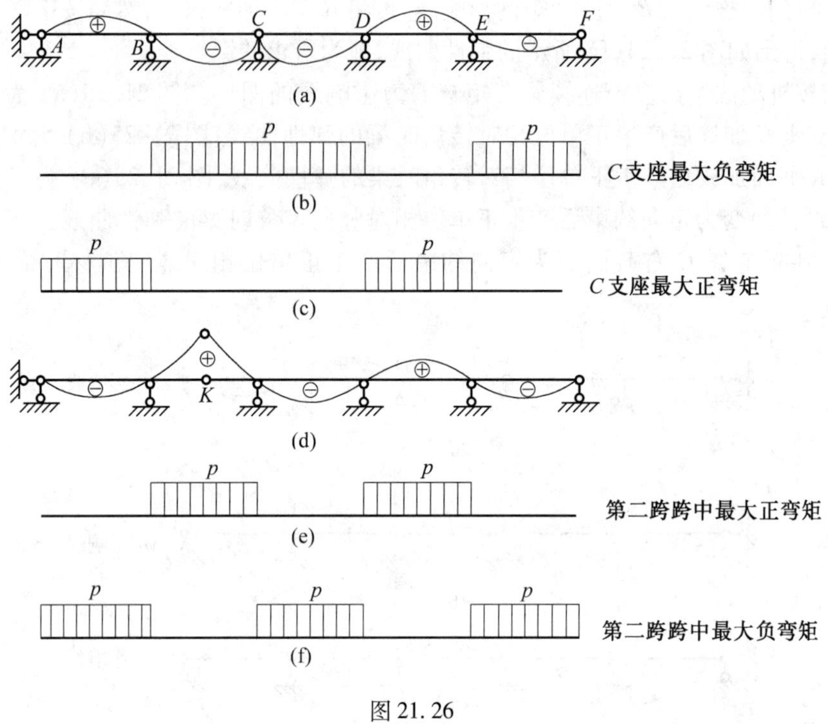

图 21.26

根据跨中弯矩与支座弯矩活荷载最不利位置的布置,可以绘制连续梁弯矩包络图。下面通过一具体例题说明连续梁包络图的作法。

【例 21.7】 图 21.27(a) 为一钢筋混凝土两跨连续主梁,梁上的恒载 $G = 51.6$ kN,活荷载 $F = 100$ kN(此处活载为次梁传来的集中力,为方便计算,将主梁的恒载也化为相应集中力),梁跨 $l = 6.64$ m,两跨刚度相同。试考虑跨中与支座弯矩的最不利状况绘制该梁的弯矩包络图。

解:由于恒载是固定不变的,无论何时都存在于梁上,所以先将其弯矩图作出。

根据对称条件,中点支座处截面转角显然为零,因此可以取图 21.27(b) 所示的结构代替原梁的左部。图21.27(b) 虽然属于一次超静定梁,但其内力图的绘制可以引用刚刚讲述的超静定梁反力影响线的结果,而不必再解超静定。利用式(21.8),按叠加原理,图 21.27(b) 所示结构 A 支座反力为

$$F_A = \left[\frac{1}{2}\left(\frac{1}{3}\right)^3 - \frac{3}{2}\left(\frac{1}{3}\right) + 1 + \frac{1}{2}\left(\frac{2}{3}\right)^3 - \frac{3}{2}\left(\frac{2}{3}\right) + 1\right] G = \frac{2}{3}G$$

相应的弯矩值为

$$M_1/(\text{kN}\cdot\text{m}) = \frac{2}{3}G \times \frac{1}{3}l = \frac{2}{9}Gl = 51.6 \times 6.64 \times \frac{2}{9} = 76.1$$

$$M_2/(\text{kN}\cdot\text{m}) = \frac{2}{3}G \times \frac{2}{3}l - G \times \frac{1}{3}l = \frac{1}{9}Gl = 38$$

$$M_B/(\text{kN}\cdot\text{m}) = \frac{2}{3}G \times l - G \times \frac{2}{3}l - G \times \frac{1}{3}l = -\frac{1}{3}Gl = -114.2$$

图 21.27(a) 梁的弯矩图示于图 21.27(c)。

活荷载 **F** 仅作用在左跨时，可将图 21.27(d) 所示梁按对称性分解为图 21.27(e) 与 (g) 两梁。图 21.27(e) 梁的弯矩图(见图 21.27(f)) 利用刚刚得出的静载弯矩结果，有

$$M_1/(\text{kN}\cdot\text{m})=\frac{2}{9}\left(\frac{F}{2}\right)l=\frac{1}{9}\times 100\times 6.64=73.8=M_4$$

$$M_2/(\text{kN}\cdot\text{m})=\frac{1}{9}\left(\frac{F}{2}\right)l=36.9=M_3$$

$$M_B/(\text{kN}\cdot\text{m})=-\frac{1}{3}\left(\frac{F}{2}\right)l=-110.7$$

图 21.27(g) 所示梁为反对称荷载，根据对称性讨论 B 支座处弯矩，此时该梁变为两跨简支梁(属于静定结构)，其弯矩图(图 21.27(h)) 中数值

$$M_1/(\text{kN}\cdot\text{m})=\frac{F}{2}\times\frac{l}{3}=\frac{1}{6}\times 100\times 6.64=110.7=M_2=-M_3=-M_4$$

叠加图 21.27(f) 与图 21.27(h) 所示弯矩纵坐标，最终得到图 21.27(d) 所示梁的 M 图(图21.27(i)) 其值为

$$M_1/(\text{kN}\cdot\text{m})=73.8+110.7=184.5$$
$$M_2/(\text{kN}\cdot\text{m})=36.9+110.7=147.6$$
$$M_B=110.7\ \text{kN}\cdot\text{m}$$
$$M_3/(\text{kN}\cdot\text{m})=36.9-110.7=-73.8$$
$$M_4/(\text{kN}\cdot\text{m})=73.8-110.7=-36.9$$

右跨满布活荷载的弯矩图也可利用此图结果，但需翻转 180°，而两跨同时满布活荷载时的弯矩图采用上两图的叠加即可(图中未画出)。

现在绘制此梁的弯矩包络图。

活荷载使 B 支座产生最大负弯矩时，其值应两跨均布置，加上恒载弯矩得图 21.27(j) 中的曲线 ①，弯矩值为

$$M_B^1/(\text{kN}\cdot\text{m})=-(2\times 110.7+114.2)=-336$$
$$M_1^1/(\text{kN}\cdot\text{m})=184.5-36.9+76.1=224=M_4^1$$
$$M_2^1/(\text{kN}\cdot\text{m})=147.6-73.8+38=112=M_3^1$$

活荷载使左跨跨中产生最大正弯矩时，其值应仅布置于左跨，加上恒荷载弯矩图得图 21.27(j) 的曲线 ②，弯矩值

$$M_1^2/(\text{kN}\cdot\text{m})=184.5+76.1=261$$
$$M_2^2/(\text{kN}\cdot\text{m})=147.6+38=186$$
$$M_B^2/(\text{kN}\cdot\text{m})=-(110.7+114.2)=-225$$

活荷载使右跨跨中有最大正弯矩时，其值应仅布置于右跨，加上恒荷载弯矩图得图 21.27(j) 中的曲线 ③，弯矩值为

$$M_1^3/(\text{kN}\cdot\text{m})=-36.9+76.1=39$$
$$M_2^3/(\text{kN}\cdot\text{m})=-73.8+38=-36$$
$$M_B^3/(\text{kN}\cdot\text{m})=-(110.7+114.2)=-225$$

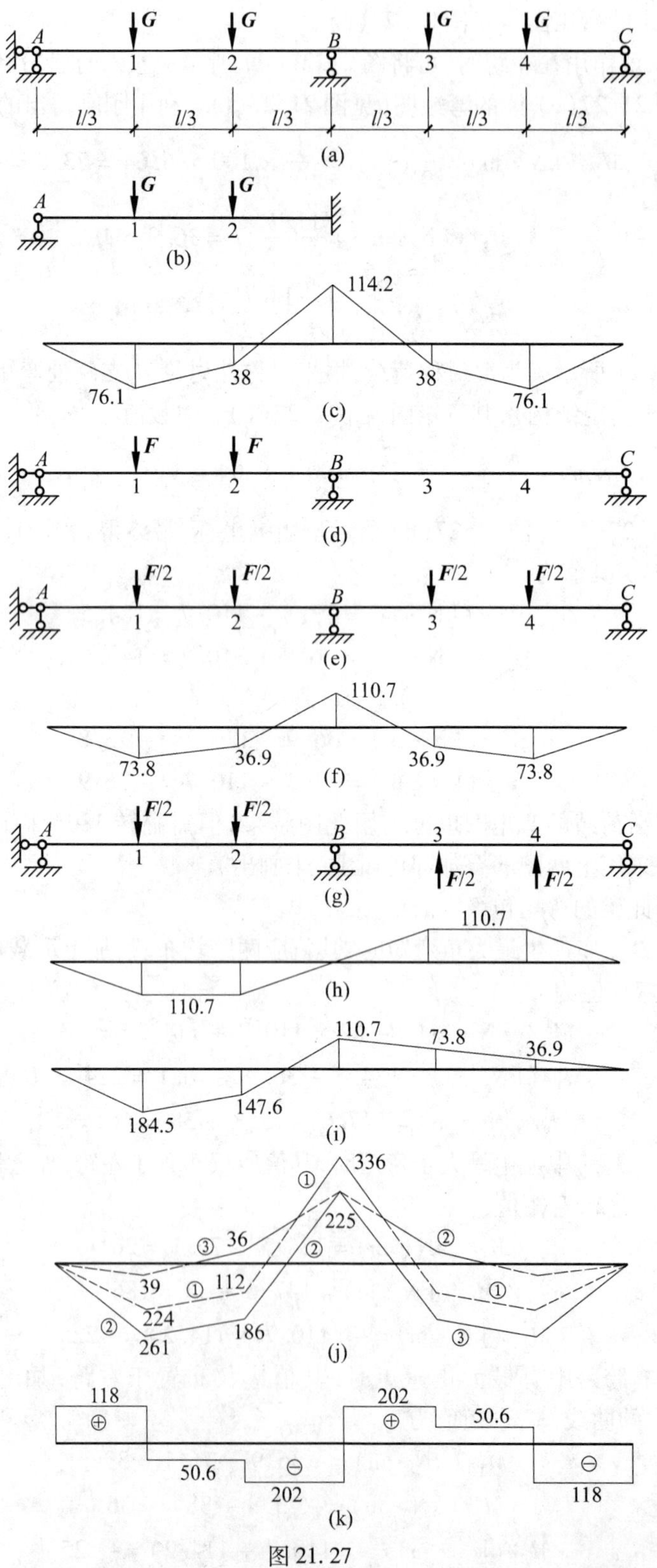
G
G
G
G
A
1
2
B
3
4
C
l/3
l/3
l/3
l/3
l/3
l/3
(a)
G
G
A
1
2
(b)
114.2
76.1
38
38
76.1
(c)
F
F
A
1
2
B
3
4
C
(d)
F/2
F/2
F/2
F/2
A
1
2
B
3
4
C
(e)
110.7
73.8
36.9
36.9
73.8
(f)
F/2
F/2
A
1
2
B
3
4
C
F/2
F/2
(g)
110.7
110.7
(h)
110.7
73.8
36.9
184.5
147.6
(i)
336
①
225
③
36
②
②
39
①
112
①
224
②
186
261
③
(j)
118
⊕
202
⊕
50.6
50.6
⊖
202
⊖
118
(k)

图 21. 27

上述 3 条曲线中②线不仅代表活荷载使左跨跨中产生最大正弯矩，同时也代表使右跨跨中产生最大负弯矩；而③线不仅代表活荷载使右跨跨中产生最大正弯矩，同时也代表使左跨跨中产生最大负弯矩。图中尚缺少活荷载使 B 支座产生最大正弯矩的相应曲线，根据影响线的概念，对于两跨连续梁，这种情况相当于不布置活荷载，因此也就是恒载引起的弯矩图，如果支座 B 的最小负弯矩以零为限，则该弯矩图要落到弯矩包络图内部（此处未绘出）。将所得各曲线的最外线相连，并考虑到跨中最小正弯矩以零为限，则最终得到弯矩包络图为图 21.27(j) 中的实线所组成的图形。

对于剪力，实用中主要是求出支座左右的最危险剪力值，就本题而言，一个是求出 $A_{右}$ 截面的最大正剪力和 $B_{左}$ 截面的最大负剪力，根据连续梁剪力影响线，使 $A_{右}$ 产生最大正剪力时活荷载应仅在左跨布置，此时恒载活载同时考虑，剪力值为

$$F_{SA}^{R}/\mathrm{kN} = 51.6 + 100 - 225/6.64 = 118$$

使 $B_{左}$ 截面产生最大负剪力根据影响线应在两跨同时满布活载，加上恒载剪力，其总值为

$$F_{SA}^{L}/\mathrm{kN} = -51.6 - 100 - 336/6.64 = -202$$

右跨剪力与上述两值形成反对称图形（图 21.27(k)）。

21.8　力法解排架与组合结构

不等高单层工业厂房的主体结构一般均为二次或二次以上的超静定排架，通常解题的方法是力法，但工程计算中由于变断面柱的位移常采用表格公式进行计算，所以力法方程建立的过程与前面所述在形式上有所不同，下面按工程计算中的常用方法进行叙述。

首先介绍变断面柱柔度系数的计算公式（举例说明）。

图 21.28(a) 为变断面柱 A，上部高度为 H_1，抗弯刚度为 EI_1，柱总高为 H，下部抗弯刚度为 EI_2，现在求柱顶加单位水平力时沿柱顶水平方向的位移 δ_{aa}。

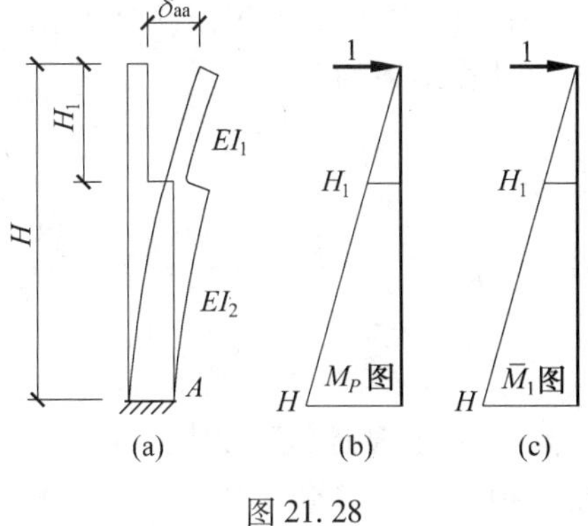

图 21.28

作 M_P 图与 $\overline{M}_1$ 图，如图 21.28(b) 与(c) 所示。由于外荷载本身即为单位力，所以 M_P 与 $\overline{M}_1$ 相同。根据图乘法应分上下两段进行。上段图乘为

$$\frac{1}{2}H_1 \times H_1 \times \frac{2}{3}H/EI_1 = \frac{H_1^3}{3EI_1}$$

在进行下段图乘时为避开梯形与梯形相乘,可采用全高按 EI_2 进行计算再减去上段按 EI_2 进行计算的结果,即下段图乘为

$$\frac{1}{2}\times H\times H\times\frac{2}{3}H/EI_2-\frac{1}{2}\times H_1\times H_1\times\frac{2}{3}H_1/EI_2=\frac{H^3}{3EI_2}-\frac{H_1^3}{3EI_2}$$

最终有

$$\delta_{aa}=\frac{H^3}{3EI_2}+\frac{H_1^3}{3EI_1}-\frac{H_1^3}{3EI_2}=\frac{H^3}{3EI_2}(1+\frac{I_2}{I_1}\frac{H_1^3}{H^3}-\frac{H_1^3}{H^3})$$

令 $\lambda=\frac{H_1}{H}, n=\frac{I_1}{I_2}$,则上式可化为

$$\delta_{aa}=\frac{H^3}{3EI_2}[1+(\frac{1}{n}-1)\lambda^3]=(1+\mu\lambda^3)\frac{H^3}{3EI_2}=K_3\frac{H^3}{EI_2}$$

式中,$K_3=\frac{1}{3}(1+\mu\lambda^3)$;$\mu=\frac{1}{n}-1$。

例如,上柱截面为 $I_1=2.13\times10^{-3}\ \text{m}^4$,下柱截面为 $I_2=1.438\times10^{-2}\ \text{m}^4$,$H_1=3.3\ \text{m}$,$H=12.8\ \text{m}$,则有

$$n=\frac{I_1}{I_2}=\frac{2.13\times10^{-3}}{1.438\times10^{-2}}=0.148$$

$$\lambda=\frac{H_1}{H}=\frac{3.3}{12.8}=0.258$$

$$\mu=\frac{1}{n}-1=\frac{1}{0.148}-1=5.757$$

$$K_3=\frac{1}{3}(1+\mu\lambda^3)=\frac{1}{3}\times(1+5.757\times0.258^3)=0.366$$

$$\delta_{aa}=K_3\frac{H^3}{EI_2}=0.366\times12.8^3/EI_2=768/EI_2$$

这里仅举一个公式的形成和算例,其他情况均可自设计手册中查出。

【例 21.8】 用力法求解图 21.29 所示不等高排架在吊车水平荷载 $\boldsymbol{F}$ 作用下的内力。各柱的柔度系数通过公式计算结果如下:

A 柱 $$\delta_{11}=\frac{768}{EI_2}$$

B 柱 $$\delta_{22}=\frac{722}{EI_2},\delta_{32}=\delta_{23}=\frac{513}{EI_2},\delta_{33}=\frac{386}{EI_2}$$

C 柱 $$\delta_{44}=\frac{956}{EI_2},\delta_{54}=\delta_{45}=\frac{629}{EI_2}$$

解:排架计算中屋架部分用一根拉压刚度为无限大的链杆代替以使计算简化。按力法求解可将两根杆切断(或去掉)代以多余未知力,然后根据 1、2 点的相对位移为零($EA=\infty$)和 3、4 点的相对位移为零($EA=\infty$)的条件建立力法方程。这两个条件可以用 1、2 点的水平侧移相等和 3、4 点的水平侧移相等两个条件代替。由于各柱侧移系数均已求得,所以立即可以建立上述条件。

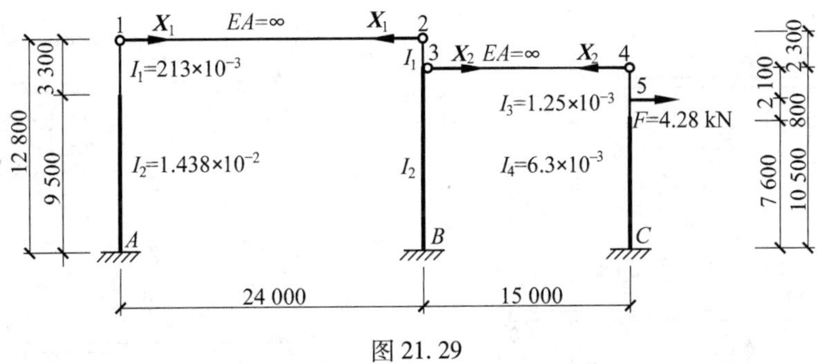

图 21.29

1 点侧移应为 $\delta_{11}X_1$(向右为正),2 点侧移应为 $-\delta_{22}X_1+\delta_{23}X_2$,3 点侧移应为 $\delta_{33}X_2-\delta_{32}X_1$,4 点侧移应为 $-\delta_{44}X_2+\delta_{45}F$,两条件所对应的方程为

$$\begin{cases}(\delta_{11}+\delta_{22})X_1-\delta_{23}X_2=0\\-\delta_{32}X_1+(\delta_{33}+\delta_{44})X_2-\delta_{45}F=0\end{cases}$$

代入数据,消去 EI_2,有

$$\begin{cases}(768+722)X_1-513X_2=0\\-513X_1+(386+956)X_2-629\times4.28=0\end{cases}$$

解之得 $X_1=0.79$ kN,$X_2=2.31$ kN。最后弯矩图可按三根悬臂柱的受力绘制,结果见图 21.30。

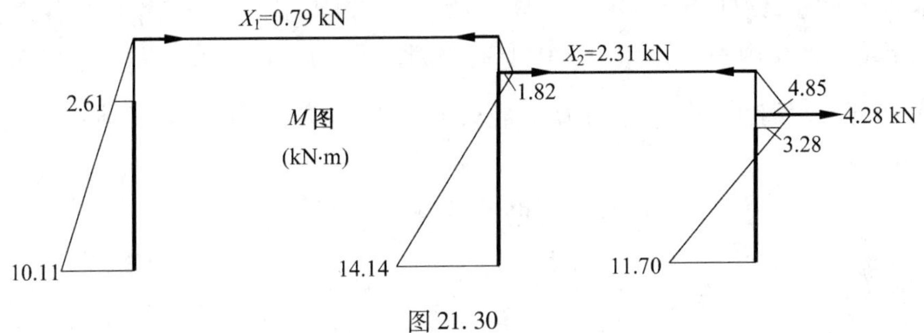

图 21.30

【例 21.9】　试计算图 21.31(a)所示下撑式组合结构吊车梁在吊车荷载作用下的内力。已知上弦为钢筋混凝土 T 形梁,$E_hI=2.144\times10^4\ \text{kN}\cdot\text{m}^2$,拉杆①、②和竖杆③均为角钢组合截面,其拉压刚度 $EA_1=EA_2=2.016\times10^5$ kN,$EA_3=1.634\times10^5$ kN。

解:组合结构中既有受弯构件又有受轴向拉、压的杆件,在按力法解组合结构的过程求力法方程的系数时,轴向拉、压杆件可按下式计算

$$\delta_{ij}=\sum\frac{\overline{F}_{Ni}\overline{F}_{Nj}}{EA}l$$

而受弯构件原则上应考虑弯矩、剪力和轴力三项因素引起的位移,但通常不计剪力和轴力的影响,因此只用下式并通过图形相乘法求得

$$\delta_{ij}=\sum\int_l\frac{\overline{M}_i\overline{M}_j}{EI}\mathrm{d}x$$

本结构为一次超静定结构,将 EF 视为多余约束,切开 E 杆后加多余未知力 $\boldsymbol{X}_1$,基本结构

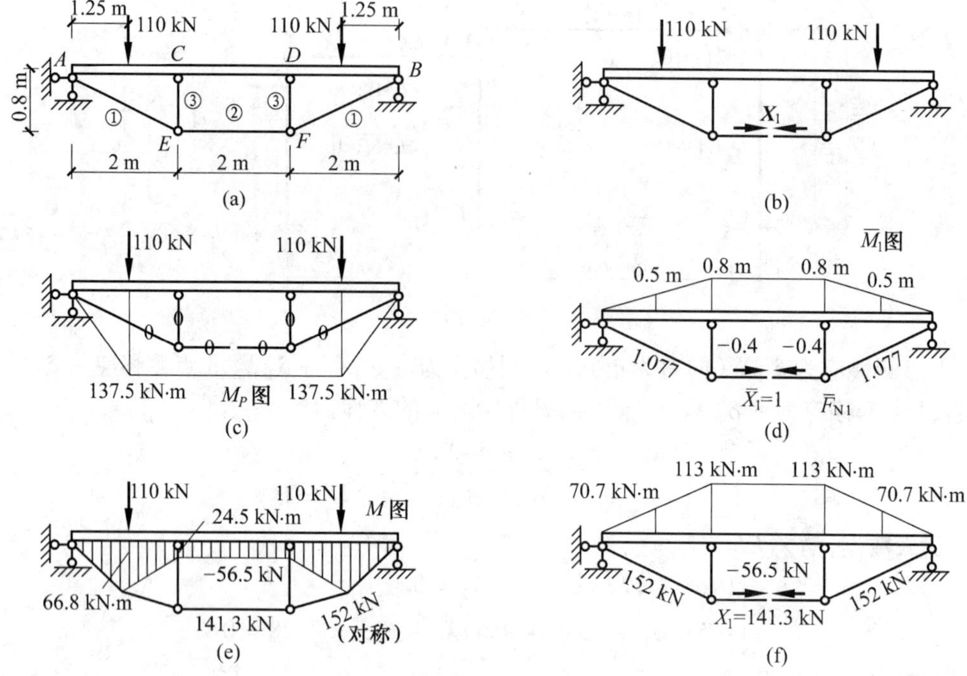

图 21.31

与基本体系如图 21.31(b) 所示。作 M_P 与 F_{NP} 图,由于基本结构桁架部分各杆在吊车荷载作用下均不产生内力,因此 $F_{NP}=0$,只有 M_P 图(图 21.31(c)),单位多余未知力作用下基本结构中既有拉、压杆的轴力 $\overline{F}_{N1}$ 又有横梁的弯矩 $\overline{M}_1$(横梁轴力未计算)(图 21.31(d))。

计算力法方程 $\delta_{11}X_1+\Delta_{1P}=0$ 中的系数和自由项,有

$$\delta_{11}=\frac{2\times(-0.4)^2}{1.634\times10^5}\times0.8+\frac{2\times1.077^2}{2.016\times10^5}\times2.15+\frac{2\times1^2}{2.016\times10^5}+\left(\frac{2\times\dfrac{0.8\times2}{2}\times\dfrac{2}{3}\times0.8}{2.144\times10^4}+\frac{0.8\times2\times0.8}{2.144\times10^4}\right)=13.57\times10^{-5}$$

$$\Delta_{1P}=\frac{-2\left\{\left[(0.5+0.8)\times0.75\times\dfrac{1}{2}+0.8\times1\right]\times137.5+\dfrac{1}{2}\times0.5\times1.25\times\dfrac{2}{3}\times137.5\right\}}{2.144\times10^4}=-191.8\times10^{-4}$$

代入力法方程,解出

$$X_1/\text{kN}=-\frac{-191.8\times10^{-4}}{13.57\times10^{-5}}=141.3$$

为了求出最后的内力,可根据下式进行计算

$$M=M_P+X_1\overline{M}_1$$

$$F_N=F_{NP}+X_1\overline{F}_{N1}$$

图21.31(f) 给出了 $X_1\overline{F}_{N1}$ 与 $X_1\overline{M}_1$ 的图形,最后内力图示于图21.31(e) 中。

从最后弯矩图中可以发现,由于在横梁下部加入了桁架支撑形成下撑式组合结构后,横梁最大弯矩由只有横梁时的137.5 kN·m减少到66.8 kN·m,弯矩值下降了51%,这对横梁的设计是很有利的。

21.9　力法计算两铰拱

两铰拱(图21.32(a)) 属于一次超静定结构,它是桥梁及房屋建筑中屋盖结构的一种形式。特别是带拉杆的两铰拱(图21.32(b)) 用于屋盖体系时,由于拱的水平推力由拉杆承担可使砖墙不受推力,而拉杆的拉力对拱肋的作用又可使拱肋的弯矩减少。此外,两铰拱虽然为超静定体系但其支座的不均匀沉降对结构受力影响并不像无铰拱那样明显,这也是其特点之一。

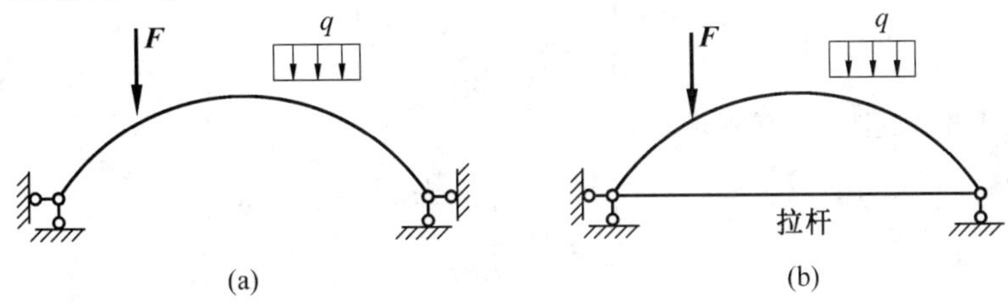

图21.32

用力法计算两铰拱时,通常基本结构取为如图21.33(b) 所示的简支曲梁,基本体系中以水平推力作为基本未知力,B 点不发生水平侧移,力法方程为

$$\delta_{11}X_1 + \Delta_{1P} = 0$$

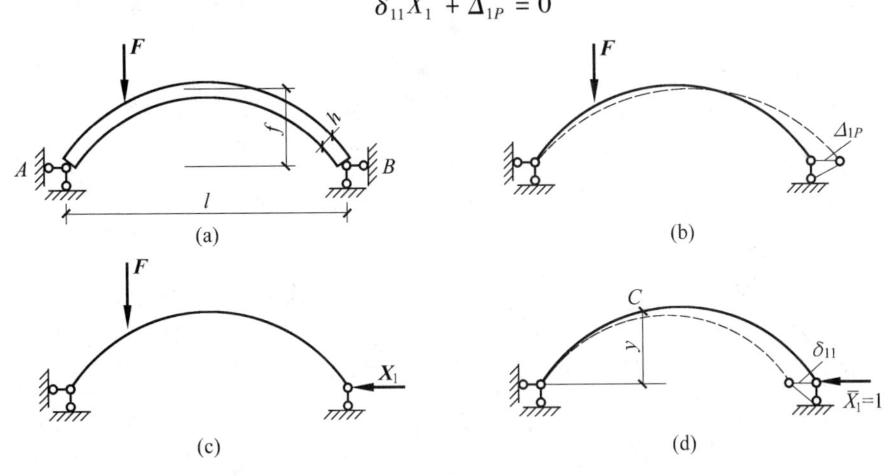

图21.33

由于基本结构为曲梁,因此确定力法方程中的系数和自由项时,图乘法已不能应用,应该使用求位移的一般性公式,公式中剪力影响一般可略去不计,当拱不是很平时(矢跨比 $\frac{f}{l} > \frac{1}{8}$) 以及拱截面不是很厚时($\frac{h}{f} < \frac{1}{2}$),轴力引起的位移也可略去不计。这样将有

$$\begin{cases}\Delta_{1P} = \int \dfrac{\overline{M}_1 M_P}{EI}\mathrm{d}s \\ \delta_{11} = \int \dfrac{\overline{M}_1^2}{EI}\mathrm{d}s\end{cases} \tag{a}$$

基本结构在 $\overline{X}_1 = 1$ 作用下竖向反力为零,有

$$\overline{M}_1 = -1y = -y$$

如果拱只受竖向荷载作用,则 M_P 与拱所对应的相应简支梁的弯矩 M^0 将会相等,即

$$M_P = M^0$$

公式(a) 简化为

$$\begin{cases}\Delta_{1P} = -\int \dfrac{M^0 y}{EI}\mathrm{d}s \\ \delta_{11} = \int \dfrac{y^2}{EI}\mathrm{d}s\end{cases} \tag{21.9}$$

此时水平推力自力法方程求得

$$F_x = X_1 = \frac{\int \dfrac{M^0 y}{EI}\mathrm{d}s}{\int \dfrac{y^2}{EI}\mathrm{d}s} \tag{21.10}$$

一旦水平推力求出后,两铰拱的内力完全可以用三铰拱的内力计算公式去计算。

对于带拉杆的两铰拱,当将杆切断作为基本结构时,对比图 21.34 与图 21.33,不难发现,仅仅是在 δ_{11} 项中增加了 $\dfrac{1^2 \times l}{E_1 A_1}$ 项,此处 $E_1 A_1$ 为拉杆刚度,l 为拉杆长度(即跨度),因此拉杆拉力等于

$$F_{\mathrm{N}} = X_1 = \frac{\int \dfrac{M^0 y}{EI}\mathrm{d}s}{\int \dfrac{y^2}{EI}\mathrm{d}s + \dfrac{l}{E_1 A_1}} \tag{21.11}$$

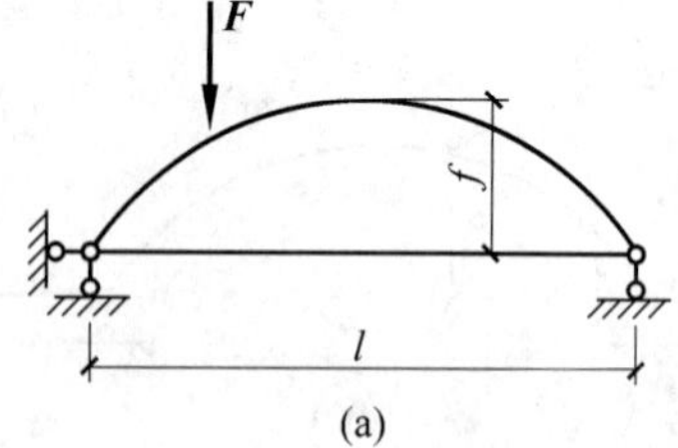

(a)

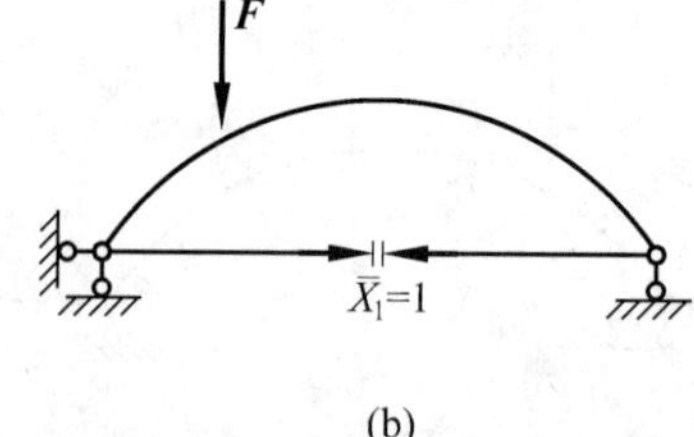

(b)

图 21.34

【例 21.10】 计算图 21.35 所示两铰拱在单位力作用下拱的水平推力。拱轴方程为 $y = \dfrac{4f}{l^2}x(l - x)$。

解:作相应简支梁,求出 M^0,有

$0 \leqslant x \leqslant kl$ 时　　　　　　$M^0 = (1-k)x$

$kl \leqslant x \leqslant l$ 时　　　　　　$M^0 = (l-x)k$

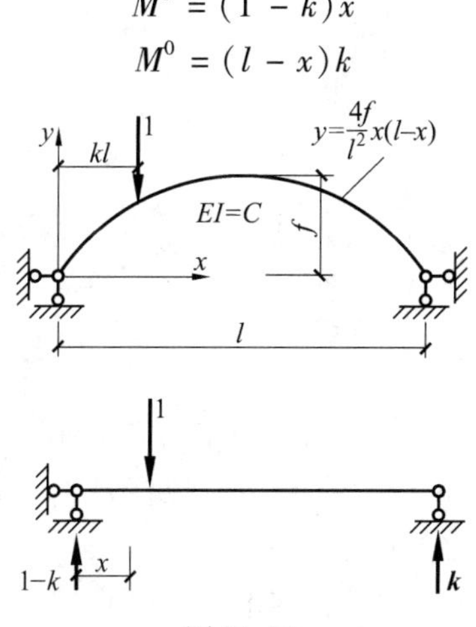

图 21.35

对于$\dfrac{f}{l} < \dfrac{1}{5}$的拱，弧的微分 ds 可近似用 dx 代替，作积分$\int M^0 y\mathrm{d}x$，在$0 \leqslant x \leqslant kl$上

$$\int_0^{kl} M^0 y\mathrm{d}x = \int_0^{kl}(1-k)x\frac{4f}{l^2}x(l-x)\mathrm{d}x = \frac{fl^2}{3}(4k^3 - 7k^4 + 3k^5)$$

在 $kl \leqslant x \leqslant l$ 上，有

$$\int_{kl}^{l} M^0 y\mathrm{d}x = \int_{kl}^{l}(l-x)k\frac{4f}{l^2}x(l-x)\mathrm{d}x = \frac{fl^2}{3}(k - 6k^3 + 8k^4 - 3k^5)$$

因此

$$\int_0^l M^0 y\mathrm{d}x = \frac{fl^2}{3}(4k^3 - 7k^4 + 3k^5 + k - 6k^3 + 8k^4 - 3k^5) = \frac{fl^2}{3}(k - 2k^3 + k^4)$$

作积分

$$\int_0^l y^2\mathrm{d}x = \int_0^l\left[\frac{4f}{l^2}x(l-x)\right]^2\mathrm{d}x = \frac{8fl^2}{15}$$

代入式(21.10)，得水平推力

$$F_x = \frac{5l}{8f}(k - 2k^3 + k^4)$$

【**例 21.11**】　计算图 21.36 所示抛物线两铰拱在满跨均布荷载作用下的水平推力，并考查拱的弯矩特点。

解：计算本题水平反力可利用前例的结果。令前例 $kl = x$，则 $\mathrm{d}x = l\mathrm{d}k$，在 x 截面处 dx 段上的均布荷载可视为一集中力 $q\mathrm{d}x$，它作用下的拱的水平推力用前例结果应为

$$\mathrm{d}F_x = \frac{5l}{8f}(k - 2k^3 + k^4)q\mathrm{d}x = \frac{5ql^2}{8f}(k - 2k^3 + k^4)\mathrm{d}k$$

满跨均布荷载作用下的反力应为

$$F_x = \int_0^1 \frac{5ql^2}{8f}(k - 2k^3 + k^4)\mathrm{d}k = \frac{5ql^2}{8f}\left(\frac{k^2}{2} - \frac{k^4}{2} + \frac{k^5}{5}\right)\Bigg|_0^1 = \frac{ql^2}{8f}$$

此结果与三铰拱在满跨均布荷载作用下的结果相同，根据三铰拱的研究已经知道，在这种情况下拱截面弯矩为零，因此两铰拱的弯矩也应为零。

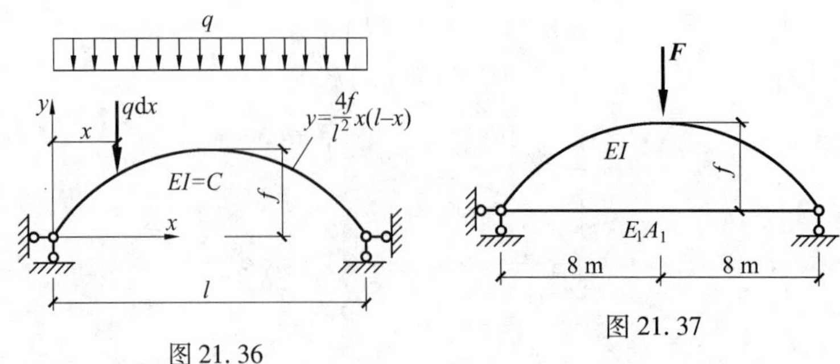

图 21.36　　图 21.37

【例 21.12】 若例21.10中$k=0.5$,受集中力$F=64$ kN的作用(图21.37),$l=16$ m,$f=4$ m,拱的$EI=1.17\times10^5$ kN·m²,该拱带有拉杆$E_1A_1=1.031\times10^5$ kN。试计算拉杆内力,并与无拉杆拱的水平推力进行比较。

解:将有关数据代入例21.10的最后结果并乘以$F=64$ kN,可得无拉杆拱的水平推力

$$F_x/\text{kN}=\frac{5l}{8f}(k-2k^3+k^4)\times P=\frac{5\times16}{8\times4}\times(0.5-2\times0.5^3+0.5^4)\times64=50$$

将例21.10中的有关结果及本例数据代入公式(21.11),可得单位力作用在跨度中点时的拉杆内力

$$\overline{F}_\text{N}=\frac{\int\frac{M^0y}{EI}\text{d}s}{\int\frac{y^2}{EI}\text{d}s+\frac{l}{E_1A_1}}=\frac{\int M^0y\text{d}x}{\int y^2\text{d}x+\frac{EI}{E_1A_1}l}=\frac{\frac{fl^2}{3}(k-2k^3+k^4)}{\frac{8f^2l}{15}+\frac{EI}{E_1A_1}l}=$$

$$\frac{\frac{4\times16^2}{3}\times(0.5-2\times0.5^3+0.5^4)}{\frac{8\times4^2\times16}{15}+\frac{1.17}{1.031}\times16}=\frac{106.67}{136.5+18.2}=0.6895$$

在$F=64$ kN力作用下的拉杆内力

$$F_\text{N}/\text{kN}=0.6895\times64=44.1$$

与无拉杆水平推力对比,加拉杆后推力有所降低,当$\frac{EI}{E_1A_1}$比值越大时降低越多,反之当$E_1A_1\to\infty$时,由于$\frac{EI}{E_1A_1}\to0$,则等同于无拉杆的两铰拱。

21.10　温度改变与支座移动时超静定结构的计算

21.10.1　温度应力

图21.38(a)所示一等截面直杆,两端固定,杆外温度均匀上升t ℃,由于杆两端限制杆的自由伸长,故杆内将产生压力,试确定此轴力。

由于温度均匀升高,结构对称,故AB端不会出现竖向反力与力偶反力,只能有水平反力产生。静力学唯一能提供的方程只有$\sum F_x=0$,它的结果只能说明两个反力大小相等、

方向相反且作用在一条直线上，但不能得出结果，仍属一次超静定。用力法解这类问题与前面受荷载作用的解题思路基本相同，也是取基本结构，如图21.38(b)所示，为了组成基本体系，需要加多余未知力 X_1，与前面不同的是，现在没有外荷载，而是有温度变化，所以应当用温度变化引起基本结构沿 X_1 方向的位移 Δ_{1t} 去代替原有的 Δ_{1P}，因此式(21.1)成为

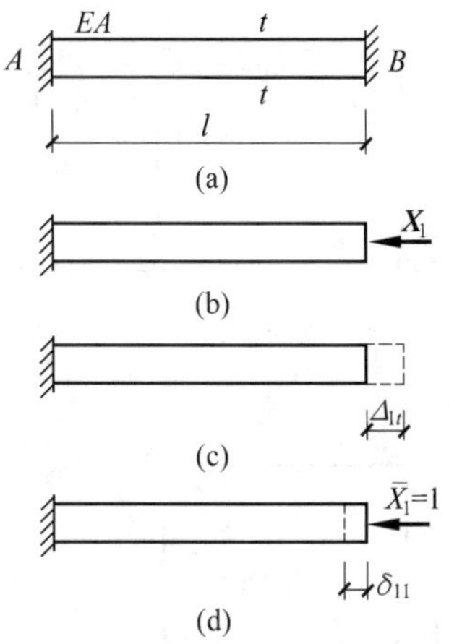

$$X_1 = -\frac{\Delta_{1t}}{\delta_{11}} \tag{21.12}$$

图21.38

根据物理学中物体线膨胀规律，有

$$\Delta_{1t} = -\alpha tl$$

式中，α 为物体的线膨胀系数。由胡克定律得到

$$\delta_{11} = \frac{l}{EA}$$

代入式(21.12)，得到约束反力为

$$X_1 = -\frac{-\alpha tl}{\dfrac{l}{EA}} = \alpha tEA$$

显然杆的轴力 $F_N = X_1 = \alpha tEA$(压力)，此时由温度变化而引起的应力为

$$\sigma = \frac{F_N}{A} = \alpha tE \tag{21.13}$$

对于钢材，其线膨胀系数 $\alpha = 1.2 \times 10^{-5}/℃$，弹性模量 $E = 210 \times 10^3$ MPa，若温度升高30 ℃则温度应力 σ/MPa $= 1.2 \times 10^{-5} \times 30 \times 210 \times 10^3 = 75.6$。此值已达到普通钢材抗拉强度设计值的1/3。以对于砖砌体，其线膨胀系数 $a = 0.5 \times 10^{-5}/℃$，弹性模量 E 当砂浆强度等级为 M_5 时为1 500f，其中 f 为砌体抗压强度设计值，如砖为MU10(100号)则 f = 1.58 MPa，此时 E/MPa = 1 500 × 1.58 = 2 370。若冬天以温度下降30 ℃为例，则温度应力 σ/MPa $= 0.5 \times 10^{-5} \times 30 \times 2\,370 = 0.355\,5$(拉应力)，此值已大大超过同类砌体轴心抗拉强度设计值 $f_t = 0.2$ MPa。因此当建筑物纵向长度过大时，砌体温度变形将受到一定约束，从而会产生温度拉应力，当这种应力达到一定程度时墙体将会开裂，所以建筑物在一定长度内要设置伸缩缝，以防止墙体开裂。例如，当砌体房屋的屋盖或楼盖为装配式无檩体系钢筋混凝土结构，且有保温层或隔热层时，设置伸缩缝的最大间距应为60 m。

21.10.2　温度变化时超静定刚架的计算

【例21.13】　图21.39(a)所示刚架，浇注混凝土时温度为10 ℃，冬季混凝土外皮温度为30 ℃，内皮温度为20 ℃，求此时由于温度变化在刚架中引起的内力。已知梁柱截面尺寸为 $h \times b = 50\text{ cm} \times 30\text{ cm}$，$E = 25.5 \times 10^6\text{ kN/m}^2$，线膨胀系数为 $\alpha = 1 \times 10^{-5}/℃$。

解：本题为一次超静定刚架，基本结构取图21.39(b)所示简支刚架，基本体系中 B 支座在多余未知力与温度变化影响下所产生的水平方向总位移为零，即有

$$\delta_{11}X_1 + \Delta_{1t} = 0$$

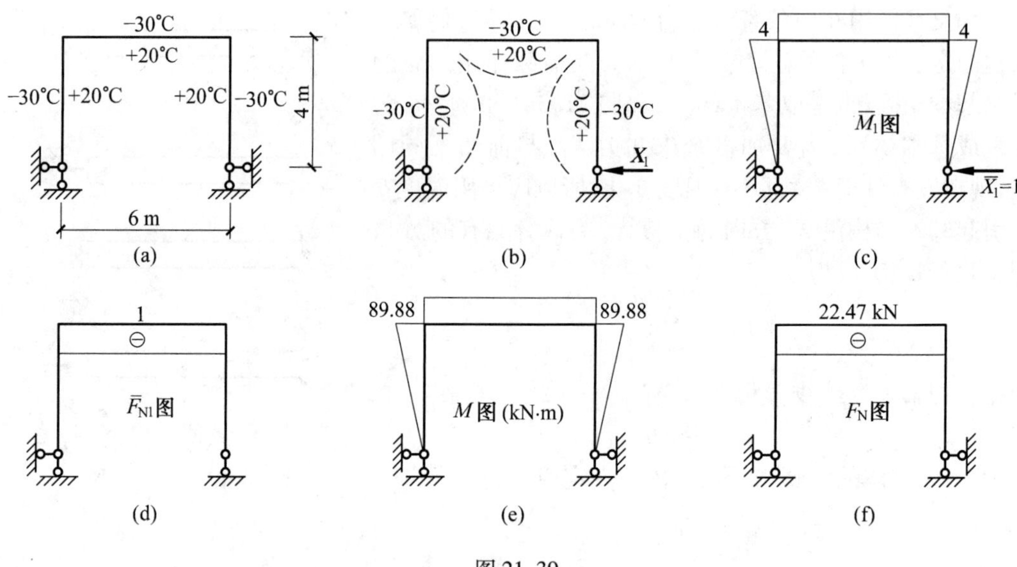

图 21.39

式中,Δ_{1t} 表示温度变化使基本结构在 X_1 方向所产生的位移,按计算位移的相应公式,有

$$\Delta_{1t} = (\pm)\sum \alpha \frac{\Delta t}{h} A_{\omega \overline{M}_1} + (\pm)\sum \alpha t_0 A_{\omega \overline{F}_{N1}} \tag{a}$$

上述的 $\Delta_{1t} = -\alpha t l$ 实际上是本式的一种最简单情况。

为了计算力法方程中的系数与自由项,作 $\overline{M}_1$ 与 $\overline{F}_{N1}$ 图(图 21.39(c)与(d)),利用图乘法,得到

$$\delta_{11} = \left(\frac{1}{2} \times 4 \times 4 \times \frac{2}{3} \times 4 \times 2 + 4 \times 6 \times 4\right)/EI = \frac{138.7}{EI}$$

为计算 Δ_{1t},首先计算有关温度变化值,轴线温度变化由施工温度 10 ℃ 变为(20 - 30)/2 ℃ =- 5 ℃,$t_0 = (-5-10)$℃ =- 15 ℃,室内外温差 $\Delta t = [20-(-30)]$℃ = 50 ℃,其次计算

$$A_\omega \overline{M}_1 = \frac{1}{2} \times 4 \times 4 \times 2 + 4 \times 6 = 40$$

$$A_\omega \overline{F}_{N1} = -1 \times 6 = -6$$

代入式(a),有

$$\Delta_{1t} = -1 \times 10^{-5} \times \frac{50}{0.5} \times 40 + 1 \times 10^{-5} \times (-15) \times (-6) = -3.91 \times 10^{-2}$$

式中,弯矩项前取负号是由于 $\overline{M}_1$ 图外侧受拉而基本结构在温差作用下凸向内侧(图 21.39(b)),此时虚功为负,至于轴力项,可将 $A_\omega \overline{F}_{N1}$ 为压力面积时取负,反之为正,而 t_0 自身有正负号,也可直接由虚功判定,例如本例 $\overline{F}_{N1}$ 为压力,而 t_0 = 15 ℃ 将使轴线缩短,压力在缩短的位移上做正功。

解力法方程,得到

$$X_1 = -\frac{\Delta_{1t}}{\delta_{11}} = -\frac{-3.91 \times 10^{-2}}{138.7/EI} = 2.82 \times 10^{-4}\, EI$$

将 EI 代入

$$X_1/\text{kN} = 2.82 \times 10^{-4} \times 25.5 \times 10^6 \times \frac{0.3 \times 0.5^3}{12} = 22.47$$

由于基本结构在温度变化时不产生内力，因此多余未知力 X_1 产生的内力即为该结构的总内力，最终弯矩图与轴力图示于图 21.39(e)、(f) 中。通过本例的计算可以发现由温度变化而引起的超静定结构内力与构件 EI 的值有直接关系，而且随 EI 的增大而增大。因而，以加大截面企图减少温度应力是不恰当的。此外从最后弯矩图可以看到，温度低的一侧要受拉，而温度高的一侧反而受压，这一特点在分析温度变化而引起的裂缝时要给予注意。

21.10.3　支座移动时超静定结构的计算

【例 21.14】　计算图 21.40(a) 所示一次超静定刚架由于 A 支座发生线位移和角位移时而引起的内力。

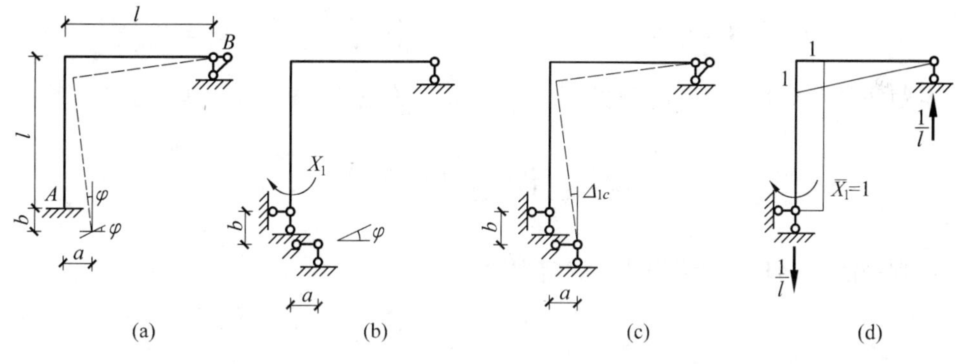

图 21.40

解：由支座移动而引起超静定结构内力的力法方程，从概念上讲与前面所述都有所不同，其原因在于超静定结构支座所发生的位移并不一定都是基本结构支座所发生的位移。例如，本题由于基本结构取成简支刚架（图 21.40(b)），因此原支座 A 的三个位移 a、b、φ 值，其中 a、b 仍为基本结构的支座移动，但 φ 角已不能视为基本结构的支座移动，而应看为原结构在 A 处的总角位移。因此，力法方程将取如下形式

$$\delta_{11}X_1 + \Delta_{1c} = -\varphi \tag{21.14}$$

式中，Δ_{1c} 的概念代表基本结构由于发生支座移动在 X_1 方向所引起的位移（见图 21.40(c)），其计算公式为

$$\Delta_{1c} = -\sum \overline{F}_{\text{R}}c$$

结合本题，单位力引起基本结构的支座反力 $\overline{F}_{\text{R}}$ 有三个，其中 A 支座水平反力为零，B 支座反力$\frac{1}{l}$，A 支座竖向反力$\frac{1}{l}$，只有最后一个反力在 A 支座竖向位移 b 上做功，因此

$$\Delta_{1c} = -\frac{1}{l} \times b$$

δ_{11} 可按通常方法求得，有

$$\delta_{11}=(\frac{1}{2}\times 1\times l\times \frac{2}{3}\times 1+1\times l\times 1)/EI=\frac{4l}{3EI}$$

将上述结果一并代入式(21.14),得到

$$\frac{4l}{3EI}X_1=\frac{b}{l}-\varphi$$

解之得

$$X_1=(\frac{b}{l}-\varphi)\frac{3EI}{4l}$$

由于基本结构在支座移动过程中并不产生内力,因此基本结构由多余未知力引起的内力图即为原结构的内力图(将图21.40(d)扩大 X_1 倍即可)。

本题当 $l=4\ \text{m}, E=25.5\times 10^6\ \text{kN}\cdot\text{m}^2, I/\text{m}^4=\frac{0.4\times 0.6^3}{12}=7.2\times 10^{-3}$,若 $\varphi=0$,而 $b=0.01\ \text{m}$ 时

$$X_1/(\text{kN}\cdot\text{m})=\frac{0.01}{4}\times\frac{3\times 25.5\times 10^6\times 7.2\times 10^{-3}}{4\times 4}=86$$

本题多余未知力 X_1 与 A 支座的水平位移 a 无关应如何解释,请读者自己思考。

习题课选题指导

1. 判别图21.41所示结构的超静定次数。

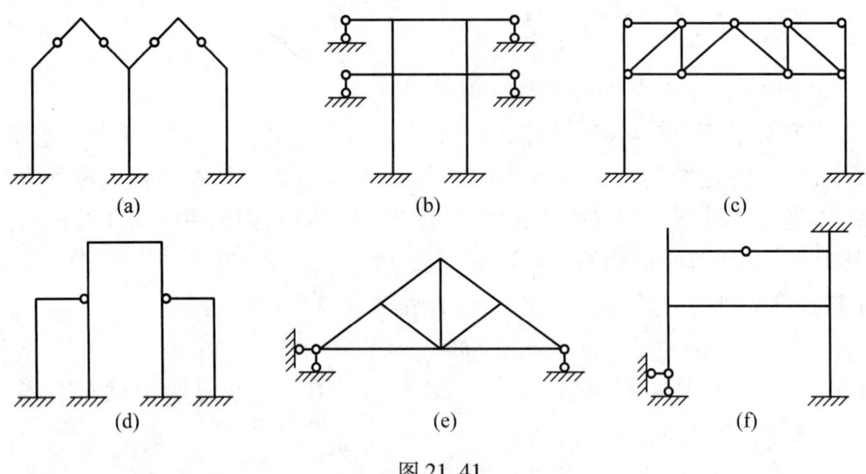

图21.41

2. 用力法解图21.42所示一次超静定刚架,并画 M 图。

3. 利用对称性解图21.43所示超静定刚架及梁并画 M 图。提示:图21.43(a)可以不解超静定;图21.43(b)利用对称性;图21.43(c)还可以利用悬臂梁端点受集中力和集中力偶作用的挠度结果得出杆端力;图21.43(d)将荷载分成对称与反对称,然后研究铰处的未知力。

4. 计算图 21.44 所示梁 A 端的转动刚度。

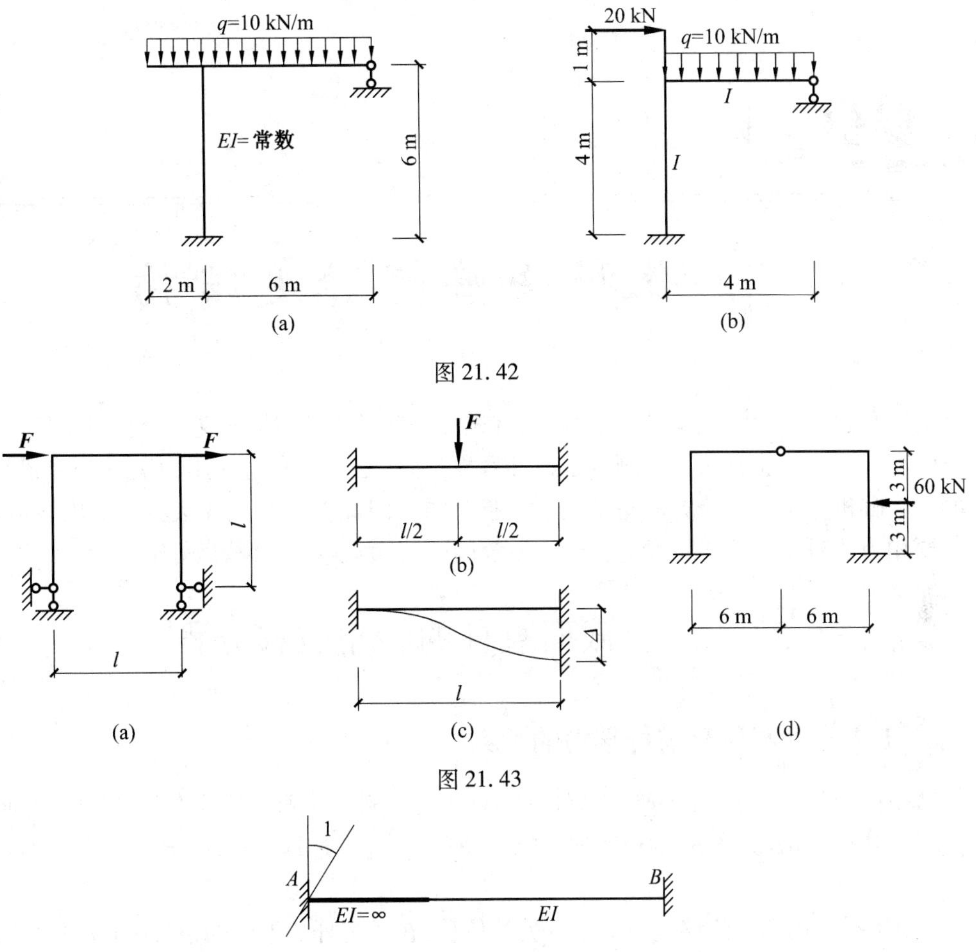

图 21.44

第22章

位移法解超静定结构

力法是建立在静定结构基础上的,只有充分掌握了静定结构的受力分析与位移计算,才能学习好力法。位移法又称刚度法,是以力法为基础的。它是在用力法对单跨超静定梁的受力分析作了充分研究的基础上发展起来的。因此在讲述位移法本身的内容以前,首先要用力法对单跨超静定梁进行全面系统的研究,为学习位移法做好准备。

22.1　等截面直杆的转角位移方程

22.1.1　杆端位移与杆端力的关系

结构在荷载作用下,任一等直杆件 AB(杆上无荷载)都可能发生如图 22.1(a) 所示的位移。其中由 AB 到 $A'B'$ 的位移属于刚体位移,在这一过程中杆件 AB 是不会产生内力的。

由 $A'B'$ 到 $A'B''$ 的位移是与变形有关的位移,在假定杆长不变的条件下(即忽略轴力引起的变形)这种位移表现为 A 端转动角 φ_A,B 端转动角 φ_B,B 端相对 A 端发生了位移 Δ,这三者称为杆端位移,并均规定顺时针转动为正。由于存在杆端位移,杆件将发生弯曲变形,相应要产生弯矩和剪力,杆端的弯矩和剪力称为杆端力。为了研究的方便,杆端力也均规定顺时针转动为正(注意这种规定与前面梁弯矩符号规定有别)。当杆端位移给定后(φ_A、φ_B、Δ),如何求解杆端力(M_{AB},M_{BA},F_{SAB},F_{SBA})是位移法中的基础,这一问题可以通过力法加以解决。将 $A'B'$ 视为两端固定梁,将 φ_A、φ_B、Δ 视为支座移动,通过力法即可得到杆端力。在上述条件下梁中轴力为零,证略(读者可自己思考)。取如图 22.1(b) 所示的基本结构,作 $\overline{M}_1$ 图、$\overline{M}_2$ 图与基本结构发生支座移动时的位移(见图 22.1(c)、(d)、(e)),列力法方程

$$\begin{cases}\delta_{11}X_1+\delta_{12}X_2+\Delta_{1c}=0\\ \delta_{21}X_1+\delta_{22}X_2+\Delta_{2c}=0\end{cases}$$

等号右侧为零表示梁中间截面相对位移总和应为零。

$$\delta_{11}=\frac{1\times l\times 1}{EI}=\frac{l}{EI}$$

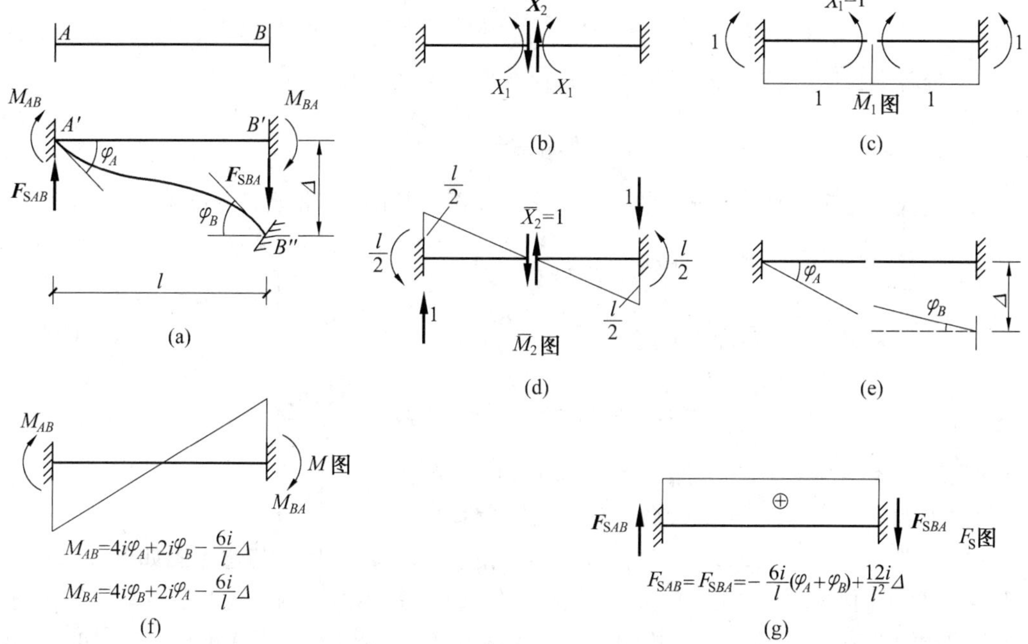

图 22.1

$$\delta_{22}=\frac{1}{2}\times\frac{l}{2}\times\frac{l}{2}\times\frac{2}{3}\times\frac{l}{2}\times\frac{2}{EI}=\frac{l^3}{12EI}$$

显然 $\delta_{12}=\delta_{21}=0$

$$\Delta_{1c}=-\sum\bar{F}_{R}c=-(1\times\varphi_A-1\times\varphi_B)=\varphi_B-\varphi_A$$

$$\Delta_{2c}=-\sum\bar{F}_{R}c=-\left(-\frac{l}{2}\varphi_A-\frac{l}{2}\varphi_B+1\times\Delta\right)=(\varphi_B+\varphi_A)\frac{l}{2}-\Delta$$

代入力法方程,得到

$$\frac{l}{EI}X_1+\varphi_B-\varphi_A=0,\quad X_1=\frac{EI}{l}(\varphi_A-\varphi_B)$$

$$\frac{l^3}{12EI}X_2+(\varphi_B+\varphi_A)\frac{l}{2}-\Delta=0,\quad X_2=\frac{12EI}{l^3}\left[\Delta-(\varphi_A+\varphi_B)\frac{l}{2}\right]$$

引入线刚度概念,令 $i=\frac{EI}{l}$,它表示单位杆长的抗弯刚度称为线刚度,则两个多余未知力分别表示为

$$X_1=i(\varphi_A-\varphi_B),\quad X_2=\frac{12i}{l^2}\Delta-\frac{6i}{l}(\varphi_A+\varphi_B)$$

根据 $M=\bar{M}_1X_1+\bar{M}_2X_2$,得出

$$M_{AB}=X_1-\frac{l}{2}X_2=i(\varphi_A-\varphi_B)-\frac{6i}{l}\Delta+3i(\varphi_A+\varphi_B)=4i\varphi_A+2i\varphi_B-\frac{6i}{l}\Delta$$

$$M_{BA}=-X_1-\frac{l}{2}X_2=-i(\varphi_A-\varphi_B)-\frac{6i}{l}\Delta+3i(\varphi_A+\varphi_B)=4i\varphi_B+2i\varphi_A-\frac{6i}{l}\Delta$$

$$F_{SAB} = F_{SBA} = X_2 = -\frac{6i}{l}(\varphi_A + \varphi_B) + \frac{12i}{l^2}\Delta$$

不难看出,杆端弯矩与杆端剪力之间存在平衡关系,即

$$F_{SAB} = F_{SBA} = -\frac{M_{AB} + M_{BA}}{l}$$

上述杆端弯矩与剪力公式,是进行位移法计算的基础,现重记如下:

$$\left.\begin{aligned} M_{AB} &= 4i\varphi_A + 2i\varphi_B - \frac{6i}{l}\Delta \\ M_{BA} &= 4i\varphi_B + 2i\varphi_A - \frac{6i}{l}\Delta \\ F_{SAB} &= F_{SBA} = X_2 = -\frac{6i}{l}(\varphi_A + \varphi_B) + \frac{12i}{l^2}\Delta \end{aligned}\right\} \tag{22.1}$$

梁的最终弯矩图与剪力图分别绘于图 22.1(f)、(g) 中。

为了加深对式(22.1) 的理解,将几个特例给出:

(1) 当 $\varphi_A = 1, \varphi_B = 0, \Delta = 0$ 时,有 $M_{AB} = 4i, M_{BA} = 2i$,其变形图与弯矩图如图 22.2(a)、(b) 所示。图中 22.2(c) 为 A 端简支,但有力偶作用,如能使结构 A 端也发生单位正转角,则它的弯矩图应与图 22.2(b) 相同。对比 M_{BA} 与 M_{AB},可以发现当 A 端(近端) 加一力矩发生转动时,B 端(远端) 如为固定端,则也必有力矩产生,其值为 A 端的一半且转向相同。这一规律非常有用。

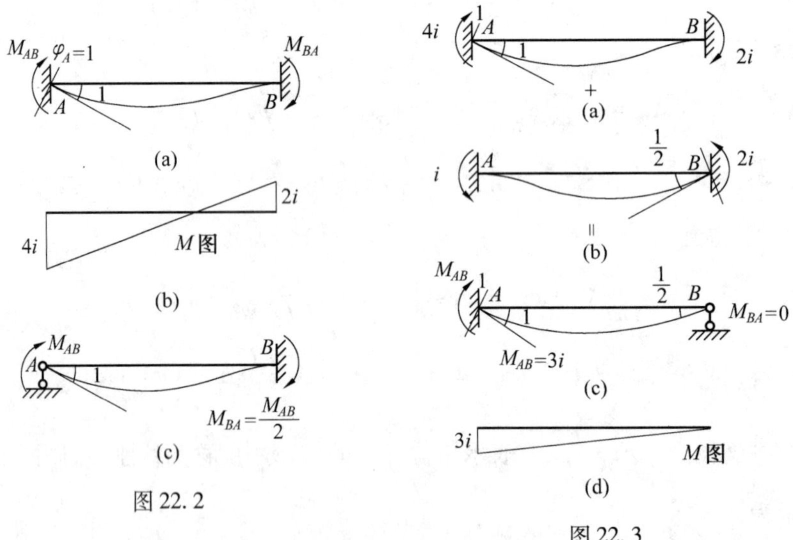

图 22.2

图 22.3

例如图 22.3(b) 即利用了这一规律,右端逆时针加力矩 $2i$ 发生 1/2 转角,左端应产生逆时针力矩 i。将图 22.3(a) 与(b) 叠加,B 端两个杆端弯矩可以消去,使 $M_{BA} = 0$,这相当于 B 端简支,而 A 端叠加后 $M_{AB} = 3i$,两端转角通过叠加,A 端为 1,B 端为 $-1/2$。此结论表明,一端固定另一端简支的单跨超静定梁当固定端顺时针转一单位角时,此杆端力矩为 $3i$,远端转角为 $-1/2$。弯矩图绘于图 22.3(d) 中。

(2) 在方程(22.1) 中,当 $\varphi_A=\varphi_B=0,\Delta=1$ 时,有 $M_{AB}=-\dfrac{6i}{l}=M_{BA}$ 其变形图与弯矩图如图 22.4(a) 与(b) 所示。若在图 22.4(c) 中的 B 端加 $6i/l$ 的力矩使其转动,A 端必有 $3i/l$ 力矩产生,图 22.4(a) 与(c) 叠加,得到 $M_{BA}=0$ 相当简支,而 A 端 $M_{AB}=-3i/l$,此时 A 端无任何位移,而 B 端支座将下移单位距离。这一讨论又表明,一端固定另一端简支的单跨超静定梁当简支端发生正的单位相对位移时,A 端将有 $M_{AB}=-3i/l$ 的杆端弯矩发生,弯矩图示于图 22.4(e) 中。

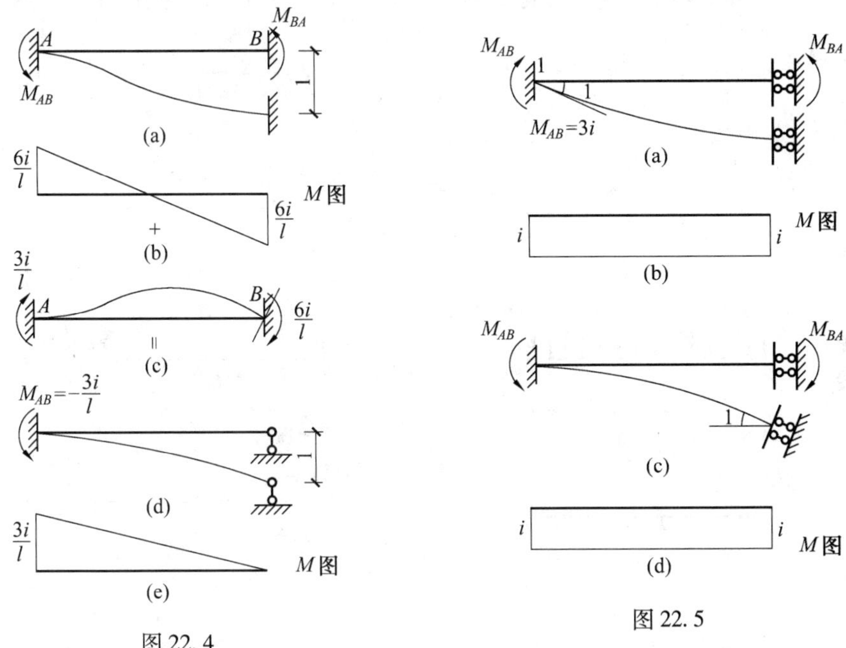

图 22.4　　图 22.5

单跨超静定梁中还有一种如图 22.5(a) 所示的形式,即为一端固定另一端为定向支承的情况,当 A 端发生单位转角时由于 B 端为定向支座,因此 B 端转角应为零($\varphi_B=0$),同时梁的剪力也应为零。先将 $\varphi_A=1,\varphi_B=0$ 和 $F_{SBA}=0$ 代入式(22.1) 的第三式,有

$$-\frac{6i}{l}\times 1+\frac{12i}{l^2}\Delta=0$$

解出

$$\Delta=\frac{l}{2}$$

将此结果与上述条件一并代入式(22.1) 的前两式,有

$$M_{AB}=4i-\frac{6i}{l}\frac{l}{2}=i$$

$$M_{BA}=2i-\frac{6i}{l}\frac{l}{2}=-i$$

不难看出,实质上杆件处于纯弯曲状态,图 22.5(b) 为弯矩图。经过类似证明后,图 22.5(c)、(d) 给出了定向支承发生单位转角时的位移图与弯矩图。

上述前后几种特例的变形特点及其相应杆端弯矩,以及弯矩图的形状必须牢牢记清,它们是学习位移法的必备基础。

22.1.2 单跨超静定梁的固端弯矩

两端固定的单跨超静定梁在荷载作用下的弯矩图均可通过力法求解而得到,现将常遇情况加以推证。

图 22.6(a) 所示为满跨均布荷载作用,由于对称,跨中剪力为零,不计轴力,则只有跨中弯矩一个未知量,利用前一节的有关结果 $\delta_{11}=\dfrac{l}{EI}$。此处将 Δ_{1P} 求出,有

$$\Delta_{1P}=-\frac{1}{3}\times\frac{ql^2}{8}\times\frac{1}{2}\times 1\times 2/EI=-\frac{ql^3}{24EI}$$

代入力法方程,解出跨中弯矩

$$X_1=-\frac{-\dfrac{ql^3}{24EI}}{\dfrac{l}{EI}}=\frac{ql^2}{24}$$

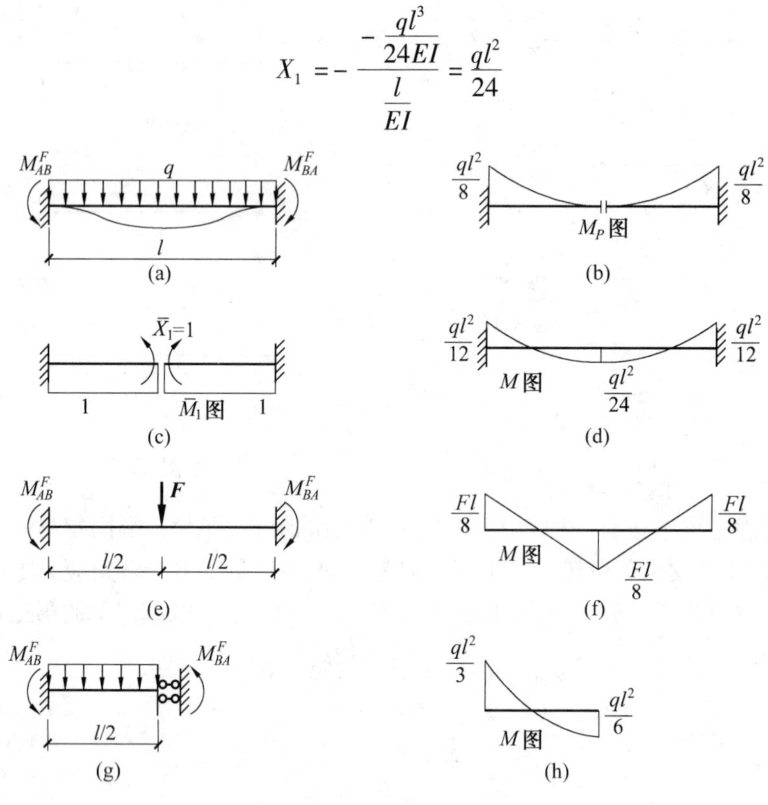

图 22.6

利用 $M=M_P+\overline{M}_1X_1$,得最后弯矩图如图 22.6(d) 所示,最后得到杆端弯矩

$$M_{AB}^F=-\frac{ql^2}{12},\quad M_{BA}^F=\frac{ql^2}{12}$$

这种由荷载引起的杆端弯矩习惯称为固端弯矩(fixed - end moments),右上角加一角标 F。

类似作法可以得到梁中受集中力作用下的固端弯矩为

$$M_{AB}^F=-\frac{Fl}{8},\quad M_{BA}^F=\frac{Fl}{8}$$

弯矩图示于图 22.6(f) 中。

利用上述结果立即可以得到一端固定一端定向支承的梁的固端弯矩，因为对称结构对称荷载时跨中剪力为零弯矩不为零，从变形上讲由于对称跨中转角为零挠度不为零，所以跨中实质相当于定向支承，因此一端固定一端定向支承的梁就是两端固定梁的半跨，如图 22.6(g) 所示。但需注意的是，如果带定向支座的梁跨取为 l，则弯矩的值将如图 22.6(h) 所示，此时固端弯矩为

$$M_{AB}^F=-\frac{ql^2}{3},\quad M_{BA}^F=-\frac{ql^2}{6}$$

其他荷载形式也可用此法给出。

关于一端固定一端简支时的固端弯矩，完全可以利用上述结果得出，例如图 22.7(a) 为两端固定受均布荷载作用的梁，在图 22.7(b) 中右端加逆时针弯矩$\frac{ql^2}{12}$使其转动，左端将出现$\frac{1}{2}\frac{ql^2}{12}=\frac{ql^2}{24}$的负弯矩，图 22.7(a)、(b) 叠加即为一端固定一端简支的梁受均布荷载作用的结果(见图 22.7(c))，其弯矩(见图 22.7(d))为

$$M_{AB}^F=-\frac{ql^2}{8},\quad M_{BA}^F=0$$

类似可以得出跨中受集中力时(见图 22.7(e))的固端弯矩(见图 22.7(f))为

$$M_{AB}^F=-\frac{3Pl}{16},\quad M_{BA}^F=0$$

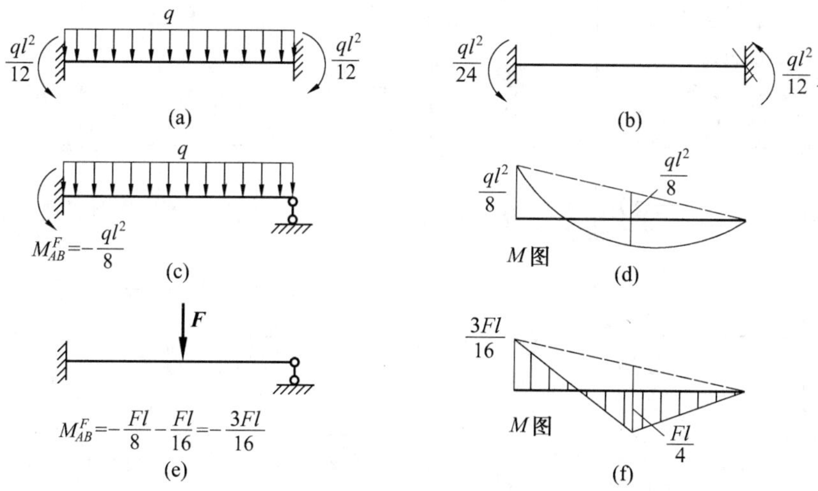

图 22.7

上述讨论只是给出了部分常用的结果，有关单跨超静定梁在各种荷载作用下的固端弯矩在表 22.1 中给出，以备查用。

表 22.1　等截面直杆的杆端弯矩和剪力

编号	梁的简图	弯矩		剪力	
		M_{AB}	M_{BA}	F_{SAB}	F_{SBA}
1	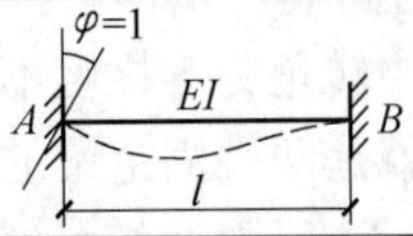	$4i$ $(i=\frac{EI}{l}$,下同)	$2i$	$-\frac{6i}{l}$	$-\frac{6i}{l}$
2	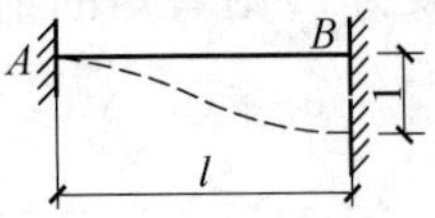	$-\frac{6i}{l}$	$-\frac{6i}{l}$	$\frac{12i}{i^2}$	$\frac{12i}{i^2}$
3	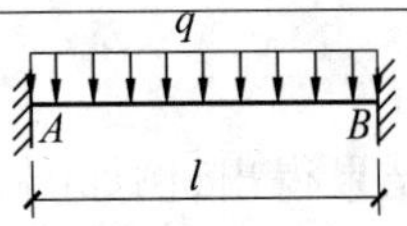	$-\frac{ql^2}{12}$	$\frac{ql^2}{12}$	$\frac{ql}{2}$	$-\frac{ql}{2}$
4	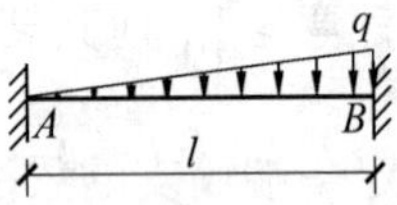	$-\frac{ql^2}{30}$	$\frac{ql^2}{20}$	$\frac{3ql}{20}$	$-\frac{7ql}{20}$
5	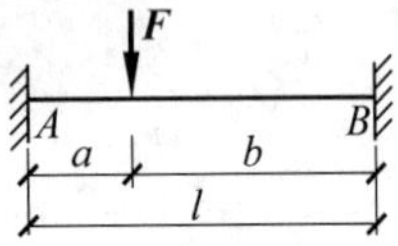	$-\frac{Fab^2}{l^2}$	$\frac{Fa^2b}{l^2}$	$\frac{Fb^2}{l^2}(1+\frac{2a}{l})$	$-\frac{Fa^2}{l^2}(1+\frac{2b}{l})$
6	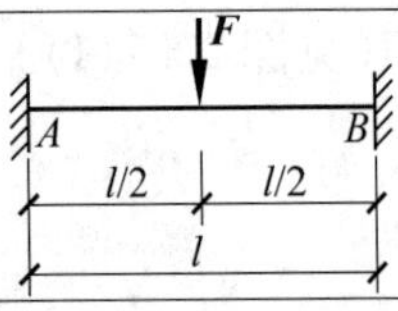	$-\frac{Fl}{8}$	$\frac{Fl}{8}$	$\frac{F}{2}$	$-\frac{F}{2}$
7	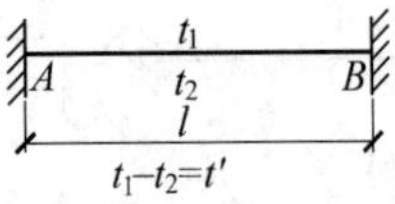	$\frac{EI\alpha t'}{h}$	$-\frac{EI\alpha t'}{h}$	0	0
8	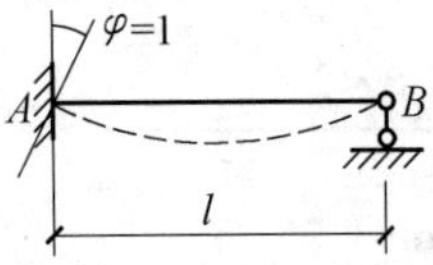	$3i$	0	$-\frac{3i}{l}$	$-\frac{3i}{l}$
9	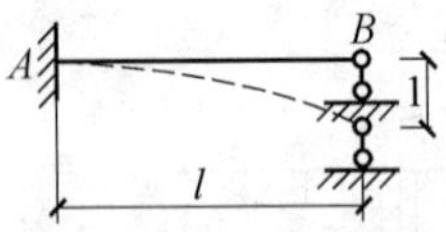	$-\frac{3i}{l}$	0	$\frac{3i}{l^2}$	$\frac{3i}{l^2}$
10	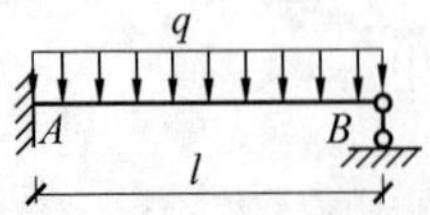	$-\frac{ql^2}{8}$	0	$+\frac{5}{8}ql$	$-\frac{3}{8}ql$
11	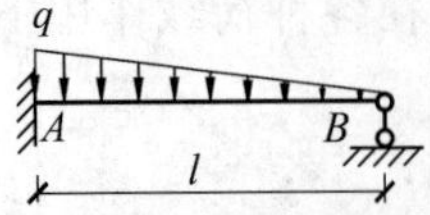	$-\frac{ql^2}{15}$	0	$\frac{2}{5}ql$	$-\frac{1}{10}ql$

续表 22.1

编号	梁的简图	弯矩		剪力	
		M_{AB}	M_{BA}	F_{SAB}	F_{SBA}
12	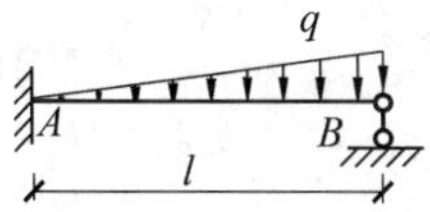	$-\frac{7ql^2}{120}$	0	$+\frac{9}{40}ql$	$-\frac{11}{40}ql$
13	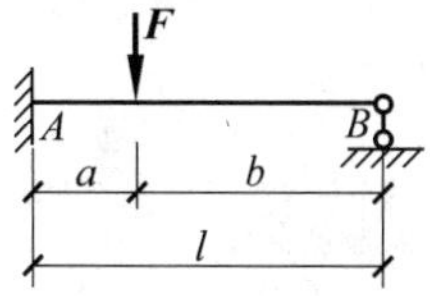	$-\frac{Fb(l^2-b^2)}{2l^2}$	0	$\frac{Fb(3l^2-b^2)}{2l^3}$	$-\frac{Fa^2(3l-a)}{2l^3}$
14	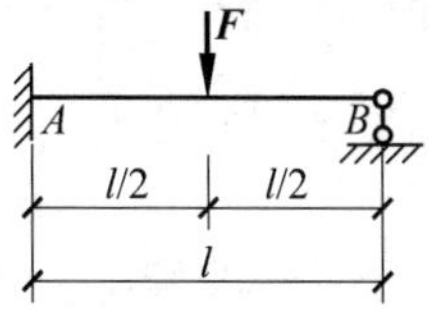	$-\frac{3Fl}{16}$	0	$\frac{11}{16}F$	$-\frac{5}{16}F$
15	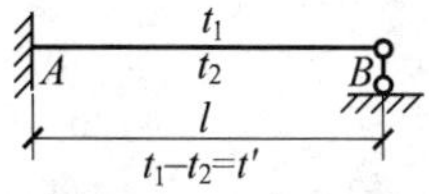	$-\frac{3EI\alpha t'}{2h}$	0	$-\frac{3EI\alpha t'}{2hl}$	$-\frac{3EI\alpha t'}{2hl}$
16	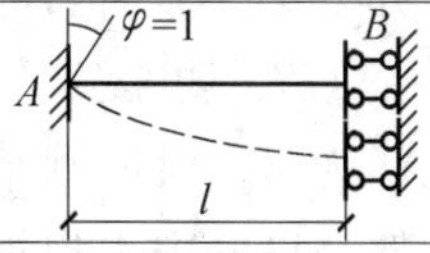	i	$-i$	0	0
17	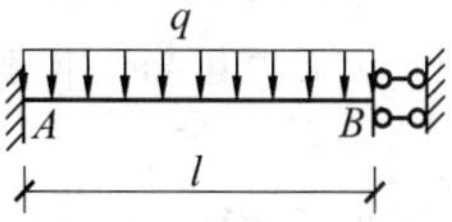	$-\frac{ql^2}{3}$	$-\frac{ql^2}{6}$	ql	0
18	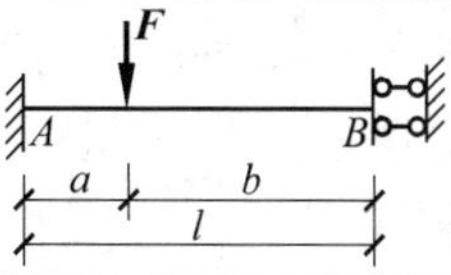	$-\frac{Fa}{2l}(2l-a)$	$-\frac{Fa^2}{2l}$	F	0
19	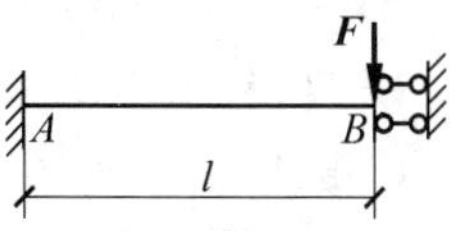	$-\frac{Fl}{2}$	$-\frac{Fl}{2}$	F	$F_{SB}^{L}=+F$ $F_{SB}^{R}=0$
20	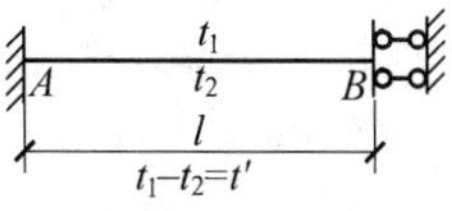	$\frac{EI\alpha t'}{h}$	$-\frac{EI\alpha t'}{h}$	0	$=0$

22.1.3　等直杆件转角位移方程

当单跨超静定梁发生 φ_A、φ_B 和相对线位移 Δ 并且受有某种荷载作用时，其两个杆端所发生的弯矩利用公式(22.1) 并加上固端弯矩即可得到

$$\begin{cases}M_{AB}=4i\varphi_A+2i\varphi_B-\dfrac{6i}{l}\Delta+M_{AB}^F\\M_{BA}=4i\varphi_B+2i\varphi_A-\dfrac{6i}{l}\Delta+M_{BA}^F\end{cases}\tag{21.2}$$

此处两个方程称为等直杆件的转角位移方程,由这组方程可以看出,单跨超静定梁,只要荷载给出,并能确定杆端的两个角位移 φ_A、φ_B 和相对线位移 Δ,则该杆的杆端弯矩便可求出,利用区段叠加的原理,该杆的弯矩图便可完全确定。利用公式(22.1),并考虑荷载引起的单跨超静定梁的固端剪力,可以得到杆端总剪力的公式

$$\begin{cases}F_{SAB}=-\dfrac{6i}{l}(\varphi_A+\varphi_B)+\dfrac{12i}{l^2}\Delta+F_{SAB}^F\\F_{SBA}=-\dfrac{6i}{l}(\varphi_A+\varphi_B)+\dfrac{12i}{l^2}\Delta+F_{SBA}^F\end{cases}\tag{22.3}$$

式中,F_{SAB}^F、F_{SBA}^F 为固端剪力,其值可以根据相应的固端弯矩与荷载通过平衡求出。各种固端剪力也均在表 22.1 中给出,可以直接查用。

22.2　位移法的基本概念

图22.8(a)为3次超静定刚架,用力法需求解3个未知量。本题若不计杆件轴力引起的变形(认为各杆长均不变),由于 A、C 端均为固定端,所以刚结点 B 不可能发生水平或竖向位移,但在荷载作用下 B 结点将会发生角位移,设此角位移为 Z_1,根据刚结点的特性,$B_右$ 截面与 $B_下$ 截面转角均应等于 Z_1。如果能求出 Z_1,则刚架两杆的内力根据转角位移方程便可完全确定。例如,AB 杆的 B 端弯矩 $M_{BA}=4iZ_1$。这种以结点位移(本题为角位移)为基本未知量的方法称为位移法。

由于单跨超静定梁的内力与位移分析完全属于已知结果,因此考虑能否将所给超静定刚架转化为一组单跨超静定梁,由于 B 点不能发生线位移,只能发生角位移,且 A、C 端又均为固定端,所以只要设想 B 结点不发生转动,则杆 AB 与 BC 均可视为两端固定的单跨超静定梁,为达到此目的,可在 B 点(图 22.8(b))人为加一刚臂,其作用仅是阻止转动(好似拿钳子将 B 点夹住不许转动),此时 B 点既不能左右、上下移动又不能转动,完全可以视为固定端。这样原结构就成为两根两端固定的单跨超静定梁,它就是该刚架用位移法求解的基本结构。为使基本结构所形成的体系(称为基本体系)能代替原结构,将荷载加入基本结构上,如图 22.8(c)所示,横梁将发生变形,但 B 端由于刚臂作用将无转角发生,不过刚臂由于起到支座约束的作用,因此将产生反力偶,设为 R_{1P}(以顺时针转为正),这时同原结构相比唯一的差别便是 B 点无转角。为使基本体系等价于原结构,令基本结构 B 点发生一个 Z_1 转角(与原结构 B 点转角相同),如图 22.8(d)所示,用符号"↷"代表转角,为使刚臂发生此转角,应给刚臂施加一力矩,设此力矩为以 R_{11}(以顺时针转为正),符号中的下角标,前者表示方向,后者表示原因。在 R_{11} 的作用下,横梁与立柱均发生相应位移。不难判定,图22.8(c)与22.8(d)相叠加后,无论从荷载还是变形两方面考虑都与原结构相当,只是 B 点所加刚臂中要存在 $R_{1P}+R_{11}$ 的力矩,只有令 $R_{1P}+R_{11}=0$(相当没

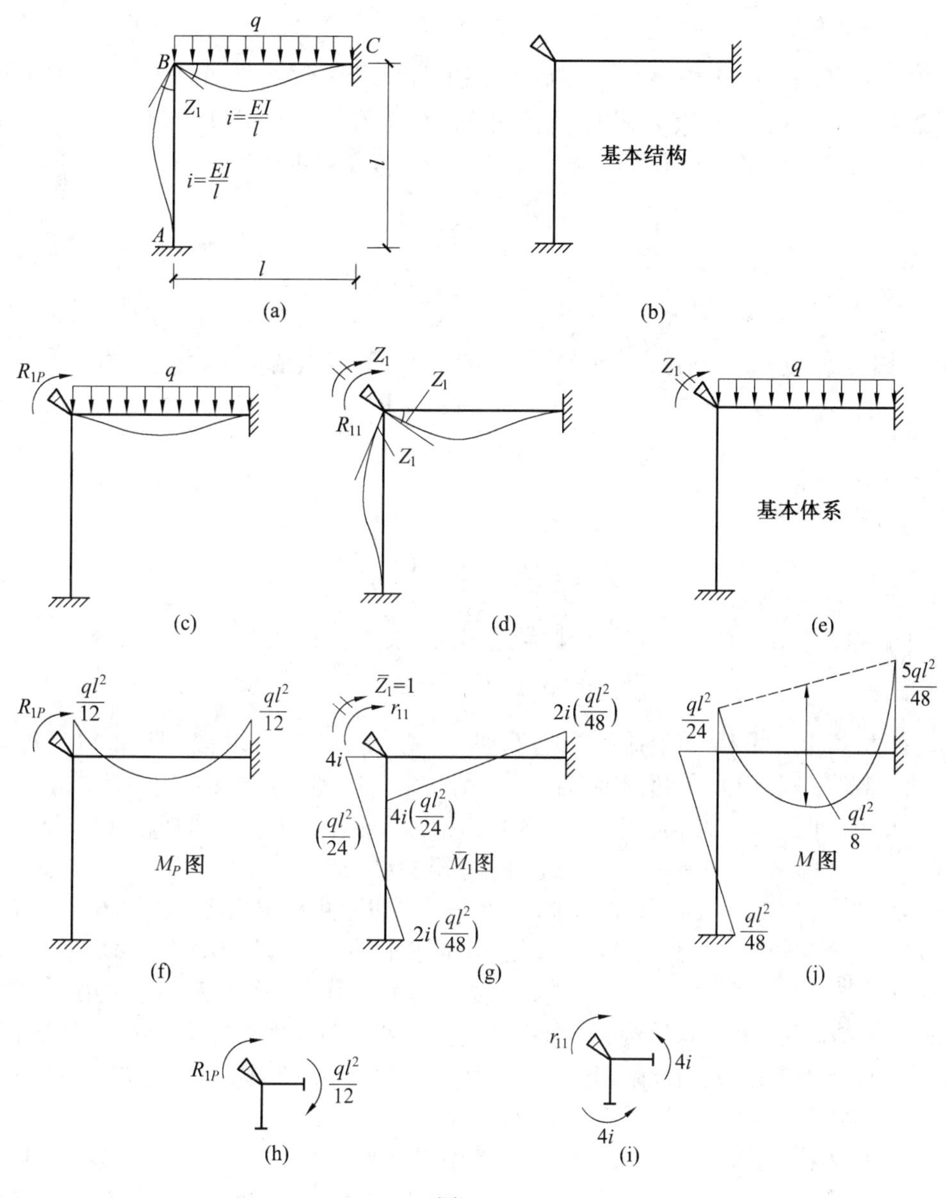

图 22.8

有刚臂）才能最终使基本体系等价于原结构（见图 22.8(e)）。为求 Z_1，可将 R_{11} 记为

$$R_{11}=r_{11}Z_1$$

式中，r_{11} 称为刚度系数，其力学意义代表使 Z_1 方向发生单位转角即 $\bar{Z}_1=1$ 时绕 Z_1 方向加给刚臂的力矩。

只要将 $R_{11}=r_{11}Z_1$ 代入 $R_{1P}+R_{11}=0$ 的表达式中，就可得到位移法的基本方程

$$r_{11}Z_1+R_{1P}=0 \tag{22.4}$$

方程中基本未知量虽然是位移，但方程本身却表示刚臂中力矩的平衡关系，所以位移法的基本方程是平衡方程。

为了求得转角 Z_1,必须先求系数 r_{11} 与自由项 R_{1P}。图 22.8(f) 给出了基本结构在荷载作用下的 M_P 图,图 22.8(g) 给出了基本结构上刚臂发生单位转角时的 $\overline{M}_1$ 图,这两图都是根据单跨超静定梁的结果作出的,荷载引起的弯矩值可自表 22.1 查出。将 M_P 图中的结点 B(含刚臂) 取出(图 22.8(h)),根据结点力矩平衡可以得到

$$R_{1P} + \frac{ql^2}{12} = 0$$

求出

$$R_{1P} = -\frac{ql^2}{12}$$

将 $\overline{M}_1$ 图中的结点 B(含刚臂) 取出如图 22.8(i) 所示,根据结点力矩平衡,有

$$r_{11} - 4i - 4i = 0$$

求出

$$r_{11} = 8i$$

将 R_{1P} 与 r_{11} 代入式(22.4),得到

$$Z_1 = -\frac{R_{1P}}{r_{11}} = -\frac{-\frac{ql^2}{12}}{8i} = \frac{ql^2}{96i}$$

由于基本体系与原结构等价,因此结构最后弯矩应由两项组成,即

$$M = M_P + \overline{M}_1 Z_1$$

将 $\overline{M}_1$ 扩大 Z_1 倍(见 $\overline{M}_1$ 图中括弧内的值) 再与 M_P 叠加得最后 M 图(图 22.8(j))。

继续观察图 22.9 所示超静定结构。这是一个 3 次超静定排架,用力法求解仍需解 3 个未知量。但考查其结构位移,由于 3 根横梁为 3 根不变形的二力杆,所以各结点均发生同一水平位移 Z_1。如能解出 Z_1,则各柱弯矩图可按单跨超静定梁给出。取如图 22.9(b) 所示的基本结构,在 D 点人为加入一水平链杆以阻止结构侧移,此时 DH 柱将成为一端固定一端简支的单跨超静定梁,因为横梁不伸长和缩短,所以 CG、BF 与 AE 三柱也都成为单跨超静定梁,这样此结构除 3 根二力杆外基本结构成为一组单跨超静定梁,为使基本体系与原结构等价,在基本结构上除加荷载外还要使柱顶发生正向位移 Z_1。由于原结构 D 点并未受到外力作用,因此附加链杆约束所受力的总和应为零,即满足位移法方程

$$r_{11}Z_1 + R_{1P} = 0$$

式中,R_{1P} 代表荷载作用于基本结构上在链杆中引起的反力;$r_{11}Z_1$ 代表基本结构发生 Z_1 位移时链杆所受的力。R_{1P} 可以自 M_P 图中截出图 22.9(e) 所示体系并分析受力平衡而得出,取 $\sum F_x = 0$,有

$$R_{1P} + \frac{3ql}{8} = 0$$

得到

$$R_{1P} = -\frac{3ql}{8}$$

r_{11} 可以由 $\overline{M}_1$ 图中截出图 22.9(f) 所示部分的受力平衡而得出,取 $\sum F_x = 0$,有

$$r_{11} = \frac{3i_1}{l^2} + \frac{6i_1}{l^2} + \frac{6i_1}{l^2} + \frac{3i_1}{l^2} = \frac{18i_1}{l^2}$$

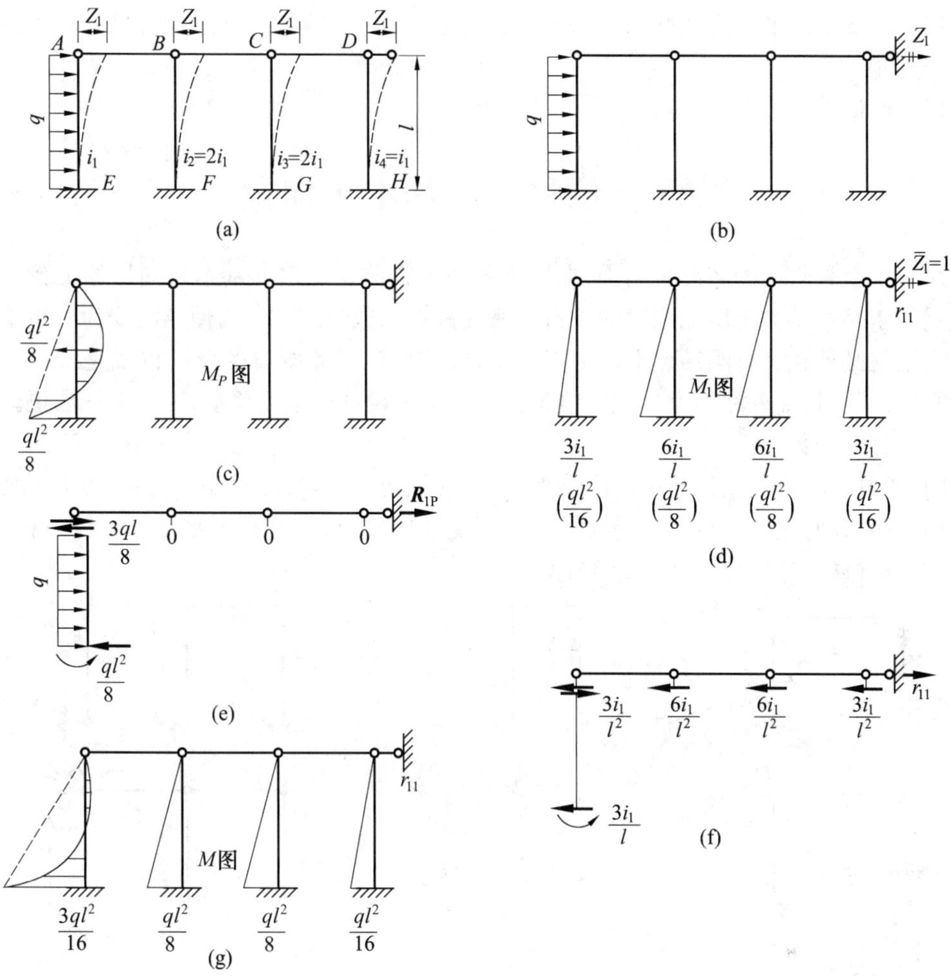

图 22.9

代入位移法方程,解出

$$Z_1=-\frac{-\frac{3ql}{8}}{\frac{18i_1}{l^2}}=\frac{ql^3}{48i_1}$$

将 $\overline{M}_1$ 图扩大 Z_1 倍(读括弧中数) 与 M_P 叠加得最终弯矩图,如图 22.9(g) 所示。

综上所述,位移法的基本解题过程可归纳为:

(1) 位移法以结点的角位移与线位移为基本未知量;

(2) 位移法通过对刚结点加刚臂和有独立线位移处加链杆的方式,使原结构变为一组单跨超静定梁,并以此为基本结构。基本结构加载后,令各刚臂发生应有的转动;各链杆发生应有的位移,以形成与原结构等价的基本体系,同时作出荷载弯矩图与单位位移弯矩图;

(3) 利用刚臂和链杆中的反力矩或反力总和为零建立位移法方程;

(4) 通过结点平衡或横梁平衡以求得位移法方程中的系数和自由项,代入方程解出基本未知量;

(5) 通过叠加原理,可得到结构的最终 M 图。

22.3 位移法的基本未知量

对于一个较复杂的超静定结构,在用位移法求解前要确定其基本未知量的个数。该个数就等于基本结构上所加刚臂的数目与所加链杆的数目之和。为使结构变为一组单跨超静定梁就必须在所有刚结点上加上阻止转动的刚臂,因此刚臂的数目也就是结构中存在的刚结点数目,此外在能发生独立线位移处需加上链杆以阻止移动,因此链杆数也就是独立线位移的个数。

图 22.10(a) 所示刚架有两个刚结点,因此要加两个刚臂,由于杆长不变,两个刚结点上下均不能移动,左右移动时又受横梁长度不变的控制,故只有一个水平独立线位移,因此需加一根链杆,这样总未知量为 3 个。

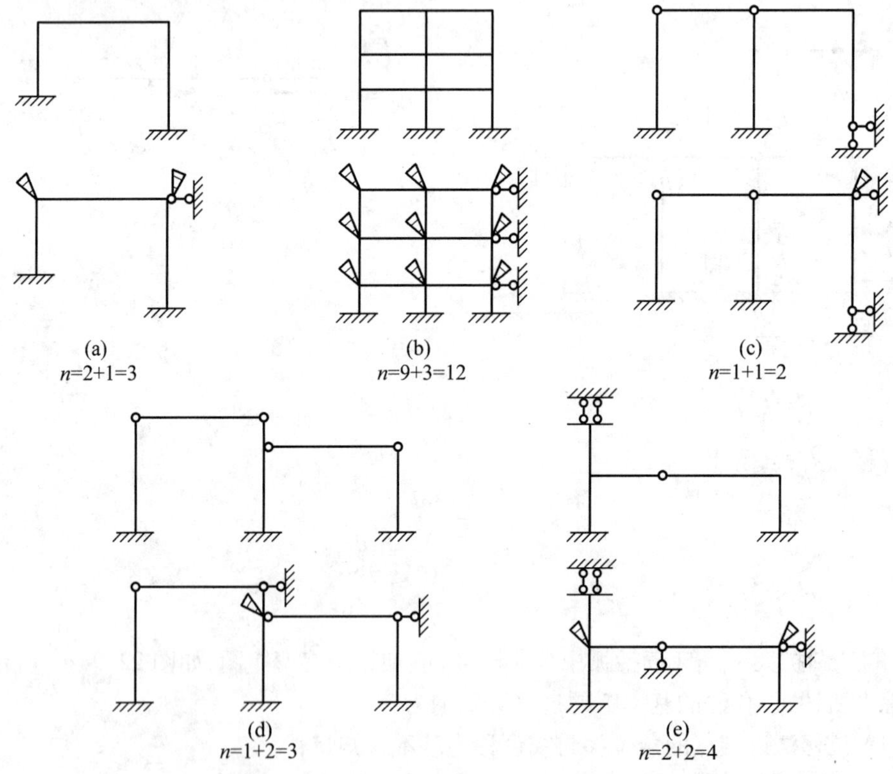

图 22.10

图 22.10(b) 有 9 个刚结点,每层又有一个独立的线位移,所以总未知量为 12 个。本题要用力法求解为 $3 \times 6 = 18$ 次超静定。

图 22.10(c) 虽有 3 个结点,但只有一个为刚结点,此外还有一个侧移,因此未知量为 2 个。考查基本结构中除一根为链杆外都属于单跨超静定梁。

图 22.10(d) 为不等高排架,采用位移法时除要加两根链杆以阻止位移外,在高低跨相交处还必须加一刚臂方可,否则此柱不能化为单跨超静定梁。本题为两次超静定结构,而用位移法却要有 3 个未知量,所以对于不等高排架一般常采用力法而不用位移法。但等高排架,特别是等高多跨排架,用位移法是有利的。

图 22.10(e) 所示结构除两个刚结点和一个水平侧移外,在铰结处,上下存在位移,所以还必须加一竖向链杆,因此总未知量为 4 个。

22.4　位移法的典型方程及其应用

一个未知量(不论是转角或位移) 的位移法方程,均可写成

$$r_{11}Z_1 + R_{1P} = 0$$

从形式上看与下式的力法方程是完全对应的

$$\delta_{11}X_1 + \Delta_{1P} = 0$$

两个或两个以上位移法的基本方程在形式上也完全与力法对应,它呈现为

$$\begin{cases} r_{11}Z_1 + r_{12}Z_2 + \cdots + r_{1i}Z_i + \cdots + r_{1n}Z_n + R_{1P} = 0 \\ r_{21}Z_1 + r_{22}Z_2 + \cdots + r_{2i}Z_i + \cdots + r_{2n}Z_n + R_{2P} = 0 \\ r_{j1}Z_1 + r_{j2}Z_2 + \cdots + r_{ji}Z_i + \cdots + r_{jn}Z_n + R_{jP} = 0 \\ r_{n1}Z_1 + r_{n2}Z_2 + \cdots + r_{ni}Z_i + \cdots + r_{nn}Z_n + R_{nP} = 0 \end{cases} \tag{22.5}$$

称为位移法的典型方程。式中,Z_i 可以是结点转角也可以是独立线位移,公式中根据反力互等定理,有 $r_{ji} = r_{ij}$,其意义为基本结构上 i 方向发生单位位移在 j 方向产生的反力等于 j 方向发生单位位移在 i 方向产生的反力,这些刚度系数可以为正、为负或为零,称为副系数,而 r_{jj} 称为主系数,其值均为正,自由项 R_{jP} 代表荷载引起的沿 j 方向的反力或反力偶。方程组中的每一个方程均表示平衡方程,它们可以是某结点刚臂中力矩总和为零,也可以是某附加链杆中反力总和为零。

【例 22.1】　用位移法解图 22.11(a) 所示刚架,作内力图。

解:(1) 确定位移法的基本未知量和基本体系

该结构除 B、C 点为刚结点外,没有独立线位移发生,属于无侧移刚架,因此只有两个基本未知量,其基本体系如图 22.11(b) 所示,第一个未知量代表 B 点转角 Z_1,第二个未知量代表 C 点转角 Z_2。

(2) 给出各柱的线刚度(或相对值)

横梁刚度相同均为 $2EI$,但长度不同,故线刚度不同,其比值列于图 22.11(b) 中,柱的刚度均为 EI,但由于长度不同,线刚度也不一样,这里都以相对值的形式给出。

(3) 列位移法方程

根据两个基本未知量,其方程应为

$$\begin{cases} r_{11}Z_1 + r_{12}Z_2 + R_{1P} = 0 \\ r_{21}Z_1 + r_{22}Z_2 + R_{2P} = 0 \end{cases}$$

(4) 为求系数和自由项需作 M_P、$\overline{M}_1$ 和 $\overline{M}_2$ 图(见图 22.11(c)、(d)、(e))

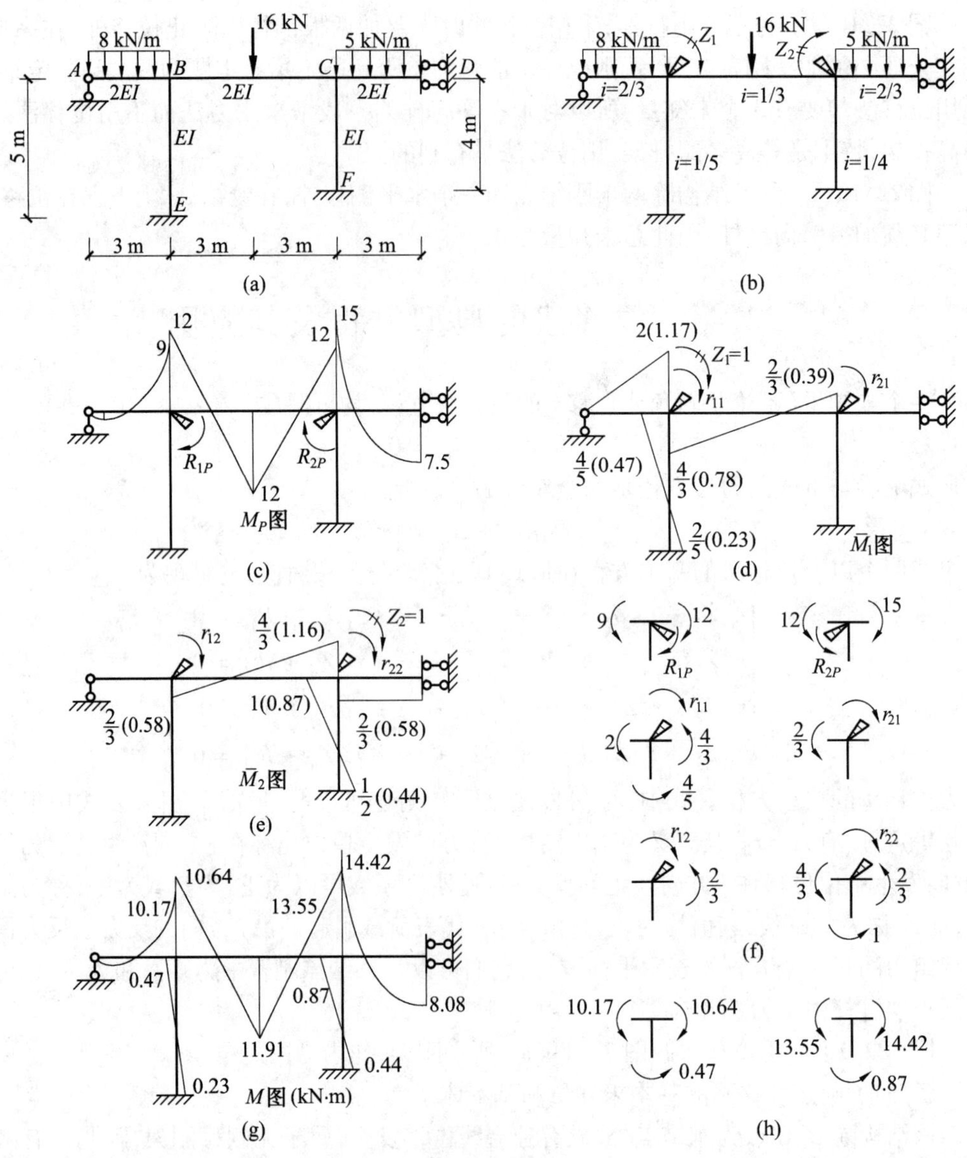

图 22.11

作这些弯矩图时,数据均取自表 22.1 的杆端弯矩和转角位移方程的结论。在绘制$\overline{M}_1$图时,刚臂 1 转动单位角时,刚臂 2 是不动的,所以刚臂 2 中要产生反力矩 r_{21};而在绘制$\overline{M}_2$图时,刚臂 2 转动单位角时,刚臂 1 是不动的,所以刚臂 1 中要产生反力矩 r_{12}。这两方面是与一个未知量时有所不同。

(5) 求系数和自由项的值

为此都是要取结点力矩平衡(见图 22.11(f)),通过平衡,可以得到:

$$R_{1P} = 9 - 12 = -3, \quad R_{2P} = 12 - 15 = -3$$

$$r_{11} = 2 + \frac{4}{5} + \frac{4}{3} = \frac{62}{15}, \quad r_{12} = r_{21} = \frac{2}{3}, \quad r_{22} = \frac{4}{3} + 1 + \frac{2}{3} = 3$$

(6) 组成位移法方程并求基本未知量

将上述结果代入位移法方程,有

$$\begin{cases}\dfrac{62}{15}Z_1 + \dfrac{2}{3}Z_2 - 3 = 0 \\ \dfrac{2}{3}Z_1 + 3Z_2 - 3 = 0\end{cases}$$

解之得

$$Z_1 = 0.586,\quad Z_2 = 0.870$$

(7) 作最后弯矩图

将$\overline{M}_1$与$\overline{M}_2$分别乘以Z_1与Z_2(图22.11(d)、(e)中括弧内的数字),最后将M_P、$\overline{M}_1Z_1$与$\overline{M}_2Z_2$叠加得到图22.11(g)所示的最后M图。检查结点是否平衡(见图22.11(h)),有

$$10.64 - 10.17 - 0.47 = 0$$

$$14.42 - 13.55 - 0.87 = 0$$

(8) 根据弯矩图作剪力图

以BC杆为例(图22.12(a)),由荷载16 kN引起的剪力左端为8 kN,右端为 - 8 kN,由两端弯矩引起的剪力左右两端均为 - 0.485 kN,故BC杆左端剪力为(8 - 0.485)kN = 7.515 kN,右端剪力为(- 8 - 0.485)kN =- 8.485 kN,其余类似,F_S图示于图22.12(b)中。

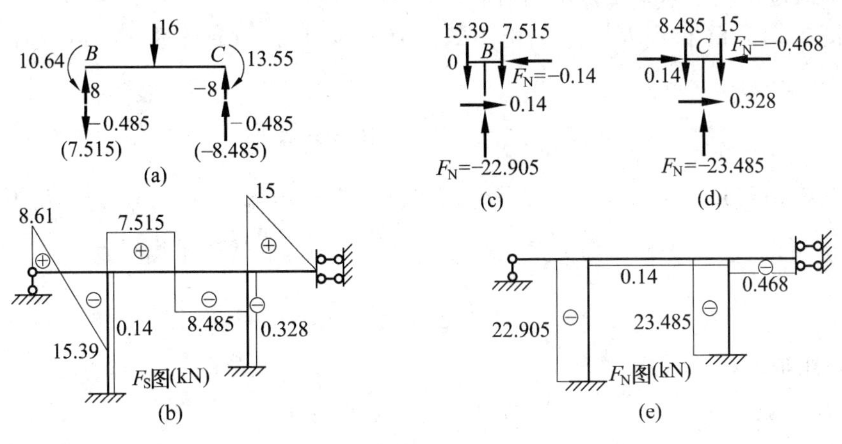

图22.12

9. 根据剪力图作轴力图

取结点B为隔离体,研究杆端力的平衡(不计力矩),根据剪力图将各杆端剪力绘出,如图22.12(c)所示。已知AB梁无轴力(取A点平衡可看出),根据平衡条件可算出BC杆轴力F_N =- 0.14 kN,BE杆轴力F_N =- 22.905 kN,将此结果移至C结点,再通过平衡条件可算得CD杆轴力F_N =- 0.468 kN,而CF杆轴力为F_N =- 23.485 kN。轴力图示于图22.12(e)中。

最后可验算A、E、F三个支座总的垂直反力为

$$(8.61 + 22.905 + 23.485)\text{kN} = 55\ \text{kN}$$

竖向总荷载为

$$(16+8\times3+5\times3)\text{kN}=55\ \text{kN}$$

完全平衡。

【例 22.2】 用位移法解图 22.13 所示的刚架,作最终弯矩图。

解:本题为超静定结构,但伸出端 EA 属于静定体系,这部分可以不必单独处理。按位移法解此题。

(1) 取基本体系确定基本未知量

本题有一个转角和一个独立侧移,设转角为 Z_1、侧移为 Z_2,基本体系示于图22.13(b)中。

(2) 建立位移法方程

$$\begin{cases}r_{11}Z_1+r_{12}Z_2+R_{1P}=0\\r_{21}Z_1+r_{22}Z_2+R_{2P}=0\end{cases}$$

(3) 作 M_P、$\overline{M}_1$、$\overline{M}_2$ 图

悬臂部分按静定梁作 M 图。当刚臂转动时链杆不发生位移,而链杆移动时,刚臂不发生转动,根据表 22.1 和转角位移方程结论可作出这些弯矩图(图 22.13(c)、(d)、(e)),其数字均标于图中。注意:当刚臂转动时悬臂端是不产生弯矩的,因为它可以自由转动。

(4) 通过结点或横梁平衡求出所有系数和自由项

由图 22.13(f) 得到 $R_{1P}=40$,由图 22.13(g) 得 $R_{2P}=15$,此处 15 为 CD 柱 C 端固端剪力

$$F_S=\frac{3}{8}ql=\frac{3}{8}\times10\times4=15$$

由图 22.13(h) 得 $r_{11}=10$,由图 22.13(i) 得 $r_{12}=r_{21}=-1.5$(反力互等)。由图 22.13(j) 可得 r_{22},图中柱端剪力是由$\overline{M}_2$ 图中得到的,因此通过平衡得到

$$r_{22}=\frac{3}{4}+\frac{3}{16}=\frac{15}{16}$$

(5) 组成方程并求解

$$\begin{cases}10Z_1-1.5Z_2+40=0\\-1.5Z_1+\dfrac{15}{16}Z_2+15=0\end{cases}$$

解之得到

$$Z_1=-8.42,Z_2=-29.47$$

(6) 将$\overline{M}_1$ 与$\overline{M}_2$ 图扩大(图 22.13(d)、(e) 中括弧值)

由于 Z_1 与 Z_2 均为负值故弯矩应变换方向。最后叠加可得原结构的弯矩图(图 22.13(k))。

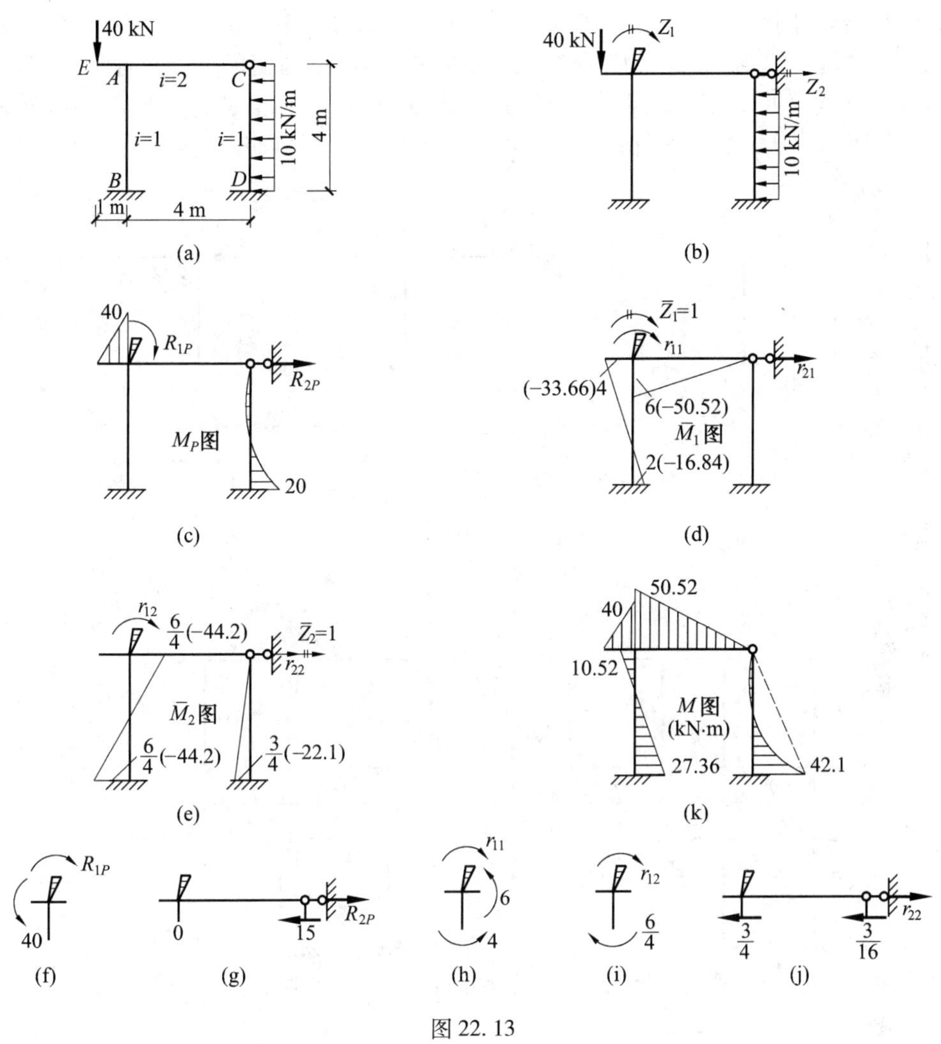

图 22. 13

22.5　对称性的利用　半刚架法

力法中对于对称结构,通过选取对称的基本结构,并考虑荷载的对称与反对称,可使多余未知力得到简化。对于对称结构,当荷载为对称时结构变形必为对称,而荷载为反对称时结构变形也必为反对称,考虑这些特点可以取半跨结构进行研究,以达到简化的目的。

图 22. 14(a) 所示刚架,由于结构对称荷载对称,所以结构将发生对称变形,这意味着结构将不会有侧移发生,同时中间刚结点转角必为零,加上柱长不变,因此中间刚结点形成一个完全的固定端,这时两侧刚结点的转角绝对值又应相等,故此时只要取图 22. 14(a) 所示半刚架计算就可代替原刚架,而另一侧则按对称性处理即可。

图 22. 14(b) 所示刚架,仍属于对称结构对称荷载,因此变形也是对称的,仅跨中无柱支承所以可自由位移,但跨中截面不能有转角存在,且横梁不会有水平侧移,故此时可用

定向支座代替右侧对左侧的作用,半刚架示于图 22.14(b) 中。从力法对称性考虑,此处恰好剪力为零。图 22.14(c) 为对称刚架受反对称荷载,结构变形呈反对称形式,其特点是,横梁中点截面可以发生转动,但挠度必须为零,这恰好相当链杆支座。半刚架取图 22.14(c) 所示。从力法反对称性考虑该刚架横梁中点弯矩与轴力均应为零,也与链杆支座完全符合。

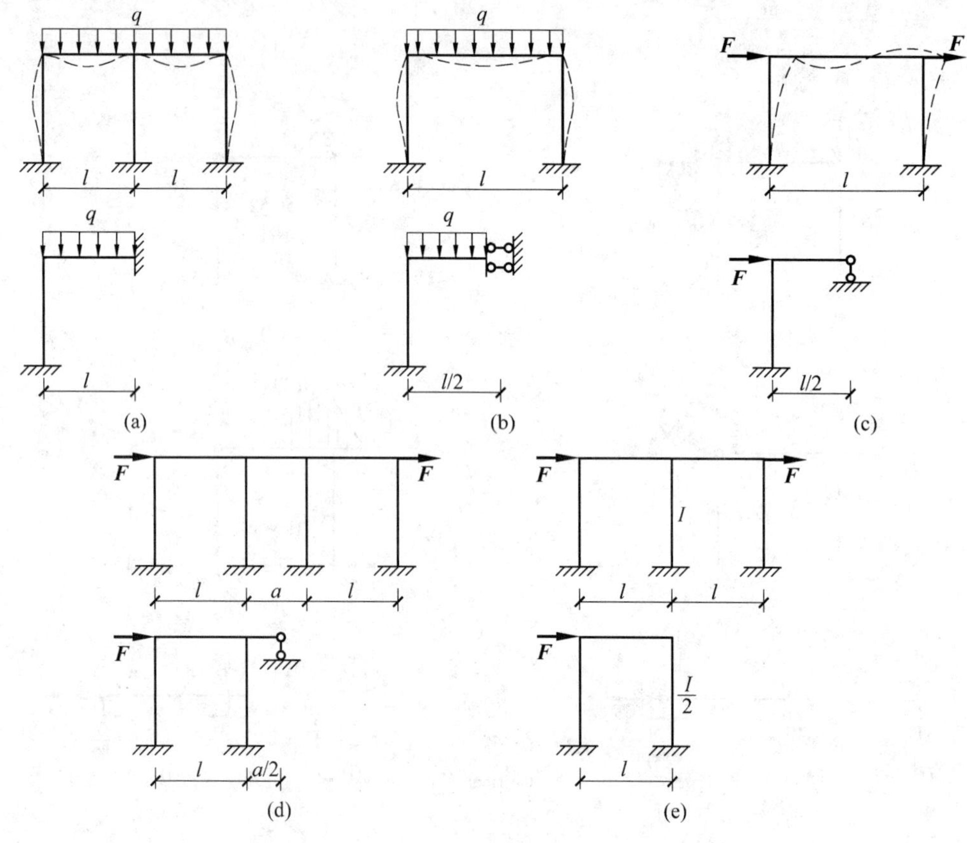

图 22.14

图22.14(d) 所示三跨对称刚架受反对称荷载作用,按上述原理其半刚架应取成如图所示形状。现在进一步考查,若此三跨刚架的中跨跨度 a 值逐渐减小而趋于零时,其半刚架的链杆支座将无限靠近中间柱,仅对该柱的轴力有影响。这时整体结构将与图 22.14(e) 所示结构等价,因此图 22.14(e) 所示结构的半刚架应取成图中所示无链杆的半刚架,但中柱的惯性矩应为原结构 I 的1/2(注意:按此法算出的半刚架 $\frac{I}{2}$ 柱的轴力将不等于零,但将两个半刚架合并时轴力总和仍为零,然而 $\frac{I}{2}$ 柱的弯矩合并时应为 2 倍)。

在取半刚架的过程中,图 22.14(c) 所示结构的半刚架,由于右端为竖向链杆支座,尽管刚架为超静定结构,但柱的剪力(在荷载作用下) 却是静定的,即 $F_{S柱}=P$。根据这一特点,在用位移法求解此类刚架时可以得到简化。图 22.15(a) 所示结构横梁线刚度为 i_2,柱线刚度为 i_1,根据对称性,其半刚架如图 22.15(b) 所示,此时横梁线刚度由于跨度减小一倍而变成 $2i_2$。该半刚架按位移法求解本应有两个未知量,考虑柱为剪力静定杆,现在只在刚结点处加一刚臂阻止转动，但不阻止移动（等于加一定向支承），基本体系如图 22.15(c) 所示。首先在基本结构上加荷载 $\boldsymbol{F}$，柱的上端虽然不能转动，但水平位移不受限制，柱中剪力仍为 $\boldsymbol{F}$，其变形图示于图 22.15(d) 中，M_P 图绘于图 22.15(e) 中，杆端弯矩是根据表 22.1 中有关定向支座处查出的，根据结点平衡有

$$R_{1P} = -\frac{Fh}{2}$$

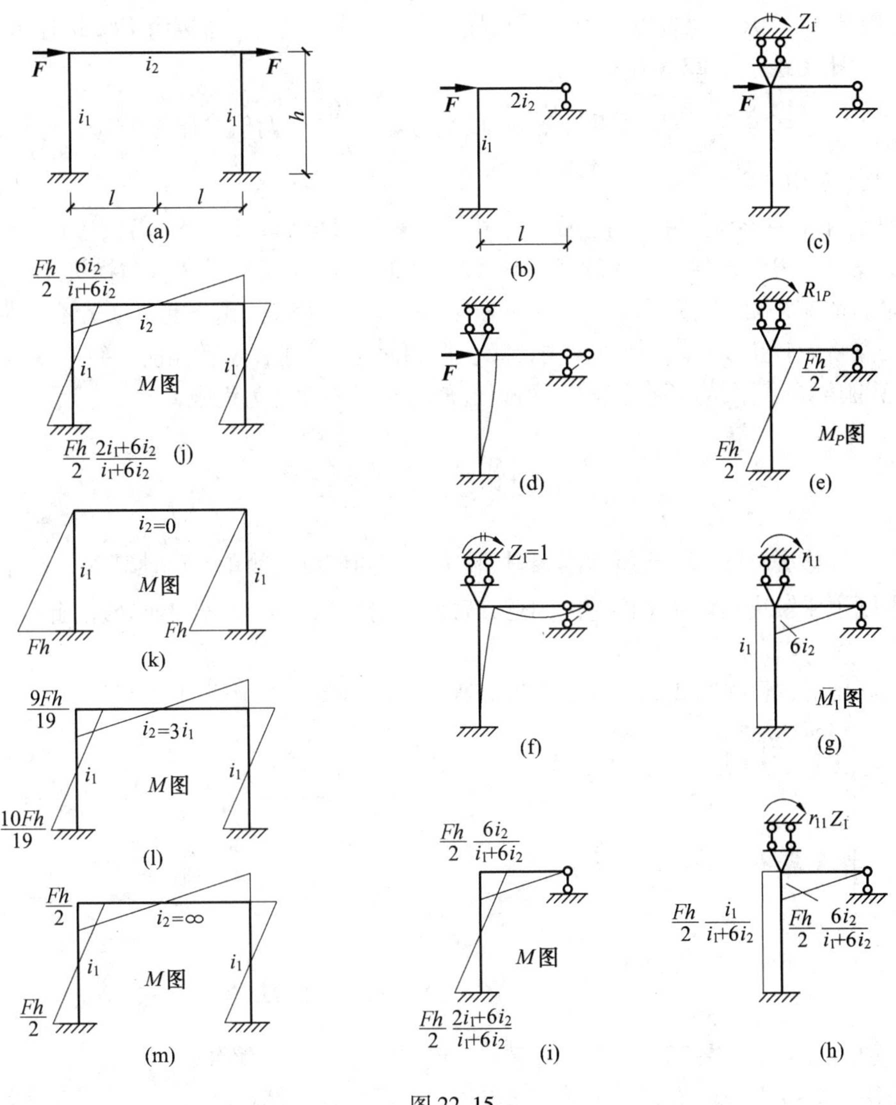

图 22.15

刚臂发生单位转角时由于柱端水平位移不受限制，此时柱中无剪力存在，其变形图示于图 22.15(f) 中，相应的 $\overline{M}_1$ 图示于图 22.15(g) 中。利用结点平衡，有

$$r_{11} = i_1 + 6i_2$$

代入位移法方程，解出

$$Z_1=-\frac{-\dfrac{Fh}{2}}{i_1+6i_2}=\frac{1}{i_1+6i_2}\frac{Fh}{2}$$

将$\overline{M}_1$扩大Z_1倍(见图22.15(h)),与M_P叠加,得最后弯矩图(见图22.15(i))。通过计算不难得到柱中剪力仍为F值。原整体结构的弯矩图绘于图22.15(j)中。根据此弯矩图的结果可以分析梁柱线刚度i_2与i_1之比对弯矩图的影响。

(1)当$i_2=0$(横梁抗弯能力为零),柱顶弯矩为零,而柱底弯矩为Fh,此时和悬臂柱相同。弯矩图绘于图22.15(k)中。

(2)当$i_2=3i_1$时,柱顶弯矩为$\frac{9}{19}Fh$,柱底弯矩为$\frac{10}{19}Fh$,两值之比为9/10。弯矩图绘于图22.15(l)中。

(3)当$i_2\to\infty$时,柱顶与柱底弯矩相等。弯矩图绘于图22.15(m)中。

上述分析表明,只要横梁线刚度为柱线刚度的3倍,从弯矩图考查与横梁线刚度为无限大时的情况并无多大差别。一般说来横梁刚度为无限大时,由于此时横梁不弯曲,故相邻刚结点将无转角发生,显然位移法计算会得到简化。因此,今后凡横梁线刚度$i_2\geqslant 3i_1$时,计算刚架在水平结点荷载作用下可以近似将横梁刚度视为无限大。

习题课选题指导

1. 用位移法解图22.16所示刚架时,基本结构如何取最简单?试计算R_{1P}的值。

本题主要解决加设几个刚臂的问题,若加一个刚臂,静定部分如何处理,此时注意力偶对R_{1P}的影响。

2. 利用对称性作图22.17所示刚架的弯矩图。本题可连续使用对称性。

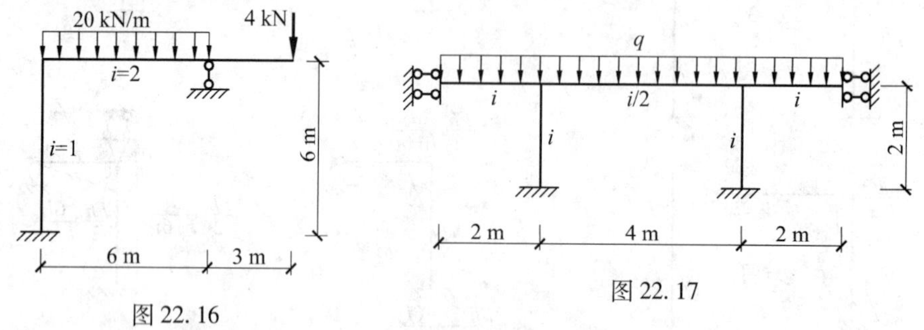

图22.16

图22.17

3. 利用对称性解图22.18所示刚架。解本题时注意双向对称。

4. 用最简单方法求图22.19所示刚架的弯矩图,结构对称。

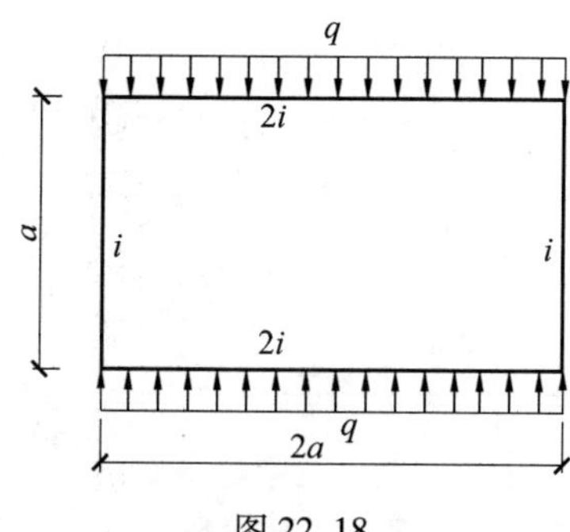

图 22. 18

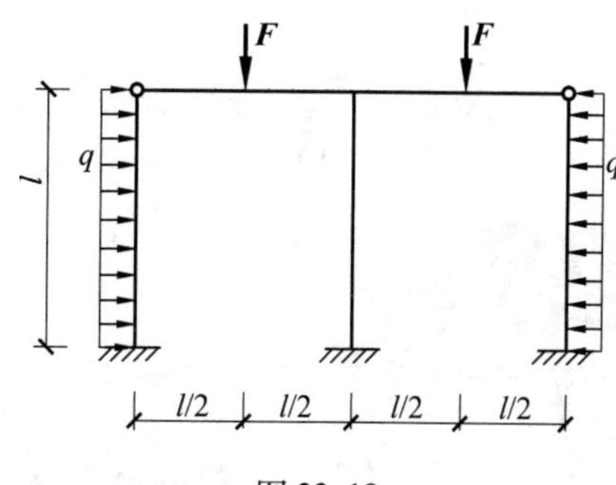

图 22. 19

5. 用位移法解图 22. 20 所示双层刚架。求解本题时，注意刚度系数的求法，还要注意两根链杆间的位移关系。本题能否直接利用图 22. 15(m) 的结果？

6. 结构如果发生支座移动如何用位移法解刚架。研究图 22. 21 所示刚架的 R_{1c} 值的确定。注意基本结构发生图示支座移动时，柱子是不变形的。

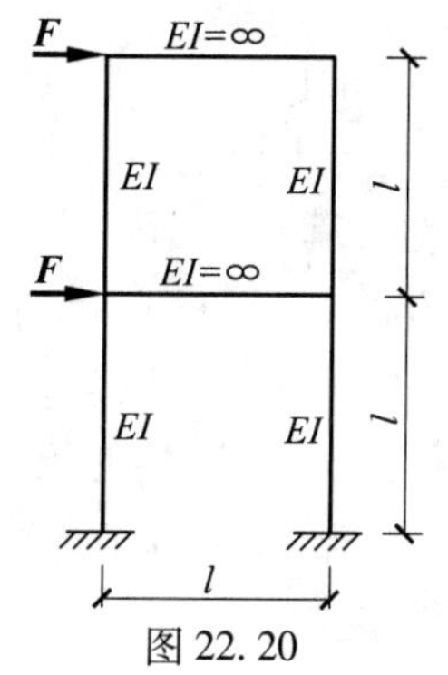

图 22. 20

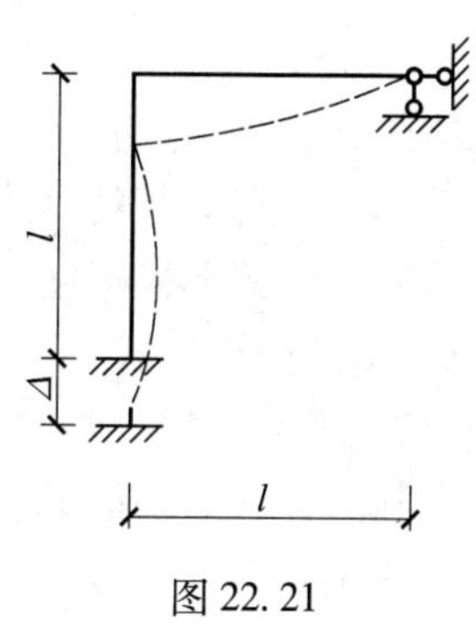

图 22. 21

第23章

多高层结构内力分析的手算实用法

力法与位移法是求解超静定结构的基本方法。但是对于多高层结构即使采用位移法也会导致求解含有大量未知数的线性方程组。在计算机出现以前,各种渐近法与近似法相继出现,其最主要特点就是避免直接求解大量的线性方程组。渐近法一般不作力学上的简化,而仅是从数学求解上采用逐步逼近精确解的方法。近似法一般都对力学模型或结构变形特点作一定的简化处理,从而可以很快得到所需的内力,或经过求解较少的方程组而得到有用的结果。并且将这些结果制成表格以便设计人员直接使用。这些方法一般都具有物理概念明确,计算方法简单,便于上手操作等特点,直到电子计算机高度发展的今天,熟悉这些方法仍然是结构设计人员必须掌握的基本功。

多高层结构特别是框架体系,在竖向荷载(包括荷载与活载)作用下,由于水平侧移一般均较小,往往略去不计,这时采用力矩分配法作弯矩图是比较有效的。当活荷载较大时,可采用分层法计算。对于在风荷载与地震力(水平)作用下的内力计算,目前多采用 D 值法,更粗略的计算是反弯点法。框 – 剪结构的最基本手算方法是铰结体系链杆连续化的常微分方程解法。

上述几种基本方法是本章介绍的重点。

23.1 力矩分配法

力矩分配法是一种渐近法,它是由位移法引申出来的。当仅有一个未知量时,它与位移法的原理完全一致,但计算程序上要比位移法简单的多。当出现两个或两个以上未知量时,两种方法从概念上和作法上开始呈现不同,位移法是通过解联立方程组一次得到准确解。而力矩分配法是通过无穷多次逐步接近的方法达到准确解(理论上是无穷多次,但实际操作往往只要两次即可)。

23.1.1 力矩分配法的基本概念

首先通过复习位移法来引申出力矩分配法的基本概念和专用符号(先给符号,最后

说明)。图 23.1(a) 所示结构基本未知量为转角 Z_1,采用位移法求解的主要结论如下:

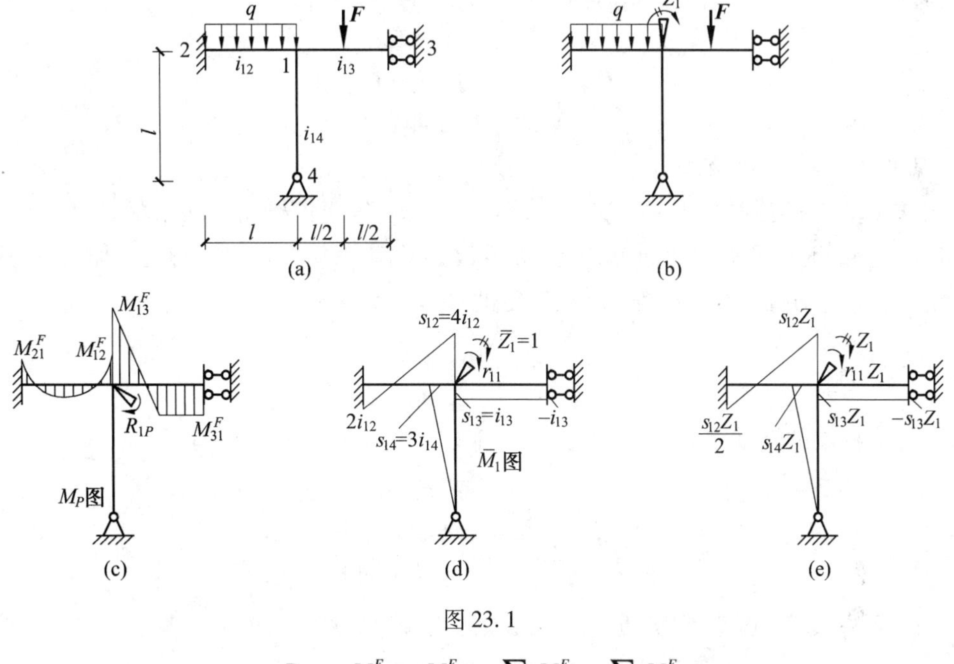

图 23.1

$$R_{1P} = M_{12}^F + M_{13}^F = \sum M_{1j}^F = \sum M_1^F$$

$$r_{11} = 4i_{12} + i_{13} + 3i_{14} = s_{12} + s_{13} + s_{14} = \sum s_{1j}$$

$$Z_1 = -\frac{R_{1P}}{r_{11}} = -\frac{\sum M_1^F}{\sum s_{1j}}$$

$$M = M_P + Z_1\overline{M}_1$$

对于 1 点相邻三个近端,有

$$M_{12} = M_{12}^F + Z_1 4i_{12} = M_{12}^F + \frac{s_{12}}{\sum s_{1j}}(-M_1^F) = M_{12}^F + \mu_{12}(-M_1^F) = M_{12}^F + M_{12}^{\mu}$$

$$M_{13} = M_{13}^F + Z_1 i_{13} = M_{13}^F + \frac{s_{13}}{\sum s_{1j}}(-M_1^F) = M_{13}^F + \mu_{13}(-M_1^F) = M_{13}^F + M_{13}^{\mu}$$

$$M_{14} = M_{14}^F + Z_1 3i_{14} = M_{14}^F + \frac{s_{14}}{\sum s_{1j}}(-M_1^F) = M_{14}^F + \mu_{14}(-M_1^F) = M_{14}^F + M_{14}^{\mu}$$

通式

$$M_{1k} = M_{1k}^F + \mu_{1k}(-M_1^F) = M_{1k}^F + M_{1k}^{\mu} \tag{23.1}$$

与 1 点相连的 3 个远端,有

$$M_{21} = M_{21}^F + \frac{s_{12}Z_1}{2} = M_{21}^F + \frac{1}{2}\frac{s_{12}}{\sum s_{1j}}(-M_1^F) = M_{21}^F + \frac{1}{2}M_{12}^{\mu} = M_{21}^F + M_{21}^C$$

$$M_{31} = M_{31}^F - s_{13}Z_1 = M_{31}^F - \frac{s_{13}}{\sum s_{1j}}(-M_1^F) = M_{31}^F - M_{13}^{\mu} = M_{31}^F + M_{31}^C$$

$$M_{41} = 0$$

通式
$$M_{k1} = M_{k1}^{F} + CM_{1k}^{\mu} = M_{k1}^{F} + M_{k1}^{C} \tag{23.2}$$

$$C = \begin{cases} 1/2 & \text{(远端固定)} \\ -1 & \text{(远端定向)} \\ 0 & \text{(远端铰结)} \end{cases} \tag{23.3}$$

现在将上述结果归纳如下:

由式(23.1)得到,与刚臂相连各杆近端弯矩 M_{1k} 等于该杆端的固端弯矩 M_{1k}^{F} 与分配弯矩 M_{1k}^{μ} 之和;而所谓分配弯矩 M_{1k}^{μ} 是分配系数 μ_{1k} 与不平衡弯矩 M_{1}^{F} 乘积,并加以负号(称为反号分配)。分配系数 μ_{1k} 是由下式决定的

$$\mu_{1k} = \frac{s_{1k}}{\sum s_{1j}} \tag{23.4}$$

式中,s_{1k} 为杆端的转动刚度,转动刚度视远端支承的不同而不一样,有

$$s_{1k} = \begin{cases} 4i_{1k} & \text{(远端固定)} \\ 3i_{1k} & \text{(远端铰结)} \\ i_{1k} & \text{(远端定向)} \end{cases} \tag{23.5}$$

所谓不平衡弯矩 M_{1}^{F},它实质就是1结点的固端弯矩总和,即

$$M_{1}^{F} = \sum M_{1j}^{F}$$

由式(23.2)可以得到,远端弯矩 M_{k1} 等于该端固端弯矩与传递弯矩 M_{k1}^{C} 之和,所谓传递弯矩即传递系数 C 与分配弯矩 M_{1k}^{μ} 的乘积,它体现了近端得到分配弯矩之后传到远端的一部分弯矩,传递系数 C 视远端支承情况的不同按式(23.3)选用。

一旦杆的近端弯矩与杆的远端弯矩得到以后,利用弯矩图的区段叠加原理,即可得到该杆件的弯矩图,每根杆件都如此处理,便可得到结构的弯矩图。

从物理概念上讲,上述分析相当于两个过程,一闭与一松,闭相当于加上刚臂,此时各杆端出现固端弯矩,然后一松,相当于将刚臂转 Z_1 角,此时近端各得一分配弯矩,远端得一传递弯矩,固端弯矩与分配弯矩或传递弯矩之和即为杆端弯矩。

从计算程序上讲,可以抛弃位移法的整个过程,既不要绘图也不要求解方程,而是首先计算分配系数 μ 和固端弯矩 M^{F},然后求不平衡弯矩并反号分配到各杆近端,将分配弯矩传递到各对应的远端,再将杆端前后所得到的弯矩取代数和即为该杆端总弯矩,最后通过区段叠加得弯矩图。

力矩分配法是林同炎于1933年(21岁)在美国攻读硕士学位时创造的计算方法,发表的硕士论文"A Direct Method of Moment Distribution",轰动了美国建筑界,被命名为"林氏法"。

【例23.1】 用力矩分配法作图23.2所示刚架的弯矩图。

(1)计算分配系数

$$\mu_{AB} = \frac{s_{AB}}{\sum s_{Aj}} = \frac{4i_{AB}}{4i_{AB} + 3i_{AC} + 4i_{AD}} = \frac{4 \times 2}{4 \times 2 + 3 \times 3 + 4 \times 1} = 0.38$$

$$\mu_{AC}=\frac{3\times3}{4\times2+3\times3+4\times1}=0.43$$

$$\mu_{AD}=\frac{4\times1}{4\times2+3\times3+4\times1}=0.19$$

（2）计算固端弯矩

$$M_{AB}^{F}/(\mathrm{kN\cdot m})=\frac{Pl}{8}=\frac{100\times6}{8}=75,\quad M_{BA}^{F}=-75\ \mathrm{kN\cdot m}$$

$$M_{AC}^{F}/(\mathrm{kN\cdot m})=-\frac{ql^{2}}{8}=-\frac{30\times4^{2}}{8}=-60,\quad M_{CA}^{F}=0$$

$$M_{AD}^{F}=M_{DA}^{F}=0$$

（3）将分配系数与固端弯矩分别填入图23.2(c)中。

（4）求A点不平衡弯矩，并反号分配于各相邻杆端（见图23.2(c)）。

$$M_{A}^{F}/(\mathrm{kN\cdot m})=\sum M_{Aj}^{F}=75-60=15$$

$$M_{AB}^{\mu}/(\mathrm{kN\cdot m})=0.38\times(-15)=-5.7$$

$$M_{AC}^{\mu}/(\mathrm{kN\cdot m})=0.43\times(-15)=-6.4$$

$$M_{AD}^{\mu}/(\mathrm{kN\cdot m})=0.19\times(-15)=-2.9$$

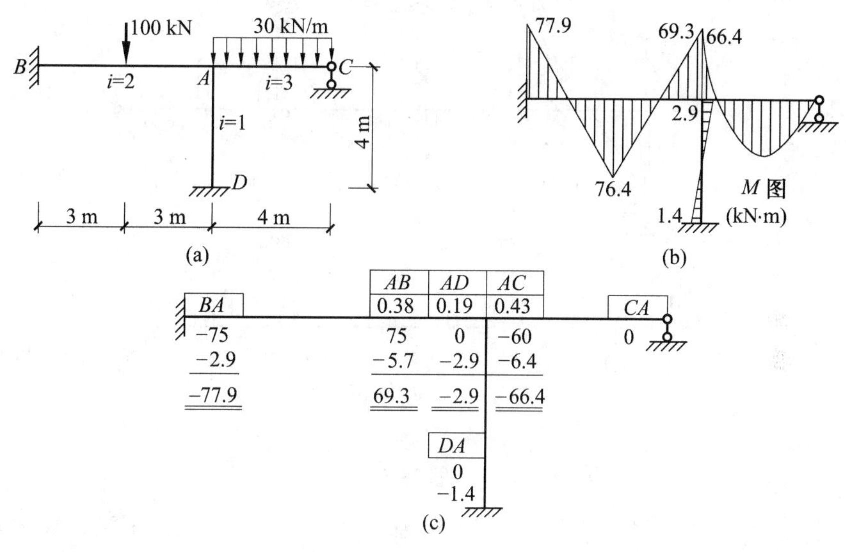

图23.2

（5）将分配弯矩传递到各自的远端（见图23.2(c)）。

$$M_{BA}^{C}=\frac{1}{2}M_{AB}^{\mu}=-5.7/2=-2.9$$

$$M_{DA}^{C}=\frac{1}{2}M_{AD}^{\mu}=-2.9/2=-1.4$$

$$M_{CA}^{C}=0$$

（6）将各杆端固端弯矩与分配弯矩或传递弯矩取代数和，即得到各杆端总弯矩。按位移法弯矩符号规定将所得杆端总弯矩绘于图23.2(b)中，并按区段叠加可得最后弯矩图。

上述全部过程完全可在图 23.2(c) 与(b) 中进行,因此力矩分配法是一种很简捷的方法。

23.1.2 力矩分配法解连续梁

【例 23.2】 用力矩分配法作图 23.3 所示连续梁的弯矩图,并求出各支座的反力。

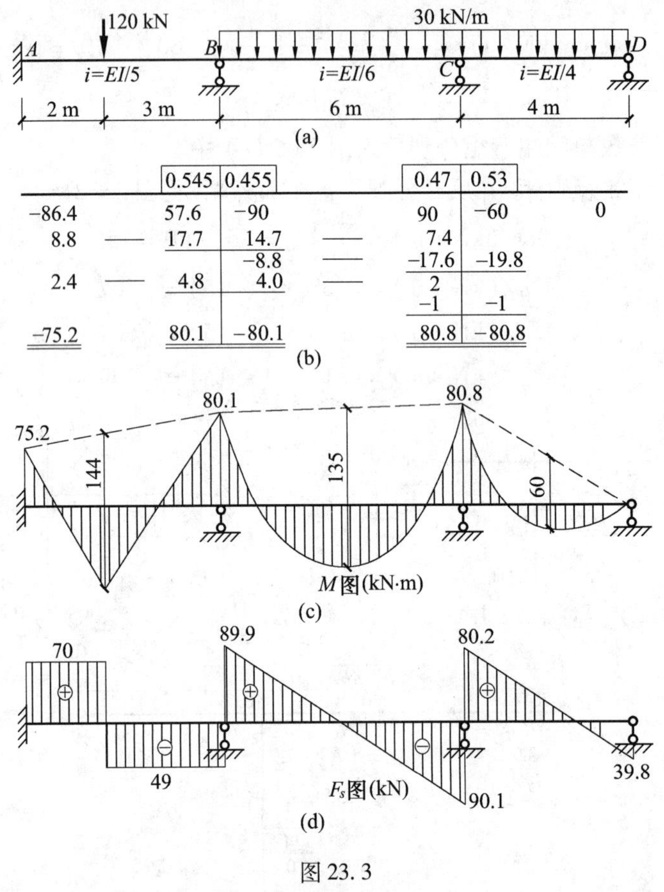

图 23.3

解:本题有两个刚结点,按位移法计算需加两个刚臂,用力矩分配法计算时就需要在 B、C 两处进行分配,当 B 点刚臂松动时(B 点进行力矩分配),C 点刚臂必须起到阻止转动的作用,而 C 点松动时(C 点进行力矩分配),B 点又重新固定不动。只有这样,力矩分配法的原则才能一直进行下去,正是由于遵循这一原则,传递弯矩将始终存在,从理论上讲这将是一个无限循环的过程,但从实用角度出发,各结点进行两轮分配后其结果基本上就可以满足工程需要,当最后一轮分配完毕后就不要再进行传递。

(1) 计算分配系数

由于梁的 EI 相同,但各梁跨度不同,因此各梁线刚度不同,计算时可略去 EI,则

$$\mu_{BA}=\frac{4\times\frac{1}{5}}{4\times\frac{1}{5}+4\times\frac{1}{6}}=0.545,\qquad \mu_{BC}=\frac{4\times\frac{1}{6}}{4\times\frac{1}{5}+4\times\frac{1}{6}}=0.455$$

$$\mu_{CB}=\frac{4\times\frac{1}{6}}{4\times\frac{1}{6}+3\times\frac{1}{4}}=0.47,\qquad \mu_{CD}=\frac{3\times\frac{1}{4}}{4\times\frac{1}{6}+3\times\frac{1}{4}}=0.53$$

(2) 计算固端弯矩

$$M_{AB}^{F}/(\text{kN}\cdot\text{m})=-\frac{Pab^2}{l^2}=-\frac{120\times2\times3^2}{5^2}=-86.4$$

$$M_{BA}^{F}/(\text{kN}\cdot\text{m})=\frac{Pa^2b}{l^2}=\frac{120\times2^2\times3}{5^2}=57.6$$

$$M_{BC}^{F}/(\text{kN}\cdot\text{m})=-\frac{ql^2}{12}=-\frac{30\times6^2}{12}=-90$$

$$M_{CB}^{F}=90\ \text{kN}\cdot\text{m}$$

$$M_{CD}^{F}/(\text{kN}\cdot\text{m})=-\frac{30\times4^2}{8}=-60$$

$$M_{DC}^{F}=0$$

(3) 分配与传递

B、C 点分配时由哪一点开始都可以，但为了使收敛加快，一般由不平衡弯矩绝对值较大者开始，本例中可自 B 点开始，然后 C 点再分配，过程见图23.3(b)。当 B 结点第一轮分配后，传给 C 点7.4 kN·m 的一个弯矩，此时 C 点的不平衡弯矩应为(90 − 60 + 7.4)kN·m = 37.4 kN·m，然后再分配，当传给 B 点 −8.8 kN·m 的力矩后，此值即为 B 点新的不平衡弯矩，需将它重新分配，到这时 B 点已分配两轮，传递 C 点2 kN·m 后，C 点作最后一次分配，至此分配传递工作即认为结束，不要再继续传给 B 点。从分配数值的大小看到，此时已在1 kN·m 以下，误差在1% ~ 2% 左右。从工程实用角度看是可行的。

(4) 作 M 图与 F_S 图

最后将每一杆端弯矩汇总，即可得到杆端最终弯矩，弯矩图示于图23.3(c)中，根据弯矩与荷载可作剪力图(见图23.3(d))。根据支座结点竖向平衡，可求得各支座反力。

本题竖向支座反力自左向右分别为71 kN、138.9 kN、170.3 kN、39.8 kN，总和为420 kN 与竖向荷载平衡。

【例23.3】 用力矩分配法解图23.4所示连续梁，作弯矩图。

解：本题主要解决带伸出端和结点含有集中力偶的连续梁如何使用力矩分配法。此处仅给出常用的简要方法，其他方法讨论略去。有关伸出端的处理可采用图23.4(b)的方式，将静定的伸出部分去掉代以集中力与集中力偶，集中力仅对支座 C 有影响对梁弯矩无影响，力偶可视为荷载，此时 C 端应视为铰结，计算分配系数

$$\mu_{BA}=\frac{4i}{4i+3i}=0.571,\quad \mu_{BC}=\frac{3i}{4i+3i}=0.429$$

计算固端弯矩时,除 C 截面应有正的杆端弯矩 20 kN · m 外,它将引起 B 右截面正的 20/2 kN · m = 10 kN · m 的固端弯矩。支座 B 上的集中力偶 40 kN · m 可作为力矩直接参加分配(顺时针方向不变号) 而不再记入固端弯矩内。本题计算 B 结点分配弯矩时,总和为(40 − 10)kN · m = 30 kN · m,分到 B 左截面 17.1 kN · m,分到 B 右截面 12.9 kN · m,传递后即得到各杆端弯矩,弯矩图示于图 23.4(d) 中。

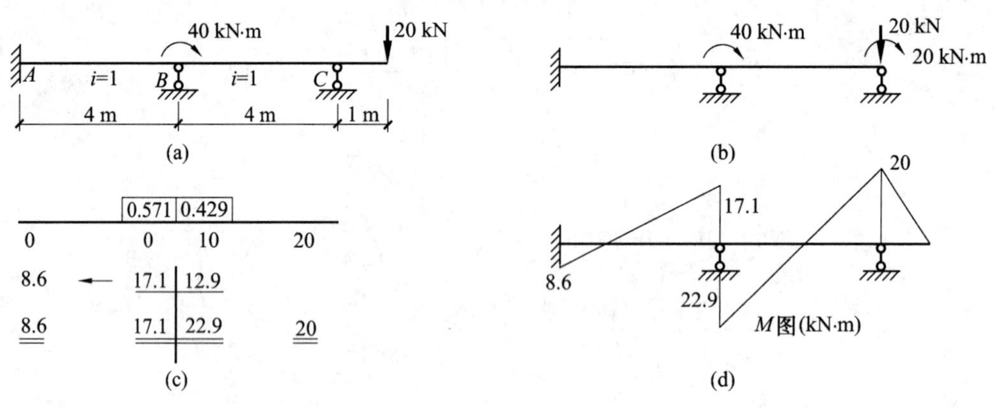

图 23.4

23.1.3　力矩分配法解多层多跨刚架

多层多跨刚架在竖向荷载作用下用力矩分配法求解是比较有效的,但由于刚结点很多,分配传递的过程很容易混乱,为此一般常采用同时分配,同时传递的程序,即分配时每一结点都作分配,当所有结点均分配完毕以后,再进行传递,各杆件又同时进行,全部传递结束后,再进行第二轮分配,并且到此为止,通过求和便可得到各杆端最后弯矩。

对于对称的多层多跨刚架在对称荷载作用下采用力矩分配法从理论上讲是正确的,但对于非对称荷载,这种计算只能是近似的。

【例 23.4】　用力矩分配法解图 23.5(a) 所示两层三跨刚架(圆圈中数字为相对线刚度)。

解:由于结构对称荷载对称,故取图 23.5(b) 所示半刚架进行计算,但中跨线刚度要乘 2 变为 0.64。

(1) 计算分配系数

以顶层为例

$$\mu_{A_3A_2}=\frac{4\times0.67}{4\times0.67+4\times1}=0.4,\quad \mu_{A_3B_3}=\frac{4\times1}{4\times0.67+4\times1}=0.6$$

$$\mu_{B_3A_3}=\frac{4\times1}{4\times1+4\times0.88+0.64}=0.49,\quad \mu_{B_3B_2}=\frac{4\times0.88}{4\times1+4\times0.88+0.64}=0.43$$

$$\mu_{B_3C_3}=\frac{0.64}{4\times1+4\times0.88+0.64}=0.08$$

其余结点同样计算,并将所得值标注于图 23.6(a) 的相应方格内。

(2) 计算固端弯矩

以 2 层为例

$$M^F_{A_2B_2}/(\text{kN}\cdot\text{m}) = -\frac{1}{12}\times 21.6\times 6.9^2 = -85.7,\quad M^F_{B_2A_2} = 85.7\ \text{kN}\cdot\text{m}$$

$$M^F_{B_2C_2}/(\text{kN}\cdot\text{m}) = -\frac{1}{3}\times 19.2\times 1.35^2 = -11.7$$

其余各层同样计算,并将所得值标注于分配系数的下方。

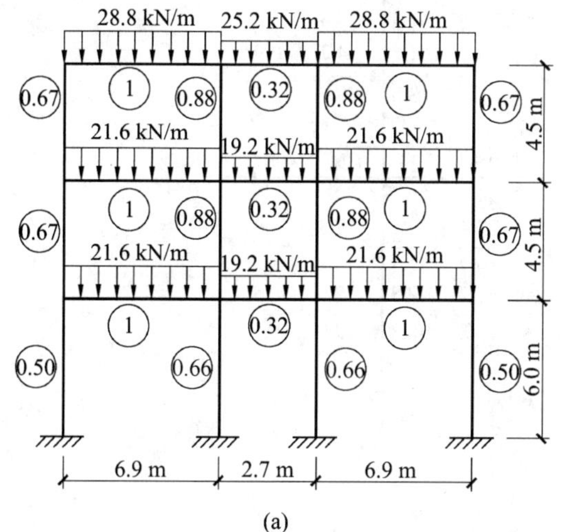

(a)

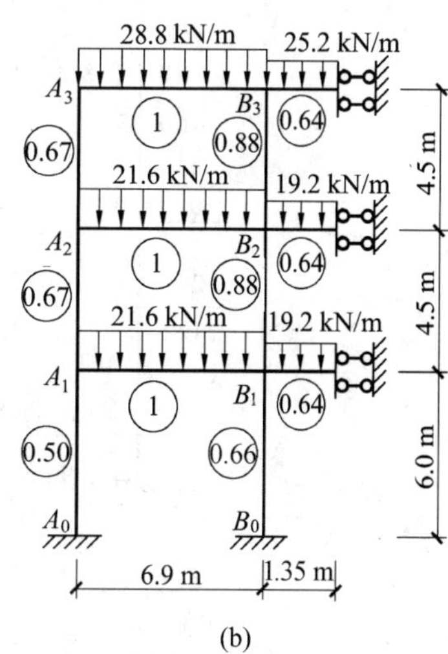

(b)

图 23.5

(3) 各结点同时分配

以 B_2 结点为例

$$M^{\mu}_{B_2A_2}/(\text{kN}\cdot\text{m}) = 0.34\times[-(85.7-11.7)] = -25.2$$

$$M^{\mu}_{B_2B_3}/(\text{kN}\cdot\text{m}) = M^{\mu}_{B_2B_1} = 0.3\times[-(85.7-11.7)] = -22.2$$

$$M^{\mu}_{B_2C_2}/(\text{kN}\cdot\text{m}) = 0.06\times[-(85.7-11.7)] = -4.4$$

(4) 各杆同时传递

以 A_3A_2 杆为例,A_3 端得到分配弯矩45.7 kN·m,传给 A_2 端为1/2 等于22.9 kN·m(图 23.6(a) 中的对应连线),同样 A_2 端得到分配弯矩24.9 kN·m 传给 A_3 端为12.5 kN·m。

(5) 进行完第二次分配后将各值前后总和即可得到各杆端弯矩。

根据所得结果绘弯矩图,见图 23.6(b)。

上柱	下柱	右梁	左梁	上柱	下柱	右梁
	0.40	0.60	0.49		0.43	0.08
		−114.3	114.3			−15.3
	45.7	68.6	−48.5		−42.6	−7.9
	12.5	−24.3	34.3		−11.1	
	4.7	7.1	−11.4		−10.0	−1.9
	62.9	−62.9	88.7		−63.7	−25.1
0.29	0.29	0.42	0.34	0.30	0.30	0.06
		−85.7	85.7			−11.7
24.9	24.9	35.9	−25.2	−22.2	−22.2	−4.4
22.9	13.3	−12.6	18.0	−21.3	−12.2	
−6.8	−6.8	−10.0	5.2	4.7	4.7	0.9
41.0	31.4	−72.4	83.7	−38.8	−29.7	−15.2
0.31	0.23	0.46	0.37	0.33	0.24	0.06
		−85.7	85.7			−11.7
26.6	19.7	39.4	−27.4	−24.4	−17.8	−4.4
12.5		−13.7	19.7	−11.1		
0.4	0.3	0.5	−3.2	−2.8	−2.1	−0.5
39.5	20.0	−59.5	74.8	−38.3	−19.9	−16.6
	10				−10	

(a)

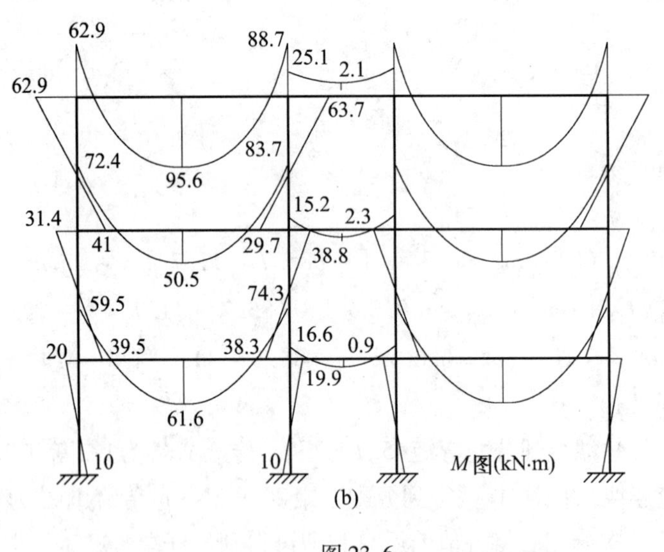

(b)

图 23.6

23.2　分层法

考查例 23.4 中各层柱力矩分配的关系，以 $A_3A_2A_1A_0$ 柱为例，当 A_3 点得到一分配力矩 45.7 kN · m 以后传给 A_2 结点 22.9 kN · m，该力矩在 A_2 再次分配后，给下柱力矩为 22.9 ×0.29 = 6.6 kN · m，此力矩传给 A_1 结点只有 3.3 kN · m，继续在 A_1 点分配，给 A_1 下

柱的分配力矩只有(3.3×0.23) kN·m = 0.76 kN·m，再传到A_0点仅剩0.38 kN·m。这虽然是一特例，但它具有普遍性。一般说来力矩隔层影响是很小的，基于这一点，分层法将原来多层刚架的每一层视为一个独立体系，如图23.7(b)所示，顶层横梁只联系顶层柱，而其余横梁则只联系上下两层柱，柱端均取为固定支座形式。由于各柱端（除底层外）实际为弹性支承，因此采用固定端后等于加大了柱的刚度，为此分层法规定，凡弹性支承视为固定端的所有柱，均将其线刚度i乘以0.9，变为$0.9i$，与之相应的传递系数不能再取$C=\frac{1}{2}$，而应取$C=\frac{1}{3}$。其原理简述如下：

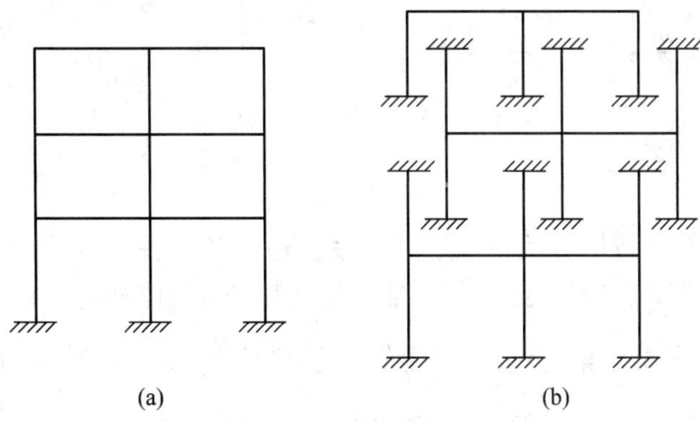

图 23.7

图23.8(a)取成远端固定，柱为$0.9i$，此时上部转单位角时，其相应力矩为$3.6i$，保持这一状态（单位角和$3.6i$的力矩），但远端实际为弹性支承（可以转动），并且柱的实际线刚度应为i（见图23.8(b)），此时远端弯矩属于未知。现在取23.8(c)、(d)两图状态相加得到图23.8(e)状态，实质上图23.8(e)就相当于图23.8(b)（满足上部单位角和$3.6i$力矩以及柱线刚度为i和远端弹性支承），由图23.8(e)中看到远端弯矩与近端弯矩之比$C=\frac{1.2i}{3.6i}=\frac{1}{3}$。

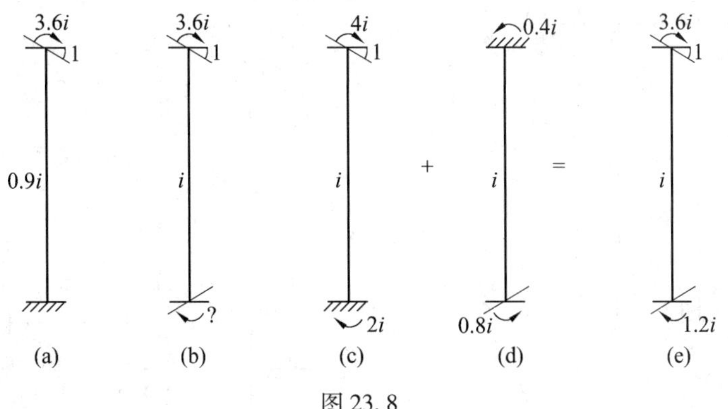

图 23.8

分层法中各独立结构一般可按力矩分配法去求解，解完后，各独立结构横梁的弯矩即为原结构该层梁的弯矩，但由于一层以上各柱均使用了两次，故柱的弯矩应为两者之和。这样做的结果一般都会使梁柱相交结点力矩不再平衡，如差值很大可再进行一次分配。

【**例 23.5**】 用分层法解图 23.9(a) 所示刚架,取 $i_b=3i_z$。

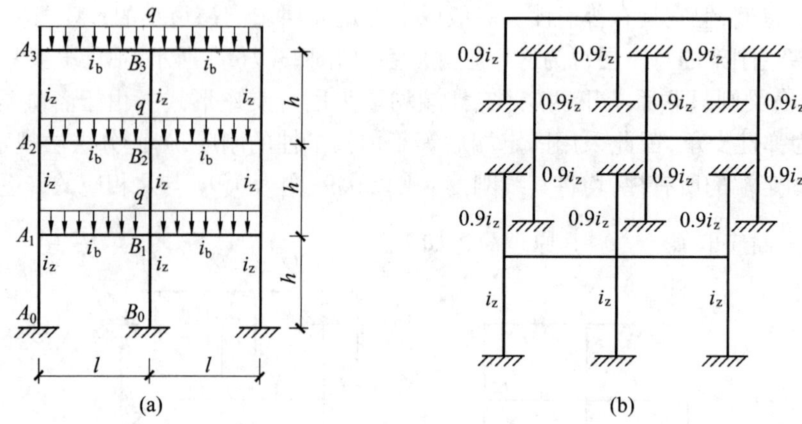

图 23.9

解:按分层法将此结构分为 3 个独立体系,相应各层柱的线刚度要乘 0.9(底层除外)。由于结构对称荷载对称,因此每一独立体系都可取半刚架进行计算。图 23.10 给出了用力矩分配法解各层刚架的过程,其中固端弯矩 $M_0=\dfrac{ql^2}{12}$,由于每个单层体系都仅有一个刚结点,故只分配一次即可,柱的弯矩在传递中取 1/3,只有底层传递为 1/2。最后弯矩

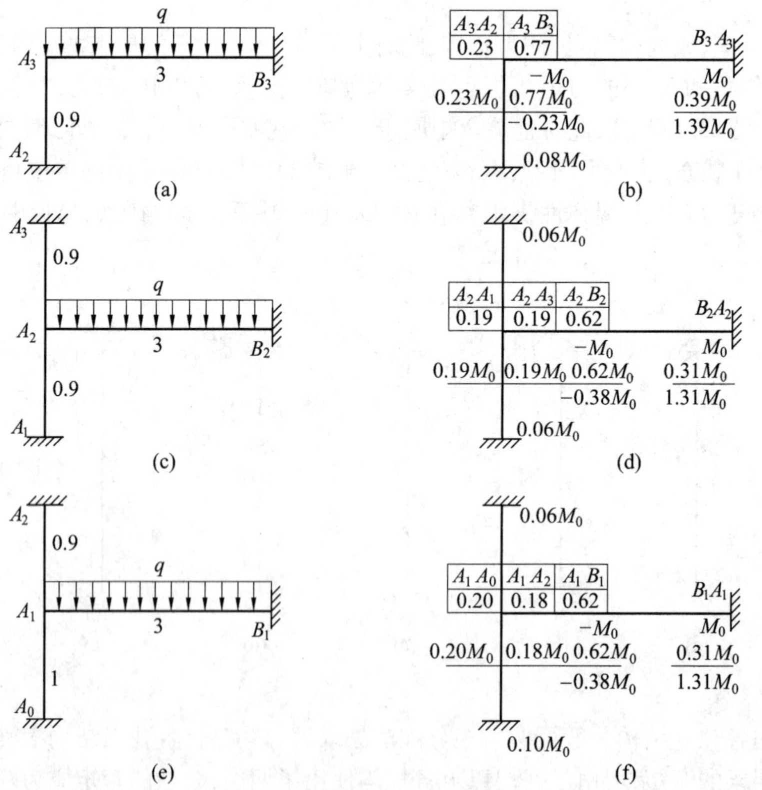

图 23.10

图示于图 23.11 中。不难看出左边柱各结点力矩不能满足平衡条件，这是由于柱两端弯矩两次累加的结果。就本题而言，A_2 结点差值较大，必要时可再分配一次。

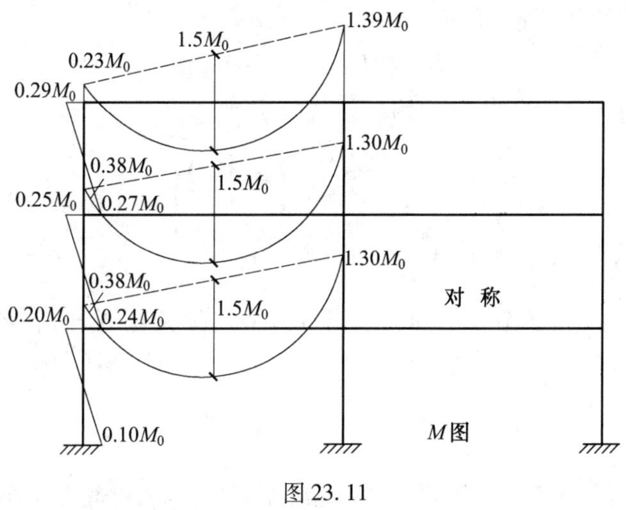

图 23.11

23.3　反弯点法

作多层多跨刚架在水平结点荷载(风载或地震力)作用下的弯矩图，最粗略的方法是反弯点法。这种方法虽然不够精确但作图十分简单，在进行结构的初步设计时是一种很有效的方法。该方法的最基本假设是认为所有横梁的刚度同柱相比可视作无限大。这一假设当梁的线刚度大于 3 倍柱的线刚度时比较准确。按照这一假设，刚架在发生侧移时，各个刚结点均不发生转动，故每一柱的反弯点(弯矩为零的点)均位于柱的中点(见图 23.12(a))。将第 i 层第 j 根柱取出，并自反弯点处将柱截断(见图 23.12(b))，由于弯矩为零，因此只有剪力 F_{Sij} 存在(轴力与弯矩无关)，此时柱的弯矩就成为图 23.12(b) 所示的斜直线，有

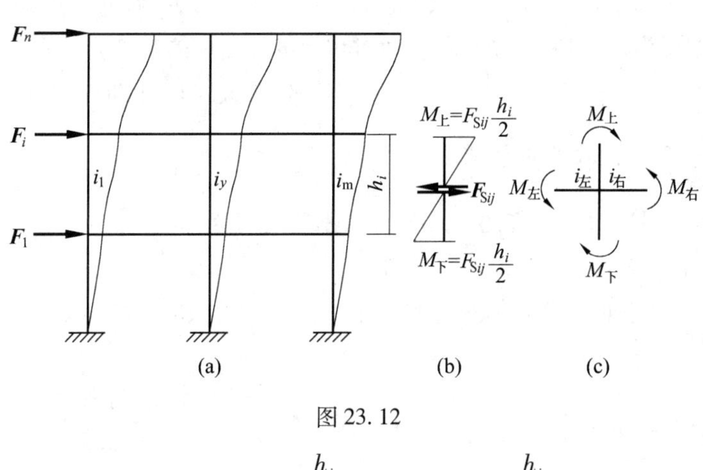

图 23.12

$$M_{上} = F_{Sij} \times \frac{h_i}{2}, \quad M_{下} = F_{Sij} \times \frac{h_i}{2}$$

式中，h_i 为第 i 层的层高。由此看出只要求出柱的剪力，则柱的弯矩立即可以得到。当所有柱的弯矩均为已知时，梁的弯矩可以通过结点平衡求出，如图 23.12(c) 所示，当柱端弯矩求出后，根据结点力矩平衡，有

$$M_{左} + M_{右} = M_{上} + M_{下}$$

$M_{左}$ 与 $M_{右}$ 的值应按梁的线刚度分配，有

$$\left.\begin{aligned} M_{左} &= \frac{i_{左}}{i_{左} + i_{右}}(M_{上} + M_{下}) \\ M_{右} &= \frac{i_{右}}{i_{左} + i_{右}}(M_{上} + M_{下}) \end{aligned}\right\} \tag{23.6}$$

现在解决每根柱的剪力如何确定的问题。当水平结点荷载 $\boldsymbol{F}_i$ 给出后，各楼层的剪力 $\boldsymbol{F}_{Si}$ 自上向下便可得出，有

$$F_{Si} = \sum_{i}^{n} F_i \tag{23.7}$$

楼层剪力应分配到每一根柱上，分配应按柱的线刚度值进行，分配给 i 层 j 根柱上的剪力应为

$$F_{Sij} = \frac{i_{ij}}{\sum i_{ij}} F_{Si} \tag{23.8}$$

式中，i_{ij} 为 i 层 j 根柱的线刚度，而 $\sum i_{ij}$ 为 i 层柱线刚度总和。之所以能如此分配是由于 i 层各柱的相对侧移量 Δ 全相同，根据结点无转角发生，每根柱端弯矩均为 $-\dfrac{6i_{ij}}{h_i}$，且上下两端相等，所以每根柱的剪力均为 $\dfrac{12i_{ij}}{h_i^2}$，因为 h_i^2 为常量，故各柱剪力均与其线刚度 i_{ij} 成正比，所以剪力应按线刚度分配。

最后尚需说明的是，首层的反弯点位置，由于支座为固定端，而一层横梁的刚度相对支座而言又只能视为有限值，如果横梁刚度非常小时，则柱的反弯点要趋向一层顶部，而横梁刚度非常大时，反弯点位置又趋向一层的中部，所以一层柱的反弯点位置应在 h_1 与 $0.5h_1$ 之间，通常取 $\dfrac{2}{3}h_1$ 作为近似值。

【例 23.6】 用反弯点法作图 23.13 所示刚架的弯矩图。

解:(1) 求楼层剪力

$$F_{S3} = 12\ \text{kN}, \quad F_{S2}/\text{kN} = 12 + 8 = 20, \quad F_{S1}/\text{kN} = 20 + 4 = 24$$

(2) 求各层各柱剪力

$$F_{S3左}/\text{kN} = F_{S3右} = \frac{1}{1 + 1.3 + 1} \times 12 = 3.64, \quad F_{S3中}/\text{kN} = \frac{1.3}{3.3} \times 12 = 4.73$$

$$F_{S2左}/\text{kN} = F_{S2右} = \frac{1}{1 + 1.3 + 1} \times 20 = 6.06, \quad F_{S2中}/\text{kN} = \frac{1.3}{3.3} \times 20 = 7.88$$

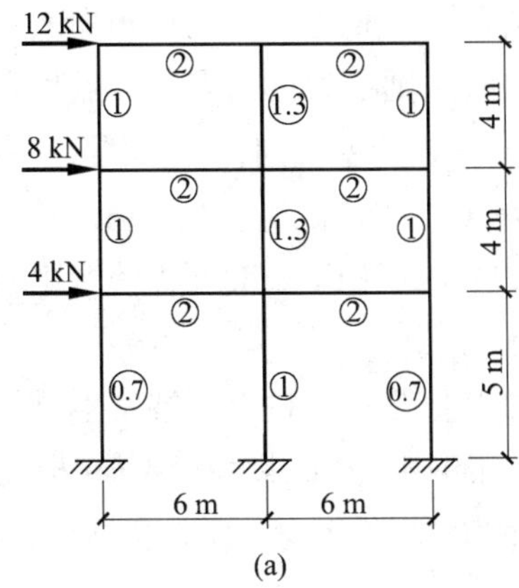

(a)

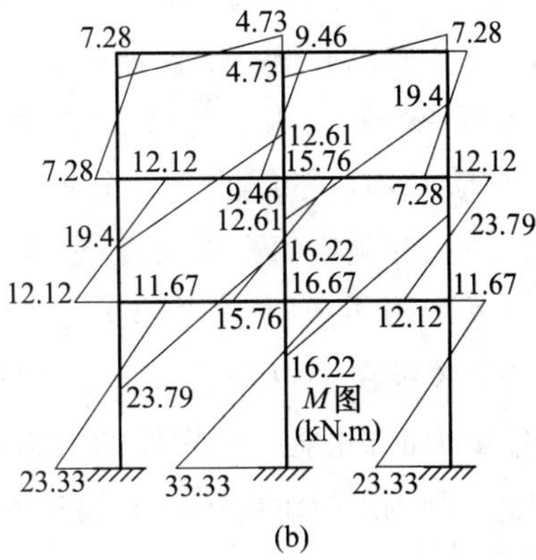

(b)

图 23.13

$$F_{S1左}/\text{kN}=F_{S1右}=\frac{0.7}{0.7+1+0.7}\times 24=7,\quad F_{S1中}/\text{kN}=\frac{1}{2.4}\times 24=10$$

（3）求各层各柱杆端弯矩

$$M_{3左上}/(\text{kN}\cdot\text{m})=M_{3左下}=M_{3右上}=M_{3右下}=3.64\times 2=7.28$$

$$M_{3中上}/(\text{kN}\cdot\text{m})=M_{3中下}=4.73\times 2=9.46$$

$$M_{2左上}/(\text{kN}\cdot\text{m})=M_{2左下}=M_{2右上}=M_{2右下}=6.06\times 2=12.12$$

$$M_{2中上}/(\text{kN}\cdot\text{m})=M_{2中下}=7.88\times 2=15.76$$

$$M_{1左上}/(\text{kN}\cdot\text{m})=M_{1右上}=7\times\frac{5}{3}=11.67$$

$$M_{1左下}/(\text{kN}\cdot\text{m})=M_{1右下}=7\times\frac{10}{3}=23.33$$

$$M_{1中上}/(\text{kN}\cdot\text{m})=10\times\frac{5}{3}=16.67$$

$$M_{1中下}/(\text{kN}\cdot\text{m})=10\times\frac{10}{3}=33.33$$

柱的弯矩图绘于图 23.13(b) 中。

（4）根据结点平衡求横梁杆端弯矩

以首层中部结点为例，梁端弯矩

$$M_{1中左}/(\text{kN}\cdot\text{m})=M_{1中右}=\frac{1}{2}\times(15.76+16.67)=16.22$$

梁的弯矩图绘于图 23.13(b) 中。

23.4　*D* 值法

反弯点法比较适合于梁线刚度远大于柱的线刚度的情况，若梁柱线刚度相互接近，或柱的线刚度大于梁的线刚度时，再应用反弯点法误差就会很大。*D* 值法也是用来计算多层多跨刚架在水平结点荷载作用下的内力,但它抛弃了横梁刚度无限大的假设,认为每一刚结点都会发生转动和侧移。它所取的基本假设是,规则框架的所有刚结点均发生同一个转角 φ 和同一个相对水平侧移 Δ。所谓规则框架是指跨度相同,层高相等,所有梁的线刚度 i_b 全相等,所有柱的线刚度 i_z 全相等的刚架。以这种刚架为基础,D 值法给出了求每根柱剪力的方法和确定每根柱反弯点(弯矩为零)位置的计算表格,从而使弯矩图的得出与反弯点法基本相同,但准确度却比反弯点法好得多。

D 值法的关键在于 D 值的概念,所谓某根柱的 D 值是指该柱上下端发生单位相对位移时的杆端剪力值,此值又称为柱的侧移刚度或抗推刚度。如果第 i 层第 j 根柱剪力为 $\boldsymbol{F}_{Sij}$ 而柱发生实际相对侧移为 Δ_i(图 23.14),该柱的 D 值用 D_{ij} 表示,则根据上述定义,有

$$D_{ij}=\frac{F_{Sij}}{\Delta_i} \text{或} F_{Sij}=D_{ij}\Delta_i \tag{a}$$

考虑到 i 层各柱剪力之和应等于该层总剪力,并且各柱侧移量应相等(横梁长不变),则有

$$F_{Si}=\sum F_{Sij}=\sum D_{ij}\Delta_i=\Delta_i\sum D_{ij}$$

可以得到

$$\Delta_i=\frac{F_{Si}}{\sum D_{ij}} \tag{b}$$

将此式代回式(a),有

$$F_{Sij}=\frac{D_{ij}}{\sum D_{ij}}F_{Si} \tag{23.9}$$

此式表明各柱剪力是按其 D 值的大小进行分配的,因此只要有了各柱的 D 值,各柱的剪力就可确定,同时还可通过式(a)或式(b)求得楼层的相对侧移量。

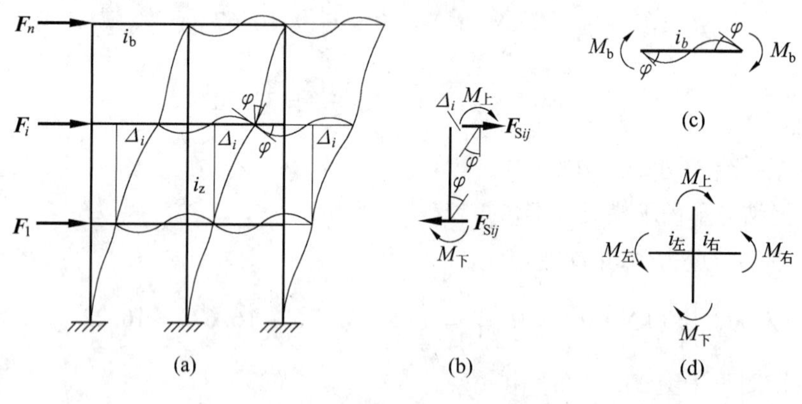

图 23.14

i 层 j 根柱的侧移刚度 D_{ij} 可以参照图 23.14(b)所示结果,通过转角位移方程得到。由于规则框架各结点转角相同的假设,因此柱两端转角均应取 φ,将 φ 与 Δ_i 代入转角位移方程,得到

$$M_{上} = M_{下} = 6i_z\varphi - \frac{6i_z}{h_i}\Delta_i$$

$$F_{Sij} = -\frac{M_{上} + M_{下}}{h_i} = \frac{12i_z}{h_i^2}(\Delta_i - \varphi h_i) \tag{c}$$

考虑式(a),有

$$D_{ij} = \frac{F_{Sij}}{\Delta_i} = \frac{12i_z}{h_i^2}\left(1 - \frac{\varphi h_i}{\Delta_i}\right) \tag{d}$$

为了得到 D_{ij} 尚需确定$\frac{\varphi h_i}{\Delta_i}$的值。

根据转角相等的假设,考虑图 23.14(c),有

$$M_b = 6i_b\varphi \tag{e}$$

利用结点平衡(图23.14(d)),注意到规则框架的特点,不仅所有结点转角相同,而且各层相对侧移也相等,因此上层的 $M_{下}$ 与下层的 $M_{上}$ 具有相同的值。因此可得

$$2M_{上} + 2M_b = 12(i_z + i_b)\varphi - \frac{12i_z}{h_i}\Delta_i = 0$$

得到

$$\frac{\varphi h_i}{\Delta_i} = \frac{i_z}{i_z + i_b} \tag{f}$$

代入式(d),求得

$$D_{ij} = \frac{12i_z}{h_i^2}\frac{i_b}{i_z + i_b} = \frac{12i_z}{h_i^2}\frac{2\frac{i_b}{i_z}}{2 + 2\frac{i_b}{i_z}} = \frac{\overline{K}}{2 + \overline{K}}\frac{12i_z}{h_i^2} = \alpha\frac{12i_z}{h_i^2} \tag{23.10}$$

式中

$$\alpha = \frac{\overline{K}}{2 + \overline{K}} \tag{23.11}$$

体现了结点转角对 D 值的影响,因为 $\alpha = 1$ 时恰好相当于无转角(横梁刚度无限大)时的侧移刚度。

式中

$$\overline{K} = 2\frac{i_b}{i_z} \tag{23.12}$$

体现了梁与柱线刚度之间的比值关系,但又不是纯比值。

在进行实际结构计算时,梁的线刚度可能不相等,此时一般取平均值,具体计算 α 值可按照表 23.1 进行。还需说明的是,表 23.1 中首层公式与一般层有所不同,是由于首层支座处是没有转角发生的缘故。证明从略。

表 23.1　α 值计算公式表

层	边柱	中间柱	α
一般层	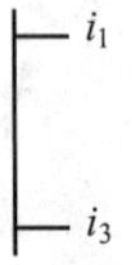 $\overline{K}=\dfrac{i_1+i_2}{2i_z}$	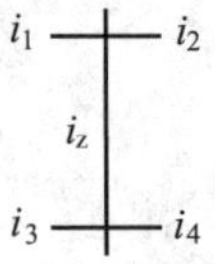 $\overline{K}=\dfrac{i_1+i_2+i_3+i_4}{2i_z}$	$\alpha=\dfrac{\overline{K}}{2+\overline{K}}$
首层	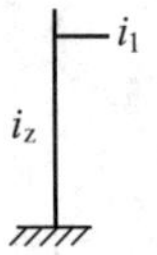 $\overline{K}=\dfrac{i_1}{i_z}$	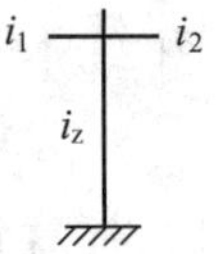 $\overline{K}=\dfrac{i_1+i_2}{i_z}$	$\alpha=\dfrac{0.5+\overline{K}}{2+\overline{K}}$

应用 D 值能够计算出每根柱的剪力值,但要得到弯矩图还必须给出柱的反弯点位置,D 值法从它的基本假设出发,通过对称性的利用可以把规则框架最后简化为如图 23.15 所示的刚架,然后采用力法可以得到准确的弯矩图,就不同层的柱而言,只要 $M_{下}$ 与剪力 F_S 为已知,则反弯点高度 y 就可反求出,为了便于制表,可取反弯点高度比 $y_0=\dfrac{y}{h}$,其值为

$$y_0=\frac{M_{下}}{F_S h}$$

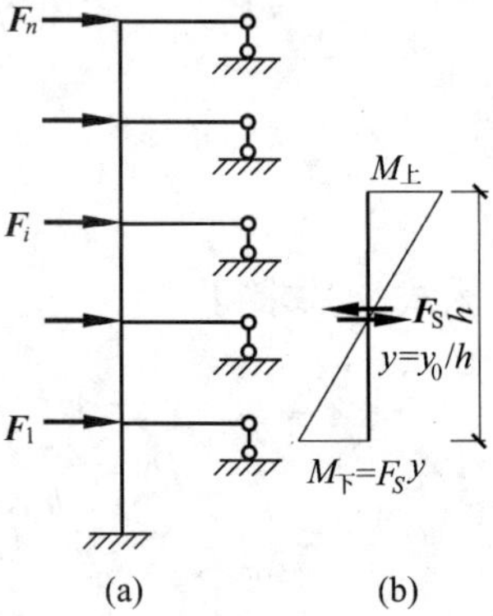

图 23.15

根据不同的结点水平荷载不同层数的框架和不同的 $\overline{K}$,通过计算后,制成一系列表格,计算时直接查表 23.2、23.3 即可得到标准的反弯点高度比。表 23.2 对应于风荷载(均匀分布的水平结点力);表 23.3 对应于地震力(倒三角形分布的水平结点力)。由于实际结构与规则框架的差别,当上下梁的线刚度不同时或上层层高与下层层高同本层层高不同时,可按给出的表23.4 和表23.5 进行标准反弯点高度比的修正。以 y_1 表示梁线刚度不同引起的修正值,y_2、y_3 分别表示上层层高和下层层高与本层不同时引起的修正值,这样,总的反弯点高度比若用 $\bar{y}$ 表示,则有

$$\bar{y}=y_0+y_1+y_2+y_3 \tag{23.13}$$

确定了柱的反弯点高度比后,通过下式便可求得柱杆端弯矩

$$M_{下}=F_S\bar{y}h,\quad M_{上}=F_S(1-\bar{y})h \tag{23.14}$$

其余弯矩图绘制方法和反弯点法相同。

表 23.2　均布水平荷载下各层柱标准反弯点高度比 y_0

m	n \ $\overline{K}$	0.1	0.2	0.3	0.4	0.5	0.6	0.7	0.8	0.9	1.0	2.0	3.0	4.0	5.0
1	1	0.80	0.75	0.70	0.65	0.65	0.60	0.60	0.60	0.60	0.55	0.55	0.55	0.55	0.55
2	2	0.45	0.40	0.35	0.35	0.35	0.35	0.40	0.40	0.40	0.40	0.45	0.45	0.45	0.45
	1	0.95	0.80	0.75	0.70	0.65	0.65	0.65	0.60	0.60	0.60	0.55	0.55	0.55	0.50
3	3	0.15	0.20	0.20	0.25	0.30	0.30	0.30	0.35	0.35	0.35	0.40	0.45	0.45	0.45
	2	0.55	0.50	0.45	0.45	0.45	0.45	0.45	0.45	0.45	0.45	0.45	0.50	0.50	0.50
	1	1.00	0.85	0.80	0.75	0.70	0.70	0.65	0.65	0.65	0.60	0.55	0.55	0.55	0.55
4	4	-0.05	0.05	0.15	0.20	0.25	0.30	0.30	0.35	0.35	0.35	0.40	0.45	0.45	0.45
	3	0.25	0.30	0.30	0.35	0.35	0.40	0.40	0.40	0.40	0.45	0.45	0.50	0.50	0.50
	2	0.65	0.55	0.50	0.50	0.45	0.45	0.45	0.45	0.45	0.45	0.50	0.50	0.50	0.50
	1	1.10	0.90	0.80	0.75	0.70	0.70	0.55	0.65	0.65	0.60	0.55	0.55	0.55	0.55
5	5	-0.20	0.00	0.15	0.20	0.25	0.30	0.30	0.30	0.35	0.35	0.40	0.45	0.45	0.45
	4	0.10	0.20	0.25	0.30	0.35	0.35	0.40	0.40	0.40	0.40	0.45	0.45	0.50	0.50
	3	0.40	0.40	0.40	0.40	0.40	0.45	0.45	0.45	0.45	0.45	0.50	0.50	0.50	0.50
	2	0.65	0.55	0.50	0.50	0.50	0.50	0.50	0.50	0.50	0.50	0.50	0.50	0.50	0.50
	1	1.20	0.95	0.80	0.75	0.75	0.70	0.70	0.65	0.65	0.65	0.55	0.55	0.55	0.55
6	6	-0.30	0.00	0.10	0.20	0.25	0.25	0.30	0.30	0.35	0.35	0.40	0.45	0.45	0.45
	5	0.00	0.20	0.25	0.30	0.35	0.35	0.40	0.40	0.40	0.40	0.45	0.45	0.50	0.50
	4	0.20	0.30	0.35	0.35	0.40	0.40	0.40	0.45	0.45	0.45	0.45	0.50	0.50	0.50
	3	0.40	0.40	0.40	0.45	0.45	0.45	0.45	0.45	0.45	0.45	0.50	0.50	0.50	0.50
	2	0.70	0.60	0.55	0.50	0.50	0.50	0.50	0.50	0.50	0.50	0.50	0.50	0.50	0.50
	1	1.20	0.95	0.85	0.80	0.75	0.70	0.70	0.65	0.65	0.65	0.55	0.55	0.55	0.55
7	7	-0.35	-0.05	0.10	0.20	0.20	0.25	0.30	0.30	0.35	0.35	0.40	0.45	0.45	0.45
	6	-0.10	0.15	0.25	0.30	0.35	0.35	0.35	0.40	0.40	0.40	0.45	0.45	0.50	0.50
	5	0.10	0.25	0.30	0.35	0.40	0.40	0.40	0.45	0.45	0.45	0.50	0.50	0.50	0.50
	4	0.30	0.35	0.40	0.40	0.40	0.45	0.45	0.45	0.45	0.45	0.50	0.50	0.50	0.50
	3	0.50	0.45	0.45	0.45	0.45	0.45	0.45	0.45	0.45	0.45	0.50	0.50	0.50	0.50
	2	0.75	0.60	0.55	0.50	0.50	0.50	0.50	0.50	0.50	0.50	0.50	0.50	0.50	0.50
	1	1.20	0.95	0.85	0.80	0.75	0.70	0.70	0.65	0.65	0.65	0.55	0.55	0.55	0.55

续表 23.2

m	n \ $\overline{K}$	0.1	0.2	0.3	0.4	0.5	0.6	0.7	0.8	0.9	1.0	2.0	3.0	4.0	5.0
8	8	-0.35	-0.15	0.10	0.10	0.25	0.25	0.30	0.30	0.35	0.35	0.40	0.45	0.45	0.45
	7	-0.10	0.15	0.25	0.30	0.35	0.35	0.40	0.40	0.40	0.40	0.45	0.50	0.50	0.50
	6	0.05	0.25	0.30	0.35	0.40	0.40	0.40	0.45	0.45	0.45	0.45	0.50	0.50	0.50
	5	0.20	0.30	0.35	0.40	0.40	0.45	0.45	0.45	0.45	0.45	0.50	0.50	0.50	0.50
	4	0.35	0.40	0.40	0.45	0.45	0.45	0.45	0.45	0.45	0.45	0.50	0.50	0.50	0.50
	3	0.50	0.45	0.45	0.45	0.45	0.45	0.45	0.45	0.50	0.50	0.50	0.50	0.50	0.50
	2	0.75	0.60	0.55	0.55	0.50	0.50	0.50	0.50	0.50	0.50	0.50	0.50	0.50	0.50
	1	1.20	1.00	0.85	0.80	0.75	0.70	0.70	0.65	0.65	0.65	0.55	0.55	0.55	0.55
9	9	-0.40	-0.05	0.10	0.20	0.25	0.25	0.30	0.30	0.35	0.35	0.45	0.45	0.45	0.45
	8	-0.15	0.15	0.25	0.30	0.35	0.35	0.35	0.40	0.40	0.40	0.45	0.45	0.50	0.50
	7	0.05	0.25	0.30	0.35	0.40	0.40	0.40	0.45	0.45	0.45	0.45	0.50	0.50	0.50
	6	0.15	0.30	0.35	0.40	0.40	0.45	0.45	0.45	0.45	0.45	0.50	0.50	0.50	0.50
	5	0.25	0.35	0.40	0.40	0.45	0.45	0.45	0.45	0.45	0.45	0.50	0.50	0.50	0.50
	4	0.40	0.40	0.40	0.45	0.45	0.45	0.45	0.45	0.45	0.45	0.50	0.50	0.50	0.50
	3	0.55	0.45	0.45	0.45	0.45	0.45	0.45	0.45	0.50	0.50	0.50	0.50	0.50	0.50
	2	0.80	0.65	0.55	0.55	0.50	0.50	0.50	0.50	0.50	0.50	0.50	0.50	0.50	0.50
	1	1.20	1.00	0.85	0.80	0.75	0.70	0.70	0.65	0.65	0.65	0.55	0.55	0.55	0.55
10	10	-0.40	-0.05	0.10	0.20	0.25	0.30	0.30	0.30	0.30	0.35	0.40	0.45	0.45	0.45
	9	-0.15	0.15	0.25	0.30	0.35	0.35	0.40	0.40	0.40	0.40	0.45	0.45	0.50	0.50
	8	0.00	0.25	0.30	0.35	0.40	0.40	0.40	0.45	0.45	0.45	0.45	0.50	0.50	0.50
	7	0.10	0.30	0.35	0.40	0.40	0.40	0.45	0.45	0.45	0.45	0.50	0.50	0.50	0.50
	6	0.20	0.35	0.40	0.40	0.45	0.45	0.45	0.45	0.45	0.45	0.50	0.50	0.50	0.50
	5	0.30	0.40	0.40	0.45	0.45	0.45	0.45	0.45	0.45	0.50	0.50	0.50	0.50	0.50
	4	0.40	0.40	0.45	0.45	0.45	0.45	0.45	0.45	0.45	0.50	0.50	0.50	0.50	0.50
	3	0.55	0.50	0.45	0.45	0.45	0.50	0.50	0.50	0.50	0.50	0.50	0.50	0.50	0.50
	2	0.80	0.65	0.55	0.55	0.55	0.50	0.50	0.50	0.50	0.50	0.50	0.50	0.50	0.50
	1	1.30	1.00	0.85	0.80	0.75	0.70	0.70	0.65	0.65	0.65	0.60	0.55	0.55	0.55

续表 23.2

m	n \ $\overline{K}$	0.1	0.2	0.3	0.4	0.5	0.6	0.7	0.8	0.9	1.0	2.0	3.0	4.0	5.0
11	11	-0.40	0.05	0.10	0.20	0.25	0.30	0.30	0.30	0.35	0.35	0.40	0.45	0.45	0.45
	10	-0.15	0.15	0.25	0.30	0.35	0.35	0.40	0.40	0.40	0.40	0.45	0.45	0.50	0.50
	9	0.00	0.25	0.30	0.35	0.40	0.40	0.40	0.45	0.45	0.45	0.45	0.50	0.50	0.50
	8	0.10	0.30	0.35	0.40	0.40	0.45	0.45	0.45	0.45	0.45	0.50	0.50	0.50	0.50
	7	0.20	0.35	0.40	0.45	0.45	0.45	0.45	0.45	0.45	0.45	0.50	0.50	0.50	0.50
	6	0.25	0.35	0.40	0.45	0.45	0.45	0.45	0.45	0.45	0.45	0.50	0.50	0.50	0.50
	5	0.35	0.40	0.40	0.45	0.45	0.45	0.45	0.45	0.45	0.50	0.50	0.50	0.50	0.50
	4	0.40	0.45	0.45	0.45	0.45	0.45	0.45	0.50	0.50	0.50	0.50	0.50	0.50	0.50
	3	0.55	0.50	0.50	0.50	0.50	0.50	0.50	0.50	0.50	0.50	0.50	0.50	0.50	0.50
	2	0.80	0.65	0.60	0.55	0.55	0.50	0.50	0.50	0.50	0.50	0.50	0.50	0.50	0.50
	1	1.30	1.00	0.85	0.80	0.75	0.70	0.70	0.65	0.65	0.65	0.60	0.55	0.55	0.55
12以上	自上 1	-0.40	-0.05	0.10	0.20	0.25	0.30	0.30	0.30	0.35	0.35	0.40	0.45	0.45	0.45
	2	-0.15	0.15	0.25	0.30	0.35	0.35	0.40	0.40	0.40	0.40	0.45	0.45	0.50	0.50
	3	0.00	0.25	0.30	0.35	0.40	0.40	0.40	0.45	0.45	0.45	0.50	0.50	0.50	0.50
	4	0.10	0.30	0.35	0.40	0.40	0.45	0.45	0.45	0.45	0.45	0.50	0.50	0.50	0.50
	5	0.20	0.35	0.40	0.40	0.45	0.45	0.45	0.45	0.45	0.45	0.50	0.50	0.50	0.50
	6	0.25	0.35	0.40	0.45	0.45	0.45	0.45	0.45	0.45	0.45	0.50	0.50	0.50	0.50
	7	0.30	0.40	0.40	0.45	0.45	0.45	0.45	0.45	0.50	0.50	0.50	0.50	0.50	0.50
	8	0.35	0.40	0.45	0.45	0.45	0.45	0.45	0.50	0.50	0.50	0.50	0.50	0.50	0.50
	中间	0.40	0.40	0.45	0.45	0.45	0.45	0.50	0.50	0.50	0.50	0.50	0.50	0.50	0.50
	4	0.45	0.45	0.45	0.45	0.50	0.50	0.50	0.50	0.50	0.50	0.50	0.50	0.50	0.50
	3	0.60	0.50	0.50	0.50	0.50	0.50	0.50	0.50	0.50	0.50	0.50	0.50	0.50	0.50
	2	0.80	0.65	0.60	0.55	0.55	0.50	0.50	0.50	0.50	0.50	0.50	0.50	0.50	0.50
	自下 1	1.30	1.00	0.85	0.80	0.75	0.70	0.70	0.65	0.65	0.55	0.55	0.55	0.55	0.55

表 23.3　倒三角形荷载下各层柱标准反弯点高度比 y_0

m	n \ $\overline{K}$	0.1	0.2	0.3	0.4	0.5	0.6	0.7	0.8	0.9	1.0	2.0	3.0	4.0	5.0
1	1	0.80	0.75	0.70	0.65	0.65	0.60	0.60	0.60	0.60	0.55	0.55	0.55	0.55	0.55
2	2	0.50	0.45	0.40	0.40	0.40	0.40	0.40	0.40	0.40	0.45	0.45	0.45	0.45	0.50
	1	1.00	0.85	0.75	0.70	0.70	0.65	0.65	0.65	0.60	0.60	0.55	0.55	0.55	0.55
3	3	0.25	0.25	0.25	0.30	0.30	0.35	0.35	0.35	0.40	0.40	0.45	0.45	0.45	0.50
	2	0.60	0.50	0.50	0.50	0.50	0.45	0.45	0.45	0.45	0.45	0.50	0.50	0.50	0.50
	1	1.15	0.90	0.80	0.75	0.75	0.70	0.70	0.65	0.65	0.65	0.60	0.55	0.55	0.55

续表 23.3

m	n \ $\bar{K}$	0.1	0.2	0.3	0.4	0.5	0.6	0.7	0.8	0.9	1.0	2.0	3.0	4.0	5.0
4	4	0.10	0.15	0.20	0.25	0.30	0.30	0.35	0.35	0.35	0.40	0.45	0.45	0.45	0.45
	3	0.35	0.35	0.35	0.40	0.40	0.40	0.40	0.45	0.45	0.45	0.45	0.50	0.50	0.50
	2	0.70	0.60	0.55	0.50	0.50	0.50	0.50	0.50	0.50	0.50	0.50	0.50	0.50	0.50
	1	1.20	0.95	0.85	0.80	0.75	0.70	0.70	0.70	0.65	0.65	0.55	0.55	0.55	0.50
5	5	-0.05	0.10	0.20	0.25	0.30	0.30	0.35	0.35	0.35	0.35	0.40	0.45	0.45	0.45
	4	0.20	0.25	0.35	0.35	0.40	0.40	0.40	0.40	0.40	0.45	0.45	0.50	0.50	0.50
	3	0.45	0.40	0.45	0.45	0.45	0.45	0.45	0.45	0.45	0.45	0.50	0.50	0.50	0.50
	2	0.75	0.60	0.55	0.55	0.50	0.50	0.50	0.50	0.50	0.50	0.50	0.50	0.50	0.50
	1	1.30	1.00	0.85	0.80	0.75	0.70	0.70	0.65	0.65	0.65	0.65	0.55	0.55	0.55
6	6	-0.15	0.05	0.15	0.20	0.25	0.30	0.30	0.35	0.35	0.35	0.40	0.45	0.45	0.45
	5	0.10	0.25	0.30	0.35	0.35	0.40	0.40	0.40	0.45	0.45	0.45	0.50	0.50	0.50
	4	0.30	0.35	0.40	0.40	0.45	0.45	0.45	0.45	0.45	0.45	0.50	0.50	0.50	0.50
	3	0.50	0.45	0.45	0.45	0.45	0.45	0.45	0.45	0.45	0.50	0.50	0.50	0.50	0.50
	2	0.80	0.65	0.55	0.55	0.55	0.55	0.50	0.50	0.50	0.50	0.50	0.50	0.50	0.50
	1	1.30	1.00	0.85	0.80	0.75	0.70	0.70	0.65	0.65	0.65	0.60	0.55	0.55	0.55
7	7	-0.20	0.05	0.15	0.20	0.25	0.30	0.30	0.35	0.35	0.45	0.45	0.45	0.45	0.45
	6	0.05	0.20	0.30	0.35	0.35	0.40	0.40	0.40	0.40	0.45	0.45	0.50	0.50	0.50
	5	0.20	0.30	0.35	0.40	0.40	0.45	0.45	0.45	0.45	0.45	0.50	0.50	0.50	0.50
	4	0.35	0.40	0.40	0.45	0.45	0.45	0.45	0.45	0.45	0.45	0.50	0.50	0.50	0.50
	3	0.55	0.50	0.50	0.50	0.50	0.50	0.50	0.50	0.50	0.50	0.50	0.50	0.50	0.50
	2	0.80	0.65	0.60	0.55	0.55	0.55	0.50	0.50	0.50	0.50	0.50	0.50	0.50	0.50
	1	1.30	1.00	0.90	0.80	0.75	0.70	0.70	0.70	0.65	0.65	0.60	0.55	0.55	0.55
8	8	-0.20	0.05	0.15	0.20	0.25	0.30	0.30	0.35	0.35	0.35	0.45	0.45	0.45	0.45
	7	0.00	0.20	0.30	0.35	0.35	0.40	0.40	0.40	0.40	0.45	0.45	0.50	0.50	0.50
	6	0.15	0.30	0.35	0.40	0.40	0.45	0.45	0.45	0.45	0.45	0.50	0.50	0.50	0.50
	5	0.30	0.45	0.40	0.45	0.45	0.45	0.45	0.45	0.45	0.45	0.50	0.50	0.50	0.50
	4	0.40	0.45	0.45	0.45	0.45	0.45	0.45	0.50	0.50	0.50	0.50	0.50	0.50	0.50
	3	0.60	0.50	0.50	0.50	0.50	0.50	0.50	0.50	0.50	0.50	0.50	0.50	0.50	0.50
	2	0.85	0.65	0.60	0.55	0.55	0.55	0.50	0.50	0.50	0.50	0.50	0.50	0.50	0.50
	1	1.30	1.00	0.90	0.80	0.75	0.70	0.70	0.70	0.65	0.65	0.60	0.55	0.55	0.55

续表 23.3

m	n \ $\overline{K}$	0.1	0.2	0.3	0.4	0.5	0.6	0.7	0.8	0.9	1.0	2.0	3.0	4.0	5.0
9	9	-0.25	0.00	0.15	0.20	0.25	0.30	0.30	0.35	0.35	0.40	0.45	0.45	0.45	0.45
	8	0.00	0.20	0.30	0.35	0.35	0.40	0.40	0.40	0.40	0.45	0.45	0.50	0.50	0.50
	7	0.15	0.30	0.35	0.40	0.40	0.45	0.45	0.45	0.45	0.45	0.50	0.50	0.50	0.50
	6	0.25	0.35	0.40	0.40	0.45	0.45	0.45	0.45	0.45	0.50	0.50	0.50	0.50	0.50
	5	0.35	0.40	0.45	0.45	0.45	0.45	0.45	0.45	0.50	0.50	0.50	0.50	0.50	0.50
	4	0.45	0.45	0.05	0.45	0.45	0.50	0.50	0.50	0.50	0.50	0.50	0.50	0.50	0.50
	3	0.65	0.50	0.50	0.50	0.50	0.50	0.50	0.50	0.50	0.50	0.50	0.50	0.50	0.50
	2	0.80	0.65	0.65	0.55	0.55	0.55	0.55	0.50	0.50	0.50	0.50	0.50	0.50	0.50
	1	1.35	1.00	1.00	0.80	0.75	0.75	0.70	0.70	0.65	0.65	0.60	0.55	0.55	0.55
10	10	-0.25	0.00	0.15	0.20	0.25	0.30	0.30	0.35	0.35	0.40	0.45	0.45	0.45	0.45
	9	-0.05	0.20	0.30	0.35	0.35	0.40	0.40	0.40	0.40	0.45	0.45	0.50	0.50	0.50
	8	0.10	0.30	0.35	0.40	0.40	0.40	0.45	0.45	0.45	0.45	0.50	0.50	0.50	0.50
	7	0.20	0.35	0.40	0.40	0.45	0.45	0.45	0.45	0.45	0.50	0.50	0.50	0.50	0.50
	6	0.30	0.40	0.40	0.45	0.45	0.45	0.45	0.45	0.45	0.50	0.50	0.50	0.50	0.50
	5	0.40	0.45	0.45	0.45	0.45	0.45	0.45	0.50	0.50	0.50	0.50	0.50	0.50	0.50
	4	0.50	0.45	0.45	0.45	0.50	0.50	0.50	0.50	0.50	0.50	0.50	0.50	0.50	0.50
	3	0.60	0.55	0.50	0.50	0.50	0.50	0.50	0.50	0.50	0.50	0.50	0.50	0.50	0.50
	2	0.85	0.65	0.60	0.55	0.55	0.55	0.55	0.50	0.50	0.50	0.50	0.50	0.50	0.50
	1	1.35	1.00	0.90	0.80	0.75	0.75	0.70	0.70	0.65	0.65	0.60	0.55	0.55	0.55
11	11	-0.25	0.00	0.15	0.20	0.25	0.30	0.30	0.30	0.35	0.35	0.45	0.45	0.45	0.45
	10	-0.05	0.20	0.25	0.30	0.35	0.40	0.40	0.40	0.40	0.45	0.45	0.50	0.50	0.50
	9	0.10	0.30	0.35	0.40	0.40	0.40	0.45	0.45	0.45	0.45	0.50	0.50	0.50	0.50
	8	0.20	0.35	0.40	0.40	0.45	0.45	0.45	0.45	0.45	0.45	0.50	0.50	0.50	0.50
	7	0.25	0.40	0.40	0.45	0.45	0.45	0.45	0.45	0.45	0.50	0.50	0.50	0.50	0.50
	6	0.35	0.40	0.45	0.45	0.45	0.45	0.45	0.50	0.50	0.50	0.50	0.50	0.50	0.50
	5	0.40	0.44	0.45	0.45	0.45	0.50	0.50	0.50	0.50	0.50	0.50	0.50	0.50	0.50
	4	0.50	0.50	0.50	0.50	0.50	0.50	0.50	0.50	0.50	0.50	0.50	0.50	0.50	0.50
	3	0.65	0.55	0.50	0.50	0.50	0.50	0.50	0.50	0.50	0.50	0.50	0.50	0.50	0.50
	2	0.85	0.65	0.60	0.55	0.55	0.55	0.55	0.50	0.50	0.50	0.50	0.50	0.50	0.50
	1	1.35	1.50	0.90	0.80	0.75	0.75	0.70	0.70	0.65	0.65	0.60	0.55	0.55	0.55

续表 23.3

m	$\overline{K}$ / n	0.1	0.2	0.3	0.4	0.5	0.6	0.7	0.8	0.9	1.0	2.0	3.0	4.0	5.0
	自上1	−0.30	0.00	0.15	0.20	0.25	0.30	0.30	0.30	0.35	0.35	0.40	0.45	0.45	0.45
	2	−0.10	0.20	0.25	0.30	0.35	0.40	0.40	0.40	0.40	0.40	0.45	0.45	0.45	0.50
	3	0.05	0.25	0.35	0.40	0.40	0.40	0.45	0.45	0.45	0.45	0.45	0.50	0.50	0.50
	4	0.15	0.30	0.40	0.40	0.45	0.45	0.45	0.45	0.45	0.45	0.45	0.50	0.50	0.50
	5	0.25	0.30	0.40	0.45	0.45	0.45	0.45	0.45	0.45	0.45	0.50	0.50	0.50	0.50
12以上	6	0.30	0.40	0.40	0.45	0.45	0.45	0.45	0.50	0.50	0.50	0.50	0.50	0.50	0.50
	7	0.35	0.40	0.40	0.45	0.45	0.45	0.50	0.50	0.50	0.50	0.50	0.50	0.50	0.50
	8	0.35	0.45	0.45	0.45	0.50	0.50	0.50	0.50	0.50	0.50	0.50	0.50	0.50	0.50
	中间	0.45	0.45	0.50	0.45	0.50	0.50	0.50	0.50	0.50	0.50	0.50	0.50	0.50	0.50
	4	0.55	0.50	0.50	0.50	0.50	0.50	0.50	0.50	0.50	0.50	0.50	0.50	0.50	0.50
	3	0.65	0.55	0.50	0.50	0.50	0.50	0.50	0.50	0.50	0.50	0.50	0.50	0.50	0.50
	2	0.70	0.70	0.60	0.55	0.55	0.55	0.55	0.50	0.50	0.50	0.50	0.50	0.50	0.50
	自下1	1.35	1.05	0.70	0.80	0.75	0.70	0.70	0.70	0.65	0.65	0.60	0.55	0.55	0.55

表 23.4 上下梁相对刚度变化时修正值 y_1

$\overline{K}$ / n	0.1	0.2	0.3	0.4	0.5	0.6	0.7	0.8	0.9	1.0	2.0	3.0	4.0	5.0
0.4	0.55	0.40	0.30	0.25	0.20	0.20	0.20	0.15	0.15	0.15	0.05	0.05	0.05	0.05
0.5	0.45	0.30	0.20	0.20	0.15	0.15	0.15	0.10	0.10	0.10	0.05	0.05	0.05	0.05
0.6	0.30	0.20	0.15	0.15	0.10	0.10	0.10	0.10	0.05	0.05	0.05	0.05	0.00	0.00
0.7	0.20	0.15	0.10	0.10	0.10	0.05	0.05	0.05	0.05	0.05	0.05	0.00	0.00	0.00
0.8	0.15	0.10	0.05	0.05	0.05	0.05	0.05	0.05	0.05	0.00	0.00	0.00	0.00	0.00
0.9	0.05	0.05	0.05	0.05	0.00	0.00	0.00	0.00	0.00	0.00	0.00	0.00	0.00	0.00

注:对于底层柱不考虑 α_1 值,所以不作此项修正。

表 23.5 上下层柱高度弯化时的修正值 y_2 和 y_3

α_2	$\overline{K}$ / a_3	0.1	0.2	0.3	0.4	0.5	0.6	0.7	0.8	0.9	1.0	2.0	3.0	4.0	5.0
2.0		0.25	0.15	0.15	0.10	0.10	0.10	0.10	0.10	0.05	0.05	0.05	0.05	0.0	0.0
1.8		0.20	0.15	0.10	0.10	0.10	0.05	0.05	0.05	0.05	0.05	0.05	0.0	0.0	0.0
1.6	0.4	0.15	0.10	0.10	0.05	0.05	0.05	0.05	0.05	0.05	0.05	0.0	0.0	0.0	0.0
1.4	0.6	0.10	0.05	0.05	0.05	0.05	0.05	0.05	0.05	0.05	0.0	0.0	0.0	0.0	0.0
1.2	0.8	0.05	0.05	0.05	0.0	0.0	0.0	0.0	0.0	0.0	0.0	0.0	0.0	0.0	0.0
1.0	1.0	0.0	0.0	0.0	0.0	0.0	0.0	0.0	0.0	0.0	0.0	0.0	0.0	0.0	0.0
0.8	1.2	−0.05	−0.05	−0.05	0.0	0.0	0.0	0.0	0.0	0.0	0.0	0.0	0.0	0.0	0.0
0.6	1.4	−0.10	−0.05	−0.05	−0.05	−0.05	−0.05	−0.05	−0.05	−0.05	−0.05	0.0	0.0	0.0	0.0
0.4	1.6	−0.15	−0.10	−0.10	−0.05	−0.05	−0.05	−0.05	−0.05	−0.05	−0.05	0.0	0.0	0.0	0.0

续表 23.5

α_2	$\bar{K}$ / α_3	0.1	0.2	0.3	0.4	0.5	0.6	0.7	0.8	0.9	1.0	2.0	3.0	4.0	5.0
	1.8	-0.20	-0.15	-0.10	-0.10	-0.10	-0.05	-0.05	-0.05	-0.05	-0.05	-0.05	0.0	0.0	0.0
	2.0	-0.25	-0.15	-0.15	-0.10	-0.10	-0.10	-0.10	-0.05	-0.05	-0.05	-0.05	-0.05	0.0	0.0

注:y_2—按 α_2 查表求得,上层较高时为正值,但对于最上层,不考虑 y_2 修正值;

y_3—按 α_3 查表求得,对于最下层,不考虑 y_3 修正值。

【例 23.7】　用 D 值法解例 23.6 所示刚架(图 23.16(a)),作弯矩图。

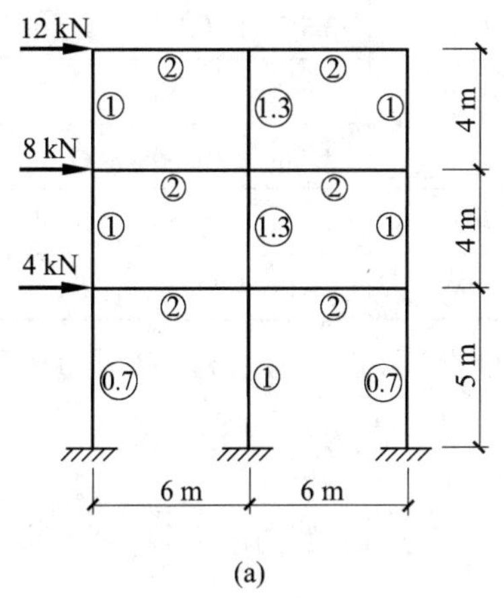

(a)

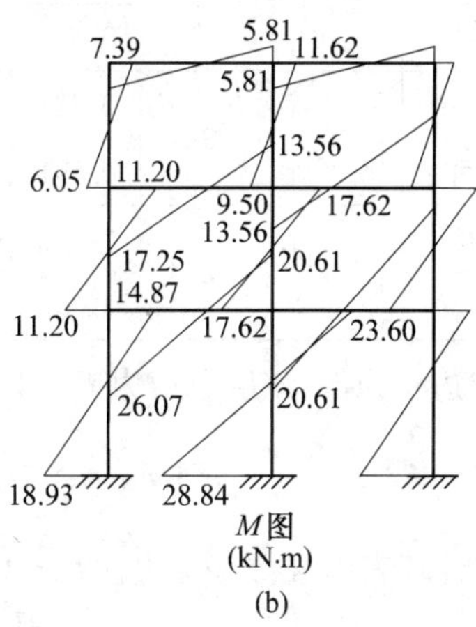

(b)

图 23.16

解:1. 各层柱 D 值的计算(见表格 a、b)

表 a　2 ~ 3 层 D 值计算

柱 \ D	$\bar{K}=\dfrac{\sum i_b}{2i_z}$	$\alpha=\dfrac{\bar{K}}{2+\bar{K}}$	$D=\alpha i_z\dfrac{12}{h^2}$
边柱	$\dfrac{2+2}{2\times1}=2$	$\dfrac{2}{2+2}=0.5$	$0.5\times1\times\dfrac{12}{4^2}=0.375$
中间柱	$\dfrac{2\times4}{2\times1.3}=3.08$	$\dfrac{3.08}{2+3.08}=0.606$	$0.606\times1.3\times\dfrac{12}{4^2}=0.591$

2 ~ 3 层总 D 值为

$$\sum D=2\times0.375+0.591=1.341$$

表 b　首层 D 值计算

柱 \ D	$\bar{K}=\dfrac{\sum i_b}{i_z}$	$\alpha=\dfrac{0.5+\bar{K}}{2+\bar{K}}$	$D=\alpha i_z\dfrac{12}{h^2}$
边柱	$\dfrac{2}{0.7}=2.86$	$\dfrac{0.5+2.86}{2+2.86}=0.691$	$0.691\times0.7\times\dfrac{12}{5^2}=0.232$
中间柱	$\dfrac{2+2}{1}=4$	$\dfrac{0.5+4}{2+4}=0.75$	$0.75\times1\times\dfrac{12}{5^2}=0.36$

首层总 D 值为

$$\sum D = 2 \times 0.232 + 0.36 = 0.824$$

2. 各柱弯矩的计算(见表 c)

表 c　柱弯矩计算表

层	柱	F_{Si}	$\sum D_{ij}$	D_{ij}	$F_{Sij}=\dfrac{D_{ij}}{\sum D_{ij}}F_{Si}$	$\overline{K}$	$\overline{y}$	$M_{上}$	$M_{下}$
三层	边柱	12	1.341	0.375	3.36	2	0.45	7.39	6.05
	中柱			0.591	5.28	3.08	0.45	11.62	9.50
二层	边柱	20	1.341	0.375	5.60	2	0.50	11.20	11.20
	中间柱			0.591	8.81	3.08	0.50	17.62	17.62
首层	边柱	24	0.824	0.232	6.76	2.86	0.56	14.87	18.93
	中柱			0.36	10.49	4	0.55	23.60	28.84

以三层边柱为例,该层总剪力 $F_{S3}=12$ kN,总 D 值为 1.341,边柱 D 值为 0.375,因此

$$F_{S3边}/\text{kN} = \frac{0.375}{1.341} \times 12 = 3.36$$

由 D 值计算表中查得三层边柱 $\overline{K}=2$,利用倒三角形荷载作用下的标准反弯点高度比表查出三层框架第 3 层的 y_0 值为 0.45,这根柱的 y_0 值按所给条件可不进行修正,故 $\overline{y} = y_0 = 0.45$,最后得到这根柱下端弯矩为

$$M_{下}/(\text{kN}\cdot\text{m}) = 3.36 \times 0.45 \times 4 = 6.05$$

上端弯矩为

$$M_{上}/(\text{kN}\cdot\text{m}) = 3.36 \times 0.55 \times 4 = 7.39$$

3. 柱的弯矩得出后,梁的弯矩与反弯点法相同,可由结点平衡求出。最后弯矩图示于图 23.17(b) 中。

将 D 值法所得结果(图 23.16(b))与反弯点法所得结果(图 23.13(b))对比,可以看出,二层弯矩值较为接近,但首层与三层差别较大,这正是反弯点法不足之所在。

23.5　剪力分配法

等高多跨的单层工业厂房排架(图 23.17(a))虽然属于多次超静定结构,但应用位移法,则只要解一个未知量便可得到内力,而且可以将其结果转化成剪力分配的形式,这是单层厂房计算中经常采用的方法。图 23.17(b) 为用位移法解等高排架的基本结构,当顶部有水平集中力 $\boldsymbol{F}$ 作用时,则

$$R_{1P} = -F$$

此时各柱均无剪力,图 23.17(c) 为求 r_{11} 的位移图,如果第 i 根柱顶部发生单位位移所需的剪力为 r_i(见图 23.17(d)),则

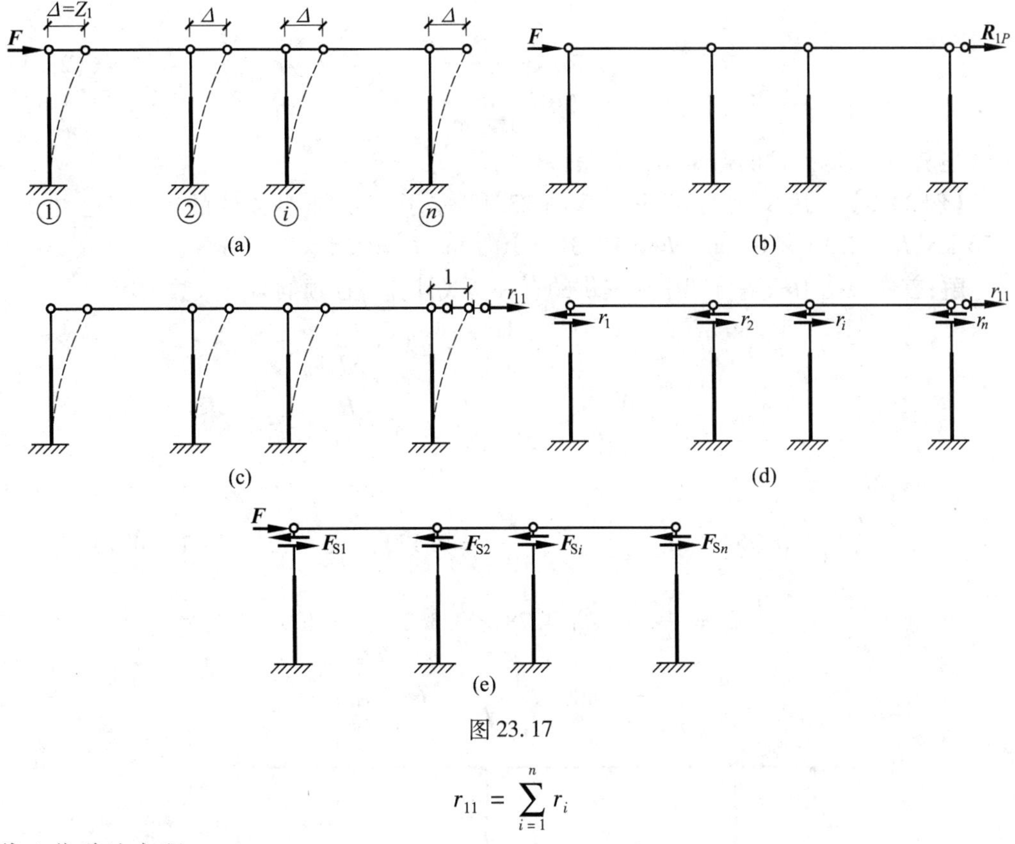

图 23. 17

$$r_{11} = \sum_{i=1}^{n} r_i$$

代入位移法方程

$$Z_1 = -\frac{-F}{\sum_{i=1}^{n} r_i} = \frac{F}{\sum_{i=1}^{n} r_i}$$

第 i 根柱在 $\boldsymbol{F}$ 力作用下最后的剪力应为

$$F_{Si} = r_i Z_1 = \frac{r_i}{\sum_{i=1}^{n} r_i} F = \eta_i F \tag{23.15}$$

$$\eta_i = \frac{r_i}{\sum_{i=1}^{n} r_i} \tag{23.16}$$

式中，η_i 称为剪力分配系数；r_i 称为柱的侧移刚度。因此在等高排架计算中，各柱剪力是按侧移刚度分配的（图 23. 17(e)）。侧移刚度 r_i 可以通过力法中的柔度 δ_i 求出。

图 23. 18(a) 示出了刚度系数的概念，而图 23. 18(b) 示出了柔度系数的概念，它们之间存在着互为倒数的关系。将此关系代入式(23. 16)，有

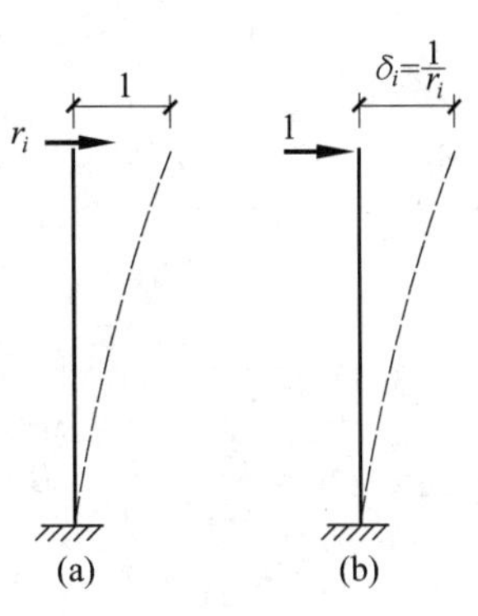

图 23. 18

$$\eta_i = \frac{\frac{1}{\delta_i}}{\sum_{i=1}^{n} \frac{1}{\delta_i}} \tag{23.17}$$

当剪力得到后,柱的弯矩图便可很快作出。

【例 23.8】 用剪力分配法计算图 23.19 所示铰结排架各柱的剪力,已知 $F = 5.75\ \text{kN}, I_1 = 2.13 \times 10^{-3}\ \text{m}^4, I_2 = 12.31 \times 10^{-3}\ \text{m}^4, I_3 = 7.2 \times 10^{-3}\ \text{m}^4$。

解:首先根据力法解排架中所提供的有关公式计算各柱顶的柔度系数,有

$$\delta_{aa} = k_3 \frac{H^3}{EI_2} = \frac{1}{3}(1 + \mu\lambda^3)\frac{H^3}{EI_2}$$

$$\mu = \frac{1}{n} - 1, \quad n = \frac{I_1}{I_2}, \quad \lambda = \frac{H_1}{H}$$

1. 柱柔度

$$\lambda = \frac{4.2}{11.6} = 0.362, \quad n = \frac{2.13 \times 10^{-3}}{12.31 \times 10^{-3}} = 0.173, \quad \mu = \frac{1}{0.173} - 1 = 4.78$$

$$k_3 = \frac{1}{3} \times (1 + 4.78 \times 0.362^3) = 0.409$$

$$\delta_1 = 0.409 \times \frac{11.6^3}{EI_2} = 638/EI_2$$

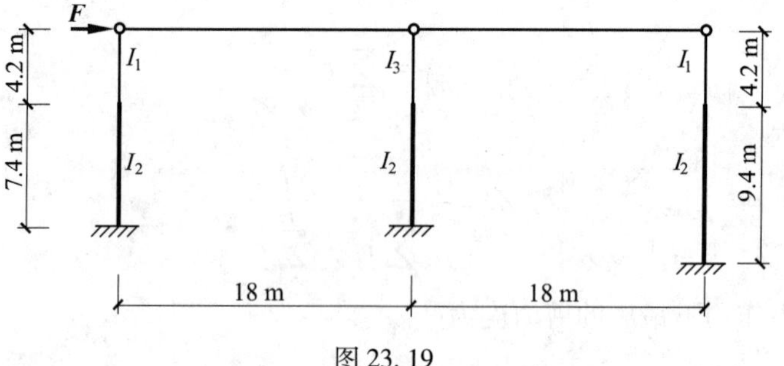

图 23.19

2. 柱柔度

$$\lambda = 0.362, \quad n = \frac{7.2 \times 10^{-3}}{12.3 \times 10^{-3}} = 0.585, \quad \mu = \frac{1}{0.585} - 1 = 0.709$$

$$k_3 = \frac{1}{3}(1 + 0.709 \times 0.362^3) = 0.345$$

$$\delta_2 = 0.345 \times \frac{11.6^3}{EI_2} = 538/EI_2$$

3. 柱柔度

$$\lambda = \frac{4.2}{13.6} = 0.309, \quad n = \frac{2.13 \times 10^{-3}}{12.31 \times 10^{-3}} = 0.173, \quad \mu = \frac{1}{0.173} - 1 = 4.78$$

$$k_3 = \frac{1}{3} \times (1 + 4.78 \times 0.309^3) = 0.380$$

$$\delta_3 = 0.380 \times \frac{13.6^3}{EI_2} = 956/EI_2$$

根据公式(23.17) 计算各柱剪力分配系数,有

$$\eta_1 = \frac{\frac{1}{638}}{\frac{1}{638}+\frac{1}{538}+\frac{1}{956}} = \frac{1.56 \times 10^{-3}}{4.47 \times 10^{-3}} = 0.349$$

$$\eta_2 = \frac{\frac{1}{538}}{4.47 \times 10^{-3}} = 0.416$$

$$\eta_3 = \frac{\frac{1}{956}}{4.47 \times 10^{-3}} = 0.235$$

各柱分配剪力

$$F_{S1}/\text{kN} = 0.349 \times 5.75 = 2.01$$
$$F_{S2}/\text{kN} = 0.416 \times 5.75 = 2.39$$
$$F_{S3}/\text{kN} = 0.235 \times 5.75 = 1.35$$

*23.6　框-剪结构受力分析的连续化方法

图23.20(a) 为框-剪(或框-墙) 结构的一种计算简图,它是将某方向所有剪力墙合为一道剪力墙,以 EI_W 代表各剪力墙刚度的总和,将该方向所有框架合并为一个框架,各层楼板视为刚性板,它的作用是将框架与剪力墙在楼板处相连使其发生相同的水平侧移,这里采用铰结杆代替楼板作用,这种体系称为铰结体系(还有刚结体系)。这种计算简图属于多高次超静定结构,除采用电算外,手算方法多采用"连续化" 方法,以避免复杂的运算。这是一种建立和求解微分方程的方法,当所需的位移与内力函数求得后可以制成通用表格以备设计人员使用。本节仅介绍"连续化" 的基本概念及其求解方法,具体计算由于涉及因素太多,此处从略,读者可以参看有关高层建筑结构计算和建筑物抗震设计等书。

所谓"连续化" 假设,就是将图23.20(a) 所示计算简图改变成图23.20(b) 所示的形式,或者说,假设链杆是连续分布在整个框架与剪力墙中间,这种假设对整体受力影响不大,这样假设后,剪力墙在荷载作用下的位移曲线与框架柱的位移曲线将完全相同。如图23.21(c) 所示,在水平荷载 $q(x)$ 作用下,将所有链杆截断,并以未知的连续分布力 $p(x)$ 代替链杆的作用,则框 - 剪体系可以视为两个单独受力部分。左部剪力墙在 $q(x)$ 与 $p(x)$ 作用下产生弯曲变形,可由悬臂构件计算。根据变形协调条件,剪力墙与框架在相连接的部位沿 y 方向应产生相同的水平位移,即两者的弹性曲线要相同。将梁的近似弹性曲线微分方程 $EI_W y'' = -M(x)$ 求二阶导数,并注意到 $M''(x) = -q(x) + p(x)$,可建立起

$$EI_W \frac{d^4 y}{dx^4} = q(x) - p(x) \tag{23.18}$$

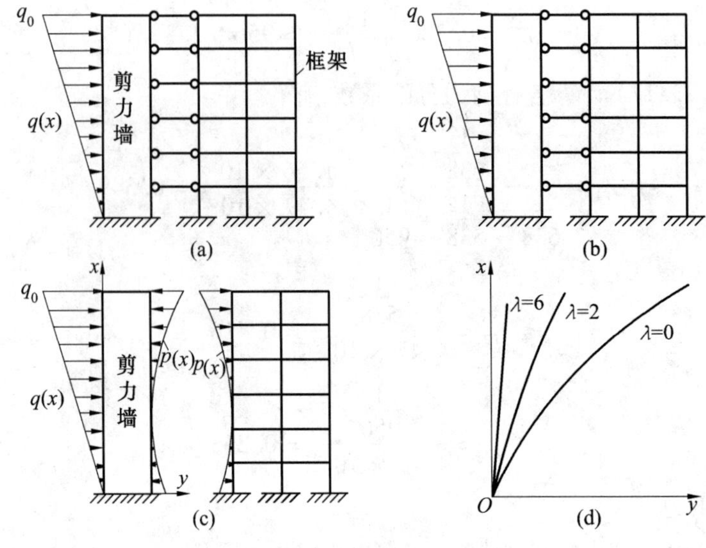

图 23.20

式中,$y=f(x)$ 为剪力墙的弹性曲线方程。如果此微分方程能够解出,则剪力墙的内力可由下列各式得出:

$$\left.\begin{aligned} M_{\mathrm{W}} &= -EI_{\mathrm{W}}\frac{\mathrm{d}^2y}{\mathrm{d}x^2} \\ F_{\mathrm{SW}} &= -EI_{\mathrm{W}}\frac{\mathrm{d}^3y}{\mathrm{d}x^3} \end{aligned}\right\} \tag{23.19}$$

式中,M_{W} 与 F_{SW} 为剪力墙的弯矩方程与剪力方程。不过方程(23.18)中尚含有未知力 $p(x)$,它与剪力墙位移的关系尚不清楚,因此方程(23.18)暂时还不能求解。$p(x)$ 不仅和剪力墙受力有关,同时也与框架受力有关。按 D 值法解框架时,由于 $p(x)$ 相对水平荷载,因此它必与层间剪力 $F_{\mathrm{S}i}$ 有关,而 $F_{\mathrm{S}i}$ 又与层间相对位移 Δu_i 有关,相对位移与层高之比从几何上考虑又是框架弹性曲线的层间转角,即 $\theta_i=\Delta u_i/h_i$。当引入连续化假设后,此式即变为 $\theta=\frac{\mathrm{d}y}{\mathrm{d}x}$。由于这里的位移 y 既是框架的又是属于剪力墙的,这样便可找到 $p(x)$ 与 y 的又一关系,根据剪力与荷载集度间的微分关系,有下式成立

$$p(x) = -\frac{\mathrm{d}F_{\mathrm{Sf}}}{\mathrm{d}x} \tag{23.20}$$

式中,F_{Sf} 为框架剪力。D 值法中曾提供了楼层剪力与位移的关系

$$F_{\mathrm{S}i} = \Delta u_i\left(\sum D_{ij}\right)$$

将 $\Delta u_i=\theta_i h_i$ 代入上式,得到

$$F_{\mathrm{S}i} = \left(\sum h_i D_{ij}\right)\theta_i$$

引入连续化假设后,上式化为

$$F_{\mathrm{Sf}} = \left(\sum hD_j\right)\theta = C_{\mathrm{f}}\frac{\mathrm{d}y}{\mathrm{d}x} \tag{23.21}$$

求一阶导数并代入式(23.20),有

$$p(x) = -\frac{\mathrm{d}F_{\mathrm{Sf}}}{\mathrm{d}x} = -C_{\mathrm{f}}\frac{\mathrm{d}^2 y}{\mathrm{d}x^2} \tag{23.22}$$

这就是 $p(x)$ 与位移 y 之间的微分关系。式中 C_{f} 称为框架的等效剪切刚度,有

$$C_{\mathrm{f}} = \sum_{j=1}^{n} hD_j \tag{23.23}$$

当各层 D 值与层高不等时,取各层 C_{f} 沿竖向高度的加权平均值。

将式(23.22)代入式(23.18),得到

$$EI_{\mathrm{W}}\frac{\mathrm{d}^4 y}{\mathrm{d}x^4} - C_{\mathrm{f}}\frac{\mathrm{d}^2 y}{\mathrm{d}x^2} = q(x)$$

令

$$\frac{EI_{\mathrm{W}}}{C_{\mathrm{f}}} = s^2$$

则上式可化为

$$\frac{\mathrm{d}^4 y}{\mathrm{d}x^4} - \frac{1}{s}\frac{\mathrm{d}^2 y}{\mathrm{d}x^2} = \frac{1}{C_{\mathrm{f}}s^2}q(x) \tag{23.24}$$

此方程即为框-剪结构协同工作的基本方程。由于框架与剪力墙间用铰结链杆连接,且基本方程中以线位移 y 为未知函数,因此又称方程式(23.24)为"铰结体系线变方程"。解此方程求得位移函数 y 后,即可由(23.19)和(23.21)两式中求得剪力墙与框架的内力。

在框-剪结构的抗震设计中,地震力一般均按倒三角形荷载处理,此时方程(23.24)右端 $q(x) = q_0\frac{x}{H}$,此处 q_0 为顶点集度,H 为剪力墙总高。代入方程(23.24),有

$$\frac{\mathrm{d}^4 y}{\mathrm{d}x^4} - \frac{1}{s^2}\frac{\mathrm{d}^2 y}{\mathrm{d}x^2} = \frac{1}{C_{\mathrm{f}}s^2}\frac{q_0}{H}x \tag{23.25}$$

此方程属于四阶线性常系数非齐次常微分方程,其通解取如下形式

$$y = A\mathrm{sh}\lambda\xi + B\mathrm{ch}\lambda\xi + C + Dx - \frac{q_0 x^3}{6HC_{\mathrm{f}}} \tag{23.26}$$

$$\lambda = \frac{H}{s} = H\sqrt{\frac{C_{\mathrm{f}}}{EI_{\mathrm{W}}}} \tag{23.27}$$

$$\xi = x/H \tag{23.28}$$

式中,λ 称为结构体系的刚度特征系数;ξ 称为相对高度,利用边界条件确定常数 A、B、C、D 后,得到位移函数

$$y = \frac{11q_0H^4}{120EI_{\mathrm{W}}}k_1 \tag{23.29}$$

式中

$$k_1 = \frac{120}{11}\frac{1}{\lambda^2}\left[\left(\frac{\mathrm{sh}\lambda}{2\lambda} - \frac{\mathrm{sh}\lambda}{\lambda^3} + \frac{1}{\lambda^2}\right)\left(\frac{\mathrm{ch}\lambda\xi - 1}{\mathrm{ch}\lambda}\right) + \left(\xi - \frac{\mathrm{sh}\lambda\xi}{\lambda}\right)\left(\frac{1}{2} - \frac{1}{\lambda^2}\right) - \frac{\xi^3}{6}\right]$$

位移函数获得后,剪力墙与框架内力可分别求出:

$$M_{\mathrm{W}} = -EI_{\mathrm{W}}\frac{\mathrm{d}^2 y}{\mathrm{d}x^2} = \frac{q_0H^2}{3}k_2 \tag{23.30}$$

$$k_2 = \frac{3}{\lambda^3}\left[\left(\frac{\lambda^2 \mathrm{sh}\lambda}{2} - \mathrm{sh}\lambda + \lambda\right)\frac{\mathrm{ch}\lambda\xi}{\mathrm{ch}\lambda} - \left(\frac{\lambda^2}{2} - 1\right)\mathrm{sh}\lambda\xi - \lambda\xi\right]$$

$$F_{\mathrm{SW}} = -EI_{\mathrm{W}}\frac{\mathrm{d}^3 y}{\mathrm{d}x^3} = \frac{1}{2}q_0 H k_3 \tag{23.31}$$

$$k_3 = -\frac{2}{\lambda^2}\left[\left(\frac{\lambda^2 \mathrm{sh}\lambda}{2} - \mathrm{sh}\lambda + \lambda\right)\frac{\mathrm{sh}\lambda\xi}{\mathrm{ch}\lambda} - \left(\frac{\lambda^2}{2} - 1\right)\mathrm{ch}\lambda\xi - 1\right]$$

$$F_{\mathrm{Sf}} = C_{\mathrm{f}}\frac{\mathrm{d}y}{\mathrm{d}x} = \frac{1}{2}q_0 H\left[(1 - \xi^2) - k_3\right] \tag{23.32}$$

k_1、k_2、k_3 三个函数均已制成表格,以便设计人员直接查用(本书表格从略)。

在结束本节内容时,我们对结构刚度特征系数 λ 的概念及其对整个结构位移的影响加以说明,由式(23.27),有

$$\lambda = H\sqrt{\frac{C_{\mathrm{f}}}{EI_{\mathrm{W}}}}$$

式中,EI_{W} 为剪力墙的总刚度,而 C_{f} 代表框架的总刚度(它与框架 D 值成正比),所以 λ 的值体现了两者刚度的关系,λ 越大表示框架部分起主要作用,而 λ 等于零则表示只有剪力墙而无框架,图 23.21(d) 给出了在倒三角形荷载作用下,$\lambda=0$,$\lambda=2$,$\lambda=6$ 三种情况下挠度曲线的对比图,$\lambda=0$ 代表了只有剪力墙而无框架时的挠曲线,此时与悬臂梁受倒三角形荷载作用所产生的挠曲线相同,属弯曲型,而 $\lambda=6$ 相当于框架部分占有相当大的比重,其挠曲线属于剪切型,而 $\lambda=2$ 介于两者之间,既有弯曲型又有剪切型属于剪弯型。

本节所述仅仅是“连续化”方法在框 - 剪结构受力分析中的一种最基本应用。这种“连续化”方法目前已有广泛的应用,它已在解决各种联肢墙、筒体结构以至网架结构等的受力分析中得到应用,并已扩展到结构动力特性的分析上。

23.7　静定结构与超静定结构特性的比较

本书至此已将静力的计算方法(除电算外)介绍完毕。整个课程中我们接触到两类结构的受力与变形分析问题:一类是静定结构,另一类是超静定结构。它们之间有着很多共同的特点,但两者又有一定区别,这些不同点在学习特别是使用力学知识时是应当给予注意的。

从几何组成角度考虑,静定结构是无多余联系的几何不变体系,而超静定结构是有多余联系的几何不变体系。就这点而言,静定结构一旦有一根杆件失去承载能力(或破坏,或失稳)将使整个体系成为几何可变体系,这意味着整体结构随之破坏。例如屋架,由于它基本上属于静定体系,因此只要一根拉(压)杆产生破坏,则往往会引起整个屋架的塌落。超静定结构由于多余联系的存在,特别是多次超静定结构,即使发生几处局部破坏,只要整体还属于几何不变体系,则就不会发生全面的破坏。例如多层框架结构在地震中哪怕有数根梁产生了屈服破坏,只要柱子大体能保证完好,大楼就绝不会倒塌。

有无多余联系是静定结构与超静定结构的根本区别,正是由于这一点,在结构的内力计算上产生了本质的区别。静定结构内力(不包括应力)分析之所以简单,就在于它只需

考虑静力平衡条件而无需考虑结构的变形与位移。因此，静定结构的内力分布与结构的材料性质与截面的几何性质是无关的。例如一根简支梁，不论它是钢梁、钢筋混凝土梁或是木梁，只要跨度给出，荷载给定，它的弯矩图和剪力图便可以完全确定，而且结果是唯一的。超静定结构，由于多余约束的存在，使未知量的数目大于静力学所能提供的平衡方程的个数，因此仅就满足平衡方程而言，解答是无穷多的，这时附加的变形协调方程成为使解答唯一的不可缺少的条件。由于变形条件的引入，就使得超静定结构的内力分布与材料性质和截面几何性质发生了关系。但是必须指出，在荷载作用下，超静定结构的内力一般只与相对刚度有关，而与绝对刚度无关，如果为同一种材料，只有一个弹性模量 E，则超静定内力计算结果中并不含有 E（相互消去）。例如等截面单跨超静定梁在荷载作用下，其固端弯矩只与荷载、荷载位置以及跨度有关与截面尺寸无关。就内力分布是否均匀这一点而言，超静定结构相对静定结构要优越一些，例如单跨简支梁受均布荷载作用，其最大弯矩为$\frac{1}{8}ql^2$，而两端固定的单跨梁在同样荷载作用下，支座最大负弯矩为$\frac{1}{12}ql^2$，跨中正弯矩只有$\frac{1}{24}ql^2$，这实质是由于两端约束将负弯矩增大的缘故。超静定结构中一般说来哪根构件相对刚度大，它吸收的分配内力也往往较大，这点还可用来人为地调整刚度比值而使内力分布均匀。在稳定问题中，约束增多承载力增大这也是一个重要规律，两端固定柱比同样柱采用一端固定一端自由时稳定承载能力大 3 倍，这就是一个很好的说明。

结构在非荷因素影响下的效应，静定与超静定的差别就更加明显。温度改变、支座沉陷、制作误差等对静定结构而言是不产生内力的，其原因就在于静定结构无多余约束来限制这些位移与变形，使得这些变化完全是自由的。但超静定结构则恰好相反，多余约束的存在阻止了这些变形，因此使结构中产生了荷载以外引起的附加内力，支座的不均匀沉陷一般说来会使超静定结构产生相当大的内力与变形，有时严重了还会引起整个房屋倒塌。温度变化有时候也会使房屋的墙体产生很大的裂缝，冻胀的结果有时会使地面甚至柱子抬起。所以在设计超静定结构时，这些因素都应充分考虑，给予妥善处理。

23.8　定性定量速画弯矩图

绘制结构的弯矩图，是土木类专业的主要内容。掌握快速绘制弯矩图的方法，对于土木工程师进行结构的受力分析、计算、校核和检验以及参加注册工程师的考试，都有着非常重要的意义。

本节内容是在多年理论教学与工程实践的基础上，对传统的速画弯矩图的方法进行了总结，归纳出一些进一步提高速画弯矩图的方法，并且提出了一些速画弯矩图的新方法。

使用者在学习完本书前述章节的内容后，复习、理解、加深和学习下述关于定性定量速画弯矩图的论述，将会提高速画弯矩图及对结构受力分析的能力。

1. 基本理论

(1) 指定截面上的弯矩计算

弯矩等于截面一侧所有外力对截面形心力矩的代数和,画在受拉一侧。

可用“手指法”来形象的判断弯曲杆件的受拉侧:以手指根端为所取截面,当平举手指作用向下的力(集中力、分布力)时,引起手指上侧皱纹展开,显见为上侧受拉(图 23.21)。其他方向时,可同理得出。

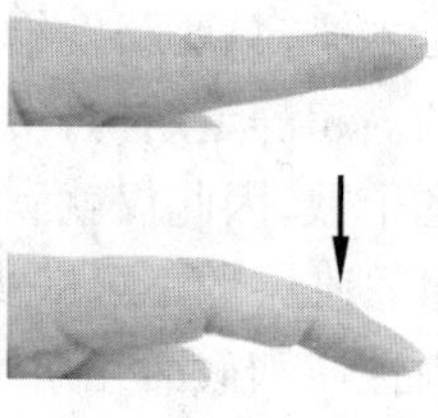

图 23.21

(2) 荷载集度、剪力、弯矩三者之间的微分关系

$$\frac{\mathrm{d}M(x)}{\mathrm{d}x}=F_{\mathrm{S}}(x),\quad \frac{\mathrm{d}F_{\mathrm{S}}(x)}{\mathrm{d}x}=q(x),\quad \frac{\mathrm{d}^2M(x)}{\mathrm{d}x^2}=q(x)$$

即:当荷载集度为常数时,剪力图为斜直线,弯矩图为二次曲线;当荷载集度为零时,剪力图为平行线或为零线,弯矩图为斜直线或为平行线、零线。

由此还可以得出根据荷载图直接判断出弯矩图的“弓箭法”或“积雨法”:荷载如箭或雨,弯矩图则形如拉开的弓或接雨的碗。亦即弯矩图的凸向始终与荷载的指向是一致的(图 23.22)。

(3) 区段叠加法

区段叠加法是以一段梁的平衡为依据,比拟相应跨度简支梁的计算而得到的方法:以一段梁的两端弯矩值的连线为基线,叠加该段相应简支梁的弯矩图(图 23.22)。

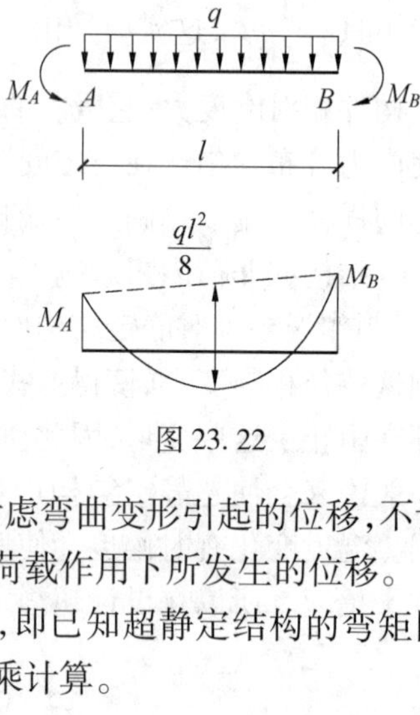

图 23.22

(4) 结构的位移计算

对于梁、刚架(等直杆)等以弯曲变形为主的结构,仅考虑弯曲变形引起的位移,不计轴向、剪切等变形引起的位移。所以,可用图乘法计算其在荷载作用下所发生的位移。

超静定结构的位移计算可转化为静定结构的位移计算,即已知超静定结构的弯矩图时,再取其任意静定的基本结构绘制单位力图,两图进行图乘计算。

(5) 刚结点处力矩的分配与杆端弯矩的传递

利用力矩分配法中的结点分配和传递的原理,计算出结点的分配系数(一般可心算得出),将结点的不平衡力矩快速分配和传递给其他杆的近端及远端。

(6) 剪力分配法的应用

对于在结点水平荷载作用下的排架(横梁 EA 为无穷大)、框架及框排架结构(横梁 EI 为无穷大),可以根据各个柱子的侧移刚度,计算出剪力分配系数(一般可直观判断出),得到各柱的剪力。在弯矩为零处作用该柱的剪力,按悬臂柱即可计算其柱端弯矩。

2. 基本技巧

(1) 单跨静定梁和超静定梁的弯矩图

单跨静定梁(简支梁、悬臂梁、外伸梁)在简单荷载作用下的弯矩图;单跨超静定梁(两端固定梁、一端固定一端铰支梁、一端固定一端滑动梁)的载常数和形常数。根据形常数,还可以有固定端弯矩是转动端弯矩一半的结论。

与掌握英文单词才能组成一句话相似,熟练掌握单跨梁弯矩图的绘制才能有效绘制整个结构的弯矩图。单跨梁的弯矩图在一般的材料力学和结构力学或结构静力计算手册中都有图表列出,由此,亦可见掌握单跨梁弯矩图的重要性。

(2) 集中力及约束处弯矩图的特征

集中力处的弯矩图有尖角,尖角的方向同荷载的指向;集中力偶处的弯矩图有突变,突变的幅值等于力偶矩的大小,突变的变化与力偶的效应对应。例如:对于水平杆,弯矩图若从左向右绘制,遇到顺时针转向的力偶,有增加右段杆下侧受拉的效应,因此弯矩图形向下突变。

固定端处的弯矩一般不为零;自由杆端、杆端铰支座及铰结点处,若无外力偶作用,该处的弯矩恒等于零;当直线段的中间铰上无集中力作用时,由于中间铰两侧的剪力相同,因此,中间铰两侧杆的弯矩图形连续,并且经过中间铰(铰结点处的弯矩恒等于零);当直线段的滑动约束上无集中力作用时,由于滑动约束两侧的剪力为零,因此,滑动约束两侧杆的弯矩图形为一平行线;在两杆相连的刚结点处(结点处无外力偶作用),两杆的杆端弯矩大小相同、同侧(里侧或外侧)受拉;在三杆相连的刚结点处,当已知两杆的杆端弯矩时,另外一杆的弯矩值可按结点的力矩平衡求得。

梁与柱组合的刚结点是显见的,梁与柱之间的夹角一般为直角或是斜角。连续梁在跨越铰支座时,支座两侧的杆端在支座处也组成了刚结点(这是初学者经常出错的地方),此时的两杆之间的夹角是 180°,依然符合“在两杆相连的刚结点处,两杆杆端弯矩相同”的特点。

(3) 对称性的利用

对称结构在对称荷载作用下,产生对称反力和对称内力,内力图形对称,在对称轴的截面上只有对称的内力(弯矩、轴力),而无反对称的内力(剪力);对称结构在反对称荷载作用下,产生反对称反力和反对称内力,内力图形反对称,在对称轴的截面上只有反对称的内力(剪力),而无对称的内力(弯矩、轴力)。因此,还可以取半结构进行简化分析。

(4) 杆端力对本段杆件弯矩的影响

杆端的横向力(剪力)、杆端的力偶(弯矩)会引起本段杆件的弯矩,杆端的轴向外力(轴力)是不会引起该段杆件弯矩的。由此,当杆端有轴向支座反力时,许多情况下,其反力的计算可略去,进而简化了计算。当杆端有轴向未知力,而横向力及力偶为已知时,还可称该段杆为弯矩静定杆,其杆端弯矩的计算与静定的悬臂杆相同,可统称为悬臂法。当已知杆端的弯矩及梁上的荷载时,根据梁段的平衡,还可计算出杆端的剪力(反力)。

当结构中仅有两杆端铰支座的水平支座反力保持 $\sum F_x = 0$ 的平衡时,其反力必大小相等方向相反。因此,当两杆平行、等长时,其弯矩图形也相同,但分居杆的两侧,这是该类结构的特点。所以,当已知一杆的弯矩时,可不需要进行反力的计算,直接绘出另一杆的弯矩。

(5) 排架、框架柱杆端弯矩的判定

排架结构的某根柱上作用有横向力时,由于其他柱的侧移刚度不是无穷大,柱上端的链杆不能约束柱顶的侧移,但又好于完全自由端。所以,其固定端处的弯矩介于一端固定一端铰支梁和悬臂梁之间。若在结点处作用有向右的横向力,则排架各柱上端(铰结点处）弯矩为零,固定端处的弯矩为左侧受拉,弯矩图形为左侧受拉的三角形。

同理,对于横梁抗弯刚度为无穷大的框架结构,若在结点处作用有向右的横向力,由于柱的反弯点(弯矩为零处）在柱的中央,则框架各柱的上、下端弯矩相等,上端弯矩为右侧受拉,下端弯矩为左侧受拉,弯矩图形为柱两侧受拉的三角形。

对于横梁刚度不是无穷大的框架结构,反弯点的位置向横梁刚度小的一端移动,可定性画出弯矩形状图。

结点处作用有向右的横向力时,排架柱、框架各杆的弯矩图形均为向右上方倾斜的斜直线。

通过排架、框架柱杆端弯矩的分析,可推论出框排架结构弯矩图形的画法。

3. 扩展方法

(1) 弹性杆件对刚结点的贡献

荷载在一段杆上作用时,其他弹性杆件通过刚结点对该杆的转动约束,达不到固定端的零转动,但又好于铰结点的自由转动。所以,可定性地判定杆端弯矩是介于相应固定端处的弯矩与零之间,弹性杆件对刚结点约束强的杆端弯矩要大于约束弱的一端弯矩。

弹性杆件对刚结点约束的强弱,可以根据杆端的转动刚度来判定,多个弹性杆件对同一刚结点的约束可叠加计算。

(2) 弯矩等代结构的概念

当不改变结点的分配比例关系时,杆件的几何形状发生变化后,各段杆件的弯矩图形相对保持不变的结构,互称为弯矩等代结构。

(3) 已知超静定结构的弯矩形状图,定量绘制最终弯矩图

当定性分析出超静定结构的弯矩形状图后,根据超静定结构的位移计算原理,取其任意静定的基本结构,利用图乘法进行已知位移的计算,就可计算出弯矩形状图中的未知弯矩值,进而绘出最终的弯矩图形来。

(4) 支座移动转化为荷载作用

超静定结构由于支座移动所引起的内力计算,一般采用力法或者位移法。在建立方程时,确定其自由项还是常数项的分析过程中,一直是学习的难点。

对于常见的简单结构,该问题可以转化为由于荷载作用所引起的位移计算。该方法是将超静定结构有支座位移的约束去掉,代以相应的约束力作为荷载,绘出以约束力为未知量的弯矩形状图。再根据“已知超静定结构的弯矩形状图,定量绘制最终弯矩图”的方法,得出该力与支座位移的关系。分析过程中,由于去掉了有支座位移的约束,因此降低了原结构的超静定次数,特别是对于一次超静定结构,可直接转换成静定结构,所以简化了计算。

4. 应用实例

【例 23.9】 速画图 23.23(a) 所示结构的弯矩图。

解:由微分关系可知,梁上无分布力作用,所以各段梁上的弯矩图形均为直线,直线在各支座处发生转折。用悬臂法,从自由端 E 处开始绘制,一直到支座 A 处的弯矩值均为 M_e,且上侧受拉。以 M_e 值为基点,按中间铰处弯矩图的特点,弯矩图形直线通过铰 F(铰处的弯矩恒为零),延伸到支座 B 处,弯矩值为 M_e,且下侧受拉。同理,弯矩图形直线通过

铰 G，延伸到支座 C 处，弯矩值为 M_e，且上侧受拉。然后，弯矩图形继续直线通过铰 H，延伸到支座 D 处，弯矩值为 M_e，且下侧受拉。至此，得最终弯矩图形如图 23.23(b) 所示。

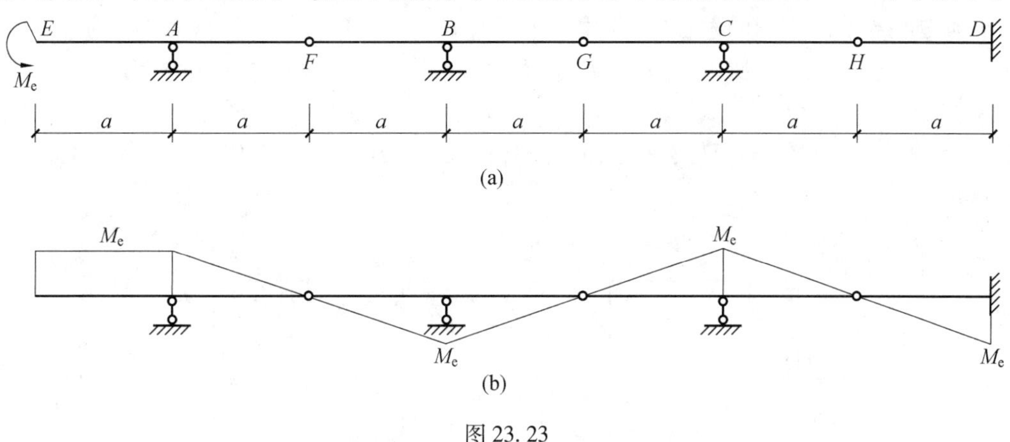

图 23.23

【例 23.10】　速画图 23.24(a) 所示结构的弯矩图。

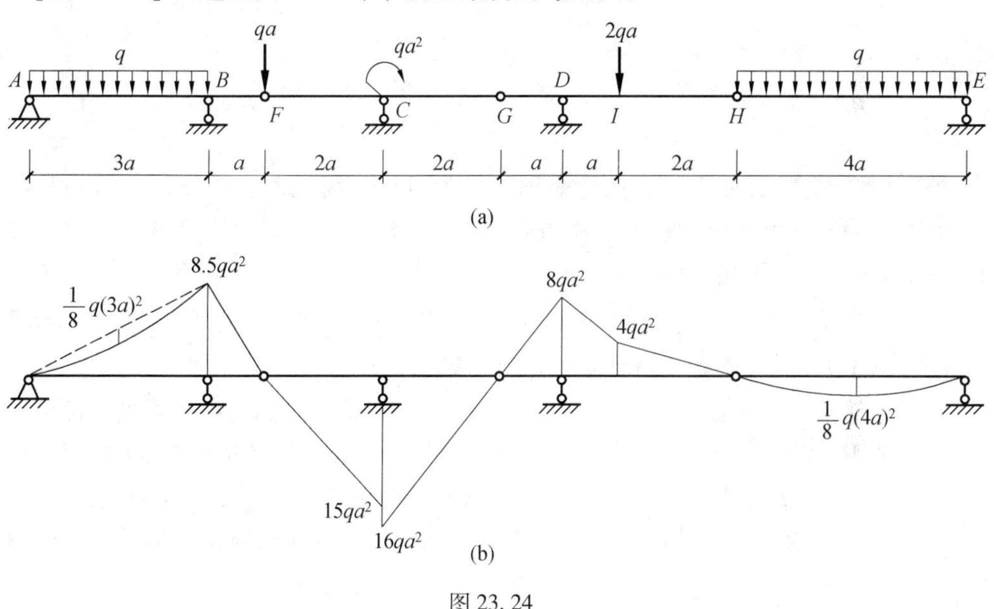

图 23.24

解：本题首先从 HE 段（简支段）开始，为凸向下的二次曲线。过中间铰 H 点（零点）相切向左上方直线延伸，到达截面 I 处的弯矩数值为 $1/2(q \times 4a) \times 2a = 4qa^2$，延伸到支座 D 处为 $6qa^2$，因为截面 I 处有向下的 $F = 2qa$ 荷载，对支座 D 处增加了上侧受拉的弯矩，大小为 $2qa \cdot a = 2qa^2$，所以支座 D 处的弯矩值为 $6qa^2 + 2qa^2 = 8qa^2$。弯矩图形继续向左经过中间铰 G 点，直线延伸到 C 处，其弯矩值按比例可得 $16qa^2$，下侧受拉。

在支座 C 处有一顺时针转向的力偶，有增加左段杆上侧受拉的效应，因此弯矩图形向上突变力偶 qa^2 的大小。所以，截面 C 左侧的弯矩值为 $16qa^2 - qa^2 = 15qa^2$。该值与中间铰 F 点（零点）相连，直线延伸到 B 点应为 $7.5qa^2$，而 F 点处还有向下的集中力，将引起支座 B 处大小为 $qa \times a = qa^2$ 上侧受拉的弯矩，所以支座 B 处的弯矩值最终为 $7.5qa^2$ +

$qa^2 = 8.5qa^2$。支座 A 处的弯矩为零,AB 段的弯矩图按区段叠加法得到,其 A 处的反力向下,曲线完全在梁的上方,且不与梁轴线相切,最终弯矩图如图 23.24(b) 所示。

本题在绘制弯矩图的过程中,仅用到中间铰 H 传递的剪力来计算截面 I 处的弯矩值,未计算各支座的反力。所以,比较先画连续梁的层次图、求反力,再绘制弯矩图的方法要简单快捷。

【例 23.11】 图 23.25(a) 所示结构的各杆长均为 6 m,集中力作用在杆的中央,试速画弯矩图形。

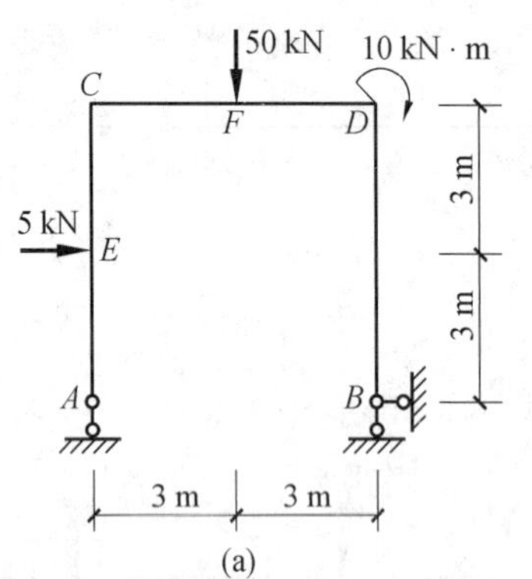

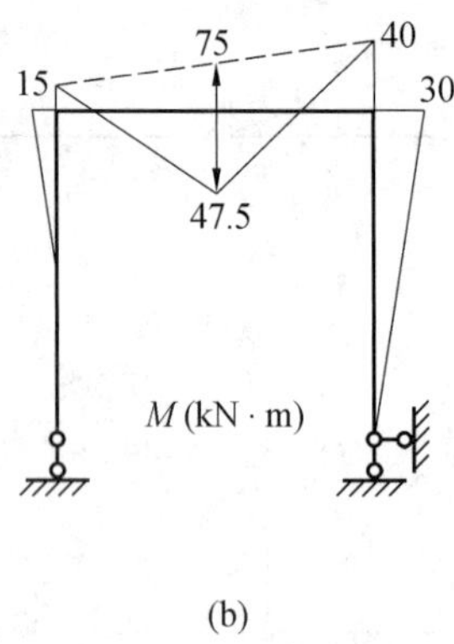

图 23.25

解:由微分关系显见,各杆件的弯矩图形均为直线。用悬臂法得杆 AE 段弯矩为零,$M_{CE} = (5 \times 3)\,\text{kN} \cdot \text{m} = 15\ \text{kN} \cdot \text{m}$ (外侧受拉),绘得杆 AC 的弯矩图形。根据两杆相连的刚结点平衡特点,可得 $M_{CD} = 15\ \text{kN} \cdot \text{m}$(外侧受拉)。

由整体 $\sum F_x = 0$ 的平衡条件,得 $F_{Bx} = 5\ \text{kN}$(向左),所以得 $M_B = 0$,$M_{DB} = (5 \times 6)\,\text{kN} \cdot \text{m} = 30\ \text{kN} \cdot \text{m}$(右侧受拉),绘得杆 BD 的弯矩图形。

根据两杆相连的刚结点平衡特点,M_{DC} 应为 30 kN · m (上侧受拉),但是在刚结点 D 处还有一个 $M = 10\ \text{kN} \cdot \text{m}$ 的顺时针转动的外力偶,该力偶对左侧杆的转动效应是上侧受拉(这是分析本题的关键),所以 $M_{DC} = (30 + 10)\,\text{kN} \cdot \text{m} = 40\ \text{kN} \cdot \text{m}$ (上侧受拉)。

已知杆 CD 两端弯矩值后,根据区段叠加法,即绘得杆 CD 的弯矩图形。最后的弯矩图形如图 23.25(b) 所示。

【例 23.12】 速画图 23.26(a) 所示结构的弯矩图。

解:由微分关系显见,除了杆 AD 的弯矩图形为凸向右的二次曲线外,其余各杆件的弯矩图形均为直线。

从附属部分开始,用悬臂法得 $M_{DA} = (4 \times 4 \times 2)\,\text{kN} \cdot \text{m} = 32\ \text{kN} \cdot \text{m}$(外侧受拉),$M_A = 0$,曲线在铰 A 处与杆轴相切,绘得杆 AD 的弯矩图形。由两杆相连的刚结点平衡特点,可得 $M_{DE} = 32\ \text{kN} \cdot \text{m}$(外侧受拉)。

根据弯矩图形经过中间铰的特点,杆 DE 的弯矩图形应直线经过铰结点 E,延伸到截面 F 处,引起下侧受拉的大小为 32 kN · m 的弯矩,但是在铰结点 E 处有向下的集中力,又引起截面 F 上侧受拉的弯矩。所以,$M_{FE} = (32 - 10 \times 2)\,\text{kN} \cdot \text{m} = 12\ \text{kN} \cdot \text{m}$(下侧受拉),绘得杆 DF 的弯矩图形。由两杆相连的刚结点平衡特点,可得 $M_{FB} = 12\ \text{kN} \cdot \text{m}$(左侧受拉),考虑铰 B 处的弯矩为零,绘得杆 BF 的弯矩图形。

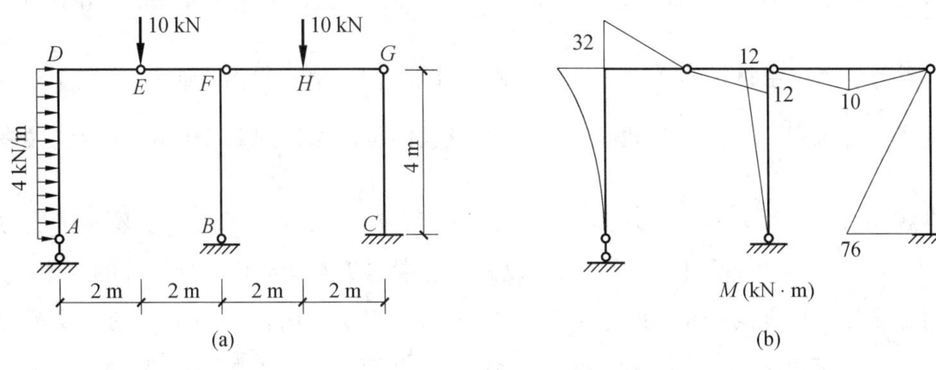

图 23. 26

由已知弯矩求剪力的方法,对杆 BF 的弯矩图形分析,可得 $F_{Bx}=(12/4)\text{ kN}=3\text{ kN}$(向右)。该力与杆 AD 上向右的分布力通过杆 FG 传到柱 CG 的上端,即 $F_{SGC}=(4\times4+3)\text{ kN}=19\text{ kN}$(该段分析是本题速画弯矩图的关键),得 $M_C=(19\times4)\text{ kN}\cdot\text{m}=76\text{ kN}\cdot\text{m}$(左侧受拉)。铰 G 处的弯矩为零,绘得杆 CG 的弯矩图形。

杆 FG 两端为铰结点,按简支梁绘制其弯矩图形。最后的弯矩图形如图 23. 26(b) 所示。

【例 23. 13】　速画图 23. 27(a) 所示结构的弯矩图。

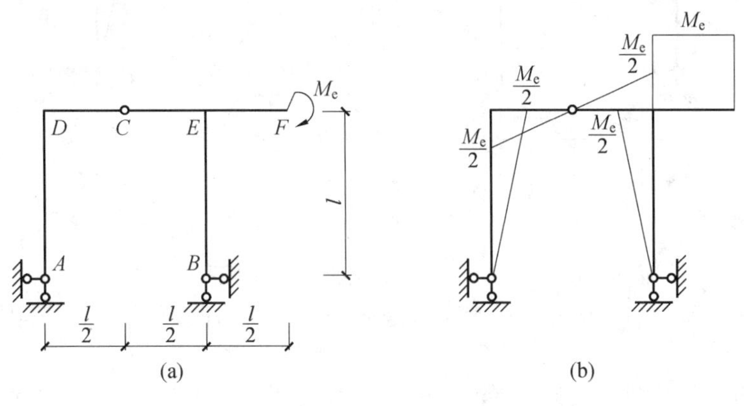

图 23. 27

解:由微分关系可知,该结构各段杆的弯矩图形均为直线。按悬臂法绘制杆 EF 的弯矩图形,得刚结点不平衡力矩 M_e。连接刚结点 E 的两个弹性杆 CE 与 BE 承担 M_e,无法确定两杆各自分担的弯矩值,需从支座 A 或 B 的水平反力入手。

一般的分析方法是:由整体 $\sum M_B=0$ 的平衡条件,显见 $F_{Ay}=\dfrac{M_e}{l}$(向上),再取 AC 部分,由 $\sum M_C=0$ 的平衡条件,显见 $F_{Ax}=\dfrac{M_e}{2l}$(向左)。因此,得 AD 杆的 $M_A=0$,$M_{DA}=\dfrac{M_e}{2}$(内侧受拉)。根据两杆相连刚结点平衡的特点,得 $M_{DC}=\dfrac{M_e}{2}$(内侧受拉)。以此值为起点,按

中间铰的特点,弯矩图形直线经过 C 点,得 $M_{EC}=\frac{M_e}{2}$(上侧受拉)。杆 BE 的弯矩值 $M_{EB}=\frac{M_e}{2}$(左侧受拉),可由整体的 $\sum F_x=0$ 的平衡条件求出 F_{Bx} 值后得出。或者,由刚结点 E 的力矩平衡条件求得。将各控制截面的弯矩值连线,即可绘出如图 23.27(b) 所示的最终弯矩图形。

本题还有不求反力的分析方法:注意到本题仅有杆 AD、BE 的杆端铰支座水平反力保持 $\sum F_x=0$ 的平衡,且两杆平行等长,所以两杆上端弯矩 $M_{DA}=M_{EB}$,分居柱的两侧,弯矩图形为三角形。根据两杆相连刚结点平衡的特点,有 $M_{DC}=M_{DA}$。由于铰 C 在杆 DE 的中央,所以有 $M_{EC}=M_{DC}$,还可得 $M_{EC}=M_{EB}$。根据三杆相连刚结点平衡的特点,分析刚结点 E 处,不平衡力矩 M_e 与 M_{EC} 和 M_{EB} 平衡。而两者相等,所以,得 $M_{EC}=M_{EB}=\frac{M_e}{2}$,转向与 M_e 相反。确定出两杆端的弯矩值后,即可绘出最终的弯矩图形了。

【例 23.14】 速画图 23.28(a) 所示结构的弯矩图。

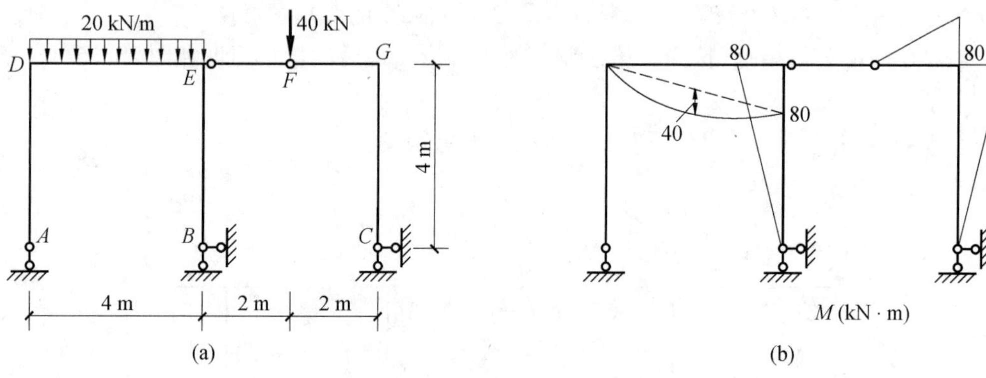

图 23.28

解:由微分关系显见,除了杆 DE 的弯矩图形为凸向下的二次曲线外,其余各杆件的弯矩图形均为直线。杆 AD 的可动铰支座是沿杆的轴线,杆 EF 为二力杆,因此两杆的弯矩为零。

杆 FG、杆 CG 是结构的附属部分,由悬臂法可得 $M_F=0$,$M_{GF}=(40\times 2)\text{kN}\cdot\text{m}=80\ \text{kN}\cdot\text{m}$(外侧受拉)。根据刚结点 G 的平衡特点,可得 $M_{GC}=M_{GF}=80\ \text{kN}\cdot\text{m}$(外侧受拉)。铰支座 C 处的 $M_C=0$,绘得杆 FG、杆 CG 段外侧受拉的三角形弯矩图。

杆 AD、DE、BE 组成了结构的基本部分,杆 BE 的弯矩图形是分析的关键。若已知支座 B 的水平反力,即可迅速绘出弯矩图来。

本题仅有杆 BE 和杆 CG 两杆的水平支座反力保持 $\sum F_x=0$ 的平衡,所以其反力必大小相等、方向相反。并且,当两杆平行、等长时,其弯矩图形也相同,但分居杆的两侧。这是该类题型的特点,可绕开反力的计算,直接得 $M_{EB}=M_{GC}=80\ \text{kN}\cdot\text{m}$(左侧受拉)。

再根据刚结点 E 的平衡特点,可得 $M_{ED}=M_{EB}=80\ \text{kN}\cdot\text{m}$(下侧受拉)。

将各控制截面的弯矩值连线,曲线部分应用区段叠加法,即可绘出最终弯矩图形如图 23.28(b) 所示。

【例 23.15】　速画图 23.29(a) 所示结构的弯矩图。

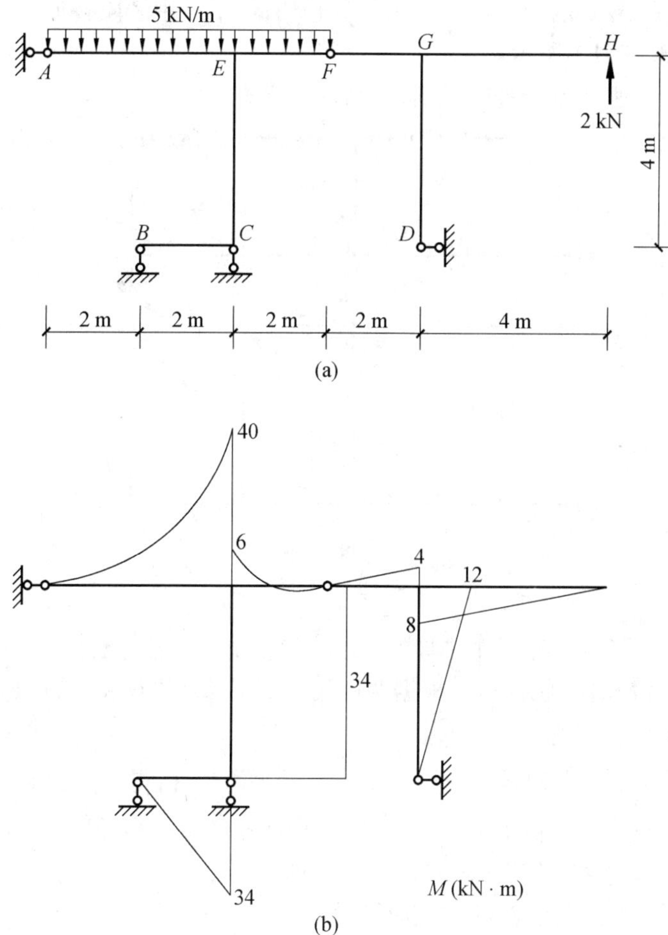

图 23.29

解:由微分关系显见,除了杆 AE、EF 的弯矩图形为凸向下的二次曲线外,其余各杆件的弯矩图形均为直线。从附属部分开始,显见 $F_{F_y}=2$ kN,用悬臂法得 $M_{GF}=(2\times2)$ kN · m =4 kN · m(上侧受拉),$M_{GH}=(2\times4)$ kN · m = 8 kN · m(下侧受拉),$M_H=0$。M_{GF} 和 M_{GH} 对刚结点 G 为同转向的力矩,由三杆相连的刚结点平衡特点,可得 $M_{GD}=M_{GF}+M_{GH}=(4+8)$ kN · m = 12 kN · m(右侧受拉)。

根据弯矩图形经过中间铰的特点,杆 FG 的弯矩图形为经过铰 F 点延伸到刚结点 E 处的直线,引起杆 EF 下侧受拉 4 kN · m 的弯矩,但是杆 EF 上作用有向下的均布力,又引起上侧受拉的弯矩。所以,$M_{EF}=(5\times2\times1-4)$ kN · m = 6 kN · m(上侧受拉)。

用悬臂法得 $M_{EA}=(5\times4\times2)$ kN · m = 40 kN · m(上侧受拉),$M_A=0$,曲线在支座 A 处与杆轴相切。M_{EA} 和 M_{EF} 对刚结点 E 为不同转向的力矩,由三杆相连的刚结点平衡特点,可得 $M_{EC}=M_{EA}-M_{EF}=(40-6)$ kN · m = 34 kN · m(右侧受拉)。杆 EC 下端的外力与杆平行(杆 EC 的剪力为零),因此其上的弯矩图形与杆平行,可得 $M_{CE}=M_{EC}=34$ kN · m(右侧受拉)。再根据两杆相连的刚结点平衡特点,可得 $M_{CB}=M_{CE}=34$ kN · m(下侧受拉)。

M_A、M_B、M_D 等弯矩值为 0 是显见的，将各控制截面的弯矩值连线，杆 EF 的曲线部分应用区段叠加法(杆 AE 的曲线部分因为与杆相切，可不需用区段叠加法)，即可绘出最终弯矩图形如图 23.29(b) 所示。

【例 23.16】 速画图 23.30(a) 所示结构的弯矩图。

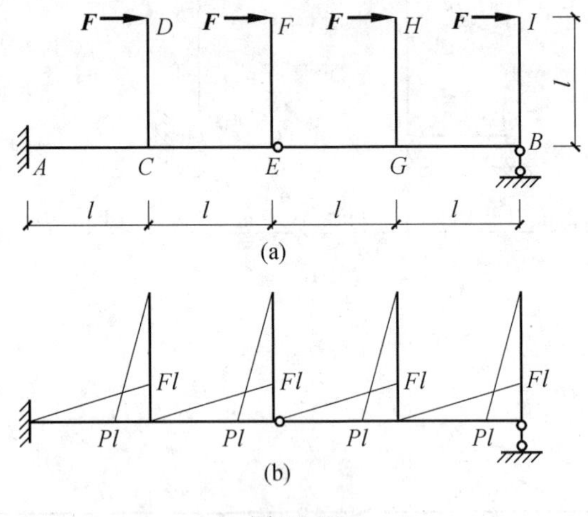

图 23.30

解：由微分关系显见，各杆件的弯矩图形均为直线。用悬臂法得各立柱上端弯矩均为零，下端弯矩均为 Fl(左侧受拉)。根据两杆相连的刚结点平衡特点，可得 $M_{BG}=Fl$ (上侧受拉)、$M_{EC}=Fl$ (上侧受拉)。

取铰 E 右侧部分为分离体，根据 $\sum M_E=0$ 的平衡条件，得 $F_{By}=F$(向上)。按指定截面弯矩的计算，或按该段杆的剪力为 F，即弯矩的斜率为 F，求得 $M_{GB}=0$。$M_{BG}=Fl$ 与 $M_{GB}=0$ 的两弯矩值连线，绘出该段杆的弯矩图形。

由右向左，依据三杆相连的刚结点平衡特点，以及杆 GE、杆 EC 和杆 CA 的剪力相同，各段杆的弯矩图形平行，绘出弯矩图形如图 23.30(b) 所示。

【例 23.17】 速画图 23.31(a) 所示结构的弯矩图。

解：由微分关系显见，各杆件的弯矩图形均为直线。用悬臂法得各立柱上端弯矩均为零，下端弯矩均为 Fl(左侧受拉)，由此绘得各立柱的弯矩图形。根据两杆相连的刚结点平衡特点，可得 $M_{HC}=Fl$(上侧受拉)、$M_{FB}=Fl$(上侧受拉)、$M_{DA}=Fl$(上侧受拉)。

杆 CH 一侧外力 F 与杆平行，弯矩图形为与杆平行的直线。铰 F 处的弯矩恒等于零，所以杆 FC 的弯矩图形为斜直线。

由于杆 BF 的剪力与杆 FC 的剪力相同，因此两段杆的弯矩图形平行(这是本题继续绘图的关键)。根据 $M_{FB}=Fl$，按比例求得 $M_B=0$。考虑到铰 D 处的弯矩恒等于零，所以杆 DB 的弯矩图形为零线，剪力亦为零。再一次应用杆 DB 的剪力与杆 AD 的剪力相同，两段杆的弯矩图形平行的特点，得杆 AD 的弯矩图形为平行线，弯矩值均为 $M_{AD}=Fl$ (上侧受拉)。最后的弯矩图形如图 23.31(b) 所示。

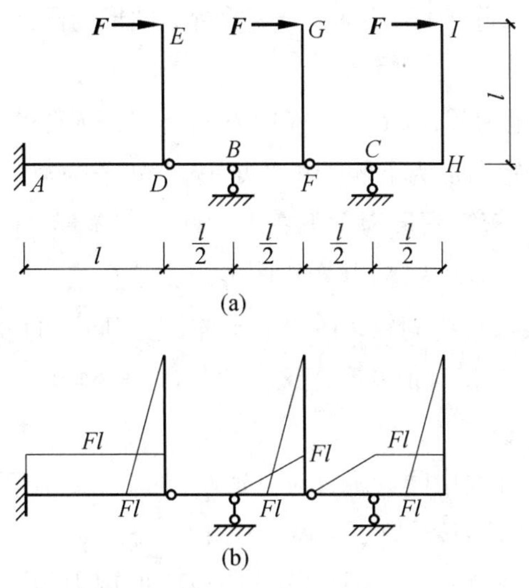

图 23. 31

【例 23. 18】　定性绘制图 23. 32(a) 所示结构的弯矩形状图。

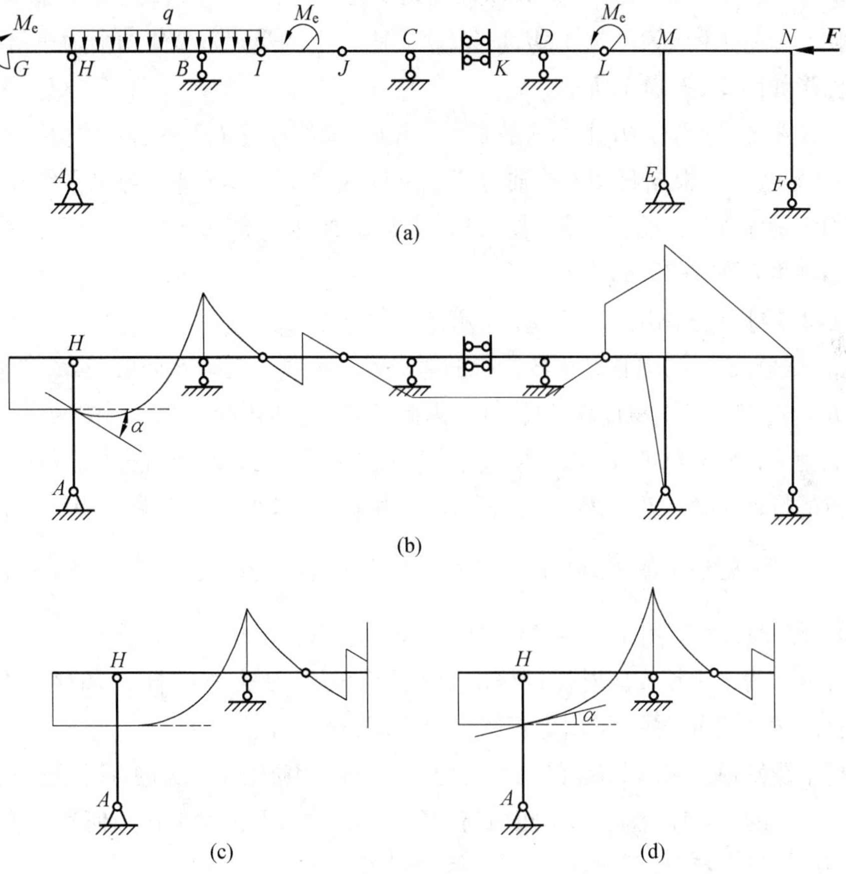

图 23. 32

解:由微分关系显见,除了杆 HB 和杆 BI 的弯矩图形为凸向下的二次曲线外,其余各杆件的弯矩图形均为直线。

杆 AH、杆 FN 的弯矩为零,因 $F_{Ex}=F$(向右),所以杆 EM 的弯矩图形为三角形。

杆 GH 为悬臂段,弯矩图形为下侧受拉的矩形,弯矩值为 M_e。杆 IJ 为一简支梁在跨中作用反时针转向的力偶,弯矩图形为左下右上的两个三角形,弯矩值为 $M_e/2$。滑动约束 K 在直杆 CK 和 KD 之间,剪力为零,其弯矩图形应为平行线。

杆 IJ 左段的斜直线经过中间铰 I 后向上延伸,遇到向下的分布力增加了上侧受拉的弯矩,曲线与斜直线相切,得 M_B 值。利用区段叠加法,根据 M_H、M_B 值绘得杆 HB 段的弯矩图形。

杆 IJ 右段的斜直线经过中间铰 J 后向下延伸,在支座 C 处弯矩值为 $M_e/2$。过支座 C 后变为平行线,在支座 D 处与铰结点 L(零点)相连。杆 LM 在 L 端作用反时针转向的力偶,所以 $M_{LM}=M_e$(上侧受拉)。因为杆 LM 与杆 DL 的剪力相同,弯矩图形应平行,所以 $M_{ML}=M_e+M_e/2=3M_e/2$(上侧受拉)。

M_{ML} 与 M_{ME} 对于刚结点 M 的转动效应是反时针,由三杆相连的刚结点平衡特点,杆 MN 对刚结点的力矩应为顺时针,$M_{MN}=M_{ML}+M_{ME}$(上侧受拉),弯矩图形为三角形。最后的弯矩图形如图 23.32(b) 所示。

值得注意的是,当杆 HI 上的荷载发生变化时,曲线在杆 HB 左端处的切线(斜率)会有相应的变化。可根据杆 HA 的轴力 F_{NHA} 判定:当 $F_{NHA}=0$ 时,与水平线相切,如图 23.32(c) 所示;当 F_{NHA} 受压时,与水平线的夹角 α 如图 23.32(b) 所示;当 F_{NHA} 受拉时,与水平线的夹角 α 如图 23.32(d) 所示。

【例 23.19】 速画图 23.33(a) 所示结构的弯矩图。

解:由微分关系可知,该结构各段杆的弯矩均为直线。支座 B 处沿杆 BC 的轴向反力不引起 BC 杆的弯矩,不需计算其反力值,因此杆 BC 是弯矩静定杆。可按悬臂法得出 BD 段的弯矩为零,$M_D=0$,$M_{CD}=Fa$(外侧受拉)。刚结点 C 处为两杆相连,根据其大小相等、同侧受拉的特点,可得 $M_{CA}=Fa$(外侧受拉)。由于支座 A 处为固定端,且 AC 杆无侧移,因此可根据力矩分配法中的传递过程,得 $M_A=\frac{1}{2}Fa$(右侧受拉)。将各控制截面的弯矩值连线,即可绘出最终弯矩图形(图 23.33(b))。

当支座 A 为固定铰支座时,因为固定铰处的弯矩恒为零,所以杆 AC 的弯矩图形为三角形,而杆 CB 的弯矩图形不变,弯矩图形如图 23.34 所示。

分析本题发现:一般超静定结构的弯矩是与杆的相对刚度有关的,而该超静定结构的弯矩图与各杆的相对刚度无关;弯矩值与柱的高度无关;不论梁上作用何种向下的荷载,根据悬臂梁的受力特点,可知梁上的弯矩均是上侧受拉,反之相反。

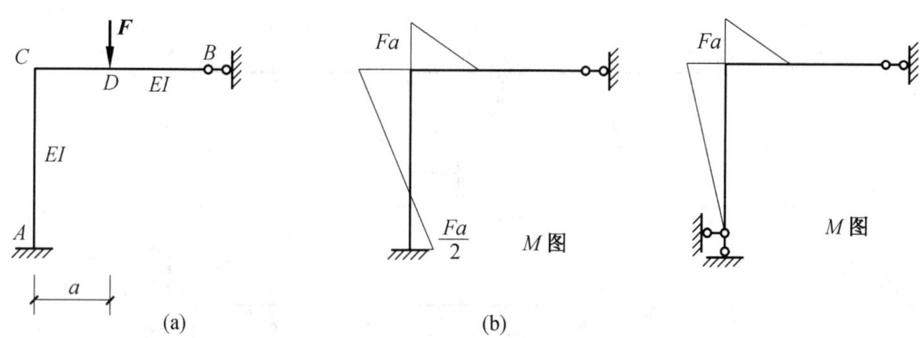

图 23.33　　　　　　　　　　　　　　　　图 23.34

【例 23.20】　速画图 23.35(a) 所示结构的弯矩图。

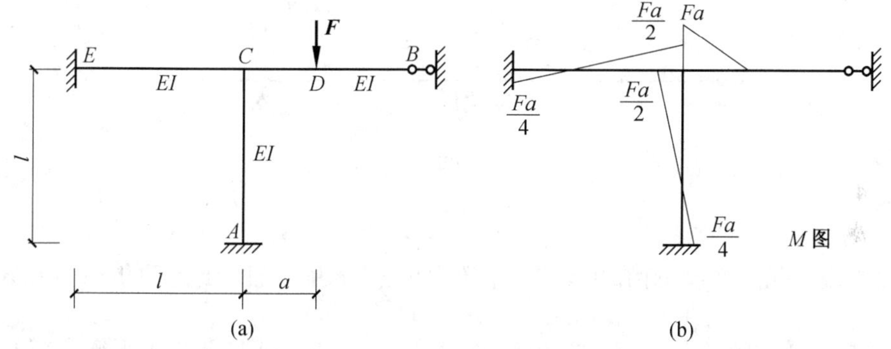

图 23.35

解:杆 BC 的分析如上题,BD 段的弯矩为零,$M_D=0$,$M_{CD}=Fa$(上侧受拉)。

弹性杆 AC、EC 的线刚度及约束相同,所以对刚结点 C 的贡献相同。因此,两杆承担杆 BC 传来的不平衡力矩也相同,即 $M_{CE}=\dfrac{1}{2}M_{CD}=\dfrac{1}{2}Fa$(上侧受拉),$M_{CA}=\dfrac{1}{2}M_{CD}=\dfrac{1}{2}Fa$(左侧受拉)。$M_{CE}$ 与 M_{CA} 受拉侧的判定可由刚结点 C 的力矩平衡得到,弯矩图形如图 23.35(b) 所示。

弹性杆 AC、EC 对刚结点 C 的贡献与两杆的角度无关,只和杆件自身对刚结点 C 的转动刚度有关。所以,仅当弹性杆件的角度发生变化时,各自杆件的弯矩图形不变,如图 23.36 所示。

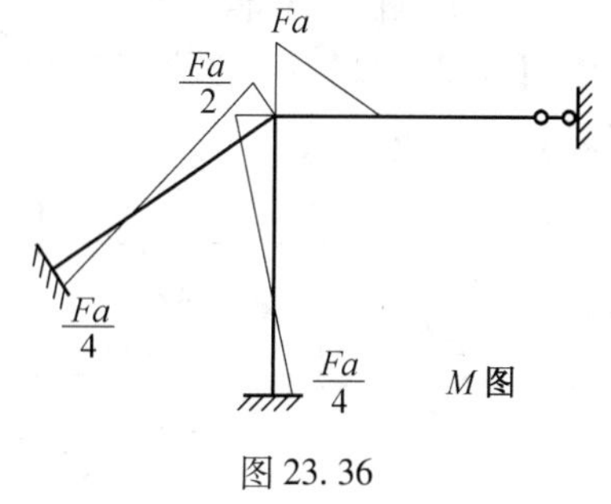

图 23.36

【例 23.21】　速画图 23.37(a) 所示结构的弯矩图。

解:由微分关系可知,该结构各段杆的弯矩图形均为直线。杆 CD 段为静定段,$M_C=Fa$(上侧受拉)。杆 AB 对刚结点 B 的约束达不到固定端的程度,所以杆 BC 左端的弯矩值小于$\dfrac{1}{2}Fa$(根据单跨超静定梁的形常数,固定端弯矩是转动端弯矩的一半),为下侧受拉。杆 AB 上无荷载,左端弯矩是右端弯矩的一半。由此得该结构的弯矩形状图(图 23.37(b))。

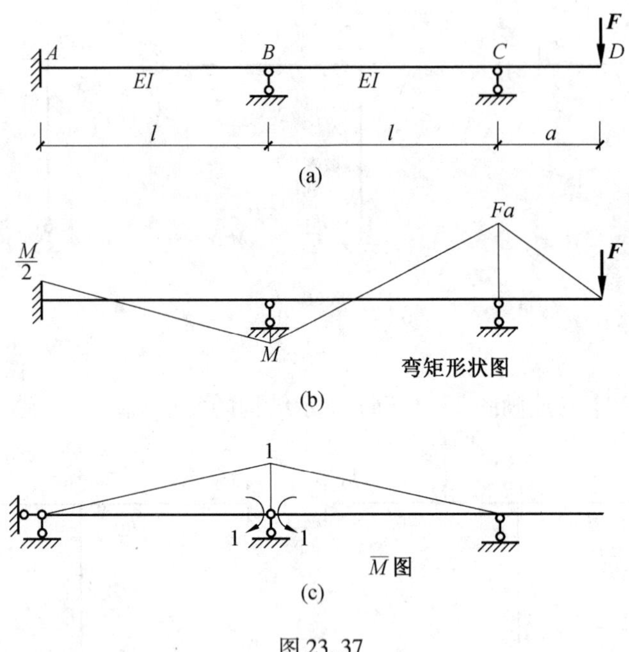

图 23.37

由力矩分配法可知,刚结点 B 的不平衡力矩 $\frac{1}{2}Fa$ 由围绕刚结点 B 的 BA 杆和 BC 杆承担。BA 杆的转动刚度为 $4i$,BC 杆的转动刚度为 $3i$,因此,BA 杆承担不平衡力矩的 $\frac{4}{4+3}$,即

$$M = \frac{4}{7}\frac{1}{2}Fa = \frac{2}{7}Fa$$

代入弯矩形状图中,得最终定量的弯矩图形。

本题还可采用"已知超静定结构的弯矩形状图,定量绘制最终弯矩图"的方法。利用支座 B 处梁的相对转角位移为零,由弯矩形状图与两简支静定梁的单位力图(图 23.37(c))相乘,得同样结果。

【例 23.22】 速画图 23.38(a)所示结构的弯矩图。

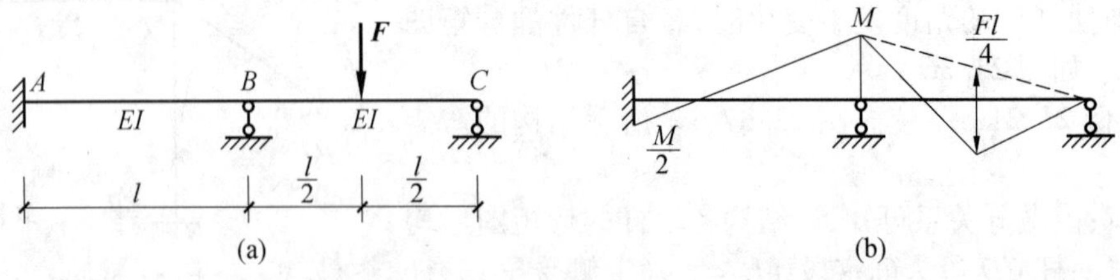

图 23.38

解:图 23.38(a)所示连续梁截面 B 处的弯矩值可根据弹性杆 AB 对刚结点 B 的贡献来确定:由于弹性杆 AB 的线刚度是在无限小和无限大之间,对刚结点 B 的贡献是在铰和固定约束之间。当弹性杆 AB 的线刚度是在无限小时,杆 BC 相当于简支梁;当弹性杆 AB

的线刚度是在无限大时，杆 BC 相当于左端固定右端铰支梁。因此，截面 B 处弯矩值的合理范围应是在 0 和 $\frac{3}{16}Fl$ 之间，上侧受拉。M_A 为 M_B 的一半；M_C 为零。将杆 AB 两端弯矩值连线，杆 BC 段由区段叠加法确定，最后得该结构的弯矩形状图（图 23.38(b)）。

由力矩分配法可知，刚结点 B 的不平衡力矩 $\frac{3}{16}Fl$ 由围绕刚结点 B 的 BA 杆和 BC 杆承担。BA 杆的转动刚度为 $4i$，BC 杆的转动刚度为 $3i$，因此，BA 杆承担不平衡力矩的 $\frac{4}{4+3}$，即

$$M_B = \frac{4}{7}\frac{3}{16}Fl = \frac{3}{28}Fl$$

代入弯矩形状图中，得最终定量的弯矩图形。

【例 23.23】　速画图 23.39(a) 所示结构的弯矩图。

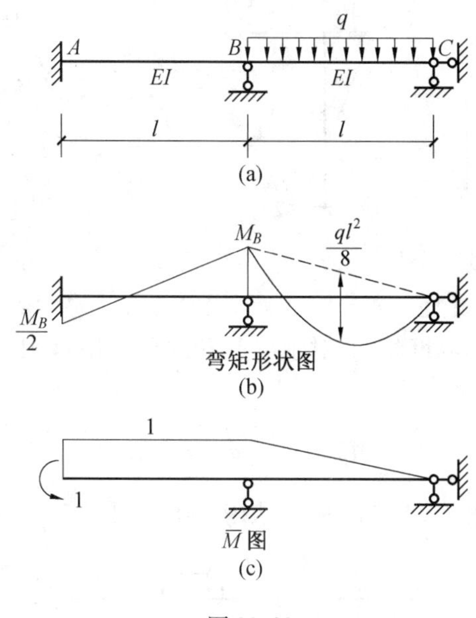

图 23.39

解：本题的弹性杆 AB 对刚结点 B 的约束达不到固定端的程度，所以杆 BC 的 M_B 值小于 $\frac{1}{8}ql^2$（一端固定一端铰支杆的载常数），为上侧受拉。M_C 值为零，固定端 A 处的弯矩为 B 处弯矩的一半，为下侧受拉。BC 段的弯矩图形用区段叠加法表示，由此得该结构的弯矩形状图（图 23.39(b)）。

由力矩分配法可知，刚结点 B 的不平衡力矩 $\frac{1}{8}ql^2$ 由围绕刚结点 B 的 BA 杆和 BC 杆承担。BA 杆的转动刚度为 $4i$，BC 杆的转动刚度为 $3i$，因此，BA 杆承担不平衡力矩的 $\frac{4}{4+3}$，即

$$M_B = \frac{4}{7}\frac{1}{8}ql^2 = \frac{1}{14}ql^2$$

代入弯矩形状图中,得最终定量的弯矩图形。

本题还可采用"已知超静定结构的弯矩形状图,定量绘制最终弯矩图"的方法。利用左端支座转角为零的已知条件,计算该位移。在去掉左端支座的静定外伸梁上,绘制单位力图如图所示,则弯矩形状图与单位力图相乘,即可求得弯矩形状图中的未知弯矩 M_B 值。

根据等代结构的思想,本题的弯矩等代结构如图 23.40 所示,其中,杆 AB 与杆 BC 之间的夹角可任意。

当支座 A 为固定铰支座时,因为固定铰处的弯矩恒为零,所以杆 AB 的弯矩图形为三角形,而杆 BC 的弯矩形状图不变。

显见,由于固定铰对杆 AB 的约束要小于固定端对杆 AB 的约束,所以弹性杆 AB 对刚结点 B 的约束减少,M_B 值也进一步减小。其弯矩图形如图 23.41 所示。

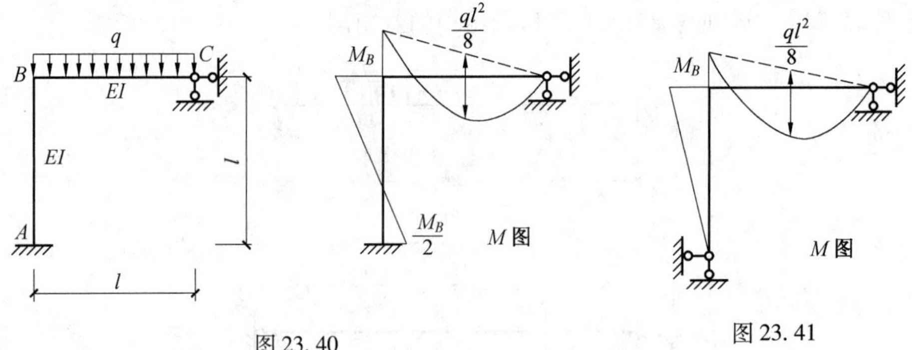

图 23.40　　图 23.41

BA 杆和 BC 杆的转动刚度相同,对刚结点 B 的贡献相同,因此,各自承担不平衡力矩的一半,即

$$M_B = \frac{1}{2}\frac{1}{8}ql^2 = \frac{1}{16}ql^2$$

【例 23.24】　速画图 23.42(a) 所示结构的弯矩图。

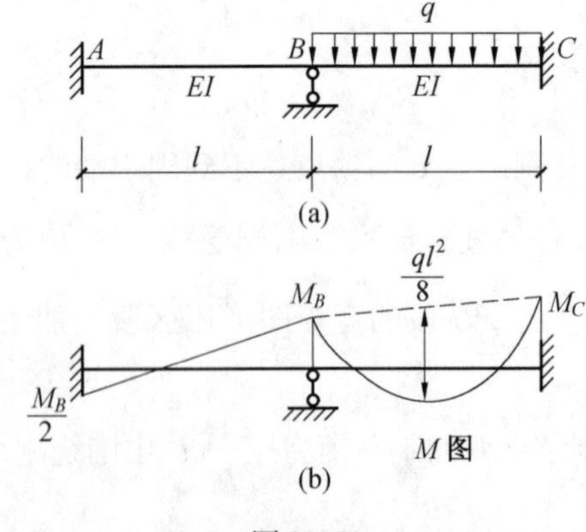

图 23.42

解:根据弹性杆对刚结点贡献的思想,可知,当杆 AB 的 EI 趋于无穷小,杆 BC 将成为左端铰支右端固定的单跨超静定梁;当杆 AB 的 EI 趋于无穷大,杆 BC 将成为两端固定的

单跨超静定梁。所以,对于本题,M_B 值大于零小于$\frac{1}{12}ql^2$,即在 $0 \sim 0.083ql^2$ 之间;M_C 值大于$\frac{1}{12}ql^2$ 小于$\frac{1}{8}ql^2$,即在$0.083ql^2 \sim 0.125ql^2$ 之间。固定端 A 处的弯矩为 B 处弯矩的一半,BC 段的弯矩可应用区段叠加法,由此得该结构的弯矩形状图如图 23.42(b) 所示。

由力矩分配法可知,刚结点 B 的不平衡力矩$\frac{1}{12}ql^2$ 由围绕刚结点 B 的 BA 杆和 BC 杆承担。两杆的转动刚度相同,对刚结点 B 的贡献相同,因此,各自承担不平衡力矩的一半,即

$$M_B = \frac{1}{24}ql^2 = 0.042ql^2 \quad (0 < M_B < 0.083\ ql^2)$$

根据 BC 杆 B 端分配到的杆端弯矩要传递一半给 C 端,所以得 M_C 为

$$M_C = \frac{1}{12}ql^2 + \frac{1}{2}\frac{1}{24}ql^2 = \frac{5}{48}ql^2 = 0.104ql^2(0.083ql^2 < M_C < 0.125ql^2)$$

标注弯矩数值,得最终定量的弯矩图形。

根据等代结构的思想,本题的弯矩等代结构如图 23.43 所示,其中,杆 AB 与杆 BC 之间的夹角可任意。

当支座 A 为固定铰支座时,因为固定铰处的弯矩恒为零,所以杆 AB 的弯矩图形为三角形,而杆 BC 的弯矩图形不变。

显见,由于固定铰对杆 AB 的约束要小于固定端对杆 AB 的约束,所以弹性杆 AB 对刚结点 B 的约束减少,M_B 值将进一步减小,M_C 值进一步增大。其弯矩形状图如图 23.44 所示。

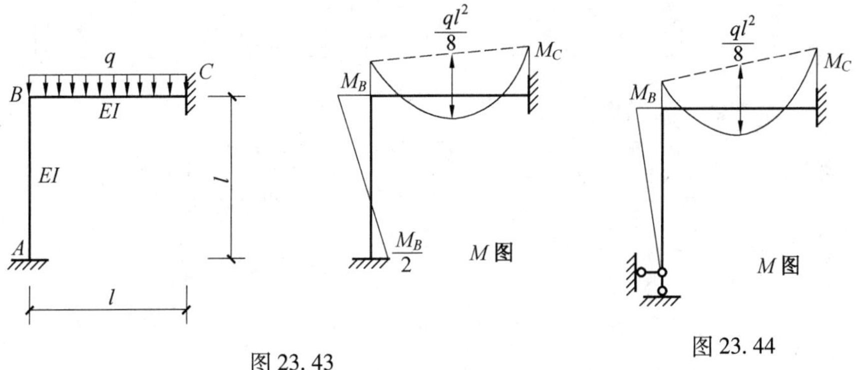

图 23.43　　图 23.44

BA 杆的转动刚度为 $3i$,BC 杆的转动刚度为 $4i$,因此,BA 杆承担不平衡力矩的$\frac{3}{4+3}$,即

$$M_{BA} = M_B = \frac{3}{7}\frac{1}{12}ql^2 = \frac{1}{28}ql^2 = 0.0357ql^2(0 < M_B < 0.083ql^2)$$

同理,BC 杆 B 端分配到的力矩为

$$M = \frac{4}{7}\frac{1}{12}ql^2 = \frac{1}{21}ql^2$$

根据 BC 杆 B 端分配到的杆端弯矩要传递一半给 C 端，所以得 M_C 为

$$M_C = \frac{1}{12}ql^2 + \frac{1}{2}\frac{1}{21}ql^2 = \frac{3}{28}ql^2 = 0.107ql^2(0.083ql^2 < M_C < 0.125ql^2)$$

标注弯矩数值，得最终定量的弯矩图形。

当结构上的荷载发生变化(图 23.45 所示)，同理，亦可速画其弯矩图形。

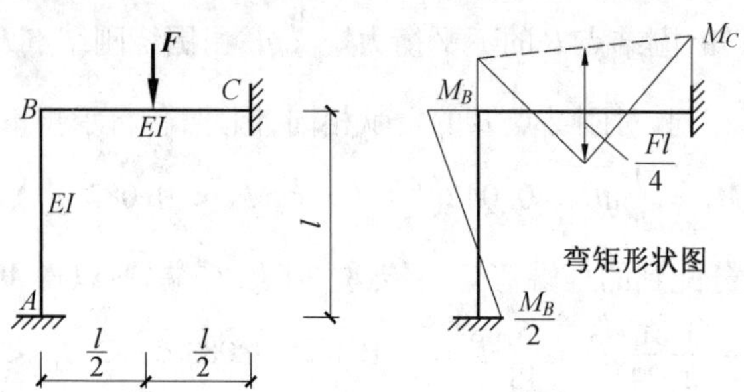

图 23.45

其中

$$M_B = \frac{1}{16}Fl, \quad M_C = \frac{5}{32}Fl$$

通过对结构因支座、荷载、刚度变化而引起弯矩变化的研究，亦可提高直观分析判断结构受力特性的能力。

【例 23.25】 速画图 23.46(a) 所示结构的弯矩形状图。

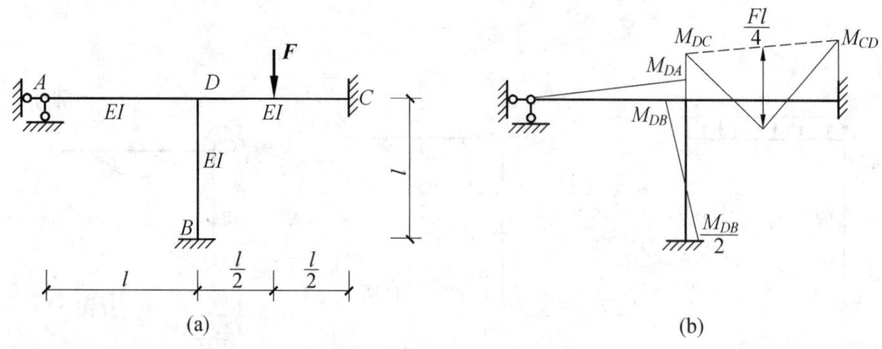

图 23.46

解:根据微分关系，图 23.46(a) 所示刚架各段杆的弯矩图形均为直线。刚结点 D 处的 M_{DC} 值可根据弹性杆 AD 和 BD 对刚结点 D 的贡献来确定：由于两杆的线刚度是在无限小和无限大之间，对刚结点 D 的贡献是在铰和固定约束之间。当弹性杆 AD 和 BD 的线刚度是在无限小时，杆 CD 相当于左端铰支右端固定梁；当弹性杆 AD 和 BD 的线刚度是在无限大时，杆 CD 相当于两端固定梁。因此，M_{DC} 值的合理范围应是在 0 和 $\frac{1}{8}Fl$ 之间，而 M_{CD} 值的合理范围应是在 $\frac{3}{16}Fl$ 和 $\frac{1}{8}Fl$ 之间。另外，根据三杆相连刚结点的特点，M_{DA} 与 M_{DB} 之和为 M_{DC} 值；M_{BD} 为 M_{DB} 的一半；M_A 为零。将杆 AD、BD 两端弯矩值连线，杆 CD 段由区段叠加法确定，最后得该结构的弯矩形状图(图 23.46(b))。

【**例 23.26**】　速画图 23.47(a) 所示对称结构的弯矩图。

解:图23.47(a) 所示结构对称,在对称荷载作用下,M 图形对称。因此,刚结点 D 和 E 的弯矩值相等。中间铰的特性是铰处的弯矩为零,两侧的弯矩图形连续。由区段叠加法及弓箭法或积雨法可得到 DE 段的弯矩图形,即在铰 C 处为二次曲线的顶点,且凹向上,以 D、E 两点弯矩值的连线为基线,叠加相应简支梁的弯矩图形,可得出 D、E 两点弯矩值为 $\frac{1}{8}ql^2$。

因为对称,刚架无侧移,且柱下端为固定端约束,所以由柱上端传递给柱下端一半弯矩,为 $\frac{1}{16}ql^2$。最后绘制的弯矩图如图 23.47(b) 所示。

当支座 A、B 为固定铰支座时,因为固定铰处的弯矩恒为零,所以杆 AD 和杆 BE 的弯矩图形为三角形,而杆 DE 的弯矩图形不变,弯矩图形如图 23.48 所示。

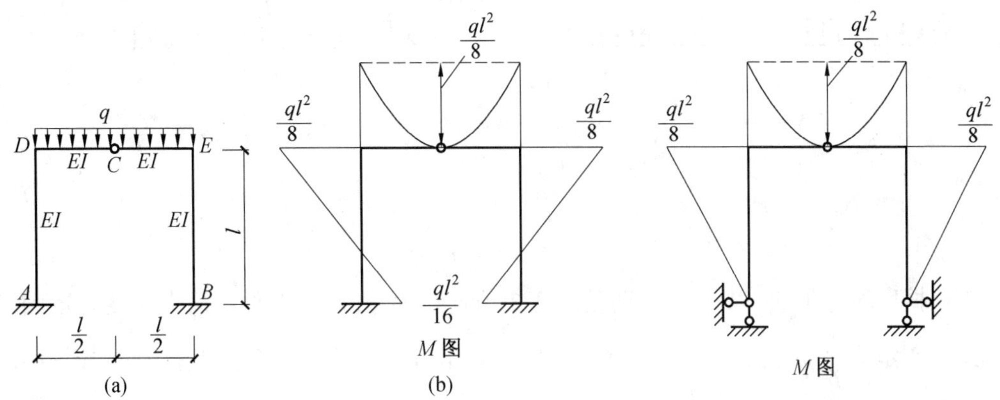

图 23.47　　　　图 23.48

分析本题发现:一般超静定结构的弯矩是与杆的相对刚度有关的,而该超静定结构的弯矩图与各杆的相对刚度无关;弯矩值与柱的高度无关;由于中间铰的存在,不论梁上作用何种对称的向下荷载,梁上的弯矩均是上侧受拉。

【**例 23.27**】　速画图 23.49(a) 所示结构的弯矩图。

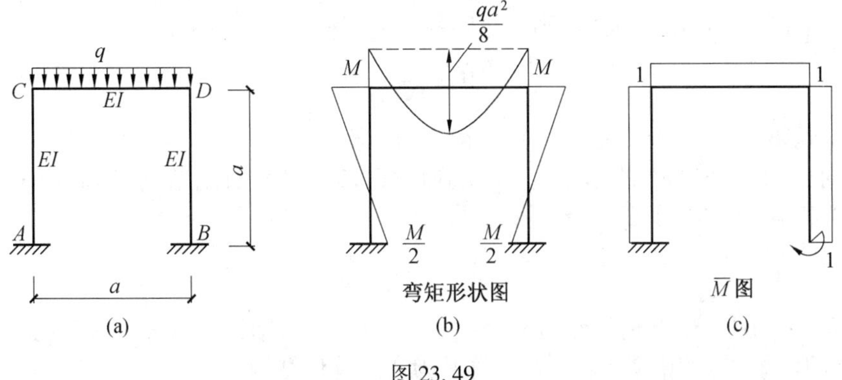

图 23.49

解:本题采用"已知超静定结构的弯矩形状图,定量绘制最终弯矩图"的方法。

首先判断结构的弯矩形状图。因为均布荷载向下,由“弓箭法”或“积雨法”,可判定出弯矩图形凸向下方。由于对称,刚结点 C 和 D 处的弯矩值相同。根据弹性杆对刚结点的贡献原理,由图 23.50(a) 和(b) 可判定该处弯矩值的合理范围:当两立柱的线刚度较横梁的线刚度趋于无限小时,两立柱对于横梁端处的转动约束趋于零,则横梁的弯矩图同图 23.50(a) 所示,即等同于简支梁的弯矩图。当两立柱的线刚度较横梁的线刚度趋于无限大时,两立柱对于横梁端处的转动约束相当于固定端,则横梁的弯矩图如图 23.50(b) 所示,即等同于两端固定梁的弯矩图。而图 23.49(a) 所示结构的两立柱的刚度既不是无限小也不是无限大,因此,C、D 端 M 值的合理范围应是在零(简支梁) 和$\frac{1}{12}qa^2$(两端固定梁) 之间,且均为外侧受拉。

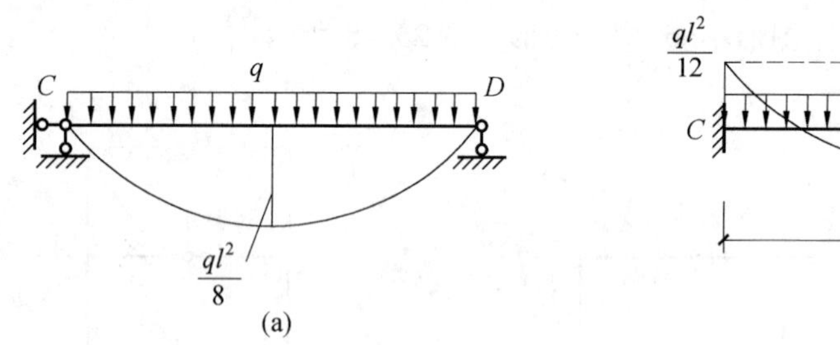

图 23.50

根据区段叠加法,以 C 和 D 两处的弯矩值连线为基线,叠加相应简支梁的弯矩图形,其跨中弯矩为$\frac{1}{8}qa^2$。两立柱无侧移,柱底为固定端支座,由力矩分配法中的传递过程可得柱底弯矩为$\frac{1}{2}M$。由此,可得弯矩形状图(图 23.49(b)),其中 M 值未知。

根据超静定结构位移计算的原理,利用右端支座转角为零的已知条件,计算该位移。去掉右端支座,得静定悬臂结构,其单位力图(图 23.49(c)) 到处为 1(即单位弯矩图),则弯矩形状图与单位力图相乘,有封闭框里侧面积与 EI 之比等于封闭框外侧面积与 EI 之比的结论,即可求得弯矩形状图中的未知弯矩值。

本题所示结构的 EI 为常数,则弯矩图的里侧面积等于外侧的面积。得

$$M = \frac{1}{18}qa^2$$

【例 23.28】 速画图 23.51(a) 所示结构的弯矩图。

解:对于图 23.51(a) 所示结构,由于弹性杆 AC 与 BD 对刚结点 C 和 D 的贡献与图 23.49(a) 相同,所以其计算结果同上。有

$$M_C = M_D = M = \frac{1}{18}qa^2$$

图 23.51 与图 23.49 所示结构从外形上看大相径庭,结构的超静定次数也不相等,但其每段杆的弯矩图形相同。因此,可互称其为弯矩等代结构。

同理,图 23.52、图 23.53 所示结构和图 23.49、图 23.51 所示结构亦可互称为弯矩等代结构。

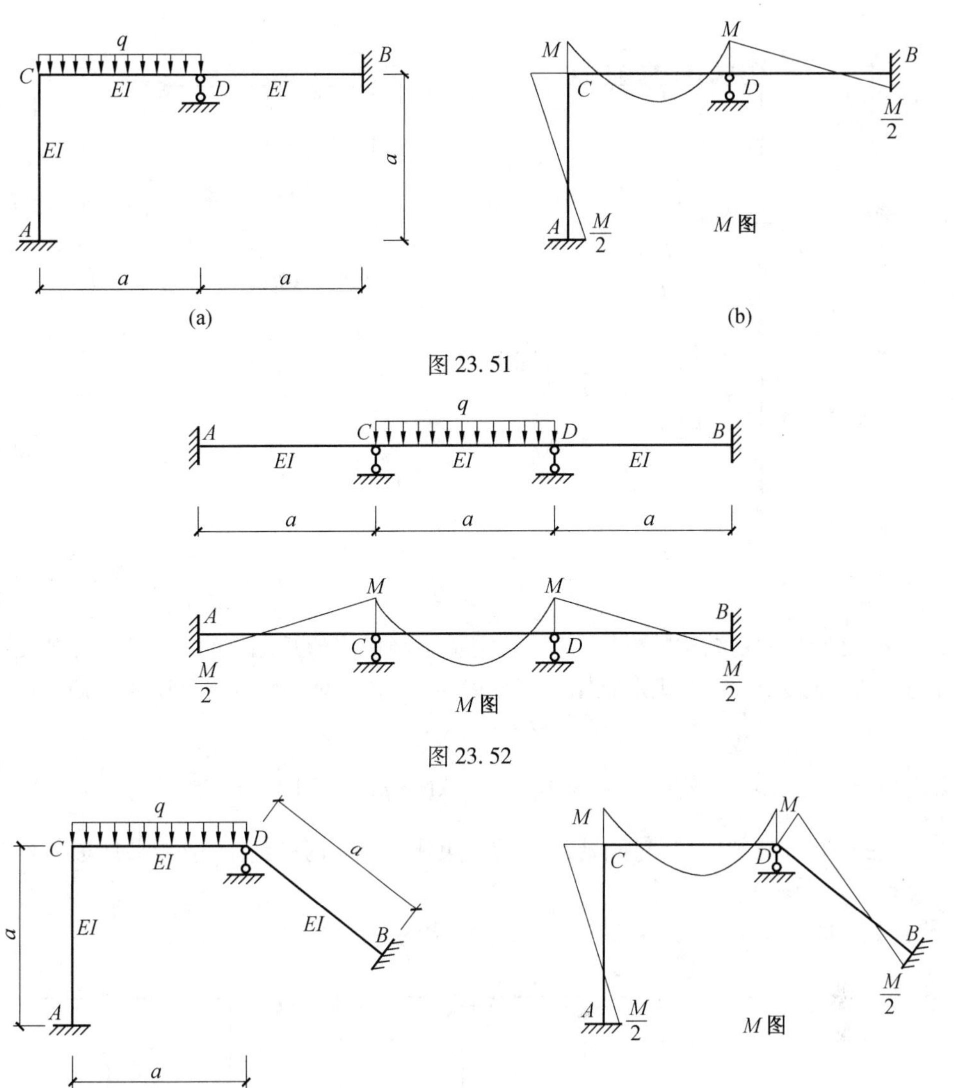

图 23.51

图 23.52

图 23.53

通过对弯矩等代结构的深入观察、研究和理解，可进一步提高直观分析判断结构受力特性的能力。

【例 23.29】　速画图 23.54(a) 所示结构的弯矩图。

解：由微分关系可知，该结构杆 AC 的弯矩图形为与杆平行的平行线（杆 AC 的剪力为零），杆 BC 的弯矩图形为凸向下的曲线，M_B 值为零。

本题的杆 AC 对刚结点 C 的约束达不到固定端的程度，所以杆 BC 左端的弯矩值 M 小于$\frac{1}{8}ql^2$（一端固定一端铰支杆的载常数），为外侧受拉。根据两杆相连刚结点的特点，可得杆 AC 上端的弯矩值亦为 M（外侧受拉）。

固定端 A 处的弯矩与刚结点 C 处的弯矩相等（左侧受拉）。BC 段的弯矩图形用区段叠加法表示，由此得该结构的弯矩形状图（图 23.54(b) 所示），其中 M 是未知量。

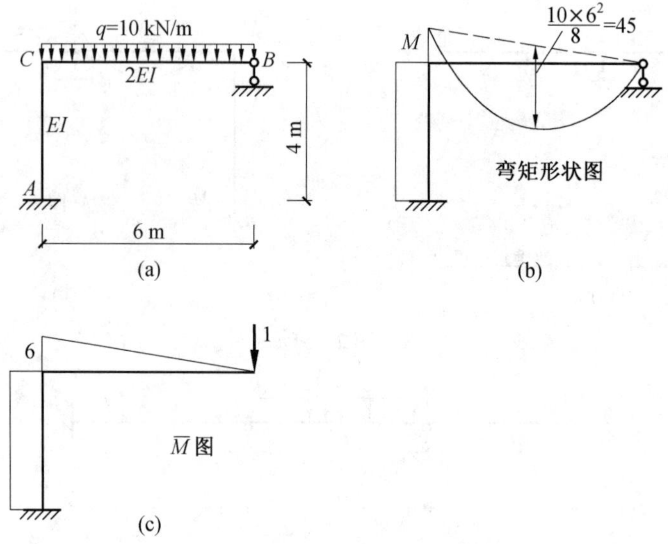

图 23. 54

根据“已知超静定结构的弯矩形状图,定量绘制最终弯矩图”的方法,利用 B 支座竖直方向的线位移为零,由弯矩形状图与悬臂静定结构的单位力图(图 23. 54(c))相乘,得

$$M = 9\ \text{kN} \cdot \text{m}$$

该值远小于

$$\frac{1}{8}ql^2 = \left(\frac{1}{8} \times 10 \times 6^2\right)\ \text{kN} \cdot \text{m} = 45\ \text{kN} \cdot \text{m}$$

本题的 AC 杆有侧移,其对刚结点 C 的约束比无侧移时的约束还要小,所以其约束弯矩值较小。

【例 23. 30】 画图 23. 55(a) 所示排架结构的弯矩图。

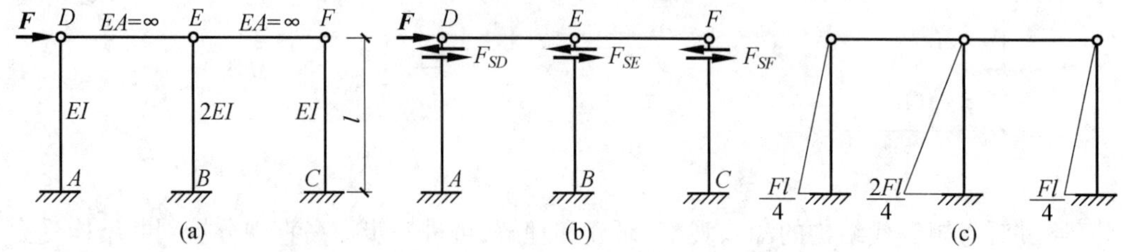

图 23. 55

解:排架横梁为二力杆,无弯矩。其抗拉压刚度为无限大,在图示荷载作用下,各柱顶发生相同的向右的位移。柱的弯矩图是上端弯矩为零、下端弯矩为左侧受拉的三角形。

将各柱顶截开,取如图 23. 55(b) 所示的分离体,暴露出各柱顶剪力,其大小以柱子的侧移刚度($k_i = \frac{3EI_i}{l^3}$)为原则进行分配。当柱高相同时,柱顶剪力的大小以柱子的抗弯刚度为原则进行分配,即

$$F_{Si} = \frac{EI_i}{\sum EI_i}F$$

对于本题有

$$F_{SD}=\frac{EI}{EI+2EI+EI}F=\frac{1}{4}F,F_{SE}=\frac{2}{4}F,F_{SF}=\frac{1}{4}F$$

将各柱顶剪力代入图 23.55(b) 所示受力图中,按悬臂法即可绘出最终弯矩图形(图 23.55(c))。

在明确以上分析思路的基础上,可迅速绘制此类结构的弯矩图。

【例 23.31】　速画图 23.56(a) 所示排架结构的弯矩图。

解:确定图 23.56(a) 所示结构弯矩形状图及弯矩值范围的方法如下:根据微分关系可确定柱 AD 的弯矩图形凸向右。D 端弯矩为零,A 端的 M_A 值可根据图 23.57(a) 和(b) 判定其合理范围:当柱 BE、CF 的抗弯刚度较柱 AD 的抗弯刚度趋于无限小时,柱 BE、CF 对于柱 AD 的帮助趋于零,则柱 AD 的弯矩图同图 23.57(a) 所示,即等同于悬臂梁的弯矩图。柱 BE、CF 的抗弯刚度较柱 AD 的抗弯刚度趋于无限大时,BE、CF 柱对于 AD 柱的帮助趋于固定铰支座,则 AD 柱的弯矩图同图 23.57(b) 所示,即等同于一端固定一端铰支单跨超静定梁的弯矩图。而图 23.56(a) 所示排架结构的柱 BE、CF 的抗弯刚度既不是无限小也不是无限大,因此,A 端 M_A 值的合理范围应是在 $\frac{1}{2}ql^2$ 和 $\frac{1}{8}ql^2$ 之间,且为左侧受拉。

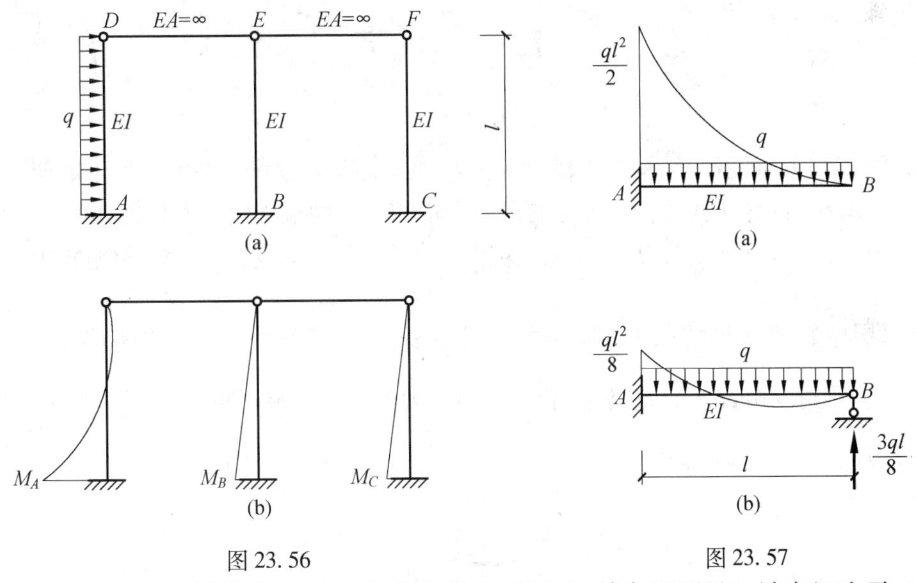

图 23.56　　图 23.57

柱 BE、CF 在柱顶受到杆 DE、EF 传来的水平压力,其弯矩图是上端弯矩为零、下端弯矩为左侧受拉的三角形。两杆的 EI、l 相同,所以 $M_B=M_C$,由此得排架结构的弯矩形状图如图 23.56(b) 所示。

确定图 23.56(a) 所示结构最终弯矩值的方法如下:在柱顶加如图 23.57(b) 所示相应单跨超静定梁铰支座处的反力,则结构的弯矩图形如图 23.58(a) 所示,再在柱顶反向加上该力,利用剪力分配法得结构的弯矩图形如图 23.58(b) 所示。根据叠加法,将两图形相加,得最终的弯矩图形如图 23.58(c) 所示。

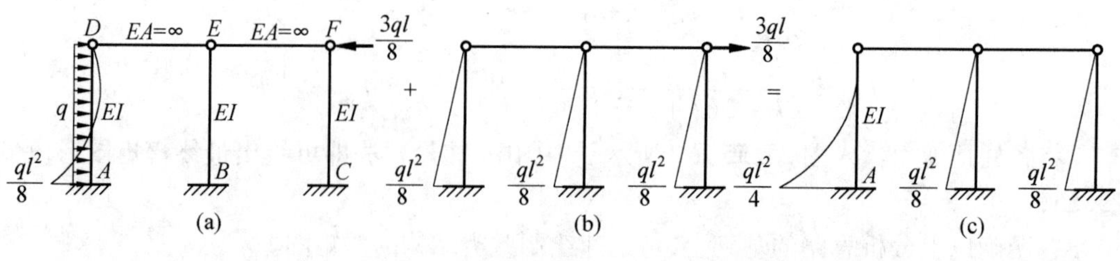

图 23.58

【例 23.32】 速画图 23.59(a) 所示框架结构的弯矩图。

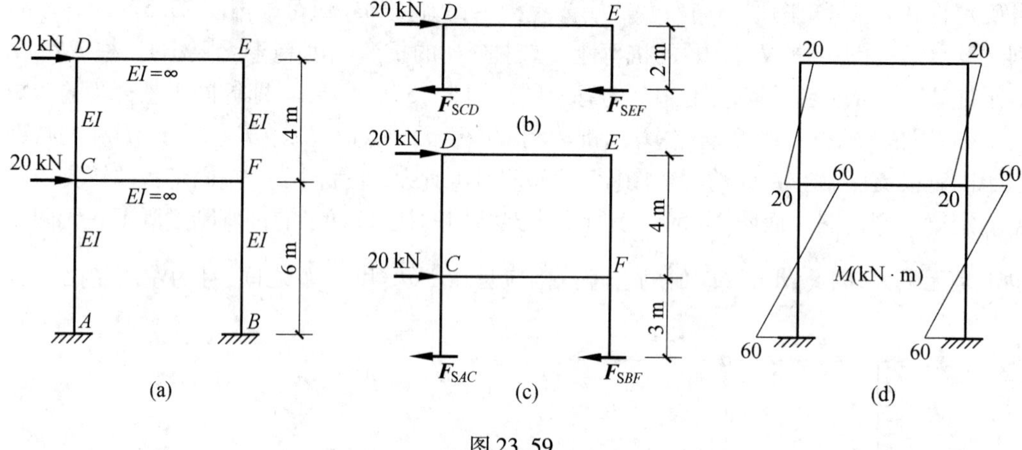

图 23.59

解:图 23.59(a) 所示结构由于横梁的抗弯刚度无限大,对于柱的转动约束等同于固定端。所以,在图示荷载作用下,各柱的弯矩图形相当于两端固定梁发生侧移所引起的弯矩图:柱中点(反弯点) 弯矩为零,柱上下端弯矩相等,弯矩图形为分居柱两侧的两个三角形。

在每层柱的中点将柱截开,根据剪力分配法,各柱间剪力以柱的侧移刚度($k_i = \frac{12EI_i}{l^3}$) 为原则进行分配。当柱高相同时,柱间剪力的大小以柱子的抗弯刚度为原则进行分配,即

$$F_{Si} = \frac{EI_i}{\sum (EI_i)} F$$

对于本题,由图 23.59(b) 可得

$$F_{SCD} = \frac{EI}{EI + EI} \times 20 = 10 \text{ kN}, \quad F_{SEF} = 10 \text{ kN}$$

由图 23.59(c) 可得

$$F_{SAC} = \frac{EI}{EI + EI} \times (20 + 20) = 20 \text{ kN}, \quad F_{SBF} = 20 \text{ kN}$$

将各柱间剪力代入图 23.59(b)、(c) 所示受力图中,按悬臂法即可绘出最终弯矩图形(图 23.59(d))。

【例 23.33】 速画图 23.60(a) 所示框排架结构的弯矩图。

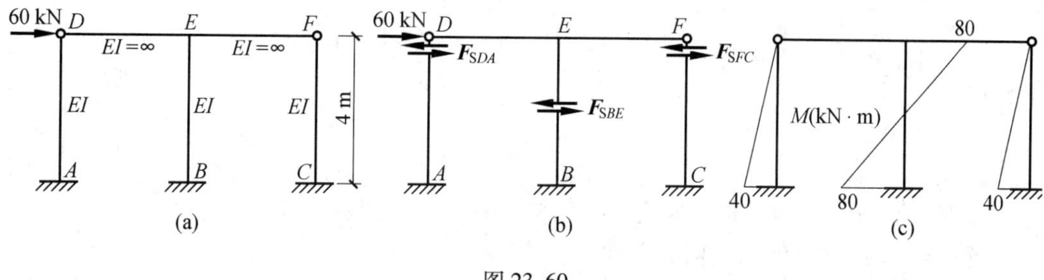

图 23.60

解:本题的 AD 柱、CF 柱为排架柱,弯矩图形是上端弯矩为零、下端弯矩为左侧受拉的三角形。BE 柱为框架柱,柱中点(反弯点)弯矩为零,柱上下端弯矩相等,弯矩图形为分居柱两侧的两个三角形。

在排架柱顶、框架柱中点将柱截开,其受力图如图 23.60(b)所示。根据剪力分配法,各柱剪力以柱子的侧移刚度为原则进行分配。排架柱的侧移刚度为 $k_i=\dfrac{3EI_i}{l^3}$,框架柱的侧移刚度为 $k_i=\dfrac{12EI_i}{l^3}$,当柱高相同时,各柱剪力的大小以各柱的抗弯刚度为原则进行分配。显见,框架柱的抗弯刚度应取排架柱抗弯刚度的 4 倍进行计算。

对于本题,由图 23.60(b)得

$$F_{SDA}=F_{FC}=\frac{EI}{EI+4EI+EI}\times 60=10\ \text{kN},\quad F_{SBE}=20\ \text{kN}$$

将各柱间剪力代入图 23.60(b)所示受力图中,按悬臂法即可绘出最终弯矩图形(图 23.60(c))。

【例 23.34】　绘制两端固定梁由于支座 A 发生转角 φ(图 23.61(a))所引起的弯矩图。

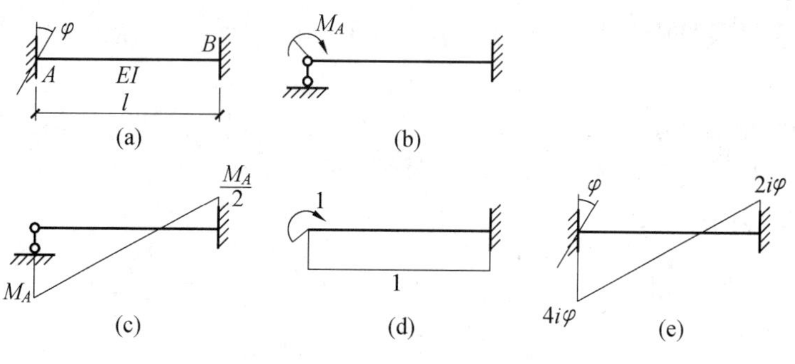

图 23.61

解:本题可用支座移动转化荷载作用的方法求解,首先将超静定结构有支座位移的约束去掉,代以相应的约束力 M_A,并将其视为荷载,得到与支座位移对应的荷载图,如图 23.61(b)所示。显见,其弯矩形状图如图23.61(c)所示,但是 M_A 值是未知量。

再应用已知弯矩形状图,定量绘制最终弯矩图的方法,建立已知位移 φ 与未知力 M_A 的关系。先绘制与 φ 位移对应的悬臂梁单位力图(图 23.61(d)),再与弯矩形状图相乘,即可得到 M_A 与 φ 的关系:

$$\varphi = \frac{1}{EI}\left(\frac{1}{2}l \cdot M_A \times 1 - \frac{1}{2}l\frac{M_A}{2} \times 1\right) = \frac{l}{4EI}M_A$$

于是有

$$M_A = \frac{4EI}{l}\varphi = 4i\varphi$$

将 M_A 值求出后,即可得到原超静定结构的最终弯矩图(图 23.61(e))。

当 $\varphi = 1$ 时,则得到该结构的形常数。

【例 23.35】 图 23.62(a) 所示超静定刚架,B 支座向下移动的距离为 b,试绘制 M 图。各杆的 EI = 常数。

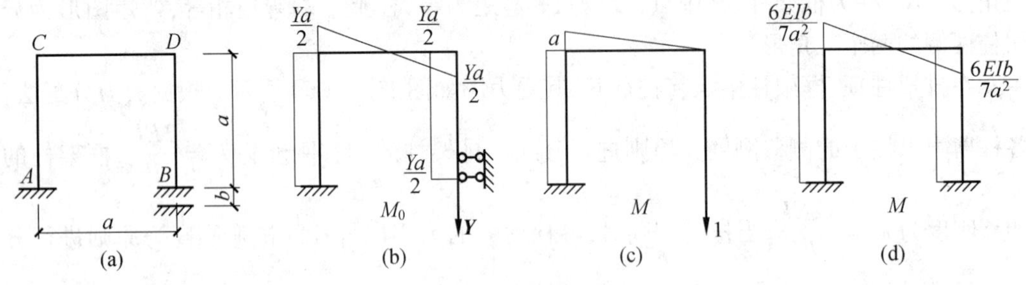

图 23.62

解:采用支座移动转化为荷载作用的方法,首先解除与支座位移相应的约束,代以相当的约束力 Y,得到与支座位移对应的荷载图(结构的超静定次数降低了一次,为两次超静定结构)。根据 $\sum F_y = 0$ 的平衡条件,得 $F_{Ay} = Y$(向下),两竖直力组成反对称力。依据反对称原理及 $\sum F_x = 0$ 的平衡条件,得 $F_{Ax} = F_{Bx} = 0$。同理,两竖直力组成的顺时针力矩 $Y \cdot a$ 与支座 A、B 处的反力偶平衡,得两反力偶矩的大小为$\frac{1}{2}Y \cdot a$,反时针转向。

按照微分关系及杆端力和两杆相连刚结点平衡的特点,可直接绘出弯矩形状图(图 23.62(b))。

应用已知弯矩形状图,定量绘制最终弯矩图的方法,建立已知位移 b 与未知力 Y 的关系。先绘制与 b 位移对应的悬臂刚架单位力图(图 23.62(c)),再与弯矩形状图相乘,即可得到 Y 与 b 的关系:

$$b = \frac{1}{EI}\left(a\frac{Ya}{2}a + \frac{1}{2}a\frac{Ya}{2}\frac{2}{3}a - \frac{1}{2}a\frac{Ya}{2}\frac{1}{3}a\right) = \frac{7}{12EI}Ya^3$$

所以

$$Y = \frac{12EIb}{7a^3}$$

将 Y 值代入弯矩形状图中,得到最终的弯矩图如图 23.62(d) 所示。

通过以上实例,对于绘制弯矩图的基本理论、基本技巧和新方法进行了详细的讲解。

认真地看过以上实例分析,并熟练的掌握和应用,也就得到了速画弯矩图的精髓,将会提高速画弯矩图及对结构受力分析的能力。这对于经常接触结构弯矩图的土木工程师以及相关人员无疑是非常重要的。

习题课选题指导

1. 用力矩分配法解图 23.63 所示连续梁，绘制弯矩图。

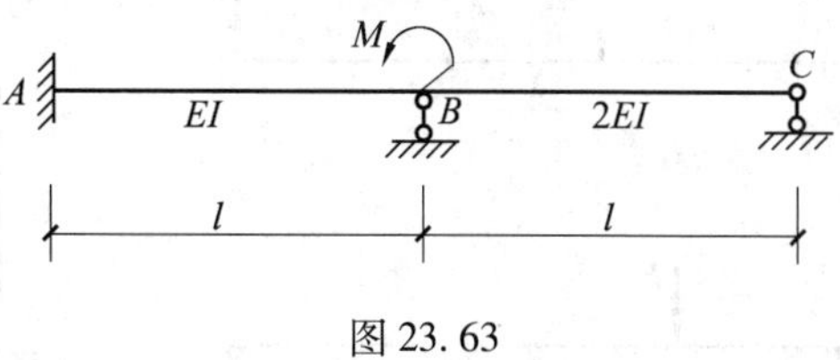

图 23.63

2. 用力矩分配法解图 23.64 所示含有支座沉陷的连续梁，绘制弯矩图。$EI = 1.4 \times 10^5\ kN \cdot m^2$。本题关键在于固端弯矩的确定，确定固端弯矩时 B 点转角必须为零。

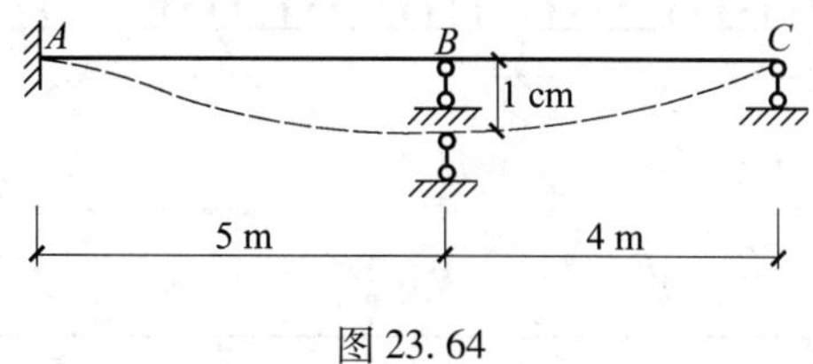

图 23.64

3. 用剪力分配法解图 23.65 所示排架，绘制弯矩图。

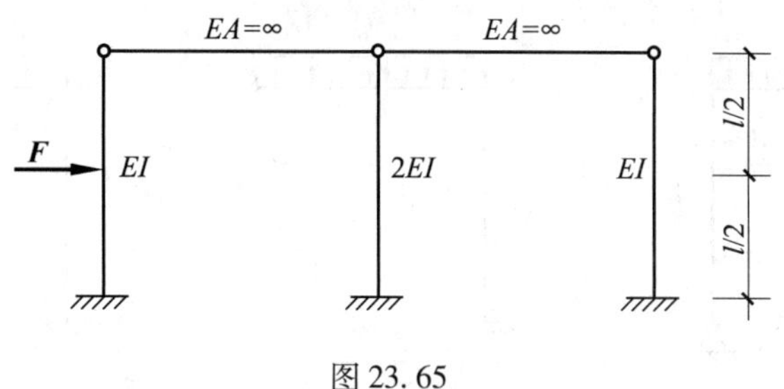

图 23.65

4. 用较简捷的方法绘制图 23.66 所示各结构的弯矩图。除注明者外，各杆的 EI、l 均相同，未注明位置的集中力均作用在该杆段的中央处。

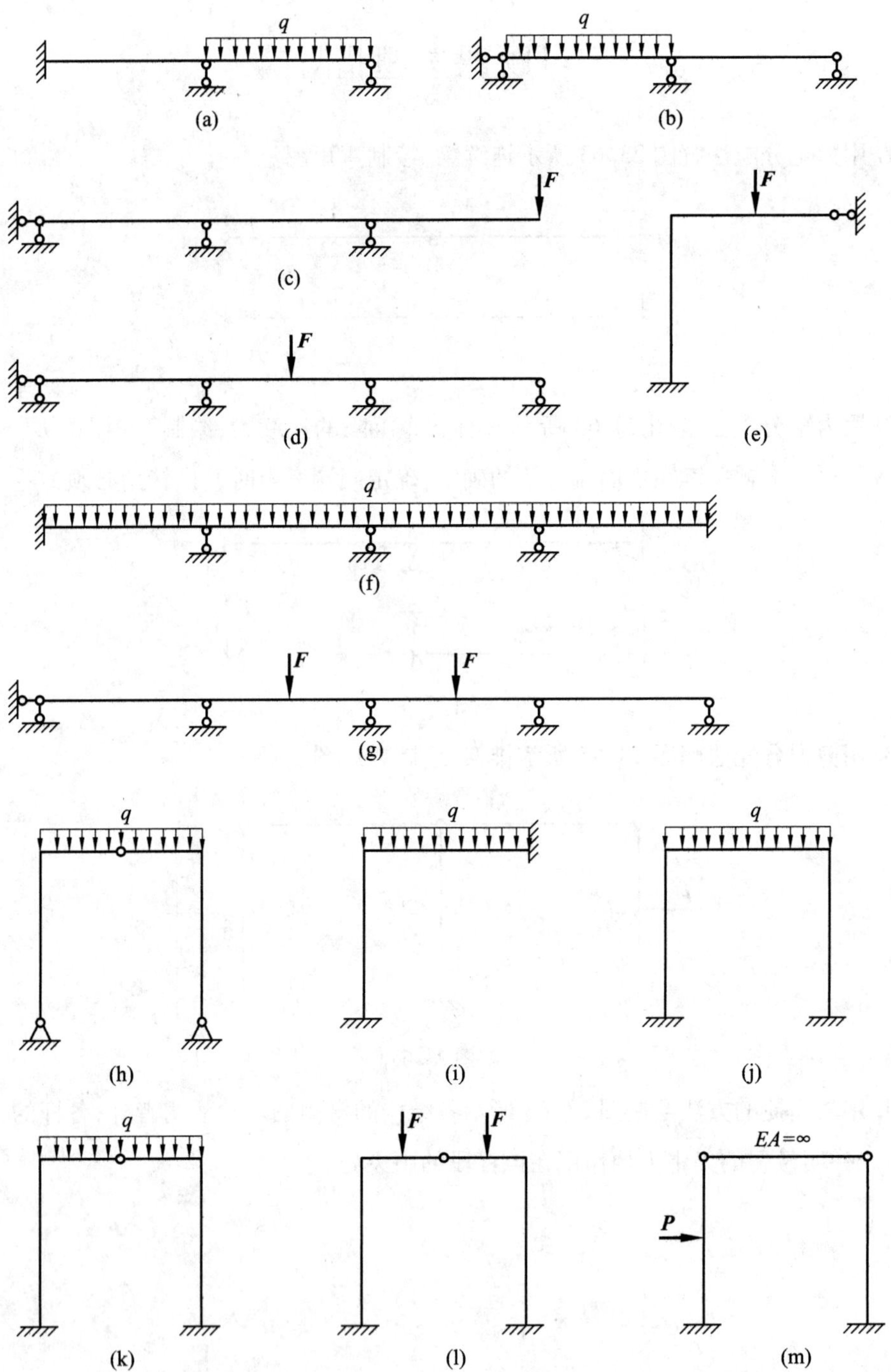

(a) (b) (c) (d) (e) (f) (g) (h) (i) (j) (k) (l) (m)

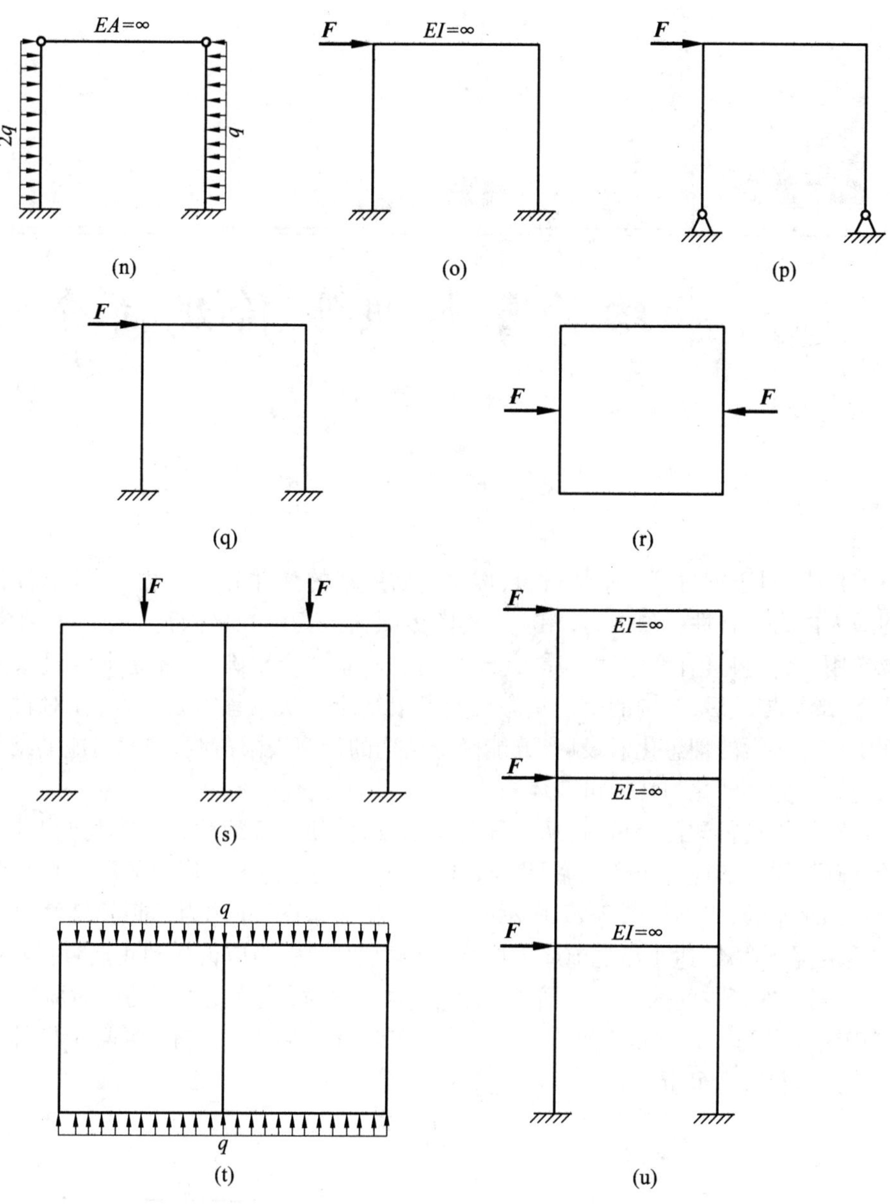

图 23. 66

第24章 结构塑性极限荷载简介

24.1 概 述

工程中,对于钢材等弹塑性材料,按照前面所述的弹性分析方法,计算出杆件所能承受的最大内力为弹性极限内力,相应结构的极限荷载为弹性极限荷载。结构在弹性极限荷载作用下,材料具有弹塑性性质,此时结构并非立即产生破坏,而是即将进入弹塑性受力状态,继续加载后,结构的受力状态将变得很复杂。从工程需要出发,在对材料的弹塑性性质作出科学的理想化假设后,方能确定结构的最终极限荷载,与此对应的结构体系将由几何不变体系转化为几何可变体系。

在对结构进行塑性分析时,从工程需要出发,为使计算简化,一般对弹塑性材料如常见的低碳钢原有的应力应变关系(图24.1)进行简化。将图中屈服阶段理想化为向右无限延长的水平线,得到如图24.2所示的应力应变关系图,亦称为理想弹塑性材料的应力应变关系:在应力到达A点之前应力应变为线弹性关系,当应力达到A点时材料即进入塑性状态,对应的杆件的内力称为弹性极限内力。此时,应力不再增加,而应变会持续增加。若在C点处卸载,卸载直线与OA平行,亦即为弹性状态。钢筋混凝土杆件亦可按理想弹塑性材料进行分析。

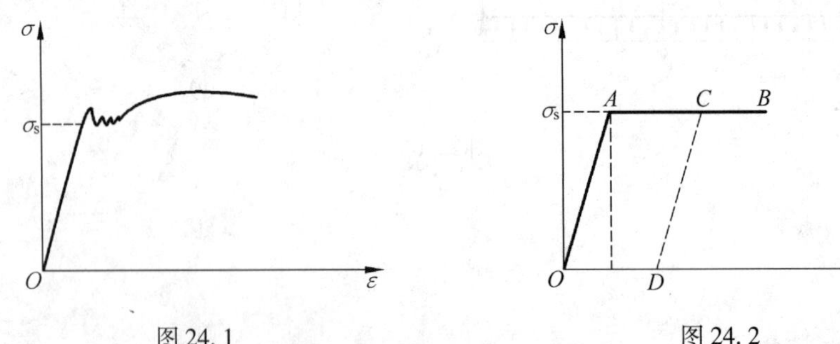

图24.1　　图24.2

对于受轴向拉压变形的杆件,由于杆件各截面上的应力均匀分布,随着荷载的增加,各点上的应力将会同时到达屈服极限值σ_s。根据图24.2,此时杆件将会发生无限的伸长或缩短,成为几何可变体。因此,轴向拉压杆件的弹性极限轴力与塑性极限轴力相同。

对于受扭转变形的杆件,首先是在最大扭矩所在截面周边处的切应力达到屈服,进入塑性状态，此时截面的扭矩称为弹性极限扭矩。随着荷载的增加，屈服切应力向截面中心发展，直到整个截面各点的切应力完全达到屈服状态，此时截面的扭矩称为塑性极限扭矩。

同理，对于受弯曲变形的杆件，首先是在最大弯矩所在截面边缘处的正应力达到屈服，进入塑性状态，此时截面的弯矩称为弹性极限弯矩。随着荷载的增加，屈服正应力向截面中央发展，直到整个截面各点的正应力完全达到屈服状态，此时截面的弯矩称为塑性极限弯矩。

杆件截面完全进入塑性状态时的内力称为塑性极限内力，在结构中，当某一局部的应力达到极限值时，结构的很多部分并没有破坏，特别是超静定结构，此时若再增加荷载，结构还可以在局部完全进入塑性状态而大部分仍在弹性状态下继续工作，直至荷载继续增大到出现一个或多个完全塑性区域，以至于结构成为几何可变体系而退出工作。结构成为几何可变体系时对应的荷载称为塑性极限荷载，也就是结构的极限荷载。

由于塑性极限荷载是在结构某截面上各点应力完全达到屈服应力 σ_s 而得出的，此时整个截面发生了塑性变形，所以结构也会发生较大的位移。因此，对于在位移方面有较严格要求的结构，是不适宜用塑性极限荷载的方法进行设计的。

24.2　轴向拉压杆结构的塑性极限荷载

轴向拉压杆件的弹性极限轴力与塑性极限轴力相同，所以，对于静定拉压杆结构只要一个杆件达到极限轴力，结构就成为几何可变体，因此静定拉压杆结构也就只有一种极限荷载。

但是，对于如图24.3所示的超静定拉压杆结构，若3个杆件的材料、截面相同，经解超静定计算后，可知2杆的轴力大于1、3杆的轴力，先进入屈服状态，其内力达到塑性极限轴力 $F_{N2u}=\sigma_s A_s$。而此时，1、3 杆仍在弹性状态下，结构可在 2 杆承受不变的塑性极限轴力 F_{N2u} 的情况下继续增加荷载。当荷载继续增大，经静定分析后，显见 1 杆也进入塑性状态，如图 24.4 所示，结构成为几何可变体系，此时的 F_u 称为结构的塑性极限荷载。

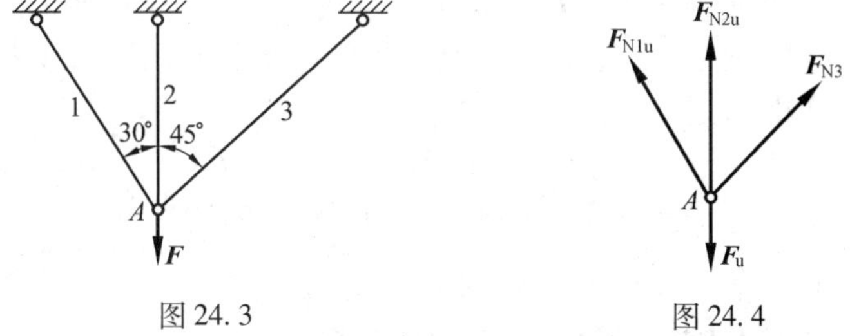

图 24.3　　　　图 24.4

总结图 24.3 所示的超静定拉压杆结构的塑性极限荷载计算过程：首先是判断出结构为一次超静定，再判断出结构中 3 个杆件中 2 杆的内力最大，最先达到塑性极限轴力。然后通过静力平衡关系计算出剩余静定结构中的1杆与3杆的最大内力是发生在1杆上，当1 杆也达到塑性极限轴力时，结构即成为几何可变体系。此时的外力即为该结构的塑性极限荷载。

对于截面、材料不同的杆件组成的结构,或是结构形式复杂,不能明显判断最大内力发生在哪个杆件时,为了避免求解超静定,可以采用对杆件轮流试算的方法。即轮流设定任意两杆屈服,然后利用平衡条件求得对应 F_u 值,比较相应的 F_u 值,最小者即为塑性极限荷载。

【例 24.1】 图 24.5(a) 所示抗弯刚度无穷大的梁,承受集中荷载 $\boldsymbol{F}$ 作用,两吊杆的长度和 EA 均相同,杆的屈服应力 $\sigma_s = 240$ MPa。试求该荷载形式的极限荷载值 F_u。

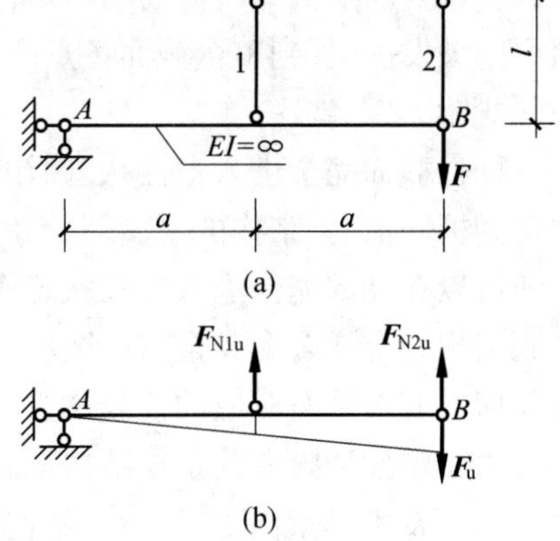

图 24.5

解:该结构为一次超静定,可直观判定出2杆首先达到屈服。继续增加荷载直到1杆也达到屈服,则结构成为几何可变体,如图 24.5(b) 所示。

在此极限状态下由平衡条件

$$\sum M_A = 0$$

可得

$$F_u \times 2a = F_{N1u} \times a + F_{N2u} \times 2a$$

$$F_u = \frac{1}{2}F_{N1u} + F_{N2u} = \frac{3}{2}\sigma_s A$$

由弹性计算的最大内力与荷载的关系

$$F_{N1} = \frac{1}{2}F_{N2}, \quad F_{N2} = \sigma_s A$$

$$F_e \times 2a = \frac{1}{2}\sigma_s A \times a + \sigma_s A \times 2a$$

可得该结构的弹性极限荷载 F_e

$$F_e = \frac{5}{4}\sigma_s A$$

塑性极限荷载与弹性极限荷载比较

$$\frac{F_u}{F_e} = \frac{3\sigma_s A}{2}\frac{4}{5\sigma_s A} = \frac{6}{5}$$

考虑塑性的极限荷载虽然有所提高,但是结构的位移也增加了许多,读者可进行弹性位移和塑性位移的计算和比较。

24.3 圆杆的极限扭矩

24.3.1 截面上屈服应力 τ_s 的变化规律

工程中,承受扭转变形的大多为弹塑性材料制成的圆截面杆件,弹性极限状态时截面的应力分布如图 24.6 所示,其弹性极限扭矩 T_e 可由公式(14.12) 计算得出

$$\tau = \frac{T_e}{W_p}$$

$$T_e = \tau_s W_p = \tau_s \frac{\pi d^3}{16}$$

截面处于弹性极限状态时，仅是圆截面周边各点的应力达到 τ_s，若继续增加外荷载，屈服应力 τ_s 将向截面内发展。若在距轴心为 r 处的应力也达到了 τ_s 时，如图24.7所示，截面在 $R-r$ 的圆环面积内各点的应力均为 τ_s，而在半径 r 以内的截面上各点的应力仍是弹性状态，按线性分布。显见，若再继续增加荷载，使得整个截面各点的应力均达到 τ_s 时，如图 24.8 所示，截面的扭矩即为塑性极限扭矩 T_u。

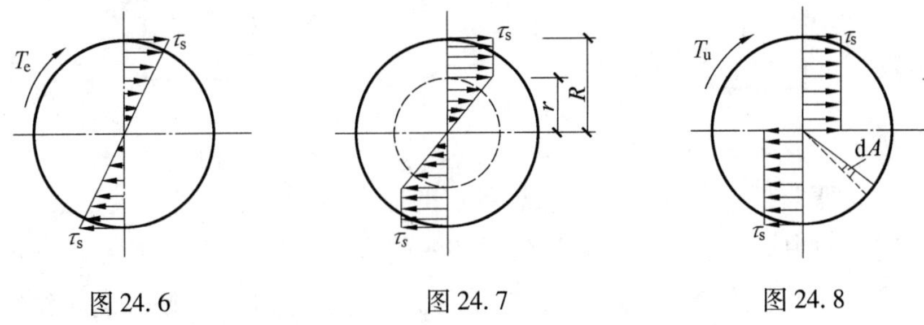

图 24.6　　图 24.7　　图 24.8

24.3.2　塑性极限扭矩的计算

由上述截面切应力的变化规律可知：塑性极限扭矩是截面各点的切应力均达到 τ_s，根据图 24.8 中各点上的力对轴心的力矩可得出

$$T_u = \int_A \rho \cdot \tau_s \mathrm{d}A = \tau_s \int_A \rho \mathrm{d}A = \tau_s \int_0^{\frac{d}{2}} \rho^2 \mathrm{d}\rho \int_0^{2\pi} \mathrm{d}\theta = \tau_s \frac{\pi d^3}{12} \tag{24.1}$$

显见，塑性极限扭矩 T_u 大于弹性极限扭矩 T_e，两者进行比较

$$\frac{T_u}{T_e} = \frac{\pi d^3}{12}\frac{16}{\pi d^3} = \frac{4}{3}$$

T_u 比 T_e 提高了 33%，亦即承载能力提高了同样大小。

与轴向拉压杆比较，杆件在发生扭转变形以及后面要叙述的弯曲变形时，由于截面上各点应力在初始弹性阶段时分布不均匀，当最大应力达到屈服时需要再继续增加荷载才会使整个截面的应力都达到屈服。所以，静定杆件也有弹性极限内力与塑性极限内力之分。

对于矩形截面杆，弹性阶段时的应力分布需按弹性力学求得，当整个截面的应力都达到屈服极限时，其塑性极限扭矩 T_u 的计算反而比较简单：过4个角点绘制45°斜线，得4个区域，每个区域的应力方向与周边平行，按静力矩合成即可得到 T_u 值。读者可参阅混凝土结构书籍，自行计算。

24.4　极限弯矩和塑性铰

24.4.1　截面上屈服应力 σ_s 的变化规律

对于弯曲的杆件，在弹性状态下横截面上正应力的分布如图 24.9 所示，其弹性极限

弯矩可由公式(15.3)得出

$$\sigma_s = \frac{M_e}{W_z}, \quad M_e = \sigma_s W_z$$

式中,M_e 为横截面的弹性极限弯矩。

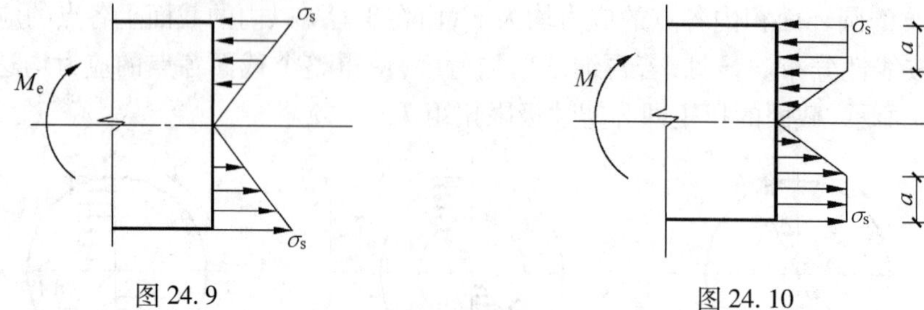

图 24.9　　图 24.10

此时,仅是弯曲杆件截面的上下边缘各点的应力达到了 σ_s,若继续增加外荷载,屈服应力 σ_s 将向截面中央发展。若在距边缘处为 a 的应力也达到了 σ_s,则范围内的各点应力均达到 σ_s,而截面中间处各点的应力仍是弹性状态(图 24.10)。显见,若再继续增加外荷载,使得整个截面上各点的应力均达到 σ_s 时,截面的弯矩就是塑性极限弯矩(图24.11)。

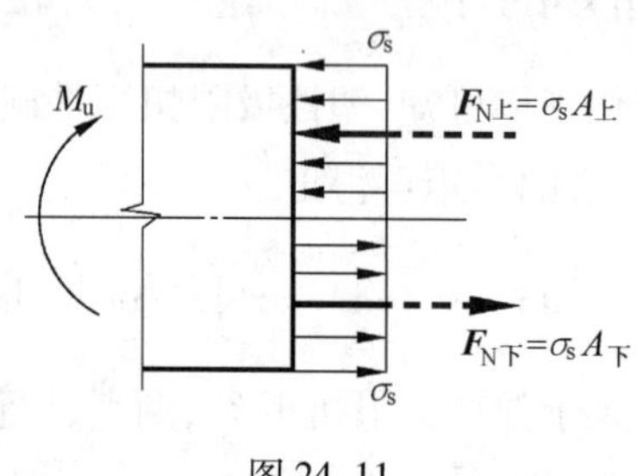

图 24.11

24.4.2　塑性铰与中性轴的位置

当截面上的应力全部达到 σ_s 时,截面进入可承受塑性极限弯矩且发生屈服转动的状态,其转动方向与塑性极限弯矩方向相同,即该截面如同一个可转动的铰一样。与前述的光滑理想铰不同,该处的转动可承受塑性极限弯矩,因此称为塑性铰(转动方向同弯矩方向,是单向铰)。

塑性铰所在截面的中性轴(拉、压应力分界线)可根据截面 $\sum F_x = 0$ 的平衡条件,由轴两侧面积相等确定出来。对于对称截面,塑性极限状态下的中性轴和弹性状态下的中性轴是在同一个位置处。当截面不是对称时(图 24.12(a) 所示截面)z 轴为弹性状态下的中性轴(形心轴),其位置是由面积矩(静矩)$A_上 y_上 = A_下 y_下$ 的关系式来确定,由图中显见,$A_上 \neq A_下$。截面进入塑性极限状态后,中性轴的位置按面积 $A_上 = A_下$ 的关系式确定(面积等分轴),其位置如图 24.12(b) 所示。在截面的弯矩由弹性极限弯矩提高到塑性极限弯矩时,截面的弹性中性轴也在向塑性中性轴的位置移动。

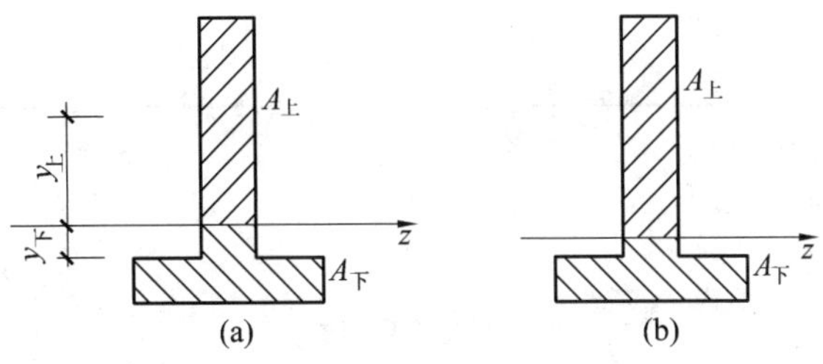

图 24.12

24.4.3　塑性极限弯矩的计算

由上述截面上正应力的变化规律可知：塑性极限期间是截面各点的正应力均达到了 σ_s，根据图 24.12(b) 中截面上各点的力对中性轴的力矩，可得出截面塑性极限弯矩 M_u

$$M_u = \int_{A上} y\sigma_s \mathrm{d}A + \int_{A下} y\sigma_s \mathrm{d}A = \sigma_s(S_上 + S_下) = \sigma_s W_u \tag{24.2}$$

式中，S 为中性轴一侧面积对中性轴的面积矩（静矩）；W_u 为塑性抗弯截面模量。

对于图 24.13 所示矩形截面，其塑性抗弯截面模量为

$$W_u = 2\left(b\frac{h}{2}\frac{h}{4}\right) = \frac{bh^2}{4}$$

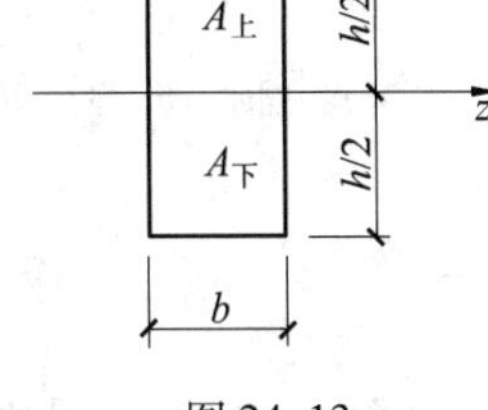

图 24.13

而矩形截面的弹性抗弯截面模量为

$$W_e = \frac{bh^2}{6}$$

显见，塑性抗弯截面模量大于弹性抗弯截面模量。其比值为

$$\frac{W_u}{W_e} = \frac{bh^2}{4}\frac{6}{bh^2} = 1.5$$

W_u 比 W_e 提高了 50%，亦即承载力提高了同样大小。

若令

$$\frac{W_u}{W_e} = f \tag{24.3}$$

式中，f 称为截面的塑性弯曲形状系数，表 24.1 列出了几种常见截面的 f 值。

表 24.1　常见截面的塑性弯曲形状系数

截面	工字形	薄壁圆形	矩形	圆形
f	1.15 ~ 1.17	1.27	1.5	1.7

24.5　梁和刚架的极限荷载

对于以弯曲变形为主的静定结构，在最大弯矩处出现一个塑性铰，结构即进入几何可变状态（图 24.14）而退出工作。所以，只要根据外荷载确定出静定梁上的最大弯矩与外荷载的关系，再根据截面的形状及梁的材料（σ_s）确定出塑性极限弯矩值，令最大弯矩等于塑性极限弯矩，就可求出静定梁的塑性极限荷载。

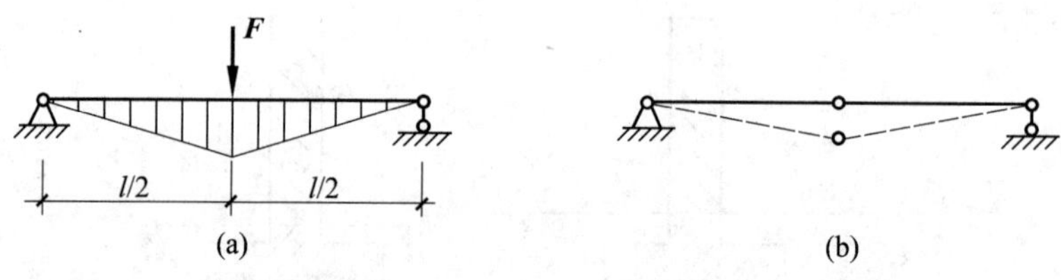

图 24.14

【例 24.2】 图 24.15(a)所示等截面梁,承受满跨均布荷载 q 作用,梁的屈服应力 $\sigma_s=240$ MPa。试求该荷载形式的极限荷载值 q_u。

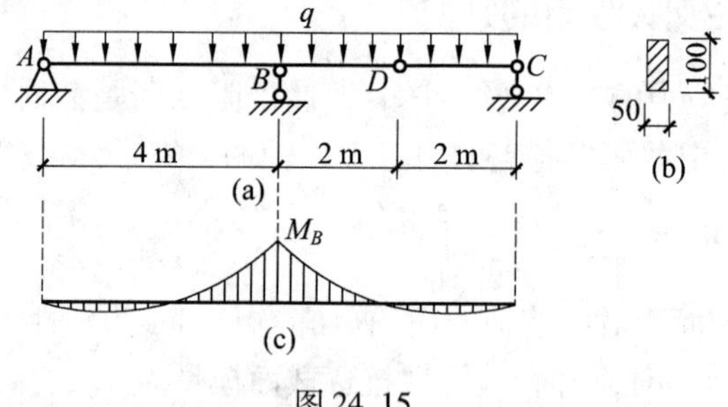

图 24.15

解:绘制弯矩图,如图 24.15(c)所示,显见截面 B 处有全梁的最大弯矩

$$M_B=\frac{q}{2}\times 2^2+q\times 1\times 2=4q\ (\text{kN}\cdot\text{m})$$

截面的塑性极限弯矩

$$M_u/(\text{kN}\cdot\text{m})=\sigma_s W_u=240\times 10^3\times\frac{0.05\times 0.1^2}{4}=30$$

当 $M_B=M_u$ 时,可得塑性极限荷载

$$q_u/(\text{kN}\cdot\text{m}^{-1})=\frac{30}{4}=7.5$$

当 $M_B=M_e$ 时,可得弹性极限荷载

$$M_e/(\text{kN}\cdot\text{m})=\sigma_s W_e=240\times 10^3\times\frac{0.05\times 0.1^2}{6}=20$$

$$q_e/(\text{kN}\cdot\text{m}^{-1})=\frac{20}{4}=5$$

此梁的塑性极限荷载还可由下式求得

$$q_u/(\text{kN}\cdot\text{m}^{-1})=fq_e=1.5\times 5=7.5$$

塑性极限荷载与弹性极限荷载比较

$$\frac{q_u}{q_e}=\frac{7.5}{5}=1.5=f\ (\text{塑性截面形状系数})$$

这也说明,对于等截面的静定梁,其塑性极限荷载等于弹性极限荷载的 f 倍。

对于图 24.16 所示包含有静定部分的超静定结构,若最大弯矩发生在 BC 的静定部分,当其出现塑性铰时,BC 部分即成为几何可变体。因此,其极限荷载仍是按静定结构方式计算。

对于最大弯矩发生在超静定部分的超静定结构(图 24.17)，一般来说，需要出现 $n+1$(比超静定次数多一个)个塑性铰，结构才会成为几何可变体，而对于各跨内等截面并且荷载同向的连续梁，各跨只要有 3 个铰就形成几何可变或几何瞬变的破坏机构。因此，超静定梁和刚架结构的塑性极限荷载的分析要先判断结构的超静定次数和塑性铰的位置。

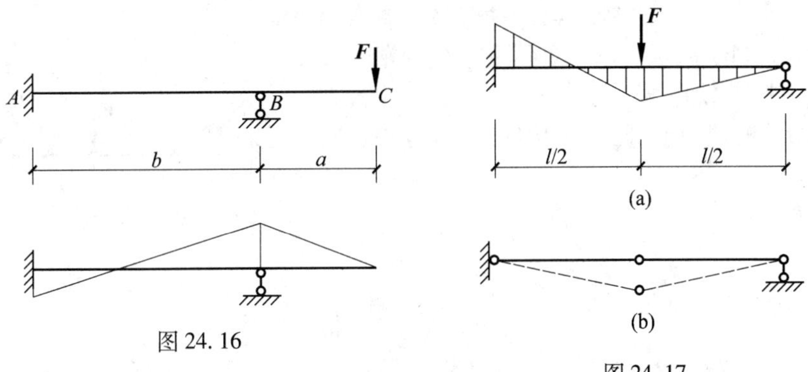

图 24.16

图 24.17

当梁和刚架结构的第一个塑性铰出现时，对应的外荷载称为第一塑性极限荷载 F_{1u}，第二个塑性铰出现时，对应的外荷载称为第二塑性极限荷载 F_{2u}，直至第 $n+1$ 个塑性铰出现时，对应的外荷载称为最终塑性极限荷载 F_u。

F 由 F_e 向 F_{1u} 增加过程中，最大弯矩所在截面的屈服应力由边缘向截面中间发展，虽然没有完全屈服，但也产生了很大的变形，在此期间，也可能会有其他弯矩较大截面随着荷载的增加、截面弯矩的增加而进入此状态。此时的弯矩图形不能按照弹性计算求得，因此一般情况下是在极限状态下按静力平衡方法求得极限荷载。

类似于超静定拉压杆结构极限荷载的分析，超静定梁和刚架结构的极限荷载分析也是按最大弹性极限弯矩确定第一塑性铰发生的位置，然后以该塑性铰处的塑性极限弯矩为固定不变的外荷载来考虑平衡，进而确定下一个塑性铰出现的位置。在成为几何可变体的极限平衡状态下确定相应极限荷载值。

总结以上分析可知，极限状态应满足以下 3 个条件：

(1) 由于塑性铰的单向性，所以结构在成为几何可变体时亦是按荷载方向做单向运动的，即单向机构条件；

(2) 极限状态下，结构各截面的弯矩均小于塑性极限弯矩 M_u，即屈服条件(或称内力局限条件)；

(3) 极限荷载的分析是在结构由静定结构向几何可变体系过渡的极限状态下进行的，所以可用静力平衡条件计算，即平衡条件。因此，对于能明确判断出的极限状态，由于不必考虑变形关系，仅需按照静力平衡条件进行计算，所以其计算较超静定结构的计算要简单。另外，由于极限状态前的结构为静定结构，所以超静定结构的极限荷载值不受支座移动和温度变化的影响。

【例24.3】 图24.18(a)所示超静定梁,承受集中荷载$\boldsymbol{F}$作用。已知梁的屈服应力为σ_s,抗弯截面模量为W_z,塑性截面形状系数为f。试求该荷载形式下的极限荷载值F_u。

解:本题为单跨一次超静定梁,应出现两个塑性铰时结构才能成为几何可变体。由于弹性计算的最大弯矩发生在梁的A端,所以第一塑性铰出现在A处,如图24.18(b)所示。以A处承受不变的塑性极限弯矩M_u,继续增加荷载,显见第二塑性铰应出现在集中力作用处的截面上,此时结构成为几何可变体,如图24.18(c)所示。

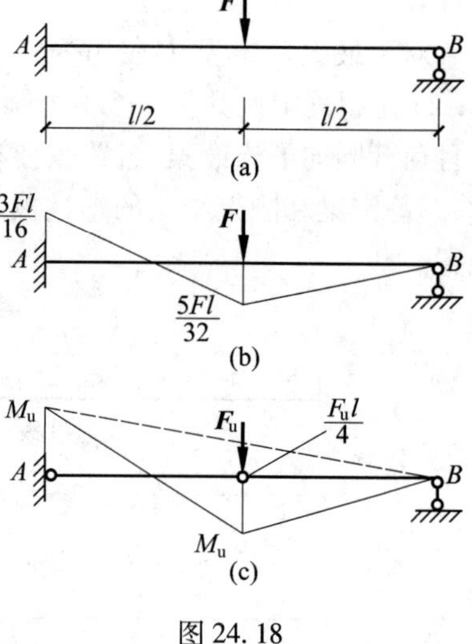

图24.18

按平衡关系

$$\frac{1}{2}M_u + M_u = \frac{F_u l}{4}$$

可得

$$F_u = \frac{6M_u}{l} = \frac{6}{l}\sigma_s f W_z$$

由弹性计算的最大弯矩与荷载的关系

$$\frac{3F_e l}{16} = \sigma_s W_z$$

可得该梁的弹性极限荷载

$$F_e = \frac{16}{3l}\sigma_s W_z$$

塑性极限荷载与弹性极限荷载比较

$$\frac{F_u}{F_e} = \frac{6f\sigma_s W_z}{l}\frac{3l}{16\sigma_s W_z} = \frac{9}{8}f$$

【例24.4】 求图24.19(a)所示两跨超静定梁的极限荷载值q_u。已知M_u = 360 kN·m。

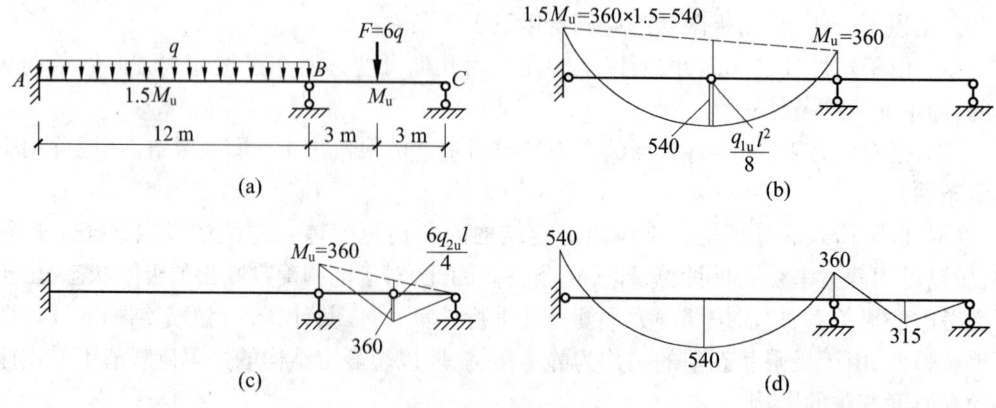

图24.19

解:本题为多跨超静定梁,其破坏机构为各单跨破坏机构。

第一跨的破坏机构如图 24.19(b) 所示,在梁的 A 端、跨中(为简化计算,近似用跨中弯矩代替最大弯矩)和 B 支座处出现塑性铰。以该3 处承受相应不变的塑性极限弯矩,计算第一塑性极限荷载 q_{1u}。按平衡关系

$$\frac{q_{1u}\times(12)^2}{8}=540+\frac{540+360}{2}$$

$$q_{1u}=55\ \text{kN/m}(\text{精确解答为}\ 54.89\ \text{kN/m})$$

第二跨的破坏机构如图 24.19(c) 所示,在梁的 B 支座和集中力处出现塑性铰。以该 2 处承受相应不变的塑性极限弯矩,计算第二塑性极限荷载 q_{2u}。按平衡关系

$$\frac{6q_{2u}\times 6}{4}=360+\frac{360}{2}$$

$$q_{2u}=60\ \text{kN/m}$$

比较两个极限荷载值,显见,结构的塑性极限荷载为 $q_u=55\ \text{kN/m}$。

按极限荷载为 $q_u=55\ \text{kN/m}$ 绘制的弯矩图如图 24.19(d) 所示,与图 24.19(c) 比较,BC 跨中还处于弹性阶段。

【例 24.5】　计算图 24.20(a) 所示超静定刚架的极限荷载值 F_u。

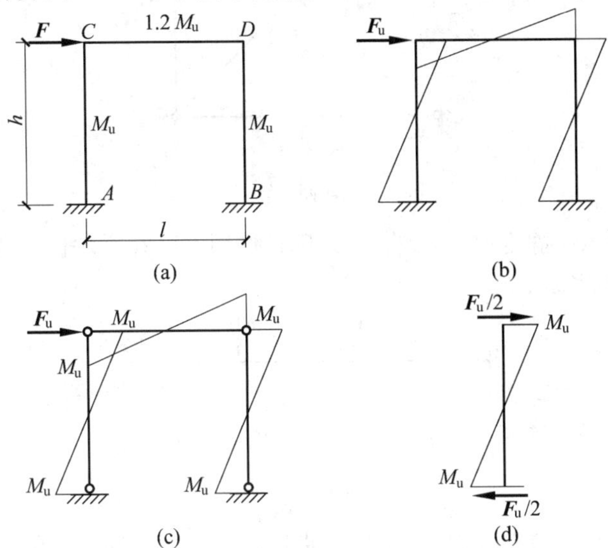

图 24.20

解:本题为 3 次超静定结构,应出现 4 个塑性铰时结构才能成为几何可变体。由弹性计算的最大弯矩发生在结构的 A、B 端,如图 24.20(b) 所示,所以第一塑性铰出现在 A、B 处。以 A、B 处承受不变的塑性极限弯矩 M_u,继续增加荷载,显见第二塑性铰应出现在结构的 C、D 处,此时结构成为几何可变体,如图 24.20(c) 所示。

按平衡关系(图 24.20(d))

$$\frac{1}{2}F_u h=2M_u$$

可得

$$F_u=\frac{4M_u}{h}$$

对于复杂的荷载及结构形式,由于较难判断塑性铰出现的位置及顺序,需要依据以下3个定理(其证明参加有关书籍):(1) 结构具有唯一极限荷载,即单向定理或唯一性定理;(2) 极限荷载是结构破坏荷载的极小者,即上限定理或极限定理;(3) 极限荷载是结构安全荷载(可接受荷载) 的极大者,亦即下限定理或极大定理,对多个可能出现的几何可变体系的极限平衡状态进行试算或其他方法来确定极限荷载。本书不做更多的介绍,实际工程中可运用计算软件解决。

习题课选题指导

1. 图24.21所示的超静定拉压杆结构,承受荷载**F**作用。若3个杆件的材料、截面、杆长均相同,屈服应力为σ_s,试计算其塑性极限荷载F_u。

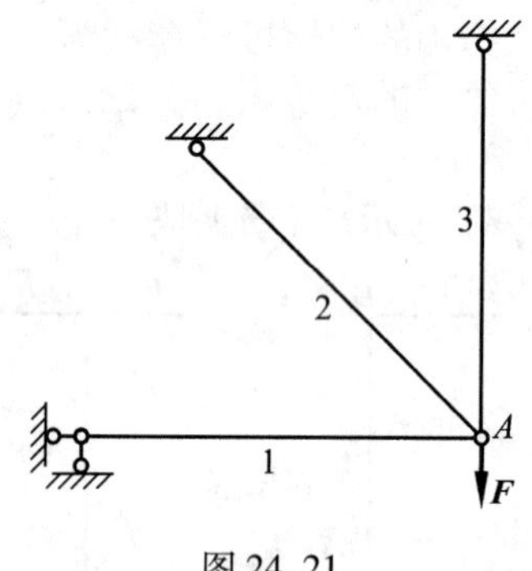

图24.21

2. 图24.22所示超静定梁,承受集中荷载**F**作用。已知梁的极限弯矩为M_u。试求该荷载形式下的极限荷载值F_u。

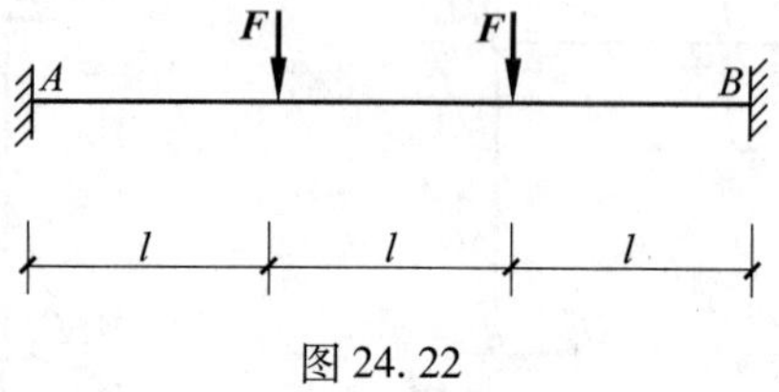

图24.22

3. 图24.23所示超静定刚架,承受集中荷载**F**作用。已知各杆的极限弯矩为M_u。试求该荷载形式下的极限荷载值F_u。

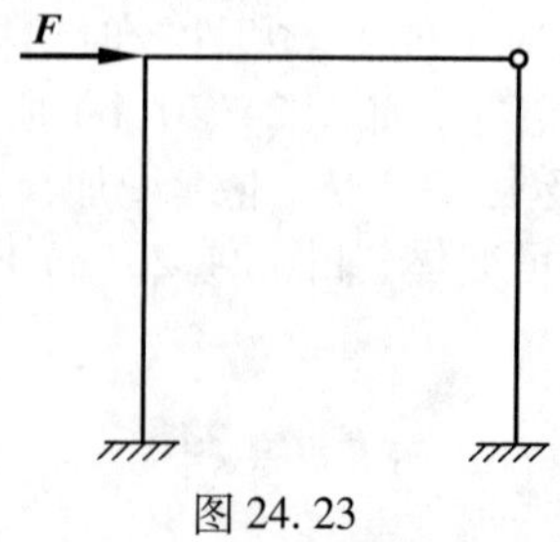

图24.23

第25章

动荷、冲击与疲劳

25.1　达朗贝尔原理

在处理动荷载问题中是离不开物理中的牛顿第二定律的，即

$$\boldsymbol{F} = m\boldsymbol{a}$$

然而处理工程中的动力学问题采用达朗贝尔原理会更方便些，因此首先讲述动力学中的达朗贝尔原理。

25.1.1　惯性力

达朗贝尔原理（D'Alembert's principle）能将动力学问题转化为静力学问题，其关键是惯性力（iner－tia force）的概念，因此首先介绍惯性力的概念。

任何物体都有保持静止或匀速直线运动的属性，称为惯性。当物体受到外力作用而产生运动状态的变化时，运动物体即对施力物体产生反作用力，因这种反作用力是由于运动物体的惯性所引起的，故称为运动物体的惯性力，以 $\boldsymbol{F}_{\mathrm{I}}$ 表示，此力作用对象是施力物体。

如图25.1所示，工人沿着光滑地面以力 $\boldsymbol{F}$ 推一质量为 m 的小车，小车的加速度为 $\boldsymbol{a}$，根据牛顿第二定律数学表达式 $\boldsymbol{F}=m\boldsymbol{a}$，又由作用与反作用定律可知，工人必受到小车的反作用力 $\boldsymbol{F}_{\mathrm{I}}$，它与作用力 $\boldsymbol{F}$ 等值、反向且共线，惯性力 $\boldsymbol{F}_{\mathrm{I}}=-m\boldsymbol{a}$。

所以，惯性力是因为外力的作用而使物体的运动状态改变时，由于其惯性而引起的运动物体对施力物体的反作用力，其大小等于运动物体质量与加速度的乘积，方向与加速度方向相反，作用对象是施力物体。因此，惯性力与主动力并不作用于同一物体上。

25.1.2　达朗贝尔原理——动静法

设质点 M 在某轨道上做曲线运动，其上受到主动力 $\boldsymbol{F}$ 与约束反力 $\boldsymbol{F}_{\mathrm{N}}$ 的作用（见图25.2），质点沿合外力方向要产生加速度 $\boldsymbol{a}$，根据牛顿第二定律，有

$$m\boldsymbol{a} = \boldsymbol{F} + \boldsymbol{F}_{\mathrm{N}}$$

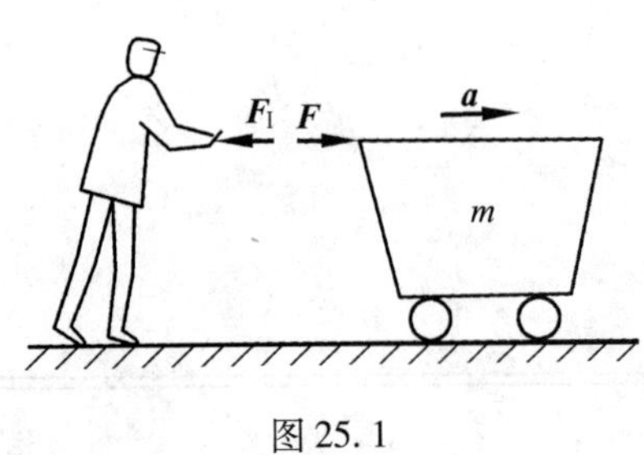

图 25.1

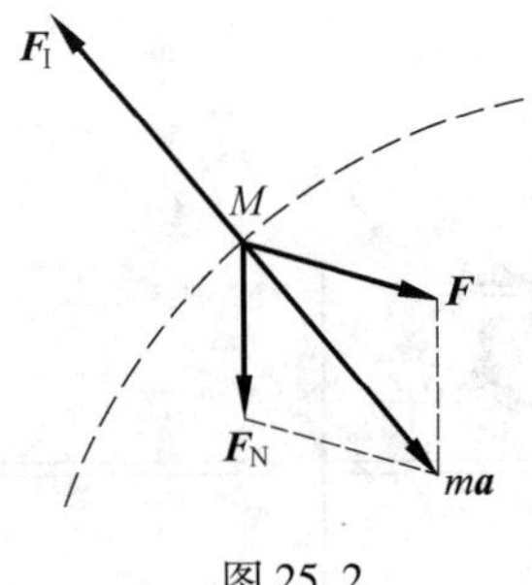

图 25.2

将上式移项写为

$$\boldsymbol{F} + \boldsymbol{F}_N - m\boldsymbol{a} = 0 \tag{25.1}$$

引入记号

$$\boldsymbol{F}_I = - m\boldsymbol{a} \tag{25.2}$$

式(25.1) 成为

$$\boldsymbol{F} + \boldsymbol{F}_N + \boldsymbol{F}_I = 0 \tag{25.3}$$

式(25.3) 是一个汇交力系的平衡方程,此式表明,作用在质点上的主动力、约束力和虚拟的惯性力在形式上构成平衡力系,称为质点的达朗贝尔原理。此原理是法国科学家达朗贝尔于 1743 年提出的。而这种将动力学问题通过加入惯性力而变成静力学问题的方法称为动静法。这一方法不仅对质点成立,而且对质点系也成立。

应当指出:

(1) 达朗贝尔原理并没有改变动力学问题的性质。因为质点实际上并不是受到力的作用而真正处于平衡状态,而是假想地加在质点上的惯性力与作用在质点上的主动力、约束力在形式上构成平衡力系。

(2) 惯性力是一种虚拟力,但它是作用在使质点改变运动状态的施力物体上的反作用力。

(3) 质点的加速度不仅可以由一个力引起,而且还可以由同时作用在质点上的几个力共同引起的。因此,惯性力可以是对多个施力物体的反作用力。

【例 25.1】 圆锥摆如图 25.3 所示,重为 $G = 9.8$ N 的小球系于长为 $l = 30$ cm 的绳上,绳的另一端系在固定点 O,并与铅直线成 $\varphi = 60°$ 角。已知小球在水平面内做匀速圆周运动,试求小球的速度和绳子的拉力。

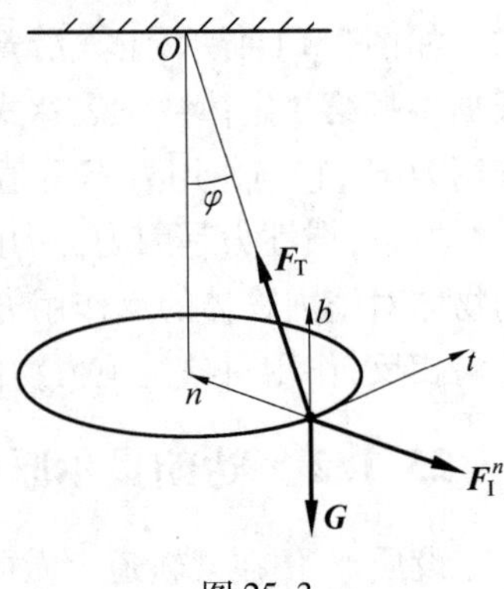

图 25.3

解: 以小球为研究对象,小球受到重力 $\boldsymbol{G}$、绳子的拉力 $\boldsymbol{F}_T$ 以及在小球上虚拟的惯性力。由于小球在水平面内做匀速圆周运动,其惯性力只有法向惯性力 $\boldsymbol{F}_I^n$,即

$$F_I^n = \frac{G}{g} a_n = \frac{G}{g} \frac{v^2}{l\sin\varphi}$$

方向与法向加速度相反。

由质点的达朗贝尔原理得

$$\boldsymbol{F}_T + \boldsymbol{G} + \boldsymbol{F}_I^n = 0$$

将上式向自然轴上投影，得下面的平衡方程

$$\sum F_n = 0,\quad F_T \sin\varphi - F_I^n = 0$$

$$\sum F_b = 0,\quad F_T \cos\varphi - G = 0$$

解得

$$F_T = \frac{G}{\cos\varphi} = 19.6\ \text{N},\quad v = \sqrt{\frac{F_T l \sin^2\varphi}{G}} = 2.1\ \text{m/s}$$

25.2　考虑加速度的动荷问题

如图25.4所示，以加速度 $\boldsymbol{a}$ 起吊重为 $\boldsymbol{G}$ 的重物，试确定钢丝绳中的动应力 σ_d。按达朗贝尔原理，将加速运动的物体人为加上惯性力 $\boldsymbol{F}_I$，此力按与 $\boldsymbol{a}$ 相反的方向加于物体，此时只要考虑大小 $F_I = ma$ 即可。按动静法，钢丝绳中拉力 F_{Nd} 与 G 和 F 应满足平衡条件，取 $\sum F_y = 0$，有

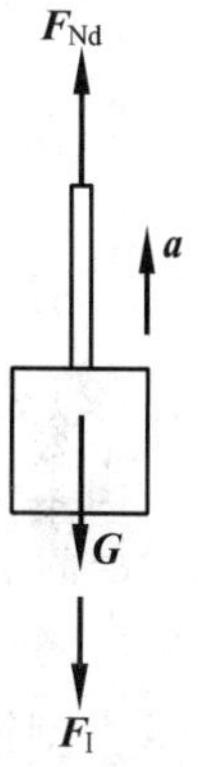

$$F_{Nd} - G - ma = 0$$

$$F_{Nd} = G(1 + \frac{a}{g})$$

F_{Nd} a G F_I

图25.4

绳中的应力

$$\sigma_d = \frac{F_{Nd}}{A} = \frac{G}{A}(1 + \frac{a}{g}) = \sigma_{st} K_d \tag{25.4}$$

式中，$\sigma_{st} = \dfrac{G}{A}$ 称为静应力；$K_d = 1 + \dfrac{a}{g}$ 称为动荷因数（coefficient of dynamics），有

$$K_d = \frac{\sigma_d}{\sigma_{st}}$$

因此动荷因数反映的是动应力（dynamic stress）与静应力之比，它是一个大于1的数。当以加速度 $\boldsymbol{g}$ 向上提升时，动荷因数 $K_d = 2$，这表明钢丝绳中的内力将是提升荷载的两倍。

【例25.2】　一长度 $l = 12$ m的16号工字钢，用横截面面积 $A = 108\ \text{mm}^2$ 的钢索起吊，如图25.5(a)所示，并以等加速度 $a = 10\ \text{m/s}^2$ 上升。若不计钢索自重，试求：(1)吊索的动应力 σ_d；(2)梁的最大动应力 σ_{dmax}。

解　(1)求吊索的 σ_d

由型钢表查得16号工字钢单位长度的重量为 $q_{st} = 20.5\ \text{kg/m} = 201.1\ \text{N/m}$

由对称关系可知，两吊索的轴力 F_N（见图25.5(b)）相等，其值可由平衡方程求得。

吊索的静轴力为　$F_N/\text{N} = \dfrac{1}{2} q_{st} l = \dfrac{1}{2} \times 201.1 \times 12 = 1\,206.6$

吊索的静应力　$\sigma_{st} = \dfrac{F_N}{A} = \dfrac{1\,206.6}{108 \times 10^{-6}}\ \text{Pa} = 11.2\ \text{MPa}$

动荷因数为
$$K_d = 1 + \frac{a}{g} = 1 + \frac{10}{9.81} = 2.02$$

吊索的动应力为
$$\sigma_d / \text{MPa} = K_d \sigma_{st} = 2.02 \times 11.2 = 22.6$$

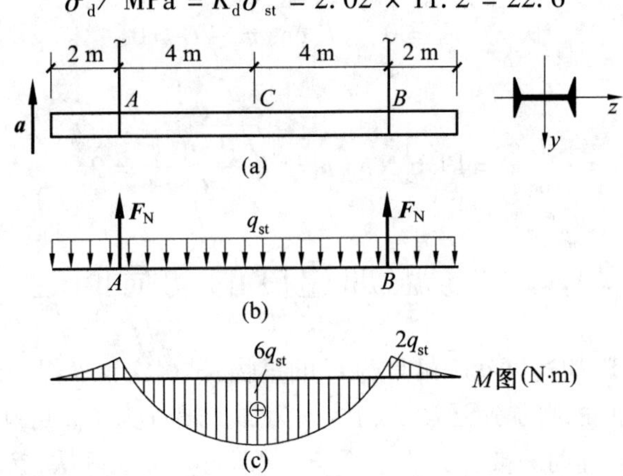

图 25.5

(2) 求梁的 σ_{dmax}

由工字钢的弯矩图(图 25.5(c))可知

C 截面上的弯矩为
$$M_{max}/(\text{N} \cdot \text{m}) = 6q_{st} = 6 \times 201.1 = 1\ 206.6$$

由型钢表查得 16 号工字钢的弯曲截面系数为
$$W_z = 21.2 \times 10^3 \text{ mm}^3$$

梁的最大静应力为
$$\sigma_{stmax} = \frac{M_{max}}{W_z} = \frac{1\ 206.6}{21.2 \times 10^3 \times 10^{-9}} \text{ Pa} = 56.9 \text{ MPa}$$

梁的最大动应力为
$$\sigma_{dmax}/\text{MPa} = K_d \sigma_{stmax} = 2.02 \times 56.9 = 114.9$$

【例 25.3】 如图 25.6 所示,起重机的起重半径为 R,当起重机以每分钟 n 转的速度转动时,重量为 $\boldsymbol{G}$ 的构件到起重机顶端的铅垂距离为 h,试确定构件旋转时的离心力。

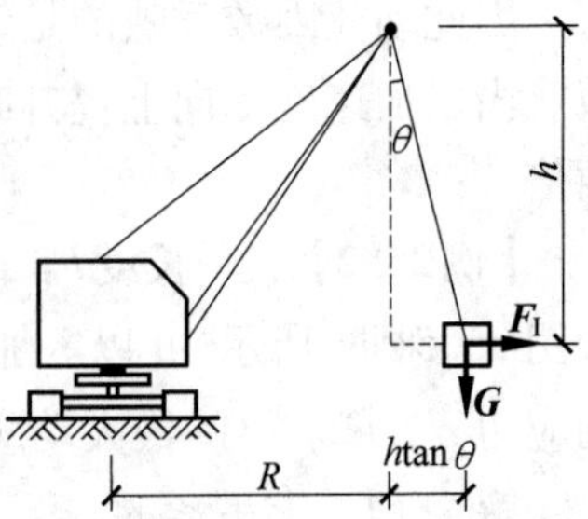

解:起重机转动时构件做圆周运动,但运动半径并不是 R,而应是 $R + h\tan\theta$,此时应有向心加速度 a_n,由物理学可知,向心加速度的值应为

图 25.6

$$a_n = \frac{v^2}{r} = \omega^2 r$$

式中,v 为切线速度;ω 为转动的角速度;r 为转动半径。本题给出起重机每分钟的转数为 n,因此有 $\omega = \frac{2\pi n}{60} = \frac{\pi n}{30}$,而圆周半径 $r = R + h\tan\theta$,故向心加速度为

$$a_n = \left(\frac{\pi n}{30}\right)^2 (R + h\tan\theta)$$

与该向心力相应的惯性力就是离心力,其值应为

$$F_I = ma_n = \frac{G}{g}\left(\frac{\pi n}{30}\right)^2 (R + h\tan\theta) \tag{a}$$

但此结果中 θ 尚属未知,此值可用动静法求出,因为按达朗贝尔原理,在 $\boldsymbol{G}$ 上加上离心力 $\boldsymbol{F}_I$,系统将处于平衡状态,此时根据平衡条件应为

$$\frac{F_I}{G} = \tan\theta \tag{b}$$

将式(a) 代入式(b),有

$$\frac{\pi^2 n^2}{g \times 900}(R + h\tan\theta) = \tan\theta$$

由于 $g = 9.8$,可以近似与 π^2 相消,解出 $\tan\theta$,得

$$\tan\theta = \frac{Rn^2}{900 - n^2 h} \tag{c}$$

将式(c) 代回式(b),整理后,得离心力

$$F_I = \frac{Gn^2 R}{900 - n^2 h}$$

此式即为施工中计算离心力的公式。

25.3　冲击与冲击应力

当运动中的物体碰到一静止的构件时,前者的运动将受阻而在瞬间停止运动,这时构件就受到了冲击作用。例如,打桩时重锤自一定高度下落与桩接触,桩杆就承受很大的冲击荷载作用,而被打入地基中。加载的速度在非常短的时间内发生改变,构件受到很大的作用力,这种现象称为冲击。如锻锤与锻件的接触撞击,河流中的浮冰碰撞到桥墩,高速转动的飞轮突然刹车等。在冲击过程中,运动中的物体称为冲击物,而阻止冲击物体运动的构件则称为被冲击物。要精确地分析被冲击物的冲击应力和变形,应考虑弹性体内应力波的传播,其计算较为复杂。在工程中,通常采用一种较为粗略但偏于安全的简化计算方法,作为冲击物内冲击应力的估算。

图 25.7(a) 表示重量为 $\boldsymbol{G}$ 的重物,从高度 h 处自由落下,当重物与杆的 B 端接触的瞬间速度减少至零,同时产生很大的加速度,对 AB 杆施加很大的惯性力 $\boldsymbol{F}_d$,使 AB 杆受到冲击作用。重物为冲击物,AB 杆为被冲击物,$\boldsymbol{F}_d$ 称为冲击荷载。

由于冲击时间极短,加速度很难确定,不能用动静法进行分析。通常在以下假设的基础上用能量法作近似计算。

冲击应力估算中的基本假定:

(1) 不计冲击物的变形;

(2) 冲击物与构件接触后无回弹;

(3) 构件的质量与冲击物相比很小,可忽略不计;

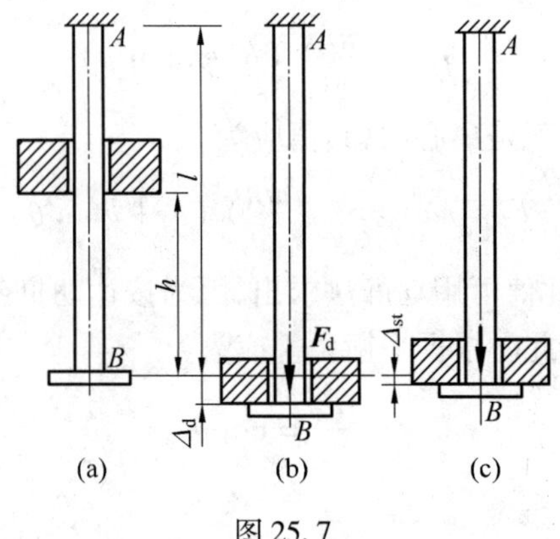

图 25.7

(4) 材料服从胡克定律;

(5) 冲击过程中,声、热等能量损耗很小,可略去不计。

由机械能守恒定理可知:冲击过程中,冲击物所减少的动能 E_k 和势能 E_p 等于被冲击物所增加的应变能,即

$$E_k + E_p = U \tag{a}$$

重物减少的势能为

$$E_p = G(h + \Delta_d) \tag{b}$$

式中,Δ_d 为重物的速度降为零时,B 端的最大位移,称为动位移(图 25.7(b))。

重物的动能无变化

$$E_k = 0 \tag{c}$$

AB 杆增加的应变能为

$$U = \frac{1}{2}F_d \cdot \Delta_d \tag{d}$$

由 $\Delta_d = \dfrac{F_d l}{EA}$,得

$$F_d = \frac{EA}{l}\Delta_d \tag{e}$$

将式(e) 代入式(d),得

$$U = \frac{1}{2}\left(\frac{EA}{l}\right)\Delta_d^2 \tag{f}$$

将式(b),(c) 和(f) 代入式(a),得

$$G(h + \Delta_d) = \frac{1}{2}\left(\frac{EA}{l}\right)\Delta_d^2 \tag{g}$$

由于 $\Delta_{st} = \dfrac{Gl}{EA}$($B$ 端的静位移,如图 25.7(c)),式(g) 化为

$$\Delta_d^2 - 2\Delta_{st}\Delta_d - 2\Delta_{st}h = 0 \tag{h}$$

解此方程,得到

$$\Delta_d = \frac{2\Delta_{st} + \sqrt{4\Delta_{st}^2 + 8\Delta_{st}h}}{2} = \Delta_{st}(1 + \sqrt{1 + 2h/\Delta_{st}}) = \Delta_{st}K_d \tag{i}$$

其中

$$K_d = (1 + \sqrt{1 + 2h/\Delta_{st}}) \tag{j}$$

式中，K_d 为动荷因数，它是动位移和静位移的比值。

将式(i) 代入式(e)，得

$$F_d = \frac{EA}{l}K_d\Delta_{st} = K_dG$$

AB 杆的动应力为

$$\sigma_d = \frac{F_d}{A} = K_d \frac{G}{A} = K_d\sigma_{st}$$

凡是自由落体冲击问题，均可以用以上公式进行计算。K_d 的公式中，h 为自由落体的高度，Δ_{st} 为把冲击物作为静荷载置于被冲击物的冲击点处，被冲击物的冲击点沿冲击方向的静位移。

当 $h=0$ 时，$K_d=2$（骤加荷载），这表明此时的动位移与动应力将是静位移和静应力的 2 倍。

由于不考虑冲击过程中的能量损失，K_d 值偏大，因此以上计算偏于安全。其他冲击问题的 K_d 表达式，将根据具体情况由机械能守恒定律求出。此公式不仅适用于轴向拉压杆，同样适用于受弯梁以及类似结构，只是 Δ_{st} 的公式有所不同。

【例 25.4】　矩形截面简支木梁如图 25.8 所示，梁长 $l=6$ m，重 $G=0.4$ kN 的物体自梁中由高 $h=40$ cm 处自由下落，若截面尺寸为 30 cm × 20 cm，弹性模量 $E=10$ GPa，材料的许用应力 $[\sigma]=10$ MPa，试验算梁的动强度并求出动挠度。

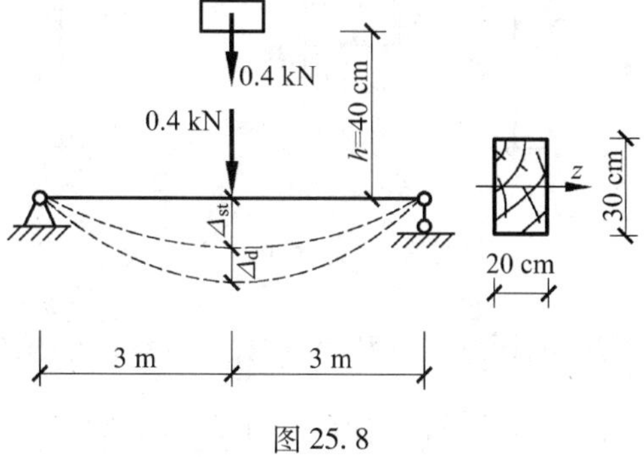

图 25.8

解：首先求出最大静应力与最大静挠度。

$$\sigma_{stmax} = \frac{M_{max}}{W_z} = \frac{\dfrac{0.4 \times 10^3 \times 6}{4}}{\dfrac{0.2 \times 0.3^2}{6}} \text{ Pa} = 0.2 \text{ MPa}$$

$$y_{max}/\text{m} = \Delta_{st} = \frac{Gl^3}{48EI} = \frac{0.4 \times 6^3 \times 12 \times 10^3}{48 \times 10 \times 10^9 \times 0.2 \times 0.3^3} = 0.4 \times 10^{-3}$$

由公式 $K_d = (1 + \sqrt{1 + 2h/\Delta_{st}})$ 求得

$$K_d = 1 + \sqrt{1 + \frac{2 \times 0.4}{0.4 \times 10^{-3}}} = 45.7$$

最大动应力为

$$\sigma_{\mathrm{dmax}} = \sigma_{\mathrm{stmax}} K_{\mathrm{d}} = 0.2 \times 45.7\ \mathrm{MPa} = 9.1\ \mathrm{MPa} < [\sigma] = 10\ \mathrm{MPa}$$

故满足强度条件。

最大动挠度为

$$y_{\mathrm{dmax}}/\mathrm{m} = \Delta_{\mathrm{d}} = \Delta_{\mathrm{st}} K_{\mathrm{d}} = 0.4 \times 10^{-3} \times 45.7 = 0.018$$

若梁的两端支承在两个刚度相同的弹簧上,则梁在冲击点处沿冲击方向的静位移,应由梁跨中截面的静挠度和两端支承弹簧的缩短量两部分组成,即

$$\Delta_{\mathrm{st}} = \frac{Gl^3}{48EI} + \frac{G}{2k}$$

若 $k = 300\ \mathrm{kN/m}$,则 $\Delta_{\mathrm{st}} = 1.17 \times 10^{-3}\mathrm{m}$,$K_{\mathrm{d}} = 27.2$。

可以看到,有弹簧的装置,静位移增大,动荷因数减小,动应力减小。因此弹簧能起到很大的缓冲作用。

【例 25.5】 一下端固定、长度为 l 的铅直圆截面杆 AB,在 C 点处被一物体沿水平方向冲击(图 25.9(a))。已知 C 点到杆下端的距离为 a,物体的重量为 $\boldsymbol{G}$,物体在与杆接触时的速度为 $\boldsymbol{v}$。试求杆在危险点处的冲击应力。

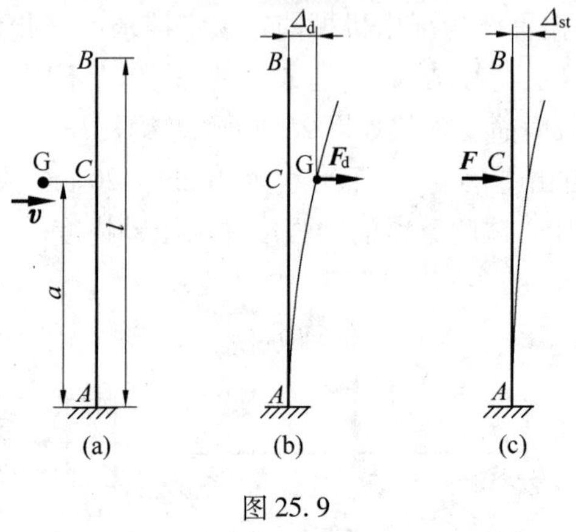

图 25.9

解:在冲击过程中,物体的速度由 v 减小到 0,所以动能的减少为 $E_{\mathrm{k}} = \dfrac{Gv^2}{2g}$。又因为冲击是沿水平方向的,所以物体的势能没有改变,即 $E_{\mathrm{p}} = 0$。

杆内应变能为 $U = \dfrac{1}{2}F_{\mathrm{d}} \cdot \Delta_{\mathrm{d}}$。由于杆受水平方向的冲击后将发生弯曲,所以其中 Δ_{d} 为杆在被冲击点 C 处的冲击挠度(图 25.9(b)),其与 F_{d} 间的关系为 $\Delta_{\mathrm{d}} = \dfrac{F_{\mathrm{d}}a^3}{3EI}$,由此得 $F_{\mathrm{d}} = \dfrac{3EI}{a^3}\Delta_{\mathrm{d}}$。于是,可得杆内的应变能为 $U = \dfrac{1}{2}F_{\mathrm{d}} \cdot \Delta_{\mathrm{d}} = \dfrac{1}{2}\left(\dfrac{3EI}{a^3}\right)\Delta_{\mathrm{d}}^2$。

由机械能守恒定律可得

$$\frac{Gv^2}{2g} = \frac{1}{2}\left(\frac{3EI}{a^3}\right)\Delta_{\mathrm{d}}^2$$

由此解得

$$\Delta_{d} = \sqrt{\frac{v^2}{g}\left(\frac{Ga^3}{3EI}\right)} = \sqrt{\frac{v^2}{g}\Delta_{st}} = \Delta_{st}\sqrt{\frac{v^2}{g\Delta_{st}}}$$

式中，$\Delta_{st} = \dfrac{Ga^3}{3EI}$ 是杆在 C 点处受到一个数值等于冲击物重量 $\boldsymbol{G}$ 的水平力（即 $\boldsymbol{F} = \boldsymbol{G}$）作用时，该点的静挠度（图 25.9（c））。由上式即得在水平冲击情况下的动荷因数 K_d 为

$$K_d = \frac{\Delta_d}{\Delta_{st}} = \sqrt{\frac{v^2}{g\Delta_{st}}}$$

当杆在 C 点处受水平力 $\boldsymbol{F}$ 作用时，杆的固定端截面最外边缘（即危险点）处的静应力为

$$\sigma_{st} = \frac{M_{max}}{W} = \frac{Fa}{W}$$

于是，杆在危险点处的冲击应力为

$$\sigma_d = K_d\sigma_{st} = \sqrt{\frac{v^2}{g\Delta_{st}}} \cdot \frac{Fa}{W}$$

25.4　疲劳破坏与交变应力

普通钢筋具有很好的塑性，即使将钢筋弯折 180°，钢筋也不会断裂，但如果反复弯曲此钢筋，数次后可能脆断，如果先将钢筋用钢锯切一小深口，那么一两次弯折钢筋就会断裂。随时间交替变化的应力称为交变应力（alternating stress），构件在交变应力作用下发生的失效，称为疲劳失效或疲劳破坏（fatigue fracture），简称疲劳。例如，气锤的锤杆、钢轨及螺圈弹簧等构件都曾发生过疲劳破坏。

疲劳破坏大量存在于机器设备中，建筑工程里常见于吊车梁中，特别是那些存在高度应力集中的位置更容易产生疲劳破坏。对于矿山、冶金、动力、运输机械以及航空、航天飞行器等，疲劳是其零件或构件的主要失效形式。构件在交变应力作用下的疲劳失效与静应力作用下的失效有本质上的区别。疲劳破坏具有以下特点：

（1）破坏时，应力低于材料的强度极限，甚至低于材料的屈服应力；

（2）疲劳破坏需经历多次应力循环后才能出现，即破坏是个积累损伤的过程；

（3）即使塑性材料破坏时，一般也无明显的塑性变形，即表现为脆性断裂；

（4）在破坏的断口上，通常呈现两个区域：一个是光滑区域，另一个是粗糙区域。

例如，车轴疲劳破坏的断口如图 25.10 所示。

以上现象可以通过疲劳破坏的形成过程加以说明。原来当交变应力的大小超过一定限度，并经历了足够多次的交替重复后，在构件内部应力最大或材质薄弱处，将产生细微裂纹，这种裂纹随着应力循环次数的增加而不断扩展，且逐渐形成为宏观裂纹。在扩展过程中，由于应力循环变化，裂纹两表面的材料时而互相挤压，时而分离，或时而正向错动，时而反向错动，从而形成断口的光滑区。另一方面，由于裂纹不断扩展，当达到临界长度时，构件将发生突然断裂，断口的粗糙区就是突然断裂造成的。因此，疲劳破坏的过程可以理解为疲劳裂纹萌生、逐步扩展和最后断裂的过程。

图 25.11 所示金相显微镜下观察到的晶粒中的斜裂纹,即是由循环滑移所引起的微观疲劳裂纹,其方向与最大主拉应力 σ_1 方向约成45°角,即在最大切应力所在平面内。这种斜裂纹扩展到一定深度后,将转为沿垂直于最大主拉应力方向扩展的平裂纹。这就是疲劳裂纹源的形成过程。如果材料有表面损伤、夹杂物、热加工造成的微裂纹等缺陷,则这些缺陷本身就是疲劳裂纹源,有可能从这里开始就直接扩展成为宏观的疲劳裂纹。

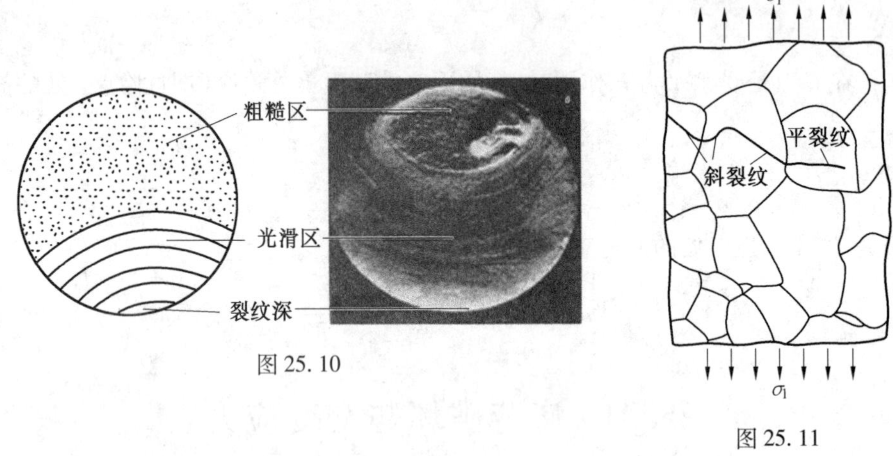

图 25.10

图 25.11

25.4.1 循环特征 平均应力 应力幅

图 25.12(a) 所示一简支圆轴受跨中 $\boldsymbol{F}$ 力作用,考查危险截面上边缘一点处 A 应力随时间的变化,当 A 位于轴底处时有最大拉应力 $\sigma_{\max}=\dfrac{M_{\max}}{W}$ 产生,而当该点转到顶点时将承受最大压应力 $\sigma_{\min}=-\dfrac{M_{\min}}{W}$,其应力随时间的变化函数图象如图 25.12(b) 所示,这种最大应力与最小应力绝对值相等的交变应力称为对称循环(symmtrical cycle) 下的交变应力。图25.12(c) 所示一简支吊车梁,当吊车在梁上行驶时,梁上 B 点会形成类似图 25.12(d) 所示的交变应力图象,它的特点是 $\sigma_{\min}$ 为零,应力在 $0\sim\sigma_{\max}$ 之间变化,这种交变应力称为脉动循环(pulsating cycle) 下的交变应力。图25.12(e) 给出一般情况下的交变应力。图25.12(f) 属于静应力,但它也可以视为一种特殊的交变应力。为了区别不同的交变应力,引入下列一些概念:

循环特性

$$r=\frac{\sigma_{\min}}{\sigma_{\max}}$$

平均应力

$$\sigma_{\mathrm{m}}=\frac{1}{2}(\sigma_{\max}+\sigma_{\min})$$

应力幅

$$\sigma_{\mathrm{a}}=\frac{1}{2}(\sigma_{\max}-\sigma_{\min})$$

应力范围

$$\Delta\sigma = 2\sigma_a = \sigma_{max} - \sigma_{min}（钢结构中称此为应力幅）$$

值得注意的是,最大应力和最小应力都是带正负号的,这里以绝对值较大者为最大应力,并规定它为正号,而与正号应力反向的最小应力则为负号。

对于对称循环下的交变应力,有

$$\sigma_{max} = -\sigma_{min}$$

因此

$$r = \frac{\sigma_{min}}{\sigma_{max}} = -1$$

$$\sigma_m = \frac{1}{2}(\sigma_{max} + \sigma_{min}) = 0$$

$$\sigma_a = \frac{1}{2}(\sigma_{max} - \sigma_{min}) = \sigma_{max}$$

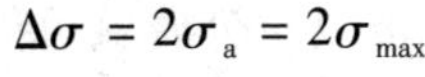

$$\Delta\sigma = 2\sigma_a = 2\sigma_{max}$$

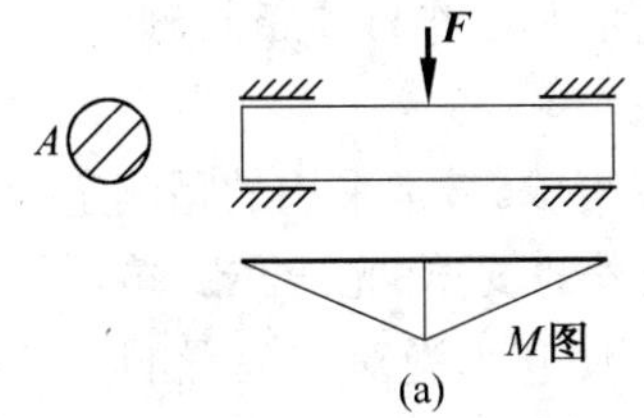

(a)

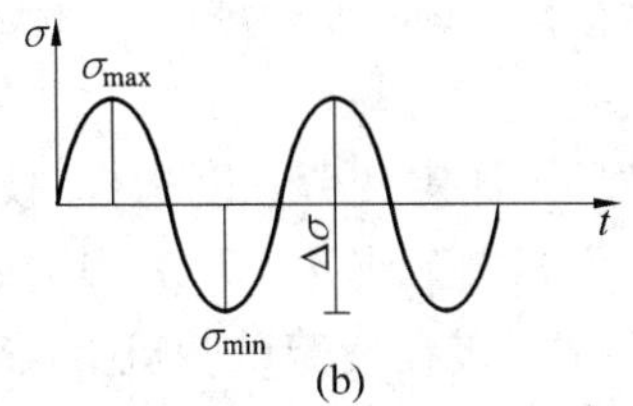

(b)

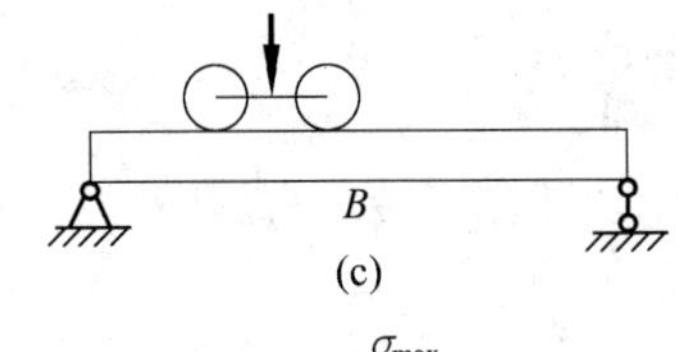

(c)

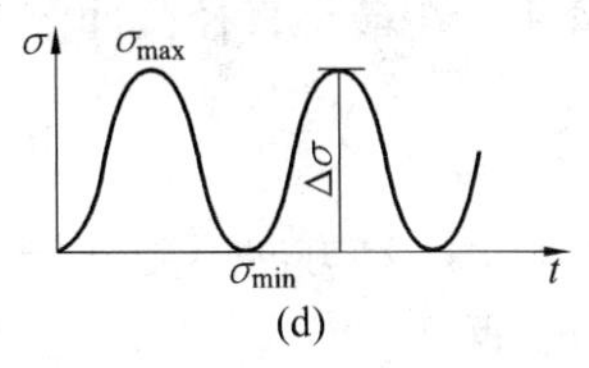

(d)

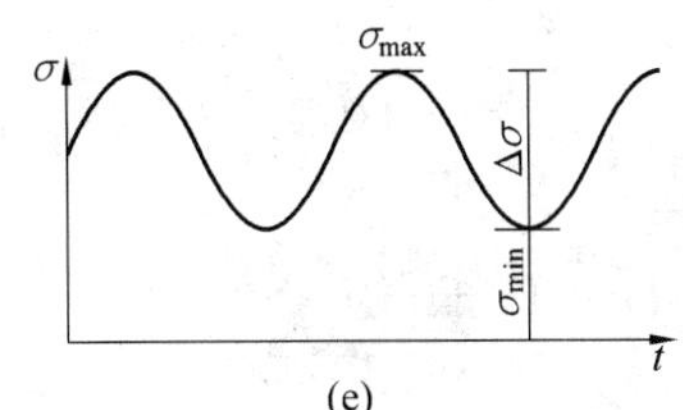

(e)

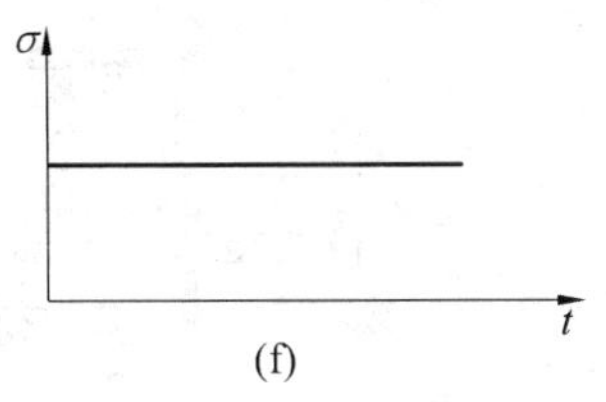

(f)

图 25.12

对于脉动循环下的交变应力,有

$$\sigma_{min} = 0$$

因此

$$r = \frac{\sigma_{min}}{\sigma_{max}} = 0$$

$$\sigma_m = \frac{1}{2}(\sigma_{max} + \sigma_{min}) = \frac{1}{2}\sigma_{max}$$

$$\sigma_a = \frac{1}{2}(\sigma_{max} - \sigma_{min}) = \frac{1}{2}\sigma_{max}$$

$$\Delta\sigma = 2\sigma_a = \sigma_{max}$$

对于静应力,有

$$\sigma_{min} = \sigma_{max}$$

因此

$$r = \frac{\sigma_{min}}{\sigma_{max}} = 1$$

$$\sigma_m = \frac{1}{2}(\sigma_{max} + \sigma_{min}) = \sigma_{max}$$

$$\sigma_a = \frac{1}{2}(\sigma_{max} - \sigma_{min}) = 0$$

$$\Delta\sigma = 2\sigma_a = 0$$

25.4.2 持久极限

交变应力作用下,应力低于屈服极限时金属就可能发生疲劳,因此,静载下测定的屈服极限或强度极限已不能作为强度指标,金属疲劳的强度指标应重新测定。

1. 疲劳试验

在对称循环下测定疲劳强度指标,技术上比较简单,最常采用的是测定持久极限的方法。测定时将金属加工成 $d = 7 \sim 10$ mm,表面光滑的试样(光滑小试样),每组试样约为10根左右。把试样装在疲劳试验机上(图25.13),使它承受对称放置的不变的集中力 $\boldsymbol{F}$ 作用而发生纯弯曲。在最小直径截面上,最大弯曲应力为

$$\sigma = \frac{M}{W} = \frac{Fa}{W}$$

保持荷载 $\boldsymbol{F}$ 的大小和方向不变,以电动机带动试样旋转。每旋转一周,截面上的点便经历一次对称应力循环。

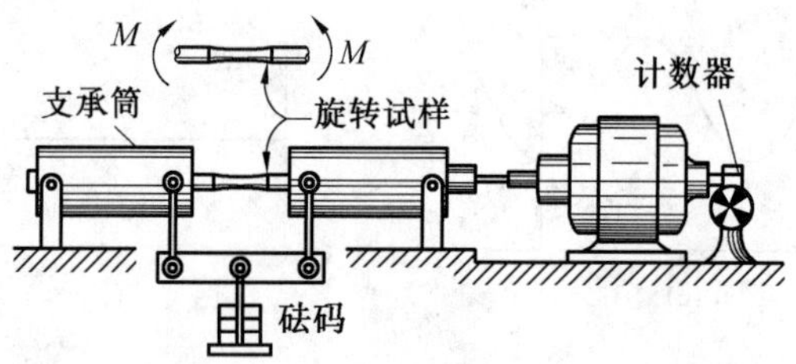

图25.13

2. 持久极限与应力-疲劳寿命曲线

所谓持久极限是指经过无穷多次应力循环而不发生破坏时的最大应力值,它又称为疲劳极限。

一般使第一根试件受到的最大应力 $\sigma_{max1} \approx 0.70\sigma_b$,若它经历 N_1 次应力循环发生疲劳破坏,则 N_1 称为应力为 σ_{max1} 时的疲劳寿命。然后,对其余试件逐一减小其最大应力值,并分别记录其相应的疲劳寿命。这样,如以应力为纵坐标,以寿命为横坐标,上述试验结果将可描绘出一条光滑曲线(图25.14),称为应力-疲劳寿命曲线或 $S-N$ 曲线(S 代表正应力 σ 或切应力 τ)。一般来说,随着应力水平的降低,疲劳寿命迅速增加。钢试件的

疲劳试验表明，当应力降到某一极限值时，$S-N$ 曲线趋近于水平线。这表明：只要应力不超过这一极限值，N 可无限增长，即试件可以经历无限次应力循环而不发生疲劳，这一极限值即为材料在对称循环下的持久极限 σ_{-1}。

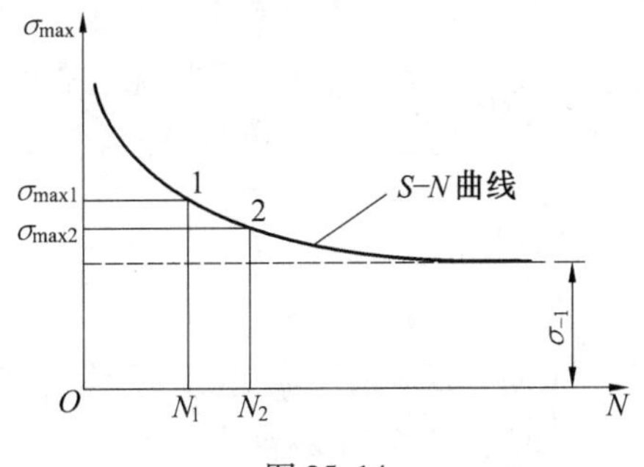

图 25.14

常温下的试验结果表明，如果钢制试件经历10^7 次应力循环仍未疲劳，则再增加循环次数也不会疲劳。所以就把在10^7 次循环下仍未疲劳的最大应力规定为钢材的持久极限，并把 $N_0=10^7$ 称为循环基数。有色金属的 $S-N$ 曲线一般没有明显趋于水平的直线部分，通常以 $N_0=10^8$ 作为循环基数，并把由它所对应的最大应力作为这类材料的"条件"持久极限。

25.4.3　影响构件持久极限的因素

实际构件的持久极限不但与材料有关，而且还受构件的形状、尺寸、表面质量及工作环境等一些因素的影响。因此，在常温下用光滑小试样测定材料的持久极限 σ_{-1}，还不能代表实际构件的持久极限。只有在考虑这些因素的影响程度对材料持久极限进行适当修正后，才能作为构件疲劳强度计算的依据。

下面介绍影响构件持久极限的几种主要因素。

1. 构件外形的影响

构件外形的突然变化，例如构件上有槽、孔、缺口、轴肩等，将会引起应力的集中。在应力集中的局部区域更易形成疲劳裂纹，从而使构件的持久极限显著降低。

2. 构件尺寸的影响

构件的尺寸越大，它所包含的内部缺陷也就越多，亦即生成微观裂纹的裂纹源增多，因而更利于裂纹的形成与扩展。同时，构件的尺寸越大，其应力分布的变化梯度越小，即处于高应力区的晶粒越多，故更易于形成疲劳裂纹。可见构件尺寸越大，其持久极限越低。

3. 表面质量的影响

表面质量包括两个方面：一是表面粗糙度；二是表层强化。一般说，构件的表面越是粗糙，其应力集中越严重，故其持久极限亦越低。另一方面，如果构件经过淬火、渗碳、氮化等热处理与化学处理，或经过滚压、喷丸等机械处理，都会使表层得到强化，因而其持久极限也会得到相应的提高。

4. 构件的持久极限

综合以上三种因素的影响，在对称循环下，构件的持久极限 σ_{-1}^0 与光滑小试件的持久

极限 σ_{-1} 之间的关系可表示为

$$\sigma^0_{-1}=\frac{\varepsilon_\sigma\beta}{K_\sigma}\sigma_{-1}$$

式中,K_σ 为考虑构件外形影响的有效应力集中系数,其值恒大于1;ε_σ 为考虑构件尺寸影响的尺寸系数,其值一般小于1;β 为考虑构件表面状况的表面质量系数,由于表面粗糙度的不同,以及强化方式的不同,其值可能小于1,也可能大于1。

如为扭转可写成

$$\tau^0_{-1}=\frac{\varepsilon_\tau\beta}{K_\tau}\tau_{-1}$$

除上述三种因素外,构件的工作环境,如温度、介质等对持久极限也会有影响。这些影响也可仿照上面的方法,用相应的修正系数来表示。

25.4.4 提高构件疲劳强度的措施

疲劳裂纹的形成主要在应力集中的部位和构件表面。提高疲劳强度应从减缓应力集中、提高表面质量等方面入手。

1. 减缓应力集中

应力集中是产生疲劳破坏的主要因素,构件的局部应力集中区则是疲劳裂纹萌生的发源地。同时,影响疲劳的各种因素,也都和应力集中有关。因此,为了提高构件的持久极限,主要措施是尽一切可能消除或改善应力集中。设计构件外形时,避免方形或带有尖角的孔和槽;在截面突变处采用足够大的过渡圆角如图25.15(a),设置减荷槽如图25.15(b)或退刀槽如图25.15(c)等。

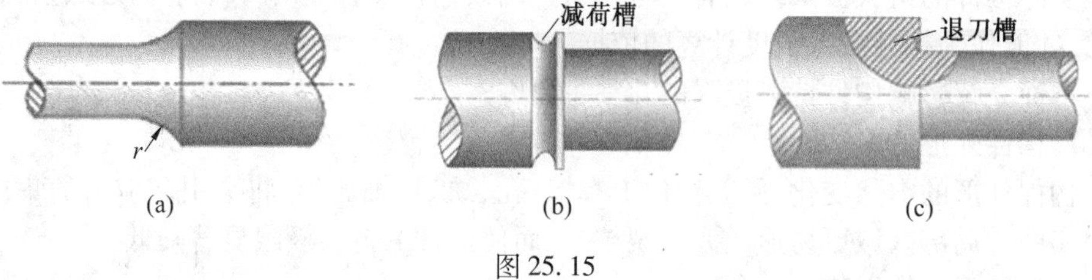

图25.15

2. 降低表面粗糙度

构件表面加工质量对疲劳强度影响很大,疲劳强度要求较高的构件,应有较低的表面粗糙度。高强度钢对表面粗糙度更为敏感,只有经过精加工,才有利于发挥它的高强度性能。否则将会使持久极限大幅度下降,失去采用高强度钢的意义。在使用中也应尽量避免使构件表面受到机械损伤(如划伤、打印等)或化学损伤(如腐蚀、生锈等)。

3. 增加表层强度

为了强化构件的表层,可采用热处理和化学处理,如表面高频淬火、渗碳、氮化等,皆可使构件疲劳强度有显著提高。但采用这些方法时,要严格控制工艺过程,否则将造成表面微细裂纹,反而降低持久极限。也可以用机械的方法强化表层,如滚压、喷丸等,以提高疲劳强度。

习题课选题指导

1. 如图 25.16 所示，重量为 $\boldsymbol{G}$ 的物体以匀速 $\boldsymbol{v}$ 下降，当吊索长度为 L 时，起重卷筒被突然刹停。设吊索的横截面面积为 A，弹性模量为 E。求：(1) 动荷因数；(2) 吊索内的动应力；(3) 由于卷筒被刹停而引起的吊索伸长。

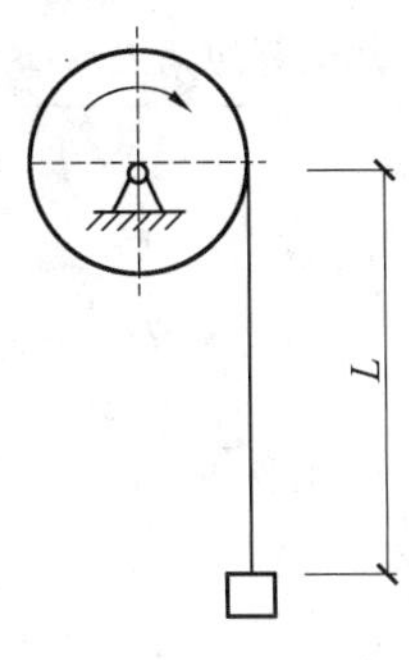

图 25.16

2. 如图 25.17 所示，宽为 b，高为 h 的矩形截面梁 ABC，材料弹性模量为 E，在 BC 中部受重力为 $\boldsymbol{G}$ 的物体自由落体冲击，求最大工作应力。

3. 如图 25.18 所示，长 $l = 400$ mm，直径 $d = 400$ mm 的圆截面直杆，在 B 端受到水平方向的轴向冲击。已知杆 AB 材料的弹性模量 $E = 210$ GPa，冲击时冲击物的动能为 2 000 N · mm，在不考虑杆的质量的情况下，试求杆内的最大冲击正应力。

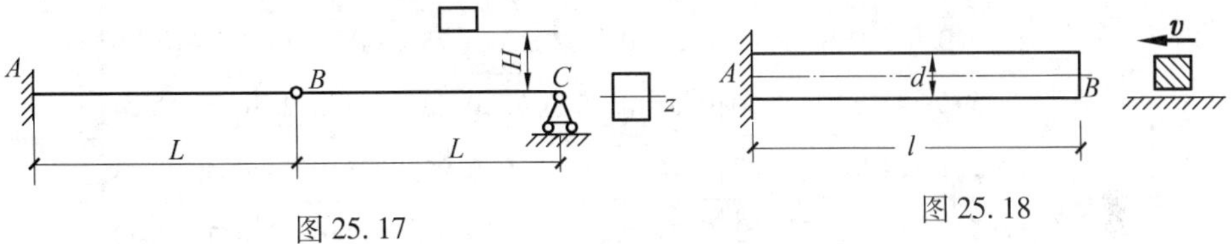

图 25.17　　图 25.18

4. 试计算图 25.19 所示各交变应力的应力比和应力幅。

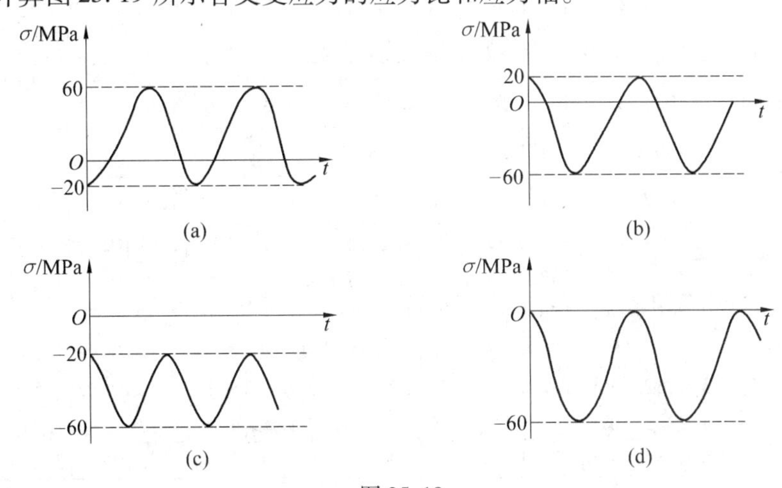

图 25.19

附录Ⅰ　型钢表

附录1　热轧等边角钢(GB 9787—88)

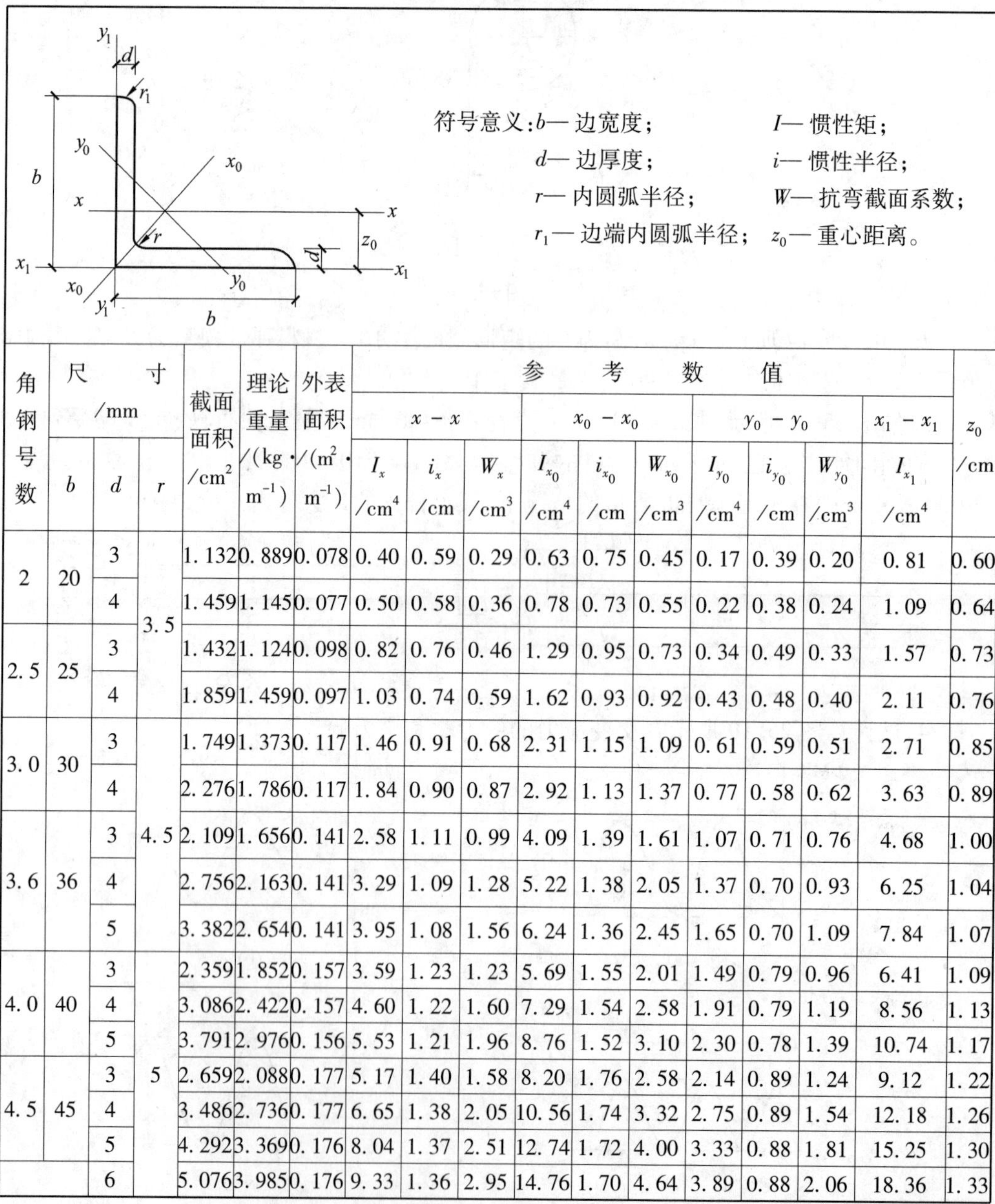

符号意义:b— 边宽度；　　I— 惯性矩；
d— 边厚度；　　i— 惯性半径；
r— 内圆弧半径；　　W— 抗弯截面系数；
r_1— 边端内圆弧半径；　　z_0— 重心距离。

角钢号数	尺寸/mm			截面面积/cm^2	理论重量/(kg·m^{-1})	外表面积/(m^2·m^{-1})	参考数值										z_0/cm
							$x-x$			x_0-x_0			y_0-y_0			x_1-x_1	
	b	d	r				I_x/cm^4	i_x/cm	W_x/cm^3	I_{x_0}/cm^4	i_{x_0}/cm	W_{x_0}/cm^3	I_{y_0}/cm^4	i_{y_0}/cm	W_{y_0}/cm^3	I_{x_1}/cm^4	
2	20	3	3.5	1.132	0.889	0.078	0.40	0.59	0.29	0.63	0.75	0.45	0.17	0.39	0.20	0.81	0.60
		4		1.459	1.145	0.077	0.50	0.58	0.36	0.78	0.73	0.55	0.22	0.38	0.24	1.09	0.64
2.5	25	3		1.432	1.124	0.098	0.82	0.76	0.46	1.29	0.95	0.73	0.34	0.49	0.33	1.57	0.73
		4		1.859	1.459	0.097	1.03	0.74	0.59	1.62	0.93	0.92	0.43	0.48	0.40	2.11	0.76
3.0	30	3	4.5	1.749	1.373	0.117	1.46	0.91	0.68	2.31	1.15	1.09	0.61	0.59	0.51	2.71	0.85
		4		2.276	1.786	0.117	1.84	0.90	0.87	2.92	1.13	1.37	0.77	0.58	0.62	3.63	0.89
3.6	36	3		2.109	1.656	0.141	2.58	1.11	0.99	4.09	1.39	1.61	1.07	0.71	0.76	4.68	1.00
		4		2.756	2.163	0.141	3.29	1.09	1.28	5.22	1.38	2.05	1.37	0.70	0.93	6.25	1.04
		5		3.382	2.654	0.141	3.95	1.08	1.56	6.24	1.36	2.45	1.65	0.70	1.09	7.84	1.07
4.0	40	3	5	2.359	1.852	0.157	3.59	1.23	1.23	5.69	1.55	2.01	1.49	0.79	0.96	6.41	1.09
		4		3.086	2.422	0.157	4.60	1.22	1.60	7.29	1.54	2.58	1.91	0.79	1.19	8.56	1.13
		5		3.791	2.976	0.156	5.53	1.21	1.96	8.76	1.52	3.10	2.30	0.78	1.39	10.74	1.17
4.5	45	3		2.659	2.088	0.177	5.17	1.40	1.58	8.20	1.76	2.58	2.14	0.89	1.24	9.12	1.22
		4		3.486	2.736	0.177	6.65	1.38	2.05	10.56	1.74	3.32	2.75	0.89	1.54	12.18	1.26
		5		4.292	3.369	0.176	8.04	1.37	2.51	12.74	1.72	4.00	3.33	0.88	1.81	15.25	1.30
		6		5.076	3.985	0.176	9.33	1.36	2.95	14.76	1.70	4.64	3.89	0.88	2.06	18.36	1.33

续附录 1

角钢号数	尺寸/mm			截面面积/cm^2	理论重量/(kg·m^{-1})	外表面积/(m^2·m^{-1})	参考数值 $x-x$			x_0-x_0			y_0-y_0			x_1-x_1	z_0/cm
	b	d	r				I_x/cm^4	i_x/cm	W_x/cm^3	I_{x_0}/cm^4	i_{x_0}/cm	W_{x_0}/cm^3	I_{y_0}/cm^4	i_{y_0}/cm	W_{y_0}/cm^3	I_{x_1}/cm^4	
5	50	3	5.5	2.971	2.332	0.197	7.18	1.55	1.96	11.37	1.96	3.22	2.98	1.00	1.57	12.50	1.34
		4		3.897	3.059	0.197	9.26	1.54	2.56	14.70	1.94	4.16	3.82	0.99	1.96	16.69	1.38
		5		4.803	3.770	0.196	11.21	1.53	3.13	17.79	1.92	5.03	4.64	0.98	2.31	20.90	1.42
		6		5.688	4.465	0.196	13.05	1.52	3.68	20.68	1.91	5.85	5.42	0.98	2.63	25.14	1.46
5.6	56	3	6	3.343	2.624	0.221	10.19	1.75	2.48	16.14	2.20	4.08	4.24	1.13	2.02	17.56	1.48
		4		4.390	3.446	0.220	13.18	1.73	3.24	20.92	2.18	5.28	5.46	1.11	2.52	23.43	1.53
		5		5.415	4.251	0.220	16.02	1.72	3.97	25.42	2.17	6.42	6.61	1.10	2.98	29.33	1.57
		8		8.367	6.568	0.219	23.63	1.68	6.03	37.37	2.11	9.44	9.89	1.09	4.16	47.24	1.68
6.3	63	4	7	4.978	3.907	0.248	19.03	1.96	4.13	30.17	2.46	6.78	7.89	1.26	3.29	33.35	1.70
		5		6.143	4.822	0.248	23.17	1.94	5.08	36.77	2.45	8.25	9.57	1.25	3.90	41.73	1.74
		6		7.288	5.721	0.247	27.12	1.93	6.00	43.03	2.43	9.66	11.20	1.24	4.46	50.14	1.78
		8		9.515	7.469	0.247	34.46	1.90	7.75	54.56	2.40	12.25	14.33	1.23	5.47	67.11	1.85
		10		11.657	9.151	0.246	41.09	1.88	9.39	64.85	2.36	14.56	17.33	1.22	6.36	84.31	1.93
7	70	4	8	5.570	4.372	0.275	26.39	2.18	5.14	41.80	2.74	8.44	10.99	1.40	4.17	45.74	1.86
		5		6.875	5.397	0.275	32.21	2.16	6.32	51.08	2.73	10.32	13.34	1.39	4.95	57.21	1.91
		6		8.160	6.406	0.275	37.77	2.15	7.48	59.93	2.71	12.11	15.61	1.38	5.67	68.73	1.95
		7		9.424	7.398	0.275	43.09	2.14	8.59	68.35	2.69	13.81	17.82	1.38	6.34	80.29	1.99
		8		10.667	8.373	0.274	48.17	2.12	9.68	76.37	2.68	15.43	19.98	1.37	6.98	91.92	2.03
7.5	75	5	9	7.412	5.818	0.295	39.97	2.33	7.32	63.30	2.92	11.94	16.63	1.50	5.77	70.56	2.04
		6		8.797	6.905	0.294	46.95	2.31	8.64	74.38	2.90	14.02	19.51	1.49	6.67	84.55	2.07
		7		10.160	7.976	0.294	53.57	2.30	9.93	84.96	2.89	16.02	22.18	1.48	7.44	98.71	2.11
		8		11.503	9.030	0.294	59.96	2.28	11.20	95.07	2.88	17.93	24.86	1.47	8.19	112.97	2.15
		10		14.126	11.089	0.293	71.98	2.26	13.64	113.92	2.84	21.48	30.05	1.46	9.56	141.71	2.22
8	80	5	9	7.912	6.211	0.315	48.79	2.48	8.34	77.33	3.13	13.67	20.25	1.60	6.66	85.36	2.15
		6		9.397	7.376	0.314	57.35	2.47	9.87	90.98	3.11	16.08	23.72	1.59	7.65	102.50	2.19
		7		10.860	8.525	0.314	65.58	2.46	11.37	104.07	3.10	18.40	27.09	1.58	8.58	119.70	2.23
		8		12.303	9.658	0.314	73.49	2.44	12.83	116.60	3.08	20.61	30.39	1.57	9.46	136.97	2.27
		10		15.126	11.874	0.313	88.43	2.42	15.64	140.09	3.04	24.76	36.77	1.56	11.08	171.74	2.35

续附录1

角钢号数	尺寸/mm			截面面积/cm^2	理论重量/($kg\cdot m^{-1}$)	外表面积/($m^2\cdot m^{-1}$)	参考数值										
							$x-x$			x_0-x_0			y_0-y_0			x_1-x_1	z_0/cm
	b	d	r				I_x/cm^4	i_x/cm	W_x/cm^3	I_{x_0}/cm^4	i_{x_0}/cm	W_{x_0}/cm^3	I_{y_0}/cm^4	i_{y_0}/cm	W_{y_0}/cm^3	I_{x1}/cm^4	
9	90	6	10	10.637	8.350	0.354	82.77	2.79	12.61	131.26	3.51	20.63	34.28	1.80	9.95	145.87	2.44
		7		12.301	9.656	0.354	94.83	2.78	14.54	150.47	3.50	23.64	39.18	1.78	11.19	170.30	2.48
		8		13.944	10.946	0.353	106.47	2.76	16.42	168.97	3.48	26.55	43.97	1.78	12.35	194.80	2.52
		10		17.167	13.476	0.353	128.58	2.74	20.07	203.90	3.45	32.04	53.26	1.76	14.52	244.07	2.59
		12		20.306	15.940	0.352	149.22	2.71	23.57	236.21	3.41	37.12	62.22	1.75	16.49	293.76	2.67
10	100	6	12	11.932	9.366	0.393	114.95	3.01	15.68	181.98	3.90	25.74	47.92	2.00	12.69	200.07	2.67
		7		13.796	10.830	0.393	131.86	3.09	18.10	208.97	3.89	29.55	54.74	1.99	14.26	233.54	2.71
		8		15.638	12.276	0.393	148.24	3.08	20.47	235.07	3.88	33.24	61.41	1.98	15.75	267.09	2.76
		10		19.261	15.120	0.392	179.51	3.05	25.06	284.68	3.84	40.26	74.35	1.96	18.54	334.48	2.84
		12		22.800	17.898	0.391	208.90	3.03	29.48	330.95	3.81	46.80	86.84	1.95	21.08	402.34	2.91
		14		26.256	20.611	0.391	236.53	3.00	33.73	374.06	3.77	52.90	99.00	1.94	23.44	470.75	2.99
		16		29.267	23.257	0.390	262.53	2.98	37.82	414.16	3.74	58.57	110.89	1.94	25.63	539.80	3.06
11	110	7	12	15.196	11.928	0.433	177.16	3.41	22.05	280.94	4.30	36.12	73.38	2.20	17.51	310.64	2.96
		8		17.238	13.532	0.433	199.46	3.40	24.95	316.49	4.28	40.69	82.42	2.19	19.39	355.20	3.01
		10		21.261	16.690	0.432	242.19	3.38	30.60	384.39	4.25	49.42	99.98	2.17	22.91	444.65	3.09
		12		25.200	19.782	0.431	282.55	3.35	36.05	448.17	4.22	57.62	116.93	2.15	26.15	534.60	3.16
		14		29.056	22.809	0.431	320.71	3.32	41.31	508.01	4.18	65.31	133.40	2.14	29.14	625.16	3.24
12.5	125	8	14	19.750	15.504	0.492	297.03	3.88	32.52	470.89	4.88	53.28	123.16	2.50	25.86	521.01	3.37
		10		24.373	19.133	0.491	361.67	3.85	39.97	573.89	4.85	64.93	149.46	2.48	30.62	651.93	3.45
		12		28.912	22.696	0.491	423.16	3.83	41.17	671.44	4.82	75.96	174.88	2.46	35.03	783.42	3.53
		14		33.367	26.193	0.490	481.65	3.80	54.16	763.73	4.78	86.41	199.57	2.45	39.13	915.61	3.61
14	140	10		27.373	21.488	0.551	514.65	4.34	50.58	817.27	5.46	82.56	212.04	2.78	39.20	915.11	3.82
		12		32.512	25.522	0.551	603.68	4.31	59.80	958.79	5.43	96.85	248.57	2.76	45.02	1 099.28	3.90
		14		37.567	29.490	0.550	688.81	4.28	68.75	1 093.56	5.40	110.47	284.06	2.75	50.45	1 284.22	3.98
		16		42.539	33.393	0.549	770.24	4.26	77.46	1 221.81	5.36	123.42	318.67	2.74	55.55	1 470.07	4.06

续附录 1

角钢号数	尺寸 /mm			截面面积 /cm²	理论重量 /(kg·m⁻¹)	外表面积 /(m²·m⁻¹)	参考数值										z_0 /cm
							$x-x$			x_0-x_0			y_0-y_0			x_1-x_1	
	b	d	r				I_x /cm⁴	i_x /cm	W_x /cm³	I_{x_0} /cm⁴	i_{x_0} /cm	W_{x_0} /cm³	I_{y_0} /cm⁴	i_{y_0} /cm	W_{y_0} /cm³	I_{x1} /cm⁴	
16	160	10	16	31.502	24.729	0.630	779.53	4.98	66.70	1 237.30	6.27	109.36	321.76	3.20	52.76	1 365.33	4.31
		12		37.441	29.391	0.630	916.58	4.95	78.98	1 455.68	6.24	128.67	377.49	3.18	60.74	1 639.57	4.39
		14		43.296	33.987	0.629	1 048.36	4.92	90.95	1 665.02	6.20	147.17	431.70	3.16	68.24	1 914.68	4.47
		16		49.067	38.518	0.629	1 175.08	4.89	102.63	1 865.57	6.17	164.89	484.59	3.14	75.31	2 190.82	4.55
18	180	12	16	42.241	33.159	0.710	1 321.35	5.59	100.82	2 100.10	7.05	165.00	542.61	3.58	78.41	2 332.80	4.89
		14		48.896	38.383	0.709	1 514.48	5.56	116.25	2 407.42	7.02	189.14	625.53	3.56	88.38	2 723.48	4.97
		16		55.467	43.542	0.709	1 700.99	5.54	131.13	2 703.37	6.98	212.40	698.60	3.55	97.83	3 115.29	5.05
		18		61.955	48.634	0.708	1 875.12	5.50	145.64	2 988.24	6.94	234.78	762.01	3.51	105.14	3 502.43	5.13
20	200	14	18	54.642	42.894	0.788	2 103.55	6.20	144.70	3 343.26	7.82	236.40	863.83	3.98	111.82	3 734.10	5.46
		16		62.013	48.680	0.788	2 366.15	6.18	163.65	3 760.89	7.79	265.93	971.41	3.96	123.96	4 270.39	5.54
		18		69.301	54.401	0.787	2 620.64	6.15	182.22	4 164.54	7.75	294.48	1 076.74	3.94	135.52	4 808.13	5.62
		20		76.505	60.056	0.787	2 867.30	6.12	200.42	4 554.55	7.72	322.06	1 180.04	3.93	146.55	5 347.51	5.69
		24		90.661	71.168	0.785	3 338.25	6.07	236.17	5 294.97	7.64	374.41	1 381.53	3.90	166.65	6 457.16	5.87

注:截面图中的 $r_1 = d/3$ 及表中 r 值,用于孔型设计,不作为交货条件。

附录 2　热轧不等边角钢(GB 9788—88)

符号意义：B— 长边宽度；　b— 短边宽度；

d— 边厚；　r— 内圆弧半径；

r_1— 边端内弧半径；　x_0— 重心坐标；

y_0— 重心坐标；　I— 惯性矩；

i— 惯性半径；　W— 抗弯截面系数。

角钢号数	尺寸/mm				截面面积/cm^2	理论重量/(kg·m^{-1})	外表面积/(m^2·m^{-1})	参考数值													
								$x-x$			$y-y$			x_1-x_1		y_1-y_1		$u-u$			
	B	b	d	r				I_x/cm^4	i_x/cm	W_x/cm^3	I_y/cm^4	i_y/cm	W_y/cm^3	I_{x_1}/cm^4	y_0/cm	I_{y_1}/cm^4	x_0/cm	I_u/cm^4	i_u/cm	W_u/cm^3	$\tan\alpha$
2.5/1.6	25	16	3	3.5	1.162	0.912	0.080	0.70	0.78	0.43	0.22	0.44	0.19	1.56	0.86	0.43	0.42	0.14	0.34	0.16	0.392
			4		1.499	1.176	0.079	0.88	0.77	0.55	0.27	0.43	0.24	2.09	0.90	0.59	0.46	0.17	0.34	0.20	0.381
3.2/2	32	20	3		1.492	1.171	0.102	1.53	1.01	0.72	0.46	0.55	0.30	3.27	1.08	0.82	0.49	0.28	0.43	0.25	0.382
			4		1.939	1.522	0.101	1.93	1.00	0.93	0.57	0.54	0.39	4.37	1.12	1.12	0.53	0.35	0.42	0.32	0.374
4/2.5	40	25	3	4	1.890	1.484	0.127	3.08	1.28	1.15	0.93	0.70	0.49	5.39	1.32	1.59	0.59	0.56	0.54	0.40	0.385
			4		2.467	1.936	0.127	3.93	1.26	1.49	1.18	0.69	0.63	8.53	1.37	2.14	0.63	0.71	0.54	0.52	0.381
4.5/2.8	45	28	3	5	2.149	1.687	0.143	4.45	1.44	1.47	1.34	0.79	0.62	9.10	1.47	2.23	0.64	0.80	0.61	0.51	0.383
			4		2.806	2.203	0.143	5.69	1.42	1.91	1.70	0.78	0.80	12.13	1.51	3.00	0.68	1.02	0.60	0.66	0.380
5/3.2	50	32	3	5.5	2.431	1.908	0.161	6.24	1.60	1.84	2.02	0.91	0.82	12.49	1.60	3.31	0.73	1.20	0.70	0.68	0.404
			4		3.177	2.494	0.160	8.02	1.59	2.39	2.58	0.90	1.06	16.65	1.65	4.45	0.77	1.53	0.69	0.87	0.402
5.6/3.6	56	36	3	6	2.743	2.153	0.181	8.88	1.80	2.32	2.92	1.03	1.05	17.54	1.78	4.70	0.80	1.73	0.79	0.87	0.408
			4		3.590	2.818	0.180	11.45	1.79	3.03	3.76	1.02	1.37	23.39	1.82	6.33	0.85	2.23	0.79	1.13	0.408
			5		4.415	3.466	0.180	13.86	1.77	3.71	4.49	1.01	1.65	29.25	1.87	7.94	0.88	2.67	0.78	1.36	0.404
6.3/4	63	40	4	7	4.058	3.185	0.202	16.49	2.02	3.87	5.23	1.14	1.70	33.30	2.04	8.63	0.92	3.12	0.88	1.40	0.398
			5		4.993	3.920	0.202	20.02	2.00	4.74	6.31	1.12	2.71	41.63	2.08	10.86	0.95	3.76	0.87	1.71	0.396
			6		5.908	4.638	0.201	23.36	1.96	5.59	7.29	1.11	2.43	49.98	2.12	13.12	0.99	4.34	0.86	1.99	0.393
			7		6.802	5.339	0.201	26.53	1.98	6.40	8.24	1.10	2.78	58.07	2.15	15.47	1.03	4.97	0.86	2.29	0.389
7/4.5	70	45	4	7.5	4.547	3.570	0.226	23.17	2.26	4.86	7.55	1.29	2.17	45.92	2.24	12.26	1.02	4.40	0.98	1.77	0.410
			5		5.609	4.403	0.225	27.95	2.23	5.92	9.13	1.28	2.65	57.10	2.28	15.39	1.06	5.40	0.98	2.19	0.407
			6		6.647	5.218	0.225	32.54	2.21	6.95	10.62	1.26	3.12	68.35	2.32	18.58	1.09	6.35	0.98	2.59	0.404
			7		7.657	6.011	0.225	37.22	2.20	8.03	12.01	1.25	3.57	79.99	2.36	21.84	1.13	7.16	0.97	2.94	0.402

续附录 2

角钢号数	尺寸/mm				截面面积/cm^2	理论重量/($kg\cdot m^{-1}$)	外表面积/($m^2\cdot m^{-1}$)	参考数值													
								$x-x$			$y-y$			x_1-x_1		y_1-y_1		$u-u$			
	B	b	d	r				I_x/cm^4	i_x/cm	W_x/cm^3	I_y/cm^4	i_y/cm	W_y/cm^3	I_{x_1}/cm^4	y_0/cm	I_{y_1}/cm^4	x_0/cm	I_u/cm^4	i_u/cm	W_u/cm^3	$\tan\alpha$
(7.5/5)	75	50	5	8	6.125	4.808	0.245	34.86	2.39	6.83	12.61	1.44	3.30	70.00	2.40	21.04	1.17	7.41	1.10	2.74	0.435
			6		7.260	5.699	0.245	41.12	2.38	8.12	14.70	1.42	3.88	84.30	2.44	25.37	1.21	8.54	1.08	3.19	0.435
			8		9.467	7.431	0.244	52.39	2.35	10.52	18.53	1.40	4.99	112.50	2.52	34.23	1.29	10.87	1.07	4.10	0.429
			10		11.590	9.098	0.244	62.71	2.33	12.79	21.96	1.38	6.04	140.80	2.60	43.43	1.36	13.10	1.06	4.99	0.423
8/5	80	50	5	8	6.375	5.005	0.255	41.96	2.56	7.78	12.82	1.42	3.32	85.21	2.60	21.06	1.14	7.66	1.10	2.74	0.388
			6		7.560	5.935	0.255	49.49	2.56	9.25	14.95	1.41	3.91	102.53	2.65	25.41	1.18	8.85	1.08	3.20	0.387
			7		8.724	6.848	0.255	56.16	2.54	10.58	16.96	1.39	4.48	119.33	2.69	29.82	1.21	10.18	1.08	3.70	0.384
			8		9.867	7.745	0.254	62.83	2.52	11.92	18.85	1.38	5.03	136.41	2.73	34.32	1.25	11.38	1.07	4.16	0.381
9/5.6	90	56	5	9	7.212	5.661	0.287	60.45	2.90	9.92	18.32	1.59	4.21	121.32	2.91	29.53	1.25	10.98	1.23	3.49	0.385
			6		8.557	6.717	0.286	71.03	2.88	11.74	21.42	1.58	4.96	145.59	2.95	35.58	1.29	12.90	1.23	4.18	0.384
			7		9.880	7.756	0.286	81.01	2.86	13.49	24.36	1.57	5.70	169.66	3.00	41.71	1.33	14.67	1.22	4.72	0.382
			8		11.183	8.779	0.286	91.03	2.85	15.27	27.15	1.56	6.41	194.17	3.04	47.93	1.36	16.34	1.21	5.29	0.380
10/6.3	100	63	6	10	9.617	7.550	0.320	99.06	3.21	14.64	30.94	1.79	6.35	199.71	3.24	50.50	1.43	18.42	1.38	5.25	0.394
			7		11.111	8.722	0.320	113.45	3.20	16.88	35.26	1.78	7.29	233.00	3.28	59.14	1.47	21.00	1.38	6.02	0.394
			8		12.584	9.878	0.319	127.37	3.18	19.08	39.39	1.77	8.21	266.32	3.32	67.88	1.50	23.50	1.37	6.78	0.391
			10		15.467	12.142	0.319	153.81	3.15	23.32	47.12	1.74	9.98	333.06	3.40	85.73	1.58	28.33	1.35	8.24	0.387
10/8	100	80	6	10	10.637	8.350	0.354	107.04	3.17	15.19	61.24	2.40	10.16	199.83	2.95	102.68	1.97	31.65	1.72	8.37	0.627
			7		12.301	9.656	0.354	122.73	3.16	17.52	70.08	2.39	11.71	233.20	3.00	119.98	2.01	36.17	1.72	9.60	0.626
			8		13.944	10.946	0.353	137.92	3.14	19.81	78.58	2.37	13.21	266.61	3.04	137.37	2.05	40.58	1.71	10.80	0.625
			10		17.167	13.476	0.353	166.87	3.12	24.24	94.65	2.35	16.12	333.63	3.12	172.48	2.13	49.10	1.69	13.12	0.622
11/7	110	70	6	10	10.637	8.350	0.354	133.37	3.54	17.85	42.92	2.01	7.90	265.78	3.53	69.08	1.57	25.36	1.54	6.53	0.403
			7		12.301	9.656	0.354	153.00	3.53	20.60	49.01	2.00	9.09	310.07	3.57	80.82	1.61	28.95	1.53	7.50	0.402
			8		13.944	10.946	0.353	172.04	3.51	23.30	54.87	1.98	10.25	354.39	3.62	92.70	1.65	32.45	1.53	8.45	0.401
			10		17.167	13.476	0.353	208.39	3.48	28.54	65.88	1.96	12.48	443.13	3.70	116.83	1.72	39.20	1.51	10.29	0.397
12.5/8	125	80	7	11	14.096	11.066	0.403	227.98	4.02	26.86	74.42	2.30	12.01	454.99	4.01	120.32	1.80	43.81	1.76	9.92	0.408
			8		15.989	12.551	0.403	256.77	4.01	30.41	83.49	2.28	13.56	519.99	4.06	137.85	1.84	49.15	1.75	11.18	0.407
			10		19.712	15.474	0.402	312.04	3.98	37.33	100.67	2.26	16.56	650.09	4.14	173.40	1.92	59.45	1.74	13.64	0.404
			12		23.351	18.330	0.402	364.41	3.95	44.01	116.67	2.24	19.43	780.39	4.22	209.67	2.00	69.35	1.72	16.01	0.400
14/9	140	90	8	12	18.038	14.160	0.453	365.64	4.50	38.48	120.69	2.59	17.34	730.53	4.50	195.79	2.04	70.83	1.98	14.31	0.411
			10		22.261	17.475	0.452	445.50	4.47	47.31	146.03	2.56	21.22	913.20	4.58	245.92	2.12	85.82	1.96	17.48	0.409
			12		26.400	20.724	0.451	521.59	4.44	55.87	169.79	2.54	24.95	1096.09	4.66	296.89	2.19	100.21	1.95	20.54	0.406
			14		30.456	23.908	0.451	594.10	4.42	64.18	192.10	2.51	28.54	1279.26	4.74	348.82	2.27	114.13	1.94	23.52	0.403

续附录2

角钢号数	尺寸/mm				截面面积	理论重量	外表面积	参考数值													
								$x-x$			$y-y$			x_1-x_1		y_1-y_1		$u-u$			
	B	b	d	r	/cm^2	/(kg·m^{-1})	/(m^2·m^{-1})	I_x /cm^4	i_x /cm	W_x /cm^3	I_y /cm^4	i_y /cm	W_y /cm^3	I_{x_1} /cm^4	y_0 /cm	I_{y_1} /cm^4	x_0 /cm	I_u /cm^4	i_u /cm	W_u /cm^3	tanα
16/10	160	100	10	13	25.315	19.872	0.512	668.69	5.14	62.13	205.03	2.85	26.56	1 362.89	5.24	336.59	2.28	121.74	2.19	21.92	0.390
			12		30.054	23.592	0.511	784.91	5.11	73.49	239.06	2.82	31.28	1 635.56	5.32	405.94	2.36	142.33	2.17	25.79	0.388
			14		34.709	27.247	0.510	896.30	5.08	84.56	271.20	2.80	35.83	1 908.50	5.40	476.42	2.43	162.23	2.16	29.56	0.385
			16		39.281	30.835	0.510	1 003.04	5.05	95.33	301.60	2.77	40.24	2 181.79	5.48	548.22	2.51	182.57	2.16	33.44	0.382
18/11	180	110	10	14	28.373	22.273	0.571	956.25	5.80	78.96	278.11	3.13	32.49	1 940.40	5.89	447.22	2.44	166.50	2.42	26.88	0.376
			12		33.712	26.464	0.571	1 124.72	5.78	93.53	325.03	3.10	38.32	2 328.38	5.98	538.94	2.52	194.87	2.40	31.66	0.374
			14		38.967	30.589	0.570	1 286.91	5.75	107.76	369.55	3.08	43.97	2 716.60	6.06	631.95	2.59	222.30	2.39	36.32	0.372
			16		44.139	34.649	0.569	1 443.06	5.72	121.64	411.85	3.06	49.44	3 105.15	6.14	726.46	2.67	248.94	2.38	40.87	0.369
20/12.5	200	125	12		37.912	29.761	0.641	1 570.90	6.44	116.73	483.16	3.57	49.99	3 193.85	6.54	787.74	2.83	285.79	2.74	41.23	0.392
			14		43.867	34.436	0.640	1 800.97	6.41	134.65	550.83	3.54	57.44	3 726.17	6.02	922.47	2.91	326.58	2.73	47.34	0.390
			16		49.739	39.045	0.639	2 023.35	6.38	152.18	615.44	3.52	64.69	4 258.86	6.70	1 058.86	2.99	366.21	2.71	53.32	0.388
			18		55.526	43.588	0.639	2 238.30	6.35	169.33	677.19	3.49	71.74	4 792.00	6.78	1 197.13	3.06	404.83	2.70	59.18	0.385

注:1. 括号内型号不推荐使用。

2. 截面图中的 $r_1 = d/3$ 及表中 r 值,用于孔型设计,不作为交货条件。

附录3　热轧槽钢(GB 707—88)

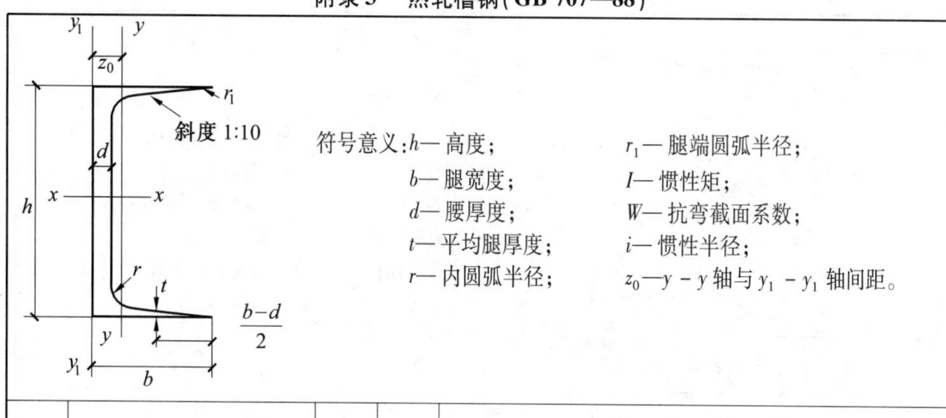

型号	尺寸 /mm						截面面积 /cm²	理论重量 /(kg·m⁻¹)	参考数值							
									x - x			y - y			$y_1 - y_1$	
	h	b	d	t	r	r_1			W_x /cm³	I_x /cm⁴	i_x /cm	W_y /cm³	I_y /cm⁴	i_y /cm	I_{y_1} /cm⁴	z_0 /cm
5	50	37	4.5	7	7.0	3.5	6.928	5.438	10.4	26.0	1.94	3.55	8.30	1.10	20.9	1.35
6.3	63	40	4.8	7.5	7.5	3.8	8.451	6.634	16.1	50.8	2.45	4.50	11.9	1.19	28.4	1.36
8	80	43	5.0	8	8.0	4.0	10.248	8.045	25.3	101	3.15	5.79	16.6	1.27	37.4	1.43
10	100	48	5.3	8.5	8.5	4.2	12.748	10.007	39.7	198	3.95	7.8	25.6	1.41	54.9	1.52
12.6	126	53	5.5	9	9.0	4.5	15.692	12.318	62.1	391	4.95	10.2	38.0	1.57	77.1	1.59
14a	140	58	6.0	9.5	9.5	4.8	18.516	14.535	80.5	564	5.52	13.0	53.2	1.70	107	1.71
14b	140	60	8.0	9.5	9.5	4.8	21.316	16.733	87.1	609	5.35	14.1	61.1	1.69	121	1.67
16a	160	63	6.5	10	10.0	5.0	21.962	17.240	108	866	6.28	16.3	73.3	1.83	144	1.80
16	160	65	8.5	10	10.0	5.0	25.162	19.752	117	935	6.10	17.6	83.4	1.82	161	1.75
18a	180	68	7.0	10.5	10.5	5.2	25.699	20.174	141	1 270	7.04	20.0	98.6	1.96	190	1.88
18	180	70	9.0	10.5	10.5	5.2	29.299	23.000	152	1 370	6.84	21.5	111	1.95	210	1.84
20a	200	73	7.0	11	11.0	5.5	28.837	22.637	178	1 780	7.86	24.2	128	2.11	244	2.01
20	200	75	9.0	11	11.0	5.5	32.837	25.777	191	1 910	7.64	25.9	144	2.09	268	1.95
22a	220	77	7.0	11.5	11.5	5.8	31.846	24.999	218	2 390	8.67	28.2	158	2.23	298	2.10
22	220	79	9.0	11.5	11.5	5.8	36.246	28.453	234	2 570	8.42	30.1	176	2.21	326	2.03
25a	250	78	7.0	12	12.0	6.0	34.917	27.410	270	3 370	9.82	30.6	176	2.24	322	2.07
25b	250	80	9.0	12	12.0	6.0	39.917	31.335	282	3 530	9.41	32.7	196	2.22	353	1.98
25c	250	82	11.0	12	12.0	6.0	44.917	35.260	295	3 690	9.07	35.9	218	2.21	384	1.92
28a	280	82	7.5	12.5	12.5	6.2	40.034	31.427	340	4 760	10.9	35.7	218	2.33	388	2.10
28b	280	84	9.5	12.5	12.5	6.2	45.634	35.823	366	5 130	10.6	37.9	242	2.30	428	2.02
28c	280	86	11.5	12.5	12.5	6.2	51.234	40.219	393	5 500	10.4	40.3	268	2.29	463	1.95
32a	320	88	8.0	14	14.0	7.0	48.513	38.083	475	7 600	12.5	46.5	305	2.50	552	2.24
32b	320	90	10.0	14	14.0	7.0	54.913	43.107	509	8 140	12.2	49.2	336	2.47	593	2.16
32c	320	92	12.0	14	14.0	7.0	61.313	48.131	543	8 690	11.9	52.6	374	2.47	643	2.09
36a	360	96	9.0	16	16.0	8.0	60.910	47.814	660	11 900	14.0	63.5	455	2.73	818	2.44
36b	360	98	11.0	16	16.0	8.0	68.110	53.466	703	12 700	13.6	66.9	497	2.70	880	2.37
36c	360	100	13.0	16	16.0	8.0	75.310	59.118	746	13 400	13.4	70.0	536	2.67	948	2.34
40a	400	100	10.5	18	18.0	9.0	75.068	58.928	879	17 600	15.3	78.8	592	2.81	1 070	2.49
40b	400	102	12.5	18	18.0	9.0	83.068	65.208	932	18 600	15.0	82.5	640	2.78	1 140	2.44
40c	400	104	14.5	18	18.0	9.0	91.068	71.488	986	19 700	14.7	86.2	688	2.75	1 220	2.42

附录 4　热轧工字钢(GB 706—88)

符号意义:h— 高度；
b— 腿宽度；
d— 腰厚度；
t— 平均腿厚度；
r— 内圆弧半径；
r_1— 腿端圆弧半径；
I— 惯性矩；
W— 抗弯截面系数；
i— 惯性半径；
S— 半截面的静矩。

斜度 1:6

型号	尺寸/mm						截面面积/cm²	理论重量/(kg·m⁻¹)	参考数值						
									$x-x$				$y-y$		
	h	b	d	t	r	r_1			I_x/cm⁴	W_x/cm³	i_x/cm	$I_x:S_x$/cm	I_y/cm⁴	W_y/cm³	i_y/cm
10	100	68	4.5	7.6	6.5	3.3	14.345	11.261	245	49.0	4.14	8.59	33.0	9.72	1.52
12.6	126	74	5.0	8.4	7.0	3.5	18.118	14.223	488	77.5	5.20	10.8	46.9	12.7	1.61
14	140	80	5.5	9.1	7.5	3.8	21.516	16.890	712	102	5.76	12.0	64.4	16.1	1.73
16	160	88	6.0	9.9	8.0	4.0	26.131	20.513	1 130	141	6.58	13.8	93.1	21.2	1.89
18	180	94	6.5	10.7	8.5	4.3	30.756	24.143	1 660	185	7.36	15.4	122	26.0	2.00
20a	200	100	7.0	11.4	9.0	4.5	35.578	27.929	2 370	237	8.15	17.2	158	31.5	2.12
20b	200	102	9.0	11.4	9.0	4.5	39.578	31.069	2 500	250	7.96	16.9	169	33.1	2.06
22a	220	110	7.5	12.3	9.5	4.8	42.128	33.070	3 400	309	8.99	18.9	225	40.9	2.31
22b	220	112	9.5	12.3	9.5	4.8	46.528	36.524	3 570	325	8.78	18.7	239	42.7	2.27
25a	250	116	8.0	13.0	10.0	5.0	48.541	38.105	5 020	402	10.2	21.6	280	48.3	2.40
25b	250	118	10.0	13.0	10.0	5.0	53.541	42.030	5 280	423	9.94	21.3	309	52.4	2.40
28a	280	122	8.5	13.7	10.5	5.3	55.404	43.492	7 110	508	11.3	24.6	345	56.6	2.50
28b	280	124	10.5	13.7	10.5	5.3	61.004	47.888	7 480	534	11.1	24.2	379	61.2	2.49
32a	320	130	9.5	15.0	11.5	5.8	67.156	52.717	11 100	692	12.8	27.5	460	70.8	2.62
32b	320	132	11.5	15.0	11.5	5.8	73.556	57.741	11 600	726	12.6	27.1	502	76.0	2.61
32c	320	134	13.5	15.0	11.5	5.8	79.956	62.765	12 200	760	12.3	26.8	544	81.2	2.61
36a	360	136	10.0	15.8	12.0	6.0	76.480	60.037	15 800	875	14.4	30.7	552	81.2	2.69
36b	360	138	12.0	15.8	12.0	6.0	83.680	65.689	16 500	919	14.1	30.3	582	84.3	2.64
36c	360	140	14.0	15.8	12.0	6.0	90.880	71.341	17 300	962	13.8	29.9	612	87.4	2.60
40a	400	142	10.5	16.5	12.5	6.3	86.112	67.598	21 700	1 090	15.9	34.1	660	93.2	2.77
40b	400	144	12.5	16.5	12.5	6.3	94.112	73.878	22 800	1 140	15.6	33.6	692	96.2	2.71
40c	400	146	14.5	16.5	12.5	6.3	102.112	80.158	23 900	1 190	15.2	33.2	727	99.6	2.65
45a	450	150	11.5	18.0	13.5	6.8	102.446	80.420	32 200	1 430	17.7	38.6	855	114	2.89
45b	450	152	13.5	18.0	13.5	6.8	111.446	87.485	33 800	1 500	17.4	38.0	894	118	2.84
45c	450	154	15.5	18.0	13.5	6.8	120.446	94.550	35 300	1 570	17.1	37.6	938	122	2.79
50a	500	158	12.0	20.0	14.0	7.0	119.304	93.654	46 500	1 860	19.7	42.8	1 120	142	3.07
50b	500	160	14.0	20.0	14.0	7.0	129.304	101.504	48 600	1 940	19.4	42.4	1 170	146	3.01
50c	500	162	16.0	20.0	14.0	7.0	139.304	109.354	50 600	2 080	19.0	41.8	1 220	151	2.96
56a	560	166	12.5	21.0	14.5	7.3	135.435	106.316	65 600	2 340	22.0	47.7	1 370	165	3.18
56b	560	168	14.5	21.0	14.5	7.3	146.635	115.108	68 500	2 450	21.6	47.2	1 490	174	3.16
56c	560	170	16.5	21.0	14.5	7.3	157.835	123.900	71 400	2 550	21.3	46.7	1 560	183	3.16
63a	630	176	13.0	22.0	15.0	7.5	154.658	121.407	93 900	2 980	24.5	54.2	1 700	193	3.31
63b	630	178	15.0	22.0	15.0	7.5	167.258	131.298	98 100	3 160	24.2	53.5	1 810	204	3.29
63c	630	180	17.0	22.0	15.0	7.5	179.858	141.189	102 000	3 300	23.8	52.9	1 920	214	3.27

注:截面图和表中标注的圆弧半径 r 和 r_1 值,用于孔型设计,不作为交货条件。

附录Ⅱ　稳定因数 φ

Q235 钢 a 类截面中心受压直杆的稳定因数 φ

λ	0	1.0	2.0	3.0	4.0	5.0	6.0	7.0	8.0	9.0
0	1.000	1.000	1.000	1.000	0.999	0.999	0.998	0.998	0.997	0.996
10	0.995	0.994	0.993	0.992	0.991	0.989	0.988	0.986	0.985	0.983
20	0.981	0.979	0.977	0.976	0.974	0.972	0.970	0.968	0.966	0.964
30	0.963	0.961	0.959	0.957	0.955	0.952	0.950	0.948	0.946	0.944
40	0.941	0.939	0.937	0.934	0.932	0.929	0.927	0.924	0.921	0.919
50	0.916	0.913	0.910	0.907	0.904	0.900	0.897	0.894	0.890	0.886
60	0.883	0.879	0.875	0.871	0.867	0.863	0.858	0.851	0.849	0.844
70	0.830	0.834	0.829	0.824	0.818	0.813	0.807	0.801	0.795	0.789
80	0.788	0.776	0.770	0.763	0.757	0.750	0.743	0.736	0.728	0.721
90	0.714	0.706	0.699	0.691	0.684	0.676	0.668	0.661	0.653	0.645
100	0.638	0.630	0.622	0.615	0.607	0.600	0.592	0.585	0.577	0.570
110	0.563	0.555	0.548	0.541	0.534	0.527	0.520	0.514	0.507	0.500
120	0.494	0.488	0.481	0.475	0.469	0.463	0.457	0.451	0.445	0.440
130	0.434	0.429	0.423	0.418	0.412	0.407	0.402	0.397	0.392	0.387
140	0.383	0.378	0.373	0.369	0.364	0.360	0.356	0.351	0.347	0.343
150	0.339	0.335	0.331	0.327	0.323	0.320	0.316	0.312	0.309	0.305
160	0.302	0.298	0.295	0.292	0.289	0.285	0.282	0.279	0.276	0.273
170	0.270	0.267	0.264	0.262	0.259	0.256	0.253	0.251	0.248	0.246
180	0.243	0.241	0.238	0.236	0.233	0.231	0.229	0.226	0.224	0.222
190	0.220	0.218	0.215	0.213	0.211	0.209	0.207	0.205	0.203	0.201
200	0.199	0.198	0.196	0.194	0.192	0.190	0.189	0.187	0.185	0.183
210	0.182	0.180	0.179	0.177	0.175	0.174	0.172	0.171	0.169	0.168
220	0.166	0.165	0.164	0.162	0.161	0.159	0.158	0.157	0.155	0.154
230	0.153	0.152	0.150	0.149	0.148	0.147	0.146	0.144	0.143	0.142
240	0.141	0.140	0.139	0.138	0.136	0.135	0.134	0.133	0.132	0.131
250	0.130									

Q235 钢 b 类截面中心受压直杆的稳定因数 φ

λ	0	1.0	2.0	3.0	4.0	5.0	6.0	7.0	8.0	9.0
0	1.000	1.000	1.000	0.999	0.999	0.998	0.997	0.996	0.995	0.994
10	0.992	0.991	0.989	0.987	0.985	0.983	0.981	0.978	0.976	0.973
20	0.970	0.967	0.963	0.960	0.957	0.953	0.950	0.946	0.943	0.939
30	0.936	0.932	0.929	0.925	0.922	0.918	0.914	0.910	0.906	0.903
40	0.899	0.895	0.891	0.887	0.882	0.878	0.874	0.870	0.865	0.861
50	0.856	0.852	0.847	0.842	0.838	0.833	0.828	0.823	0.818	0.813
60	0.807	0.802	0.797	0.791	0.786	0.780	0.774	0.769	0.763	0.757
70	0.751	0.745	0.739	0.732	0.726	0.720	0.714	0.707	0.701	0.694
80	0.688	0.681	0.675	0.668	0.661	0.655	0.648	0.641	0.635	0.628
90	0.621	0.614	0.608	0.601	0.594	0.588	0.581	0.575	0.568	0.561
100	0.555	0.549	0.542	0.536	0.529	0.523	0.517	0.511	0.505	0.499
110	0.493	0.487	0.481	0.475	0.470	0.464	0.458	0.453	0.447	0.442
120	0.437	0.432	0.426	0.421	0.416	0.411	0.406	0.402	0.397	0.392
130	0.387	0.383	0.378	0.374	0.370	0.365	0.361	0.357	0.353	0.349
140	0.345	0.341	0.337	0.333	0.329	0.326	0.322	0.318	0.315	0.311
150	0.308	0.304	0.301	0.298	0.265	0.291	0.288	0.285	0.282	0.279
160	0.276	0.273	0.270	0.267	0.265	0.262	0.259	0.256	0.254	0.251
170	0.249	0.246	0.244	0.241	0.239	0.236	0.234	0.232	0.229	0.227
180	0.225	0.223	0.220	0.218	0.216	0.214	0.212	0.210	0.208	0.206
190	0.204	0.202	0.200	0.198	0.197	0.195	0.193	0.191	0.190	0.188
200	0.186	0.184	0.183	0.181	0.180	0.178	0.176	0.175	0.173	0.172
210	0.170	0.169	0.167	0.166	0.165	0.163	0.162	0.160	0.159	0.158
220	0.156	0.155	0.154	0.153	0.151	0.150	0.149	0.148	0.146	0.145
230	0.144	0.143	0.142	0.141	0.140	0.138	0.137	0.136	0.135	0.134
240	0.133	0.132	0.131	0.130	0.129	0.128	0.127	0.126	0.125	0.124
250	0.123									

参考文献

[1] 邹昭文,程光均,等.理论力学(建筑力学第一分册)[M].3 版.北京:高等教育出版社,2004.

[2] 干光瑜,秦惠民.材料力学(建筑力学第二分册)[M].3 版.北京:高等教育出版社,2004.

[3] 李家宝.结构力学(建筑力学第三分册)[M].3 版.北京:高等教育出版社,2004.

[4] 卢存恕,周周,范国庆.建筑力学(上册)[M].长春:吉林大学出版社,1996.

[5] 卢存恕,吴富英,常伏德.建筑力学(下册)[M].长春:吉林大学出版社,1996.

[6] 哈尔滨工业大学理论力学教研室.理论力学[M].6 版.北京:高等教育出版社,2003.

[7] 孙训方,方孝淑,等.材料力学[M].4 版.北京:高等教育出版社,2005.

[8] 李廉锟.结构力学[M].4 版.北京:高等教育出版社,2005.

[9] 彭俊生,罗永坤,等.结构力学指导型习题册[M].成都:西南交通大学出版社,2001.